DIREITO INTERNACIONAL PRIVADO

PROBLEMÁTICA INTERNACIONAL DA SOCIEDADE DA INFORMAÇÃO

DO AUTOR:

Da arbitragem comercial internacional. Direito aplicável ao mérito da causa, Coimbra, Coimbra Editora, 1990.

Comentário à Convenção de Bruxelas de 27 de Setembro de 1968 Relativa à Competência Judiciária e à Execução de Decisões em Matéria Civil e Comercial e Textos Complementares, Lisboa, Lex, 1994 (em colaboração com o Prof. Doutor Miguel Teixeira de Sousa).

Da responsabilidade pré-contratual em Direito Internacional Privado, Coimbra, Almedina, 2001.

Direito Internacional Privado. Ensaios, Coimbra, Almedina, vol. I, 2002; vol. II, 2005.

DÁRIO MOURA VICENTE

Professor da Faculdade de Direito de Lisboa

DIREITO INTERNACIONAL PRIVADO

PROBLEMÁTICA INTERNACIONAL DA SOCIEDADE DA INFORMAÇÃO

Relatório sobre o programa, os conteúdos e os métodos de ensino de uma disciplina do curso de mestrado em Direito, apresentado, nos termos do artigo 44.º, n.º 2, do Estatuto da Carreira Docente Universitária, no concurso para Professor Associado do 4.º Grupo (Ciências Jurídicas) da Faculdade de Direito de Lisboa

DIREITO INTERNACIONAL PRIVADO
PROBLEMÁTICA INTERNACIONAL
DA SOCIEDADE DA INFORMAÇÃO

AUTOR
DÁRIO MOURA VICENTE

EDITOR
EDIÇÕES ALMEDINA, SA
Rua da Estrela, n.º 6
3000-161 Coimbra
Tel.: 239 851 904
Fax: 239 851 901
www.almedina.net
editora@almedina.net

EXECUÇÃO GRÁFICA
G.C. – GRÁFICA DE COIMBRA, LDA.
Palheira – Assafarge
3001-453 Coimbra
producao@graficadecoimbra.pt

Setembro, 2005

DEPÓSITO LEGAL
231333/05

Toda a reprodução desta obra, por fotocópia ou outro qualquer processo,
sem prévia autorização escrita do Editor,
é ilícita e passível de procedimento judicial contra o infractor.

Aos meus filhos

AGRADECIMENTOS

O autor agradece, reconhecido, à Faculdade de Direito de Lisboa, à Faculdade de Direito de Coimbra, ao Max-Planck-Institut für Ausländisches und Internationales Privatrecht, *à Organização Mundial da Propriedade Intelectual e à Academia da Haia de Direito Internacional o acesso que estas instituições lhe proporcionaram às respectivas bibliotecas, tendo em vista a elaboração do presente trabalho.*

PLANO DO RELATÓRIO

Introdução

§ 1.º   A sociedade da informação e os problemas que suscita no plano do Direito Internacional Privado.

§ 2.º   Razões da eleição da problemática internacional da sociedade da informação como tema de uma disciplina do curso de mestrado em Direito.

§ 3.º   Indicação de sequência.

Parte I
Programa da disciplina

§ 4.º   Nota sobre o ensino dos temas da disciplina.

§ 5.º   Pressupostos do programa preconizado.

§ 6.º   Programa.

Parte II
Conteúdos a leccionar

§ 7.º   Súmula dos conteúdos a leccionar.

Parte III
Métodos de ensino

§ 8.º   Do ensino em seminário.

§ 9.º   Da orientação de relatórios e dissertações de mestrado.

Parte IV
Elementos de estudo e investigação

§ 10.° Generalidades.
§ 11.° Bibliografia.
§ 12.° Relatórios e textos oficiais.
§ 13.° Colectâneas de textos legais, convencionais e jurisprudenciais.
§ 14.° Publicações periódicas.
§ 15.° Sítios da Internet.
§ 16.° Jurisprudência.

Índices

Índice de abreviaturas.
Índice bibliográfico do relatório.
Índice geral.

INTRODUÇÃO

§ 1.º
A sociedade da informação e os problemas que suscita no plano do Direito Internacional Privado

I – O FENÓMENO

É hoje geralmente reconhecido que a informação – conceito que empregaremos aqui em sentido lato, compreendendo tanto os dados ou conteúdos que podem ser objecto do conhecimento humano como o próprio acto ou processo pelo qual esses bens são comunicados a outrem – passou nos últimos anos a condicionar as relações sociais de modo mais decisivo do que nunca.

Este fenómeno é essencialmente atribuível a dois factores. Por um lado, as novas e largamente acrescidas possibilidades de processamento, armazenagem e comunicação de informação associadas ao advento da tecnologia digital, que permite a conversão daquela em dígitos susceptíveis de serem reconhecidos e interpretados por computadores. Por outro, a disseminação das redes de comunicações electrónicas, através das quais a informação pode ser instantaneamente colocada à disposição do público, cujos membros ficam habilitados a aceder a ela a partir do lugar e no momento em que quiserem.

Em virtude da facilidade e da rapidez do acesso à informação proporcionadas por estas inovações tecnológicas, e da consequente abundância da informação disponível, esta assume hoje um papel nuclear na vida social, tanto no plano económico como no cultural e no político.

Com efeito, a informação ocupa em vários países uma indústria em rápido crescimento, responsável por parte significativa do produto económico; e é ela própria, além de bem de consumo, factor de produção. Por outro lado, a automatização e a simplificação da actividade empresarial associadas ao uso das tecnologias da informação permitiram reduzir substancialmente os custos das transacções e constituem hoje a principal força motriz do aumento da produtividade na Europa e na América do Norte. A facilitação do acesso à informação abriu igualmente novas perspectivas ao ensino e à investigação científica, do mesmo passo que constitui um importante factor de aculturação. O acesso à informação condiciona ainda o funcionamento dos sistemas políticos, na medida em que, embora possa reforçar a liberdade dos indivíduos perante o Estado, proporciona também um maior controlo daqueles por este.

É este fenómeno – assaz complexo e de contornos ainda não inteiramente definidos – que correntemente se designa através do conceito de *sociedade da informação*[1].

II – OS PROBLEMAS JURÍDICOS QUE SUSCITA

O advento da sociedade da informação está na origem de uma multiplicidade de novos problemas jurídicos.

Em primeiro lugar, porque se tornou necessária a institucionalização de meios de controlo do uso da informação, tanto por entes públicos como por particulares, tendo em vista, nomeadamente, tutelar a privacidade das pessoas a quem essa informação diz respeito.

Em segundo lugar, porque o surgimento de novas categorias de bens intelectuais indispensáveis ao tratamento, à armazenagem e à utilização da informação – como os programas de computador, as topografias dos produtos semicondutores, as bases de dados e as obras multimédia –, assim como de novos meios de transmissão, utilização e exploração da mesma – entre as quais avultam a Internet e a sua rede mundial de «páginas» –, particularmente apropriados à difusão dos bens imateriais, suscita as questões de saber: *a)* por um lado, se devem ser atribuídos direitos de exclusivo sobre a utilização daqueles primeiros bens, e, na hipótese afirmativa,

---

[1] Sobre esse conceito, veja-se, com amplos desenvolvimentos, David Lyon, *The Information Society. Issues and Illusions*, Cambridge, 1998 (reimpr.). Entre nós, podem consultar-se sobre o tema: Garcia Marques/Lourenço Martins, *Direito da Informática,* Coimbra, 2000, pp. 42 ss.; José de Oliveira Ascensão, «A sociedade da informação», *in Estudos sobre Direito da Internet e da Sociedade da Informação*, Coimbra, 2001, pp. 83 e ss.; e Francisco da Silva, «Sociedade da informação», *in Enciclopédia Verbo Luso--Brasileira de Cultura. Edição Século XXI*, vol. 27, cols. 263 ss.

qual o conteúdo desses direitos e quais os limites a que os mesmos se sujeitam; *b)* por outro, se se compreende nos exclusivos já reconhecidos sobre bens intelectuais a utilização destes através de redes de comunicações electrónicas. Como é bom de ver, uma resposta afirmativa a estes quesitos contende com o livre acesso à informação, podendo até originar formas de apropriação individual desta; mas a viabilidade económica da sociedade da informação depende também, em alguma medida, dela.

Em terceiro lugar, porque a expansão das redes públicas de comunicações electrónicas fez florescer um novo tipo de actividade económica: o denominado *comércio electrónico*, que não raro tem por objecto a prestação remunerada de informações. A seu respeito levantam-se complexos problemas relacionados, nomeadamente, com: *a)* o reconhecimento de eficácia aos contratos celebrados através daquelas redes; *b)* a determinação da autenticidade das declarações negociais que os integram; *c)* a licitude de certas práticas publicitárias apenas possíveis em tais redes (como o envio de mensagens de correio electrónico não solicitadas pelos destinatários); *d)* a exigibilidade de certas informações aos que se proponham fornecer bens ou serviços por essa via, previamente à celebração dos referidos contratos; e *e)* a aplicabilidade a estes das regras comuns sobre, *v.g.*, a conclusão, a forma, a interpretação, o cumprimento e a cessação dos efeitos dos contratos.

Em quarto lugar, porque a circunstância de a informação ilícita disponível em rede ser frequentemente transportada ou armazenada por intermediários, que dificilmente podem controlá-la, fez surgir a questão da imputabilidade a esses sujeitos dos danos sofridos por terceiros em virtude da sua difusão por essa via. É, dito de outro modo, o problema da responsabilidade civil dos prestadores de serviços da sociedade da informação.

Finalmente, o fenómeno em apreço confronta o jurista – e não só – com a questão de saber se, e dentro de que limites, pode a tecnologia determinar a solução dos conflitos de interesses[2].

---

[2] Cfr., sobre o ponto, Lawrence Lessig, *Code and Other Laws of Cyberspace*, Nova Iorque, 1999, *passim*, que alerta para o risco de os «códigos» informáticos se sobreporem ao Direito na disciplina das relações sociais constituídas com arrimo aos novos meios de comunicação. Para mais desenvolvimentos sobre este tema, veja-se o que dizemos adiante, no § 7.°/I, e a bibliografia aí citada.

III – A EMERGÊNCIA DO DIREITO DA SOCIEDADE DA INFORMAÇÃO

a) Noção e fontes. – Como corolário da evolução acima delineada, a informação e as suas utilizações tornaram-se objecto do Direito e deram origem, para muitos, a um novo ramo da ciência jurídica.

É certo que, em larga medida, os valores e interesses atendíveis na resolução dos problemas jurídicos suscitados pela informação são os mesmos que relevam em outros ramos do Direito vigente: a liberdade de expressão, a privacidade e a autodeterminação das pessoas, a promoção da criatividade intelectual, o livre fluxo da informação, o acesso do público aos bens culturais, a protecção dos mais fracos perante aqueles que ocupam posições de poder económico ou social, a salvaguarda da soberania nacional, etc.

Mas as suas projecções no domínio em apreço têm – nomeadamente em virtude da índole específica dos meios técnicos utilizados no comércio electrónico – um cunho particular, que reclama um regime próprio e confere autonomia a este ramo do Direito.

Surge assim um *Direito da Sociedade da Informação*, *da Informática* ou *da Informação*, que disciplina os problemas suscitados pela produção, transmissão e utilização deste bem imaterial na base de uma específica ponderação dos valores e interesses em jogo[3].

Constituem fontes desse novo ramo do Direito, nomeadamente, as Directivas e os Regulamentos da Comunidade Europeia, bem como os

---

[3] Cfr. Pierre Catala, «Ébauche d'une théorie juridique de l'information», *D.*, 1984, *Chronique*, pp. 97 ss. (reproduzido *in Le droit à l'épreuve du numérique. Jus ex Machina*, Paris, 1998, pp. 224 ss.); Ulrich Sieber, «Informationsrecht und Recht der Informationstechnik. Die Konstituierung eines Rechtsgebietes in Gegenstand, Grundfragen und Zielen», *NJW*, 1989, pp. 2569 ss.; *idem*, «The Emergence of Information Law: Object and Characteristics of a New Legal Area», *in* Eli Ledermann/Ron Shapira (orgs.), *Law, Information and Information Technology*, Haia/Londres/Nova Iorque, 2001, pp. 1 ss.; Thomas Hoeren, «Internet und Recht – Neue Paradigmen des Informationsrechts», *NJW*, 1998, pp. 2849 ss.; *idem, Grundzüge des Internetrechts,* 2.ª ed., Munique, 2002, pp. 1 ss.; André Lucas/Jean Devèze/Jean Frayssinet, *Droit de l'informatique et de l'Internet,* Paris, 2001, pp. XIII ss.; e Michael Kloepfer, *Informationsrecht*, Munique, 2002, pp. 28 ss. Na doutrina nacional, consultem-se: Garcia Marques/Lourenço Martins, ob. cit., pp. 61 ss.; Inocêncio Galvão Telles, *Manual dos contratos em geral*, 4.ª ed., Coimbra, 2002, p. 153; Maria Eduarda Gonçalves, *Direito da Informação*, Coimbra, 2003, pp. 5 ss.; e José de Oliveira Ascensão, *O Direito. Introdução e teoria geral*, 11.ª ed., Coimbra, 2003 (reimpr.), p. 608.

Introdução 17

diplomas legais que transpõem as primeiras para a ordem jurídica interna, sobre a protecção jurídica dos programas de computador[4], a radiodifusão por satélite e a retransmissão por cabo de obras protegidas pelo direito de autor[5], a protecção das pessoas singulares no que diz respeito ao tratamento de dados pessoais e à livre circulação desses dados[6], a protecção jurídica das bases de dados[7], o tratamento de dados pessoais e a protecção da privacidade no sector das telecomunicações[8], as assinaturas electrónicas[9], o comércio electrónico[10], o direito de autor e os direitos conexos na sociedade de informação[11], o tratamento de dados pessoais e a protecção da privacidade no sector das comunicações electrónicas[12] e os nomes de domínio[13].

---

[4] Directiva 91/250/CEE, de 14 de Maio de 1991, publicada no *JOCE*, n.º L 122, de 17 de Maio de 1991, pp. 42 ss. Foi transposta para a ordem jurídica nacional pelo D.L. n.º 252/94, de 20 de Outubro.

[5] Directiva 93/83/CEE, de 27 de Setembro de 1993, publicada no *JOCE*, n.º L 248, de 6 de Outubro de 1993, pp. 15 ss. Foi transposta pelo D.L. n.º 333/97, de 27 de Novembro.

[6] Directiva 95/46/CE, de 24 de Outubro de 1995, publicada no *JOCE*, n.º L 281, de 23 de Novembro de 1995, pp. 31 ss. Foi transposta pela Lei n.º 67/98, de 26 de Outubro.

[7] Directiva 96/9/CE, de 11 de Março de 1996, publicada no *JOCE*, n.º L 77, de 27 de Março de 1996, pp. 20 ss. Foi transposta pelo D.L. n.º 122/2000, de 4 de Julho.

[8] Directiva 97/66, de 15 de Dezembro de 1997, publicada no *JOCE*, n.º L 24, de 30 de Janeiro de 1998, pp. 1 ss. Foi transposta pelo D.L. n.º 69/98, de 28 de Outubro.

[9] Directiva 1999/93/CE, de 13 de Dezembro de 1999, publicada no *JOCE*, n.º L 13, de 19 de Janeiro de 2000, pp. 12 ss. Foi antecedida entre nós pelo D.L. n.º 290-D/99, de 2 de Agosto, alterado pelo D.L. n.º 62/2003, de 3 de Abril, e pelo D.L. n.º 165/2004, de 6 de Julho, e regulamentado pelo Decreto Regulamentar n.º 25/2004, de 15 de Julho.

[10] Directiva 2000/31/CE, de 8 de Junho de 2000, publicada no *JOCE*, n.º L 178, de 17 de Julho de 2000, pp. 1 ss. Foi transposta pelo D.L. n.º 7/2004, de 7 de Janeiro.

[11] Directiva 2001/29/CE, de 22 de Maio de 2001, publicada no *JOCE*, n.º L 167, de 22 de Junho de 2001, pp. 10 ss. Foi transposta pela Lei n.º 50/2004, de 24 de Agosto, que altera o Código do Direito de Autor e dos Direitos Conexos e a Lei n.º 62/98, de 1 de Setembro.

[12] Directiva 2002/58/CE, de 12 de Julho de 2002, publicada no *JOCE*, n.º L 201, de 31 de Julho de 2002, pp. 37 ss. Foi transposta pelo D.L. n.º 7/2004, de 7 de Janeiro, e pela Lei n.º 41/2004, de 18 de Agosto.

[13] Regulamento (CE) n.º 733/2002, do Parlamento Europeu e do Conselho, de 22 de Abril de 2002, relativo à implementação do domínio de topo .eu, publicado no *JOCE*, n.º L 113, de 30 de Abril de 2002, pp. 1 ss.; e Regulamento (CE) n.º 874/2004, da Comissão, de 28 de Abril de 2004, que estabelece as regras de política de interesse público relativas à implementação e às funções do domínio de topo «.eu», e os princípios que regem o registo, publicado no *JOCE*, n.º L 162, de 30 de Abril de 2004, pp. 40 ss.

18 *Problemática internacional da sociedade da informação*

No plano internacional, a matéria é versada em importantes instrumentos jurídicos, entre as quais se destacam o *Acordo sobre os Aspectos dos Direitos da Propriedade Intelectual Relacionados com o Comércio* (ADPIC)[14] e os *Tratados Internet* (Tratado Sobre Direito de Autor e Tratado Sobre Interpretações ou Execuções e Fonogramas) concluídos em Genebra, a 20 de Dezembro de 1996, sob a égide da Organização Mundial da Propriedade Intelectual[15].

As questões em apreço são também objecto de duas *Leis-Modelo* elaboradas pela Comissão das Nações Unidas para o Direito do Comércio Internacional: a Lei-Modelo da CNUDCI Sobre o Comércio Electrónico (*UNCITRAL Model Law on Electronic Commerce*), de 1996, e a Lei-Modelo da CNUDCI Sobre Assinaturas Electrónicas (*UNCITRAL Model Law on Electronic Signatures*), de 2001[16]. Está ainda em preparação, por iniciativa da mesma Comissão, um projecto de convenção internacional sobre a contratação electrónica, no qual se retomam várias disposições do primeiro destes textos[17].

Não falta, além disso, quem preconize uma codificação do Direito da Informação, que confira maior transparência e clareza a este sector da ordem jurídica[18].

b) Razões da sua autonomização. – Compreendem-se as razões da intensa legiferação de que a matéria tem sido objecto nos últimos anos.

Por um lado, é inegável a necessidade de disciplinar juridicamente os fenómenos ligados à informação, a qual, dada a importância que assume

---

[14] O qual constitui o anexo IV ao acordo que instituiu a Organização Mundial de Comércio, assinado em Marraquexe em 15 de Abril de 1994, e vincula internacionalmente Portugal desde 1 de Janeiro de 1996. Foi aprovado para ratificação pela Resolução da Assembleia da República n.° 75-B/94, de 15 de Dezembro de 1994, *in D.R.,* I série A, n.° 298, de 27 de Dezembro de 1994, 5.° suplemento.

[15] Os respectivos textos encontram-se reproduzidos *in* José de Oliveira Ascensão/ /Pedro Cordeiro, *Código do Direito de Autor e dos Direitos Conexos,* 3.ª ed., Coimbra, 2001, pp. 253 ss. e 261 ss.

[16] Ambos os textos, assim como a lista dos Estados e territórios que os adoptaram, encontram-se disponíveis em http://www.uncitral.org.

[17] Cfr. o documento intitulado *Legal aspects of electronic commerce. Electronic contracting: provisions for a draft convention,* de 18 de Dezembro de 2003, contendo em anexo o projecto preliminar da convenção (disponível em http://www.uncitral.org).

[18] Cfr. Kloepfer/Neun, ob. cit., p. 39.

Introdução 19

na vida social, constitui hoje um instrumento de poder, susceptível de minar a autoridade do Estado e de limitar a liberdade dos cidadãos.

Por outro, o êxito do comércio electrónico como factor de eficiência e crescimento económico depende em larga medida do reconhecimento aos contratos concluídos em linha dos mesmos efeitos que pertencem aos demais contratos e da atribuição de direitos de exclusivo sobre a utilização de criações intelectuais disponíveis em redes digitais.

Na disciplina jurídica dos fenómenos em apreço há-de, por certo, observar-se um princípio de *neutralidade tecnológica* do Direito, imprescindível à abertura da ordem jurídica à inovação tecnológica. De contrário, o Direito operaria como um desincentivo ao surgimento de quaisquer novos produtos ou serviços que não se ajustassem ao quadro normativo existente[19]. Um regime jurídico do comércio electrónico, por exemplo, completamente autónomo daquele que vale para as demais formas de actividade comercial não se justifica, portanto.

Mas desse princípio não resulta, atento o que expusemos acima, qualquer impedimento à adopção das disposições legais ou convencionais reclamadas pelas especificidades do tráfico jurídico em linha e que se mostrem necessárias à viabilidade deste.

IV – A PROBLEMÁTICA INTERNACIONAL

a) Generalidades. – As novas possibilidades de intercâmbio de informação entre computadores trouxeram consigo um acréscimo do tráfico jurídico internacional.

Na verdade, boa parte do comércio electrónico transcende as fronteiras estaduais, constituindo, por isso mesmo, uma das faces mais visíveis da chamada *globalização*.

Por outro lado, graças às redes de comunicações electrónicas, a exploração de muitos bens intelectuais passou a fazer-se à escala universal; e tornou-se bastante frequente a ocorrência de violações de direitos sobre esses bens simultaneamente em mais do que um país.

---

[19] Cfr., sobre o ponto, Bradford Smith, «The Third Industrial Revolution: Law and Policy for the Internet», *Rec. cours*, t. 282 (2000), pp. 229 ss. (pp. 270, 315, 324 s., 341, 347, 357 e 457). Para uma afirmação oficial da doutrina referida no texto, veja-se, entre nós, o preâmbulo do mencionado D.L. n.º 62/2003, de 3 de Abril.

Uma das características fundamentais da sociedade da informação é, assim, a crescente internacionalização das relações sociais: a sociedade da informação é também, nesta medida, a *sociedade da ubiquidade*.

Esta faceta da realidade em apreço leva a que, frequentemente, os sujeitos que nela participam – quer produzam, quer utilizem informação – procurem tutela para as suas posições jurídicas em mais do que um país. O que suscita um conjunto de difíceis questões, que estão em parte na origem do acrescido interesse de que o Direito Internacional Privado tem sido objecto nos últimos anos[20], mesmo em domínios que dele andavam tradicionalmente arredados, como a propriedade intelectual. Vejamo-las.

b) Deslocalização ou sujeição a um Direito nacional? – Desde logo, levanta-se a questão de saber se as situações jurídicas que têm como fonte actos praticados através de redes informáticas internacionais são situações *deslocalizadas* – por conseguinte, subtraídas a qualquer Direito nacional[21] – ou, ao invés, necessariamente submetidas, como a generalidade das demais, a um Direito nacional.

---

[20] Patente, designadamente, na profusão de projectos de convenções internacionais e de actos da Comunidade Europeia sobre a matéria, a que aludiremos adiante, nos §§ 2.º e 7.º.

[21] Como pretende uma importante corrente de pensamento oriunda dos Estados Unidos da América. Cfr. David Johnson/David Post, «Law and Borders – The Rise of Law in Cyberspace», *Stan. L. Rev.*, 1996, pp. 1367 ss.; Aron Mefford, «Lex Informatica: Foundations of Law on the Internet», *Indiana Journal of Global Legal Studies*, 1997, pp. 211 ss.; Jane Ginsburg, «The Private International Law of Copyright in an Era of Technological Change», *in Rec. cours*, t. 273 (1998), pp. 239 ss. (pp. 376 ss.); e Matthew Burnstein, «A Global Network in a Compartmentalised Legal Environment», *in* Katharina Boele--Woelki/Catherine Kessedjian (organizadoras), *Internet. Which Court Decides? Which Law Applies?*, Haia/Londres/Boston, 1998, pp. 23 ss. (p. 28). Entre nós, faz-se eco de alguns aspectos desta orientação Maria Eduarda Gonçalves, ob. cit., pp. 194 ss. Vejam-se ainda sobre o tema, embora distanciando-se daquela orientação: Franz C. Mayer, «Recht und Cyberspace», *NJW*, 1996, pp. 1782 ss.; Lawrence Lessig, «The Zones of Cyberspace», *Stan. L. Rev.*, 1996, pp. 1403 ss.; *idem, Code and Other Laws of Cyberspace*, 1999, *passim;* Andreas Reindl, «Choosing Law in Cyberspace: Copyright Conflicts on Global Networks», *Mich. J. Int'l L.*, 1998, pp. 799 ss. (especialmente pp. 809 ss.); Peter Mankowski, «Wider ein transnationales Cyberlaw», *AfP*, 1999, pp. 138 ss.; e Erik Jayme, «Kollisionsrecht und Internet – Nationalisierung von Rechtsverhältnissen oder "Cyberlaw"?», *in* Stefan Leible (org.), *Die Bedeutung des Internationalen Privatrechts im Zeitalter der neuen Medien*, Estugarda, etc., 2003, pp. 11 ss.

Introdução   21

A favor da primeira solução deporia a circunstância de a informação trocada entre computadores circular, segundo alguns, num meio específico, para o qual foi cunhada a metáfora *ciberespaço*, o qual teria como contraponto o espaço físico em que se situam e são transportados os bens materiais[22]. Às trocas baseadas em átomos acresceriam, graças à *digitalização*, as que têm por objecto as unidades de informação que se convencionou chamar *bits*, relativamente às quais o espaço físico seria irrelevante[23]. Com o advento do comércio electrónico, o próprio adjectivo «internacional», aposto ao comércio executado entre lugares situados em países diferentes, se tornaria, de acordo com a mesma linha de orientação, progressivamente obsoleto[24].

Por outro lado, suscita-se o problema de saber se, e em que medida, deve avançar-se, no tocante à disciplina jurídica das matérias em apreço, no sentido da harmonização ou unificação dos Direitos nacionais: não falta, com efeito, quem impute à tecnologia digital um *efeito harmonizador*[25]. E pergunta-se também qual a relevância a atribuir aos instrumentos ditos de *auto-regulação*, que proliferam neste domínio.

c) Direito aplicável e tribunal competente. – Admitindo que os Direitos nacionais mantêm relevância na definição da disciplina jurídica a que se subordinam as situações da vida em apreço, levanta-se a questão de saber como determinar o Direito que lhes é aplicável.

Questão essa cuja dificuldade resulta principalmente de duas ordens de factores.

Por um lado, muitas das regras de conflitos vigentes pressupõem a possibilidade de uma *localização espacial* das situações jurídicas a que dizem respeito, adoptando para o efeito elementos de conexão de *base territorial*, como, por exemplo, os lugares da celebração de um negócio jurídico, da comissão de um delito, da exploração de um bem intelectual ou da publicitação de certos produtos ou serviços. Ora, a concretização desses elementos de conexão revela-se extremamente complexa em situações,

---

[22] Para uma enfática afirmação da autonomia do *ciberespaço*, veja-se John Perry Barlow, *A Cyberspace Independence Declaration*, disponível em http://www.eff.org.

[23] Assim, Nicholas Negroponte, *Being digital*, Londres, 1995, p. 7.

[24] Neste sentido, Francisco da Silva, «Comércio electrónico», *in Enciclopédia Verbo Luso-Brasileira de Cultura. Edição Século XXI*, vol. 7, cols. 561 ss. (col. 561).

[25] Cfr. Negroponte, ob. cit., p. 230.

22 *Problemática internacional da sociedade da informação*

como aquelas que aqui temos em vista, caracterizadas pela ubiquidade dos factos que estão na sua origem e pela natureza incorpórea dos bens que têm por objecto.

Por outro lado, não é inequívoco que a disciplina instituída por certas regras de conflitos corresponda aos interesses efectivamente carecidos de tutela jurídica nessas situações. Disso são exemplo sobretudo certas regras ditas de *conexão material* (como as respeitantes aos contratos celebrados por consumidores), que operam determinada repartição do risco da aplicação de uma lei estrangeira tendo em vista assegurar maior protecção a uma das partes (*v.g.* o consumidor). Nem sempre, com efeito, as soluções que se extraem dessas regras se ajustam ao comércio electrónico, caracterizado por uma acentuada concorrência entre os fornecedores de produtos e serviços e por um aumento significativo da informação disponibilizada aos consumidores – logo, por um acréscimo das possibilidades de escolha de que este dispõe.

Problemas análogos se colocam a respeito da determinação do tribunal ou dos tribunais internacionalmente competentes para resolver os litígios que neste domínio se suscitam. A este propósito, pergunta-se, nomeadamente: *a)* se as empresas que oferecem os seus produtos e serviços em redes de comunicações electrónicas, assim como os provedores de serviços de transporte e armazenagem de informação disponível nessas redes, podem ser demandadas no país do domicílio dos adquirentes desses produtos e serviços; *b)* se a competência internacional dos tribunais desse país pode ser afastada através de um pacto atributivo de jurisdição aos tribunais de outro país; e *c)* se aqueles que colocam informação em rede podem ser demandados pelos prejuízos causados a terceiros em qualquer país onde essa informação fique acessível ao público.

A resposta que for dada a qualquer destas questões tem um alcance que transcende largamente a regulação das situações privadas internacionais em causa, pois contende com a própria viabilidade do comércio electrónico e a liberdade de expressão[26].

É que a aplicação da lei do país de origem da informação disponibilizada em rede, assim como a atribuição de competência internacional aos tribunais desse país, sendo a solução mais conforme com a efi-

---

[26] Como o demonstram, de modo impressivo, certas decisões recentemente proferidas por tribunais franceses, norte-americanos e australianos, que examinaremos adiante: cfr. *infra*, § 7.º/III.

ciência económica e mais favorável à liberdade de expressão, depara com objecções fundadas na protecção dos consumidores e na salvaguarda da soberania estadual; mas a aplicação sem restrições da lei do país de destino da informação sujeitaria os fornecedores desta a ónus e encargos desmesurados, que os desincentivariam de oferecê-la em rede, e permitiria a qualquer Estado censurar a informação disponibilizada na Internet[27].

d) Reconhecimento de sentenças estrangeiras e outras formas de cooperação judiciária internacional. – Com a proliferação de decisões judiciais sobre litígios emergentes da utilização de redes informáticas, uma nova ordem de questões se passou a colocar: as que se prendem com a eficácia de tais decisões para além das fronteiras dos Estados onde foram proferidas.

O reconhecimento das decisões estrangeiras assume particular relevância neste domínio em razão do elevado número de situações em que as empresas que intervêm no comércio electrónico (amiúde de pequena dimensão) não dispõem de bens susceptíveis de responderem pelas suas obrigações nos países onde oferecem os seus produtos ou serviços.

Esse reconhecimento é, além disso, reclamado pela tutela da confiança dos interessados e pela harmonia jurídica internacional, do mesmo passo que promove uma utilização eficiente dos sistemas judiciários nacionais.

Mas ele não é isento de dificuldades.

Com efeito, um regime muito liberal de reconhecimento de sentenças estrangeiras, como aquele que vigora hoje na Comunidade Europeia em matéria civil e comercial, comporta, nesta matéria, o risco de se estenderem aos países onde o reconhecimento for reclamado e obtido os efeitos

---

[27] Um inquérito levado a cabo em 2003 pela American Bar Association e pela Câmara de Comércio Internacional junto de 277 empresas repartidas por 45 países permitiu apurar que para a maioria das inquiridas os problemas relacionados com a determinação da lei aplicável e do tribunal competente para julgar os litígios emergentes do comércio electrónico e de outras actividades económicas desenvolvidas através da Internet têm gravidade crescente e são susceptíveis de afectar o respectivo funcionamento. Trinta e seis por cento dessas empresas haviam, à data do inquérito, procurado adaptar a sua actividade em ordem a eliminar ou a reduzir os riscos inerentes àqueles problemas. Cfr. American Bar Association, *Global Internet Jurisdiction: The ABA/ICC Survey*, 2004.

de certas regras excessivamente restritivas do domínio público no tocante à utilização de bens intelectuais ou de regimes particularmente limitativos da liberdade de expressão vigentes no país de origem da sentença. Não estará aí, aliás, senão a comprovação de que o reconhecimento de uma sentença estrangeira pode ter como consequência indirecta o chamamento da lei do respectivo país de origem a disciplinar condutas humanas no país de reconhecimento.

Ora, a eficácia extraterritorial que aquelas regras assim obteriam poderia inibir a disponibilização de informação em rede, e portanto a liberdade de expressão, a partir dos países onde fosse obtido o reconhecimento da sentença. O que suscita inevitavelmente a questão de saber se, e em que medida, poderá o reconhecimento ser recusado com tal fundamento.

Questão essa a que acresce a que se prende com a determinação das condições em que, no domínio em apreço, se há-de dar como assente no país onde é invocada a sentença estrangeira que o tribunal de origem dispunha de competência internacional para pronunciá-la; o que, atenta a complexidade de que se reveste a fixação da competência internacional directa pelo que respeita aos litígios emergentes da produção, utilização e transmissão de informação através de redes electrónicas de comunicações, é também de molde a levantar as maiores dificuldades.

Além do reconhecimento de sentenças estrangeiras, outras formas de cooperação judiciária internacional (*lato sensu*) assumem hoje grande importância na disciplina das situações plurilocalizadas a que nos vimos reportando. Referimo-nos, nomeadamente, à citação e à notificação no estrangeiro, à obtenção de provas fora do território do Estado do foro e à troca de informações entre autoridades judiciárias de países distintos.

Todas estas formas de colaboração internacional podem ser sobremaneira facilitadas pelo emprego de meios informáticos, *maxime* a transmissão de pedidos e a realização de diligências processuais por via electrónica. Ponto é que, pelo que respeita nomeadamente à tutela da autenticidade, da integridade e da confidencialidade dos documentos transmitidos, esses meios dêem garantias equivalentes às dos meios comummente utilizados.

e) Resolução extrajudicial de litígios. – A ampla divulgação que o comércio electrónico conheceu nos últimos anos trouxe consigo, além de uma intensificação do recurso aos meios extrajudiciais de composição de litígios, a diversificação destes.

Introdução 25

Entre tais meios avulta a denominada *resolução de litígios em linha*, que tem o seu campo de eleição nos litígios emergentes do registo abusivo de *nomes de domínio*[28].

O fenómeno prende-se em larga medida com a necessidade de assegurar a resolução célere dos litígios; mas a ele não é alheia a internacionalização das situações jurídicas, que é inerente a boa parte do comércio electrónico. Esta induz amiúde as partes a atribuírem competência a instâncias extrajudiciais para a resolução dos litígios actuais ou eventuais que as oponham, dada a certeza quanto ao modo de resolução de tais litígios daí resultante e as maiores garantias de neutralidade que essas instâncias oferecem.

Em princípio, esta evolução afigura-se merecedora da tutela do Direito. Primeiro, porque geralmente os particulares estão em melhores condições do que o Estado a fim de definirem os modos de composição de litígios que mais lhes convêm: o reconhecimento legal desses meios é, assim, um corolário do princípio da autonomia privada. Segundo, porque, ao alargar-se o leque dos meios de composição de litígios ao dispor dos intervenientes no comércio electrónico, se reforça a segurança jurídica de que este carece. Finalmente, porque, na medida em que possibilite uma redução dos custos da actividade económica levada a cabo através de redes digitais, tal reconhecimento favorece a eficiência económica.

Importa, no entanto, assegurar que o recurso a tais meios se não converta em uma forma de iludir as disposições legais imperativas a que se subordina o comércio electrónico, *maxime* aquele que se processa entre empresas e consumidores.

De característico tem a composição de litígios através de meios electrónicos a circunstância de dispensar a presença física no mesmo local dos sujeitos processuais e outros intervenientes no processo. Levanta-se, pois, a questão de saber se, por essa circunstância, o processo a observar pelos tribunais arbitais e por outras instâncias extrajudiciais, assim como a determinação por estas do Direito aplicável ao mérito da causa, se subordinam a regras e princípios específicos.

A hipótese de uma *lex electronica*, a aplicar pelos tribunais arbitrais e outras instâncias extrajudiciais de resolução de litígios, em alternativa a qualquer Direito estadual, e bem assim de uma «deslocalização» das situa-

---

[28] Nesta matéria sobressai, como se verá adiante, a actividade desenvolvida pelo Centro de Arbitragem e Mediação da Organização Mundial da Propriedade Intelectual: cfr. *infra*, § 7.°/IV.

ções jurídicas constituídas no âmbito do comércio electrónico, tem a este respeito sido colocada com particular insistência.

Outro problema que se suscita a este propósito é o da eficácia internacional das decisões proferidas no âmbito dos referidos processos extrajudiciais de composição de litígios, bem como dos negócios jurídicos neles celebrados pelas partes.

Como se verá adiante, embora frequentemente os meios extrajudiciais de composição de litígios culminem em acordos ou decisões vinculativos para as partes, nem sempre se mostra viável dar realização material coactiva além fronteiras ao que neles se estipula ou determina: não raro, apenas é possível sancionar o seu incumprimento por meios informais, como a publicação ou disponibilização em linha daqueles acordos ou decisões. A não ser, evidentemente, que o interessado obtenha a prévia condenação da contraparte no seu cumprimento mediante uma acção instaurada perante os tribunais judiciais. Mas, neste caso, o sentido precípuo do recurso aos meios extrajudiciais fica de alguma sorte comprometido. A eficácia transfronteiras de tais acordos e decisões constitui, por isso, um dos aspectos do regime jurídico dos meios extrajudiciais de composição de litígios emergentes do comércio electrónico presentemente mais carecido de revisão.

§ 2.°
Razões da eleição da problemática internacional da sociedade da informação como tema de uma disciplina do curso de mestrado em Direito

I – RAZÕES JUSTIFICATIVAS DO ENSINO UNIVERSITÁRIO DO TEMA

Para muitos dos problemas acima colocados, em particular aqueles que contendem com a regulação jurídica das situações privadas internacionais, não existem ainda respostas seguras na doutrina, na jurisprudência e na lei.

Em diversos países estrangeiros eles são, no entanto, objecto de um intenso debate doutrinal, que deu origem a importantes monografias[29],

---

[29] Mencionem-se, a título de exemplo, os estudos de Jane Ginsburg, «The Private International Law of Copyright in an Era of Technological Change», *in Rec. cours*, vol. 273 (1998), pp. 239 ss.; Carsten Intveen, *Internationales Urheberrecht und Internet*, Baden-Baden, 1999; Michael von Hinden, *Persönlichkeitsverletzungen im Internet. Das anwendbare Recht*, Tubinga, 1999; Suzanne Muth, *Die Bestimmung des anwendbaren Rechts bei Urheberrechtsverletzungen im Internet*, Frankfurt a. M., etc., 2000; Jochen Nerenz, *Urheberschutz bei grenzüberschreitenden Datentransfers: Lex Loci Protectionis und Forum Delicti*, Konstança, 2000; Frank Peter Regelin, *Das Kollisionsrecht der Immaterialgüterrechte an der Schwelle zum 21. Jahrhundert*, Frankfurt a. M., 2000; Alfonso Calvo Caravaca/Javier Carrascosa González, *Conflictos de Leyes y Conflictos de Jurisdicción en Internet*, Madrid, 2001; Ugo Draetta, *Internet e commercio elettronico nel diritto internazionale dei privati*, Milão, 2001; Markus Fallenböck, *Internet und Internationales Privatrecht*, Viena/Nova Iorque, 2001; Tanja Kristin, *Das Deliktsstatut bei Persönlichkeitsrechtsverletzungen über das Internet*, Munique, 2001; Christiane Bierekoven, *Der Vertragsabschluss via Internet im internationalen Wirtschaftsverkehr*, Colónia, etc., 2001; Vincent Gautrais, *Le contrat électronique international*, 2.ª ed., Lovaina, 2002; Christoph Glatt, *Vertragsschluss im Internet*, Baden-Baden, 2002; Markus Junker, *Anwendbares Recht und internationale Zuständigkeit bei Urheberrechtsverletzungen im Internet*, Kassel,

28 *Problemática internacional da sociedade da informação*

recolhas de estudos[30] e até publicações periódicas[31]; e têm esses problemas sido também versados em decisões judiciais amplamente divulgadas e discutidas[32], em leis e projectos de leis[33], em trabalhos preparatórios de convenções internacionais[34] e em outros instrumentos normativos emanados de organizações internacionais[35].

2002; Olivier Cachard, *La régulation internationale du marché électronique*, Paris, 2002; Eric A. Caprioli, *Règlement des litiges internationaux et droit applicable dans le commerce électronique*, Paris, 2002; e Henrik Spang-Hanssen, *Cyberspace & International Law on Jurisdiction*, Copenhaga, 2004.

[30] Cfr., *v.g.*, Katharina Boele-Woelki/Catherine Kessedjian (orgs.), *Internet. Which Court Decides? Which Law Applies?*, Haia/Londres/Boston, 1998; Georges Chatillon (org.), *Le droit international de l'internet*, Bruxelas, 2002; Henk Snijders/Stephen Weatherill (orgs.), *E-Commerce Law. National and Transnational Topics and Perspectives*, Haia/Londres/Nova Iorque, 2003; Stefan Leible (org.), *Die Bedeutung des Internationalen Privatrechts im Zeitalter der neuen Medien*, Estugarda, etc., 2003.

[31] É o caso da *Computer Law Review International*, publicada em Colónia, e da sua antecessora, *Computer und Recht International*, publicada no mesmo local.

[32] De que são exemplos as que foram proferidas pelo *Tribunal de Grande Instance de Paris* e pelo *U.S. District Court for the Northern District California* no caso *Yahoo!*; e pelo *High Court of Australia*, no caso *Dow Jones Co. v. Gutnick*. Delas nos ocuparemos *ex professo* adiante, no § 7.°, n.°s 4.1. e 15.2.

[33] Ocupam-se destas questões, nomeadamente, as secções 109 e 110 do *Uniform Computer Information Transactions Act (UCITA)* norte-americano, de 1999; o § 4 da *Lei dos Teleserviços* alemã, na redacção dada pela lei de 9 de Novembro de 2001; os arts. 2 a 5 da lei espanhola n.° 34/2002, de 11 de Julho de 2002, sobre os *Serviços da Sociedade da Informação e o Comércio Electrónico*; os arts. 3 a 5 do Decreto Legislativo italiano de 9 de Abril de 2003, n.° 70; e o art. 17 da *Lei Para a Confiança na Economia Digital*, aprovada pela Assembleia Nacional francesa em 21 de Junho de 2004. Sobre esses preceitos, veja-se *infra*, § 7.°, n.° 9.2.

[34] Cfr., por exemplo, o *Projecto de Convenção Sobre Competência e Reconhecimento de Sentenças em Matéria de Propriedade Intelectual* divulgado em 2001 pela Organização Mundial da Propriedade Intelectual, de que foram co-autoras Rochelle Dreyfuss e Jane Ginsburg (disponível em http://www.wipo.int); e a proposta de um articulado relativo à competência internacional em matéria de direitos de propriedade intelectual, intitulada *International Convention on Jurisdiction and Enforcement – Proposed Alternative Draft for Provisions on Proceedings Involving I.P. Rights*, publicada em 2003 pelo *Max-Planck-Institut für Geistiges Eigentum, Wettberwerbs- und Steuerrecht* (disponível em http://www.ip.mpg.de). Também na discussão do anteprojecto de *Convenção da Haia Sobre a Competência e as Sentenças Estrangeiras em Matéria Civil e Comercial* foram as questões em apreço sido objecto de particular atenção: cfr., sobre o assunto, Katherine Kessedjian, *Les échanges de données informatisées, internet et le commerce électronique*, Haia, 2000, *idem, Commerce électronique et compétence juridictionelle internationale* Haia, 2000, e Avril D. Haines, *The Impact of the Internet on the Judgments*

Introdução 29

Além disso, o tema é ensinado, como se verá adiante[36], em diversas instituições de ensino superior estrangeiras e no âmbito de programas internacionais de estudos pré- e pós-graduados.

No nosso país é ainda relativamente escassa a literatura sobre o tema, embora nos últimos anos a doutrina lhe venha dedicando crescente atenção[37].

Project: Thoughts for the Future, Haia, 2002. Ver ainda *Summary of the Outcome of the Discussion in Commission II of the First Part of the Diplomatic Conference 6-20 June 2001. Interim Text*, no qual se apresentam diversas propostas de alterações ao texto do referido anteprojecto, tendo em vista resolver as questões suscitadas pelo comércio electrónico. Em 2002, o Secretariado Permanente da Conferência da Haia de Direito Internacional Privado reconhecia que a falta de consenso quanto às questões suscitadas pela Internet e pelo comércio electrónico constituía um dos principais obstáculos ao progresso na elaboração da referida convenção: cfr. *Quelques réflexions sur l'etat actuel des negotiations du projet sur les jugements dans le contexte du programme de travail future de la conférence*, Haia, 2002, p. 5 (textos disponíveis em http://www.hcch.net). Por último, as incidências do comércio electrónico não foram descuradas no *Livro verde relativo à transformação da Convenção de Roma de 1980 sobre a lei aplicável às obrigações contratuais num instrumento comunitário e a sua modernização* (documento COM (2002) 654 final), divulgado pela Comissão Europeia em 2003.

[35] Cfr. a *Recomendação Conjunta Sobre a Protecção das Marcas e Outros Direitos de Propriedade Industrial na Internet* (*Joint Recommendation Concerning Provisions On The Protection of Marks, And Other Industrial Property Rights in Signs, On The Internet*), adoptada em 2001 pela Assembleia Geral da União de Paris para a Protecção da Propriedade Industrial e pela Assembleia Geral da Organização Mundial da Propriedade Intelectual (disponível em http://www.wipo.int).

[36] Cfr. *infra*, § 4.°.

[37] Haja vista, nomeadamente, aos estudos de Alexandre Dias Pereira, «Os pactos atributivos de jurisdição nos contratos electrónicos de consumo», *in Estudos de Direito do Consumidor*, n.° 3, Coimbra, 2001, pp. 281 ss., e «A jurisdição na internet segundo o Regulamento 44/2001 (e as alternativas extrajudiciais e tecnológicas»), *BFDUC*, 2001, pp. 633 ss.; Luís de Lima Pinheiro, «Direito aplicável à responsabilidade extracontratual na Internet», *RFDUL*, 2001, pp. 825 ss., e «Competência internacional em matéria de litígios relativos à Internet», *in* AAVV, *Direito da Sociedade da Informação*, vol. IV, Coimbra, 2003, pp. 171 ss. (também publicado em *Estudos em homenagem ao Prof. Doutor Inocêncio Galvão Telles*, vol. V, pp. 695 ss.); Elsa Dias Oliveira, *A protecção dos consumidores nos contratos celebrados através da Internet*, Coimbra, 2002, «Lei aplicável aos contratos celebrados com os consumidores através da Internet e tribunal competente», *in Estudos de Direito do Consumidor*, n.° 4, Coimbra, 2002, pp. 219 ss., e «Contratos celebrados através da Internet», *in* Luís de Lima Pinheiro (coordenador), *Estudos de Direito Comercial Internacional*, vol. I, Coimbra, 2004, pp. 219 ss.; António Marques dos Santos, «Direito aplicável aos contratos celebrados através da Internet e tribunal competente», *in* AAVV, *Direito da Sociedade da Informação*, vol. IV, Coimbra, 2003, pp. 107 ss.; e aos

30 *Problemática internacional da sociedade da informação*

Por outro lado, entraram recentemente em vigor em Portugal novas regras de conflitos de jurisdições[38] e de conflitos de leis no espaço[39] que contemplam especificamente o comércio electrónico em situações plurilocalizadas, mas que estão longe de esgotar os problemas postos ao Direito Internacional Privado pelo advento da sociedade da informação.

Sucede que não é actualmente leccionada nos cursos de licenciatura, mestrado e doutoramento em Direito ministrados nas Universidades portuguesas qualquer disciplina que tome a problemática internacional da sociedade da informação como objecto precípuo: o ensino das matérias em apreço acha-se disperso por várias disciplinas desses cursos – *maxime* o Direito Internacional Privado, o Direito Comercial Internacional e o Direito da Sociedade da Informação ou da Informática –, as quais, aliás, não cobrem todo o espectro de problemas a este respeito suscitados.

Ora, além de ser manifesta a sua actualidade, o tema em apreço tem inequívoco relevo dogmático.

Por um lado, porque importa reconduzir aos princípios gerais as normas e institutos dispersos que o Estado e a sociedade vêm gerando em ordem a disciplinar os fenómenos em apreço. Por outro, porque a determinação do regime jurídico dos problemas suscitados pela sociedade da informação no plano internacional obriga amiúde o jurista a transcender os textos legais e a descobrir novas soluções, convocando para tanto os princípios que enformam o sistema jurídico.

Por estes motivos, bem como pelas suas potencialidades enquanto objecto de investigação, impõe-se, também entre nós, uma reflexão de nível universitário a respeito da problemática internacional da sociedade da informação.

---

nossos trabalhos «Lei aplicável à responsabilidade pela utilização ilícita de obras disponíveis em redes digitais», *in Direito Internacional Privado. Ensaios*, vol. I, Coimbra, 2002, pp. 145 ss., «Problemática internacional dos nomes de domínio», *in ibidem*, pp. 167 ss., «Comércio electrónico e responsabilidade empresarial», *in ibidem*, pp. 193 ss., «Meios extrajudiciais de composição de litígios emergentes do comércio electrónico», *in* AAVV, *Direito da Sociedade da Informação*, vol. V, Coimbra, 2004, pp. 145 ss., e «Comércio electrónico e competência internacional», *in* AAVV, *Estudos em homenagem ao Professor Doutor Armando Marques Guedes*, Lisboa, 2004, pp. 903 ss.

[38] Cfr. os arts. 15.º, n.º 1, alínea *c)*, e 23.º, n.º 2, do Regulamento (CE) n.º 44/2001 do Conselho, de 22 de Dezembro de 2000, relativo à competência judiciária, ao reconhecimento e à execução de decisões em matéria civil e comercial.

[39] Vejam-se os arts. 4.º a 6.º do D.L. n.º 7/2004, de 7 de Janeiro, que transpõe para a ordem jurídica nacional a Directiva Sobre o Comércio Electrónico.

Introdução 31

A sua escolha como objecto de uma disciplina dos cursos de mestrado leccionados na Faculdade de Direito de Lisboa constituiria, a nosso ver, um importante ensejo para estimular essa reflexão.

É essa escolha que aqui se propõe e em seguida se procurará explicitar.

II – RAZÕES JUSTIFICATIVAS DO ENSINO PÓS-GRADUADO DO TEMA

a) Integração do tema nos fins da Universidade. – A Universidade tem, decerto, como um dos seus objectivos primordiais conferir aos que nela estudam uma formação básica em determinado ramo do saber, a qual, porventura completada pela aprendizagem de uma profissão, os habilite a exercer esta última[40].

Mas os conhecimentos ministrados na Universidade são também fruto da investigação que nela própria se há-de realizar. A Universidade deve, com efeito, propor-se, como um dos seus objectivos fundamentais, além da transmissão de cultura e da preparação profissional, a *investigação científica*[41]. E não será ocioso lembrá-lo neste lugar, visto que em Portugal, no ano 2000, o Direito era leccionado em 21 estabelecimentos de ensino[42], em muitos dos quais não se realizava qualquer investigação científica; sendo que o próprio financiamento estadual das Universidades públicas, do qual estas fundamentalmente dependem, é ainda hoje essencialmente feito na base do número de *estudantes elegíveis* nelas inscritos,

---

[40] Ver, a este respeito, Diogo Freitas do Amaral, «Relatório sobre o programa, os conteúdos eos métodos do ensino de uma disciplina de Direito Administrativo», *RFDUL*, 1985, pp. 257 ss. (pp. 276 ss.), e Rui Pinto Duarte, *O ensino dos Direitos Reais. Propostas e elementos de trabalho*, Lisboa, 2004, pp. 22 s.

[41] Neste sentido, vejam-se: Inocêncio Galvão Telles, «Fins da Universidade», *RFDUL*, 1951, pp. 5 ss.; Marcelo Caetano, *Pela Universidade de Lisboa! Estudos e orações*, vol. I, Lisboa, 1974, p. 118; António Castanheira Neves, «Reflexões críticas sobre um projecto de "Estatuto da Carreira Docente"», in *Digesta. Escritos acerca do Direito, do Pensamento Jurídico, da sua Metodologia e Outros*, vol. 2.º, Coimbra, 1995, pp. 443 ss. (pp. 449 s.); Marcelo Rebelo de Sousa, *Direito Constitucional I. Relatório*, Lisboa, 1997, pp. 19 ss. (reedição, em volume autónomo, do estudo anteriormente publicado na *RFDUL*, 1986, pp. 227 ss.); *idem, Ciência Política. Conteúdos e métodos*, Lisboa, 1998, pp. 23 ss.; e Miguel Teixeira de Sousa, «Aspectos metodológicos e didácticos do direito processual civil», *RFDUL*, 1994, pp. 337 ss. (pp. 375 ss.).

[42] Cfr. Sandra Duarte Ferreira, *Licenciatura em Direito*, Braga, 2000, p. 8.

32   *Problemática internacional da sociedade da informação*

de *rácios padrão* docentes/discentes, de *custos padrão* de pessoal por aluno e de previsões de despesas de funcionamento[43] – ou seja, de facto independentemente do desempenho dessas instituições no domínio da investigação[44-45].

Ora, a actividade de investigação pode ser levada a cabo frutiferamente não apenas por docentes e investigadores a título individual ou colectivo, mas também em seminários de cursos de mestrado e doutoramento, nos quais, devidamente orientados pelos professores, alunos detentores de uma formação básica estudem e reflictam sobre um tema monográfico e apresentem as suas conclusões, sujeitando-as a discussão. Tal a função de uma disciplina com as características daquela cuja criação aqui preconizamos.

Relativamente à preparação profissional ministrada na Universidade, há-de ainda ter-se presente que esta implica não apenas a existência de cursos que habilitem aqueles que os frequentem a ingressar em determinada profissão, mas também de ensino pós-graduado que possibilite aos que já possuem uma licenciatura a actualização dos seus conhecimentos. Também este objectivo seria realizado através da escolha do tema em apreço como objecto de uma disciplina do curso de mestrado, a qual conferiria aos profissionais do Direito que a frequentassem a preparação científica

---

[43] Haja vista à Portaria n.º 1174/2003, de 6 de Outubro, que estabelece a base do financiamento do ensino superior.

[44] Isto, não obstante a reiterada afirmação, nos textos legais que disciplinam o ensino superior, de que a investigação científica constitui uma missão da Universidade: vejam-se a Lei de Bases do Sistema Educativo (Lei n.º 46/86, de 14 de Outubro), art. 11.º; a Lei de Autonomia das Universidades (Lei n.º 108/88, de 24 de Setembro), art. 1.º; e o Regime Jurídico do Desenvolvimento e da Qualidade do Ensino Superior (aprovado pela Lei n.º 1/2003, de 6 de Janeiro), art. 6.º. Outro tanto estabelecem os Estatutos da Universidade de Lisboa, homologados pelo Despacho Normativo n.º 144/92, publicado no *D.R.* n.º 189, de 18 de Agosto de 1992, no seu art. 15.º. Pelo que respeita à Faculdade de Direito, consulte-se ainda, no mesmo sentido, o *Relatório* da Comissão de Reestruturação da Faculdade de Direito de Lisboa, *RFDUL*, 1992, pp. 635 ss. (pp. 657 s.).

[45] A situação poderá, todavia, alterar-se num futuro não muito distante, se vierem a ser efectivamente tomados em consideração no cálculo das dotações orçamentais das Universidades públicas, como determina o art. 4.º da Lei de Bases do Financiamento do Ensino Superior (Lei n.º 37/2003, de 22 de Agosto), os relatórios de avaliação dos cursos nelas ministrados. Preconizando um modelo de financiamento do ensino superior ligado a critérios de desempenho, vejam-se José Veiga Simão/Sérgio Machado dos Santos/António de Almeida Costa, *Ensino superior: uma visão para a próxima década*, 2.ª ed., Lisboa, 2003, pp. 169 ss.

necessária a fim de enfrentarem os novos problemas jurídicos suscitados pela produção, utilização e transmissão de informação por via electrónica em situações internacionais.

Eis, em síntese, por que se nos afigura que a problemática internacional da sociedade da informação deveria constituir o tema de uma das disciplinas dos cursos de mestrado da Faculdade de Direito de Lisboa.

Essa disciplina seria, atenta a índole das matérias versadas, o Direito Internacional Privado, que, como se verá a seguir, é há largos anos também ensinado ao nível pós-graduado na Faculdade.

Deve, em todo o caso, observar-se que uma disciplina com o objecto e as características da que propomos neste relatório pode também ser ministrada – posto que com diferentes objectivos e métodos de ensino e avaliação – no curso de licenciatura.

Para tanto, seria contudo necessário que o actual plano de estudos da Faculdade de Direito de Lisboa fosse modificado, como é provável que venha a sê-lo no quadro da adaptação da Faculdade à *Declaração de Bolonha*[46].

Essa alteração far-se-ia no sentido de a actual disciplina anual de Direito Internacional Privado passar a integrar o quarto ano do curso de licenciatura (porventura desdobrada em duas disciplinas semestrais, consoante requer a consecução dos objectivos enunciados naquela *Declaração*), incluindo-se no quinto ano (ou equivalente) uma disciplina optativa, com a duração de um semestre, que tomaria, por exemplo, a designação de *Direito Internacional Privado III*.

b) O ensino pós-graduado do Direito Internacional Privado na Faculdade de Direito de Lisboa. Os primórdios.

b) O ensino pós-graduado do Direito Internacional Privado na Faculdade de Direito de Lisboa. Os primórdios. – É muito antiga, na Faculdade de Direito de Lisboa, a preocupação com o ensino pós-graduado.

Já em 1922, numa reunião do Conselho Escolar, o Professor João Tello de Magalhães Collaço, referindo-se a dois projectos de reforma dos estudos de Direito que a Faculdade de Direito de Coimbra enviara à Faculdade de Direito de Lisboa, declarou que:

> «desejaria ver mantido o curso com a duração actual, mas reputa de primeira vantagem a organização dos cursos de Doutoramento, não com o carácter

---

[46] Subscrita a 19 de Junho de 1999 pelos ministros responsáveis pelo ensino superior de 29 países europeus, entre os quais Portugal. O respectivo texto pode ser consultado em http://www.mces.gov.pt.

34 *Problemática internacional da sociedade da informação*

que lhes dá o projecto n.º 2, como condição de acesso às magistraturas e ao exercício da advocacia perante certos tribunais, o que forçadamente implicará a sua vulgarização, mas como selecção e aperfeiçoamento de estudos, e conquista de cultura, designadamente como preparação para o professorado. Com a organização de tais cursos de alta cultura jurídica lucrariam os professores, que doutra forma se estiolarão na repetição do ensino da sciencia feita, e das noções elementares, tornando-se improgressivos, e lucrariam os alunos diplomados capazes de ascender ao professorado, a quem as Faculdades deram, sim, durante o curso ordinário, a instrução suficiente para seguirem êste curso elementar, mas não prepararam para a investigação pessoal. Adoptaria, por isso, o curso normal com cinco anos, preconizando, porém, a criação de cursos de Doutoramento, com carácter diverso do que vem estabelecido no projecto n.º 2.»[47]

Sobre o mesmo assunto, afirmou nessa altura o então Director interino da Faculdade, Professor Abranches Ferrão:

«[a]doptando-se como duração do curso de Direito a duração actual de cinco anos não se vê senão vantagens no estabelecimento dos cursos de Doutoramento com o caracter que lhes desejaria imprimir o Dr. Magalhães Collaço, mas recei[o] que, dada a soma de trabalho que já hoje é exigida dos professores da Faculdade, com os serviços das lições, cursos práticos, e exames, e dada a falta constante de pessoal docente, não seja dado às Faculdades assegurar a regularidade de tais cursos».[48]

A questão viria a ser de novo discutida pelo Conselho da Faculdade na sessão de 2 de Maio de 1927, na qual, a propósito de um projecto de Lei Orgânica das Faculdades de Direito sobre o qual a Faculdade de Direito de Lisboa fora consultada, foi preconizado pelo Professor Paulo Merêa o estabelecimento de cursos de doutoramento, ponto de vista que – declarou – sempre havia sustentado em Coimbra; no que foi aquele Professor secundado pelos Professores Pinto Coelho e Magalhães Collaço, tendo este último salientado que, no seu entender, «deve dar-se a cada Faculdade o direito de instituir os cursos especiais que quiser, de harmonia com as suas condições de recursos pessoais, materiais e de meio»[49].

---

[47] Cfr. *Actas do Conselho da Faculdade de Direito de Lisboa,* vol. I, acta n.º 117, da reunião do Conselho de 22 de Julho de 1922, fls. 106 *recto* e *verso.*

[48] *Ibidem,* fls. 106 *verso* e 107 *recto.*

[49] *Ibidem,* fls. 149 *recto* a 150 *recto.*

c) Continuação. A Reforma de 1928. – Os cursos complementares foram instituídos pela Lei Orgânica das Faculdades de Direito, aprovada pelo Decreto n.° 16.044, de 16 de Outubro de 1928. Aí se previu a existência de dois cursos, sendo um de ciências jurídicas e o outro de ciências político-económicas, cuja composição seria determinada com larga autonomia pelas Faculdades em cada ano lectivo. Tais cursos eram, decerto, complemento de um curso geral com quatro anos e destinavam-se a habilitar os que neles fossem aprovados com o grau de licenciado, que era ao tempo a habilitação mínima para o exercício da advocacia, da magistratura e de várias outras funções públicas. Mas a sua criação teve efeitos largamente positivos no ensino do Direito. Como salientou o Professor Marcello Caetano[50],

> «[a] prática de elaboração de uma dissertação de licenciatura estimulou muitos alunos ao trabalho pessoal e à investigação. A possibilidade dada aos professores de desenvolver temas, monogràficamente, no curso complementar, permitiu-lhes sair da rotina do ensino e até experimentar novos métodos e matérias novas (como em Coimbra sucedeu com a Filosofia do Direito e em Lisboa com o Direito do Trabalho).»

Entre as disciplinas professadas no novo curso complementar de ciências jurídicas contou-se justamente a de Direito Internacional Privado[51].

d) Continuação. A Reforma de 1945. – Em 1941, foi submetido a parecer da Faculdade um projecto de reforma dos estudos de Direito, que foi apreciado pelo Conselho nas reuniões de 18 e 26 de Julho desse ano[52].

---

[50] *Apontamentos para a história da Faculdade de Direito de Lisboa*, Lisboa, 1961, p. 101.

[51] Assim sucedeu, nomeadamente, nos anos lectivos de 1937/38, de 1938/39, de 1941/42, de 1942/43, de 1943/44 e de 1944/45, em que a disciplina foi regida pelo Professor Rocha Saraiva (cfr. *Actas do Conselho da Faculdade de Direito de Lisboa,* vol. II, acta n.° 266, da reunião de 14 de Outubro de 1937, fl. 50 *recto*; acta n.° 269, da reunião de 10 de Outubro de 1938, fl. 51 *verso*; acta n.° 289, da reunião de 1 de Agosto de 1941, fl. 71, *recto*; acta n.° 298, da reunião de 30 de Julho de 1942, fl. 80 *recto*; acta n.° 304, da reunião de 29 de Julho de 1943, fl. 84 *verso*; acta n.° 312, da reunião de 28 de Julho de 1944, fl. 93 *recto*).

[52] *Ibidem,* fls. 63 *verso* e seguintes.

36 Problemática internacional da sociedade da informação

Nas observações então feitas pela Faculdade, sustentou-se – reiterando uma ideia fundamental já defendida em 1936 – a instituição de um curso geral de 5 anos, seguido de cursos facultativos de aperfeiçoamento com a duração de um ano (o 6.°), reservados aos alunos que tivessem obtido a nota mínima de bom na informação final do curso geral e destinados a investigação científica e ao estudo desenvolvido do Direito. O curso geral deveria passar a constituir habilitação para a generalidade das carreiras. Como fundamento desta alteração, aduziu-se no parecer emitido pela Faculdade:

> «O rendimento dos actuais cursos complementares aumentaria, e, com êle, as vantagens que fazem tais cursos imprescindíveis: quer para os estudantes, a quem dão ensejo de se habilitarem a aprofundar questões de direito e a fazer investigações para a elaboração de novos trabalhos; quer para os professores, a quem oferecem a oportunidade de desenvolver capítulos da ciência que ensinam, renovando o seu saber e fugindo à possível rotina do ensino permanente das mesmas disciplinas no Curso Geral.»[53]

Esta orientação viria a ser acolhida no Decreto-Lei n.° 34.850, de 21 de Agosto de 1945, que introduziu importantes modificações na Lei Orgânica das Faculdades de Direito.

Assim, nos termos do art. 2.° deste diploma, o ensino nas Faculdades de Direito passou a compreender um curso geral de cinco anos, constituído pelas disciplinas essenciais à cultura jurídica; e dois cursos complementares de um ano, «destinados principalmente a estimular a iniciativa dos alunos e a aperfeiçoar e especializar a sua formação jurídica».

De acordo com o art. 4.°, um dos cursos complementares seria em Ciências Jurídicas e o outro em Ciências Político-Económicas, sendo «ambos constituídos pelas disciplinas que cada Faculdade designar para um ano lectivo no fim do anterior». Podiam inscrever-se em qualquer dos cursos complementares os alunos aprovados no curso geral com a informação final mínima de 14 valores ou que tivessem obtido essa classificação no 5.° ou no 3.° anos, consoante pretendessem frequentar o curso de Ciências Jurídicas ou de Ciências Político-Económicas (art. 7.°).

Ainda de acordo com a reforma de 1945, as Faculdades de Direito passaram a conferir o grau de doutor em Ciências Histórico-Jurídicas, em Ciências Jurídicas e em Ciências Político-Económicas aos diplomados

---

[53] *Ibidem*, fl. 66 *verso*.

Introdução

com os cursos complementares que, havendo obtido pelo menos a classificação de 16 valores, fossem aprovados no exame de doutoramento (art. 13.°). O acesso ao doutoramento passou, assim, a ficar em princípio reservado aos diplomados nos cursos complementares.

No ano lectivo de 1945/46 o Direito Internacional Privado deixou de ser ensinado no curso complementar da Faculdade de Direito de Lisboa, para passar a sê-lo exclusivamente no curso geral[54]; mas isso não constituiu obstáculo à admissibilidade de dissertações de alunos daquele curso sobre matérias de Direito Internacional Privado[55].

e) Continuação. A Reforma de 1972. – Em 1972, foi reformado, pelo Decreto n.° 364/72, de 28 de Setembro, o regime do ensino do Direito[56]. Esse diploma previu a criação de cursos de pós-graduação destinados, consoante se referia no respectivo preâmbulo, «à investigação nos domínios das ciências jurídicas e à especialização nos vários ramos do direito». Tais cursos teriam a duração de um ano, conferindo a aprovação

---

[54] Sendo que, desde o ano lectivo de 1949/50, a disciplina foi ministrada no 5.° ano desse curso: cfr. a acta n.° 354, da reunião do Conselho de 29 de Julho de 1949, *in Actas do Conselho da Faculdade de Direito de Lisboa,* vol. II, fl. 135 *verso.* Sobre a evolução do ensino do Direito Internacional Privado no curso geral, veja-se António Marques dos Santos, *Defesa e ilustração do Direito Internacional Privado,* Lisboa, 1998, pp. 48 ss.

[55] Neste sentido se pronunciou o Conselho Escolar, em deliberação genérica tomada na reunião de 16 de Dezembro de 1959, *in Actas do Conselho Escolar da Faculdade de Direito de Lisboa,* vol. III, fls. 21 *verso* e 22 *recto.*

[56] Pode ver-se uma descrição dos pressupostos dessa reforma, bem como de outras que a acompanharam, em Rómulo de Carvalho, *História do ensino em Portugal desde a fundação da nacionalidade até ao fim do regime de Salazar-Caetano,* 3.ª ed., Lisboa, 2001, pp. 807 ss. Para uma crítica da reforma, vejam-se: António Sousa Franco, *Finanças Públicas II. Estruturas e políticas financeiras em Portugal. Relatório apresentado para apreciação em provas de concurso para professor catedrático da Faculdade de Direito de Lisboa, com o programa, os conteúdos e os métodos de ensino da disciplina,* Lisboa, 1980 (polic.), pp. 8 s.; Martim de Albuquerque, «História das Instituições. Relatório sobre o programa, conteúdo e métodos de ensino», *RFDUL,* 1984, pp. 101 ss. (pp. 111 ss.); e António Menezes Cordeiro, *Teoria Geral do Direito Civil – Relatório,* separata da *RFDUL,* Lisboa, 1988, pp. 188 ss. A posição do Conselho Escolar da Faculdade de Direito de Lisboa a respeito da reforma, assim como de diversos problemas de interpretação e aplicação por ela suscitados, acha-se expressa nas actas n.°s 579, 580, 581, 582 e 583 das reuniões desse Conselho realizadas, respectivamente, a 10 e 30 de Outubro, a 2 e 25 de Novembro e a 18 de Dezembro de 1972, *in Actas do Conselho Escolar da Faculdade de Direito de Lisboa,* vol. IV, fls. 165 *verso* e seguintes.

38 Problemática internacional da sociedade da informação

neles direito ao diploma da especialidade e, quando a classificação fosse de Bom com Distinção ou Muito Bom, à dispensa de todas as provas necessárias à obtenção do grau de Doutor, excepto a defesa da dissertação, desde que o objecto do curso correspondesse à especialidade do doutoramento (art. 14.°, n.° 5).

Por deliberação tomada na reunião de 31 de Julho de 1973[57], o Conselho Escolar da Faculdade de Direito de Lisboa aprovou, para ser proposto ao Ministro da Educação Nacional nos termos do D.L. n.° 364/72, o plano de estudos dos cursos de pós-graduação a realizar ao abrigo desse diploma legal. Previam-se nesse plano cinco opções, cada uma das quais comportaria duas disciplinas. No curso de Ciências Jurídicas essas disciplinas seriam Direito Civil e Direito Comercial ou Direito Internacional Privado ou Direito Criminal ou Direito Processual, cabendo a opção ao candidato, o qual a deveria indicar no acto da inscrição.

Os cursos não foram, porém, aprovados pelo Ministério a tempo de funcionarem no ano lectivo de 1973-1974[58]; e em 1974 a implementação da reforma de 1972 foi suspensa[59].

f) Continuação. A instituição do Mestrado. – O regime dos graus do ensino superior foi objecto de nova revisão pelo D.L. n.° 304/78, de 12 de Outubro, que previu a concessão pelas Universidades do grau de pós-graduado, mediante a aprovação em cursos de mestrado para esse fim realizados.

Em execução desse diploma, aprovou o Conselho Científico da Faculdade de Direito de Lisboa a criação de cursos nas especialidades de Ciências Histórico-Jurídicas, Ciências Jurídico-Económicas, Ciências Jurídico-Políticas e Ciências Jurídicas[60]. Mas também estes cursos não

---

[57] Cfr. a acta n.° 593, *in Actas do Conselho Escolar da Faculdade de Direito de Lisboa*, vol. V, fls. 13 *verso* e seguintes.

[58] Veja-se a acta n.° 595, da reunião do Conselho Escolar de 27 de Outubro de 1973, *in Actas do Conselho Escolar da Faculdade de Direito de Lisboa*, vol. V, fl. 23 *verso*.

[59] Sobre a sorte da reforma de 1972 na Faculdade de Direito de Lisboa, *vide* Paulo de Pitta e Cunha, «Direito Internacional Económico (Economia Política II/Relações Económicas Internacionais). Relatório sobre o programa, conteúdo e métodos de ensino», *RFDUL*, 1984, pp. 29 ss. (pp. 33 ss.); e António Menezes Cordeiro, *Teoria Geral do Direito Civil – Relatório*, cit., pp. 192 ss.

[60] Cfr. a acta n.° 19, da reunião do Conselho de 13 de Dezembro de 1978, *in Actas do Conselho Científico da Faculdade de Direito de Lisboa 8-3-78 a 16-5-79*, fls. 31 *verso* e seguintes.

Introdução 39

chegaram a funcionar, por ter sido entretanto suspenso o seu regime pela Assembleia da República[61].

Na Faculdade, o ensino pós-graduado do Direito Internacional Privado apenas viria a ser retomado no âmbito do curso especializado conducente ao mestrado, instituído pela Portaria n.º 97/83, de 29 de Janeiro, ao abrigo do D.L. n.º 263/80, de 7 de Agosto, que entretanto criara o grau de mestre.

Esse curso comportava inicialmente quatro áreas de especialização: Ciências Histórico-Jurídicas, Ciências Jurídico-Económicas, Ciências Jurídico-Políticas e Ciências Jurídicas[62]. Nesta última funcionavam, como disciplinas obrigatórias, as de Direito Civil, Direito Comercial e Direito Processual[63]. Mas logo se admitiu que os alunos escolhessem, para realizar a parte optativa do curso, entre outras disciplinas a de Direito Internacional Privado[64].

A essas áreas de especialização foram posteriormente aditadas várias outras, entre as quais, em 1991, a de Ciências Jurídico-Internacionais[65], na qual passou a ser ministrado, como disciplina optativa, o Direito Comercial Internacional; e, em 1994, a de Ciências Jurídico-Empresariais[66], que tem como disciplina obrigatória Direito Comercial.

O ensino das matérias de Direito Internacional Privado far-se-ia durante largo período de tempo no âmbito destas disciplinas.

Assim, na disciplina de Direito Comercial Internacional (bem como, após a sua criação, na de Direito Comercial ministrada aos alunos inscritos na área de especialização de Ciências Jurídico-Empresariais), regida desde a sua criação até ao ano lectivo de 2002/2003 pela Professora Isabel de Magalhães Collaço[67], foram tratados os seguintes temas:

---

[61] Cfr. a acta n.º 22, da reunião do Conselho de 7 de Março de 1979, *in ibidem*, fl. 39 *recto*.

[62] Cfr. o art. 1.º da citada Portaria n.º 97/83.

[63] Portaria n.º 97/83, Anexo, alínea *b)*.

[64] Cfr. o *Comunicado à Escola* de 31 de Janeiro de 1983, subscrito pelo Presidente do Conselho Científico.

[65] Por força do Despacho Reitoral n.º 12/90, publicado no *D.R.* da II série, n.º 32, de 7 de Fevereiro de 1991, pp. 1477 s., proferido sob proposta do Conselho Científico da Faculdade, aprovada na reunião de 8 de Março de 1990, *in RFDUL*, 1991, pp. 641 s.

[66] Pela deliberação n.º 20/94 da Comissão Científica do Senado da Universidade de Lisboa, *in D.R.*, II série, n.º 300, de 29 de Dezembro de 1994.

[67] Cfr. as actas n.ºs 7/91, da reunião do Conselho Científico da Faculdade de 5 de Junho de 1991, *in Actas do Conselho Científico F.D.L. – 1991*, anexo; 11/92, da reunião

40 *Problemática internacional da sociedade da informação*

a) nos anos lectivos de 1991/1992 a 1997/1998 (em que a regência coube, conjuntamente com aquela Professora, aos Professores Carlos Ferreira de Almeida[68] e António Marques dos Santos[69]), *Contratos Internacionais*; *b)* nos anos lectivos de 1998/1999 e 1999/2000 (em que participou também na regência da disciplina o Professor Luís de Lima Pinheiro), *Sociedades Comerciais nas Relações do Comércio Internacional*; *c)* nos anos lectivos de 2000/2001 e 2001/2002, em que a disciplina foi regida pela Professora Magalhães Collaço e por nós próprios, bem como, no segundo desses anos, pelo Professor Luís de Lima Pinheiro, a *Arbitragem Privada Internacional*; *d)* no ano lectivo de 2002/ /2003, no qual a regência coube, conjuntamente, à Professora Magalhães Collaço e ao Professor Lima Pinheiro, de novo *Contratos Internacionais*; e *d)* no ano lectivo de 2003/2004, em que a regência coube ao Professor Luís de Lima Pinheiro, coadjuvado pelo Professor Eduardo Santos Júnior, o mesmo tema.

Por seu turno, a disciplina de Direito Processual Civil tomou como objecto os seguintes temas: *a)* nos anos lectivos de 1993/1994 e 1994/ /1995, em que a regência coube aos Professores Miguel Teixeira de Sousa e António Marques dos Santos, *Processo Civil Internacional*[70] (tendo sido examinada a Convenção de Bruxelas de 1968 Relativa à Competência Judiciária e à Execução de Decisões em Matéria Civil e Comercial); *b)* no ano lectivo de 2002/2003, em que a regência da disciplina foi atribuída ao Professor Miguel Teixeira de Sousa e a nós próprios, o *Processo Civil Europeu*.

---

do Conselho Científico da Faculdade de 29 de Julho de 1999, *in Actas do Conselho Científico F.D.L. – 1992*, anexo; 5/94, da reunião do Conselho Científico da Faculdade de 25 de Maio de 1994, *in Actas do Conselho Científico F.D.L. – 1993-94*, fl. 7; 9/95, da reunião do Conselho Científico da Faculdade de 7 de Junho de 1995, *in Actas do Conselho Científico F.D.L. – 1995*, fl. 6; e 4/99, da reunião do Conselho Científico da Faculdade de 19 de Maio de 1999, *in Actas do Conselho Científico F.D.L. – 1999*, fl. 4. Pelo que respeita ao ano lectivo de 1994/1995, pode também consultar-se o Plano de Estudos anexo à citada deliberação do Senado n.º 20/94. Veja-se ainda Marques dos Santos, *Defesa e ilustração do Direito Internacional Privado*, cit., p. 89, n. 528.

[68] Entre 1992/1993 e 1997/1998.

[69] Entre 1993/1994 e 1998/1999.

[70] Cfr. o Plano de Estudos anexo à citada deliberação do Senado n.º 20/94 e a acta n.º 5/94, da reunião do Conselho Científico da Faculdade de 25 de Maio de 1994, *in Actas do Conselho Científico F.D.L. – 1993-94*, fl. 7. A convite do Professor Miguel Teixeira de Sousa, tivemos o ensejo de participar neste seminário ao longo dos dois anos em que funcionou.

Introdução   41

A disciplina de Direito Internacional Privado propriamente dita apenas foi autonomizada no ano lectivo de 2000/2001, tendo sido regida, entre esse ano lectivo e o de 2002/2003, pelo Professor António Marques dos Santos, coadjuvado, no último destes anos lectivos, pelo Professor Luís de Lima Pinheiro. O tema versado na disciplina foi, durante este período, *Relações entre o Direito Internacional Privado e o Direito Comunitário.*

No ano lectivo de 2003/2004 foi distribuída a regência dessa disciplina à Professora Isabel de Magalhães Collaço, conjuntamente com os Professores Luís de Lima Pinheiro e Eduardo Santos Júnior, tendo sido mantido o tema tratado nos anos anteriores.

g) Balanço. – Vinte anos volvidos sobre a instituição dos cursos de mestrado, parece inequívoco o êxito por estes alcançado.

Só na Faculdade de Direito de Lisboa, estavam neles inscritos, no ano lectivo de 2002/2003, 311 alunos, dos quais 227 frequentavam a parte escolar e 84 se encontravam a preparar a dissertação[71].

A realização desses cursos estimulou fortemente a produção científica no domínio jurídico[72], ascendendo hoje a muitas dezenas as dissertações de mestrado publicadas, entre as quais se incluem várias referentes a temas de Direito Internacional Privado[73].

Àquele êxito não será, evidentemente, alheio o facto de o curso de mestrado, diferentemente dos antigos cursos de pós-graduação, permitir a obtenção de um grau que habilita não só ao exercício de funções docentes a determinado nível, mas também de diversas outras actividades profissionais qualificadas.

Parece-nos, contudo, que ele é também em larga medida atribuível à circunstância de a frequência do curso de mestrado proporcionar àqueles que aspiram a graus académicos superiores, para além de um aprofunda-

---

[71] Cfr. Faculdade de Direito de Lisboa, *Relatório de auto-avaliação. Ano lectivo de 2002/2003*, Lisboa, 2004, polic., pp. 50 s.

[72] Tem sido por muitos sublinhado o enriquecimento da ciência jurídica portuguesa proporcionado pelos numerosos estudos publicados nos últimos vinte anos por alunos dos cursos de mestrado das Faculdades de Direito nacionais. Veja-se neste sentido, por exemplo, António Pinto Monteiro, *Direito Comercial. Contratos de Distribuição Comercial.Relatório*, Coimbra, 2002, pp. 11 e 185.

[73] Cfr. o elenco estabelecido por António Marques dos Santos, em «A criação de um Instituto de Direito Internacional Privado e de Direito Comparado e sua justificação», *in Estudos de Direito Internacional Privado e de Direito Público*, Coimbra, 2004, pp. 385 ss. (pp. 396 s.).

mento da sua cultura jurídica geral, a aquisição de uma experiência que, por via de regra, vem a revelar-se valiosa na realização de trabalhos de investigação de maior fôlego.

h) O ensino pós-graduado do Direito Internacional Privado na Resolução do Instituto de Direito Internacional de 1997. – O ensino pós-graduado do Direito Internacional Privado tem também sido preconizado além-fronteiras.

Ocupou-se do assunto o Instituto de Direito Internacional, na sessão de Estrasburgo, que decorreu entre 26 de Agosto e 4 de Setembro de 1997.

Na Resolução então adoptada[74], o Instituto recomendou que os cursos básicos de Direito Internacional Privado ministrados nas Escolas e Faculdades de Direito fossem complementados por cursos e seminários incidindo, entre outros temas, sobre a Arbitragem Internacional, os Contratos Internacionais, o Direito Internacional das Empresas, os Ilícitos Internacionais e o Direito Internacional da Família e das Sucessões.

III – OUTRAS RAZÕES JUSTIFICATIVAS DA ELEIÇÃO DO TEMA PARA OBJECTO DO PRESENTE RELATÓRIO

A actualidade e o relevo científico da problemática internacional da sociedade da informação, a necessidade de a doutrina nacional lhe consagrar maior atenção, a plena integração do ensino do tema nos fins da Universidade, os antecedentes em matéria de ensino pós-graduado do Direito Internacional Privado na Faculdade de Direito de Lisboa e a circunstância de esse ensino ser preconizado por uma das mais prestigiadas instituições científicas internacionais actuantes neste domínio bastariam, por si sós, para justificar a sua escolha como objecto de uma disciplina do curso de mestrado em Direito ministrado nesta Faculdade e para tema de um relatório, como o que exige o art. 44.°, n.° 2, do Estatuto da Carreira Docente Universitária, sobre o programa, os conteúdos e os métodos de ensino de uma disciplina do grupo a que respeite o concurso para recrutamento de professores associados.

---

[74] Ver Institut de Droit International, «Resolution Adopted by the Institute at its Strasbourg Session. 26 August – 4 September 1997. The Teaching of Public and Private International Law (Tenth Commission)», *RabelsZ*, 1998, pp. 311 ss.

Introdução   43

Mas a opção que a este respeito fizemos foi ainda ditada por considerações de outra ordem, que cumpre explicitar.

Por um lado, pesou na nossa escolha a circunstância de o tema se situar na confluência das disciplinas que, na qualidade de Professor Auxiliar, leccionámos nos últimos quatro anos na Faculdade de Direito de Lisboa[75].

Por outro lado, norteou-nos a preocupação – que o regime vigente inevitavelmente suscita – de evitar a repetição de matérias recentemente versadas em relatórios congéneres[76]; repetição essa que, não raro, tem sido apontada como um dos principais inconvenientes da actual estrutura dos concursos para Professor Associado[77-78].

---

[75] Nessa qualidade, regemos, nos anos lectivos de 2000/2001 a 2003/2004, as disciplinas de Direito Privado I (Direito de Autor e Sociedade da Informacão) e de Direito Internacional Privado, respectivamente dos 4.º e 5.º anos do curso de licenciatura; e em 2002/2003 e 2003/2004, Direito Comparado, também do 4.º ano. No curso de mestrado, leccionámos ainda Direito Comercial Internacional (em 2000/2001 e 2001/2002) e Direito da Sociedade da Informação (desde 2001/2002).

[76] Recorde-se que nos últimos oito anos o Direito Internacional Privado foi objecto, enquanto disciplina do curso de licenciatura, de relatórios de concurso para Professor Associado apresentados por António Marques dos Santos, *Defesa e ilustração do Direito Internacional Privado*, cit.; Rui de Moura Ramos, *Direito Internacional Privado. Relatório sobre o programa, conteúdos e métodos de ensino da disciplina*, Coimbra, 2000; e Luís de Lima Pinheiro, *Um Direito Internacional Privado para o século XXI. Relatório*, suplemento da *RFDUL*, Lisboa, 2001. Ocupou-se de uma disciplina próxima Miguel Teixeira de Sousa, em *Direito Processual Civil Europeu. Relatório apresentado nos termos do art. 9.º, n.º 1, al. a), do Decreto n.º 301/72, de 14 de Agosto, para a prestação de provas de Agregação (Ciências Jurídicas) na Universidade de Lisboa*, Lisboa, 2003 (polic.).

[77] Nesse sentido, veja-se, por exemplo, José de Oliveira Ascensão, «O Relatório sobre "O Programa, o Conteúdo e os Métodos de Ensino" de Direito da Família e das Sucessões do Doutor Rabindranath Capelo de Sousa. Parecer», cit., que escreve, a p. 701: «a exigência repetida de relatórios sobre o ensino de uma disciplina, quer neste concurso quer no concurso para professor agregado, provoca necessariamente a sobreposição de relatórios sobre as mesmas disciplinas. Tal sobreposição não pode ser assacada aos candidatos. Só lamentamos que não possam dedicar o seu esforço a tantas matérias diferentes que esperam ainda ser visitadas». Cfr. ainda, do mesmo autor, «Parecer sobre "O ensino do Direito Comparado" do Doutor Carlos Ferreira de Almeida», *RFDUL*, 1997, pp. 573 ss. (p. 573); *idem*, «Parecer sobre o "Relatório" com o programa, os conteúdos e os métodos de ensino teórico e prático da disciplina de "Introdução ao Direito" do Doutor Fernando José Bronze», *RFDUL*, 1999, pp. 693 ss. (p. 693); *idem*, «Parecer sobre o relatório apresentado pela Doutora Fernanda Palma no concurso para Professor Associado da Faculdade de Direito de Lisboa», *RFDUL*, 2000, pp. 339 ss. (p. 339); *idem*, «O Relatório do Doutor Luís de Menezes Leitão sobre "O Ensino do Direito das Obrigações" – Parecer», *RFDUL*, 2001, pp. 619 ss. (pp. 619 s.).

[78] Para uma crítica, sob diferentes ângulos, do regime legal dos concursos para Professor Associado, consultem-se: António Menezes Cordeiro, *Teoria Geral do Direito*

44 Problemática internacional da sociedade da informação

Ora, a elaboração de relatórios sobre disciplinas com carácter monográfico constitui um ensejo para que os opositores a estes concursos, sem se desviarem dos domínios em que centraram a sua produção científica

---

Civil. Relatório, separata da *RFDUL*, Lisboa, 1988, pp. 30 ss.; José Manuel Sérvulo Correia, «Direito Administrativo II (Contencioso Administrativo). Relatório sobre programa, conteúdos e métodos de ensino», *RFDUL*, 1994, pp. 57 ss. (p. 59); José de Oliveira Ascensão, «Parecer sobre "Aspectos metodológicos e didácticos do Direito Processual Civil". Relatório apresentado pelo Doutor Miguel Teixeira de Sousa ao concurso para preenchimento de uma vaga de professor associado», *RFDUL*, 1994, pp. 439 ss.; Carlos Pamplona Corte-Real, *Direito da Família e das Sucessões. Relatório*, suplemento da *RFDUL*, Lisboa, 1995, p. 12; Jorge Miranda, *Escritos vários sobre Universidade (1969-94)*, Lisboa, 1995, pp. 153 ss.; *idem,* «Parecer sobre o relatório com o programa, os conteúdos e os métodos do ensino teórico e prático da cadeira de Direito Constitucional – II (Direitos fundamentais e comunicação) apresentado pelo Doutor José Carlos Vieira de Andrade», *RFDUL*, 1998, pp. 413 ss. (p. 414); *idem,* «Apreciação do relatório sobre Direito Comunitário I – Programa, conteúdo e métodos de ensino», *RFDUL*, 1999, pp. 711 ss. (p. 711); *idem,* «Parecer sobre o relatório com o programa, os conteúdos e os métodos do ensino teórico e prático da cadeira de Direito Administrativo – I apresentado pelo Doutor Paulo Otero», *RFDUL*, 1999, pp. 717 ss. (pp. 717 s.); *idem,* «Parecer sobre o relatório respeitante ao programa, ao conteúdo e aos métodos de uma disciplina de Direitos Fundamentais apresentado pelo Doutor Pedro Carlos da Silva Bacelar de Vasconcelos», *RFDUL*, 2001, pp. 1681 ss. (p. 1686); Rabindranath Capelo de Sousa, *Direito da Família e das Sucessões. Relatório sobre o programa, o conteúdo e os métodos de ensino de tal disciplina*, Coimbra, 1999, p. 6; Pedro Soares Martinez, «O Direito Bancário – análise de um relatório universitário», *RFDUL*, 2000, pp. 1127 ss. (p. 1128); Eduardo Paz Ferreira, *Direito Comunitário II (União Económica e Monetária). Relatório*, suplemento da *RFDUL*, Lisboa, Coimbra Editora, 2001, pp. 7 ss.; Paulo Otero, *Direito Administrativo. Relatório de uma disciplina apresentado no concurso para Professor Associado na Faculdade de Direito da Universidade de Lisboa*, suplemento da *RFDUL*, Lisboa, 2001, pp. 13 ss.; e Luís de Menezes Leitão, *O ensino do Direito das Obrigações. Relatório sobre o programa, conteúdo e métodos de ensino da disciplina*, Coimbra, 2001, pp. 7 s. Uma apreciação menos severa do sistema em vigor, que procura salientar algumas virtualidades deste, é feita, entre outros, por Vasco Pereira da Silva, *Ensinar Direito (a Direito) Contencioso Administrativo. Relatório sobre o programa, os conteúdos e os métodos de ensino da disciplina de Direito Administrativo II*, Coimbra, 1999, pp. 9 ss.; Maria João Estorninho, *Contratos da Administração Pública (Esboço de autonomização curricular)*, Coimbra, 1999, pp. 22 ss.; Pedro Pais de Vasconcelos, *Teoria Geral do Direito Civil. Relatório*, suplemento da *RFDUL*, Lisboa, 2000, pp. 7 ss.; Vital Moreira, *Organização Administrativa (Programa, conteúdos e métodos de ensino)*, Coimbra, 2001, pp. 12 s. e 103; Luís de Lima Pinheiro, *Um Direito Internacional Privado para o século XXI. Relatório*, suplemento da *RFDUL*, Lisboa, 2001, p. 8; Fernando Araújo, *O ensino da Economia Política nas Faculdades de Direito (e algumas Reflexões sobre Pedagogia Universitária)*, Coimbra, 2001, pp. 10 ss.; Carlos Blanco de Morais, *Direito Constitucional II. Relatório*, suplemento da *RFDUL*, Lisboa, 2001, pp. 9 ss.; Maria Luísa Duarte, *Direito Comunitário II (Contencioso Comunitário). Relató-*

Introdução 45

anterior, explorem matérias novas cuja integração no ensino universitário se mostre necessária – e este é também, quanto a nós, um dever de todo o professor universitário[79].

Será esse, além disso, um modo de promover, numa época de rápida transformação das instituições jurídicas, como a presente, uma mais célere adaptação do ensino praticado nas Faculdades de Direito à evolução dos conhecimentos no domínio da Ciência Jurídica.

Finalmente, tomámos em consideração o facto de o Conselho Científico da Faculdade de Direito de Lisboa ter, em deliberação genérica tomada a 13 de Março de 1991, expressado o entendimento conforme o qual o relatório sobre o programa, o conteúdo e os métodos do ensino de uma disciplina, que deve ser apresentado para efeito do concurso para Professor Associado ou para efeito da obtenção do grau de Agregado, pode, em qualquer das duas situações, versar também: «a) sobre parte significativa de uma disciplina; b) sobre uma disciplina não integrada no Plano de Estudo»[80].

---

rio com o programa, conteúdos e métodos do ensino teórico e prático, suplemento da *RFDUL*, Lisboa, 2003, p. 8; José João Abrantes, *Direito do Trabalho (Relatório)*, Lisboa, 2003, pp. 8 ss.; e Jorge Bacelar Gouveia, *Ensinar Direito Constitucional*, Coimbra, 2003, pp. 41 ss.

[79] Pois, como refere José de Faria Costa, «estudar e investigar, vistas ou olhadas como actividades primaciais, não é tão-só assunção de uma *traditio* que se esgote no diuturno e plácido acto de dar aulas ou em outras andanças de igual valor; é também romper, se disso caso for, com rotinas, fundamentalmente com rotinas do inteligir; encontrar novos temas; fazer aprovar novas disciplinas para efeitos curriculares [...]»: cfr. «O papel da Universidade na formação dos juristas (advogados) (brevíssima apreciação crítica)», *BFDUC*, 1996, pp. 41 ss. (p. 415).

[80] Cfr. a acta n.º 4/91, de 13 de Março de 1991, *in Actas do Conselho Científico F.D.L. – 1991*, fls. 12 s. Fizeram uso da prerrogativa consignada naquela deliberação: António Menezes Cordeiro, *Direito Bancário. Relatório*, Coimbra, 1997; Marcelo Rebelo de Sousa, *Ciência Política. Conteúdos e métodos*, cit.; Maria João Estorninho, *Contratos da Administração Pública*, cit., e Miguel Teixeira de Sousa, *Direito Processual Civil Europeu*, cit. Na Faculdade de Direito de Coimbra, apresentaram relatórios sobre disciplinas não integradas no plano de estudos em vigor, nomeadamente, José Joaquim Gomes Canotilho, «Relatório sobre programa, conteúdos e métodos de um curso de Teoria da Legislação», *BFDUC*, 1987, pp. 405 ss.; João Calvão da Silva, *Direito Bancário*, Coimbra, 2001; e Vital Moreira, *Organização Administrativa (Programa, conteúdos e métodos de ensino)*, cit.

§ 3.º
Indicação de sequência

Definido o tema da disciplina que constitui o objecto do presente relatório e indicadas as razões fundamentais que justificam a sua escolha para este efeito, cabe agora, nos termos do art. 44.º, n.º 2, do Estatuto da Carreira Docente Universitária, delinear o programa da mesma, explicitar o seu conteúdo e apontar os métodos cuja adopção preconizamos no seu ensino e na avaliação dos conhecimentos obtidos pelos estudantes. A isso dedicaremos as páginas que se seguem.

Não constarão deste trabalho propriamente umas lições, pois não é essa, como já foi várias vezes notado[81], a função que, de acordo com o sistema legal vigente, desempenham relatórios do tipo do presente.

Porém, associando-nos a uma orientação que se vem consolidando nas Faculdades de Direito de Lisboa e de Coimbra, não deixaremos de expor com algum desenvolvimento, na parte deste relatório relativa aos conteúdos a leccionar, os principais problemas que, a nosso ver, são suscitados pelo objecto da disciplina, apontando, sempre que possível, vias de solução para os mesmos[82].

---

[81] Cfr. Fausto de Quadros, «Direito Internacional Público – Programa, conteúdos e métodos de ensino», *RFDUL*, 1991, pp. 351 ss. (p. 423); António Menezes Cordeiro, *Direito Bancário.Relatório*, cit., p. 15; e António Pinto Monteiro, *Direito Comercial. Contratos de Distribuição Comercial.Relatório*, cit., p. 19.

[82] Vejam-se, a este propósito, as considerações expendidas por Jorge Miranda, em «Relatório com o programa, os conteúdos e os métodos do ensino de Direitos Fundamentais», *RFDUL*, 1985, pp. 385 ss. (pp. 390 s.); e por Oliveira Ascensão, em «Parecer sobre o "Relatório sobre o programa, o conteúdo e os métodos de ensino da disciplina de Direito e Processo Civil (Arrendamento)" apresentado pelo Doutor Manuel Henrique Mesquita no concurso para Professor Associado da Faculdade de Direito de Coimbra», *RFDUL*, 1996, pp. 603 ss. (p. 604).

Orientação esta que, cumpre referi-lo, se afigura especialmente apropriada aos casos de relatórios sobre disciplinas novas ou que versem sobre temas monográficos não examinados em trabalhos congéneres anteriores, como é o presente.

Incluiremos ainda neste trabalho a bibliografia e os demais elementos de estudo e investigação dos temas que são objecto da disciplina versada.

PARTE I

PROGRAMA DA DISCIPLINA

§ 4.º
Nota sobre o ensino dos temas da disciplina

Os temas que constituem o objecto da disciplina de que tratamos neste relatório são hoje ensinados em cursos professados em diversas universidades portuguesas e estrangeiras, assim como no âmbito de instituições e programas internacionais de ensino superior.

Antes de propormos um programa para a disciplina importa, pois, conhecer a estrutura e as matérias versadas nesses cursos. É o que faremos em seguida.

I – UNIVERSIDADES PORTUGUESAS

1. Lisboa. a) Faculdade de Direito de Lisboa. – Na Faculdade de Direito de Lisboa, o ensino da problemática internacional da sociedade da informação tem sido, como se referiu acima, repartido por diversas disciplinas dos cursos de licenciatura e mestrado.

A temática da sociedade da informação foi introduzida no curso de licenciatura em Direito pelo Professor José de Oliveira Ascensão, que regeu nos anos lectivos de 1999/2000, 2000/2001 e 2001/2002 a disciplina de Direito de Autor e da Sociedade da Informação, ministrada aos alunos do 4.º ano. No segundo semestre de 2000/2001, bem como nos anos lectivos de 2001/2002 a 2003/2004, foi-nos confiada a regência dessa disciplina. No respectivo programa[83] autonomizámos tópicos relativos ao

---

[83] Publicado no *Guia Pedagógico da Faculdade de Direito de Lisboa 2002/2003*, Lisboa, s/d, pp. 197 ss., e no *Guia Pedagógico da Faculdade de Direito de Lisboa 2003//2004*, Lisboa, s/d, pp. 237 ss.

Direito Internacional de Autor e à responsabilidade civil dos provedores de serviços de Internet em situações internacionais.

No curso de licenciatura, os temas em apreço têm também sido versados na disciplina de Direito Internacional Privado[84]. Assim, a partir do ano lectivo de 2001/2002, passámos a inserir nas rubricas «contratos e negócios jurídicos unilaterais» e «direitos intelectuais», da Parte Especial do Direito de Conflitos, a exposição, respectivamente, dos problemas relacionados com a determinação da lei aplicável aos contratos celebrados por consumidores através da Internet e daqueles que suscita a averiguação da lei reguladora da utilização ilícita de obras intelectuais disponíveis em rede. A partir do ano lectivo de 2002/2003 autonomizámos na Parte Especial do Direito de Conflitos uma rubrica sobre «comércio Electrónico». Esses temas são igualmente examinados pelo Professor Luís de Lima Pinheiro, no seu ensino da disciplina[85].

Nos cursos de mestrado em Ciências Jurídicas, em Ciências Jurídico-Empresariais e em Direito Intelectual[86], funcionou, nos anos lectivos de 2000/2001, 2001/2002, 2002/2003 e 2003/2004, uma disciplina de Direito da Sociedade da Informação, tendo como tema «Internet, Direito de Autor e Comércio Electrónico».

Nos anos lectivos de 2000/2001 e 2001/2002, a disciplina foi regida pelos Professores José de Oliveira Ascensão (por nós substituído no segundo semestre de 2001/2002, por este Professor ter entretanto obtido uma licença sabática), Luís de Lima Pinheiro e Luís Menezes Leitão. Nos anos lectivos de 2002/2003 e 2003/2004, a regência esteve a cargo, conjuntamente, do Professor Luís Menezes Leitão e de nós próprios.

Os temas propostos para as exposições individuais dos alunos dessa disciplina[87] incluiram a Directiva sobre o Comércio Electrónico e o Direito aplicável, o Direito aplicável aos contratos celebrados através da Internet, a competência internacional em matéria de litígios contratuais emergentes da Internet, o comércio electrónico e a auto-regulação, o

---

[84] O programa desta disciplina está também publicado no *Guia Pedagógico Faculdade de Direito de Lisboa 2002/2003*, pp. 245 ss. e no *Guia Pedagógico da Faculdade de Direito de Lisboa 2003/2004*, Lisboa, s/d, pp. 345 ss.

[85] Cfr. *Direito Internacional Privado*, vol. II, *Direito de Conflitos. Parte Especial*, 2.ª ed., Coimbra, 2002, pp. 201 e 279 s.

[86] Este último criado por proposta do Conselho Científico da Faculdade, aprovada na sessão de 30 de Janeiro de 2002: veja-se a acta n.° 2/2002, daquela sessão, fl. 2.

[87] Cuja lista completa pode ser consultada em http://www.fd.ul.pt.

Parte I – Programa da Disciplina   53

Direito aplicável à responsabilidade extracontratual por actos praticados através da Internet, a competência internacional em matéria de responsabilidade extracontratual por actos praticados através da Internet, o Direito aplicável ao direito de autor na Internet, o Direito aplicável ao teletrabalho, a competência internacional em matéria de teletrabalho, a *lex electronica* e a resolução extrajudicial de litígios relativos à Internet.

Por seu turno, a disciplina de Direito do Comércio Internacional, ministrada nos cursos de mestrado em Ciências Jurídicas e em Ciências Jurídico-Internacionais foi dedicada, nos anos lectivos de 2000/2001 e 2001/2002, ao tema «arbitragem privada internacional», tendo sido regida pela Professora Isabel de Magalhães Collaço e por nós próprios, bem como, no segundo desses anos, pelo Professor Luís de Lima Pinheiro.

Um dos temas constantes do respectivo programa foi, no ano lectivo de 2000/2001, a «arbitragem *on line*». No ano lectivo de 2001/2002, passou a figurar no programa, além desse tema, a «auto-regulação e arbitragem no âmbito do comércio electrónico».

No ano lectivo de 2003/2004, em que aquela disciplina foi regida pelos Professores Luís de Lima Pinheiro e Eduardo Santos Júnior e teve como tema «contratos internacionais», foram nela examinados os contratos celebrados por meios electrónicos[88].

Refira-se ainda que no curso de pós-graduação sobre Direito da Sociedade da Informação, ministrado na Faculdade desde 1998, a vertente internacional foi examinada em várias lições, entretanto publicadas, proferidas pelos Professores António Marques dos Santos[89] e Luís de Lima Pinheiro[90], bem como por nós próprios[91].

---

[88] Informação que nos foi prestada pelo Professor Lima Pinheiro, o que aqui se agradece.

[89] Cfr. «Direito aplicável aos contratos celebrados através da Internet e tribunal competente», *in* AAVV, *Direito da Sociedade da Informação,* vol. IV, Coimbra, 2003, pp. 107 ss.

[90] Cfr. «Direito aplicável à responsabilidade extracontratual na Internet», *RFDUL*, 2001, pp. 825 ss., e «Competência internacional em matéria de litígios relativos à Internet», *in* AAVV, *Direito da Sociedade da Informação,* vol. IV, Coimbra, 2003, pp. 171 ss.

[91] Cfr. «Problemática internacional dos nomes de domínio», *in* AAVV, *Direito da Sociedade da Informação,* vol. IV, Coimbra, 2003, pp. 167 ss., e «Meios extrajudiciais de composição de litígios emergentes do comércio electrónico» *in* AAVV, *Direito da Sociedade da Informação,* vol. V, Coimbra, 2004, pp. 145 ss.

54 Problemática internacional da sociedade da informação

b) Faculdade de Direito da Universidade Nova de Lisboa. – O plano de estudos do curso de Licenciatura em Direito ministrado na Faculdade de Direito da Universidade Nova de Lisboa compreende uma disciplina optativa de Direito da Informática, cuja regência foi atribuída à Professora Maria Eduarda Gonçalves, com o seguinte programa[92]:

> *Direito da Informática, Direito da Telemática, Direito do Ciberespaço, Direito da Informação. Direitos e regulação pública na sociedade da informação.*
> *A era da informática. Propriedade intelectual e liberdade de informação. A protecção de dados pessoais. Liberdade de acesso e comercialização da informação do sector público.*
> *O regime da criminalidade informática. «Sociedade» ou «mercado» da informação?*
> *A era do ciberespaço. Modelos de regulação do ciberespaço. A regulação do comércio electrónico. Regulação de conteúdos e liberdade de expressão. A protecção dos direitos de autor na Internet. Protecção da vida privada e dos dados pessoais na Internet. Internet e informação do sector público. Regulação e governação do ciberespaço: do nacional ao local, do internacional ao global.*

2. Coimbra. – Na Faculdade de Direito de Coimbra, a disciplina de Direito Internacional Privado encontra-se presentemente incluída no 4.º ano do curso de licenciatura em Direito[93], tendo a respectiva regência sido atribuída, no ano lectivo de 2003/2004, ao Assistente Nuno Castelo Branco.

Entre os temas versados na disciplina incluem-se as «novas tendências em matéria de contratos, na perspectiva do Regulamento Comunitário "Roma I", nomeadamente, em matéria de contratos celebrados por consumidores, de comércio electrónico e de aplicação ou consideração de normas de aplicação necessária e imediata»[94].

É, porém, sobretudo no âmbito do *Curso de Direito da Comunicação*, dirigido pelo Professor António Pinto Monteiro, que o ensino das matérias

---

[92] Disponível em http://www.fd.unl.pt.

[93] Para uma crítica dessa solução, veja-se Rui de Moura Ramos, *Direito Internacional Privado. Relatório sobre o programa, conteúdos e métodos de ensino da disciplina*, Coimbra, 2000, pp. 19 s.

[94] Cfr. o sumário da 48.ª lição, proferida pelo regente da disciplina em 30 de Março de 2004.

Parte I – Programa da Disciplina

relacionadas com a sociedade da informação tem sido feito na Faculdade de Direito coimbrã.

Entre as disciplinas professadas nesse curso inclui-se a de *Direito da Informática*, regida pelos Conselheiros Garcia Marques e Lourenço Martins.

Os aspectos internacionais não são descurados no ensino dessa disciplina por estes autores, para quem uma das características distintivas do Direito da Informática é justamente a sua *dimensão internacional*[95]. Assim é que, a respeito da protecção de dados pessoais, são examinados no curso os problemas relativos aos fluxos transfronteiras de dados[96]; no capítulo dedicado à protecção jurídica das bases de dados são tratadas as situações plurilocalizadas[97]; no que se refere à protecção jurídica do *software* aparece autonomizada uma rubrica relativa à sua tutela internacional[98]; e a propósito da criminalidade informática é também versada a cooperação internacional[99].

II – UNIVERSIDADES ESTRANGEIRAS

1. Espanha. – Na Faculdade de Direito da Universidade Complutense de Madrid, é professada uma disciplina de Direito Internacional Privado incluída no *curriculum* do curso de licenciatura.

O programa dessa disciplina[100], da responsabilidade dos Professores José Carlos Fernández Rozas, Victor Fuentes Camacho, Pedro De Miguel Asensio, Elena Artuch Iriberri e Francisco J. Aramendia Guerrea, compreende um capítulo sobre o tema «Internet», no qual são versados os seguintes tópicos:

1. *Alternativas de reglamentación de Internet.*
2. *Evolución del ordenamiento jurídico estatal: A) Sectores afectados. B) Nuevos paradigmas normativos. C) Ley de servicios de la sociedad de la información: ámbito de aplicación y criterio de la ley de origen.*

---

[95] Cfr. *Direito da Informática*, Coimbra, 2000, p. 66.
[96] Cfr. ob. cit., pp. 156 s., 224 s., 263 e 285 ss.
[97] Cfr. ob. cit., pp. 381 s.
[98] Cfr. ob. cit., pp. 487 ss.
[99] Cfr. ob. cit., pp. 543 ss.
[100] Disponível em http://www.ucm.es/derinter/privado/docencia.htm.

4. *Nombres de dominio: A) Estructura del sistema, organismos responsables y critérios de adjudicación. B) Contraposición entre marcas y nombres de dominio. C) Política de solución de controvérsias de ICANN.*
5. *Aplicación de los critérios de conexión territoriales en el marco de Internet.*
6. *Tutela de derechos de propiedad industrial, competência desleal y propiedad intelectual:A) Órganos competentes. B) Ley aplicable. C) Reconocimiento de decisiones.*
7. *Contratación electrónica: A) Competência judicial internacional. B) Derecho aplicable.*
8. *Protección de datos personales. A) Armonización internacional y ley aplicable. B) Movimientos internacionales de datos.*
9. *Ilícitos civiles en Internet: A) Determinación de los responsables. B) Competência judicial. C) Ley aplicable.*

Na mesma Faculdade, é ministrado um curso de mestrado em Direito Internacional e Relações Internacionais (*Master en Derecho Internacional y Relaciones Internacionales*), dirigido pelos Professores Celestino del Arenal Moyúa, José Carlos Fernández Rozas e Luis Ignacio Sánchez Rodríguez, Catedráticos da Universidade Complutense de Madrid.

Nesse curso, com a duração de 550 horas, inclui-se um módulo intitulado *Comercio Electrónico Internacional*, em que são examinados os seguintes temas:

Regulación internacional de Internet

   I. Alternativas de reglamentación de Internet.
   II. Manifestaciones y límites de la autonomía normativa.
   III. Instituciones de coordinación de la Red: 1. Organismos relevantes: ISOC, IAB, IETF, IRTF, IANA e ICANN. 2. Instrumentos normativos; 3. Alcance de la ordenación institucional.
   IV. Evolución del ordenamiento jurídico estatal: 1. Sectores afectados. 2. Nuevos paradigmas normativos. 3. Adaptación del ordenamiento jurídico.
   V. Registro de nombres de dominio: 1. Régimen de control de ICANN. 2. Nombres de dominio geográficos. 3. Procedimientos de solución de controversias.

Bienes inmateriales y comercio electrónico

   I. La tutela de la propiedad industrial como límite a los nombres de dominio: 1. Protección de derechos de exclusiva sobre signos distintivos. 2. Utilización del signo en el tráfico económico. 3. Identificación de productos y servicios y similitud de signos. 4. Competencia desleal.

II. Eficacia de otras instituciones de protección de denominaciones.

III. La propiedad industrial como garantía de los nombres de dominio. 4. Infracción de derechos sobre signos distintivos en Internet: 1. Actividades constitutivas de violación de marca. 2. Acciones en defensa de la marca.

IV. Publicidad en Internet: 1. Configuración de la publicidad y régimen de las comunicaciones comerciales. 2. Normativa sobre publicidad y tutela de la competencia desleal.

V. Derechos de propiedad intelectual: 1. Evolución del marco regulador. 2. Objetos protegidos y sujetos beneficiarios. 3. Contenido de los derechos y adaptación a la sociedad de la información. 4. Actividades constitutivas de infracción. 5. Determinación de los responsables. 6. Protección de medidas tecnológicas y de gestión de derechos.

VI. Aspectos procesales de la tutela transfronteriza de la propiedad intelectual.

VII. Régimen jurídico aplicable: 1. Convenios internacionales y configuración de la regla de conflicto. 2. Determinación de la ley aplicable a la infracción.

Contratación electrónica

I. Comercio electrónico directo e indirecto.

II. Contenido y significado de los acuerdos de EDI.

III. Contratos relativos a Internet: 1. Acceso. 2. Diseño de páginas web. 3. Alojamiento.

IV. Formación del contrato: 1. Presupuestos. 2. Requisitos de forma. 3. Determinación del momento de celebración. 4. Condiciones generales de la contratación. 5. Régimen de protección de los consumidores.

V. Seguridad y prueba del contrato: 1. Sistemas criptográficos. 2. Regulación y efectos de la firma electrónica. 3. Eficacia transfronteriza de los certificados.

VI. Ejecución del contrato: 1. Prestaciones de acceso y licencia en línea. 2. Pago de obligaciones pecuniarias y dinero electrónico.

Solución de controvérsias y legislación aplicable

I. Alcance de las jurisdicciones estatales en el comercio por Internet.

II. Marco normativo: la situación en Europa (CB y RCB), España (LOPJ) y EEUU.

III. Configuración y validez de las cláusulas atributivas de competencia a tribunales estatales: 1. Artículos 17 CB, 23 RCB y 22.2 LOPJ. 2. Incorporación de las cláusulas contenidas en condiciones generales de la contratación. 3. Restricciones específicas en el comercio con consumidores.

IV. Otros criterios atributivos de competencia a los tribunales españoles (y de países comunitarios): 1. Domicilio del demandado. 2. Lugar de ejecución del contrato: entrega de mercaderías y prestación de servicios. 3. Lugar de celebración del contrato. 4. Repercusión de las normas de competencia en otras materias: supuestos de responsabilidad extracontractual e infracción de derechos de autor.
V. Fueros de protección en materia de contratos de consumo.
VI. Arbitraje y contratación electrónica.
VII. Determinación del régimen jurídico aplicable: 1. Modalidades de autorregulación en el comercio electrónico. 2. La Directiva sobre el comercio electrónico y la aplicación de la ley de origen del prestador de servicios. 3. Elección por las partes de la ley aplicable y restricciones en los contratos de consumo. 4. Legislación aplicable en defecto de elección: A) Criterios de solución: modelo europeo (art. 4 CR) y modelo americano (UCITA); B) Contratos de compraventa; C) Contratos de prestación de servicios: contratos de acceso y de licencia; D) Régimen de los contratos de consumo.

Ainda na Faculdade de Direito da Universidade Complutense de Madrid, funciona um programa de doutoramento (*Doctorado*) com o título *Nuevas perspectivas del derecho económico y del comercio internacional.*

Entre as disciplinas nele incluídas conta-se a de *Derecho Privado de Internet*, cuja regência está a cargo do Professor Pedro De Miguel Asensio, autor de uma monografia com o mesmo título[101], na qual é dado amplo desenvolvimento aos problemas de Direito Internacional Privado suscitados pelo advento da Internet.

2. França. – Na Universidade de Paris I, é ministrado, desde o ano lectivo de 2002/2003, um curso, com a duração de um ano lectivo, tendente à obtenção do *Diplôme d'études supérieures spécialisées (DESS) Droit de l'internet*, dirigido por Georges Chatillon.

O plano de estudos desse curso[102] compreende disciplinas obrigatórias e facultativas.

Nas primeiras incluem-se as seguintes:

– *Introduction générale à l'Internet public et privé;*
– *Droit des données et de leur protection;*

---

[101] *Derecho Privado de Internet*, 3.ª ed., Madrid, 2002.
[102] Disponível em http://dess-droit-internet.univ-paris1.fr/formation.php.

Parte I – Programa da Disciplina

- *L'Administration électronique et les usagers;*
- *Régulations communautaires et comparées des T.I.C.;*
- *Droit de l'Administration électronique et des téléprocédures;*
- *Droit des contrats: commerce électronique, informatique, accès aux réseaux;*
- *Connaissance des réseaux;* e
- *Informatique, protocoles des téléservices, interopérabilité, logiciels libres, protection, sécurité, cryptage, signature électronique.*

Entre as disciplinas facultativas do curso conta-se a de Direito Internacional Privado.

3. Itália. – Na Universidade de Pádua (*Università degli Studi di Padova*), funciona um curso de mestrado (*master universitario di II livello*) sobre *Diritto della Rete*[103], dirigido pelo Professor Tito Ballarino[104].

Esse curso, com 300 horas lectivas, encontra-se dividido em nove módulos, que versam respectivamente sobre *Informática Jurídica e Direito da Internet, Direito Internacional, Direito da União Europeia, Direito Privado, Direito Tributário, Direito Industrial, Direito Penal, Direito Administrativo* e *Direito da Economia.*

No módulo de *Direito Internacional* são examinados os seguintes temas:

A – *Diritto internazionale. – Introduzione al diritto internazionale: fonti e casi pratici – Il problema della transnazionalità del Web: verso un nuovo ordinamento? – Le convenzioni internazionali applicate alla Rete – L'amministrazione di Internet nel mondo – Le convenzioni internazionali sulle telecomunicazioni.*

B – *Procedura civile e diritto internazionale privato. – Aspetti di diritto processuale e controversie legate alla rete: competenza e giurisdizione – Tendenze internazionali – Questioni pratiche in tema di competenza interna ed internazionale – Problematiche di diritto internazionale pri-*

---

[103] Vejam-se, sobre o curso, os sítios da Universidade de Pádua com os endereços http://www.unipd.it e htttp://www.notiziariogiuridico.it/master_dirittodellarete2_2004_2.html.

[104] A quem se devem, nomeadamente, as obras *Internet nel mondo della legge*, Milão, 1998; *Diritto Internazionale Privato*, 3.ª ed., Pádua, 1999 (em colaboração com Andrea Bonomi); e *Manuale breve di Diritto Internazionale Privato*, Pádua, 2002.

vato e rete Internet: quadro generale Applicabilità delle norme di d.i.p. a Internet – La nascita di una nuova lex mercatoria – La notificazione all'estero – La formazione del contratto on line.

4. Bélgica. – Na Bélgica, a Universidade Livre de Bruxelas confere um *Diplôme d´Études Spécialisées en Droit International*, com uma especialização em *Droit International des Affaires*.

Entre as disciplinas obrigatórias desta especialização inclui-se a que tem como designação *Droit international du commerce électronique et de la propriété intellectuelle*, regida pelo Professor Arnaud Nuyts.

É o seguinte o programa dessa disciplina[105]:

I. Introduction

A. Le contexte du commerce électronique. a) L'évolution de la technologie et de la société numérique. b) Définition et caractères du commerce électronique. c) Développement du commerce électronique.

B. L'impact sur la propriété intellectuelle. a) Migration de la propriété intellectuelle vers l'internet. b) L'importance de la protection de la propriété intellectuelle sur internet. c) Les menaces pesant sur la protection de la propriété intellectuelle liées à l'internet.

II. Les litiges transfrontières du commerce électroniqueet de la propriété intellectuelle

C. Le contentieux international «classique» de la propriété intellectuelle. 1. La jurisdiction compétente en droit judiciaire européen. – a) La compétence exclusive en matière de propriété intellectuelle. b) Les règles ordinaires de compétence et la propriété intellectuelle. c) Les mesures provisoires et conservatoires. 2. La loi applicable.

D. L'impact des nouvelles technologies: la remise en cause de l'approche traditionnelle du droit international privé. 1. La conception traditionnelle fondée sur le concept de territorialité. 2. Le défi posé par les nouvelles technologies. 3. L'essor des modes alternatifs de règlement des conflits. 4. La persistance du recours à la justice nationale: les trois catégories de relations juridiques sur internet.

E. L'organisation de l'activité.

F. Les transactions électroniques entre professionnels (B-to-B). 1. La juridiction compétente. a) Clause attributive de juridiction (art. 23 du règlement). b) Domicile du défendeur (art. 2 du règlement). c) Compétence

---

[105] Disponível em http://www.dipulb.be.

spéciale: matière contractuelle (article 5-1 du règlement). d) Compétence spéciale: établissement (article 5-5 du règlement). 2. La loi applicable. a) L'application de la Convention de Vienne sur la vente internationale de marchandises. b) L'application du droit national selon les règles de conflits. c) L'impact de la directive sur le commerce électronique.

G. Les transactions électroniques avec les consommateurs (B-to-C). 1. La juridiction compétente. a) Opposition entre deux conceptions. b) Article 15 du règlement Bruxelles I. c) Interprétation du texte. 2. La loi applicable.

H. La responsabilité extra-contractuelle. 1. La juridiction compétente. 2. La loi applicable. 3. La reconnaissance et l'exécution du jugement. 4. Questions de droit pénal.

I. Les questions spécifiques relatives à la propriété intellectuelle sur l'Internet.

J. Droit d'auteur et droits connexes. B. Marques et autres signes distinctifs. C Noms de domaine.D. Brevets.

5. Alemanha. – Na Alemanha, o ensino e a investigação nos domínios do Direito da Informação e da Informática Jurídica têm sido feitos com especial profundidade na Faculdade de Direito da Universidade de Münster (*Juristische Fakultät der Westfälischen Wilhelms-Universität Münster*), onde funciona o *Institut für Informations-, Telekommunikations- und Medienrecht*, dirigido pelo Professor Thomas Hoeren.

Os frutos desse trabalho acham-se condensados na obra fundamental deste autor, intitulada *Grundzüge des Internetrechts*, de que existe 2.ª edição, publicada em 2002[106].

Aí se examinam, nomeadamente, os problemas relativos aos nomes de domínio (§ 4), à utilização de bens imateriais na Internet (§ 5), à publicidade em rede (§ 6), à contratação electrónica (§ 6), à protecção de dados (§ 7) e à responsabilidade por serviços prestados em rede (§ 8).

A respeito de todos eles são autonomamente tratadas as questões suscitadas pelos conflitos de leis no espaço. Em separado, o autor ocupa-se ainda dos problemas de processo civil internacional relacionados com as violações de direitos sobre bens imateriais, os litígios em matéria contratual, a execução de sentenças estrangeiras e a resolução de conflitos em linha (§ 10).

---

[106] A obra está também disponível em linha, no sítio do referido Instituto, com o endereço http://www.uni-muenster.de/Jura.itm/hoeren, em versão actualizada em Julho de 2004.

62 *Problemática internacional da sociedade da informação*

6. Reino Unido. – Na Universidade de Londres, é ministrado um curso sobre *Internet Law*, conducente ao grau de *Master of Laws* (*LL.M*).

Esse curso, que funciona no âmbito do *Centre for Commercial Law Studies*, daquela Universidade, dirigido pelo Professor Chris Reed[107], teve no ano lectivo de 2002/2003 o seguinte programa[108]:

Part I – Structure and Characteristics of the Internet

1. Introduction. – Overview of the course.

2-3. Structure and Characteristics of the Internet. – What is the Internet?; Technology: packet switching, structure of the Internet, network of networks, penetrating the cloud, underlying protocols etc; Applications, actors and activities; Distributed nature of the Internet, irrelevance of location, virtual enterprises, dematerialization, nature of Internet "documents", copying, the www and linking, time and speed, borderless nature of the Internet, geolocation tools; Old and new business models: B2C and B2B marketplaces, Portals, Auctions & Reverse Auctions, Power Shopping, Financing models, advertising; are travel agents, porn and gambling the only commercially successful businesses? How will e-commerce develop?

Part II – Transactional Issues for Lawyers

4. Setting up the Infrastructure I. – Signing Up with an ISP; Registration with a Search Engine; Designing a Website, IPR ownership, IPR infringement; Infrastructure Agreements; Weblinking.

5. Setting up the Infrastructure II. – The Domain Name System, Obtaining a Domain Name, Conflict with Trade Marks; Metatags & Trade Marks; Patenting Business Methods; Encryption Products and Security Issues.

6. Advertising Online. – Different forms of advertising; Regulation of advertising; Data Protection; Limitations of liability; The UK Codes and ASA, Statutory Provisions; Distance Selling Directive/Regulations; Foreign laws; Passing Off and Unfair Competition Issues; Particular products such as tobacco, alcohol, financial services, gaming and betting, holidays, medical products etc; Advertising to Children; Spam and Unsolicited emails.

7-11. Selling Online: B2B & Consumer Transactions. – Structuring the online contract; Contract formation; Formal requirements and validity; Incorporation of standard contract terms; The problem of anonymity, iden-

---

[107] Cfr., deste autor, as obras *Internet Law: Text and Materials*, Londres/Edimburgo/Dublin, 2000, a qual se baseia no ensino ministrado no referido curso; e *Computer Law*, 5.ª ed., Oxford, 2003 (em colaboração com John Angel).

[108] Disponível em http://www.ccls.edu/iccl.

tity on the Internet(9); Electronic signatures and how they work; Liability issues for electronic signatures; Electronic Payments; Accounting for tax; Consumers, consumer protection (11); Distance Selling Directive/Regulations, E-commerce Directive; Terms and Conditions; Governing Law and Jurisdiction, Express Clauses and their limitations in the consumer context; Codes of Practice and Trust Marks; Sales Process and Delivery of Goods.

12. Protecting Intellectual Property Rights. – Selling & licensing information products; Copyright on the Internet, Copyright Directive and Implementation; Peer to Peer file sharing; Database Right; Technological Measures of Protection.

13. Regulated Content I. – Collecting, Using and Selling Personal Data; How to comply?; Main obligations; Registration; Transfer of data to third countries; Online forms.

14. Regulated Content II. – Which content is regulated?; How to deal with regulated content?; How to limit liability? And risk management; Gaming, Lotteries and Betting; Financial Services; Pharmaceuticals and Medical Products.

15. Jurisdictional Issues. – Principles of Private International Law; Europe; The US; International initiatives.

16. Solving Disputes. – What to do if a dispute arises?; What kind of disputes?; Domain names: UDRP and Nominet; Alternative Dispute Resolution for Consumers and Business; Online Dispute Resolution.

Part III – Policy Issues and Regulation of the Internet

17. Regulatory Themes. – Jurisdiction; Data havens & avoiding regulation; Application of regulation and enforcement; Effectiveness of regulation and enforcement; Public and private law distinction; Public v. private: regulation by contract?; Different levels & forms of regulation; The role of self-regulation; Technology as regulation.

18. Regulation in Practice. – Overview of the regulation of the Internet; The international regulatory framework; European Framework for Electronic Commerce; ICANN; The roles of government in national and international Internet administration; Does the framework help to encourage e-commerce?; How effective is this regulatory framework?

19. Regulatory Arbitrage. – The courage not to regulate; Jurisdictional and regulatory competence; Regulatory arbitrage and tax; Home country regulation as a solution?

20. Competition Law. – Defining markets; Content issues; Access issues; Applicable law.

21. Consumer Protection. – Why is there an issue?; How to achieve consumer protection?; Codes of Conduct and Trust Marks; Self-regulation and its effectiveness; Redress; Trust and Confidence.

64 · Problemática internacional da sociedade da informação

22. Privacy Protection. – International approaches to data protection; Human rights issue; Privacy rights in Europe and the US; Encryption; International enforcement of privacy rights.
23. Trust and Security. – Regulating for trust; Enforcing rights & protecting society; Network crime; Building security infrastructures.
24. Content I. – Policy issues relating to Internet content; Different laws and standards in different jurisdictions; Enforceability; Yahoo and Toben cases; Pornography; Free Speech issues.
25. Content II: Intellectual Property. – The end of copyright?; WIPO treaties, DMCA and the Copyright Directive/UK implementation; MP3 files, Napster, Gnutella; Copyright protection mechanisms and free speech; Elcomsoft/Skylarov case.
26. Content III: Intermediary Liability. – The role of intermediaries; Intermediary liability; E-commerce Directive/Regulations; Notice and Take Down; What does this mean for intermediaries?; Dispute Resolution Procedure; IWF; Rightswatch; Limitation of liability, risk management; Policy Issues; Contrast with US: CDA and DMCA.
27. Internet Governance. – How does the Internet contribute to democracy?; Intellectual Property and Crown Copyright; Transparency and information rights; Electronic administration; Electronic Voting.
28. Revision Session.

7. Estados Unidos. a) Universidade de Berkeley. – Na Universidade de Berkeley, na Califórnia, é leccionado desde 1997 um curso intitulado *Cyberlaw,* cuja regência tem pertencido à Professora Pamela Samuelson.

No programa desse curso[109], com a duração de um semestre, incluiram-se, no ano lectivo de 2002/2003, tópicos referentes à jurisdição competente quanto a litígios comerciais e a ilícitos extracontratuais, aos conflitos entre leis nacionais e à resolução extrajudicial de litígios sobre nomes de domínio.

b) Universidade George Washington. – Na Universidade George Washington (sita em Washington, D.C.), é concedido o grau de *Master of Laws* na especialidade de Direito Internacional e Comparado.

Entre os seminários ministrados nesse âmbito conta-se o que tem como tema *International E-Commerce*, regido pelo Professor David A. Gantz.

---

[109] Que pode ser consultado, juntamente com outra informação relevante, em http://www.sims.berkeley.edu/~pam/courses/cyberlaw02/.

Esse seminário tem por objecto precípuo a análise do modo como os diferentes regimes jurídicos em matéria de comércio electrónico visam facilitá-lo e como a aplicação de diferentes regras nacionais às transacções concluídas por via electrónica pode criar embaraços aos *e-merchants*[110].

Nos tópicos examinados incluem-se a formação, as cláusulas típicas e a protecção das partes nos contratos electrónicos, a competência jurisdicional e regulatória nesta matéria, a tutela da privacidade, a propriedade intelectual e a tributação do comércio electrónico.

c) Universidade de Harvard. – Na Universidade de Harvard (Cambridge, Massachussets), é leccionado pelo Professor William W. Fisher III um curso intitulado *Intellectual Property: Comparative Dimensions*, que tem por objecto os desenvolvimentos recentes do Direito da Propriedade Intelectual ditados pelo processo de globalização e pelo advento da Internet, no qual é examinado o regime jurídico desta matéria constante das fontes nacionais, internacionais e supranacionais.

Nos tópicos abrangidos pelo curso compreendem-se os seguintes:

(1) The TRIPS component of the GATT agreement;

(2) The changing shape of intellectual-property protection on the Internet (including the 1996 WIPO Treaty, the 1998 Digital Millenium Copyright Act de 1998, and the emergence of ICANN;

(3) The protections available in various jurisdictions for data bases (including EC Directive 96/9 and the efforts to establish similar systems elsewhere in the world);

(4) The spread of second-tier patent systems in Europe, Asia, and Latin America;

(5) The various ways in which different countries have sought to reconcile patent law and antitrust law;

(6) International aspects of trademark law (including the Madrid Protocol, the Trademark Law Treaty, and the emergence of the Community Trademark in the European Union).[111]

d) Universidade de Temple (Filadélfia). – Na *Temple University Law School*, em Filadélfia, funciona um seminário sobre *Law of Cyberspace*, regido pelo Professor David G. Post, que tem por objecto os problemas jurídicos suscitados pelo surgimento da Internet e a «revolução digital».

---

[110] Cfr. http://www.law.gwu.edu/acad/520-582.asp.

[111] Cfr. http://www.law.harvard.edu/academics/pil/june2003/wcc.php.

No semestre de Outono de 2003, o programa do curso[112] continha as seguintes rubricas:

- *Introduction;*
- *Problemas of Metaphor and Analogy;*
- *Problems of Geography and Sovereignty;*
- *The «Dormant» Commerce Clause;*
- *Jurisdiction to Adjudicate;*
- *Jurisdiction Based on Online Interaction;*
- *Personal Jurisdiction over Domain Name Disputes;*
- *Non-Territorial Adjudication of Domain Name Disputes: ICANN and the Problem of Legitimacy;*
- *Problems of Legal versus Technological Adjudication;*
- *Copyright protection;*
- *Problems of «Public» versus «Private» Regulation;*
- *Corporate Self-Help;*
- *Individual Self-Help;*
- *Government Regulation versus Private Filtering;*
- *Filtering Sexually Explicit Speech;*
- *Use of Filtering Technology in Public Settings;*
- *The Role of ISP and Other Intermediaries;*
- *Liability for Defamatory Content;*
- *Copyright Liability.*

III – INSTITUIÇÕES E PROGRAMAS INTERNACIONAIS DE ENSINO SUPERIOR

1. Academia da Haia de Direito Internacional. – Os temas em apreço foram ainda versados em cursos recentemente professados na Academia da Haia de Direito Internacional.

Assim, em 1998 Jane Ginsburg, Professora da Universidade de Columbia, regeu naquela Academia um curso subordinado ao tema *The Private International Law of Copyright in an Era of Technological Change*[113], com o seguinte programa:

Prelude. Setting the stage – three problemas spawned by technological change.

---

[112] Disponível em http://www.temple.edu/Lawschool.
[113] *In Rec. cours*, t. 273 (1998), pp. 239 ss.

Chapter I. The development of international copyright norms: evolution of the Berne Convention and the impact of new technologies on its standards.
Chapter II. Choice of forum and recognition of judgments.
Chapter III. Choice of law: infringement.
Chapter IV. Choice of law: ownership of copyright.
Chapter V. A lex mercatoria *for copyright in cyberspace?*

Em 2000 foi leccionado pelo jurista norte-americano Bradford L. Smith um curso sobre o tema *The Third Industrial Revolution: Law and Policy for the Internet*[114], no qual foram também tratados os problemas do Direito aplicável e do tribunal competente em matéria de litígios emergentes do comércio electrónico.

No mesmo ano, Erik Jayme, Professor Emérito da Universidade de Heidelberga, prelectou sobre o tema *Le Droit International Privé du nouveau millénaire: la protection de la personne humaine face à la globalisation*[115], a respeito do qual examinou diversos problemas de Direito Internacional Privado suscitados pelo comércio electrónico e pela comissão de delitos através da Internet.

2. O Programa de Estudos Europeu em Direito da Informática.

– Diversas Universidades europeias instituíram conjuntamente um programa de estudos pós-graduados conducente à atribuição do grau de Mestre em Direito (*LL.M*) denominado *European Legal Informatics Study Programme (EULISP)*.

Participam nesse programa as Universidades de Bolonha (*Università degli Studi di Bologna*), Estocolmo (*Stokholms Universitet*), Glasgow (Strathclyde University Glasgow), Hanôver (*Universität Hannover*), Lapónia (*Lapin yliopisto Rovaniemi*), Londres (*University of London*), Lovaina (*Katholieke Universiteit Leuven*), Namur (*Université Notre-Dame de la Paix Namur*), Oslo (*Universitetet i Oslo*), Saragoça (*Universidad de Zaragoza*) e Viena (*Universität Wien*).

O programa baseia-se na frequência pelos estudantes de um curso com a duração de um ano, seguida da realização de um exame final. Esse curso deve ser frequentado, em semestres distintos, em duas das Universi-

---

[114] *In Rec. cours*, t. 282 (2000), pp. 229 ss.
[115] *In Rec. cours*, t. 282 (2000), pp. 9 ss.

68   *Problemática internacional da sociedade da informação*

dades partes do programa, as quais para o efeito atribuem e reconhecem os créditos obtidos pelos estudantes nas demais Universidades participantes, em conformidade com o Sistema Europeu de Transferência de Créditos (*European Credit Transfer System – ECTS*).

O plano de estudos do curso[116] compreende as seguintes disciplinas:

I. Core subjects (obligatory):

– *Telecommunications Law;*
– *Data Protection Law;*
– *Data Security Law. Intellectual Property Law (IT-related);*
– *Contract Law (IT-related).*

II. Additional subjects (optional):

– *Legal Theory/Theory of Information/Artificial Intelligence;*
– *Fundamental Liberties;*
– *Internet Law;*
– *Computer Crime;*
– *Electronic Transactions Law;*
– *Multimedia Law;*
– *Conflicts of Law (IT-related);*
– *International Law (IT-related); European Law (IT-related);*
– *Public administration systemas law;*
– *Legal information retrieval;*
– *IT-related legal problems in specific fields (eg. Health care; banking; enterprises).*

IV – BALANÇO

A pesquisa acima empreendida acerca do ensino, aquém e além-fronteiras, dos temas em apreço permite concluir que os problemas de Direito Internacional Privado suscitados pelo advento da sociedade da informação são hoje versados – posto que com profundidade muito variável – em cursos de licenciatura e pós-graduação (inclusive de mestrado e doutoramento) ministrados em instituições universitárias de relevo, portuguesas e estrangeiras, bem como em diversos programas de estudos pós-graduados internacionais.

---

[116] Disponível em http://www.eulisp.uni-hannover.de.

Parte I – Programa da Disciplina   69

Verifica-se, por outro lado, que esse ensino se tem centrado em cinco tópicos fundamentais: *a)* a protecção da privacidade perante o tratamento informático de dados pessoais; *b)* os direitos de exclusivo sobre obras e outros bens intelectuais disponíveis em redes de comunicações electrónicas; *c)* o regime da utilização de marcas e outros sinais distintivos de comércio nessas redes; *d)* o comércio electrónico e a publicidade em rede; e *e)* a responsabilidade civil por serviços prestados em rede.

Entre as questões de Direito Internacional Privado mais comummente examinadas a este respeito destacam-se: *a)* os diferentes modos, ou métodos, de regulação das relações sociais entabuladas através das redes de comunicações electrónicas (em especial as alternativas à sua sujeição ao Direito de fonte estadual); *b)* a determinação do tribunal competente e da lei aplicável às referidas matérias; *c)* os problemas suscitados pelo reconhecimento das sentenças judiciais estrangeiras sobre elas proferidas; e *d)* os meios de resolução extrajudicial dos litígios neste âmbito suscitados (com particular destaque para os que se prendem com a utilização de nomes de domínio).

O relevo assim conferido a estes temas pelas Universidades europeias e norte-americanas corresponde a uma inequívoca revalorização do ensino do Direito Internacional Privado; e esta não pode deixar de ter-se por especialmente significativa numa época, como a presente, em que de vários quadrantes são sugeridos paradigmas muito diversos de regulação das situações privadas internacionais – da uniformização do Direito Privado à substituição deste por sistemas de auto-tutela assentes nas novas possibilidades abertas pela informática –, os quais aparentemente tornariam prescindível, para aquele efeito, o recurso ao Direito Internacional Privado.

Tomaremos posição adiante quanto ao lugar que deve ser reservado àqueles temas no programa da disciplina que constitui o objecto do presente relatório. Antes, porém, importa dizer uma palavra acerca dos pressupostos em que assenta esse programa. É o que faremos em seguida.

§ 5.º
Pressupostos do programa preconizado

A elaboração do programa de uma disciplina universitária suscita essencialmente três ordens de questões: a definição do objecto da disciplina a versar e do sentido da sua inclusão no *curriculum* de certo curso; a selecção das matérias a ensinar e do grau de desenvolvimento a imprimir na respectiva leccionação; e a ordenação destas.

Do primeiro ponto tratámos já na introdução a este relatório; é, pois, tão-somente do segundo e do terceiro que curaremos agora. Pelo que respeita ao segundo, apenas indicaremos aqui, todavia, os critérios seguidos na selecção das matérias a incluir no curso, ficando a exposição mais desenvolvida destas para o capítulo do presente relatório relativo aos conteúdos da disciplina.

I – MATÉRIAS A LECCIONAR: CRITÉRIOS DE SELECÇÃO

a) Sentido geral da disciplina. – O programa da disciplina em apreço deverá levar em conta, antes de mais, que aquilo que nela se tem em vista é fundamentalmente um aprofundamento, com particular referência a determinado conjunto de questões, de matérias já leccionadas no curso de licenciatura.

Com efeito, tratando-se aqui de uma disciplina do curso de mestrado, parece legítimo pressupor que o aluno já obteve – na licenciatura ou por outra via – uma formação básica em Direito Internacional Privado[117].

---

[117] Recorde-se, a este propósito, que na Faculdade de Direito de Lisboa o Direito Internacional Privado é, de acordo com o plano de estudos do curso de licenciatura em

72 *Problemática internacional da sociedade da informação*

O programa da disciplina pode, assim, cingir-se às questões específicas suscitadas pela produção, transmissão electrónica e utilização de informação em situações privadas internacionais.

As figuras integradas na teoria geral do Direito de Conflitos, por exemplo, apenas terão de ser versadas na medida em que a temática referida levante quanto a elas dificuldades particulares: é o que sucede (para referir apenas dois exemplos) com a chamada substituição em Direito Internacional Privado e a eficácia das normas internacionalmente imperativas. O domínio das questões gerais suscitadas por aquelas figuras será, em todo o caso, indispensável aos que pretendam frequentar o curso com aproveitamento.

b) Exclusão do estudo de regimes materiais. – Fora do âmbito do curso deverá ficar igualmente o exame das normas materiais, ainda que de fonte internacional, que disciplinem directamente os referidos problemas.

O lugar apropriado para a análise dessas normas são, a nosso ver, os cursos em que se estudam os institutos relativamente aos quais as mesmas constituem desvios ou especializações de regimes gerais – como, por exemplo, a Teoria Geral do Direito Civil e o Direito de Autor –; ou, em alternativa, os cursos que versem especificamente sobre os problemas jurídicos da sociedade da informação.

É que, embora exista um nexo evidente entre essas normas e as que regulam os problemas de Direito Internacional Privado que constituem o objecto do presente curso, resultante de todas visarem a resolução das mesmas questões de fundo, o tratamento conjunto dessas normas retiraria unidade científica ao curso, pela impossibilidade de se reconduzirem todas elas a princípios comuns.

O relevo dogmático de uma disciplina com as características da que propomos no presente relatório está, a nosso ver, principalmente na opor-

---

Direito aprovado pela Deliberação n.º 616/2003, de 10 de Abril de 2003, publicada no *D.R.*, II série, n.º 101, de 2 de Maio 2003, pp. 6764 ss. (a qual revoga a Portaria n.º 911/83, de 3 de Outubro, sucessivamente alterada pelas Portarias n.ºs 694/85, de 18 de Setembro, 772/86, de 30 de Dezembro, 843/87, de 27 de Outubro, e 255/90, de 6 de Abril, bem como pelo Despacho Reitoral n.º 17734/2001, de 23 de Agosto), uma disciplina obrigatória para os alunos de todas as menções, ministrada no 5.º ano do curso, com duração semestral para os alunos das menções de Ciências Histórico-Jurídicas, Ciências Jurídico-Económicas e Ciências Jurídico-Políticas e anual para os alunos das menções de Ciências Jurídicas e de Ciências Internacionais e Comunitárias.

Parte I – Programa da Disciplina 73

tunidade de examinar em que medida as soluções reclamadas por certos problemas novos, suscitados pela evolução da técnica e da vida social, se podem extrair dos princípios gerais que informam o sistema vigente ou constituem manifestações deles; e semelhante desiderato apenas se pode alcançar, como é bom de ver, na medida em que o objecto da leccionação consista num núcleo homogéneo de matérias.

c) Âmbito das matérias de Direito Internacional Privado a examinar. – Para os efeitos deste curso, tomaremos o Direito Internacional Privado na acepção conforme a qual se compreendem nele, além dos princípios e regras a que deve obedecer a resolução dos conflitos de leis no espaço, aqueloutros que regem a definição dos tribunais internacionalmente competentes para apreciarem as questões suscitadas pelas situações privadas internacionais e o reconhecimento das sentenças estrangeiras[118].

É esta, aliás, a orientação hoje prevalecente entre nós[119] e sufragada pela doutrina dominante em vários outros países[120]; sendo que a mesma

---

[118] Tal o entendimento que temos adoptado no ensino do Direito Internacional Privado na Faculdade de Direito de Lisboa desde o ano lectivo de 2001/2002: cfr. AAVV, *Direito Internacional Privado. Programas e bibliografia. Ano lectivo de 2001-2002*, Lisboa, 2001, pp. 27 ss.; *idem, Direito Internacional Privado. Programa e bibliografia*, Lisboa, 2003/2004; Faculdade de Direito de Lisboa, *Guia Pedagógico 2002-2003*, Lisboa, s/d, pp. 245 ss.; *idem, Guia Pedagógico 2003-2004*, Lisboa, s/d, pp. 345 ss.

[119] Cfr. António Ferrer Correia, *Lições de Direito Internacional Privado*, vol. I, Coimbra, 2000, pp. 64 ss.; Rui de Moura Ramos, *Direito Internacional Privado. Relatório sobre o programa, conteúdos e métodos de ensino da disciplina*, Coimbra, 2000, pp. 21 ss.; Luís de Lima Pinheiro, *Direito Internacional Privado*, Coimbra, vol. I, *Introdução e Direito de Conflitos. Parte geral*, 2001, pp. 128 ss.; *idem, Um Direito Internacional Privado para o século XXI. Relatório*, suplemento da *RFDUL*, Lisboa, 2001, pp. 78 ss.; *idem*, «A triangularidade do Direito Internacional Privado – Ensaio sobre a articulação entre o Direito de Conflitos, o Direito da Competência Internacional e o Direito de Reconhecimento», *in* Rui de Moura Ramos e outros (orgs.), *Estudos em homenagem à Professora Doutora Isabel de Magalhães Collaço*, Coimbra, 2002, vol. I, pp. 311 ss.; e Maria Helena Brito, *Direito do Comércio Internacional*, Coimbra, 2004, pp. 180 s. Vejam-se ainda sobre o problema do âmbito do Direito Internacional Privado, defendendo, porém, concepções diversas da sufragada no texto: Álvaro Machado Villela, *Tratado elementar (teórico e prático) de Direito Internacional Privado*, livro I, Coimbra, 1921, pp. 3 ss.; Isabel de Magalhães Collaço, *Direito Internacional Privado*, vol. I, Lisboa, 1966, pp. 38 ss.; António Marques dos Santos, *Defesa e ilustração do Direito Internacional Privado*, suplemento da *RFDUL*, Lisboa, 1998, pp. 162 ss.; *idem*, «Direito Internacional Privado», *in Estudos*

74 Problemática internacional da sociedade da informação

obteve nos últimos anos expresso acolhimento em diversos textos normativos nacionais[121], internacionais[122] e supranacionais[123].

Situa-se ela entre uma *concepção ampla* do Direito Internacional Privado, que inclui neste, além das matérias referidas, o Direito da Nacionalidade e a condição jurídica dos estrangeiros, a qual é ainda hoje sustentada pela doutrina francesa[124], e uma *concepção restrita*, sustentada pela

---

de Direito Internacional Privado e de Direito Público, Coimbra, 2004, pp. 1 ss.; e Luís Barreto Xavier, «Direito internacional privado», *in Enciclopédia Verbo Luso-Brasileira de Cultura. Edição Século XXI*, Lisboa/São Paulo, Editorial Verbo, vol. 9, cols. 529 ss. Que o Direito Internacional Privado abrange o Direito Processual Internacional, reconheceu-o o Conselho Escolar da Faculdade de Direito de Lisboa, em deliberação respeitante às especialidades do doutoramento tomada na reunião de 22 de Junho de 1973, *in Actas do Conselho Escolar da Faculdade de Direito de Lisboa*, vol. V, fl. 7 *verso*.

[120] Assim, nomeadamente, em Espanha (cfr. Alfonso-Luis Calvo Caravaca/Javier Carrascosa González, *Derecho Internacional Privado*, Granada, vol. I, 5.ª ed., 2002, pp. 25 ss.), na Suíça (cfr. Frank Vischer, «General Course on Private International Law», *in Rec. cours*, t. 232 (1992-I), pp. 9 ss., especialmente p. 199, e Kurt Siehr, *Internationales Privatrecht*, Heidelberga, 2001, p. 380, idem, *Das Internationale Privatrecht der Schweiz*, Zurique, 2002, p. 3), em Inglaterra (cfr. Cheshire/North/Fawcett, *Private International Law,* 13.ª ed., Londres/Edimburgo/Dublin, 1999, pp. 7 ss., *Dicey and Morris on the Conflict of Laws,* 13.ª ed., Londres, 2000, vol. I, p. 4, e David McClean, *Morris: The Conflict of Laws*, 5.ª ed., Londres, 2000, pp. 4 ss.) e nos Estados Unidos (cfr. Eugene F. Scoles/Peter Hay/Patrick J. Borchers/Symeon C. Symeonides, *Conflict of Laws*, 3.ª ed., St. Paul, Minn., 2000, pp. 3 s.).

[121] Cfr., *v.g.*, a Lei Federal Suíça Sobre o Direito Internacional Privado, de 1987 (*in* António Marques dos Santos, *Direito Internacional Privado. Colectânea de textos legislativos de fonte interna e internacional*, 2.ª ed., Coimbra, 2002, pp. 1775 ss.), o Livro X do Código Civil do Quebeque, aprovado em 1991 (*in ibidem*, pp. 1725 ss.) e a Lei italiana de Direito Internacional Privado, de 1995 (reproduzida *in ibidem*, pp. 1663 ss.).

[122] Veja-se, por exemplo, a Convenção da Haia de 19 de Outubro de 1996 Relativa à Competência, à Lei Aplicável, ao Reconhecimento, à Execução e à Cooperação em Matéria de Responsabilidade Parental e de Medidas de Protecção dos Filhos, assinada por Portugal em 1 de Abril de 2003 (publicada no *JOCE*, n.º L 48, de 21 de Fevereiro de 2003, pp. 14 ss.; a respeito dessa Convenção, *vide* ainda a Decisão do Conselho de 19 de Dezembro de 2002, que autoriza os Estados-Membros da Comunidade Europeia a assinarem-na, no interesse da Comunidade, *in ibidem*, pp. 1 ss.).

[123] Atente-se, por exemplo, no Regulamento (CE) n.º 1346/2000, do Conselho, de 29 de Maio de 2000, relativo aos processos de insolvência (*in* Marques dos Santos, ob. cit., pp. 1463 ss.).

[124] Cfr. Henri Batiffol/Paul Lagarde, *Droit international privé*, t. I, 8.ª ed., Paris, 1993, pp. 14 s.; Pierre Mayer/Vincent Heuzé, *Droit international privé*, 7.ª ed., Paris, 2001, p. 2; e Yvon Loussouarn/Pierre Bourel, *Droit international privé*, 7.ª ed., Paris, 2001, pp. 8 ss.

Parte I – Programa da Disciplina

doutrina alemã, que tradicionalmente cinge o objecto da disciplina aos conflitos de leis[125].

Radica aquela orientação no reconhecimento da estreita relação que existe entre a disciplina jurídica dos conflitos de leis no espaço, a da competência judiciária internacional e a do reconhecimento de sentenças estrangeiras, por força da qual estas últimas matérias não devem ser ensinadas independentemente daquela.

Na verdade, a determinação do tribunal competente para julgar os litígios emergentes das situações privadas internacionais encontra-se frequentemente associada à definição do Direito aplicável a estas, visto ser a acção o meio normal (posto que não exclusivo) de defesa dos direitos subjectivos.

A solução dada ao mérito da causa pode até depender inteiramente das regras de conflitos de jurisdições: é o que ocorre se se adoptar como princípio geral quanto aos conflitos de leis no espaço a aplicação sistemática da *lex fori*, embora a tendência dominante seja neste caso, como sucede em alguns países anglo-saxónicos, para conferir aos tribunais locais a possibilidade de declinarem o exercício da competência internacional quando se julguem *fora non conveniens* – o que pode suceder, *inter alia*, por não ser o Direito do foro o mais apropriado ao litígio[126].

Inversamente, pode a determinação do Direito aplicável constituir um pressuposto do funcionamento das regras sobre a competência internacional: a caracterização do objecto do processo (não raro necessária a fim de que o tribunal possa pronunciar-se sobre a sua própria competência), por exemplo, e a concretização de certos factores de competência

---

[125] Ver, por exemplo, Christian von Bar/Peter Mankowski, *Internationales Privatrecht*, vol. I, Munique, 2003, pp. 1 ss. e 346 ss. Observe-se, contudo, que recentemente vários autores alemães vêm incluindo nos seus manuais o exame dos princípios gerais do Processo Civil Internacional (assim, por exemplo, Bernd von Hoffmann, *Internationales Privatrecht*, 7.ª ed., Munique, 2002, pp. 64 ss., Gerhard Kegel/Klaus Schurig, *Internationales Privatrecht*, 9.ª ed., Munique, 2004, pp. 1039 ss., e Jan Kropholler, *Internationales Privatrecht*, 5.ª ed., Tubinga, 2004, pp. 571 ss.).

[126] Sobre a doutrina do *forum non conveniens*, vejam-se, por muitos, *Dicey and Morris on the Conflict of Laws*, 13.ª ed., vol. I, Londres, 2000, pp. 389 ss.; Eugene F. Scoles/ /Peter Hay/Patrick J. Borchers/Symeon C. Symeonides, *Conflict of Laws*, 3.ª ed., St. Paul, Minn., 2000, pp. 479 ss.; Arthur von Mehren, «Theory and Practice of Adjudicatory Authority in Private International Law: A Comparative Study of the Doctrine, Policies and Practices of Common- and Civil-Law Systems. General Course on Private International Law (1996)», *Rec. cours*, t. 295 (2002), pp. 9 ss. (pp. 313 ss.)

76 Problemática internacional da sociedade da informação

(*v.g.*, o lugar do cumprimento da obrigação litigada) devem ser feitas à luz da *lex causae*[127].

Por seu turno, o regime do reconhecimento de sentenças estrangeiras repousa largamente no da competência internacional: um princípio de reconhecimento automático, por exemplo, pressupõe um certo consenso entre o Estado de origem da sentença e o de *exequatur* relativamente aos factores de atribuição da competência internacional directa. Só por esse consenso existir é que os Estados-Membros da Comunidade Europeia puderam celebrar entre si a Convenção de Bruxelas de 1968 Relativa à Competência Judiciária e à Execução de Decisões em Matéria Civil e Comercial[128]. E, em parte, foi por ele faltar que uma *convenção dupla* sobre a competência internacional e o reconhecimento de sentenças estrangeiras em matéria civil e comercial (como a de Bruxelas[129]) foi rejeitada pelos Estados Unidos na Conferência da Haia de Direito Internacional Privado. Aí manifestou aquele país a sua preferência por uma *convenção mista*, na qual se especificariam, além de factores de competência internacional directa *permitidos* (a «lista branca») e *proscritos* (a «lista negra»), outros que, por não reunirem o consenso internacional, não dariam lugar ao reconhecimento das sentenças estrangeiras proferidas na base deles, embora os tribunais dos Estados partes pudessem exercer a sua competência na base deles (a «lista cinzenta»)[130].

---

[127] Consoante o reconheceu o Tribunal de Justiça das Comunidades Europeias, no acórdão de 28 de Setembro de 1999, *CJTJ*, 1999, I, pp. 6307 ss., no qual se declara que o art. 5.°, n.° 1, da Convenção de Bruxelas «deve ser interpretado no sentido de que o lugar onde a obrigação foi ou deve ser cumprida, na acepção desta disposição, deve ser determinado em conformidade com a lei que regula a obrigação em litígio de acordo com as regras de conflitos do órgão jurisdicional chamado a decidir o litígio».

[128] A que Portugal aderiu pela Convenção de Sán Sebastián de 26 de Maio de 1989, ratificada pelo Decreto do Presidente da República n.° 52/91, de 30 de Outubro. O texto integral de ambas as Convenções encontra-se publicado no suplemento ao *D.R.*, I série-A, n.° 250, de 30 de Outubro de 1991. Veja-se a respectiva versão consolidada, que incorpora as alterações introduzidas pelas convenções de adesão posteriores, no *JOCE*, n.° C 27, de 26 de Janeiro de 1998, pp. 1 ss.

[129] Cfr., sobre o ponto, Miguel Teixeira de Sousa/Dário Moura Vicente, *Comentário à Convenção de Bruxelas de 27 de Setembro de 1968 relativa à Competência Judiciária e à Execução de Decisões em Matéria Civil e Comercial e Textos Complementares*, Lisboa, 1994, p. 75.

[130] Haja vista ao Projecto de Convenção da Haia Sobre a Competência e o Reconhecimento de Sentenças Estrangeiras em Matéria Civil e Comercial, disponível, na versão divulgada em 1999, em http://www.hcch.net. Sobre a posição norte-americana a res-

Parte I – Programa da Disciplina

São hoje excepcionais os casos em que a aplicação pelo tribunal de origem de uma sentença estrangeira, às questões por ele decididas, da lei designada pelas regras de conflitos do Estado requerido condiciona o reconhecimento dessa sentença[131]. Através do funcionamento das normas sobre o reconhecimento de sentenças estrangeiras podem, por isso, inserir- -se na ordem jurídica do foro situações jurídicas constituídas à sombra de uma lei que não seria aplicável de acordo com o Direito de Conflitos local, assim se restringindo o âmbito de aplicação deste último[132]; o que levou, por exemplo, Wilhelm Wengler a caracterizar as regras relativas àquele reconhecimento como regras de conflitos «adicionais» ou «disfarçadas»[133].

Uma adequada unificação internacional das regras sobre a competência judiciária internacional e o reconhecimento de sentenças estrangeiras reclama, por isso, a prévia ou concomitante unificação das regras sobre conflitos de leis no espaço, sob pena de a primeira se transmutar num incentivo ao *forum shopping*.

A celebração, entre os Estados-Membros da Comunidade Europeia, da Convenção de Roma de 1980 Sobre a Lei Aplicável às Obrigações Contratuais[134] obedeceu justamente a preocupações desta ordem[135].

---

peito desse projecto, vejam-se: Jeffrey D. Kovar, *Negotiations at the Hague Conference for a Convention on Jurisdiction and the Recognition and Eforcement of Foreign Civil Judgments*; Arthur von Mehren, «The Hague Jurisdiction and Enforcement Convention Project Faces an Impasse – A Diagnosis and Guidelines for a Cure», *IPRax*, 2000, pp. 465 ss.; *idem*, «La rédaction d'une convention universellement acceptable sur la compétence judiciaire internationale et les effets des jugements étrangers: Le projet de la Conférence de La Haye peut-il aboutir?», *RCDIP*, 2001, pp. 85 ss.; *idem*, «Theory and Practice of Adjudicatory Authority in Private International Law: A Comparative Study of the Doctrine, Policies and Practices of Common- and Civil-Law Systems. General Course on Private International Law (1996)», cit., pp. 408 ss.

[131] Cfr. os arts. 1100.º, n.º 2, do Código de Processo Civil e 27.º, n.º 4, das Convenções de Bruxelas e de Lugano.

[132] Cfr. Isabel de Magalhães Collaço, *Direito Internacional Privado*, vol. I, Lisboa, 1966, p. 56.

[133] Cfr. «The General Principles of Private International Law», *Rec. cours*, t. 104 (1961-III), pp. 273 ss. (p. 443), e *Internationales Privatrecht*, vol. I, Berlim/Nova Iorque, 1981, pp. 395 ss.

[134] A que Portugal aderiu pela convenção assinada no Funchal em 18 de Maio de 1992, ratificada pelo Decreto do Presidente da República n.º 1/94, de 3 de Fevereiro. Posteriormente, aderiram à Convenção de Roma, pela convenção celebrada em Bruxelas em 29 de Novembro de 1996, ratificada pelo Decreto do Presidente da República n.º 153/99, de 2 de Julho, a Áustria, a Finlândia e a Suécia. Esta última Convenção entrou em vigor

78 Problemática internacional da sociedade da informação

As normas sobre o reconhecimento de sentenças estrangeiras participam de alguns dos valores fundamentais que inspiram o Direito de Conflitos, *maxime* a tutela da confiança – que reclama que às sentenças proferidas por um tribunal com competência internacional para o efeito sejam reconhecidos além-fronteiras os efeitos que lhe pertencem segundo a lei do respectivo país de origem e bem assim que os tribunais dos demais países declinem a sua competência a favor desse tribunal quando o mesmo haja prevenido a jurisdição – e a igualdade jurídica – que exige uma valoração uniforme das mesmas situações da vida, em ordem a evitar que os litígios sejam resolvidos de modo mais favorável à parte mais expedita na propositura da acção. Também sob este prisma se justifica, pois, o tratamento conjunto destas matérias.

O reconhecimento de sentenças corresponde a uma das mais relevantes formas de cooperação internacional entre autoridades judiciárias[136]. A ela acrescem as que se traduzem na prática de actos por um tribunal de país diferente daquele onde decorre o processo, tendo em vista auxiliar o tribunal em que o mesmo se encontra pendente: é o caso, nomeadamente, da realização, a pedido deste tribunal, de citações ou notificações, da obtenção de provas ou da prestação de informações necessárias à decisão da causa.

A ligação destas formas de cooperação judiciária internacional às demais matérias disciplinadas pelo Direito Internacional Privado é, tanto de um ponto de vista funcional como à luz dos interesses tutelados, inequívoca; razão pela qual delas se têm ocupado intensamente as diferentes instituições internacionais e supranacionais que promovem a unificação deste ramo do Direito, não raro regulando a cooperação judiciária nos mesmos instrumentos normativos em que se contêm regras de conflitos de leis e de jurisdições[137].

---

em Portugal em 1 de Fevereiro de 2000: veja-se, por último, o Aviso do Ministério dos Negócios Estrangeiros n.º 170/2000, *in D.R.*, I Série-A, n.º 193, de 22 de Agosto de 2000.

[135] Cfr. Mario Giuliano/Paul Lagarde, «Rapport concernant la convention sur la loi applicable aux obligations contractuelles», *JOCE*, n.º C 282, de 31 de Outubro de 1980, pp. 1 ss. (p. 5).

[136] «Cooperação passiva», na terminologia proposta por Peter Schlosser: cfr. «Jurisdiction and International Judicial and Administrative Co-operation», *Rec. cours*, t. 284 (2000), pp. 9 ss. (p. 31).

[137] Cfr., sobre o ponto, o nosso estudo «Cooperação judiciária em matéria civil na Comunidade Europeia», *in Estudos em comemoração da Licenciatura em Direito da Universidade do Minho*, Coimbra, 2004, pp. 251 ss., e a bibliografia aí citada.

II – SUA ORDENAÇÃO

a) Matérias introdutórias. – O curso que aqui propomos principiará por uma introdução, centrada em quatro tópicos fundamentais: a delimitação das matérias a tratar, a análise dos principais métodos de prover à regulação das situações jurídicas em apreço, a averiguação das fontes atendíveis para o efeito e do modo como estas se relacionam entre si e a identificação das principais instituições actuantes neste domínio.

O primeiro destes tópicos pressupõe a caracterização da denominada sociedade da informação e a identificação, ainda que provisória, dos problemas por esta suscitados no plano do Direito Internacional Privado. O segundo importa a identificação dos valores e interesses a que há-de atender-se neste domínio. Destes pontos se curará, pois, também na introdução ao curso.

b) Determinação do Direito aplicável e do tribunal competente. – Entrar-se-á depois no exame dos problemas suscitados pela determinação do Direito aplicável e dos tribunais internacionalmente competentes quanto a seis matérias fundamentais, que correspondem aos principais domínios do Direito Privado afectados pelo advento da sociedade da informação:

- A *tutela da privacidade e de outros direitos de personalidade* perante a utilização e transmissão electrónica de informações;
- Os *direitos de exclusivo sobre a utilização de bens intelectuais* (obras literárias e artísticas, prestações protegidas, bases de dados, sinais distintivos de comércio, nomes de domínio, etc.) através de redes de comunicações electrónicas;
- O *comércio electrónico* (incluindo-se nesta rubrica não só o estudo do regime da contratação electrónica, mas também o dos chamados contratos informáticos, dos contratos de consumo celebrados através da Internet, da assinatura electrónica e da certificação, da publicidade em rede e do denominado *marketing* directo, bem como dos instrumentos de pagamento electrónicos);
- O *teletrabalho*;
- A *concorrência desleal* com recurso a meios informáticos; e
- A *imputação de danos causados por actos praticados através de redes de comunicação electrónicas* (*maxime* pelos denominados fornecedores intermediários de serviços da sociedade da informação e pelos fornecedores de conteúdos disponíveis em rede).

80 Problemática internacional da sociedade da informação

A análise unitária, neste capítulo, dos problemas suscitados pelos conflitos de leis e de jurisdições, a que procederemos, funda-se, para além das considerações acima expendidas acerca das conexões entre eles existentes, no reconhecimento de que a descoberta de soluções para os mesmos não é indiferente às valorações que, no plano do Direito material, presidem à regulação dos diferentes institutos relativamente aos quais esses problemas se colocam; pelo que o seu estudo conjunto representa uma economia de tempo e espaço e favorece a coerência dessas soluções.

Optaremos, relativamente a cada um dos institutos considerados, por examinar primeiramente os problemas postos pela determinação do Direito aplicável e só depois os que suscita a fixação do tribunal ou dos tribunais internacionalmente competentes.

Por duas ordens de razões. Por um lado, porque a complexidade daquela primeira categoria de problemas, bem como a sua especificidade no domínio em apreço, são inequivocamente superiores às da segunda. O tratamento desta deve, por isso, com vantagem nos planos científico e pedagógico, levar em conta os resultados da análise empreendida a respeito da primeira. Por outro lado, porque, podendo as regras de conflitos de leis operar como verdadeiras regras de conduta, ainda que indirectas, a sua actuação em concreto não depende necessariamente de um acto judicial de aplicação; além de que a determinação do órgão jurisdicional competente para este efeito pode pressupor, como referimos acima, a determinação da lei aplicável ao mérito da causa. Nada impõe, por conseguinte, a subordinação do seu estudo científico ao das regras de conflitos de jurisdições[138].

c) Reconhecimento de sentenças e outras formas de cooperação judiciária internacional. – O capítulo subsequente ocupar-se-á das questões específicas que levantam no domínio em apreço o reconhecimento de sentenças estrangeiras e as demais formas de cooperação judiciária internacional.

---

[138] Ao procedermos do modo descrito não estaremos, de resto, senão a seguir, pelo que respeita a um tema monográfico, uma orientação já consagrada em obras gerais de Direito Internacional Privado. Assim sucede mesmo num país, como a Suíça, cuja Lei Federal de Direito Internacional Privado antepõe sistematicamente a disciplina dos conflitos de jurisdições quanto a cada categoria de situações jurídicas à dos conflitos de leis: veja-se, por exemplo, Kurt Siehr, *Das Internationale Privatrecht der Schweiz*, Zurique, 2002, *passim*.

Trata-se de matérias que possuem com as anteriores fortes conexões – nomeadamente por isso que a atribuição de efeitos no Estado do foro a uma sentença estrangeira representa amiúde, consoante observámos acima, um limite à aplicação da lei designada pelas regras de conflitos locais; e também porque a prestação de auxílio ao tribunal a que compete julgar certa questão privada internacional pelos tribunais de outro ou outros países com que a causa se encontre conexa pode constituir uma condição do adequado funcionamento das regras que unificam internacionalmente o regime da competência judiciária e do reconhecimento de sentenças estrangeiras. As suas especificidades neste domínio não poderiam, por isso, deixar de ser aqui tratadas.

Entre estas avultam, pelo que respeita ao reconhecimento de sentenças, duas questões de particular significado no domínio em apreço: a competência internacional do tribunal de origem enquanto requisito do reconhecimento e a questão de saber em que medida os conflitos de valorações entre o Direito do Estado *a quo* e o do Estado *ad quem* afectam a eficácia no segundo das sentenças oriundas do primeiro. Serão as mesmas, por isso, autonomizadas neste capítulo, no seguimento de uma breve referência aos regimes aplicáveis e à sua recíproca articulação.

No tocante às demais formas de cooperação judiciária, atentaremos particularmente nos problemas suscitados pela transmissão por via electrónica de pedidos de auxílio a autoridades estrangeiras; pela realização no estrangeiro, por idêntica via, de citações e notificações e de certas diligências instrutórias; e pelo intercâmbio electrónico de informações entre autoridades judiciárias.

d) Resolução extrajudicial de litígios. – Da sujeição das questões privadas internacionais emergentes do comércio electrónico e da utilização de redes informáticas a meios extrajudiciais de resolução de litígios – arbitragem, mediação e meios *sui generis* – resultam problemas particulares, que justificam o seu tratamento em capítulo autónomo do curso.

Com efeito, os árbitros e outros sujeitos que decidem tais litígios não administram a justiça em nome de um Estado, posto que amiúde o façam com o apoio de órgãos judiciários públicos e sujeitando-se ao controlo por estes das suas decisões. Importa, por isso, determinar se e em que condições terão tais sujeitos de se referir às regras processuais, de conflitos e materiais vigentes nos ordenamentos jurídicos nacionais e quais são esses ordenamentos.

Por outro lado, as decisões proferidas no âmbito de processos extrajudiciais, assim como os acordos neles celebrados pelas partes, apenas podem produzir efeitos no território de determinado Estado, *maxime* através da sua execução coactiva pelos tribunais locais, se forem nele reconhecidos ou preencherem os requisitos previstos na legislação local ou em convenções internacionais nele vigentes. A circunstância de as normas a que obedece esse reconhecimento consagrarem regimes particulares reclama também que a sua análise seja feita com autonomia relativamente à do regime comum do reconhecimento de sentenças estrangeiras.

O curso deverá incluir, por isso, o tratamento dos problemas de Direito Internacional Privado suscitados pelo recurso a meios extrajudiciais de resolução de litígios. Entre eles destacam-se: a validade e eficácia internacional das convenções de arbitragem e de mediação, mormente quando celebradas por meios electrónicos; a determinação das regras processuais e materiais aplicáveis por árbitros ou outros sujeitos chamados a decidir litígios emergentes da utilização de redes informáticas e do comércio electrónico; e a validade e eficácia internacional das decisões ou acordos em que culminem tais meios de composição de litígios.

§ 6.º
Programa

É o seguinte o programa que preconizamos para uma disciplina de Direito Internacional Privado, integrada no curso de mestrado, tendo como objecto a problemática internacional da sociedade da informação:

Capítulo I
Introdução

1. *A sociedade da informação.*
2. *Problemática internacional (primeira noção).*
3. *Valores e interesses em presença.*
4. *Métodos de regulação.*
   - *4.1. Deslocalização e subordinação a um Direito estadual.*
   - *4.2. Auto-regulação e hetero-regulação.*
   - *4.3. Uniformidade e pluralismo jurídico.*
   - *4.4. Primado da* lex fori *e método da conexão.*
   - *4.5. Regulação jurídica e «códigos» tecnológicos.*
5. *Fontes de regulação.*
   - *5.1. Preliminares: Direito comum ou Direito especial?*
   - *5.2. Direito uniforme e convenções de unificação.*
   - *5.3. Direito Comunitário.*
   - *5.4.* Soft law?
   - *5.5. Direito estadual.*
   - *5.6. Codificações extra-estaduais.*
   - *5.7. Códigos de conduta e outros instrumentos de auto-regulação.*
   - *5.8. Usos e costumes.*
   - *5.9. Jurisprudência.*
6. *Instituições de regulação.*
   - *6.1. Internacionais.*
   - *6.2. Supranacionais.*

84   *Problemática internacional da sociedade da informação*

6.3. Nacionais.
6.4. Privadas.

Capítulo II
Direito aplicável e tribunal competente

7. *Direitos de personalidade.*
   7.1. Privacidade.
   7.2. Outros direitos de personalidade.
8. *Direitos intelectuais.*
   8.1. Direito de autor e direitos conexos.
   8.2. Direito sui generis *do fabricante da base de dados.*
   8.3. Propriedade industrial.
   8.4. Direitos sobre nomes de domínio.
9. *Comércio electrónico.*
   9.1. Noção e modalidades.
   9.2. Harmonização de legislações e mercado interno.
   9.3. Contratação electrónica.
   9.4. Contratos informáticos.
   9.5. Contratos de consumo celebrados através da Internet.
   9.6. Assinatura electrónica e certificação.
   9.7. Publicidade em rede e marketing *directo.*
   9.8. Instrumentos de pagamento electrónicos.
10. *Teletrabalho.*
11. *Concorrência desleal.*
12. *Responsabilidade civil por actos praticados através de redes de comunicações electrónicas.*
   12.1. Preliminares.
   12.2. Regime comum.
   12.3. Regime especial dos prestadores de serviços da sociedade da informação.

Capítulo III
Reconhecimento de sentenças estrangeiras e outras formas de cooperação judiciária internacional

13. *Introdução.*
14. *Regimes aplicáveis e sua articulação.*
15. *Problemas relativos aos requisitos substantivos do reconhecimento de sentenças estrangeiras.*

Parte I – Programa da Disciplina 85

15.1. *Competência internacional indirecta em matéria de litígios emergentes da utilização de redes de comunicações electrónicas.*

15.2. *Reconhecimento de sentenças estrangeiras e conflitos de valorações quanto à regulação de conteúdos disponíveis em rede.*

16. *Problemas relativos à utilização de meios electrónicos em outras formas de cooperação judiciária internacional.*

16.1. *Citação e notificação no estrangeiro.*

16.2. *Obtenção de provas no estrangeiro.*

16.3. *Troca de informações entre autoridades judiciárias.*

Capítulo IV
Meios extrajudiciais de composição de litígios

17. *Noção e relevância actual.*

17.1. *O fenómeno.*

17.2. *Suas causas.*

17.3. *Tentativas de regulação jurídica.*

17.4. *Indicação de sequência.*

18. *Arbitragem.*

18.1. *A arbitragem de litígios emergentes do comércio electrónico e os problemas que suscita.*

18.2. *Eficácia internacional da convenção de arbitragem.*

18.3. *Direito aplicável ao processo arbitral.*

18.4. *Direito aplicável ao mérito da causa.*

18.5. *Eficácia internacional da decisão arbitral.*

19. *Mediação*

19.1. *A mediação de litígios emergentes do comércio electrónico e os problemas que suscita.*

19.2. *Eficácia internacional das convenções de mediação.*

19.3. *Eficácia internacional dos acordos resultantes de processos de mediação.*

20. *Meios* sui generis *de composição de litígios*

20.1. *Procedimentos extrajudiciais de composição de litígios relativos a nomes de domínio.*

20.2. *Procedimentos de «advertência e retirada» de conteúdos disponíveis em rede.*

20.3. *Resolução administrativa de litígios referentes à utilização de dados pessoais e a conteúdos disponíveis em rede.*

PARTE II

CONTEÚDOS A LECCIONAR

§ 7.°
Súmula dos conteúdos a leccionar

CAPÍTULO I
Introdução

1. A sociedade da informação

Procurámos na introdução a este relatório caracterizar a denominada sociedade da informação e inventariar os principais problemas jurídicos por ela suscitados no domínio das situações privadas internacionais[139]. De quanto aí dissemos resulta que através daquele conceito se têm fundamentalmente em vista as comunidades humanas em que a informação é, a um tempo, bem de consumo, factor de produção e instrumento de poder.

Os novos problemas que este fenómeno coloca ao Direito prendem-se, pois, com a disciplina das relações sociais que têm por objecto a produção, a utilização e a transmissão de informação.

Em boa parte, o que confere a esta última o relevo social que hoje possui é a circunstância de se encontrar acessível através de redes de comunicações electrónicas com âmbito mundial – as chamadas *auto-estradas da informação* –, entre as quais sobressai a Internet.

Esta é, decerto, essencialmente um meio de comunicação: um veículo de transporte e difusão de informação. Trata-se, porém, de um meio de comunicação dotado de alto grau de especificidade do ponto de vista organizativo e funcional. Por várias ordens de razões. *a)* Desde logo, pelo seu carácter descentralizado: a Internet é uma *rede de redes* informáticas locais, cuja conexão é estabelecida através de um «protocolo» comum, e que, enquanto tal, não se encontra sujeita a qualquer autoridade central.

---

[139] Cfr. *supra*, § 1.°.

b) Depois, pela sua natureza pública, ou *aberta*, a qual permite distingui-la das redes electrónicas privadas, ou Intranets. *c)* Finalmente, porque possibilita aos seus utentes a realização de actividades e a consecução de resultados que não são viáveis através dos restantes meios de comunicação: o acesso aos conteúdos informativos nela disponíveis é facultado, em simultâneo, a um número ilimitado de utilizadores (o que a distingue, por exemplo, das redes telefónicas); em regime de *interactividade* (traduzida, por exemplo, na possibilidade de o destinatário da informação interferir na apresentação dos conteúdos informativos através da selecção de diferentes combinações possíveis dos elementos que os compõem); e desde um lugar e num momento que os utentes individualmente escolherem[140] (aspecto que a diferencia dos meios de radiodifusão).

2. *Problemática internacional (primeira noção)*

a) Conflitos de leis e de jurisdições. – A par da integração económica e política regional e mundial, é o advento da sociedade da informação um dos factores que mais fortemente contribuiu para a denominada *globalização*.

A abertura ao grande público das redes de comunicação electrónicas e o acentuado desenvolvimento entretanto verificado na actividade comercial através delas exercida acarretaram, na verdade, um significativo incremento do tráfico jurídico sobrefronteiras: a universalidade do meio favoreceu ao mais alto grau a constituição de situações jurídicas internacionais.

Ora, a inexistência de uma regulamentação material uniforme das situações jurídicas assim constituídas torna incontornável o problema da determinação do Direito aplicável.

Efectivamente, apesar dos esforços de harmonização e de uniformização de legislações empreendidos neste domínio, subsistem divergências muito acentuadas entre as ordens jurídicas nacionais quanto a múltiplos aspectos do regime jurídico dos bens informáticos, da utilização de criações intelectuais em redes digitais e do comércio electrónico.

Emblemática dessas divergências é a protecção *sui generis* concedida nos Estados-Membros da União Europeia aos fabricantes de bases de

---

[140] Assim se exprime o art. 8 do referido Tratado da OMPI Sobre Direito de Autor, de 1996.

Parte II – Conteúdos a Leccionar

dados, em conformidade com o disposto na Directiva 96/9/CE[141], a qual não tem paralelo nos Estados Unidos, onde é conferida tutela jusautoral às compilações, verificados que estejam certos requisitos[142], mas não ao conteúdo das bases de dados[143].

Em contrapartida, nos Estados Unidos é atribuída protecção através de patentes a certos programas de computador, bem como aos métodos de negócio – entre os quais se destacam alguns que são amplamente utilizados no comércio electrónico[144] –, o que não sucede até hoje na maior parte dos países europeus.

Mesmo no âmbito comunitário, a harmonização do regime de certos bens informáticos fundamentais, como os programas de computador, está longe de ser integral, verificando-se importantes diferenças entre as legislações nacionais adoptadas em execução da Directiva 91/250/CEE[145].

Outro tanto sucederá inevitavelmente quando se encontrar concluído o processo de transposição para as ordens jurídicas nacionais da Directiva 2001/29/CE, relativa à harmonização de certos aspectos do direito de autor e dos direitos conexos na sociedade da informação, dada a amplitude com que este instrumento comunitário admitiu a possibilidade de os Estados--Membros estabelecerem excepções e limitações aos exclusivos de reprodução, comunicação ao público e distribuição de obras literárias e artísticas, assim como de prestações de artistas, produtores de fonogramas e filmes e radiodifusores, nele consagrados[146].

E não é muito diferente deste o panorama que se nos oferece em matéria de comércio electrónico, pois também relativamente a este sub-

---

[141] Sobre o ponto, ver *infra*, n.º 8.2.

[142] Explicitados na decisão proferida em 27 de Março de 1991 pelo Supremo Tribunal dos Estados Unidos no caso *Feist Publications, Inc. v. Rural Telephone Service Co. Inc.*, 499 U.S. 340.

[143] Cfr. Lawrence Street/Mark P. Grant, *Law of the Internet*, 2002, § 5.08.

[144] *Ibidem*, §§ 12.07 e 12.08. Entre nós, veja-se sobre o problema Pedro Sousa e Silva, «A patenteabilidade dos métodos comerciais», in AAVV, *Direito da Sociedade da Informação*, vol. V, Coimbra, 2004, pp. 237 ss.

[145] Pode ver-se no *Relatório da Comissão ao Conselho, ao Parlamento Europeu e ao Comité Económico e Social sobre a aplicação e os efeitos da Directiva 91/250/CEE relativa à protecção jurídica dos programas de computador*, documento COM (2000) 1999 final, de 10 de Abril de 2000, uma interessante análise de Direito Comparado, na qual se evidenciam algumas discrepâncias entre as legislações dos Estados-Membros que visam transpor essa Directiva.

[146] Cfr. *infra*, n.º 8.1.

92 Problemática internacional da sociedade da informação

sistem, apesar da harmonização de legislações empreendida através da Directiva 2000/31/CE, diferenças não despiciendas, *v.g.*, no tocante à definição do momento da conclusão dos contratos celebrados por via electrónica e ao regime da responsabilidade dos prestadores de serviços da sociedade da informação[147].

Diferenças estas que se acentuam quando se toma como termo de comparação o Direito vigente nos Estados Unidos.

Isto, nomeadamente, porque neste último país, em lugar de um elenco exaustivo das limitações aos exclusivos jusautorais de utilização e exploração de obras e prestações em rede, como o que a Directiva 2001/29/CE estabelece, vigora uma genérica excepção a esses exclusivos fundada no *fair use* dos bens em causa; e porque a responsabilidade dos prestadores intermediários de serviços em rede é aí limitada pelo sistema dito de «notificação e retirada» (*notice and take down*), de um modo geral mais propício à preservação em rede de conteúdos alegadamente ofensivos do que o regime comunitário de imputação de danos a esses agentes económicos sempre que estes tenham ou devam ter conhecimento do carácter ilícito da informação que armazenam[148].

Mas não é apenas no tocante à disciplina substantiva da produção, utilização e transmissão de informação por meios electrónicos que se registam hoje relevantes diferenças entre as ordens jurídicas nacionais: elas estendem-se à própria relevância conferida neste domínio à produção normativa estadual, a qual é claramente diferenciada na Europa e nos Estados Unidos da América, em virtude do papel preponderante atribuído neste último país à chamada auto-regulação. Da coexistência de sistemas jurídicos baseados nesta forma de regulação com outros que assentam na heteroregulação de fonte estadual ou supraestadual resultam, em situações internacionais, complexos problemas que acentuam as dificuldades inerentes à aludida diversidade de regimes materiais[149].

A circunstância de as situações em apreço apresentarem conexões com mais do que uma ordem jurídica nacional gera, enfim, a necessidade de definição do tribunal ou dos tribunais internacionalmente competentes a fim de dirimir os litígios delas emergentes.

---

[147] Ver adiante, n.º 9.2.
[148] Sobre o ponto, vejam-se os n.os 12.3. e 20.
[149] Cfr. *infra*, n.os 4.2. e 5.7.

b) ***Dificuldades particulares.*** – A determinação tanto do Direito aplicável como do tribunal competente apresenta neste domínio dificuldades particulares. Por várias razões, entre as quais destacaremos as seguintes.

A *ubiquidade* das redes de comunicações electrónicas tem como consequência que os factores de conexão dos quais depende a determinação da lei aplicável e do tribunal competente que pressupõem a referência a um local (como, por exemplo, o da comissão de um delito, o da celebração ou da execução de um contrato e o da publicitação de certos bens ou serviços) podem ter-se por concretizados, no que respeita aos actos através delas praticados, num vasto número de países: uma vez que a informação disponibilizada num sítio Internet, por exemplo, fica acessível em todos os países onde exista acesso a esta, o ilícito porventura consubstanciado disponibilização dessa informação (*v.g.* violadora de direitos autorais ou com conteúdo difamatório) é, em rigor, cometido em qualquer desses países, sendo por isso, *prima facie*, aplicáveis as respectivas leis e competentes os tribunais locais. O que obriga a atribuir primazia a uma dessas concretizações. Naturalmente que este problema também se pode colocar relativamente à informação difundida através de outros meios de comunicação, *maxime* a radiodifusão. A diferença entre estes e a Internet está, no entanto, na circunstância de que, em razão do âmbito universal desta, o número de países em que o elemento de conexão relevante pode considerar-se concretizado é muito superior, embora não raro o número de utilizadores efectivos da informação disponibilizada em cada um deles seja muito inferior. O que, do ponto de vista do equilíbrio dos interesses em presença, torna, em tais casos, menos justificável uma opção pela lei do país de destino da informação.

A *interactividade* proporcionada e em certos casos pressuposta pela Internet – traduzida, além do mais, na exigência de que o utente da *world wide web* tome a iniciativa, praticando determinados actos a fim de aceder à informação nela disponível[150] – permite duvidar de que seja suficiente, a fim de que se aplique a lei de certo país ou se reconheça competência aos tribunais locais, a simples *acessibilidade* de tal informação a partir desse país. Também neste particular a situação de facto típica em apreço difere substancialmente da radiodifusão.

A *imaterialidade* dos bens em causa coloca igualmente diversos problemas de interpretação e aplicação das regras comuns de Direito Interna-

---

[150] Ideia que os usos linguísticos consagraram através da expressão «visitar um sítio», frequentemente empregada neste contexto.

cional Privado. Entre estes mencionem-se os que se prendem com a susceptibilidade de inclusão do fornecimento em linha de programas de computador no âmbito de aplicação das regras de conflitos de leis e de jurisdições que disciplinam os contratos celebrados por consumidores; e os que contendem com a determinação das regras de conflitos de leis e de jurisdições a que são subsumíveis as situações respeitantes à utilização de bases de dados, topografias dos produtos semicondutores e outros bens informáticos.

Apresenta ainda especificidade a determinação do valor e dos efeitos das declarações de vontade emitidas por meios electrónicos através das quais as partes escolhem a lei aplicável ou a jurisdição competente.

c) Reconhecimento de sentenças. – Igualmente repleta de dificuldades é a questão dos efeitos que as sentenças proferidas sobre os litígios em apreço por tribunais estrangeiros são susceptíveis de produzir no Estado do foro.

É que a disparidade dos critérios nacionais em matéria de competência internacional dos tribunais judiciais, associada à inexistência de convenções internacionais que assegurem eficazmente o reconhecimento das sentenças proferidas por tribunais judiciais europeus nos Estados Unidos e em outros países exportadores de informação disponível em redes electrónicas e aos conflitos de valorações que opõem os Direitos continentais ao norte-americano em matérias cruciais para o funcionamento das redes de comunicação electrónicas, como o conteúdo da liberdade de expressão e a esfera de domínio público em matéria de bens intelectuais, põem seriamente em causa neste âmbito a harmonia de decisões prosseguida pelo Direito Internacional Privado.

Ora, o risco de decisões contraditórias é fortemente inibidor de toda a actividade económica, em especial daquela que transcende as fronteiras nacionais. Ele põe, assim, seriamente em crise a viabilidade do comércio electrónico e das demais actividades económicas desenvolvidas em linha.

d) Meios extrajudiciais. – É hoje geralmente reconhecido que a colocação à disposição dos interessados de mecanismos apropriados de resolução extrajudicial de litígios emergentes do comércio electrónico é uma condição essencial ao desenvolvimento deste[151].

---

[151] Assim, por exemplo, United Nations Conference on Trade and Development, *Building confidence. Electronic Commerce and Development*, s/l, 2000, p. 39.

Com efeito, não raro os meios comuns de composição de litígios revelam-se inadequados a esta forma de actividade económica, mormente em razão do elevado risco que envolvem para as empresas que oferecem bens ou serviços em rede (muitas das quais de pequena dimensão e reduzida capacidade económica) de serem demandadas num elevado número de jurisdições estrangeiras e, por conseguinte, de se sujeitarem a encargos incomportáveis. O recurso àqueles mecanismos pode ser uma forma de atenuar relevantemente esse risco.

Mas também a definição do regime a que se subordinam esses mecanismos e do modo como se articulam com as jurisdições comuns suscita problemas especiais, quer em razão do emprego, para o efeito, de meios electrónicos, quer em virtude da natureza dos litígios que deles são objecto.

3. Valores e interesses em presença

Enunciados os principais problemas que suscitam as situações privadas internacionais atinentes à produção, utilização e transmissão por via electrónica de informação – *hoc sensu*, a *problemática internacional da sociedade da informação* –, importa conhecer os principais valores e interesses em jogo nesta matéria.

Estes de alguma sorte espelham o conflito intrínseco com que a denominada sociedade da informação se debate.

Com efeito, ela assenta num *espaço de liberdade* – a Internet –, no qual se facultam ao público recursos informativos numa escala sem precentes na história da humanidade e se possibilita a cada um a expressão e a divulgação quase instantânea do seu pensamento através de um meio de comunicação de âmbito universal.

No entanto, o risco de uma *hiper-regulação* da Internet, por via da aplicação à actividade através dela desenvolvida de uma multiplicidade de leis com os conteúdos mais diversos, assim como da prolação de sentenças contraditórias por tribunais de diferentes países que se tenham por competentes para julgar os litígios dela emergentes, é susceptível de coarctar aquela liberdade, restringindo o fluxo da informação através das fronteiras e o acesso do público a esta[152].

---

[152] Objectivos que a *Declaração Universal dos Direitos do Homem* procura assegurar, ao dispor no art. 19: «Todo o indivíduo tem direito à liberdade de opinião e de expres-

96 *Problemática internacional da sociedade da informação*

Além disso, a atribuição de efeitos, no Estado do foro, a proibições de divulgação, através de redes electrónicas de comunicações, de determinado tipo de informações, vigentes em países estrangeiros, ou a exclusivos de utilização de informação neles conferidos a determinadas pessoas – quer pela aplicação da lei desses países em lides instauradas naquele primeiro Estado, quer por via do reconhecimento nele de sentenças proferidas no estrangeiro – pode ter como efeito o cerceamento da disponibilização em rede de tal informação a partir desse Estado, restringindo, pois, indirectamente, a liberdade de actuação nele reconhecida aos particulares.

Por outro lado, é hoje geralmente reconhecido que as tecnologias da informação e da comunicação oferecem novas oportunidades de desenvolvimento económico e social, em virtude, nomeadamente, das transformações que possibilitam nos processos de produção, no comércio, na criação intelectual, na investigação científica, na educação e até na actividade cívica. O efectivo aproveitamento dessas oportunidades pressupõe o favorecimento da iniciativa privada nacional e internacional e da competição empresarial. Estas, por seu turno, reclamam um quadro jurídico apropriado, que, além do mais, assegure a liberdade de estabelecimento e a livre circulação dos serviços da sociedade da informação através das fronteiras.

Mas semelhantes desideratos não podem ser prosseguidos descurando a protecção da ordem pública, dos consumidores e de outros interesses sociais relevantes. Mais: não raro aquelas tecnologias acentuam as desigualdades sociais – aludindo-se frequentemente, a este propósito, ao *digital divide*[153] que separa os países tecnologicamente desenvolvidos dos países em desenvolvimento, assim como diferentes grupos populacionais existentes no seio dos mesmos países. Ora, também a superação dessas

---

são, o que implica o direito de não ser inquietado pelas suas opiniões e o de procurar receber e difundir, *sem consideração de fronteiras*, informações e ideias por qualquer meio de expressão» (sublinhado nosso).

[153] Cfr. o relatório da *Digital Opportunity Task Force*, constituída pelos países que integram o chamado *G8*, intitulado *Digital Opportunities for All: Meeting the Challenge*, de 11 de Maio de 2001 (disponível em http://www.dot.org), onde se refere, a p. 6: «This "digital divide" is, in effect, a reflection of existing broader socio-economic inequalities and can be characterized by insufficient infrastructure, high cost of access, inappropriate or weak policy regimes, inefficiencies in the provision of telecommunication networks and services, lack of locally created content, and uneven ability to derive economic and social benefits from information-intensive activities».

desigualdades implica algum grau de intervenção pública no funcionamento das redes digitais e na utilização dos bens informáticos[154].

Defrontam-se neste domínio, por conseguinte, duas orientações de política legislativa fundamentalmente diversas: uma, que sustenta a livre circulação dos serviços da sociedade da informação e um reconhecimento tão amplo quanto possível de direitos de exclusivo sobre os bens informáticos; outra, que preconiza a imposição de limites a estas actividades, tendentes a salvaguardar os interesses do Estado e de certos grupos sociais carecidos de protecção.

No plano das situações internacionais, a primeira postula, como veremos, a aplicação da *lex originis* aos bens e serviços em questão; a segunda prefere-lhe a *lex destinationis*. A primeira propende para o reconhecimento de eficácia à *auto-regulação* e a composição dos litígios emergentes daquelas situações por *meios extrajudiciais*; a segunda, para a *regulação estadual* e a sujeição imperativa de tais litígios a *órgãos judiciais*.

Na opção que a este respeito se fizer não é irrelevante a *tutela da confiança* – valor que, como expusemos noutro lugar[155], se acha no centro das preocupações do Direito Internacional Privado. Porquanto a todos aqueles que se exprimem ou prestam serviços através de redes de comunicação internacionais é absolutamente essencial poderem pautar a sua conduta pela lei de certo ou certos países e confiar na sua aplicação à definição dos respectivos efeitos, onde quer que esta questão seja suscitada. Disso depende a segurança do comércio electrónico e em larga medida a própria viabilidade deste. Uma aplicação demasiado extensa da *lex destinationis* comprometerá, pois, inevitavelmente este valor e o próprio reforço da liberdade individual que muitos auguraram com o advento da Internet.

4. Métodos de regulação

4.1. «Deslocalização» e subordinação a um Direito estadual. – Na doutrina não tem faltado quem sublinhe que, em consequência nomeadamente da «deslocalização» da Internet, a erosão do poder normativo

---

[154] Ver o relatório citado na nota anterior, *passim*.

[155] Ver o nosso *Da responsabilidade pré-contratual em Direito Internacional Privado*, Coimbra, 2001, pp. 41 ss.

98 Problemática internacional da sociedade da informação

dos Estados atinge, pelo que respeita às relações entre privados através dela constituídas, o seu nível máximo. A Internet e o comércio electrónico representariam, por conseguinte, o terreno ideal para o desenvolvimento de novas normas de fonte não estadual tendentes a disciplinar aquelas relações[156].

Alguns sustentam mesmo que o denominado *ciberespaço* é um meio juridicamente autónomo em relação aos Estados, sendo, por conseguinte, ilegítima ou inviável toda a regulação estadual da Internet[157].

Desta linha de pensamento se fez eco o próprio Supremo Tribunal dos Estados Unidos, na decisão proferida em 26 de Junho de 1997 no caso *Reno, Attorney General of the United States, et al. v. American Civil Liberties Union et al.*[158], ao caracterizar o «ciberespaço» como «a unique medium [...] located in no particular geographical location but available to anyone, anywhere in the world, with access to the Internet».

Na lógica da orientação em apreço, as relações jurídicas estabelecidas por meio daquela rede de comunicações deveriam subtrair-se a qualquer lei estadual e submeter-se unicamente (pelo menos quando os litígios delas emergentes sejam julgados por tribunais arbitrais[159]) a códigos de conduta elaborados por associações comerciais, profissionais ou de consumidores, a codificações extra-estaduais de princípios jurídicos, a usos mercantis ou à *netiquette*, que integrariam uma nova *lex electronica* ou *lex mercatoria numerica*[160].

Na raiz deste debate acha-se a questão do papel reservado ao Estado na disciplina das relações sociais. Como é bom de ver, essa questão não

---

[156] Assim, Ugo Draetta, *Internet et commerce électronique en droit international des affaires*, Paris/Bruxelas, 2003 (tradução do original em italiano por Pierre Lévi e Carine Mocquart), pp. 17 ss.

[157] Cfr. David Johnson/David Post, «Law and Borders – The Rise of Law in Cyberspace», *Stan. L. Rev.*, 1996, pp. 1367 ss.; *idem, And How Shall the Net Be Governed? A Meditation on the Relative Virtues of Decentralized, Emergent Law* (disponível em http://www.cli.org).

[158] 521 US 844.

[159] Assim Katharina Boele-Woelki, «Internet und IPR. Wo geht jemand ins Netz?», *in* AAVV, *Völkerrecht und Internationales Privatrecht in einem sich globalisierenden internationalen System – Auswirkungen der Entstaatlichung transnationaler Rechtsbeziehungen*, Heidelberga, 1999, pp. 307 ss.

[160] Cfr. Eric A. Capriolli/Renaud Sorieul, «Le commerce international électronique: vers l'émergence de règles juridiques transnationales», *Clunet*, 1997, pp. 323 ss. (p. 330); Vincent Gautrais, *Le contrat électronique international*, 2.ª ed., Lovaina, 2002, pp. 229 ss.

Parte II – Conteúdos a Leccionar

pode ser integralmente retomada no presente curso[161]; mas importa assinalar que a tese acima descrita tem vindo ultimamente a perder terreno. Por várias razões.

Desde logo, porque a sujeição do comércio electrónico a um Direito nacional não levanta, ao contrário do que inicialmente se supunha[162], dificuldades insuperáveis. É hoje viável, com efeito, impor restrições à circulação de informação através das fronteiras mediante o recurso a dispositivos de filtragem (havendo até quem fale, a este respeito, da criação de *zonas*, ou *zoning*, no *ciberespaço*[163]); e estão actualmente disponíveis vários programas informáticos (*passwords, cookies, certificados digitais*, etc.) através dos quais é possível identificar os sujeitos das transacções realizadas em linha e a sua localização espacial. A própria «arquitectura» da Internet favorece, portanto, a sua regulação[164].

Depois, porque está por demonstrar que se haja formado um corpo coerente de normas a que, com propriedade, se possa chamar *lex electronica*. E mesmo que esta se tivesse constituído, não seria inquestionável a sua legitimidade enquanto fonte de regulação da matéria em apreço.

Enfim, porque consoante vem sendo reconhecido a «deslocalização» do comércio electrónico e a sua exclusiva sujeição a normas de fonte extra--estadual poderia envolver prejuízo não só para os interesses públicos, da parte mais fraca e de terceiros que são tutelados através das normas imperativas do Direito estadual, mas também para a própria autonomia privada. Como observou Lawrence Lessig, a liberdade não decorre necessariamente da ausência do Estado: os direitos de contratar, de ser proprietário, de circular ou de votar, por exemplo, reclamam, a fim de poderem ser efectivamente exercidos, uma forte intervenção do Estado[165].

---

[161] Para uma síntese, veja-se, na doutrina portuguesa, Paulo Otero, *Lições de Introdução ao Estudo do Direito*, I vol., 2.º tomo, Lisboa, 1999, pp. 13 ss., com mais referências.

[162] Ver, em especial, David Post, «Anarchy, State, and the Internet: An Essay on Law-Making in Cyberspace», *J. Online L.*, 1995, artigo 3.

[163] Cfr. Lawrence Lessig, «The Zones of Cyberspace», *Stan. L. Rev.*, 1996, pp. 1403 ss.

[164] Assim, Lawrence Lessig, *Code and OtherLaws of Cyberspace*, cit., pp. 30 ss.

[165] Cfr. ob. cit., p. 209: «liberty does not necessarily flow from having a space of no government [...] The freedom to contract, to own property, to travel, to vote – all of these rights require massive governmental support». Vejam-se ainda, em sentido crítico quanto à tese da deslocalização das relações jurídicas de Direito Privado estabelecidas através da Internet: Stefania Bariatti, «Internet: aspects relatifs aux conflits de lois», *RDIPP*, 1997,

A Directiva sobre o Comércio Electrónico, ao submeter os serviços da sociedade da informação prestados por entidades estabelecidas na Comunidade Europeia à lei do seu país de estabelecimento[166], rejeitou claramente a «deslocalização» ou «desregulação» do comércio electrónico. E outro tanto pode dizer-se do diploma nacional de transposição da Directiva (o D.L. n.º 7/2004), que consagra nos arts. 4.º, n.º 1, e 5.º, n.º 1, a mesma orientação.

Na linha de pensamento adversa à subtracção da actuação em rede a qualquer Direito nacional filiam-se também algumas espécies jurisprudenciais recentes, entre as quais sobressai a decisão sobre o caso *Licra et UEJF c. Yahoo! Inc. et Yahoo France*[167]. Discutia-se nesse caso a admissibilidade da exibição e venda em leilões realizados num sítio Internet acessível a partir de França, mas alojado em servidores situados nos Estados Unidos, de objectos contendo símbolos nazis, bem como a responsabilidade do titular desse sítio pela violação das leis francesas sobre a matéria. Na decisão que proferiu, o *Tribunal de Grande Instance de Paris* sustentou que a simples visualização em França de tais objectos implicava violação da lei francesa. Por outro lado, essa visualização causaria danos a duas associações francesas, que exigiram em juízo a cessação do ilícito

---

pp. 545 ss. (pp. 549 s.); Haimo Schack, «Neue Techniken und Geistiges Eigentum», *JZ*, 1998, pp. 753 ss. (p. 761); Tito Ballarino, *Internet nel mondo della legge*, Pádua, 1998, pp. 37 ss.; *idem*, «Il quadro internazionale di internet», *in* Jean-François Gerkens e outros (directores), *Mélanges Fritz Sturm*, vol. II, s/l, 1999, pp. 1355 ss. (pp. 1372 ss.); Catherine Kessedjian, *in* Katharina Boele-Woelki/Catherine Kessedjian (orgs.), *Internet. Which Court Decides? Which Law Applies?*, Haia/Londres/Boston, 1998, pp. 148 ss.; Peter Mankowski, «Wider ein transnationales Cyberlaw», *AfP*, 1999, pp. 138 ss.; Paolo Cerina, «Il problema della legge applicabile e della giurisdizione», *in* Emilio Tosi (org.), *I Problemi Giuridici di Internet. Dall'E-Commerce all E-Business*, 2.ª ed., Milão, 2001, pp. 409 ss. (pp. 465 ss.); Erik Jayme, «Kollisionsrecht und Internet – Nationalisierung von Rechtsverhältnissen oder "Cyberlaw"?», *in* Stefan Leible (org.), *Die Bedeutung des Internationalen Privatrechts im Zeitalter der neuen Medien*, Estugarda, etc., 2003, pp. 11 ss.; e Thomas Pfeiffer, «Welches Recht gilt für elektronische Geschäfte?», *JuS*, 2004, pp. 282 ss. (p. 283).

[166] Cfr. o art. 3.º, n.º 1, de cujo teor daremos conta mais pormenorizadamente adiante: cfr. o n.º 9.2.

[167] *Ordonnance référé* do *Tribunal de Grande Instance de Paris*, de 20 de Novembro de 2000, disponível em http://www.eff.org e em http://www.cdt.org/speech/international/001120yahoofrance.pdf. Sobre os fundamentos axiológicos e jurídico-políticos desta decisão, veja-se, em especial, Jean-Jacques Gomez, «Réflexions sur l'évolution jurisprudentielle», *in* Georges Chatillon (org.), *Le droit international de l'internet*, Bruxelas, 2002, pp. 561 ss.

em questão e a reparação dos danos sofridos. Com este fundamento, o tribunal ordenou à titular do sítio, *Yahoo Inc.*, que impedisse o acesso aos seus leilões *on line* a partir de França; e condenou-a a pagar a quantia de 100.000 francos por cada dia de atraso no cumprimento dessa determinação. A *Yahoo, Inc.*, deparou, deste modo, com uma *fronteira territorial* ao exercício da sua actividade através da Internet.

As relações jurídicas respeitantes à produção, utilização e transmissão de informação através de redes electrónicas de comunicação não se eximem, pois, à regulação estadual[168]. O ideal de liberdade que se acha associado à Internet carece, por isso, de ser compatibilizado com o exercício das soberanias nacionais. Eis por que a principal dificuldade suscitada pela disciplina do comércio electrónico e das demais formas de utilização das redes electrónicas internacionais não deriva, a nosso ver, da inexistência de uma lei aplicável, mas antes da circunstância de as situações jurídicas que o integram, na medida em que transcendam as fronteiras nacionais, se acharem potencialmente sujeitas a uma pluralidade de leis nacionais.

4.2. Auto-regulação e hetero-regulação. – Há, por outro lado, quem privilegie no domínio em apreço a chamada *auto-regulação (self-governance ou self-regulation)*, ou seja, «a regulação levada a cabo pelos próprios interessados»[169].

De acordo com esta orientação, que obteve particular repercussão nos Estados Unidos da América, cabe aos próprios sujeitos das relações jurídicas atinentes à produção, utilização e transmissão de informação através de redes de comunicações electrónicas internacionais, ou aos seus representantes directos, definir e aplicar as regras a que devem obedecer essas relações[170].

---

[168] Na mesma linha fundamental de orientação, *vide* Santiago Muñoz Machado, *La regulación de la red. Poder y Derecho en Internet*, s/l, 2000, p. 108.

[169] *Sic*, Vital Moreira, *Auto-regulação profissional e administração pública*, Coimbra, 1997, p. 52.

[170] Para uma afirmação oficial desta linha de pensamento, veja-se o documento emanado em 1997 do Governo norte-americano, intitulado *A Framework for Global Economic Commerce* (disponível em http://www.nyls.edu). Na doutrina, cfr., por exemplo, Llewellyn Gibbons, «No Regulation, Government Regulation, or Self-Regulation: Social Enforcement or Social Contracting for Governance in Cyberspace», *Cornell Journal of Law and Public Policy*, 1997, pp. 475 ss.

102 Problemática internacional da sociedade da informação

Como exemplos de matérias em que nos Estados Unidos tem prevalecido a auto-regulação costumam apontar-se: *a)* o sistema de *nomes de domínio* na Internet, cuja gestão é hoje levada a cabo fundamentalmente por entidades privadas (entre as quais avulta a norte-americana *Internet Corporation for Assigned Names and Numbers*, conhecida pela sigla ICANN) e em obediência a regras delas emanadas[171]; *b)* a *protecção de dados pessoais*, que suscita complexos problemas quando esteja em causa a sua transferência da Comunidade Europeia para entidades estabelecidas naquele país[172]; e *c)* a *assinatura electrónica*[173].

Exemplos relevantes de auto-regulação seriam também os *códigos de conduta* emanados de associações representativas de certos agentes económicos, aos quais se referem os arts. 16.º da Directiva 2000/31/CE, sobre o comércio electrónico, 17.º da Directiva 48/2004/CE, relativa ao respeito dos direitos de propriedade intelectual[174], e 42.º e 43.º do D.L. n.º 7/2004. Entre estes incluir-se-ia, em Portugal, o *Código de Conduta em Matéria de Publicidade* elaborado pelo Instituto Civil de Autodisciplina da Publicidade[175].

São igualmente tidas como instrumentos de auto-regulação as denominadas regras *GUIDEC (General Usage in International Digitally Ensured Commerce)*, editadas pela Câmara de Comércio Internacional em 1997, tendo em vista assegurar a integridade da transferência electrónica de dados; as *Directrizes* da mesma instituição em matéria de publicidade e *marketing* na Internet (*ICC Guidelines on Advertising and Marketing on the Internet*), de 1998; e o *Código Internacional de Marketing Directo (ICC International Code of Direct Marketing)*, também publicado pela Câmara de Comércio Internacional, de 2001[176].

A necessidade de tais regras derivaria, por um lado, da inadequação dos Direitos estaduais à disciplina das relações jurídicas constituídas através da Internet, dada a «deslocalização» destas, e, por outro, das dificuldades experimentadas pelos Estados ao tentarem impor as suas normas às condutas ocorridas no «ciberespaço». Os instrumentos de auto--regulação estariam em melhores condições de disciplinar a utilização

---

[171] Ver sobre o assunto, para mais desenvolvimentos, *infra*, n.ºs 5.7 e 6.4.

[172] Deles nos ocuparemos *ex professo* adiante, no n.º 7.1.

[173] Ver *infra*, n.º 9.6.

[174] Publicada no *JOCE*, n.º L 157, de 30 de Abril de 2004, pp. 45 ss.

[175] Disponível em http://www.icap.pt.

[176] Textos disponíveis em http://www.iccwbo.org.

das redes electrónicas, atenta a sua maior proximidade das situações da vida em causa, a sua flexibilidade e a circunstância de através deles mais facilmente se conseguir uma regulamentação «global» dessas situações[177].

A doutrina que privilegia neste domínio a auto-regulação debate-se, no entanto, com sérias dificuldades.

Primeiro, por ser muito questionável, como se viu acima, a ideia de *deslocalização* das relações constituídas através de redes de comunicações electrónicas, que de alguma sorte lhe serve de esteio.

Segundo, porque vários dos exemplos de auto-regulação acima apontados são, na realidade, *modelos de regulação contratual* predispostos por empresas ou organizações empresariais, cuja eficácia como critério de decisão de casos concretos depende da adesão dos interessados[178]. Nesta medida, não se trata de *heteronormas*, a que os interessados não possam individualmente subtrair-se[179]. Aliás, em matéria de comércio electrónico e de utilização de redes electrónicas é, no mínimo, duvidosa a existência de regras que consubstanciem uma verdadeira auto-regulação das relações sociais geradas nesse meio.

Terceiro, porque ainda que tais regras existissem, dificilmente seriam por si sós suficientes a fim de proverem satisfatoriamente à disciplina dessas relações, porquanto em muitas questões suscitadas no comércio electrónico – como a eficácia de cláusulas contratuais gerais, o uso de sinais distintivos de comércio, a concorrência desleal e as mensagens publicitárias não solicitadas – estão também em jogo interesses públicos e da parte mais fraca, que obstam a que a sua regulação seja integralmente deixada aos interessados[180].

---

[177] Ver, sobre o ponto, para mais desenvolvimentos, Georg Schröder, *in* Giorgios Gounalakis (org.), *Rechtshandbuch Electronic Business*, Munique, 2003, pp. 1244 ss.

[178] Reconhece-o a própria Câmara de Comércio Internacional, nomeadamente, no documento intitulado *ICC comments on the European Commissions's Action Plan for a more coherent European contract law* (disponível em http://www.iccwbo.org), p. 1.

[179] Consoante é apanágio dos instrumentos de auto-regulação: ver Vital Moreira, ob. cit., p. 56.

[180] Ver, sobre o ponto, Thomas Hoeren, «Internet und Recht – Neue Paradigmen des Informationsrechts», *NJW*, 1998, pp. 2849 ss. (p. 2852); *idem*, «Electronic Commerce and Law – Some Fragmentary Thoughts on the Future of Internet Regulation From a German Perspective», *in* Jürgen Basedow/Toshiyuki Kono, *Legal Aspects of Globalization. Conflict of Laws, Internet, Capital Markets and Insolvency in a Global Economy*, Haia/Londres/Boston, 2000, pp. 35 ss. (p. 43).

104 *Problemática internacional da sociedade da informação*

Ao Direito de fonte estadual sempre caberá, pelo exposto, um papel primordial na regulação do comércio electrónico e das demais relações jurídicas atinentes à utilização das referidas redes.

A esta luz há-de ser entendido o art. 16.º da Directiva Sobre o Comércio Electrónico. Aí se determina, na verdade, que os Estados-Membros e a Comissão Europeia incentivem a redacção, pelas associações e organizações de comerciantes, profissionais ou consumidores, de *códigos de conduta a nível comunitário* (de que é exemplo o *Código de Conduta Europeu para Mediadores*, divulgado em 2004 sob os auspícios da Comissão Europeia[181]), explicitando-se, porém, que os mesmos se destinam «a contribuir para a correcta aplicação dos artigos 5.º a 15.º» da mesma Directiva.

Essa disposição foi transposta para a ordem jurídica nacional pelo art. 42.º do D.L. n.º 7/2004, nos termos do qual é atribuída às entidades de supervisão dos domínios regulados por esse diploma a função de «estimular» a criação de códigos de conduta pelos interessados e a sua difusão por via electrónica. Prevê-se ainda, no mesmo preceito, que seja incentivada a participação das associações e organismos que têm a seu cargo os interesses dos consumidores na formulação e aplicação de códigos de conduta, sempre que estiverem em causa os interesses destes. Logo, porém, se acrescenta, no art. 43.º do D.L. n.º 7/2004, que as entidades de supervisão e o Ministério Público têm legitimidade para impugnar em juízo os códigos de conduta aprovados no domínio abrangido por aquele diploma, «que extravazem das finalidades da entidade que os emitiu ou tenham conteúdo contrário a princípios gerais ou regras vigentes».

Os instrumentos de auto-regulação em matéria de comércio electrónico estão, assim, entre nós e nos demais Estados-Membros da Comunidade Europeia, subordinados ao Direito estadual, cabendo-lhes uma função essencialmente *complementar* ou *integradora* deste[182].

---

[181] Disponível em http://europa.eu.int/comm/justice_home/ejn/adr.

[182] Di-lo expressamente o preâmbulo do referido *Código de conduta europeu para mediadores*, onde se lê: «Adherence to the code is without prejudice to national legislation or rules regulating individual professions». Outro tanto resulta do art. 1, 2.º §, das referidas *Directrizes* da CCI em matéria de publicidade e *marketing* na Internet, no qual se declara: «All advertising and marketing should be legal [...]». No sentido do texto, vejam-se ainda: Erik Jayme, «Kollisionsrecht und Internet...», *in* Stefan Leible (org.), *Die Bedeutung des Internationalen Privatrechts im Zeitalter der neuen Medien*, cit., p. 20; Yves Poullet, «Vers la confiance: vues de Bruxellles: un droit européen de l'Internet? Quelques considérations sur la spécificité de l'approche réglementaire européenne du cyberspace», *in* Georges

Esta linha de orientação obteve acolhimento no art. 17.° da Directiva relativa ao respeito dos direitos de propriedade intelectual. Também nesse preceito se determina, com efeito, que os Estados-Membros devem promover a elaboração, pelas associações ou organizações empresariais ou profissionais, de códigos de conduta a nível comunitário, destinados a contribuir para o respeito dos direitos de propriedade intelectual, nomeadamente recomendando a utilização, nos discos ópticos, de um código que permita identificar a origem do seu fabrico; e devem os projectos de tais códigos, assim como eventuais avaliações da sua aplicação, ser transmitidos à Comissão Europeia.

À mesma conclusão fundamental se chegará em face do Regulamento (CE) n.° 874/2004 de 28 de Abril de 2004, relativo ao registo de nomes de domínio sob o domínio de topo «.eu», cujo art. 21.°, n.° 4, consagra expressamente a possibilidade de serem deduzidas em juízo, *ao abrigo do Direito nacional*, reclamações contra registos especulativos ou abusivos de nomes de domínio.

4.3. Uniformidade e pluralismo jurídico. – Outro método possível de regulação das situações plurilocalizadas consiste na unificação ou harmonização do Direito material que lhe é aplicável[183].

Este comporta diversas modalidades. Uma, traduz-se na formulação de regras materiais destinadas a regerem tanto as situações internas como as internacionais (*Direito uniforme*). Outra, assenta na aplicação de um Direito material especialmente gizado para as situações internacionais (*Direito Internacional Privado material*[184]). Uma terceira solução, mais matizada, consiste em sujeitar as referidas situações a *regras nacionais harmonizadas*, posto que não uniformes. Como se sabe, é este o alcance das Directivas da Comunidade Europeia; e outro não é, se bem cuidamos, o sentido de certas convenções internacionais, ditas não exequíveis por si mesmas (*non self-executing*).

Chatillon (org.), *Le droit international de l'internet*, Bruxelas, Bruylant, 2002, pp. 132 ss.; e Georg Schröder, *in* Giorgios Gounalakis (org.), ob. cit., p. 1246.

[183] A qual se situa como que no pólo oposto da auto-regulação, a que nos reportámos acima. Para um confronto das duas alternativas à aplicação do Direito estadual, veja--se Filip de Ly, «Uniform Commercial Law and International Self-Regulation», *Dir. Comm. Int.*, 1997, pp. 519 ss.

[184] Cfr. Ferrer Correia, *Lições de Direito Internacional Privado*, vol. I, Coimbra, 2000, pp. 156 ss.

106 *Problemática internacional da sociedade da informação*

Nas matérias relativas à sociedade da informação, a unificação e a harmonização legislativas correspondem hoje a tendências legislativas de inegável relevo, como o demonstram as múltiplas convenções internacionais e Directivas comunitárias respeitantes a essas matérias, aprovadas e postas em vigor nos últimos anos[185].

Agora pergunta-se: corresponderão a unificação e a harmonização legislativas ao método preferível de regulação jurídica das questões que constituem o objecto do presente curso?

Na doutrina há quem sustente que sim, aduzindo que «[l]es solutions les plus efficaces, en vérité, ne semblent pas celles qui sont caractérisées par une logique de droit international privé, mais plutôt celles qui sont fournies par les règles substantielles de droit international des affaires en matière de protection des biens incorporels»[186].

A fim de ser exacta, esta asserção pressuporia, no entanto, que fosse possível suprimir os problemas de Direito Internacional Privado através de regras materiais que tenham por objecto situações privadas internacionais.

Ora, tal não acontece: nem no âmbito de espaços políticos e económicos relativamente restritos, como a União Europeia, se conseguiu até hoje uma harmonização de legislações com semelhante alcance.

E compreende-se que assim seja.

O Direito é um *fenómeno cultural referido a valores*. A diversidade dos Direitos é inerente à pluralidade de culturas – à diversidade dos problemas sociais e à diferente valoração dos mesmos problemas em países e territórios onde prevalecem diferentes concepções acerca da vida em sociedade e do papel que nesta desempenham os indivíduos. Essa diversidade é, por isso, uma inevitabilidade. E deve ser respeitada, a fim de se preservarem a identidade cultural das nações e dos indivíduos que as compõem e a adequação do Direito ao sentimento ético-jurídico dos seus destinatários.

A uniformização do Direito material suprimiria a diversidade dos Direitos e das formas de cultura que eles exprimem, reduzindo-o a uma *engenharia social*.

É verdade que em certos domínios (aqueles em que convergem as mundividências prevalecentes em certos países) vigoram hoje leis uniformes, aplicáveis tanto às relações internas como às internacionais.

---

[185] Veja-se, a este respeito, para mais desenvolvimentos, *infra*, n.os 5.2 e 5.3.

[186] Assim, Ugo Draetta, *Internet et commerce électronique en droit international des affaires*, cit., p. 210.

Mas mesmo nesses domínios não desaparece completamente a diversidade dos Direitos.

É que o Direito uniforme vigora em cada país com o sentido que lhe é imputado pelos tribunais e outras autoridades locais. Basta, portanto, que se verifiquem divergências na interpretação das suas normas pelos tribunais dos Estados que dele são partes para que ressurjam as diferenças entre leis nacionais que o Direito uniforme procura superar. E o mesmo pode dizer-se das lacunas do Direito uniforme, que em regra só podem ser integradas com recurso ao Direito em vigor em determinado país, aplicável segundo as regras de conflitos do foro.

Tão-pouco nos parece que o Direito Internacional Privado material elimine a necessidade de recorrer a regras de conflitos na disciplina das situações privadas internacionais.

Tal é evidente, desde logo, quanto às normas de Direito Internacional Privado material de fonte interna: a maioria dessas normas só abrange aspectos muito limitados das situações jurídicas a que se reportam.

Por outro lado, o Direito Internacional Privado material de fonte convencional não abrange todos os problemas jurídicos suscitados pelas situações privadas internacionais. E mesmo nas matérias por ele abrangidas a eliminação dos conflitos de leis no espaço pressuporia a adesão de todos os Estados às convenções que o consignam, o que não se verifica presentemente. Aliás, ainda que tal sucedesse, sempre subsistiriam os conflitos emergentes de divergências de interpretação de tais convenções pelos tribunais nacionais e da necessidade de integrar as respectivas lacunas com recurso às disposições do Direito interno[187].

Eis por que a aplicação do Direito uniforme e do Direito Internacional Privado material depende geralmente da existência entre a situação *sub judice* e um dos Estados em que o mesmo vigore da conexão postulada por uma regra de conflitos do Estado do foro ou por uma regra de conflitos convencional[188].

---

[187] É significativo, a este respeito, o disposto no art. 7, n.º 2, da Convenção de Viena de 1980 sobre os Contratos de Compra e Venda Internacional de Mercadorias (a que aludiremos mais de espaço adiante, no n.º 5.2), nos termos do qual: «As questões respeitantes às matérias reguladas pela presente Convenção e que não são expressamente resolvidas por ela serão decididas segundo os princípios gerais que a inspiram ou, na falta destes princípios, de acordo com a lei aplicável em virtude das regras de direito internacional privado».

[188] Veja-se, por exemplo, o art. 1, n.º 1, da referida Convenção de Viena, que dispõe: «A presente Convenção aplica-se aos contratos de compra e venda de mercadorias

108   *Problemática internacional da sociedade da informação*

Em suma, o Direito uniforme, tal como o Direito material regulador das situações privadas internacionais e, por maioria de razão, o Direito nacional harmonizado, embora circunscrevam relevantemente os conflitos de leis no espaço, correspondem a um modo de regulação dessas situações que não dispensa o recurso a regras de conflitos[189].

Por isso se torna imprescindível examinar os problemas suscitados pela sociedade da informação em situações internacionais também na perspectiva destas regras.

4.4. Primado da* lex fori *e método da conexão. – Segundo determinada orientação doutrinal e jurisprudencial, as situações privadas internacionais devem estar sujeitas, independentemente das conexões que possuam com a ordem jurídica em que se integra o órgão jurisdicional chamado a decidir os litígios delas emergentes às normas materiais nela vigentes: desde que seja internacionalmente competente, esse órgão aplicará sempre a *lex fori*.

Tal o método de regulação das situações internacionais que prevaleceu na Europa até, pelo menos, ao século XII[190]. Actualmente, é ainda observado, de forma mais ou menos aberta, pelos tribunais de vários Estados, entre os quais alguns norte-americanos[191]. Na doutrina estrangeira, foi preconizado sobretudo por autores norte-americanos,

---

celebrados entre partes que tenham o seu estabelecimento em Estados diferentes: a) quando estes Estados sejam Estados contratantes; ou b) quando as regras de direito internacional privado conduzam à aplicação da lei de um Estado contratante». Sobre esta regra, pode consultar-se o nosso estudo «A Convenção de Viena Sobre a Compra e Venda Internacional de Mercadorias: características gerais e âmbito de aplicação», *in* Luís de Lima Pinheiro (coordenador), *Estudos de Direito Comercial Internacional*, Coimbra, 2004, pp. 271 ss., e a demais bibliografia aí citada.

[189] Não é fundamentalmente diversa desta a conclusão a que chega Catherine Kessedjian na sua recente indagação acerca deste tema: cfr. «Codification du droit commercial international et droit international privé. De la gouvernance normative pour les relations économiques transnationales», *Rec. cours*, t. 300 (2002), pp. 79 ss. (especialmente pp. 224 ss.).

[190] Cfr. Max Gutzwiller, «Le développement historique du droit international privé», *Rec. cours*, t. 29 (1929), pp. 291 ss. (pp. 296 ss.).

[191] Cfr. Symeon C. Symeonides/Wendy Collins Perdue/Arthur T. von Mehren, *Conflict of Laws: American, Comparative, International*, St. Paul, Minn., 1998, pp. 182 s. e 284 ss.; Symeon C. Symeonides, «The American Choice-of-Law Revolution in the Courts: Today and Tomorrow», *Rec. cours*, t. 298 (2002), pp. 9 ss. (pp. 103 ss.).

como Albert Ehrenzweig[192]; entre nós, aderiu a ele António Menezes Cordeiro[193].

Ao mesmo resultado podem conduzir duas outras orientações contemporâneas.

Referimo-nos, em primeiro lugar, à que consiste em atribuir ao Direito estrangeiro, caso seja aplicável, o estatuto de *mero facto*, sujeitando-se as partes ao ónus de provar o seu conteúdo e determinando-se a aplicabilidade da *lex fori* sempre que não seja feita essa prova pela parte que o alegar.

Outra orientação (adoptada em Inglaterra, nos Estados Unidos e em França, em matéria de direitos disponíveis, desde que exista acordo nesse sentido) afirma o *carácter facultativo* das regras de conflitos e a competência potencial da *lex fori* para reger as situações plurilocalizadas em todos os casos em que essas regras não sejam invocadas pelas partes[194].

No Direito português pode ver-se uma manifestação recente da corrente metodológica em apreço no art. 5.°, n.° 3, do D.L. n.° 7/2004, que transpõe para a ordem jurídica interna a Directiva Sobre o Comércio Electrónico.

Aí se dispõe, na verdade, que «[o]s serviços [da sociedade da informação] de origem extra-comunitária estão sujeitos à aplicação geral da lei portuguesa, ficando também sujeitos a este diploma em tudo o que não for justificado pela especificidade das relações intra-comunitárias».

Confrontando este preceito com o n.° 1 do mesmo artigo, no qual se delimita o âmbito da regra homóloga que vale para os serviços da sociedade da informação prestados por sujeitos estabelecidos noutro Estado--Membro da Comunidade Europeia, conclui-se que o que nele se dispõe vale não só pelo que respeita às condições de acesso à actividade de prestação dos serviços em causa, mas também no tocante aos contratos e à responsabilidade civil desses agentes económicos[195].

Prevê-se quanto a estas matérias a aplicabilidade da lei portuguesa, independentemente de existir qualquer conexão entre a situação da vida a

---

[192] Cfr. «A Proper Law in a Proper Forum: A "Restatement" of the "Lex Fori Approach"», *Oklahoma L. Rev.*, 1965, pp. 340 ss. (reproduzido *in* Paolo Picone/Wilhelm Wengler, *Internationales Privatrecht*, Darmstadt, 1974, pp. 324 ss.).

[193] Cfr. *Manual de Direito do Trabalho*, reimpressão, Coimbra, 1999, p. 203.

[194] Sobre estas orientações, veja-se o nosso *da responsabilidade pré-contratual em Direito Internacional Privado*, Coimbra, 2001, pp. 40 e 603 ss., e a demais bibliografia aí citada.

[195] Sobre o ponto, ver *infra*, n.° 9.2.

110   Problemática internacional da sociedade da informação

regular e a ordem jurídica nacional, *maxime* por ser Portugal o país de destino dos serviços da sociedade da informação em causa.

O preceito em apreço – cuja consagração não era exigida pela Directiva 2000/31/CE[196] e que não tem paralelo nas leis de transposição desta vigentes nos demais Estados-Membros da Comunidade – só pode, assim, ser entendido à luz da ideia de primado da *lex fori*[197].

Este método de regulação das situações plurilocalizadas possui inegáveis vantagens.

Primeiro, porque possibilita uma melhor administração da justiça, pois os tribunais que o seguirem apenas terão de aplicar o Direito local, único em que normalmente os juízes são versados.

Depois, porque envolve menor dispêndio de recursos e confere maior celeridade aos processos judiciais, dada a desnecessidade, que lhe é inerente, de alegar Direito estrangeiro e de determinar o respectivo conteúdo.

Mas é também passível de diversos reparos.

O primeiro resulta de a aplicação do Direito interno a um facto totalmente ocorrido num ou mais países estrangeiros, entre pessoas que tenham fundado a sua conduta no ordenamento jurídico desses países, poder conduzir a soluções injustas, na medida em que pode defraudar a confiança legitimamente depositada pelos interessados na valoração desse facto à luz do Direito vigente naqueles países.

Suponhamos, a fim de exemplificar, que um prestador de serviços da sociedade da informação estabelecido em certo país estranho à Comunidade Europeia celebra, por via electrónica, um contrato de compra e venda com um sujeito domiciliado no mesmo país.

A lei desse país não exige, por hipótese, o aviso de recepção da encomenda previsto no art. 29.° do D.L. n.° 7/2004. Se um tribunal português, confrontado com a questão do carácter definitivo da encomenda, a apreciasse à luz da lei portuguesa, o contraente faltoso, demandado em Portugal (para onde entretanto transferira a sua residência habitual),

---

[196] Consoante o reconhece Oliveira Ascensão, *in* AAVV, *O Comércio electrónico em Portugal – O quadro legal e o negócio*, s/l, 2004, p. 105.

[197] Observe-se que o alcance desse preceito é um tanto mitigado pela circunstância de que, achando-se ele subordinado, nos termos da Constituição, ao disposto no Direito de fonte internacional e comunitária vigente entre nós, sobre ele prevalecerão tanto as regras da Convenção de Roma como as de quaisquer instrumentos comunitários que venham a substituir ou a complementar esta última, de cujos trabalhos preparatórios daremos conta adiante, no capítulo II.

poderia alegar com êxito que não se achava vinculado à encomenda, com fundamento no citado preceito, por não ter sido acusada a recepção da mesma.

Esta solução defraudaria muito provavelmente a confiança legítima do referido prestador de serviços. Ora, sendo a confiança um dos valores fundamentais do Direito, tal solução deve, em princípio, ser rejeitada.

O segundo reparo que pode fazer-se à orientação em apreço prende--se com a circunstância de que, caso os tribunais de cada país apreciassem exclusivamente à luz do seu próprio Direito as questões suscitadas pelas situações privadas internacionais, estas teriam soluções diferentes consoante o tribunal a que fossem submetidas.

Incentivar-se-ia deste modo o *forum shopping*, i. é, a manipulação da disciplina jurídica das situações internacionais mediante a propositura da acção no foro mais favorável. Semelhante prática é inaceitável, porque coloca a parte mais expedita em posição de vantagem perante a outra, quebrando-se desse modo a igualdade entre elas.

No limite, a doutrina em apreço levaria a recusar às partes, num significativo número de situações, a faculdade de escolherem uma lei estrangeira a fim de reger as relações privadas internacionais entre si estabelecidas; o que constituiria um inegável retrocesso sob o ponto de vista da liberdade de acção humana no âmbito daquelas reações.

A coordenação dos sistemas jurídicos nacionais em situações internacionais deve, à luz do exposto, ser preferentemente levada a cabo através de regras de conflitos que submetam essas situações a uma lei que com elas possua uma conexão espacial suficientemente estreita. Só assim se assegura uma valoração dessas situações que salvaguarde os valores da autonomia privada, da confiança e da igualdade.

É, de todo o modo, ao Estado do foro que pertence, no exercício da sua soberania, definir os pressupostos e limites a que se subordina a aplicação na ordem interna de Direito estrangeiro. A lei desse Estado é, por isso, a ordem jurídica de referência no juízo acerca da tolerabilidade do resultado da aplicação da lei designada pelas regras de conflitos[198].

Não pode, por outro lado, negar-se a importância que contemporaneamente assume o primado das normas internacionalmente imperativas do Estado do foro sobre as da *lex causae* – consagrado, designadamente, no art. 7.°, n.° 2, da Convenção de Roma de 1980 Sobre a Lei Aplicável

---

[198] Cfr., entre nós, o art. 22.°, n.° 1, do Código Civil.

112   *Problemática internacional da sociedade da informação*

às Obrigações Contratuais –, porquanto numa economia «globalizada» essas normas são indispensáveis à implementação das políticas económicas de cada Estado e dos regimes locais sobre concorrência[199].

Uma rigorosa igualdade entre a *lex fori* e o Direito estrangeiro aplicável às situações da vida privada internacional, não se afigura, vistas as coisas sob este ângulo, desejável ou sequer viável.

4.5. Regulação jurídica e «códigos» tecnológicos. – A disciplina das relações sociais estabelecidas através de redes informáticas poderia, segundo alguns, ser levada a cabo por meios não jurídicos, recorrendo às possibilidades abertas pelas novas tecnologias.

Fala-se a este respeito de «código»[200] e de *code-based regulation*[201], para significar, no fundo, uma manifestação recente de correntes de ideias que há muito advogam a superação do Direito por uma regulação essencialmente tecnocrática da vida social[202].

Entre as tecnologias que tornariam possível esse modo de regulação do agir humano contam-se os dispositivos de *codificação* ou *criptagem*, também ditos *medidas de carácter tecnológico*, pelos quais se subordina ao preenchimento de determinadas condições, definidas exclusivamente por aqueles que os controlam, o acesso a obras e outros bens intelectuais disponíveis em rede.

A respeito desses dispositivos já se sustentou serem a demonstração de que *a resposta à máquina está na máquina*[203].

---

[199] Sobre eficácia das normas internacionalmente imperativas, veja-se o que dizemos adiante, no n.° 9.2, e a bibliografia aí citada.

[200] Cfr. Lawrence Lessig, *Code and other Laws of Cyberspace*, cit., *passim*, e *The Future of Ideas. The Fate of the Commons in a Connected World*, Nova Iorque, 2001, pp. 35 ss. e 187 ss.

[201] Ver, por exemplo, Stuart Biegel, *Beyond Our Control? Confronting the Limits of Our Legal System in the Age of Cyberspace*, Cambridge (Massachussets)/Londres, 2003, pp. 187 ss.

[202] Ver, sobre estas, António Castanheira Neves, «O papel do jurista no nosso tempo», *in Digesta. Escritos acerca do Direito, do Pensamento Jurídico, da sua Metodologia e Outros*, vol. 1.°, Coimbra, 1995, pp. 9 ss. (pp. 14 ss.).

[203] Cfr. Charles Clark, «The Answer to the Machine is in the Machine», *in* Bernt P. Hugenholtz (org.), *The Future of Copyright in a Digital Environment. Proceedings of the Royal Academy Colloquium organized by the Royal Netherlands Academy of Sciencies (KNAW) and the Institute for Information Law (Amsterdam, 6-7 July 1995)*, Haia/Londres/Boston, 1996, pp. 139 ss.

Por intermédio deles seria, com efeito, possível controlar o acesso a obras literárias ou artísticas e a prestações protegidas disponíveis em rede, visando, por exemplo, facultá-lo apenas como contrapartida de um pagamento; e bem assim prevenir ou restringir certas utilizações dessas obras ou prestações (como, por exemplo, a impressão de textos ou a sua reprodução em suporte digital) e controlar o número ou a duração das utilizações feitas, facilitando deste modo a exploração económica de tais obras ou prestações[204] – e tudo isto à margem de quanto dispõem a lei e os tratados internacionais sobre a utilização destes bens.

Ora, não é evidentemente defensável que a tecnologia – *rectius*: quem a controla – dite por si só o modo como os conflitos de interesses hão-de ser resolvidos[205].

Se, por exemplo, fosse consentido o emprego das medidas tecnológicas em apreço em quaisquer circunstâncias – incluindo, portanto, nos casos em que a utilização de obras ou prestações é lícita sem o consentimento dos titulares de direitos de autor ou conexos –, ficaria inevitavelmente comprometida a esfera de domínio público desses bens salvaguardada pelo Direito de Autor vigente.

Este perigo foi acautelado no n.º 4 do artigo 6.º da Directiva 2001/29/CE, relativa à harmonização de certos aspectos do direito de autor e dos direitos conexos na sociedade da informação, que estabelece, no seu primeiro parágrafo, o princípio conforme o qual os Estados-Membros devem tomar medidas adequadas a fim de assegurar que os utilizadores beneficiem das excepções ou limitações ao direito de reprodução previstas na respectiva legislação nacional.

---

[204] Sobre as funcionalidades dos dispositivos em questão, veja-se Kamiel J. Koelman/Natali Helberger, «Protection of Technological Measures», *in* P. Bernt Hugenholtz (org.), *Copyright and Electronic Commerce*, Haia/Londres/Boston, 2000, pp. 165 s. (p. 168).

[205] Exprime ponto de vista semelhante, por exemplo, de Lawrence Lessig, na citada monografia *Code and other Laws of Cyberspace*, onde adverte contra o risco de o que denomina «código» se sobrepor ao Direito na disciplina das relações sociais, com prejuízo para os equilíbrios de interesses visados pelas normas jurídicas de fonte estadual; risco esse que seria particularmente acentuado no tocante à utilização de bens intelectuais e à protecção da privacidade. Cfr. p. 135: «Code displaces the balance in copyright law and doctrines such as fair use»; *ibidem*, p. 208: «fair use is coded away; privacy becomes too cumbersome». A liberdade dos indivíduos – cuja efectividade, sublinha o autor, requer algum grau de intervenção do Estado nas relações sociais – ficaria assim em perigo (*ibidem*, p. 209).

114 Problemática internacional da sociedade da informação

Logo, porém, se acrescentam a esse princípio certas restrições, que lhe reduzem significativamente o alcance.

Com efeito, nos termos do segundo parágrafo, *in fine*, dessa disposição, o mencionado princípio não impede os titulares de direitos de «adoptarem medidas adequadas relativamente ao número de reproduções efectuadas nos termos destas disposições»; e ele não vale pelo que respeita a obras ou outros materiais «disponibilizados ao público ao abrigo de condições contratuais acordadas e por tal forma que os particulares possam ter acesso àqueles a partir de um local e num momento por eles escolhido», porquanto no quarto parágrafo do preceito em apreço se prevê que o disposto no primeiro e segundo parágrafos não se aplica a tais casos.

Como o acesso nestas condições tende a tornar-se na forma mais comum de utilização de obras e outros bens intelectuais disponíveis em rede, poderá o uso privado de tais bens, de facto, ficar na disponibilidade dos titulares de direitos sobre os mesmos[206].

À mesma conclusão fundamental somos conduzidos perante o diploma português de transposição da Directiva.

Na verdade, as regras descritas foram acolhidas no novo artigo 221.º do Código do Direito de Autor e dos Direitos Conexos[207], cujo n.º 1 ressalva um certo número de utilizações livres previstas no Código. Mas estas estão longe de esgotar o elenco de utilizações desse tipo que não carecem, segundo as regras gerais, do consentimento dos titulares de direitos. E o próprio uso privado pode ser quantitativamente restringido pelos titulares de direitos através de medidas tecnológicas, porquanto se estabelece no n.º 8 do referido preceito que «[o] disposto nos números anteriores, não impede os titulares de direitos de aplicarem medidas eficazes de carácter tecnológico para limitar o número de reproduções autorizadas relativas ao uso privado». Por fim, tal como permite a Directiva, o novo art. 222.º do Código estabelece que «[o] disposto no artigo anterior não se aplica às obras, prestações ou produções protegidas disponibilizadas ao público mediante contrato, de tal forma que a pessoa possa aceder a elas, a partir de um local e num momento por ela escolhido».

---

[206] Neste sentido se pronunciam também Markus Fallenböck/Johann Weitzer, «Digital Rights Management: A New Approach to Information and Content Management?», *CRi*, 2003, pp. 40 ss. (p. 43). Vejam-se ainda sobre o problema: Jessica Litman, *Digital Copyright*, Nova Iorque, 2001, pp. 182 ss.; e Martin Kretschmer, «Digital Copyright: The End of an Era», *EIPR*, 2003, pp. 333 ss., que escreve: «There is no "fair use" for copy protected on-demand services, full stop» (p. 336).

[207] Aditado pela Lei n.º 50/2004, de 24 de Agosto.

Como a neutralização das medidas tecnológicas em questão é sancionada com pena de prisão ou multa nos termos do art. 218.° do Código, dir-se-ia a respeito delas, com Yves Poullet, que «la protection technique devient source d'une protection juridique d'une oeuvre en elle-même non nécessairement protégeable légalement»[208].

5. Fontes de regulação

5.1. Preliminares: Direito comum ou Direito especial?

– Na determinação do regime a que se subordinam os problemas de Direito Internacional Privado suscitados pela sociedade da informação teremos de considerar normas contidas numa grande variedade de fontes, que importa examinar em termos gerais.

A primeira questão que se suscita no tocante às fontes de regulação das situações privadas internacionais em apreço é a de saber se as mesmas devem sujeitar-se ao Direito comum ou ser antes objecto de regras especiais.

Na resolução dessa questão há-de ter-se presente o já referido princípio da *neutralidade tecnológica do Direito*, por força do qual são de aplicar às situações jurídicas constituídas com arrimo às redes electrónicas de comunicações as mesmas regras que valem para as situações em cuja constituição relevem outros meios de comunicação[209].

As regras jurídicas não devem, por conseguinte, privilegiar determinadas tecnologias – até por forma a evitar que elas próprias obstem à evolução tecnológica.

Eis, pois, o princípio de que partiremos na resolução do problema atrás colocado: às questões de Direito Internacional Privado suscitadas, designadamente, pela tutela de direitos de personalidade e de direitos intelectuais contra violações de que estes sejam objecto através da Internet, bem como pelo comércio electrónico, são aplicáveis as regras comuns daquela disciplina, de fonte internacional, comunitária, nacional ou outra.

Desse princípio não resulta, porém, a inadmissibilidade da emanação de regras especiais para tais questões.

---

[208] Est. cit. *in* Georges Chatillon, *Le droit international de l'internet*, p. 145.

[209] Cfr. neste sentido, por último, Henk Snijders/Stephen Weatherill, «General Introduction», *E-Commerce Law. National and Transnational Topics and Perspectives*, Haia/Londres/Nova Iorque, 2003, p. 1.

116   *Problemática internacional da sociedade da informação*

Há, com efeito, limites à prestabilidade das regras comuns na disciplina do comércio electrónico e das situações da vida relacionadas com a utilização de bens informáticos e da Internet, que reclamam a sua adaptação ou complementação por regras especiais.

É o que sucede, nomeadamente, no tocante à formação dos contratos em linha e aos vícios da vontade de que os mesmos enfermem, à responsabilidade dos prestadores de serviços da sociedade da informação, aos direitos sobre a utilização de obras e prestações colocadas em rede, à publicidade *online*, etc.

Na mesma ordem de ideias, há que adaptar as regras comuns de Direito Internacional Privado ou criar regras especiais desta disciplina sempre que as primeiras não contemplem suficientemente as especificidades das situações internacionais em apreço, geradas pelas características próprias do meio com recurso ao qual são constituídas, modificadas ou extintas, ou delas possa resultar prejuízo para o desenvolvimento do comércio electrónico, *maxime* pela insegurança que a sua aplicação às novas realidades possa gerar.

Assim se explica, por exemplo, que o Regulamento (CE) n.° 44/2001 («Regulamento de Bruxelas I»)[210], de que nos ocuparemos *ex professo* adiante, consagre regras que visam especificamente a determinação do tribunal competente em matéria de comércio electrónico, como as que figuram nos seus arts. 15.°, n.° 1, alínea *c)*, e 23.°, n.° 2.

Procurar-se-á seguidamente traçar um panorama das fontes comuns e especiais atendíveis na definição da disciplina jurídica dos problemas suscitados pela sociedade da informação em situações internacionais.

Cuidar-se-á sobretudo, nas considerações que se seguem, de assinalar as principais tendências que se registam a este propósito, e não de elaborar um enunciado exaustivo das fontes relevantes no domínio em apreço.

5.2. Direito uniforme e convenções de unificação. – Um dos aspectos mais marcantes do regime jurídico das matérias que constituem o objecto deste relatório consiste na *internacionalização das fontes*, decor-

---

[210] Regulamento de 22 de Dezembro de 2000, relativo à competência judiciária, ao reconhecimento e à execução de decisões em matéria civil e comercial, publicado no *JOCE*, n.° L 12, de 16 de Janeiro de 2001, pp. 1 ss. Sobre esse texto, veja-se o nosso estudo «Competência judiciária e reconhecimento de decisões estrangeiras no Regulamento (CE) n.° 44/2001», *SI*, tomo LI, Julho/Setembro 2002, pp. 347 ss. (reproduzido em *Direito Internacional Privado. Ensaios*, vol. I, pp. 291 ss.), e a demais bibliografia aí citada.

Parte II – Conteúdos a Leccionar

rente da celebração, sobretudo na última década, de um número apreciável de convenções internacionais, mediante as quais se procurou unificar esse regime.

Entre os domínios em que essas convenções floresceram sobressai o da propriedade intelectual: o reconhecimento da importância fundamental desta numa época, como a presente, em que o crescimento económico é cada vez mais impulsionado pela produção e comercialização de bens imateriais reflectiu-se na proliferação de textos convencionais em matéria de direito de autor e direitos conexos, bem como de propriedade industrial, e no aumento constante do número dos Estados partes delas.

São exemplos dessas convenções o Acordo sobre os Aspectos dos Direitos da Propriedade Intelectual Relacionados com o Comércio (ADPIC), anexo ao Acordo que instituiu a Organização Mundial de Comércio, assinado em Marraquexe em 1994[211], e os Tratados da OMPI Sobre Direito de Autor[212] e Sobre Interpretações ou Execuções e Fonogramas[213], concluídos em Genebra em 1996, mediante os quais se procurou actualizar, respectivamente, a Convenção Para a Protecção das Obras Literárias e Artísticas, celebrada em Berna em 1886[214], e a Con-

---

[211] Tem-se prestado a dúvidas a data da entrada em vigor do ADPIC em Portugal. Nos termos do seu art. 65.°, n.° 1, nenhum Estado membro será obrigado a aplicar as respectivas disposições antes de decorrido um ano sobre a entrada em vigor do Acordo que instituiu a Organização Mundial de Comércio. Como esta se deu em 1 de Janeiro de 1995, parece que o ADPIC obriga internacionalmente o nosso país desde 1 de Janeiro de 1996; mas nenhum aviso do Ministério dos Negócios Estrangeiros o confirma oficialmente. Questão diversa é a de saber se o ADPIC pode ser invocado pelos particulares na ordem interna. Em sentido negativo pronuncia-se Fausto de Quadros, que recusa carácter *self-executing* às disposições do Acordo, o qual reclama, em seu entender, medidas legislativas de adaptação do Direito interno: cfr., do autor cit., «O carácter *self-executing* de disposições de tratados internacionais. O caso concreto do acordo TRIPS», *ROA*, 2001, pp. 1269 ss. (especialmente pp. 1283 ss.).

[212] Entrou em vigor em 6 de Março de 2002, data em que se tornaram partes do Tratado 35 Estados. Em 12 de Agosto de 2004, eram partes do Tratado 48 Estados (cfr. o estado das ratificações em http://www.wipo.int).

[213] Entrou em vigor a 20 de Maio de 2002, data em que terá reunido 32 ratificações. Em 12 de Agosto de 2004, eram partes do Tratado 44 Estados (veja-se o estado das ratificações em *ibidem*).

[214] Em vigor em Portugal, na versão do Acto de Paris de 24 de Julho de 1971, por força do Decreto n.° 73/78, de 26 de Julho, que o aprovou para adesão. Dela eram partes, em 25 de Agosto de 2004, 157 Estados (cfr. *ibidem*).

118 Problemática internacional da sociedade da informação

venção Internacional para a Protecção dos Artistas Intérpretes ou Executantes, dos Produtores de Fonogramas e dos Organismos de Radiodifusão, assinada em Roma em 1961[215].

Estas convenções internacionais compreendem normas de índole muito diversa: umas, visam instituir, relativamente às situações da vida que têm por objecto, um *standard mínimo de protecção* de obras e prestações[216]; outras, *equiparam* os cidadãos dos Estados contratantes, ou neles domiciliados, bem como as pessoas colectivas neles sedeadas, aos cidadãos e pessoas colectivas nacionais do Estado do foro, pelo que respeita às condições de protecção das obras intelectuais de sua autoria ou das prestações sobre as quais detenham direitos conexos[217]; outras ainda estabelecem a cargo dos Estados contratantes a *obrigação de introduzirem certos regimes* nas suas ordens jurídicas internas, tendo em vista assegurar um certo grau de harmonização destas[218].

No domínio da compra e venda internacional destaca-se hoje, como principal instrumento de unificação dos Direitos nacionais, a Convenção das Nações Unidas Sobre os Contratos de Compra e Venda Internacional

---

[215] A que Portugal aderiu pela Resolução da Assembleia da República n.° 61/99, publicada no *D.R.* n.° 169/99, série I-A, de 22 de Julho de 1999. Entrou em vigor relativamente ao nosso país em 17 de Julho de 2002: cfr. o Aviso do Ministério dos Negócios Estrangeiros n.° 52/2002, publicado no *D.R.*, I série-A, n.° 132, de 8 de Maio de 2002, p. 4819. Em 12 de Agosto de 2004, eram partes da Convenção 78 Estados (cfr. *ibidem*).

[216] Sobre o ponto, veja-se o disposto no art. 1.°, n.° 1, do ADPIC, onde se lê o seguinte: «Os Membros podem, embora a tal não sejam obrigados, prever na sua legislação uma protecção mais vasta do que a prescrita no presente Acordo, desde que essa protecção não seja contrária às disposições do presente Acordo».

[217] Cfr. o art. 3.°, n.° 1, do ADPIC, segundo o qual: «Cada Membro concederá aos nacionais de outros Membros um tratamento não menos favorável do que o que concede aos seus próprios nacionais no que se refere à protecção da propriedade intelectual [...]»; e o art. 4, n.° 1, do Tratado da OMPI Sobre Interpretações ou Execuções e Fonogramas, que estabelece: «Cada Parte Contratante concederá aos nacionais de outras Partes Contratantes, no sentido do artigo 3 alínea 2), o tratamento que concede aos seus próprios nacionais, no que respeita aos direitos exclusivos especialmente concedidos neste Tratado e ao direito de remuneração equitativa previsto no artigo 15 deste Tratado».

[218] Haja vista, por exemplo, ao art. 11 do Tratado da OMPI Sobre Direito de Autor: «As Partes Contratantes devem prever uma protecção jurídica adequada e sanções eficazes contra a neutralização de dispositivos tecnológicos efectivos que sejam utilizados pelos autores no exercício dos direitos previstos neste Tratado ou na Convenção de Berna e que, relativamente às suas obras, restrinjam actos que não sejam autorizados pelos autores a que digam respeito ou permitidos pela lei».

Parte II – Conteúdos a Leccionar 119

de Mercadorias, concluída em Viena em 1980, a qual entrou em vigor em 1 de Janeiro de 1988[219].

Portugal (tal como o Reino Unido e a Irlanda) ainda não aderiu à Convenção de Viena[220]; mas esta pode, não obstante isso, ser aplicada pelos tribunais portugueses quando as regras de conflitos vigentes entre nós remetam para o Direito de um Estado contratante, bem como quando as partes a escolham como critério de regulação, incorporando-a no contrato mediante uma *referência material* às suas normas.

Nos termos do art. 1, n.° 1, a Convenção aplica-se aos contratos de *compra e venda de mercadorias*, isto é, de *bens móveis corpóreos* – únicos a que, aliás, se adequa a disciplina consagrada em várias disposições convencionais[221]. A venda de certos bens incorpóreos acha-se, de resto, expressamente excluída do âmbito da Convenção[222].

Tem-se, porém, admitido que se insere no escopo dela a venda de exemplares de programas informáticos estandardizados (*standard software*) incorporados em suportes materiais, *v.g.*, disquetes ou discos compactos[223]. E outro tanto deve valer relativamente ao fornecimento de tais exemplares por via electrónica, *maxime* através da Internet, visto que a

---

[219] Texto disponível em http://www.uncitral.org. Pode ver-se uma tradução portuguesa da Convenção, sem carácter oficial, *in* Maria Ângela Soares/Rui Moura Ramos, *Contratos internacionais. Compra e venda. Cláusulas penais. Arbitragem*, Coimbra, 1986, pp. 446 ss.

[220] Dela são hoje partes sessenta e dois Estados. Cfr. o estado das ratificações da Convenção em http://www.uncitral.org.

[221] Vejam-se, por exemplo, os arts. 35, n.° 1, 46, n.° 2, e 85 a 88.

[222] Cfr. o art. 2, alínea *d)*, que afasta do escopo das normas convencionais a venda de valores mobiliários.

[223] Neste sentido, vejam-se as sentenças do *Oberlandesgericht Köln* de 26 de Agosto de 1994 e do *Landgericht München* de 8 de Fevereiro de 1995, disponíveis na base de dados *CISG-online*, acessível através de www.cisg-online.ch. Na doutrina, perfilham o ponto de vista expresso no texto: Martin Karollus, «Der Anwendungsbereich des UN-Kaufrechts im Überblick», *JuS*, 1993, pp. 378 ss. (p. 380); Franco Ferrari, «L'ambito d'applicazione della Convenzione di Vienna sulla vendita internazionale», *RTDPC*, 1994, pp. 893 ss. (p. 931); *idem*, *in* Peter Schlechtriem (org.), *Kommentar zum Einheitlichen UN-Kaufrecht*, 3.ª ed., Munique, 2000, p. 60; John Honnold, *Uniform Law for International Sales under the 1980 United Nations Convention*, 3.ª ed., s/l, 1999, p. 55; Thomas Pfeiffer, *in* Giorgios Gounalakis (org.), *Rechtshandbuch Electronic Business*, Munique, 2003, p. 417; e Michael Veltins, *in ibidem*, p. 1062. Cfr. ainda, sobre o ponto, o documento emanado da Comissão das Nações Unidas para o Direito do Comércio Internacional intitulado *Legal aspects of electronic commerce. Possible future work in the field of electronic contracting: an analysis of the United Nations Convention on Contracts for the International Sale of Goods*, de 9 de Fevereiro de 2001 (disponível em http://www.uncitral.org), p. 7.

120 Problemática internacional da sociedade da informação

diferente natureza do meio utilizado para a sua distribuição, bem como do respectivo suporte material, não parece justificar, por si só, a diversidade dos regimes jurídicos aplicáveis[224].

Além das convenções de unificação do Direito material com incidência nos temas objecto da disciplina, que acabamos de referir, outras há que, disciplinando problemas de Direito Internacional Privado em geral, são também aplicáveis à resolução das questões postas pela sociedade da informação em situações internacionais.

Entre elas sobressaem a já referida Convenção de Bruxelas de 1968 Relativa à Competência Judiciária, ao Reconhecimento e à Execução de Decisões em Matéria Civil e Comercial – seguramente uma das convenções internacionais que até hoje maior êxito logrou no domínio do Direito Internacional Privado –, a convenção, paralela a esta, concluída em Lugano em 1988[225], e a Convenção de Roma de 1980 Sobre a Lei Aplicável às Obrigações Contratuais, a que também já aludimos.

Relativamente a todos estes instrumentos estão em preparação ou foram já adoptados outros textos normativos que visam actualizá-los, por forma a darem resposta aos problemas específicos postos em situações internacionais pelo comércio electrónico e pelos ilícitos cometidos através de redes de comunicação electrónicas, dos quais se dará conta nos lugares apropriados do curso[226].

---

[224] Neste sentido, vejam-se: Stefanie Wienand, «IPR und UN-Kaufrecht bei grenzüberschreitenden Verträgen im Internet unter besonderer Berücksichtigung des Herunterladens von Software», *JurPC – Internet-Zeitschrift für Rechtsinformatik* (disponível em http://www.jura.uni-sb.de/jurpc), p. 14; Andrés Moncayo Von Hase, «Litiges relatifs au commerce électronique et à l'arbitrage: obstacles juridiques et enjeux», *in* Georges Chatillon, *Le droit international de l'internet,* Bruxelas, 2002, pp. 595 ss. (p. 600); Nadine Watté/Arnaud Nuyts, «Le champ d'application de la Convention de Vienne sur la vente internationale. La théorie à l'épreuve de la pratique», *Clunet,* 2003, pp. 365 ss. (p. 385); e Pfeiffer, ob. cit., pp. 417 s. Sobre a susceptibilidade de qualificação dos programas de computador como coisas, cfr. Peter Bydlinski, «Der Sachbegriff im elektronischen Zeitalter: zeitlos oder anpassungsbedürftig?», *AcP*, 1998, pp. 287 ss. (pp. 305 ss.).

[225] Ratificada pelo Decreto do Presidente da República n.º 51/91, de 30 de Outubro de 1991, e publicada no suplemento ao *D.R.*, I série-A, n.º 250, de 30 de Outubro de 1991.

[226] Em geral sobre os problemas postos pela adaptação de instrumentos internacionais às exigências do comércio electrónico, *vide* Comissão das Nações Unidas para o Direito do Comércio Internacional, *Legal aspects of electronic commerce. Legal barriers to the development of electronic commerce in international instruments relating to international trade: ways of overcoming them,* 20 de Dezembro de 2000 (disponível em http://www.uncitral.org).

Num plano mais vasto, destacam-se os esforços de unificação levados a cabo no âmbito da Conferência da Haia de Direito Internacional Privado, tendentes à adopção de uma Convenção Sobre a Competência e as Sentenças Estrangeiras em Matéria Civil e Comercial, de que existe um anteprojecto de 1999[227], e de uma Convenção Sobre os Acordos de Escolha do Tribunal Exclusivamente Competente, da qual foi divulgado um anteprojecto em 2004[228].

No decurso da preparação destes instrumentos normativos não faltaram estudos e propostas tendo em vista disciplinar o comércio electrónico[229]. Foi, de resto, em alguma medida a falta de consenso entre os Estados membros da Conferência quanto às questões suscitadas pela Internet e pelo comércio electrónico em matéria de competência internacional e de reconhecimento de sentenças estrangeiras que inviabilizou até hoje a conclusão daquela primeira Convenção[230].

5.3. Direito Comunitário. a) As fontes comunitárias do Direito da Sociedade da Informação. – Também as fontes comunitárias assumem particular importância na disciplina jurídica das questões da informação.

Na origem deste fenómeno está a circunstância de o comércio electrónico e a disponibilização em rede de conteúdos informativos, na medida em que envolvam a prestação de serviços que transcendem as fronteiras de um Estado-Membro da Comunidade Europeia, terem inevitável impacto sobre o funcionamento do mercado interno.

---

[227] *Preliminary Draft Convention on Jurisdiction and Foreign Judgments in Civil and Commercial Matters/Avant-projet de convention sur la compétence et les jugements étrangers en matière civile et commerciale.* Sobre este projecto e os problemas postos pela sua elaboração, vejam-se: Peter Nygh/Fausto Pocar, *Report of the Special Commission* (disponível em http://www.hcch.net); e Samuel Baumgartner, *The Proposed Hague Convention on Jurisdiction and Foreign Judgments*, Tubinga, 2003.

[228] *Preliminary Draft Convention on Exclusive Choice of Court Agreements/Avant-projet de convention sur les accords exclusifs d'election de for*; sobre este projecto, veja-se o relatório de Masato Dogauchi e Trevor C. Hartley com o mesmo título (disponível em http://www.hcch.net).

[229] Cfr. Conferência da Haia de Direito Internacional Privado, Les échanges de données informatisées, Internet et le commerce électronique, Haia, 2000 (relatora: Katherine Kessedjian); idem, Commerce électronique et compétence juridictionelle internationale, Haia, 2000 (relatora: Katherine Kessedjian); idem, The Impact of the Internet on the Judgments Project: Thoughts for the Future, Haia, 2002 (relatora: Avril D. Haines) (textos disponíveis em http://www.hcch.net).

[230] Voltaremos a este ponto adiante, no n.º 15.1.

Consoante se refere numa comunicação da Comissão Europeia datada de 1996, «a adopção de regulamentações nacionais, relativas aos novos serviços da Internet e destinadas a proteger o interesse do público também pode criar riscos de distorção da concorrência (p. ex., através de respostas muito divergentes à questão da potencial responsabilidade dos forncedores de serviços na Internet), prejudicar a livre circulação desses serviços e levar a uma refragmentação do Mercado Interno. Se não forem resolvidos, tais problemas podem justificar uma intervenção da Comunidade»[231].

No mesmo sentido, aduz-se no preâmbulo da Directiva 2001/29/CE, sobre o direito de autor e os direitos conexos na sociedade de informação, que «[s]em uma harmonização a nível comunitário, as actividades legislativa e regulamentar a nível nacional, já iniciadas, aliás, num certo número de Estados-Membros para dar resposta aos desafios tecnológicos, podem provocar diferenças significativas em termos da protecção assegurada e, consequentemente, traduzir-se em restrições à livre circulação dos serviços e produtos que incorporam propriedade intelectual ou que nela se baseiam, conduzindo a uma nova compartimentação do mercado interno e a uma situação de incoerência legislativa e regulamentar»[232].

Compreende-se, a esta luz, a vasta legiferação comunitária de que a matéria tem sido objecto nos últimos anos, da qual demos conta sumariamente na introdução a este relatório. E torna-se também claro por que razão é sobretudo por indução de Directivas comunitárias que o legislador nacional tem disciplinado nos últimos anos os problemas da informação[233].

Na harmonização comunitária das matérias relacionadas com a sociedade da informação podem distinguir-se diferentes fases.

Na primeira, que se iniciou em 1991 e durou aproximadamente até 2000, foram adoptadas Directivas com *carácter sectorial*, que versaram, nomeadamente, sobre os programas de computador, a protecção de dados pessoais, as bases de dados, os serviços de acesso condicional e as assinaturas electrónicas.

Na segunda, surgiram as referidas Directivas 2000/31/CE, sobre o comércio electrónico, e 2001/29/CE, sobre o direito de autor e os direitos

---

[231] Cfr. *Conteúdo ilegal e lesivo na Internet*, doc. COM (96) 487 final, de 16 de Outubro de 1996, p. 4.

[232] Considerando 6.

[233] Neste sentido, Oliveira Ascensão, «Direito cibernético: a situação em Portugal», *Direito e Justiça*, 2001, pp. 9 ss.

Parte II – Conteúdos a Leccionar 123

conexos na sociedade de informação, as quais têm um âmbito mais vasto, visando uma harmonização dita *horizontal*, aliás não inteiramente justificável à luz da ideia de mercado interno[234].

A aplicação coactiva das disposições nacionais resultantes da transposição destes actos comunitários é agora objecto da Directiva 2004/84/CE, relativa ao respeito dos direitos de propriedade intelectual, a que já fizemos referência, em cuja adopção foi determinante a circunstância de o desenvolvimento da Internet possibilitar uma distribuição instantânea e quase universal de bens intelectuais usurpados[235].

b) Os diferentes modelos da legiferação comunitária. – Na base da referida legiferação comunitária podem distinguir-se dois modelos diferentes, que há muito se debatem na Comunidade Europeia: o da *harmonização*, ou *uniformização*, dos Direitos nacionais dos Estados-Membros; e o do *reconhecimento mútuo*.

De acordo com o primeiro, a harmonização ou uniformização das legislações nacionais é uma condição da livre circulação de pessoas, mercadorias, serviços e capitais, devendo por isso precedê-la. Este entendimento tem conduzido alguns a preconizar a unificação de todo o Direito Privado dos Estados-Membros, ou de partes muito substanciais dele; e está na origem dos recentes apelos a um *Código Civil Europeu*, de que já existem importantes trabalhos preparatórios[236], assim como do projecto de consolidação do acervo comunitário no domínio do Direito de Autor sob a forma de uma codificação[237].

A ideia inspiradora do segundo modelo referido é esta: uma mercadoria ou um serviço licitamente comercializados num Estado-Membro da Comunidade devem poder sê-lo também nos demais Estados-Membros, ainda que não se conformem com o Direito local, desde que isso não comporte riscos sérios para a ordem pública, a saúde pública, a segurança dos cidadãos ou os interesses legítimos dos consumidores.

---

[234] Para uma crítica, nesta perspectiva, da Directiva 2001/29/CE, *vide* Herman Cohen Jehoram, «European Copyright Law – Ever More Horizontal», *IIC*, 2001, pp. 533 ss. (pp. 539 ss.).

[235] Veja-se o considerando 18 da Directiva.

[236] Ver adiante, n.º 5.6.

[237] Ver, sobre o ponto, o documento intitulado *Commission Staff Working Paper on the review of the EC legal framework in the field of copyright and related rights*, documento SEC (2004) 995, Bruxelas, 19 de Julho de 2004, p. 5.

O primeiro modelo importa geralmente uma *nivelação por cima* das exigências aplicáveis aos bens e serviços oferecidos no mercado interno, por forma a evitar que os bens e serviços oriundos dos Estados-Membros com legislações mais permissivas possam ser mais competitivos nos mercados dos países onde vigoram leis mais proteccionistas. O resultado da aplicação desse modelo é, além de uma diminuição da autonomia legislativa de cada Estado-Membro, um aumento do proteccionismo na Comunidade e, potencialmente, a perda de competitividade desta perante terceiros países, a qual apenas pode ser compensada mediante a imposição de barreiras alfandegárias à importação de bens ou serviços desses países. O modelo uniformizador vem assim a traduzir-se, ao menos em potência, num encarecimento das mercadorias e dos serviços por ele abrangidos; encarecimento esse que ou é repercutido sobre os consumidores ou é suportado pelo orçamento comunitário (como sucede com certos bens agrícolas).

Diferentemente, o segundo modelo referido estimula a concorrência no seio da Comunidade e entre esta e terceiros países; e é também aquele que, a prazo, mais favorece o consumidor, por via da diminuição do preço final das mercadorias e serviços oferecidos no mercado único europeu. Esse modelo é incontornável nos domínios em que a concorrência de mercadorias ou serviços oferecidos por empresas estabelecidas em terceiros Estados não pode ser impedida através de barreiras alfandegárias.

É justamente este o caso dos serviços da sociedade da informação. Eis por que, se bem cuidamos, a Comunidade deu primazia, na disciplina jurídica do comércio electrónico, ao princípio do *reconhecimento mútuo*, consignado, como se verá adiante, no art. 3.°, n.° 2, da Directiva 2000/31/CE[238].

c) *Reflexos no plano do Direito Internacional Privado*. – Qualquer
dos referidos modelos legislativos de que o Direito Comunitário se socorre com vista a promover a integração económica tem importantes reflexos no Direito Internacional Privado[239].

O primeiro, porque limita o âmbito das matérias em que podem suscitar-se os conflitos de leis no espaço – posto que os não suprima – e,

---

[238] Cfr. *infra,* n.° 9.2.

[239] Sobre a matéria, veja-se o estudo precursor de Isabel de Magalhães Collaço, *Os reflexos do movimento de integração económica no Direito Privado e no Direito Internacional Privado*, Lisboa, 1972.

Parte II – Conteúdos a Leccionar

por conseguinte, a necessidade de recorrer a regras de conflitos tendentes a resolver esses conflitos.

O segundo, porque importa a definição, através de regras de conflitos especiais, do Estado-Membro cuja lei deve ser aplicada (melhor: reconhecida) pelos demais a fim de aferir se determinados serviços ou produtos podem ser admitidos a circular nesses Estados, bem como a determinação dos limites a que se subordina a aplicação daquela lei.

São regras deste tipo que encontramos no art. 3.°, n.° 1, da referida Directiva 2000/31/CE e nos arts. 4.° e 5.° do D.L. n.° 7/2004, que a transpõe para a ordem jurídica nacional, sobre os quais nos debruçaremos adiante[240].

O impacto da integração europeia no Direito Internacional Privado manifesta-se ainda na tendência, que se vem afirmando desde o Tratado de Amesterdão (assinado em 1997; em vigor desde 1 de Maio de 1999), para a substituição ou complementação por actos comunitários das convenções internacionais celebradas entre os Estados-Membros em matéria de conflitos de leis e de processo civil internacional.

Dele são exemplos o mencionado Regulamento (CE) n.° 44/2001 relativo à competência judiciária, ao reconhecimento e à execução de decisões em matéria civil e comercial («Bruxelas I»), que entrou em vigor em 1 de Março de 2002 e se aplica às acções em matéria cível e comercial intentadas contra pessoas domiciliadas na Comunidade Europeia (com excepção da Dinamarca, que não é parte dele); a Proposta de Regulamento do Parlamento Europeu e do Conselho Sobre a Lei Aplicável às Obrigações Extracontratuais («Roma II»)[241]; e a projectada transformação da Convenção de Roma de 1980 Sobre a Lei Aplicável às Obrigações Contratuais («Roma I») num instrumento comunitário[242].

---

[240] Cfr. *ibidem.*

[241] Documento COM (2003) 427 final, de 22 de Julho de 2003. Para um comentário a este documento, consulte-se Hamburg Group for Private International Law, «Comments on the European Commission's Draft Proposal for a Council Regulation on the Law Applicable to Non-Contractual Obligations», *RabelsZ*, 2003, pp. 1 ss.

[242] Cfr. o *Livro verde relativo à transformação da Convenção de Roma de 1980 sobre a lei aplicável às obrigações contratuais num instrumento comunitário e a sua modernização*, documento COM (2002) 654 final, Bruxelas, 14 de Janeiro de 2003. Sobre este texto, vejam-se: Groupe européen de droit international privé, *Treizième réunion. Vienne 19-21 septembre 2003. Réponse au Livre vert de la Commision sur la transformation de la Convention de Rome en instrument communautaire ainsi que sur sa modernisation* (disponível em http://www.drt.ucl.be/gedip); Max-Planck-Institut für

126   *Problemática internacional da sociedade da informação*

Emerge assim uma nova tendência no tocante às fontes da nossa disciplina: a *comunitarização* do Direito Internacional Privado[243].

Esta última encontra, porém, importantes limites nas disposições dos protocolos anexos aos Tratados que instituem a União Europeia e a Comunidade Europeia, pelos quais certos Estados-Membros se reservaram o direito de não participarem na adopção daqueles actos.

Das suas incidências na matéria objecto deste curso se dará conta mais pormenorizadamente adiante.

5.4. Soft law? – Têm proliferado nos últimos anos instrumentos internacionais sem carácter vinculativo relativos ao comércio electrónico e à utilização de bens intelectuais na Internet, dos quais se diz por vezes serem fontes daquilo a que se convencionou chamar «Direito flexível», ou *soft law*[244].

Ausländisches und Internationales Privatrecht, «Comments on the European Commission's Green Paper on the conversion of the Rome Convention of 1980 on the law applicable to contractual obligations into a Community instrument and its modernization», *RabelsZ*, 2004, pp. 1 ss.

[243] Ver, sobre essa tendência, Christian Kohler, «Interrogations sur les sources du droit international privé européen après le traité d'Amsterdam», *RCDIP*, 1999, pp. 1 ss.; *idem*, «Vom EuGVÜ zur EuGVVO: Grenzen und Konsequenzen der Vergemeinschaftung», *in Festchrift für Reinhold Geimer zum 65. Geburtstag*, Munique, 2002, pp. 461 ss.; Jürgen Basedow, «The communitarization of the Conflict of Laws under the Treaty of Amsterdam», *CMLR*, 2000, pp. 687 ss.; Katharina Boele-Woelki, «Unification and Harmonization of Private International Law in Europe», *in Private Law in the International Arena. Liber Amicorum Kurt Siehr*, Haia, 2000, pp. 61 ss.; Th. M. Boer, «Prospects for European Conflicts Law in the Twenty-First Century», *in International Conflict of Laws for the Third Millenium. Essays in Honor of Friedrich Juenger*, Nova Iorque, s/d, pp. 193 ss.; Erik Jayme/Christian Kohler, «Europäisches Kollisionsrecht 2002: Zur Wiederkehr des Internationalen Privatrechts», *IPRax*, 2002, pp. 461 ss.; Luís de Lima Pinheiro, «Federalismo e Direito Internacional Privado – algumas reflexões sobre a comunitarização do Direito Internacional Privado», *Cadernos de Direito Privado*, n.° 2, Abril/Junho 2003, pp. 3 ss.; Christian von Bar/Peter Mankowski, *Internationales Privatrecht*, vol. I, *Allgemeine Lehren*, 2.ª ed., Munique, 2003, pp. 133 ss.; Kegel/Schurig, *Internationales Privatrecht*, 9.ª ed., Munique, 2004, pp. 211 ss.; e Paul Lagarde, «Rapport de synthèse», *in* Angelika Fuchs/ /Horatia Muir Watt/Étienne Pataut (directores), *Les conflits de lois et le système juridique communautaire*, Paris, 2004, pp. 284 ss.

[244] Ver, na literatura jurídica portuguesa, Garcia Marques/Lourenço Martins, *Direito da Informática*, Coimbra, 2000, p. 72; Elsa Dias Oliveira, *A protecção dos consumidores nos contratos celebrados através da Internet. Contributo para uma análise numa perspectiva material e internacionalprivatista*, Coimbra, 2002, pp. 43 ss.; e António Marques

Através deste conceito têm-se geralmente em vista certos instrumentos reguladores de relações internacionais de índole económica, sem carácter normativo, mas nem por isso desprovidos de eficácia.

Esta última derivaria, além do mais, de os sujeitos dessas relações obedecerem espontaneamente ao que se prescreve em tais instrumentos, *v.g.* por receio de perderem certas vantagens (como a protecção diplomática ou a concessão de créditos à exportação), ou de a sua observância ser conforme à boa fé[245].

Seria esse o caso da *Lei-Modelo Sobre o Comércio Electrónico* e da *Lei-Modelo Sobre Assinaturas Electrónicas*, adoptadas, respectivamente, em 1996 e em 2001 pela Comissão das Nações Unidas Para o Direito do Comércio Internacional.

Na categoria em apreço incluir-se-iam ainda a Recomendação Conjunta acerca da protecção de marcas e outros direitos de propriedade industrial sobre sinais na Internet[246] e a Recomendação Conjunta sobre a protecção de marcas notórias[247], adoptadas em 1999 pelas Assembleias da União de Paris para a Protecção da Propriedade Industrial e da Organização Mundial da Propriedade Intelectual, de cujo conteúdo daremos conta adiante[248].

Estas recomendações visam dar execução a uma política de harmonização das legislações nacionais em matéria de propriedade industrial mediante instrumentos flexíveis, complementares dos tratados internacionais, que vem sendo prosseguida por aquela Organização desde

---

dos Santos, «Direito aplicável aos contratos celebrados através da Internet e tribunal com-petente», *in* AAVV, *Direito da Sociedade da Informação*, vol. IV, Coimbra, 2003, pp. 107 ss. (p. 110).

[245] Cfr. Ignaz Seidl-Hohenveldern, «International Economic "Soft Law"», *Rec. cours*, t. 163 (1979-II), pp. 165 ss. (especialmente pp. 182 ss.); Ulrich Ehricke, «"Soft Law" – Aspekte einer neuen Rechtsquelle», *NJW*, 1989, pp. 1906 ss.; António Marques dos Santos, *Direito Internacional Privado*, vol. I, Lisboa, 2001, pp. 41 s.; e Paulo Otero, *Legalidade e administração pública. O sentido da vinculação administrativa à juridicidade*, Coimbra, 2003, pp. 172 ss. e 908 ss.

[246] Cfr. União de Paris Para a Protecção da Propriedade Industrial e Organização Mundial da Propriedade Intelectual, *Joint Recommendation Concerning Provisions on the Protection of Marks, and Other Industrial Property Rights in Signs, on the Internet*, s/l, 1999 (disponível http://www.wipo.int).

[247] União de Paris Para a Protecção da Propriedade Industrial e Organização Mundial da Propriedade Intelectual, *Joint Recommendation Concerning Provisions on the Protection of Well-Known Marks*, Genebra, 2000 (disponível em http://www.wipo.int).

[248] Ver *infra*, n.os 8.2 e 8.3.

128   *Problemática internacional da sociedade da informação*

1998[249]. Neste sentido, preconiza-se nos referidos instrumentos que os Estados Membros considerem as suas disposições como linhas orientadoras (*guidelines*) da regulamentação nacional das matérias a que dizem respeito[250].

Agora pergunta-se: qual a eficácia destes textos na disciplina das situações da vida privada internacional a que dizem respeito?

As disposições que os integram revestem, é certo, a forma externa de imperativos jurídicos; mas não parece que se trate de fontes de Direito positivo, porquanto não é exigível a sua observância independentemente da vontade dos seus potenciais destinatários.

A sua caracterização como instrumentos de «Direito flexível» pouco adianta, pois, para o esclarecimento da questão em apreço.

Na realidade, a sua vocação consistirá, quando muito, em servirem de *modelos legislativos* – como tem sucedido com a *Lei-Modelo Sobre o Comércio Electrónico*, na qual se inspiraram diversas leis nacionais recentemente publicadas, nomeadamente, na Austrália, no Canadá e nos Estados Unidos – e em assistirem os tribunais no desenvolvimento jurisprudencial do Direito; mas a sua aplicação *ex officio* como «Direito alternativo» ou a sua eleição como estatuto do contrato mediante uma «referência conflitual» às disposições que os integram afiguram-se-nos de excluir.

Decerto que podem os textos em causa, por via da sua espontânea observância nos meios interessados, adquirir algum grau de efectividade nas situações privadas internacionais; mas nem por isso lhes assistirá a qualidade de fontes de Direito. Para tanto seria necessário, além do mais, que o cumprimento das proposições que as integram fosse incondicionalmente exigível dos sujeitos dessas relações, pelo menos quando estes nada houvessem disposto em contrário, e lhes pudesse ser imposto, mesmo contra a sua vontade, sob a ameaça da aplicação de sanções institucionalizadas; o que, se bem cuidamos, não sucede.

5.5. Direito estadual. – A principal fonte de regulação das situações privadas internacionais atinentes à produção, utilização e transmissão de informação por via electrónica continua sendo o Direito de fonte estadual, tanto por via de regras de Direito Internacional Privado como de disposições que provêem à disciplina substantiva dessas situações.

---

[249] Veja-se o prefácio à recomendação referida *supra* em segundo lugar.
[250] Cfr. os preâmbulos de ambas as recomendações, § 2.º.

Parte II – Conteúdos a Leccionar

É sabido que, no tocante àquelas primeiras regras, uma das tendências mais marcantes das legislações europeias na segunda metade do século XX foi a *codificação* (*lato sensu*) do regime das situações privadas internacionais: são muito numerosos os países do Velho Continente – entre os quais o nosso – que nos últimos quarenta anos se dotaram de leis de Direito Internacional Privado ou inseriram nos respectivos códigos civis regras de conflitos de leis no espaço[251].

Paralelamente, afirmou-se, contudo, uma tendência para a *especialização* do Direito Internacional Privado em razão das matérias. Em certos domínios, como o dos contratos celebrados por consumidores, estoutra tendência, associada à transposição de diversas Directivas comunitárias, deu origem a uma proliferação inusitada de regras de conflitos nem sempre inteiramente coerentes entre si.

Mais recentemente, assistiu-se por esta via a um fenómeno inverso do que foi assinalado em primeiro lugar: a *descodificação* do Direito Internacional Privado, mediante a subtracção de vastos domínios aos códigos entretanto postos em vigor e a sua sujeição a legislação extravagante.

Esta última tendência afecta também o domínio em apreço no presente estudo, mercê designadamente da inclusão nas Directivas comunitárias sobre o tratamento de dados pessoais e a sua livre circulação, as assinaturas electrónicas e o comércio electrónico de diversas regras de Direito Internacional Privado, que deram origem a outras tantas disposições nos diplomas legais que as transpuseram para a ordem jurídica interna.

O problema por último referido não é, aliás, privativo do Direito Internacional Privado: ele tem afectado em primeira linha o próprio Direito Civil.

Relativamente a este tomou corpo ultimamente um movimento de sinal oposto, tendente à integração nos códigos civis da legislação avulsa que proliferou nos últimos anos. Dele é expressão a *modernização* do Direito das Obrigações alemão levada a cabo em 2002[252].

---

[251] Sobre o fenómeno, veja-se, por todos, António Ferrer Correia, *Direito Internacional Privado. Alguns problemas*, Coimbra, 1981.

[252] Cujos trabalhos preparatórios podem ser consultados em Claus-Wilhelm Canaris (org.), *Schuldrechtsmodernisierung 2002*, Munique, 2002. Na doutrina portuguesa, *vide* sobre essa reforma António Menezes Cordeiro, «A modernização do Direito das Obrigações», *ROA*, 2002, pp. 91 ss., 319 ss. e 711 ss.; *idem, Da modernização do Direito Civil*, I volume, *Aspectos gerais*, Coimbra, 2004, pp. 69 ss.

130   *Problemática internacional da sociedade da informação*

Avisadamente se tem sublinhado a necessidade de proceder do mesmo modo entre nós [253].

Supomos que tal modernização não deve restringir-se ao Direito Civil, antes é desejável que se estenda ao Direito Internacional Privado. Neste sentido se orientou recentemente, por exemplo, o legislador holandês[254].

Seria porventura esse o ensejo para integrar no Código Civil (ou num diploma autónomo, caso se optasse por destacar daquele Código o Direito Internacional Privado, à imagem do que vem sucedendo em vários outros países[255]) numerosas regras de conflitos dispersas por legislação avulsa publicada nos últimos anos.

5.6. Codificações extra-estaduais. – É muito significativa a projecção internacional que adquiriram na última década, como potenciais fontes da disciplina jurídica de situações privadas internacionais, certas codificações de regras e princípios de Direito dos Contratos elaboradas à margem dos Estados.

Referimo-nos, em especial, aos *Princípios Relativos aos Contratos Comerciais Internacionais*, publicados pelo Instituto Internacional para a Unificação do Direito Privado (UNIDROIT)[256], aos *Princípios de Direito Europeu dos Contratos*, elaborados pela Comissão de Direito Euro-

---

[253] Cfr. António Menezes Cordeiro, «A modernização do Direito das Obrigações. III – A integração da defesa do consumidor», *ROA*, 2002, pp. 711 ss. (pp. 713 s.); *idem, Da modernização do Direito Civil*, cit., pp. 56 ss. e 199 ss.

[254] Veja-se o projecto de disposições gerais de Direito Internacional Privado a incluir no Livro 10 do Código Civil holandês, constante do relatório da *Staatscommissie voor het Internationaal Privaatrecht* intitulado *Algemene Bepalingen Wet Internationaal Privaatrecht*, Haia, 2002.

[255] Haja vista, nomeadamente, às leis de Direito Internacional Privado da Áustria, da Itália, do Reino Unido e da Suíça, reproduzidas em António Marques dos Santos, *Direito Internacional Privado. Colectânea de textos legislativos de fonte interna e internacional*, 2.ª ed., Coimbra, 2002.

[256] Cfr. UNIDROIT, *UNIDROIT Principles of International Commercial Contracts*, Roma, 1994 (existe versão provisória em língua portuguesa, sob o título *Princípios relativos aos Contratos Comerciais Internacionais*, divulgada em 2000 pelo Ministério da Justiça). Em 2004 foi publicada nova edição, em língua inglesa, deste texto. Sobre essa edição, ver Michael Joachim Bonell, «UNIDROIT Principles 2004 – The New Edition of the Principles of International Commercial Contracts adopted by the International Institute for the Unification of Private Law», *ULR/RDU*, 2004, pp. 5 ss.

Parte II – Conteúdos a Leccionar

peu dos Contratos[257], e ao anteprojecto de um *Código Europeu dos Contratos*, da iniciativa da Academia dos Jusprivatistas Europeus, com sede em Pavia[258].

Todos estes textos têm de alguma sorte em vista unificar ou harmonizar, por meios não legislativos, a disciplina jurídica dos contratos; mas são diversos os seus propósitos últimos.

Na verdade, enquanto que os *Princípios Unidroit* têm por objectivo «estabelecer um conjunto equilibrado de regras destinadas a serem utilizadas em todo o mundo independentemente das tradições jurídicas e das condições económicas e políticas dos países onde se destinam a ser aplicados»[259], os *Princípios Europeus* e o anteprojecto de *Código Europeu* apresentam-se sobretudo (embora não só) como trabalhos preparatórios de uma futura codificação do Direito Civil Europeu[260], preconizada pelo Parlamento Europeu em sucessivas resoluções[261].

Particularmente digna de nota é a preocupação dos *Princípios Unidroit* com o comércio electrónico, que em parte ditou a publicação em 2004 de uma nova edição desse texto. Com efeito, no articulado e nos comentários constantes dessa nova edição contemplam-se agora expressamente questões como a validade de contratos celebrados por correio electrónico[262], a eficácia de uma notificação feita por meios electrónicos[263], a contratação automática[264], a duração de uma proposta feita por correio electrónico[265], o momento da expedição de uma declaração enviada por

---

[257] Cfr. The Commission on European Contract Law, *Principles of European Contract Law. Parts I and II Combined and Revised,* Haia/Londres/Boston, 2000; *Part III, idem,* 2003.

[258] Cfr. Accademia dei Giusprivatisti Europei, *Code européen des contrats. Avant-projet,* 2.ª ed., Milão, 2001.

[259] Introdução, p. viii.

[260] Cfr. *Principles of European Contract Law. Parts I and II,* p. xxiii: «One objective of the Principles of European Contract Law is to serve as a basis for any future European Code of Contracts»; *Code Européen des Contrats, Introduction,* pp. xlix.

[261] Ver, sobre a matéria, o nosso estudo «Um Código Civil para a Europa? Algumas reflexões», *in* António Menezes Cordeiro e outros (organizadores), *Estudos em homenagem ao Professor Doutor Inocêncio Galvão Telles,* vol. I, Coimbra, 2002, pp. 47 ss. (reproduzido em *Direito Internacional Privado. Ensaios,* vol. I, Coimbra, 2002, pp. 7 ss.), e a demais bibliografia aí citada.

[262] Ver o comentário 1 ao art. 1.2.

[263] Ver os comentários 1 e 4 ao art. 1.10.

[264] Ver o comentário 3 ao art. 2.1.1.

[265] Ver o comentário ao art. 2.1.7.

132   Problemática internacional da sociedade da informação

correio electrónico[266], os atrasos ocorridos na transmissão de declarações por meios electrónicos[267], a admissibilidade de uma alteração do contrato por troca de mensagens de correio electrónico[268] e a relevância de cláusulas contratuais gerais constantes de suportes electrónicos[269].

Seja como for, parece inequívoco que não estamos aqui perante fontes de regras de Direito positivo. Isso infere-se, além do mais, do intento, anunciado pelos autores desses textos, de consagrar neles as «melhores soluções» para os problemas em apreço[270] ou um «desenvolvimento progressivo» das soluções que se extraem do *common core* dos sistemas jurídicos vigentes[271] e não apenas aquelas que se encontram acolhidas nestes.

Não obstante isso, é muito relevante o papel que os mesmos podem assumir na disciplina das relações contratuais internacionais, inclusive daquelas que são estabelecidas por meios electrónicos.

Na verdade, nada impede que as partes os incorporem nos contratos por si celebrados, como fontes da disciplina a observar na execução destes.

A sua aplicabilidade pelos tribunais estaduais dependerá, nesse caso, do que estabelecerem as regras de conflitos vigentes no Estado do foro. Entre nós haverá que atender, no seu âmbito de aplicação, ao disposto no art. 3.º da Convenção de Roma. Este restringe o objecto possível da *electio iuris* à lei de um ou mais Estados[272]: qualquer remissão para os referidos textos apenas valerá, por conseguinte, sob condição de os mesmos serem compatíveis com as disposições imperativas da lei reguladora do contrato, a determinar através de uma conexão objectiva.

É justamente isso o que se extrai do art. 1.4 dos *Princípios Unidroit*, onde se lê: «Nothing in these Principles shall restrict the application of mandatory rules, whether of national, international or supranational origin, which are applicable in accordance with the relevant rules of private international law».

---

[266] Ver o comentário ao art. 2.1.8.
[267] Ver o comentário 3 ao art. 2.1.9.
[268] Ver o comentário ao art. 2.1.18.
[269] Ver o comentário 3 ao art. 2.1.19.
[270] Ver a introdução à edição de 1994 dos *Princípios Unidroit*, p. xv.
[271] Ver a introdução aos *Princípios de Direito Europeu dos Contratos*, p. xxiv.
[272] Ver neste sentido, por todos, Paul Lagarde, «Le nouveau droit international privé des contrats après l'entrée en vigueur de la Convention de Rome du 19 juin 1980», *RCDIP*, 1991, pp. 287 ss. (p. 300).

Parte II – Conteúdos a Leccionar

5.7. Códigos de conduta e outros instrumentos de auto-regulação.

– Referimos já os problemas suscitados pela relevância actual dos códigos de conduta elaborados por associações e organizações comerciais, profissionais e de consumidores como formas de *auto-regulação* das relações estabelecidas no domínio do comércio electrónico e da utilização de redes electrónicas de comunicação, assim como dos que se prendem com a definição do modo como esses códigos se hão-de articular com a disciplina dessas relações instituída pelo Direito estadual[273].

Uma das matérias em que os instrumentos de auto-regulação têm florescido são os chamados *nomes de domínio*, i.é, os endereços dos computadores ligados à Internet nos quais se encontra armazenada a informação disponível nessa rede.

O *sistema de nomes de domínio* permite, mediante computadores especificamente programados para o efeito e bases de dados adrede criadas, estabelecer a correspondência entre os endereços numéricos dos computadores ligados à rede, resultantes do chamado Protocolo de Internet, e endereços compostos por palavras susceptíveis de serem memorizadas (ou inferidas) pelos utilizadores da rede: os nomes de domínio. Sem ele, a chamada navegação na Internet seria praticamente inviável. A conexão entre os diferentes elementos que compõem a rede depende pois, em larga medida, deste sistema. Dele já se tem dito, por isso, que constitui de alguma sorte a *coluna vertebral* da Internet.

Ora, a administração do sistema de nomes de domínio acha-se hoje essencialmente confiada a instituições privadas.

Esta «privatização» do sistema corresponde, aliás, a uma directriz do Governo norte-americano, a qual se encontra expressa no *statement of policy* publicado em 1998 pela *National Telecommunications and Information Administration* (uma agência do Departamento de Comércio dos Estados Unidos)[274]. Aí se pode ler:

> «The U.S. Government is commited to a transition that will allow the private sector to take leadership for DNS management [...]. While international organizations may provide specific expertise or act as advisors to the new corporation, the U.S. continues to believe, as do most commenters, that neither national governments acting as sovereigns nor intergovernmental organizations acting as representatives of governments should participate

---

[273] Ver *supra*, n.º 4.2.
[274] Disponível em http://www.ntia.doc.gov/ntiahome/domainname/6_5_98dns.htm.

134 *Problemática internacional da sociedade da informação*

in management of Internet names and addresses. Of course, national governments now have, and will continue to have, authority to manage or establish policy for their own cc TLDs.»[275]

Nesta conformidade, foi constituída em 1998, ao abrigo do Direito da Califórnia, a referida «Sociedade Internet para a Atribuição de Nomes e Números» (ICANN).

Trata-se de uma pessoa colectiva privada sem fins lucrativos, que se propõe, nos termos dos seus estatutos[276], coordenar o funcionamento do sistema de nomes de domínio[277].

Em obediência a um princípio de descentralização, anunciado no referido *statement of policy* publicado pela *National Telecommunications and Information Administration* norte-americana – que estabelece como objectivo em matéria gestão de nomes e números da Internet a instituição de um sistema de «*bottom-up governance*» –, a ICANN nomeia, ou credencia, as entidades que atribuem nomes de domínio de segundo nível[278].

Entre nós, essa entidade é a Fundação Para a Computação Científica Nacional (FCCN), que adoptou um Regulamento no qual se definem as condições técnicas e administrativas para o registo junto dessa entidade dos nomes de domínio «.pt»[279].

De um modo geral, essas condições assentam numa diferenciação entre os subdomínios de «.com.pt» e os demais, sendo as condições de registo dos primeiros menos rigorosas do que as que presidem aos restantes, pois só quanto a eles não há qualquer restrição relativamente ao tipo de requerentes admissíveis e pode o pedido de registo ser feito por via electrónica, dispensando-se a apresentação de qualquer documento de suporte.

Pelo que respeita aos outros domínios, o princípio consignado no Regulamento é o de que o nome de domínio ou subdomínio deve coincidir com o nome, denominação, marca, estabelecimento ou título de publica-

---

[275] Cfr. p. 9.

[276] Disponíveis em http://www.icann.org.

[277] Sobre o papel da ICANN enquanto instância de auto-regulação, veja-se José Caral, «Lessons from ICANN: Is self-regulation of the Internet fundamentally flawed?», *International Journal of Law and Information Technology*, 2004, pp. 1 ss.

[278] Pode consultar-se uma lista dessas entidades em http://www.icann.org.

[279] Esse Regulamento encontra-se disponível, na sua actual versão, em http://www. dns.pt; e está também reproduzido, na versão de 2001, em Manuel Lopes Rocha e outros, *Leis do comércio electrónico*, Coimbra, 2001, pp. 161 ss.

ção periódica do requerente, procedendo a FCCN a um controlo prévio destinado a verificar o cumprimento deste requisito.

Os nomes de domínio não podem, em qualquer caso, corresponder a nomes que induzam em erro ou confusão sobre a sua titularidade ou corresponder a palavras ou expressões contrárias à lei, ordem pública ou bons costumes.

Mas qual a eficácia das regras contidas neste Regulamento?

Elas dimanam de uma instituição privada, desprovida de poderes regulamentares ou legislativos[280]. Outro tanto pode dizer-se das regras predispostas pelas entidades homólogas que em diversos países estrangeiros procedem ao registo de nomes de domínio genéricos ou geográficos[281].

A nosso ver, tais regras têm, assim, a natureza de *cláusulas contratuais gerais*, que apenas vinculam aqueles que voluntariamente se lhes sujeitarem, se e na medida em que forem compatíveis com o disposto na lei aplicável.

Nalguns países estrangeiros têm surgido regras legais relativas a certos aspectos da disciplina jurídica dos nomes de domínio: foi o que sucedeu nos Estados Unidos da América com o *Anticybersquatting Consumer Protection Act*, de 1999. E também no âmbito da Comunidade Europeia foram publicados recentemente dois Regulamentos tendentes a disciplinar o registo de nomes de domínio sob o domínio de topo «.eu.»[282].

Não assim, porém, na ordem jurídica portuguesa.

Na Resolução do Conselho de Ministros n.º 69/97, de 5 de Maio, mandatava-se, é certo, o Ministro da Ciência e da Tecnologia para «preparar [...] as medidas legais tendentes à regulamentação do registo e gestão dos nomes de domínios [*sic*] da Internet para Portugal» (alínea *a)*).

Mas estas medidas não chegaram a ser publicadas; e no «Documento Orientador da Iniciativa Nacional para o Comércio Electrónico», aprovado pela Resolução do Conselho de Ministros n.º 94/99, de 25 de Agosto, previu-se apenas, numa aparente inflexão de política legislativa, a revisão do Regulamento da FCCN (medida 2.8), a qual viria a ocorrer em 2003.

---

[280] Ver adiante, n.º 6.4.

[281] Entre as quais avulta a Verisign, Inc. Podem ver-se as respectivas condições de registo de nomes de domínio em http://www.netsol.com/en_US/legal/static-service-agreement.jhtml#domains.

[282] Referimo-nos aos Regulamentos (CE) n.os 733/2002 e 874/2004, a que aludimos na introdução.

136   *Problemática internacional da sociedade da informação*

5.8. Usos e costumes. – Tal como nos restantes domínios mercantis, os usos relevam em matéria de comércio electrónico, designadamente, como elementos de interpretação e integração das declarações negociais das partes e como critérios orientadores da acção do legislador.

Nem todas as condutas espontaneamente observadas neste meio revestem, todavia, a natureza de usos.

Assim, por exemplo, aponta-se frequentemente a chamada netiqueta ou *netiquette* – i.é, as regras de conduta respeitantes às comunicações entre os utilizadores dessa rede – como fonte de usos específicos da Internet.

Mas não existe unanimidade de vistas quanto ao teor da netiqueta[283]. A ela se têm feito reconduzir regras tão diversas como a proibição do *spamming* e o dever de respeito pelo interlocutor nas comunicações em linha[284]. Ora, não é inquestionável que tais regras correspondam de facto a práticas generalizadas. As proporções que o denominado *spamming* ultimamente assumiu, por exemplo, permitem duvidar seriamente de que haja uma aceitação suficiente da referida proibição para que esta possa ser qualificada como um uso. E não tem passado despercebida a nítida filiação de algumas das supostas regras de netiqueta nas regras de cortesia observadas nos países anglo-saxónicos[285].

De todo o modo, a netiqueta, ainda que porventura seguida por muitos utilizadores de redes electrónicas de comunicações, não parece integrar normas susceptíveis de serem aplicadas pelos tribunais[286]; e, provavel-

---

[283] Salienta-o, por exemplo, Haimo Schack, *in* AAVV, *Völkerrecht und Internationales Privatrecht in einem sich globalisierenden internationalen System – Auswirkungen der Entstaatlichung transnationaler Rechtsbeziehungen*, Heidelberga, 1999, pp. 455 ss. Sublinha igualmente a variabilidade das regras de condutas susceptíveis de serem reconduzidas à netiqueta Thomas Hoeren, «Internet und Recht – Neue Paradigmen des Informationsrechts», *NJW*, 1998, pp. 2849 ss. (p. 2852); *idem*, «Electronic Commerce and Law – Some Fragmentary Thoughts on the Future of Internet Regulation From a German Perspective», *in* Jürgen Basedow/Toshiyuki Kono, *Legal Aspects of Globalization. Conflict of Laws, Internet, Capital Markets and Insolvency in a Global Economy*, Haia/Londres/Boston, 2000, pp. 35 ss. (p. 43: «"the" netiquette does not exist»).

[284] Veja-se, por exemplo, a compilação disponível em http://www.fau.edu/netiquette.

[285] Observa-o, por exemplo, Ugo Draetta, *Internet et commerce électronique en droit international des affaires*, Paris/Bruxelas, 2003, p. 116.

[286] Neste sentido também Stefano Nespor/Ada Lucia de Cesaris, *Internet e la legge*, 2.ª ed., Milão, 2001, p. 40.

Parte II – Conteúdos a Leccionar 137

mente, quanto mais vasto se tornar o número de utilizadores dessas redes, menor será o seu significado[287].

Segundo alguns, determinados usos do comércio electrónico terão entretanto adquirido a natureza de verdadeiros costumes. Estariam neste caso, por exemplo, a confirmação por meios electrónicos das encomendas de bens ou serviços feitas por esses meios e o recurso a mecanismos de segurança, mormente de criptografia, nas operações bancárias realizadas pela Internet[288].

O certo, porém, é que nada permite concluir que a observância de semelhantes práticas haja sido, até à sua consagração em preceito legal[289], acompanhada da convicção da respectiva obrigatoriedade, podendo aquela dever-se à conveniência do próprio fornecedor de bens ou serviços em linha. E a diversidade dos efeitos jurídicos que lhes são imputados pelos Direitos nacionais colocam também em causa o acerto de semelhante ponto de vista.

5.9. *Jurisprudência*. – Nalguns países, como é sobretudo o caso dos de *Common Law*, a jurisprudência tem assumido grande importância como fonte de soluções para os problemas jurídicos suscitados pela sociedade da informação.

Isso é particularmente nítido no tocante a questões como a responsabilidade civil dos prestadores intermediários de serviços de Internet[290].

Não é esse, porém, o caso de Portugal, onde a jurisprudência dos tribunais superiores sobre as matérias em apreço é escassa. Por outro lado, abolidos que foram os assentos do Supremo Tribunal de Justiça, só têm carácter normativo, no sentido de serem dotadas de generalidade e abstracção, as decisões do Tribunal Constitucional com força obrigatória geral.

Não quer isto dizer, no entanto, que os tribunais portugueses não possam ter um papel criador na resolução das questões que são objecto deste

---

[287] Assim Tanja Jessen/Eckart Müller *in* Hans-Werner Moritz/Thomas Dreier (orgs.), *Rechts-Handbuch zum E-Commerce*, Colónia, 2002, p. 196.

[288] Cfr. Paul Przemyslaw Polanski, «A New Approach to Regulating Internet Commerce: Custom as a Source of Electronic Commerce Law», *Electronic Communication Law Review*, 2002, pp. 165 ss.

[289] Ver, entre nós, o art. 29.°, n.° 1, do D.L. n.° 7/2004.

[290] Veja-se o levantamento de decisões jurispudenciais de vários países sobre esta matéria feito entre nós por Sofia Casimiro, *A responsabilidade civil pelo conteúdo da informação transmitida pela Internet*, Coimbra, 2000, pp. 81 ss.

138 *Problemática internacional da sociedade da informação*

curso. O Direito contemporâneo tende, na verdade, a favorecer o exercício desse papel pelo julgador.

É o que sucede, no domínio do Direito Internacional Privado, em virtude das disposições que consagram a cláusula geral da conexão mais estreita, a concretizar pelo julgador, e das que lhe permitem corrigir o resultado da aplicação das regras de conflitos de leis no espaço (*v.g.* as chamadas cláusulas de excepção).

Nestes casos, a fim de determinar a disciplina jurídica das situações privadas internacionais, o julgador não se limita a subsumi-las sob as normas legais e a deduzir destas a solução do caso concreto: cabe-lhe efectuar uma valoração, que acrescenta algo de relevante àquilo que a lei estabelece.

Dito de outro modo, a regra de conflitos é nesses casos insuficiente a fim de prover à regulação da questão privada internacional. A *máxima de decisão* do caso concreto é elaborada pelo próprio julgador. Há, nesta medida, uma criação jurisprudencial de Direito, com carácter complementar à lei.

6. Instituições de regulação

6.1. Internacionais. – Apesar do carácter internacional da Internet, não foi constituída até hoje qualquer organização internacional especificamente destinada a administrar esta rede de comunicações. Nem, que saibamos, houve qualquer impulso digno de registo nesse sentido: a gestão da Internet e dos recursos económicos nela implicados está hoje essencialmente confiada, como veremos a seguir, a entidades privadas.

Várias instituições internacionais têm assumido, não obstante isso, um papel de relevo na elaboração e aplicação de normas respeitantes à utilização daquela e de outras redes de comunicações electrónicas transfronteiras.

Estão neste caso a Organização Mundial da Propriedade Intelectual (por via dos *Tratados Internet* de 1996, que administra, e do *Centro de Arbitragem e Mediação* existente no seu seio, ao qual tem sido cometida a resolução de boa parte dos litígios relativos a nomes de domínio); a Comissão das Nações Unidas para o Direito do Comércio Internacional (responsável pela elaboração das *Leis-Modelo* sobre o comércio electrónico e a assinatura electrónica, bem como do projecto de convenção internacional sobre o comércio electrónico, em preparação); a Conferência da Haia de Direito Internacional Privado (no âmbito da qual têm sido levados a cabo os trabalhos preparatórios de uma convenção internacional sobre a competência e o reconhecimento de sentenças estrangeiras em matéria civil e comercial); o Conselho da Europa (sob a égide do qual foram celebradas a *Convenção Para a Protecção das Pessoas Relativamente ao Tratamento Automatizado de Dados de Carácter Pessoal* e a *Convenção Sobre o Cibercrime*); e a UNIDROIT (da qual emanam os referidos *Princípios Relativos aos Contratos Comerciais Internacionais*, cuja edição de 2004, como dissemos, contempla expressamente o comércio electrónico).

6.2. Supranacionais. – Diferentemente das entidades acabadas de referir, que fundamentalmente institucionalizam relações de cooperação entre os Estados que nelas participam, a Comunidade Europeia assenta numa transferência de poderes de soberania pelos respectivos Estados-Membros, os quais aceitam subordinar-se a ela nas matérias da sua competência.

Essa transferência de poderes tem-se reflectido acentuadamente na regulação dos temas relacionados com a sociedade informação nos Estados-Membros da Comunidade, em consequência da vasta legislação produzida neste domínio ao longo da última década e meia.

Nos Estados-Membros da Comunidade Europeia, o Direito da Sociedade da Informação está hoje, com efeito, fortemente condicionado pela harmonização legislativa levada a cabo nos últimos anos: tal como outros ramos do Direito, também este se encontra submetido a um processo de *comunitarização*.

O que bem se compreende: por um lado, a Comunidade preocupou-se em evitar que as divergências entre Direitos nacionais sobre a matéria se repercutissem no funcionamento do mercado interno; por outro, tomou a denominada sociedade da informação como *Leitmotiv*, na convicção de que esta seria uma fonte de estímulos ao crescimento económico.

Fruto destas orientações são, por um lado, a intensa legiferação comunitária nos domínios da utilização das redes electrónicas de comunicação, do comércio electrónico e dos direitos sobre bens informáticos, a que aludimos anteriormente[291]; e, por outro, a denominada «estratégia de Lisboa» adoptada na reunião do Conselho Europeu de 23 e 24 de Março de 2000[292].

---

[291] Veja-se o respectivo elenco *supra*, no § 1.°.

[292] Cujas conclusões podem ser consultadas em http://ue.eu.int.

140 *Problemática internacional da sociedade da informação*

6.3. *Nacionais*. – Em Portugal, são várias as entidades públicas que hoje exercem poderes de autoridade sobre o funcionamento e a utilização das redes de comunicações electrónicas.

Assim, a Lei de Protecção de Dados (Lei n.º 67/98, de 26 de Outubro) criou a *Comissão Nacional de Protecção de Dados*, a qual é, nos termos do art. 21.º, n.º 1, desse diploma e do art. 2.º da Lei n.º 43/2004, de 18 de Agosto, uma entidade administrativa independente, com poderes de autoridade, que funciona junto da Assembleia da República. Tem como atribuição, de acordo com o art. 22.º, n.º 1, da Lei n.º 67/98, controlar e fiscalizar o cumprimento das disposições legais e regulamentares em matéria de protecção de dados pessoais. Entre os poderes que exerce conta-se, como se verá adiante, o de ordenar o bloqueio, apagamento ou destruição de dados disponíveis em redes electrónicas[293].

Por seu turno, os arts. 11.º e 40.º do D.L. n.º 290-D/99, de 2 de Agosto, cometeram a uma autoridade a designar em diploma especial a competência para credenciar as entidades certificadoras de assinaturas electrónicas qualificadas. Essa autoridade é, nos termos do D.L. n.º 234/2000, de 25 de Setembro, o *Instituto das Tecnologias de Informação da Justiça* (ITIJ), cujos estatutos foram aprovados pelo D.L. n.º 103/01, de 29 de Março.

Mais recentemente, o art. 35.º, n.º 1, D.L. n.º 7/2004 previu a existência de uma entidade de supervisão central em matéria de comércio electrónico, com atribuições em todos os domínios regulados por esse diploma, salvo naqueles em que lei especial atribua competência sectorial a outra entidade. Essa entidade é, nos termos do n.º 2 do mesmo preceito, o *Instituto de Comunicações de Portugal – Autoridade Nacional de Comunicações* (ICP – ANACOM). Compete-lhe, além do mais, adoptar as providências restritivas da circulação de serviços da sociedade da informação previstas nos arts. 7.º e 8.º do D.L. n.º 7/2004; elaborar regulamentos e dar instruções sobre práticas a seguir no cumprimento do diploma; fiscalizar o cumprimento do preceituado sobre o comércio electrónico; instaurar e instruir processos contra-ordenacionais e aplicar as sanções previstas; e, quando for caso disso, determinar a suspensão da actividade dos prestadores de serviços da sociedade da informação. Também esta entidade dispõe de competência para a resolução provisória de litígios prevista no art. 18.º do referido diploma[294].

Ao mesmo Instituto, cujos estatutos foram aprovados pelo D.L. n.º 309/2001, de 7 de Dezembro, competem ainda as funções de regu-

---

[293] Cfr. *infra*, n.º 20.3.
[294] À qual nos reportaremos adiante, no n.º 20.3.

Parte II – Conteúdos a Leccionar

lação, supervisão, fiscalização e sancionamento previstas na Lei n.° 5/ /2004, de 10 de Fevereiro (Lei das Comunicações Electrónicas).

6.4. Privadas. – Demos conta acima do papel desempenhado pela *Internet Corporation for Assigned Names and Numbers* (ICANN), assim como pela *Fundação Para a Computação Científica Nacional* (FCCN), na gestão do sistema de nomes de domínio.

Da primeira já se disse entre nós ser ela o «centro universal da administração da internet»[295].

Um dos problemas que se coloca a respeito destas instâncias, ditas de auto-regulação, sobre o qual importa reflectir neste lugar, é o da sua *legitimidade.*

No tocante à ICANN, ela funda-se em alguma medida numa transferência de poderes operada pelo Governo dos Estados Unidos da América.

Na verdade, de acordo com um «Memorando de Entendimento» celebrado entre o Departamento de Comércio norte-americano e a ICANN, as partes acordaram em «conceber, desenvolver e ensaiar conjuntamente os mecanismos, métodos e procedimentos, bem como as medidas necessárias para a transferência das funções de gestão do sistema de nomes de domínio actualmente desempenhadas pelo Governo dos Estados Unidos, ou em seu nome, para uma entidade não lucrativa do sector privado»[296].

Através deste Memorando, o Governo dos Estados Unidos reservou- -se um considerável grau de autoridade sobre a administração do sistema de nomes de domínio: entre as funções que lhe são reservadas no respectivo clausulado conta-se a «vigilância das actividades realizadas em execução deste acordo»[297].

Já se tem observado, por isso, que o sistema de nomes de domínio é indirectamente controlado pelo Governo dos Estados Unidos[298]. Faltar- -lhe-ia, nesta medida, *legitimidade internacional*[299].

---

[295] Cfr. Pedro Gonçalves, «Disciplina administrativa da internet», *in* AAVV, *Direito da Sociedade da Informação*, vol. V, Coimbra, 2004, pp. 215 ss. (p. 225).

[296] Cfr. «Memorandum of Understanding between the U.S. Department of Commerce and Internet Corporation for Assigned Names and Numbers», disponível em http://www. ntia.doc.gov/ntiahome/domainname/icann-memorandum-htm.

[297] Cfr. n.° V.B.7.

[298] Veja-se, por exemplo, a comunicação da Comissão Europeia ao Conselho e ao Parlamento Europeu intitulada *Organização e Gestão da Internet. Questões de Política*

No tocante ao domínio de topo «.pt» a entidade competente para o registo de nomes de domínio é, como referimos, a FCCN.

Esta é uma instituição privada sem fins lucrativos, sedeada em Lisboa, que iniciou a sua actividade em 1987. Desde 1991 atribui e gere os nomes de domínio sob o nível «.pt». Em 2001 passou a proceder também ao registo de domínios sob «.net.pt», «.org.pt», «.edu.pt», «.int.pt», «.publ.pt», «.com.pt» e «.nome.pt».

A legitimidade da FCCN para gerir esses domínios não parece advir de qualquer acto do Estado português, mas antes de uma delegação que lhe terá sido feita pela *Internet Assigned Numbers Authority*[300], a que a ICANN sucedeu.

Reconheceu-o o próprio Governo português na Resolução do Conselho de Ministros n.º 69/97, de 5 de Maio, em cujo preâmbulo se lê que «[n]a ausência de regulamentação específica, e por razões históricas, a Fundação para a Computação Científica Nacional (FCCN) tem vindo a proceder, a nível nacional, ao registo e gestão dos nomes de domínios [*sic*] da Internet em Portugal».

No exercício das suas atribuições, a FCCN não tem entre nós qualquer concorrência. A situação existente no tocante à atribuição de direitos sobre o bem intelectual em apreço é, pois, a de *monopólio de facto*. A adequação do sistema nacional de gestão dos nomes de domínio não é, por isso, imune à crítica. Talvez por esse motivo, a Resolução do Conselho de Ministros acima referida atribui competência ao Ministro da Ciência e da Tecnologia, até à aprovação de regras legais sobre a matéria, para dirimir «todas as divergências que possam vir a existir entre a FCCN e os requerentes ou beneficiários dos domínios ou subdomínios Internet específicos de Portugal» (alínea *b*)).

Como é bom de ver, a convivência de um sistema de nomes de domínio administrado nestes moldes com um sistema de direitos privativos da propriedade industrial gerido por entidades públicas, como aquele que vigora em Portugal, não é fácil. Voltaremos a este ponto adiante[301].

Internacional e Europeia 1998-2000, documento COM (2000) 202 final, de 11 de Abril de 2000, disponível em http://europa.eu.int.

[299] Neste sentido se pronunciou o Conselho de Estado francês: cfr. o parecer intitulado *Internet et les réseaux numériques*, de 1998, pp. 84 ss. (texto disponível em http://www.internet.gouv.fr./francais/textesref/rapce98/rapce.rtf).

[300] Sobre os critérios que terão presidido a essa delegação, veja-se o *Request for Comments* 1591, disponível em http://www.iana.org.

[301] Cfr. *infra*, n.º 8.3.

Parte II – Conteúdos a Leccionar   143

CAPÍTULO II
Direito aplicável e tribunal competente

7. Direitos de personalidade

7.1. Privacidade. a) Preliminares. – Como é sabido, a Constituição portuguesa consagra, no art. 26.°, n.° 1, o direito à reserva da intimidade da vida privada e familiar. Por seu turno, o art. 80.°, n.° 1, do Código Civil dispõe que todos devem guardar reserva quanto à intimidade da vida privada de outrem.

Tanto a Constituição como o Código tutelam, pois, entre outros valores ligados à personalidade humana, a *privacidade – hoc sensu*, a vida íntima ou privada de cada um –, a qual deve ser preservada contra intromissões alheias, que se traduzam, *v.g.*, na divulgação não autorizada de factos a ela respeitantes[302].

Ora, o advento da informática e a disseminação das redes de comunicações electrónicas vieram potenciar enormemente os riscos de devassa da privacidade das pessoas[303].

---

[302] Cfr., sobre o tema, Rita Amaral Cabral, «O direito à intimidade da vida privada (Breve reflexão acerca do artigo 80.° do Código Civil)», *in* AAVV, *Estudos em memória do Professor Doutor Paulo* Cunha, Lisboa, 1989, pp. 373 ss.; José de Oliveira Ascensão, *Direito Civil. Teoria geral*, vol. I, Coimbra, 1997, pp. 108 ss.; *idem*, «A reserva da intimidade da vida privada e familiar», *RFDUL*, 2002, pp. 9 ss.; Pedro Pais de Vasconcelos, *Teoria Geral do Direito Civil*, 2.ª ed., Coimbra, 2003, pp. 63 ss.; e António Menezes Cordeiro, *Tratado de Direito Civil português*, vol. I, *Parte geral*, tomo III, Coimbra, 2004, pp. 207 ss.

[303] Ver sobre a matéria, na literatura jurídica nacional, José de Faria Costa, «O Direito Penal, a informática e a reserva da vida privada», *in Direito Penal da Comunicação. Alguns escritos*, Coimbra, 1998, pp. 63 ss.; *idem*, «As telecomunicações e a privacidade: o olhar (in)discreto de um penalista», *in* António Pinto Monteiro (coordenador), *As telecomunicações e o Direito na Sociedade da Informação,* Coimbra, 1999, pp. 49 ss.; Amadeu Guerra, «Telecomunicações e protecção de dados», *in ibidem*, pp. 107 ss.; Pedro Pais de Vasconcelos, «Protecção de dados pessoais e direito à privacidade», *in* AAVV, *Direito da Sociedade da Informação*, vol. I, Coimbra, 1999, pp. 241 ss.; Garcia Marques/Lourenço Martins, *Direito da Informática*, Coimbra, 2000, pp. 75 ss.; Miguel Pupo Correia, «O caso *Echelon*: aspectos jurídicos», *in* AAVV, *Direito da Sociedade da Informação*, vol. IV, Coimbra, 2003, pp. 323 ss.; A. G. Lourenço Martins/J. A. Garcia Marques/Pedro Simões Dias, *Cyberlaw em Portugal. O direito das tecnologias da informação e comunicação*, s/l, 2004, pp. 359 ss.; e José Augusto Garcia Marques, «Internet e privacidade», *in* AAVV, *Direito da Sociedade da Informação*, Coimbra, vol. V, 2004, pp. 23 ss. Na doutrina estrangeira, vejam-se, em especial, Lee Bygrave/Kamiel Koelman, «Privacy, Data Protection and Copyright: Their Interaction in the Context of Electronic Copyright Management

144 Problemática internacional da sociedade da informação

Os *dados pessoais* – i. é, na acepção da lei portuguesa, «qualquer informação, de qualquer natureza e independentemente do respectivo suporte, incluindo som e imagem, relativa a uma pessoa singular identificada ou identificável»[304] – podem hoje, com efeito, ser recolhidos, transmitidos e tratados com grande facilidade por meios informáticos, com finalidades comerciais, administrativas, políticas ou outras.

Elucidativa disso é a amplitude com que são actualmente utilizados os chamados «testemunhos de conexão» (*cookies*) e dispositivos análogos, amiúde instalados nos terminais dos utentes das redes electrónicas sem o consentimento prévio destes, com o intuito, nomeadamente, de obter, transmitir e armazenar informação relativa à utilização de um terminal de computador, e até informação nele registada, que permita traçar o «perfil» daqueles sujeitos enquanto cidadãos ou consumidores.

Por outro lado, esses dados podem ser disponibilizados em rede, obtendo deste modo uma difusão muito superior à que teriam através de qualquer outro meio de comunicação social.

Surge, assim, a necessidade de disciplinar a utilização de dados pessoais, como forma de proteger a privacidade do seus titulares.

Ocupam-se *ex professo* desta matéria vários textos normativos internacionais[305], comunitários[306] e nacionais[307] adoptados nos últimos anos,

---

Systems», *in* Bernd Hugenholtz (org.), *Copyright and Electronic Commerce*, Haia, etc., 2000, pp. 59 ss.; Emilio Tosi, «La tutela dei dati personali», *in* Emilio Tosi (org.), *I problemi giuridici di Internet*, 2.ª ed., Milão, 2001, pp. 75 ss.; e Flemming Moos, «Datenschutz im Internet», *in* Detlef Kröger/Marc Gimmy (orgs.), *Handbuch zum Internetrecht*, 2.ª ed., Berlim, etc., 2002, pp. 497 ss.

[304] Cfr. o art. 3.°, alínea *a)*, da Lei n.° 67/98, de 28 de Outubro (Lei de protecção de dados pessoais).

[305] Haja vista à Convenção Para a Protecção das Pessoas Relativamente ao Tratamento Automatizado de Dados de Carácter Pessoal, aberta à assinatura dos Estados membros do Conselho da Europa em 28 de Janeiro de 1981 (aprovada, para ratificação, pela Resolução da Assembleia da República n.° 23/93, de 12 de Maio de 1993, e ratificada pelo Decreto do Presidente da República n.° 21/93, de 9 de Julho), e ao respectivo Protocolo Adicional, assinado em Estrasburgo em 8 de Novembro de 2001 (em vigor, entre os Estados que o ratificaram, desde 1 de Julho de 2004).

[306] Estão neste caso a Directiva 95/46/CE, relativa à protecção das pessoas singulares no que diz respeito ao tratamento de dados pessoais e à livre circulação desses dados, e a Directiva 2002/58/CE, relativa à privacidade e às comunicações electrónicas, a que já aludimos anteriormente. Veja-se ainda a Carta dos Direitos Fundamentais da União Europeia, art. 8.

[307] Cfr., entre nós, as Leis n.os 67/98, de 26 de Outubro (Lei de protecção de dados pessoais), 69/98, de 28 de Outubro (Regula o tratamento dos dados pessoais e a protecção

Parte II – Conteúdos a Leccionar 145

não faltando também, sobretudo nos Estados Unidos, iniciativas privadas com esse escopo, entre as quais avultam diversos instrumentos ditos de auto-regulação[308].

A regulamentação jurídica da matéria requer uma delicada ponderação de interesses. Nela há que atender não apenas ao interesse individual na preservação da privacidade, mas também a outros interesses públicos e privados relevantes. Entre estes incluem-se a liberdade de expressão e informação, que a Constituição igualmente consagra, e a segurança do Estado, mormente em face do terrorismo e de outras formas de criminalidade internacional.

Assim se compreende que o art. 6.°, n.° 1, da Lei n.° 67/98 requeira o consentimento prévio para o tratamento de dados pessoais[309], exigência essa recentemente estendida pelo art. 22.°, n.° 1, do D.L. n.° 7/2004 ao envio de mensagens para fins de *marketing* directo, cuja recepção seja independente de intervenção do destinatário (*spam*); e que, além disso, se proíba naquela lei o tratamento de *dados sensíveis*[310]; mas que logo se temperem estas regras mediante certas excepções, ditadas tanto por motivos de interesse individual (haja vista, por exemplo, aos arts. 6.°, alíneas *a)* a *c)* e *e)*, e 7.°, n.° 3, alínea *a)*, da Lei) como por considerações de interesse social (*ibidem*, arts. 6.°, alínea *d)*, 7.°, n.° 2, e 8.°).

---

da privacidade no sector das telecomunicações), e 41/2004, de 18 de Agosto (transpõe para a ordem jurídica nacional a Directiva 2002/58/CE). Também trata desta matéria o art. 35.° da Constituição portuguesa. Para uma análise da Lei n.° 67/98, veja-se, em especial, Amadeu Guerra, «A lei de protecção de dados pessoais», *in* AAVV, *Direito da Sociedade da Informação*, vol. II, Coimbra, 2001, pp. 145 ss.

[308] De que é exemplo a recomendação do *World Wide Web Consortium* intitulada *Platform for Privacy Preferences*, disponível em http://www.w3.org. Sobre a auto-regulação neste domínio, vejam-se Stefano Nespor/Ada Lucia de Cesaris, *Internet e la legge*, 2.ª ed., Milão, 2001, pp. 88 ss.; André Lucas/Jean Devèze/Jean Frayssinet, *Droit de l'informatique et de l'Internet*, Paris, 2001, pp. 209 ss.

[309] Que é definido nesse diploma como «qualquer operação ou conjunto de operações sobre dados pessoais, efectuadas com ou sem meios automatizados, tais como a recolha, o registo, a organização, a conservação, a adaptação ou alteração, a recuperação, a consulta, a utilização, a comunicação por transmissão, por difusão ou por qualquer outra forma de colocação à disposição, com comparação ou interconexão, bem como o bloqueio, apagamento ou destruição»: art. 3.°, alínea *b)*. Observe-se, no entanto, que a lei não se aplica ao tratamento de dados pessoais efectuado por pessoa singular no exercício de actividades exclusivamente pessoais ou domésticas (art. 4.°, n.° 2).

[310] Ou seja, dos dados pessoais referentes a convicções filosóficas ou políticas, filiação partidária ou sindical, fé religiosa, vida privada e origem racial e étnica, saúde e vida sexual: art. 7.°, n.° 1.

146 *Problemática internacional da sociedade da informação*

b) Aspectos internacionais. O princípio da livre circulação. – Entre as preocupações dominantes na regulamentação legal da matéria avultam a livre circulação da informação através das fronteiras e a facilitação do comércio internacional.

Os fluxos transfronteiras de dados pessoais são, com efeito, necessários ao desenvolvimento do comércio, consoante o admite abertamente a mencionada Directiva 95/46/CE, relativa à protecção das pessoas singulares no que diz respeito ao tratamento de dados pessoais e à livre circulação desses dados[311].

Ora, as diferenças subsistentes entre as leis de vários países, entre os quais os próprios Estados-Membros da Comunidade Europeia, quanto ao nível de protecção conferido aos bens da personalidade humana em geral e à privacidade em especial[312] eram de molde a impedir a transmissão desses dados entre o território desses países; o que constituía um inequívoco obstáculo ao exercício, à escala internacional, de diversas actividades económicas – entre as quais sobressaem as que actualmente se integram no chamado comércio electrónico.

Eis por que, em conformidade com uma recomendação formulada em 1980 pelo Conselho da Organização de Cooperação e de Desenvolvimento Económicos (OCDE)[313], tanto a mencionada Convenção do Conselho da Europa de 1981 como a Directiva 95/46/CE procuraram harmonizar o nível de protecção da privacidade dos indivíduos pelo que respeita ao tratamento de dados pessoais, do mesmo passo que consignaram expressamente um princípio de *livre circulação de dados pessoais* entre os respectivos Estados-Membros[314].

---

[311] Cfr. o considerando 56.

[312] Para uma comparação de Direitos sobre a matéria, vejam-se Konrad Zweigert/ /Hein Kötz, *Einführung in die Rechtsvergleichung auf dem Gebiete des Privatrechts*, 3.ª ed., Tubinga, 1996, pp. 691 ss.; e Michael von Hinden, *Persönlichkeitsverletzungen im Internet. Das anwendbare Recht*, Tubinga, 1999, pp. 16 ss.

[313] Cfr. *Guidelines on the Protection of Privacy and Transborder Flows of Personal Data*, de 23 de Setembro de 1980.

[314] Veja-se o disposto nos arts. 12.º, n.º 2, da Convenção (segundo o qual: «Uma Parte não poderá, com a exclusiva finalidade de protecção da vida privada, proibir ou submeter a autorização especial os fluxos transfronteiras de dados de carácter pessoal com destino ao território de uma outra Parte») e 1.º, n.º 2, da Directiva (nos termos do qual: «Os Estados-Membros não podem restringir ou proibir a livre circulação de dados pessoais entre Estados-membros por razões relativas à protecção assegurada por força do

Parte II – Conteúdos a Leccionar   147

c) Continuação. Competência da **lex originis** *e da* **lex loci.** – A fim de evitar que o tratamento de dados pessoais se subtraísse facilmente às regras constantes das leis nacionais sobre a matéria, por via nomeadamente da «deslocalização» dessa actividade (que inevitavelmente falsearia a concorrência no mercado internacional), tornava-se ainda necessária uma rigorosa delimitação do âmbito espacial daquelas regras, assim como a consagração de certas restrições aos fluxos internacionais de dados para terceiros países.

Neste sentido, previu-se no art. 4.º da Lei n.º 67/98 – em conformidade, aliás, com o disposto no art. 4.º da Directiva 95/46/CE – a aplicabilidade das disposições constantes daquele diploma ao tratamento de dados pessoais efectuado no âmbito das actividades de estabelecimento do «responsável do tratamento»[315] situado em território português (art. 4.º, n.º 3, alínea *a)*); e bem assim ao tratamento efectuado fora do território nacional, em local onde a legislação portuguesa seja aplicável por força do Direito Internacional (*idem*, alínea *b)*), ou por responsável que, não estando estabelecido no território da União Europeia, recorra, para o tratamento de dados pessoais, a meios, automatizados ou não, situados no território português, salvo se estes só forem utilizados para trânsito através do território da União Europeia (*idem*, alínea *c)*).

O *lugar do estabelecimento* do agente económico responsável pelo tratamento de dados pessoais – *hoc sensu*, o *lugar de origem* da informação em causa – surge, assim, como o elemento de conexão fundamental pelo que respeita à determinação do Direito aplicável ao tratamento de dados efectuado por entidades estabelecidas na Comunidade Europeia; solução que é manifestamente ditada pelos objectivos da integração económica comunitária. Reencontra-la-emos adiante, a propósito da definição da disciplina aplicável ao comércio electrónico, igualmente norteada por esse desiderato[316].

---

n.º 1»). Esta última regra tem correspondência com o art. 18.º da Lei n.º 67/98, que dispõe: «É livre a circulação de dados pessoais entre Estados membros da União Europeia, sem prejuízo do disposto nos actos comunitários de natureza fiscal e aduaneira».

[315] Que o art. 3.º, alínea *d)*, da Lei define como «a pessoa singular ou colectiva, a autoridade pública, o serviço ou qualquer outro organismo que, individualmente ou em conjunto com outrem, determine as finalidades e os meios de tratamento dos dados pessoais».

[316] Ver *infra*, n.º 9.2. Sobre a aplicabilidade nesta matéria da lei do país de origem, vejam-se Christopher Reed, *Internet Law*, Londres, etc., 2000, pp. 231 s.; Flemming Moos, est. cit., pp. 503 s.; Markus Köhler/Hans-Wolfgang Arndt, *Recht des Internet*, 4.ª ed., Heidelberga, 2003, p. 294.

148 Problemática internacional da sociedade da informação

Já pelo que respeita ao tratamento de dados cujo responsável se encontre estabelecido fora da Comunidade Europeia aplica-se, de acordo com as citadas disposições, a lei do *lugar do tratamento* – solução vista por alguns como expressão neste domínio de um *princípio de territorialidade*[317].

d) Continuação. Restrições à livre circulação. – No tocante aos fluxos transfronteiras de dados pessoais, a Convenção do Conselho da Europa de 1981 admite que os respectivos Estados Partes os proíbam ou submetam a autorização especial quando se destinem ao território de outro Estado Parte e a legislação do Estado de origem estabeleça quanto a eles uma regulamentação específica; mas logo se ressalva na Convenção a hipótese de a regulamentação do país de destino prever uma *protecção equivalente*, caso em que tais restrições não serão admissíveis (art. 12.°, n.° 3, alínea *a*)).

A Convenção consente também semelhantes restrições quando a transferência de dados for efectuada do território de um Estado Parte para o de um Estado não contratante, através do território de outro Estado Parte, a fim de evitar que essas transferências se subtraiam à legislação do Estado de que os dados são originários (*idem*, alínea *b*)).

Por seu turno, a Lei n.° 67/98 estabelece, em conformidade com o disposto no art. 25.° da Directiva 95/46/CE, que a transferência de dados pessoais para um Estado exterior à União Europeia só pode efectuar-se com observância do que nela se dispõe e se esse Estado assegurar um *nível de protecção adequado* (art. 19.°, n.° 1). O mesmo princípio figura agora no Protocolo Adicional à Convenção do Conselho da Europa, concluído em 2001, pelo que respeita às transferências de dados pessoais para um destinatário submetido à jurisdição de um Estado ou de uma organização que não seja parte da Convenção (art. 2, n.° 1)

Atribui-se competência para decidir sobre a verificação deste pressuposto, na lei portuguesa, à Comissão Nacional de Protecção de Dados (art. 19.°, n.° 3), entidade que também pode autorizar certas derrogações ao mesmo, previstas no art. 20.° (o qual tem correspondência com o art. 26.° da Directiva).

A aplicação destes preceitos suscita especiais dificuldades no tocante às transferências de dados para os Estados Unidos da América, onde, na

---

[317] Cfr. Flemming Moos, est. cit., p. 504; Pedro de Miguel Asensio, *Derecho Privado de Internet*, 3.ª ed., Madrid, 2002, pp. 543 s.

Parte II – Conteúdos a Leccionar 149

falta de legislação de âmbito geral, a regulamentação da matéria é em larga medida deixada aos próprios interessados.

Eis o que levou o Departamento de Comércio dos Estados Unidos a definir, em 21 de Julho de 2000, na base de consultas com os respectivos destinatários, um conjunto de princípios, ditos de «porto seguro», sobre protecção da privacidade (*Safe Harbor Privacy Principles*)[318], destinados a serem utilizados exclusivamente por organizações estabelecidas nos Estados Unidos que recebam dados pessoais oriundos da Comunidade Europeia.

A Comissão Europeia reconheceu esses princípios, pela Decisão 2000/520/CE, de 26 de Julho de 2000[319], como susceptíveis de assegurar um «nível adequado» de protecção dos dados pessoais transferidos para os Estados Unidos.

De acordo com essa Decisão, as transferências de dados a partir da Comunidade Europeia para organizações estabelecidas nesse país serão lícitas na condição de as destinatárias se comprometerem clara e publicamente a cumprir os ditos princípios (que constituem o anexo I à Decisão) em conformidade com a orientação proporcionada pelas respostas do Departamento de Comércio dos Estados Unidos a um conjunto de questões mais frequentes («FAQ»), constantes do anexo II à Decisão.

Tais organizações[320] ficam, além disso, sujeitas aos poderes de certos entes administrativos norte-americanos, referidos no anexo VII à Decisão, com competência para investigar denúncias, tomar medidas contra práticas desleais e enganosas e proceder à reparação de danos causados a pessoas singulares sempre que se verificar o incumprimento dos ditos princípios.

Pese embora a garantia pública assim dada ao método de auto--regulação praticado nesta matéria nos Estados Unidos, bem como o seu reconhecimento pela Comissão Europeia, não é pacífica na doutrina nem a suficiência nem a fiabilidade do esquema descrito a fim de satisfazer as

---

[318] Disponíveis em http://www.ita.doc.gov/td/ecom/SHPRINCIPLESFINAL.htm.

[319] *In JOCE*, n.° L 215, de 25 de Agosto de 2000, pp. 7 ss.

[320] Que ascendiam a 129 em 2002: cfr. o *Documento de trabalho dos serviços da Comissão sobre a aplicação da Decisão 520/2000/CE da Comissão, de 26 de Julho de 2000, nos termos da Directiva 95/46/CE do Parlamento Europeu e do Conselho relativa ao nível de protecção assegurado pelos princípios de «porto seguro» e pelas respectivas questões mais frequentes (FAQ) emitidos pelo Department of Commerce dos Estados Unidos da América*, documento SEC (2002) 196, Bruxelas, 13 de Fevereiro de 2002.

150 *Problemática internacional da sociedade da informação*

exigências da Directiva 95/46/CE em matéria de transferência internacional de dados[321].

e) Continuação. Estipulações sobre a lei aplicável. – Um outro aspecto do regime instituído pela Directiva e pela Lei que a transpõe deve ainda ser referido.

Nos termos do art. 20.°, n.° 2, da Lei n.° 67/98 (que corresponde aos arts. 26.°, n.° 2, da Directiva e 2, n.° 2, alínea *b)*, do Protocolo Adicional à Convenção do Conselho da Europa), pode ser autorizada uma transferência ou um conjunto de transferências de dados pessoais para um Estado que não assegure um nível de protecção adequado desde que o responsável pelo tratamento desses dados dê *garantias suficientes* de protecção da vida privada e dos direitos e liberdades fundamentais das pessoas, bem como do seu exercício, designadamente mediante cláusulas contratuais adequadas.

Para este efeito, a Comissão Europeia adoptou duas Decisões[322] que contêm em anexo as cláusulas contratuais-tipo consideradas como oferecendo garantias adequadas de protecção da vida privada e dos direitos e liberdades fundamentais das pessoas, assim como do exercício dos respectivos direitos, na acepção do n.° 2 do art. 26.° da Directiva.

Em ambos esses textos se incluem cláusulas que estipulam a aplicabilidade do Direito do Estado-Membro da Comunidade Europeia em que o exportador de dados está estabelecido aos contratos de transferência de dados para países terceiros que não assegurem um nível adequado de protecção[323], comprometendo-se as partes a não modificar essas cláusulas[324].

Por via de cláusulas-tipo de inclusão obrigatória no contrato, assegura-se, assim, a aplicação da *lex originis* à transferência de dados para o

---

[321] Vejam-se, por exemplo, as críticas formuladas por Yves Poullet, *The "Safe Harbor Principles": An Adequate Protection?*, Paris, 2000 (disponível em http://www.droit. fundp.ac.be/crid), e por Jean Frayssinet, «La protection des données personnelles est-elle assurée sur l'Internet?», *in* Georges Chatillon, *Le droit international de l'internet*, Bruxelas, 2002, pp. 435 ss.

[322] Decisões n.os 2001/497/CE e 2002/12/CE, publicadas no *JOCE*, respectivamente, n.° L 181, de 4 de Julho de 2001, pp. 19 ss., e n.° L 6, de 10 de Janeiro de 2002, pp. 52 ss.

[323] Cláusula 10 das cláusulas-tipo anexas à Decisão n.° 2001/497/CE; cláusula 9 das cláusulas-tipo anexas à Decisão n.° 2002/12/CE.

[324] Cláusula 11 das cláusulas-tipo anexas à Decisão n.° 2001/497/CE; cláusula 10 das cláusulas-tipo anexas à Decisão n.° 2002/12/CE.

exterior da Comunidade – ou, como também já foi dito, a «exportação» das regras de protecção comunitárias[325].

f) Continuação. Escolha do tribunal competente. – As referidas cláusulas-tipo prevêem ainda que, em caso de litígio que não possa ser resolvido amigavelmente entre o titular dos dados e qualquer das partes no contrato, o primeiro poderá submetê-lo aos tribunais do Estado-Membro em que o exportador dos dados se encontra estabelecido[326].

Solução esta que assume particular interesse, dado que por via dela se introduz uma importante derrogação à regra legal que entre nós exclui a eleição do foro quanto a litígios sobre direitos indisponíveis.

Em todo o caso, o alcance dessa derrogação é um tanto esbatido pela circunstância de os tribunais escolhidos poderem apenas ser os do Estado de origem dos dados cujo tratamento está em causa, o qual é, como vimos, aquele cujas regras legais imperativas devem reger esta matéria.

À competência do tribunal escolhido nos referidos termos acresce, no tocante às violações da privacidade não compreendidas no escopo destes pactos de jurisdição, a dos tribunais designados nos termos das regras comuns de competência internacional, constantes designadamente do Código de Processo Civil, das Convenções de Bruxelas de 1968 e de Lugano de 1988 e do Regulamento (CE) n.º 44/2001, entre as quais avultam as que atribuem competência ao tribunal do país do domicílio do réu e, em matéria extracontratual, ao do lugar onde ocorreu (ou, no caso do Regulamento, onde poderá ocorrer) o facto danoso.

Os problemas suscitados pela fixação deste lugar pelo que respeita à responsabilidade civil pelo tratamento ilícito de dados pessoais ou por qualquer outro acto que viole disposições legais em matéria de protecção desses dados (cominada entre nós pelo art. 34.º da Lei n.º 67/98), quando estes ilícitos sejam cometidos através de redes electrónicas de comunicações, serão examinados na rubrica deste curso dedicada à responsabilidade civil extracontratual por tais actos[327].

---

[325] Assim Jean-Sylvestre Bergé, «La résolution des conflits de lois», *in* Georges Chatillon (org.), *Le droit international de l'internet*, Bruxelas, 2002, pp. 519 ss. (p. 526), que caracteriza o mecanismo descrito como um fenómeno de «contratualização» dos conflitos de leis.

[326] Cláusula 7 das cláusulas-tipo anexas à Decisão n.º 2001/497/CE e das cláusulas-tipo anexas à Decisão n.º 2002/12/CE.

[327] Ver *infra*, n.º 12.2.

152 Problemática internacional da sociedade da informação

7.2. Outros direitos de personalidade. – O direito ao nome, o direito à honra, o direito à imagem e outros direitos de personalidade podem também ser violados – e são-no frequentemente[328] – por actos cometidos através da Internet. É o que sucede, por exemplo, quando é utilizado como nome de domínio um nome pessoal ou profissional sem autorização do seu titular, quando são difundidas informações difamatórias por correio electrónico ou quando são reproduzidos retratos em páginas *web* sem o consentimento dos retratados.

Pergunta-se então quais as condições de que depende a outorga de tutela contra esses actos. A resposta a este quesito pressupõe, em situações plurilocalizadas, a determinação da lei aplicável aos bens tutelados e aos efeitos civis dos actos lesivos desses bens, assim como do tribunal competente.

Nesta matéria, há que distinguir as questões da titularidade e do conteúdo do direito, por um lado, e da responsabilidade pelos danos causados mediante a sua violação, por outro[329].

No tocante ao direito ao nome, vale entre nós o disposto na Convenção de Munique de 1980 Relativa à Lei Aplicável aos Nomes Próprios e Apelidos[330]. Aí se estabelece que o nome próprio e os apelidos de cada pessoa são determinados pela lei do Estado de que ela é nacional; e que para este efeito as situações de que dependem o nome próprio e os apelidos são também apreciadas de acordo com a lei daquele Estado (art. 1.°, n.° 1).

Já a responsabilidade civil pela ofensa desse direito é presentemente regulada, em termos gerais, pela lei designada no art. 45.° do Código Civil, cujas incidências na matéria em apreço examinaremos adiante[331]. Quando, porém, essa ofensa resulte de informação disponibilizada em linha por prestadores de serviços da sociedade da informação, a sua eventual responsabilidade fica sujeita às regras de conflitos especiais constan-

---

[328] Haja vista, por exemplo, às espécies jurisprudenciais referidas adiante, nos n.os 12.2 e 15.2.

[329] Este *dépeçage* obteve também acolhimento, por exemplo, no Direito Internacional Privado italiano (art. 24 da lei de 1995); mas não (salvo pelo que respeita ao direito ao nome) no alemão.

[330] Aprovada para adesão pela Resolução da Assembleia da República n.° 8/84, de 3 de Março de 1984, *in D.R.*, n.° 54, de 3 de Março de 1984. Entrou em vigor para Portugal em 1 de Outubro de 1990.

[331] *Infra*, n.° 12.2.

tes dos arts. 4.º e 5.º do D.L. n.º 7/2004, que para o efeito atribuem competência, sob determinados pressupostos, à *lex originis*[332].

Quanto aos demais direitos de personalidade, vale entre nós a regra constante do art. 27.º, n.º 1, do Código Civil, conforme a qual a sua existência, conteúdo e formas de tutela, assim como as restrições ao seu exercício, se regem pela lei pessoal, a determinar nos termos do art. 31.º. É, pois, perante essa lei que havemos de averiguar, por exemplo, se e em que condições pode uma pessoa reagir contra a utilização não autorizada da sua imagem ou a divulgação de informações ofensivas num sítio da Internet.

A indemnização eventualmente devida pela violação desses direitos rege-se, porém, em princípio, pela *lex loci delicti comissi*, de acordo com o disposto no art. 45.º, n.º 1, do Código Civil; ou pela *lex originis* quando sejam aplicáveis os arts. 4.º e 5.º do D.L. n.º 7/2004.

A competência de qualquer dessas leis sujeita-se, em todo o caso, a importantes restrições.

Assim, por um lado, a lei portuguesa funciona, nos termos do n.º 2 do art. 27.º, como um limite às formas de tutela jurídica dos direitos de personalidade que podem ser reconhecidas aos estrangeiros e apátridas.

Consagra-se, pois, no art. 27.º uma *conexão plural*, traduzida na competência concorrente da lei pessoal e da lei portuguesa a fim de regular as formas possíveis de tutela jurídica dos direitos de personalidade dos estrangeiros e apátridas. Para se saber se um estrangeiro ou apátrida pode invocar com êxito em Portugal certa forma de tutela dos seus direitos de personalidade, há, portanto, que consultar primeiro a sua lei pessoal, como determina o n.º 1; e depois a lei portuguesa, consoante estabelece o n.º 2, a fim de verificar se essa forma de tutela se encontra prevista nela. Só se ambas as leis acolherem essa forma de tutela dos direitos de personalidade será a mesma reconhecida em Portugal ao estrangeiro ou apátrida.

Ora, como se sabe, as formas de tutela dos direitos de personalidade previstas na lei civil portuguesa são fundamentalmente de duas ordens: a responsabilidade civil e as providências previstas no art. 70.º, n.º 2, do Código Civil, destinadas a evitar a consumação da ameaça ou a atenuar os efeitos da ofensa já cometida (por exemplo, o bloqueamento do acesso a um sítio Internet).

---

[332] Ver, sobre essas regras, *infra*, n.os 9.2. e 12.3.

154 *Problemática internacional da sociedade da informação*

Não se prevêem, portanto, providências civis com carácter punitivo. Os chamados *punitive damages*, aplicados com alguma largueza na jurisprudência dos tribunais norte-americanos, não são reconhecidos pela lei portuguesa como forma de tutela dos direitos de personalidade[333]. O estrangeiro ou apátrida cuja lei pessoal preveja essa forma de tutela dos direitos de personalidade não pode, por conseguinte, obtê-la em Portugal[334].

Por outro lado, nos termos do n.º 3 do art. 5.º do D.L. n.º 7/2004 a *lex fori* é aplicável à determinação da responsabilidade dos prestadores de serviços da sociedade da informação de origem extra-comunitária. E pelo que respeita aos serviços da sociedade da informação provenientes de outros Estados-Membros da União Europeia podem os tribunais e outras entidades competentes, nas condições previstas no art. 7.º daquele diploma, restringir a sua circulação em território nacional se os mesmos lesarem ou ameaçarem gravemente, *inter alia*, a dignidade humana, a que é inerente o direito à honra.

Finalmente, refira-se a este respeito que o art. 6.º da Proposta de Regulamento do Parlamento Europeu e do Conselho sobre a lei aplicável à obrigações extracontratuais consagra uma regra nos termos da qual a responsabilidade extracontratual pela violação do direito à vida privada e dos direitos de personalidade fica sujeita à lei do foro quando a aplicação da lei designada pelo art. 3.º (que, como veremos, remete para a *lex damni*[335]) for contrária aos princípios fundamentais do Direito do foro em matéria de liberdade de expressão e de informação – solução a que, se bem cuidamos, também se chegará, em idênticas circunstâncias, por via do disposto no art. 22.º, n.º 2, do Código Civil português.

---

[333] De facto, os *punitive damages* não são caracterizáveis como uma forma de responsabilidade civil, visto que não têm por finalidade compensar o lesado dos danos que sofreu; constituem antes uma pena que acresce à indemnização do dano, com a particularidade de o seu montante reverter para a vítima e não para o Estado (consoante sucede entre nós com a figura mais próxima desta, que é a multa). Cfr., sobre o ponto, o nosso *Da responsabilidade pré-contratual em Direito Internacional Privado*, Coimbra, 2001, pp. 133 e s. e 454 e s., e a bibliografia aí citada.

[334] Ao mesmo resultado conduz o disposto no art. 24.º da Proposta de Regulamento do Parlamento Europeu e do Conselho sobre a lei aplicável à obrigações extracontratuais, a que aludimos no n.º 5.3, nos termos do qual «[a] aplicação de uma disposição da lei designada pelo presente regulamento que implique uma indemnização sem carácter compensatório, nomeadamente indemnizações exemplares ou punitivas, é contrária à ordem pública comunitária».

[335] Cfr. *infra*, n.º 12.2.

Parte II – Conteúdos a Leccionar   155

No tocante à determinação do tribunal competente, valem nesta matéria as regras comuns a que já fizemos alusão a respeito das violações da privacidade cometidas em linha.

8. Direitos intelectuais

8.1. Direito de autor e direitos conexos. a) Problemas postos ao Direito de Autor pela sociedade da informação. – O advento da tecnologia digital e das redes electrónicas de comunicações, em especial da Internet, tornou possíveis novas formas de reprodução, comunicação ao público e distribuição de exemplares de obras literárias e artísticas e prestações protegidas.

Boa parte do comércio electrónico tem justamente por objecto o fornecimento de acesso remunerado a obras e prestações colocadas à disposição do público naquelas redes.

Pergunta-se, a este respeito, quais os direitos de exclusivo que incidem sobre essas novas formas de utilização de obras e prestações e, em especial, se é necessário o consentimento de autores e titulares de direitos conexos para as diferentes operações que as mesmas implicam[336].

Se estas utilizações estiverem abrangidas pelos exclusivos instituídos pelo Direito de Autor a favor do criador da obra intelectual – e se, portanto, tiverem de ser autorizadas por este a fim de que a obra fique disponível em rede –, coloca-se ainda a questão de saber quais os limites a que se subordina essa necessidade de autorização.

Em particular, suscita-se o problema da inclusão na liberdade de uso privado, a que se refere designadamente o art. 9, n.° 2, da Convenção de Berna, da reprodução em suporte informático de obras colocadas em rede e, na hipótese afirmativa, da determinação das condições a que a mesma obedece.

Como é bom de ver, é vastíssimo o alcance social e económico destas questões.

---

[336] A saber: o *carregamento* (*uploading*) de uma obra ou prestação na memória de um servidor; o *transporte* dela através da rede a pedido de um utente; a *armazenagem intermediária* (*caching*) da obra ou prestação, destinada a tornar mais eficaz a sua transmissão posterior a pedido de outros destinatários; a sua *reprodução temporária* na memória do computador pessoal do utente da rede, com vista a possibilitar a «navegação» (*browsing*); e o *descarregamento* (*downloading*) da obra ou prestação na memória desse computador.

Problemática internacional da sociedade da informação

No tocante à primeira, porque o progresso tecnológico possibilitou a realização quase instantânea de um número infinito de reproduções de obras e prestações protegidas, idênticas ao original e susceptíveis de serem imediatamente distribuídas por todo o mundo; o que tem tido como consequência uma utilização em larga escala de bens intelectuais sem o consentimento dos titulares de direitos e sem qualquer contrapartida económica para estes, a qual – diz-se – é susceptível de pôr em causa a própria viabilidade da denominada indústria do *copyright*[337].

Quanto à segunda, porque a reprodução de obras e prestações musicais, cinematográficas e outras, tanto a partir de sítios da Internet como por via de sistemas informáticos de partilha de ficheiros «par a par» (*peer-to--peer*), como o *Napster*, o *Kazaa* e o *Grokster*, se tornou numa das formas mais comuns de utilização dessas obras e prestações, tendo nos últimos anos estado na origem de alguns importantes litígios judiciais[338]. Ora, a facilidade e a amplitude com que essa utilização pode ser feita põe de alguma sorte em causa o equilíbrio de interesses entre os produtores e os consumidores de bens culturais e de informação, que a liberdade de uso privado tradicionalmente possibilitava.

Conexa com estas questões está a de saber se devem beneficiar da protecção do Direito de Autor certos novos bens imateriais, como os programas de computador, as bases de dados, as obras e produtos multimédia, etc., apesar de nalguns casos serem realidades meramente técnicas ou utilitárias. Na hipótese afirmativa, pergunta-se em que termos deve essa protecção ser outorgada.

No fundo, a problemática do Direito de Autor na sociedade de informação radica na circunstância de, com a evolução tecnológica, terem passado a ser possíveis novas utilizações das obras intelectuais, não contempladas pelo Direito vigente, e de aspirarem à protecção deste ramo do Direito novos bens e serviços, por ele originariamente não tutelados e que não são obras intelectuais na acepção clássica deste conceito.

---

[337] Estima-se que em 2002 terão ascendido a 41 milhões as cópias ilícitas de filmes apreendidas em todo o mundo; o que terá implicado um prejuízo na ordem dos 3,5 mil milhões de dólares para as produtoras cinematográficas norte-americanas: cfr. Amanda Ripley, «Hollywood Robbery», *Time*, 26 de Janeiro de 2004, pp. 44 ss. (p. 46).

[338] Para uma descrição daqueles sistemas informáticos e das suas implicações jurídicas, veja-se, por último, a decisão proferida em 19 de Agosto de 2004 pelo *United States Court of Appeals, Ninth Circuit*, no caso *Metro-Goldwyn-Mayer v. Grokster* (disponível em http://www.ca9.uscourts.gov).

Parte II – Conteúdos a Leccionar 157

Não falta quem veja no acolhimento desta evolução pelo Direito positivo – que, como veremos, é hoje uma realidade – uma *mudança de paradigma* do Direito de Autor, o qual deixaria de ter como objecto central a obra literária para passar a abarcar outros objectos, de índole muito diversa; sendo que, concomitantemente, o principal beneficiário da protecção instituída por este ramo do Direito deixaria de ser o criador intelectual para passarem a ser as empresas, *maxime* as fornecedoras de conteúdos e as prestadoras de serviços de telecomunicações em rede[339].

b) ***A tutela internacional de obras e prestações disponíveis em rede.***
– A partir do momento em que uma obra ou prestação é colocada à disposição do público numa rede electrónica de comunicações, pode ser utilizada em qualquer local onde exista acesso a essa rede.

Se essa utilização for feita sem autorização do titular dos correspondentes direitos autorais, levanta-se a questão de saber se e com base em que regras pode esse sujeito reagir contra a mesma.

Caso tenha sido concedida uma licença de utilização em linha da obra ou prestação protegida, coloca-se uma questão paralela pelo que respeita à determinação das condições a que se subordina semelhante utilização.

A dificuldade destas questões resulta, além do mais, da circunstância de os direitos autorais serem classicamente tidos como dotados de um *escopo territorial*, ao passo que os sítios Internet têm *âmbito mundial*, no sentido de que as obras e prestações neles disponibilizadas ficam acessí-

---

[339] Vejam-se sobre esta matéria: AAVV, *Num novo Mundo do Direito de Autor?*, Lisboa, 1994; André Lucas, *Droit d'auteur et numérique*, Paris, 1998; André Bertrand, *Le droit d'auteur et les droits voisins*, 2.ª ed., Paris, 1999, pp. 501 ss. e 851 ss.; Makeen Fouad Makeen, *Copyright in a Global Information Society*, Haia/Londres/Boston, 2000; Gabriel de Broglie, *Le droit d'auteur et l'internet*, 2.ª ed., Paris, 2001; Jessica Litman, *Digital Copyright*, Nova Iorque, 2001; Alain Strowel, *Droit d'auteur et numérique*, Bruxelas, 2001; José de Oliveira Ascensão, *Estudos sobre Direito da Internet e da Sociedade da Informação*, Coimbra, 2001; Alexandre Dias Pereira, *Informática, Direito de Autor e propriedade tecnodigital*, Coimbra, 2001; AAVV, *Gestão Colectiva do Direito de Autor e Direitos Conexos no Ambiente Digital*, Lisboa, 2001; Artur-Axel Wandtke/Winfried Bullinge (orgs.), *Gesetz zur Regelung des Urheberrechts in der Informationsgesellschaft. Ergänzungsband zum Praxiskommentar zum Urheberrecht*, Munique, 2003; Jürgen Ensthaler/Wolfgang Bosch/Stefan Völker (orgs.), *Handbuch Urheberrecht und Internet*, Heidelberga, 2002; Mihály Ficsor, *La gestion collective du droit d'auteur et des droits connexes*, Genebra, 2002, pp. 99 ss.; e AAVV, *Culture, Copyright and Information Society*, Atenas, 2004.

158 Problemática internacional da sociedade da informação

veis a partir de qualquer lugar do mundo onde se encontre um equipamento terminal conexo com aquela rede.

Além dessas questões, levanta-se a de saber qual ou quais os tribunais internacionalmente competentes a fim de julgarem as pretensões de tutela jurisdicional fundadas nas violações de direitos autorais cometidas através de redes electrónicas de comunicação.

Também esta se reveste de particular melindre, mercê designadamente da dificuldade de concretização, pelo que respeita às utilizações não autorizadas de obras e prestações protegidas desse modo efectuadas, de alguns dos factores de competência internacional para este efeito comummente acolhidos, como o do lugar onde ocorreu ou poderá ocorrer o facto ilícito.

c) Insuficiência dos instrumentos de uniformização e harmonização de legislações. O ADPIC. – Uma solução possível, por muitos preferida, para o problema enunciado em primeiro lugar consiste na adopção de instrumentos normativos que unifiquem ou harmonizem internacionalmente o Direito de Autor.

É justamente esse o escopo precípuo do ADPIC e dos Tratados da OMPI acima referidos, bem como de diversas Directivas comunitárias recentes. Porém, só em limitada medida estes textos permitem alcançar aquele desiderato. Vejamos porquê.

Entre as razões determinantes da celebração do ADPIC contam-se as divergências em matéria de Direito de Autor entre os ordenamentos jurídicos dos países que são partes da Organização Mundial de Comércio, relacionadas com os seus diferentes níveis de industrialização, das quais resultam distorções no comércio internacional.

De facto, se em determinado país a protecção da propriedade intelectual for inexistente ou ineficaz, as empresas locais poderão reproduzir e vender livremente exemplares de bens intelectuais criados por empresas estabelecidas noutros países sem incorrerem nos custos inerentes à criação desses bens. Daí resulta uma vantagem ilegítima para aquelas empresas.

O ADPIC procurou obviar a estas situações mediante a imposição de um *standard* homogéneo de protecção dos bens imateriais.

Para o efeito, incorporou por referência os arts. 1 a 21 da Convenção de Berna (salvo o disposto no art. 6-*bis* desta, relativo aos direitos morais dos autores)[340], estendendo assim o âmbito geográfico de aplica-

---

[340] Cfr. o art. 9.

ção dessa Convenção a todos os Estados membros da Organização Mundial de Comércio[341].

Em certas matérias, relativamente às quais a Convenção de Berna carecia de alguma clarificação, o ADPIC consagrou disposições adicionais ao que nela se estabelece. Foi o que sucedeu, por exemplo, quanto à protecção pelo Direito de Autor dos programas de computador e das bases de dados.

A conclusão do ADPIC foi ainda ditada pela circunstância de não se encontrarem previstos na Convenção de Berna meios eficazes destinados a sancionar a violação dos direitos subjectivos nela consagrados.

Estabeleceu-se nele, por isso, a obrigação de as leis dos Estados membros preverem processos destinados a sancionar eficazmente as infracções aos direitos de propriedade intelectual (art. 41.°, n.° 1), bem como o direito à indemnização dos danos sofridos pelo titular de direitos intelectuais em caso de violação destes (art. 45.°), a retirada dos circuitos comerciais das mercadorias em infracção (art. 46.°), certas medidas provisórias (art. 50.°) e processos e penas criminais (art. 61.°).

O ADPIC representou, pelo exposto, um inegável avanço na protecção internacional dos direitos sobre bens intelectuais. Mas não contemplou a utilização desses bens em redes electrónicas de comunicações. Deixou, por isso, à margem da uniformização jurídica que levou a cabo a regulamentação das complexas questões que a este propósito se suscitam.

d) Continuação. Os Tratados da OMPI. – Foi justamente a fim de adaptar o regime internacional do Direito de Autor a essa nova realidade que foi celebrado em Genebra, a 20 de Dezembro de 1996, sob a égide da Organização Mundial da Propriedade Intelectual, o Tratado Sobre Direito de Autor.

Este constitui um acordo particular no sentido do art. 20 da Convenção de Berna (art. 1), sendo, aliás, o seu âmbito de aplicação fundamentalmente definido por remissão para esta (art. 3).

Consagram-se no Tratado, como direitos exclusivos do autor, além dos de distribuição (art. 6) e de aluguer (art. 7), o de autorizar a comunicação da obra ao público por fio ou sem fio, incluindo a sua *colocação à disposição do público* onde e quando os membros deste escolherem (art. 8).

---

[341] Os quais eram 147 em Abril de 2004: cfr. http://www.wto.org.

160   *Problemática internacional da sociedade da informação*

Esta última é a disposição fundamental do Tratado. Por força dela, não pode o titular de uma base de dados acessível em linha, por exemplo, fornecer acesso por esse meio a obras literárias ou musicais nela coligidas sem o consentimento dos titulares dos direitos autorais sobre as mesmas, mesmo que tenha adquirido licitamente as respectivas cópias.

Trata-se de um direito novo, que se distingue do de comunicação ao público por inexistir na situação por ele visada a simultaneidade entre a emissão e a recepção da obra que é característica daquela forma de utilização: cuida-se nele da *transmissão interactiva*.

Em contrapartida, o Tratado omite qualquer regulamentação específica da reprodução de obras literárias e artísticas em suporte digital – mormente a que é levada a cabo tendo em vista o seu armazenamento nos servidores ligados a redes de comunicações electrónicas e a sua visualização nos terminais conexos com estas[342].

É certo que numa declaração anexa ao Tratado se afirma que o direito de reprodução consignado no art. 9, n.º 1, da Convenção de Berna, assim como as excepções a esse direito aí permitidas, se aplicam plenamente à utilização de obras em formato digital; e que o armazenamento de uma obra protegida em suporte digital num meio electrónico constitui uma reprodução na acepção da mencionada regra da Convenção de Berna.

Mas tal não impede os Estados partes do Tratado de disciplinarem autonomamente a reprodução de obras em suporte digital.

Também em 1996 foi aprovado o Tratado da OMPI Sobre Interpretações ou Execuções e Fonogramas, destinado a adaptar o regime internacional dos direitos conexos às novas realidades tecnológicas que caracterizam a sociedade da informação, em especial a colocação em rede à disposição do público de exemplares de interpretações e de fonogramas[343].

Em causa estava, especialmente, o problema suscitado pela criação de sítios Internet através dos quais os consumidores podem aceder gratuitamente a fixações de interpretações ou execuções de obras musicais.

---

[342] Sobre as razões determinantes dessa omissão, vejam-se: Silke von Lewinski, «Novas tecnologias e Direito Internacional de Autor», *in* AAVV, *Sociedade da Informação. Estudos jurídicos*, Coimbra, 1999, pp. 45 ss. (pp. 48 ss.); Jukka Liedes, «International Copyright – New Perspectives. Evolution in the System», *in ibidem*, pp. 61 ss. (pp. 74 ss.); e Alexandre Dias Pereira, *Informática, Direito de Autor e propriedade tecnodigital*, Coimbra, 2001, pp. 510 s.

[343] *Vide* o preâmbulo do Tratado, § 2.º.

Parte II – Conteúdos a Leccionar
161

O Tratado procurou conciliar dois interesses em jogo neste domínio: o dos artistas e produtores de fonogramas, por um lado, e o do público em geral e dos países importadores de obras culturais, por outro[344].

Nesse sentido, conferiram-se aos artistas direitos análogos aos que são reconhecidos no Tratado de Direito de Autor aos criadores de obras intelectuais – *maxime* o de autorizar a *colocação à disposição do público* das suas interpretações ou execuções fixadas em fonogramas (art. 10)[345] –; e estenderam-se aos produtores de fonogramas os direitos dos artistas, mediante a criação de um novo direito de colocar fonogramas à disposição do público[346].

No entanto, a duração desses direitos conexos não é uniformizada: o art. 17 do Tratado limita-se a estabelecer para eles uma *duração mínima* de 50 anos, contados, no caso dos artistas intérpretes ou executantes, a partir do fim do ano em que a interpretação ou execução foi fixada num fonograma e, no caso dos produtores de fonogramas, a partir do fim do ano em que o fonograma tenha sido publicado. Em consequência disso, a duração da protecção conferida às fixações de interpretações de obras musicais, por exemplo, é hoje muito variável: 50 anos na Europa comunitária e 95 nos Estados Unidos. Uma gravação em disco de uma interpretação feita em 1954 pode, assim, ser hoje livremente colocada em rede à disposição do público na Europa, por ter aí entretanto caído no domínio público; mas não nos Estados Unidos.

e) Continuação. A Directiva 29/2001/CE. – A 22 de Maio de 2001 foi aprovada a Directiva 29/2001/CE, sobre o direito de autor e os direitos conexos na sociedade de informação, transposta para a ordem jurídica nacional pela Lei n.º 50/2004, de 24 de Agosto[347].

Esta Directiva visa implementar no âmbito da Comunidade Europeia os Tratados da OMPI de 1996; mas vai muito além do que estes dispõem, pois – contrariamente ao que o seu título inculca – não se limita a regular a utilização de obras e prestações no ambiente digital, estatuindo também

---

[344] Cfr. o preâmbulo, § 4.º.

[345] Igualmente inovador neste domínio é o reconhecimento, no art. 5, de direitos morais aos artistas, que a Convenção de Roma não prevê.

[346] Art. 14.

[347] Sobre os problemas suscitados por essa transposição, veja-se José de Oliveira Ascensão, «A transposição da Directriz n.º 01/29 sobre aspectos do direito de autor e direitos conexos na sociedade da informação», *RFDUL*, 2002, pp. 915 ss.

162   *Problemática internacional da sociedade da informação*

acerca da sua utilização por outros meios[348]; e contém ainda uma minuciosa regulamentação das excepções e limitações aos direitos exclusivos nela consagrados[349], que os Tratados da OMPI omitem[350]. O alcance da Directiva é, pois, muito vasto: encontramos nela a sede legislativa fundamental de um novel *Direito Comunitário de Autor*.

A Directiva consagra no seu art. 2.º um amplo *direito de reprodução*, mediante o qual se teve manifestamente em vista abranger as reproduções digitais na memória dos computadores[351].

O art. 5.º, n.º 1, da Directiva acrescenta, porém, que estão excluídos do direito de reprodução previsto no artigo 2.º os actos de reprodução temporária «que sejam transitórios ou episódicos, que constituam parte integrante e essencial de um processo tecnológico cujo único objectivo seja permitir: *a)* Uma transmissão numa rede entre terceiros por parte de um intermediário, ou *b)* Uma utilização legítima de uma obra ou outro material a realizar, e que não tenham, em si, significado económico».

Eis aqui a medida em que o legislador comunitário entendeu subtrair ao direito de reprodução os aludidos *caching* e o *browsing*: estes são livres enquanto se destinarem a assegurar uma transmissão em rede ou uma utilização legítima e não tiverem em si significado económico.

Esta excepção está ainda subordinada ao crivo do n.º 5 do mesmo preceito, que consagra a chamada *regra dos três passos*: a excepção em causa (assim como as demais permitidas no art. 5.º) só se aplica em *casos especiais*, que não entrem em conflito com uma *exploração normal* da obra ou outro material e não *prejudiquem irrazoavelmente* os legítimos interesses do titular do direito.

Trata-se, como é bom de ver, de uma regulamentação que, pela indefinição dos termos utilizados, é propensa a originar divergências na apli-

---

[348] Cfr. o art. 1.º, n.º 1.

[349] Art. 5.º.

[350] Para uma explanação dos pressupostos da Directiva, consulte-se o *Livro Verde* que a precedeu, intitulado *O Direito de Autor e os Direitos Conexos na Sociedade da Informação*, publicado pela Comissão Europeia em 1995 (documento COM (95) 382 final); e o *Seguimento do Livro Verde Sobre o Direito de Autor e os Direitos Conexos na Sociedade da Informação* (documento COM (96) 568 final) de 1996.

[351] Declara, com efeito, aquele preceito que os Estados-Membros devem prever o «direito exclusivo de autorização ou proibição de reproduções, directas ou indirectas, *temporárias ou permanentes*, por quaisquer meios e sob qualquer forma, no todo ou em parte». Como é sabido, são sobretudo as reproduções em suporte informático que podem ter carácter temporário.

Parte II – Conteúdos a Leccionar   163

cação que dela for feita pelos tribunais nacionais: é muito problemático, por exemplo, determinar o que deve entender-se por reproduções que não tenham «em si» significado económico, pois toda a reprodução tem, em princípio, significado económico, sobretudo se for levada a cabo em larga escala, como sucede com as obras disponíveis em rede.

Tal como os Tratados da OMPI, a Directiva consagra em benefício dos autores, artistas e produtores de fonogramas o direito exclusivo de autorizar a *colocação de obras e prestações à disposição do público*[352].

No art. 4.º, n.º 1, da Directiva prevê-se ainda a atribuição de um *direito de distribuição* aos autores, retirando-se do n.º 2 que esse direito se esgota na Comunidade Europeia com a primeira venda ou outra forma de primeira transferência da propriedade sobre o original ou as cópias da obra, ocorrida no território da Comunidade com o consentimento do titular do direito.

Uma vez que cada Estado-Membro é livre de definir em que termos os exclusivos compreendidos no direito de autor se constituem, exercem e extinguem no seu território sempre que tais exclusivos não contendam com a realização dos objectivos da Comunidade Europeia (*maxime* o funcionamento regular do mercado interno), esta disposição não parece impedir que esses Estados consagrem nas respectivas legislações o esgotamento do referido direito de distribuição pelo seu exercício em terceiros Estados (*hoc sensu*, o *esgotamento internacional*).

Admitem-se no art. 5.º da Directiva diversas excepções e limitações aos direitos de reprodução, de comunicação ao público e de colocação de obras e outros bens à disposição do público. Porém, dessas excepções, uma – a relativa aos actos de reprodução temporários (n.º 1) – é obrigatória; as restantes vinte (constantes dos n.os 2 e 3) são facultativas. O que terá inevitavelmente como consequência que, apesar da harmonização visada pela Directiva, sempre subsistirão neste particular importantes disparidades entre as leis nacionais[353].

---

[352] Nesse sentido, estabelece o art. 3.º, n.º 1: «Os Estados-Membros devem prever a favor dos autores o direito exclusivo de autorizar ou proibir qualquer comunicação ao público das suas obras, por fio ou sem fio, incluindo a sua colocação à disposição do público por forma a torná-as acessíveis a qualquer pessoa a partir do local e no momento por ela escolhido». No n.º 2 do mesmo preceito estende-se esse direito aos artistas, aos produtores de fonogramas, aos produtores das primeiras fixações de filmes e aos organismos de radiodifusão, pelo que respeita às respectivas prestações.

[353] Para uma comparação nesta matéria das leis francesa, alemã e inglesa de transposição da Directiva, veja-se Lucy Beard/Valérie Budd/Arnd Haller/Marc Schuler/Ingrid

164 *Problemática internacional da sociedade da informação*

Sucede, por outro lado, que nem a Directiva nem os referidos tratados disciplinam questões como a titularidade do direito de autor, o reconhecimento de direitos morais sobre obras literárias e artísticas e a gestão de direitos – matérias em que os Direitos nacionais dos Estados-Membros da Comunidade Europeia diferem ainda substancialmente[354].

Essas diferenças sobem de grau se se confrontarem os Direitos europeus com o que vigora nos Estados Unidos da América quanto a questões como a duração da protecção jusautoral, o âmbito e os pressupostos desta (*v.g.* no tocante à originalidade das obras protegidas), os limites a que a mesma se sujeita e a admissibilidade de renúncia a estes, a atribuição de direitos sobre obras feitas por conta de outrem ou ao abrigo de contrato de trabalho, etc.[355].

Mantém-se, por isso, não obstante a harmonização do regime jurídico das obras e prestações disponíveis em rede levada a cabo através dos referidos instrumentos internacionais e da Directiva comunitária, a questão do Direito aplicável à tutela destes bens em situações internacionais.

É, pois, desta questão que se curará em seguida no curso.

f) Direito aplicável. Preliminares. – Nesta matéria, importa distinguir diversas subquestões que se acham, ao menos potencialmente, submetidas a leis diferentes, por isso que são objecto de outras tantas regras de conflitos de leis no espaço. São elas: *a)* o direito de autor e os direitos com ele conexos; *b)* as obrigações extracontratuais emergentes da sua violação; *c)* os direitos contratuais de utilização e exploração das obras literárias e artísticas e de prestações protegidas e a responsabilidade pela sua

---

Silver/Jörg Wimmers, «Harmonization of Copyright Law in the European Community. A comparative overview of the implementation of the Copyright Directive 2001/29/EC) in France, Germany and the United Kingdom», *CRi*, 2004, pp. 33 ss., que concluem afirmando: «harmonization of copyright law remains as elusive as copyright itself» (p. 41).

[354] Em matéria de gestão colectiva anuncia-se, porém, um novo instrumento comunitário de harmonização: cfr. a comunicação da Comissão ao Conselho, ao Parlamento Europeu e ao Comité Económico e Social Europeu intitulada *Gestão do direito de autor e direitos conexos no mercado interno*, documento COM (2004) 261 final, Bruxelas, 16 de Abril de 2004.

[355] É matéria que não podemos desenvolver aqui. Vejam-se sobre o tema: Stig Strömholm, *Copyright. Comparison of Laws*, in *International Encyclopedia of Comparative Law*, vol. XIV, *Copyright and Industrial Property*, Tubinga, s/d., capítulo 3, *passim*; André Bertrand, *Le droit d'auteur et les droits voisins*, 2.ª ed., Paris, 1999, pp. 51 ss.; e Paul Goldstein, *International Copyright. Principles, Law, and Practice*, Oxford, 2001, pp. 3 ss.

Parte II – Conteúdos a Leccionar 165

violação; e *d)* os meios jurisdicionais de reacção contra as violações desses direitos.

Apenas da primeira destas subquestões se tratará neste lugar. A respeito dela, cumpre ainda distinguir: *a)* os aspectos relacionados com a constituição, as vicissitudes e a extinção do direito de autor e dos direitos conexos, bem como o conteúdo destes direitos; *b)* a titularidade deles; e *c)* a gestão colectiva.

g) Continuação. A competência da lex loci protectionis. – O art. 5, n.° 2, da Convenção de Berna atribui competência exclusiva à lei do país onde a protecção é reclamada – a *lex loci protectionis* – isto é, o país onde têm lugar os actos de utilização não autorizada da obra e onde, portanto, a violação do direito foi perpetrada[356] – para disciplinar a «extensão da protecção, bem como os meios de recurso garantidos ao autor para salvaguardar os seus direitos».

A mesma regra fundamental (que deve considerar-se extensiva à disciplina dos direitos conexos com o direito de autor) encontra-se consignada em diversas leis estrangeiras de Direito Internacional Privado. Assim, por exemplo, a lei austríaca[357], a lei federal suíça[358] e a lei italiana[359].

Trata-se, inequivocamente, da solução mais conforme com os interesses que dominam o regime do direito de autor e dos direitos com este conexos, bem como com a natureza destes.

---

[356] Esse país não é, segundo alguns, senão aquele onde decorreu a actividade delituosa, a que mandam também atender as regras de conflitos em matéria de responsabilidade extracontratual. Nesta linha de orientação, vejam-se André Lucas/Henri-Jacques Lucas, *Traité de la propriété littéraire et artistique*, 2.ª ed., Paris, 2001, que escrevem: «La «législation du pays où la protection est réclamée ne désigne pas ici la *lex fori*, mais la *lex loci delicti*» (ob. cit., p. 886, n. 260; cfr. também pp. 800, 885 e 911). Ver ainda André Lucas/Jean Devèze/Jean Frayssinet, *Droit de l'informatique et de l'Internet*, Paris, 2001, p. 470.

[357] Que dispõe, no § 34, n.° 1: «A criação, o conteúdo e a extinção de direitos sobre bens imateriais são regulados pela lei do Estado em que for praticado um acto de utilização ou um acto causador de uma lesão». Utilizamos a tradução portuguesa desse texto, da autoria de António Marques dos Santos, in *Direito Internacional Privado. Colectânea de textos legislativos de fonte interna e internacional*, 2.ª ed., Coimbra, 2002, pp. 1623 ss.

[358] Cujo art. 110, n.° 1, estabelece: «Les droits de la propriété intellectuelle sont régis par le droit de l'Etat pour lequel la protection de la proprieté intellectuele est revendiquée». Texto reproduzido in *ibidem*, p. 1797.

[359] Veja-se o art. 54, n.° 1, que preceitua: «I diritti su beni immateriali sono regolate dalla legge dello Stato di utilizzazione» (*idem, ibidem*, p. 1673).

166   *Problemática internacional da sociedade da informação*

O direito de autor e os direitos conexos constituem, na verdade, monopólios de utilização e exploração económica, respectivamente de obras intelectuais e de certas prestações de artistas e outros sujeitos, que restringem a liberdade de comércio e o acesso do público aos bens culturais e à informação.

Uma vez que esses monopólios apenas são reconhecidos pela ordem jurídica se e na medida em que tal se mostre conforme com o bem comum, está certo que cada Estado se reserve a prerrogativa de definir em que termos eles se constituem, exercem e extinguem no território sobre o qual detém poderes de soberania, assim como a faculdade de determinar o seu conteúdo e objecto e as sanções aplicáveis às respectivas violações ocorridas nesse território[360].

De outro modo, ficaria, aliás, comprometido o *princípio de tipicidade* a que o Direito de Autor se encontra submetido. Com efeito, só beneficiam da protecção estabelecida por este ramo do Direito os tipos de bens que se achem expressamente contemplados como tais na lei ou em outras fontes de Direito: todo o bem incorpóreo que não caiba no conceito jurídico de obra não é tutelado pelo Direito de Autor e é, por conseguinte, susceptível de ser reproduzido sem autorização de quem o criou (a menos que seja protegido pelo Direito Industrial). Ora, a tipicidade dos bens protegidos em determinado país nos termos do Direito de Autor só pode ser assegurada mediante a aplicação da lei desse país à protecção nele reclamada para certo bem.

A independência da protecção possibilitada pela solução em apreço é ainda conforme com a preocupação de evitar entraves desnecessários à utilização, *maxime* para finalidades comerciais, de obras e prestações protegidas, que inevitavelmente adviriam da sujeição desta à lei do país de origem.

Alude-se frequentemente, para designar esta solução, ao *princípio da territorialidade*[361]. A ele se contraporia o princípio da personalidade, da universalidade ou da competência da *lex originis*.

Mas essa noção não é imune à crítica.

---

[360] Com Wilhelm Wengler, diremos, pois, que o âmbito dos efeitos («*Wirkungsbereich*») de um direito de monopólio sobre bens incorpóreos se deve restringir ao território do Estado de cujo Direito ele dimana: cfr. *Internationales Privatrecht,* vol. I, Berlim/Nova Iorque, 1981, p. 480.

[361] Cfr., na doutrina portuguesa: João Baptista Machado, *Lições de Direito Internacional Privado*, 3.ª ed., Coimbra, reimpressão, 2002, p. 385; José de Oliveira Ascensão, *Direito Civil. Direito de Autor e Direitos Conexos*, 1992, p. 33; e Rui de Moura Ramos, *Da lei aplicável ao contrato de trabalho internacional,* Coimbra, 1991, pp. 268 e s., n. 394.

Parte II – Conteúdos a Leccionar   167

Com efeito, há territorialidade do Direito de Autor no sentido de que as suas normas apenas se aplicam às situações que apresentem determinada conexão com o território do Estado onde vigoram. No entanto, o mesmo sucede, por exemplo, com as normas sobre a responsabilidade civil e os direitos reais[362], pelo que, nesta acepção, dificilmente a territorialidade pode ser apontada como nota distintiva daquele ramo do Direito.

Por outro lado, o Direito de Autor é, em certos casos, de aplicação extraterritorial, no sentido de que os tribunais e outros órgãos de aplicação do Direito podem aplicar Direito de Autor estrangeiro. É o que ocorre, por exemplo, se o tribunal do domicílio do réu, competente a este título para julgar uma acção em que seja pedida a indemnização de danos sofridos por violação de direito de autor ocorrida noutro país, aplicar a lei deste à determinação da existência e conteúdo desse direito[363].

h) Continuação. A determinação da lex loci protectionis quanto a obras e prestações colocadas em rede. – A determinação da *lex loci protectionis* suscita particulares dificuldades quando a obra ou prestação protegida seja utilizada através de uma rede electrónica de comunicações; dificuldades essas que estão na origem de recentes apelos a uma harmonização das regras de conflitos em matéria de direito de autor e direitos conexos[364].

É que, *prima facie*, essa lei pode ser a de qualquer país do mundo onde exista acesso à rede; mas semelhante solução provavelmente inviabilizaria aquela forma de utilização dos bens em causa.

Várias outras soluções têm sido aventadas na doutrina para o problema assim colocado. Entre elas avulta a que consiste na aplicação da lei do país onde a obra foi armazenada num servidor ligado à rede (*uploading*)[365].

---

[362] Entre nós, por força do disposto nos arts. 45.º, n.º 1, e 46.º, n.º 1, do Código Civil.

[363] Ver, para mais desenvolvimentos sobre esta matéria, o nosso «Direito Internacional de Autor», *in Direito Internacional Privado. Ensaios*, vol. I, Coimbra, 2002, pp. 107 ss.

[364] Ver, por exemplo, Michel M. Walter, *Updating and Consolidation of the Acquis. The Future of European Copyright*, s/l, 2002 (disponível em http://europa.eu.int).

[365] Neste sentido: James Fawcett/Paul Torremans, *Intelectual Property and Private International Law*, Oxford, 1998, p. 622; Cheshire/North/Fawcett, *Private International Law*, 13.ª ed., Londres, 1999, p. 636; Markus Köhler/Hans-Wolfgang Arndt, *Recht des*

168 *Problemática internacional da sociedade da informação*

Essa lei tem inegavelmente uma conexão muito significativa com os factos, pois, como vimos, é o acto de *colocação da obra em rede à disposição do público*, ocorrido nesse país – e não a mera visualização ou a reprodução dela na memória de um computador pessoal –, que constitui neste domínio o fundamental direito de exclusivo cujo exercício por terceiros carece do consentimento prévio do autor: atente-se no que a este respeito estabelecem os mencionados arts. 8 do Tratado da OMPI sobre Direito de Autor, 3.° da Directiva 2001/29/CE e 68.°, n.° 2, alínea *j)*, do Código do Direito de Autor e dos Direitos Conexos[366].

Trata-se, por outro lado, da orientação mais favorável às empresas fornecedoras de conteúdos através de redes de comunicações electrónicas, visto que tal lei tenderá a coincidir com a do país do seu estabelecimento, tornando-se, por isso, mais previsíveis as responsabilidades em que podem incorrer pela eventual infracção de direitos de autor; e tem também a vantagem de envolver a aplicação de uma só lei a cada infracção, onde quer que os respectivos efeitos se produzam.

Ela importa, no entanto, o risco de aqueles que usurpam obras alheias se estabelecerem em países especialmente permissivos em matéria de direito de autor e colocarem a partir daí obras protegidas em rede, subtraindo-se a toda a responsabilidade.

E mesmo que tal não suceda, semelhante solução envolve sérios inconvenientes para os países importadores de bens intelectuais (como o nosso), nos quais a utilização de obras postas à disposição do público na Internet a partir de servidores localizados no estrangeiro seria, em virtude dela, sistematicamente valorada à luz de leis estrangeiras.

Já se tem sustentado, por isso, a aplicação da lei do país onde se deu o armazenamento dessa obra na memória do equipamento terminal

---

Internet, Heidelberga, 2003, p. 259; Gerald Spindler, «Morpheus, Napster & Co. – Die kollisionsrechtliche Behandlung von Urheberrechtsverletzungen im Internet», *in* Stefan Leible (org.), *Die Bedeutung des Internationalen Privatrechts im Zeitalter der neuen Medien*, Estugarda, etc., 2003, pp. 155 ss. (pp. 172 ss. e 180). Preconiza também a aplicação da lei do país de *uploading*, embora com desvios a favor de outras leis, Stefania Bariatti, «Internet: aspects relatifs aux conflits de lois», *RDIPP*, 1997, pp. 545 ss. (p. 556). A aplicação da lei do Estado-Membro de origem do serviço de difusão digital era ainda preconizada no mencionado *Livro Verde Sobre o Direito de Autor e os Direitos Conexos na Sociedade da Informação*, que precedeu a adopção da Directiva 2001/29/CE; mas não teve acolhimento nesta.

[366] Sublinha também este aspecto Thomas Hoeren, *Grundzüge des Internetrechts*, 2.ª ed., Munique, 2002, p. 68.

de um utilizador da rede, mediante a sua transferência a partir desta (*downloading*)[367].

Estoutra orientação tem por si o facto de ser esse o país cujo mercado de *copyright* será mais directamente afectado através da violação do direito de autor. Mas pode acarretar uma excessiva multiplicação de leis aplicáveis: como se disse, qualquer país do mundo pode ser o lugar de recepção da mensagem ilícita, o que gera grande imprevisibilidade quanto à lei aplicável, criando graves constrangimentos à actividade dos prestadores de serviços em rede. E não pode deixar de admitir-se a hipótese de a obra colocada à disposição do público em rede não ter chegado a ser transferida, ou sequer visualizada, em qualquer computador pessoal (*v.g.* porque antes que tal sucedesse o servidor foi desligado da rede ou a obra retirada do sítio onde se encontrava disponível); sendo que nem por isso o direito do autor de colocar a obra em rede deixou de ser atingido, se a sua colocação por terceiros não tiver sido autorizada.

Há ainda quem sugira a aplicação da lei do lugar do dano consequente à violação de direitos patrimoniais de autor, i. é, o lugar onde o autor ou o titular dos direitos sobre a obra sofreu um decréscimo patrimonial ou realizou despesas devido ao ilícito – geralmente, o da sua residência habitual ou sede[368].

---

[367] Solução advogada por Yves Gautier, «Du droit applicable dans le "village planétaire" au titre de l'usage immatériel des oeuvres», *D.*, 1996, Chronique, pp. 131 ss. (p. 133); pelo Conselho de Estado francês, num estudo, datado de 1998, intitulado «Internet et les réseaux numériques», disponível em http://www.internet.gouv.fr; por Peter Schonning, «Internet and the Applicable Copyright Law: A Scandinavian Perspective», *EIPR*, 1999, pp. 45 ss. (p. 49); e por Pedro de Miguel Asensio, *Derecho Privado de Internet*, 3.ª ed., Madrid, 2002, p. 329. Uma especificação deste critério terá sido acolhida no projecto, em curso de elaboração, de *Princípios* sobre o tribunal competente, a lei aplicável e o reconhecimento de decisões em matéria de propriedade intelectual, em curso de elaboração no âmbito do American Law Institute, de que dão notícia Rochelle C. Dreyfuss e Jane Ginsburg, em «Principles Governing Jurisdiction, Choice of Law, and Judgments in Transnational Disputes. Aim, scope and approach of the American Law Institute project on intellectual property», *CRi*, 2003, pp. 33 ss. As autoras referem que o lugar da utilização de obras disponibilizadas em rede é aí definido como «any country whose market is significantly impacted by the alleded conduct» (p. 37).

[368] Neste sentido, François Dessemontet, «Internet, le droit d'auteur et le droit international privé», *SJ*, 1996, pp. 285 ss. (p. 292); *idem*, «Internet, la proprieté intelectuelle et le droit international privé», *in* Catharina Boele-Woelki/Katherine Kessedjian (orgs.), *Internet. Which Court Decides? Which Law Applies?*, Haia, etc., 1998, pp. 47 ss. (pp. 60 e 63); e Alfonso Calvo Caravaca/Javier Carrascosa González, *Conflictos de leyes y con-*

170 — *Problemática internacional da sociedade da informação*

Trata-se da solução mais favorável aos interesses do autor e do titular dos direitos de utilização e exploração da obra: sendo o dano puramente económico, i. é, não antecedido de qualquer dano físico, o lugar onde ele se verificou é aquele onde o autor ou o titular desses direitos sofreu um decréscimo patrimonial ou realizou despesas devido ao acto ilícito – e esse é geralmente o lugar onde este sujeito tem a sua residência habitual ou sede.

Mas a legitimidade dessa lei para reger a protecção dos direitos sobre a obra pode ser escassa, dado o carácter pouco significativo que o lugar do dano reveste, na óptica do Direito de Autor, quando não se identifique com aquele onde se deu a lesão do bem jurídico protegido.

Outros preconizam a aplicação da *lex fori*: os tribunais do Estado do foro aplicariam exclusivamente a sua própria lei, desde que fossem internacionalmente competentes para julgar a causa (ainda que tão-só por serem os do domicílio do réu)[369].

Será esta, porventura, a solução mais económica e favorável à celeridade da administração da justiça. Mas também ela parece indesejável, uma vez que incentiva o *forum shopping*: os interessados tenderão a intentar a acção no país onde previsivelmente obterão uma decisão mais favorável, gerando-se o risco de a acção ser ganha pela parte mais expedita na sua propositura, ou de serem proferidas decisões contraditórias sobre a mesma causa.

Tem, por último, sido preconizada a *aplicação alternativa* das leis dos países de *uploading* e de *downloading*, entre as quais o lesado poderia optar[370].

A favor dela depõe a circunstância de a colocação da obra à disposição do público (como se disse, a principal faculdade jusautoral que aqui se encontra em jogo) ser, em razão da *ubiquidade* da rede, um facto com-

---

flictos de jurisdicción en Internet, Madrid, 2001, p. 135; *idem, Derecho Internacional Privado*, vol. II, 5.ª ed., Granada, 2004, p. 682.

[369] Solução que tenderá a prevalecer nos tribunais norte-americanos, segundo informa Jane Ginsburg, «The Private International Law of Copyright in an Era of Technological Change», *in Rec. cours*, t. 273 (1998), pp. 239 ss. (p. 348).

[370] Neste sentido, Paul Katzenberger, *in* Gerhard Schricker (editor), *Urheberrecht. Kommentar*, Munique, 1999, pp. 1703 s.; e Makeen Fouad Makeen, *Copyright in a Global Information Society*, Haia, etc., 2000, pp. 195, 303 e 317. A mesma orientação foi por nós perfilhada (embora com uma restrição quanto ao poder de cognição dos tribunais do país de *download*) em «Lei aplicável à responsabilidade pela utilização ilícita de obras disponíveis em redes digitais», *in Direito Internacional Privado. Ensaios,* vol. I, Coimbra, 2002, pp. 145 ss. (pp. 155 ss.).

plexo, que tanto se verifica no país onde a obra é inserida na rede como no país ou países onde fica disponível aos seus potenciais utilizadores, i. é, a partir dos quais estes podem aceder ao servidor em cuja memória se acha reproduzida.

O titular dos direitos sobre a obra protegida deveria, por isso, beneficiar da protecção conferida pela lei de qualquer desses países.

Já se tem contraposto a esta solução que ela oneraria excessivamente os fornecedores de conteúdos disponíveis em rede (*content providers*), os quais se veriam constrangidos a observar as legislações de todos os países onde as obras que colocam em rede podem ser reproduzidas e a obter licenças válidas para todos eles[371].

Mas quem colhe benefícios da utilização de uma rede de comunicações que proporciona o acesso a um mercado de âmbito mundial não pode esperar que as suas condutas sejam exclusivamente valoradas à luz da lei do país onde se encontra estabelecido ou onde colocou os meios técnicos necessários à prestação dos serviços que oferece nesse mercado.

Só num espaço geográfico onde vigorem a *livre circulação de serviços* e o *reconhecimento mútuo* por este postulado, e apenas pelo que respeita às matérias por estes abrangidas, se afigura viável que a definição dos limites à liberdade de actuação de cada um seja feita unicamente por apelo à lei do país do estabelecimento: é, como veremos adiante, o que sucede na Comunidade Europeia, no tocante ao comércio electrónico, por força da Directiva 2000/31/CE (que todavia exclui os direitos intelectuais do campo de aplicação daquela lei)[372].

i) Continuação. A competência da **lex originis.** – A aplicabilidade da *lex loci protectionis* em matéria de direito de autor e direitos conexos é temperada pela atribuição de certa relevância à *lex originis.*

É o que resulta, por exemplo, do disposto no art. 15, n.º 4, alínea *a)*, da Convenção de Berna, por força do qual cabe à lei do país da presumível nacionalidade do autor designar a autoridade competente para fazer valer os seus direitos sobre as obras de folclore.

Também o art. 48.º, n.º 1, do Código Civil português atribui competência à lei do país de origem; mas, diferentemente da Convenção de Berna, esse preceito submete-lhe todo o regime do direito de autor.

---

[371] Bariatti, est. cit., p. 553.
[372] Ver *infra*, n.º 9.2.

172 Problemática internacional da sociedade da informação

Ressalva-se aí, porém, a legislação especial; e nesta há-de ter-se por compreendida a Convenção de Berna. Dado que este instrumento internacional consagra, como vimos, o princípio da aplicabilidade da lei do país para cujo território a protecção é reclamada, força é concluir que a regra constante do art. 48.º, n.º 1, do Código Civil tem escasso alcance[373].

Há, no entanto, pelo mens uma questão relativamente à qual se afigura pertinente a atribuição de competência à *lex originis*: a *titularidade do direito de autor*, que o Código do Direito de Autor e dos Direitos Conexos disciplina nos arts. 11.º a 26.º.

Nesta matéria, o princípio da territorialidade sofre uma derrogação, cabendo à lei do país de origem da obra definir a quem é atribuído o direito de autor[374].

É que se os interesses em jogo, mormente os interesses públicos acima referidos, exigem que seja a lei do país onde o direito é exercido a determinar se, e em que condições, lhe é conferida protecção no respectivo território, outro tanto não pode dizer-se da questão da titularidade desse direito, pois em rigor esta é indiferente à comunidade local.

Assente, por exemplo, que certa obra feita no estrangeiro por encomenda é protegida em Portugal como criação intelectual, e que por conseguinte não está entre nós sujeita à apropriação por qualquer um, tanto monta, do ponto de vista daqueles interesses, que o direito de autor sobre a mesma seja atribuído ao criador ou ao comitente. Em contrapartida, a aplicação da lei do país de origem facilitará aos titulares dos direitos a transmissão destes e a concessão de licenças internacionais de utilização de obras. É, por isso, a solução mais conforme com os interesses desta categoria de sujeitos.

A Convenção de Berna, que não contém qualquer regra geral sobre a titularidade do direito de autor, não acolhe de modo expresso esta solução.

---

[373] O preceito, segundo refere José de Oliveira Ascensão, nunca foi aplicado em Portugal: cfr. *Direito Comercial*, vol. II, *Direito Industrial*, Lisboa, 1994, p. 29. Admite também que a disposição em apreço se encontra privada de campo de aplicação: Luís de Lima Pinheiro, *Direito Internacional Privado*, vol. II, 2.ª ed., Coimbra, 2002, p. 282.

[374] Cfr., neste sentido, João Baptista Machado, *Lições de Direito Internacional Privado*, p. 384; José de Oliveira Ascensão, *Direito Civil. Direito de Autor e Direitos Conexos*, p. 47; *idem, Direito Autoral*, 2.ª ed., Rio de Janeiro, 1997, p. 655. Na doutrina estrangeira preconizam também a sujeição da titularidade do direito de autor à lei do país de origem: Fawcett/Torremans, ob. cit., p. 512; e André Bertrand, *Le droit d'auteur et les droits voisins*, 2.ª ed., Paris, 1999, pp. 488 s.

Parte II – Conteúdos a Leccionar   173

Mas a legislação vigente em Portugal consagra-a pelo que respeita aos programas de computador e às bases de dados.

Assim, no art. 17.°, n.° 4, do Decreto-Lei n.° 252/94, de 20 de Outubro, que regula a protecção jurídica dos programas de computador, atribui-se competência à lei do país de origem quanto à qualificação como autor desses programas; e outro tanto se dispõe no art. 2.°, n.° 4, do Decreto-Lei n.° 122/2000, de 4 de Julho, relativo à protecção jurídica das bases de dados.

O segundo destes diplomas vai, aliás, mais longe na consagração da competência da *lex originis*: a própria protecção pelo Direito de Autor das bases de dados ditas criativas é aí submetida pelo art. 2.°, n.° 1, à lei do país de origem – aparentemente, em derrogação do art. 63.° do CDADC –, considerando-se como tal, quanto às bases publicadas, a do país da primeira publicação, e, quanto às não publicadas, o país da nacionalidade ou da sede efectiva do autor, embora sob reserva de reciprocidade. A protecção das bases de dados estrangeiras é, porém, atribuída sob condição de reciprocidade (art. 2.°, n.° 2).

Solução esta que, de resto, não é inquestionável, pois a aplicação da *lex originis* deixará os utilizadores de bases de dados situados em países fundamentalmente importadores das mesmas (como o nosso) sujeitos às prescrições dos países estrangeiros que exportam essas bases, cujas leis deverão ser aplicadas pelos tribunais portugueses, mesmo que não se reputem a si próprias competentes para o efeito e reenviem para a nossa[375].

j) Continuação. Determinação da **lex originis** *quanto a obras e prestações colocadas em rede.* – Agora pergunta-se: qual o país de origem da obra posta à disposição do público numa rede electrónica de comunicações?

Nos termos do art. 5, n.° 4, da Convenção de Berna e dos arts. 65.° e 66.° do CDADC, o país de origem da obra é, quanto à obra publicada, o da sua primeira publicação; e quanto à obra não publicada, o país de que o autor é nacional.

O primeiro destes critérios não suscita dificuldades particulares quanto às obras divulgadas numa rede digital, que hajam sido previamente

---

[375] Cfr. o art. 2.°, n.° 3, do D.L. n.° 122/2000: a referência a uma lei estrangeira, nos termos do n.° 1, entende-se com exclusão das suas normas de Direito Internacional Privado.

174 Problemática internacional da sociedade da informação

publicadas em suporte material; e outro tanto pode dizer-se do segundo, salvo quando se trate de obras em colaboração[376].

Relativamente às obras primeiramente divulgadas em rede pode, no entanto, perguntar-se se existe um lugar de publicação; e, sendo a resposta afirmativa, qual é esse lugar[377].

É que tanto o art. 3, n.º 3, da Convenção de Berna como o art. VI da Convenção Universal Sobre Direito de Autor como o art. 6.º, n.º 1, do CDADC aludem, a propósito do conceito de obra publicada, ao fabrico de exemplares, o que manifestamente não ocorre na situação em apreço; e o n.º 2 do art. 6.º do CDADC acrescenta que não constitui publicação «a utilização ou divulgação de uma obra que não importe a sua reprodução nos termos do número anterior».

Existe, decerto, uma diferença entre a divulgação da obra mediante a sua reprodução e colocação à disposição do público num suporte material e a que ocorre através da sua colocação à disposição do público num servidor da rede, onde a obra fica acessível *on demand*, no momento e a partir do lugar em que o utilizador quiser.

Apesar disso, parece haver suficiente analogia entre as duas situações para que as disposições sobre a publicação das obras em suporte material possam ser aplicadas, com as necessárias adaptações, à disponibilização da obra numa rede digital[378].

Na verdade, a obra colocada à disposição do público pode ser reproduzida pelos seus utilizadores tanto na memória de um computador pessoal como noutro suporte, digital ou analógico. A satisfação das «necessidades razoáveis do público», a que os mencionados preceitos da Convenção de Berna e do CDADC aludem como elemento do conceito de publicação, acha-se deste modo assegurada[379].

---

[376] Ver sobre o ponto Carsten Intveen, *Internationales Urheberrecht und Internet*, Baden-Baden, 1999, pp. 88 ss.

[377] Contesta que a obra colocada em rede deva ser considerada publicada, Oliveira Ascensão, *Estudos sobre Direito da Internet*, Coimbra, 2001, p. 63.

[378] Permite-o, de resto, o art. 3 do Tratado da OMPI sobre Direito de Autor, ao dispor que «as Partes Contratantes aplicarão, *mutatis mutandis*, as disposições dos artigos 2 a 6 da Convenção de Berna no âmbito da protecção outorgada por este Tratado».

[379] Cfr. Dorothee Thum, «Internationalprivatrechtliche Aspekte der Verwertung urheberrechtlich geschützte Werke im Internet. Zugleich Bericht über eine WIPO-Expertensitzung in Genf», *GRUR Int.*, 2001, pp. 9 ss. (p. 10).

Assim sendo, surge outra dúvida. Onde ocorre a «publicação» da obra primeiramente divulgada *on line*? No país onde a obra é inserida na rede? No país onde o utilizador acede a ela? Em ambos?

Sob pena de se multiplicarem indefinidamente as leis aplicáveis, e de se dificultar injustificadamente, pela incerteza assim criada, a cessão de direitos sobre obras intelectuais difundidas em rede, parece que só a primeira resposta pode considerar-se satisfatória[380].

Ponto é, em todo o caso, que, consoante se exige no art. 3, n.º 3, da Convenção, a colocação em rede haja sido feita com o consentimento do autor. Só deste modo se evitará a fuga para os «paraísos digitais», que uma aplicação sem restrições da lei do país de origem poderia ocasionar.

Será, assim, em princípio, à lei do país de *uploading* que compete definir quem é o titular dos direitos sobre a obra posta à disposição do público com o consentimento do seu autor, sempre que esta não tenha sido previamente publicada num suporte material.

l) Continuação. Lei reguladora da gestão colectiva. – Outro domínio em que poderá justificar-se uma derrogação à aplicabilidade da *lex loci protectionis* é a gestão colectiva do direito de autor e dos direitos conexos.

É matéria da maior actualidade, dada a internacionalização das diferentes formas de exploração das obras possibilitada pelo advento da sociedade da informação, a qual trará consigo, inevitavelmente, a internacionalização das entidades de gestão colectiva.

Ora, a sujeição da actividade destas entidades a um regime diverso consoante o país em que hajam de exercê-la é potencialmente inibidora da prestação dos seus serviços fora do país em que se encontram estabeleci-

---

[380] No mesmo sentido pode invocar-se a analogia com a comunicação ao público por satélite, a qual, segundo o art. 1.º, n.º 2, alínea *b)*, da Directiva 93/83/CEE, relativa à coordenação de determinadas disposições em matéria de direito de autor e direitos conexos aplicáveis à radiodifusão por satélite e à retransmissão por cabo, se verifica «apenas no Estado-membro onde os sinais portadores do programa são introduzidos, sob o controlo e a responsabilidade do organismo de radiodifusão, numa cadeia ininterrupta de comunicação conducente ao satélite e deste para a terra» (regra transposta para o Direito interno pelo D.L. n.º 333/97, de 27 de Abril). Note-se, porém, que a analogia entre a situação prevista na Directiva e a transmissão efectuada pela Internet não é total, pois que só nesta última existe interactividade, na medida em que a mesma tem lugar por iniciativa do utilizador e não do provedor do serviço. Também por este motivo a responsabilidade de que cuidamos no presente texto não pode sujeitar-se exclusivamente à lei do país a partir do qual a obra é colocada em rede à disposição do público.

176 *Problemática internacional da sociedade da informação*

das; reflexamente, ela cerceia também a concessão de licenças de âmbito internacional, que importa facilitar em ordem a promover o acesso do público aos bens culturais e a fomentar a produção destes (nomeadamente de obras multimédia, que, enquanto obras compósitas, pressupõem frequentemente a obtenção de uma multiplicidade de licenças junto dos titulares dos direitos sobre as obras nelas incorporadas[381]).

A aplicação à gestão colectiva de direitos autorais e conexos da lei do país onde se encontra estabelecida a entidade a quem ela foi confiada (*hoc sensu, a lex originis* dos serviços de gestão colectiva) parece ser a solução preferível a fim de salvaguardar estes interesses, pelo menos quando a actividade em causa seja levada a cabo por entidades estabelecidas no território da Comunidade Europeia[382].

Para que ela seja praticável, importará, no entanto, assegurar que do *dépeçage* assim introduzido na regulação do direito de autor não resultam antinomias normativas que comprometam a harmonia material dessa regulação, ou prover ao modo de solucioná-las.

m) Tribunal competente. – Além da determinação da lei aplicável, coloca-se, como referimos acima, a questão do tribunal internacionalmente competente para julgar as pretensões deduzidas em juízo pelos titulares de direitos autorais contra os infractores destes.

Nesta matéria, relevam os regimes do Código de Processo Civil, das Convenções de Bruxelas e de Lugano e do Regulamento (CE) n.º 44/2001, a que já fizemos alusão.

Na falta de regras especiais de competência jurisdicional em matéria de violação de direito de autor, haverá que recorrer às regras comuns desses instrumentos jurídicos que atribuem competência ao foro do domicílio do réu, ao tribunal ou tribunais expressa ou tacitamente escolhido pelas partes e ao tribunal do lugar onde ocorreu ou poderá ocorrer o facto danoso.

---

[381] Sobre os problemas postos pela gestão colectiva neste domínio, vejam-se: Comissão Europeia, *Livro verde. O direito de autor e os direitos conexos na Sociedade da Informação*, documento COM (95) 382 final, Bruxelas, 1995, pp. 69 ss.; Frédérique Asseraf-Olivier/Éric Barbry, *Le droit du multimédia*, 2.ª ed., Paris, 2000, pp. 45 s.; Mihály Ficsor, *La gestion collective du droit d'auteur et des droits connexes*, Genebra, 2002, pp. 111 ss.

[382] Ver, sobre o problema, a citada comunicação da Comissão Europeia sobre *Gestão do direito de autor e direitos conexos no mercado interno*, de 16 de Abril de 2004.

Os problemas suscitados pela concretização, pelo que respeita à matéria em apreço, deste último factor de competência serão versados adiante, no lugar apropriado do curso[383].

8.2. Direito sui generis do fabricante da base de dados. a) Noção e fontes de regulação das bases de dados. – Entende-se por base de dados, na Informática, um «conjunto de informações inter-relacionadas organizado segundo um esquema para servir uma ou mais aplicações acessíveis por meio de um programa»[384].

No plano jurídico, a questão fundamental que a base de dados suscita consiste em saber se e em que medida devem reconhecer-se direitos de exclusivo sobre ela, assim como sobre o material informativo nela contido, ao criador da base de dados e ao seu fabricante.

Debatem-se nesta matéria interesses contraditórios: a promoção da criação intelectual, consistente, neste caso, na estrutura formal eventualmente conferida à base de dados; a protecção dos investimentos feitos com vista à obtenção e compilação da informação contida nas bases de dados; e a liberdade de informação, que poderá ficar comprometida se a alguém for atribuído um direito de exclusivo sobre o material informativo compilado na base de dados.

As bases de dados foram recentemente disciplinadas em fontes internacionais, supranacionais e nacionais.

Assim, no art. 10, n.º 2, do ADPIC previu-se que seria conferida protecção às bases de dados que, em virtude da selecção ou da disposição dos respectivos elementos constitutivos, constituam criações intelectuais. Outro tanto estabeleceu o Tratado da OMPI de 1996 sobre Direito de Autor, no seu art. 5.

Por seu turno, a Directiva 96/9/CE, de 11 de Março de 1996, consagrou também, no art. 3.º, a protecção pelo Direito de Autor das bases de dados que, pela selecção ou disposição das matérias, constituam uma *criação intelectual*. E aditou-lhe, no art. 7.º, a atribuição de um direito *sui generis* ao fabricante da base de dados sobre o conteúdo desta: esse sujeito pode proibir a extracção ou a reutilização da totalidade ou de uma parte substancial, avaliada qualitativa ou quantitativamente, do conteúdo da

---

[383] Ver *infra*, 12.2.

[384] Cfr. Academia das Ciências de Lisboa, *Dicionário da língua portuguesa contemporânea*, vol. I, Lisboa, 2001, p. 494.

178 *Problemática internacional da sociedade da informação*

base, quando a obtenção, verificação ou apresentação desse conteúdo representem um investimento substancial do ponto de vista qualitativo ou quantitativo.

Entre nós, a sede legal da disciplina das bases de dados encontra-se no D.L. n.° 122/2000.

Base de dados é, para os efeitos desse diploma, uma «colectânea de obras, dados ou outros elementos independentes, dispostos de modo sistemático ou metódico e susceptíveis de acesso individual por meios electrónicos ou outros» (art. 1.°, n.° 2).

São, pois, elementos da definição de base de dados: a *independência* dos elementos coligidos na base; a existência de certa *ordem* na disposição desses elementos; e a *acessibilidade individual* desses elementos por meios electrónicos ou outros.

Pode, assim, afirmar-se que a generalidade dos sítios da Internet são bases de dados, independentemente da sofisticação técnica do meio usado para fazer a compilação e da natureza dos elementos nela incorporados.

b) O Direito **sui generis** *do fabricante: conteúdo e natureza.* – O art. 4.°, n.° 1, do D.L. n.° 122/2000 estabelece que «as bases de dados que, pela selecção ou disposição dos respectivos conteúdos, constituam criações intelectuais são protegidas em sede de direito de autor».

Não é, por conseguinte, tutelada pelo Direito de Autor uma base de dados que consista numa simples justaposição de obras sem qualquer sistema ou método: por exemplo, um CD que contenha várias canções de certo compositor. Falta nesse caso uma razão que justifique para ela uma tutela autónoma: aquilo que o Direito de Autor tutela é a *criatividade da selecção ou disposição* das obras ou dados compilados.

Sucede que o art. 2, n.° 5, da Convenção de Berna já protege as compilações de obras literárias ou artísticas que constituam criações intelectuais; e o art. 3.°, n.° 1, *b)*, do CDADC protege também as compilações de obras que, pela escolha ou disposição das matérias, constituam criações intelectuais.

Há, todavia, uma diferença entre a base de dados e a colectânea comum: é que os elementos que a compõem *podem não ser obras*, mas tão-só *simples informações*. Por conseguinte, a base de dados tutelada pelo D.L. n.° 122/2000 não se reconduz à colectânea já regulada na Convenção de Berna e no CDADC.

Além de proteger as bases de dados pelo Direito de Autor, o D.L. n.° 122/2000 assegurou um *direito novo* ao fabricante da base de dados,

Parte II – Conteúdos a Leccionar 179

independente da criatividade desta: o «direito especial do fabricante» consignado no art. 12.°.

O que se visa tutelar nesta disposição legal é, em última análise, um produto – a base de dados não criativa –, e o investimento realizado para obtê-lo; não a obra ou criação intelectual em si mesma.

De facto, o art. 12.° do D.L. n.° 122/2000, na esteira da citada Directiva comunitária, consagra o direito do fabricante da base de dados de autorizar ou proibir a extracção ou a reutilização da totalidade ou de uma parte substancial, avaliada qualitativa ou quantitativamente, do conteúdo da base dados, quando a obtenção, verificação ou apresentação desse conteúdo representem um *investimento substancial* do ponto de vista qualitativo ou quantitativo.

Vem daqui que o direito do fabricante não é um direito de autor, que protege a obra, formalização de uma criação intelectual original, mas antes um direito *sui generis*, que tutela o produto de um investimento empresarial[385].

Trata-se de um *novo direito intelectual*, que visa fazer face à facilidade de reprodução das bases de dados potenciada pelas novas tecnologias e proteger o investimento realizado pelo seu fabricante.

Esse direito não tem, como notámos atrás, acolhimento na ordem jurídica norte-americana; ao que não serão por certo alheias a maior largueza com que a protecção jusautoral é aí tradicionalmente concedida (expressa no aforismo «*what is worth copying is worth protecting*») e a menor premência com que, por conseguinte, o problema da tutela do investimento no fabrico da base de dados se coloca[386].

Também não parece que esse direito possa ser qualificado como um *direito conexo* com o direito de autor. Os direitos conexos visam estimular a difusão de obras literárias e artísticas, mediante a concessão de exclu-

---

[385] Neste sentido, veja-se Alberto Sá e Melo, «Tutela jurídica das bases de dados (A transposição da Directriz 96/9/CE)», *in Direito da Sociedade da Informação,* vol. I, Coimbra, 1999, pp. 111 ss. (p. 160).

[386] A proposta de consagração legal de uma protecção autónoma das bases de dados nos Estados Unidos, constante do projecto de *Database and Collections of Information Misappropriation Act*, de 2003 (disponível em http://www.thomas.loc.gov), não foi ainda coroada de êxito. É, em todo o caso duvidoso que a protecção das bases de dados prevista nesse texto possa ser considerada equivalente à que vigora na Comunidade Europeia: cfr. Guido Westkamp, «Regional Protection of Databases. Common Law Misappropriation Surpasses Material Reciprocity in the US Investments in Collections of Information Bill 2003», *CRi*, 2004, pp. 1 ss.

180   *Problemática internacional da sociedade da informação*

sivos sobre a utilização de prestações de artistas e outros sujeitos que participam nessa actividade. Ora, como nota Xavier Linant de Bellefonds, a razão de ser do direito *sui generis* é outra – a *condenação do parasitismo*[387].

Certo, este último é – pelo menos entre nós – sancionado através da cláusula geral da concorrência desleal consagrada no Código da Propriedade Industrial[388]. Como, porém, na Comunidade Europeia esse instituto não está harmonizado, criou-se o direito *sui generis*[389].

O direito *sui generis* é, nesta medida, um direito intelectual, estreitamente ligado, ao menos no plano sistemático, ao Direito de Autor, mas que visa finalidades próprias do Direito Comercial.

A essência do direito especial do fabricante consiste em este último poder opôr-se à extracção ou reutilização «de uma parte substancial, avaliada quantitativa ou qualitativamente» do *conteúdo* da base de dados.

O que tem levado alguns a sublinhar o risco de o direito em causa se traduzir na concessão a um único sujeito de um monopólio sobre a utilização de fontes significativas de informação[390].

Risco esse que seria agravado pelo regime de duração daquele direito. Este tem, diferentemente do direito de autor, a duração de 15 anos (art. 16.° do D.L. n.° 122/2000). Se, porém, a base de dados for substancialmente modificada, haverá novo período de protecção (art. 17.° do mesmo diploma). Qualquer actualização substancial da base de dados conduz, pois, a uma renovação do direito sobre a base de dados na última versão desta. O que pode redundar numa *protecção permanente* da base de dados[391].

c) Situações internacionais. – O D.L. n.° 122/2000 institui um regime particular para as questões suscitadas pela regulação jurídica das bases de dados em situações internacionais.

Esse regime assenta em dois vectores fundamentais.

---

[387] *Droits d'auteur et droits voisins*, Paris, 2002, p. 449.

[388] Sobre esta, *vide infra*, n.° 11.

[389] Cfr. Oliveira Ascensão, «Bases de dados electrónicas: o estado da questão em Portugal e na Europa», *in* AAVV, *Direito da Sociedade da Informação*, vol. III, Coimbra, 2002, pp. 9 ss. (p. 17).

[390] Neste sentido, Paul Torremans, *Intelectual Property Law*, Londres, 2001, p. 542. Sobre o problema, *vide* ainda Pierre Catala, *Le droit à l'épreuve du numérique. Jus ex Machina*, Paris, 1998, pp. 283 ss. e 305 ss.

[391] Assim também, perante o Direito inglês, Torremans, ob. cit., p. 539.

Quanto às bases de dados ditas *criativas*, às quais se confere a protecção do Direito de Autor, sujeita-se esta última, como vimos acima, à lei do *país de origem* da base de dados, considerando-se como tal, quanto às publicadas, a do país da primeira publicação, e quanto às não publicadas o país da nacionalidade ou da sede efectiva do autor (art. 2.°).

Quanto às bases de dados *não criativas*, submetidas ao regime *sui generis* instituído pelos arts. 12.° e seguintes, declara-se que a protecção consagrada na lei portuguesa é reconhecida às pessoas singulares de nacionalidade ou residência habitual nos Estados-Membros da Comunidade Europeia e às pessoas colectivas constituídas ou com sede, administração central ou estabelecimento principal no território da Comunidade, desde que estes elementos representem uma ligação efectiva e permanente com um dos Estados-Membros (art. 3.°).

O sentido deste regime não é fácil de descortinar.

Primeiro, porque a aplicabilidade da *lex originis* à tutela jusautoral das bases de dados criativas, acolhida no art. 2.°, constitui, como salientámos atrás, um significativo desvio às regras gerais do Direito Internacional de Autor, para o qual não é aduzida qualquer justificação no preâmbulo do diploma em causa. Esse desvio não era, aliás, exigido pela Directiva, que não impunha semelhante solução.

Depois, porque esse desvio não é extensivo ao direito *sui generis* consagrado nos arts. 12.° e seguintes do mesmo diploma. A este aplicar--se-ão analogicamente, no silêncio da lei, as regras que delimitam o âmbito de aplicação espacial do Direito de Autor: o que significa que aqueles preceitos apenas valerão para a protecção do direito *sui generis* reclamada para o território nacional.

Com uma restrição, porém: apenas poderão beneficiar dessa protecção as pessoas singulares ou colectivas que possuam com o território da Comunidade Europeia uma das conexões indicadas no art. 3.° do D.L. n.° 122/2000[392]. Este preceito limita-se, pois, na esteira do art. 11.° da

---

[392] Salvo quando sejam originárias de um Estado terceiro com o qual a Comunidade haja celebrado, nos termos do art. 11.°, n.° 3, da Directiva 96/9/CE, um acordo que torne extensivo às bases de dados nele fabricadas o direito *sui generis*; o que pressupõe, segundo se retira do considerando 56 da Directiva, a *reciprocidade de tratamento* consistente em esse país proporcionar uma protecção equivalente às bases de dados produzidas por nacionais de Estados-Membros da Comunidade ou por pessoas que tenham residência habitual no território da Comunidade. Pode ver-se um acordo desse tipo, celebrado com o Reino Unido, em nome da Ilha de Man, no anexo à Decisão do Conselho n.° 2003/239/CE, de 18 de Fevereiro de 2003, *in JOCE* n.° L 89, de 5 de Abril de 2003, pp. 11 ss.

182 Problemática internacional da sociedade da informação

Directiva, a definir o *âmbito subjectivo* da protecção outorgada através do direito *sui generis*.

Sendo assim, não se vê por que motivo foram as normas relativas ao direito *sui generis* do fabricante da base de dados qualificadas na epígrafe do art. 3.º como «de aplicação imediata».

Normas de aplicação imediata, de aplicação necessária ou internacionalmente imperativas, são normas imperativas, de Direito Privado ou Público, que reclamam, expressa ou implicitamente, a atribuição de efeitos mesmo em situações não submetidas, segundo as regras de conflitos comuns, à ordem jurídica a que pertencem (daí serem *internacionalmente imperativas*); sendo que o seu objecto e fins apenas serão plenamente realizados se lhes for reconhecida tal eficácia[393].

Ora, nada no objecto e fins prosseguidos pelas normas constantes dos arts. 12.º e seguintes do D.L. n.º 122/2000 permite concluir que a tais normas deve ser reconhecido um âmbito espacial de aplicação que transcenda aquele que é geralmente conferido às normas atributivas de direitos de exclusivo sobre bens intelectuais.

Pelo contrário: todas as razões que vimos acima deporem a favor da aplicabilidade nesta matéria da *lex loci protectionis* são aqui inteiramente válidas e levam a rejeitar a atribuição de uma eficácia mais ampla às disposições relativas ao direito *sui generis* do fabricante. No mesmo sentido joga o sério risco, acima assinalado, que esse regime envolve de permitir a constituição de monopólios sobre a utilização das fontes de informação.

Um tribunal português não poderá, assim, aplicar o D.L. n.º 122/2000 à protecção reclamada no nosso país contra a alegada violação cometida em Espanha pelo réu (porventura aqui residente) do direito *sui generis* que o autor se arroga sobre determinada base de dados, ainda que este último seja nacional ou tenha residência habitual num dos Estados-Membros da Comunidade Europeia.

Observe-se, a concluir, que, pelo que respeita à questão do tribunal competente para julgar as acções fundadas a violação do direito *sui generis* do fabricante da base de dados, valem entre nós, na falta de regras espe-

---

[393] Sobre este conceito e a problemática a ele subjacente, veja-se o nosso *Da responsabilidade pré-contratual em Direito Internacional Privado*, Coimbra, 2001, pp. 625 ss., e a demais bibliografia aí citada; consulte-se ainda sobre o mesmo tema António Marques dos Santos, *Direito Internacional Privado*, vol. I, *Introdução*, Lisboa, 2001, pp. 247 ss.

Parte II – Conteúdos a Leccionar   183

ciais, as regras gerais sobre a competência judiciária em matéria de responsabilidade extracontratual, que examinaremos adiante[394].

8.3. Propriedade industrial. a) Preliminares. – É hoje inequívoca a importância da propriedade industrial no comércio electrónico.

Por um lado, porque os utilizadores da Internet tendem a dirigir-se aos sítios onde são comercializados produtos ou serviços distinguidos através de marcas ou outros sinais que já conhecem: a função de *garantia de qualidade*, por vários autores imputada à marca[395], tem, no que respeita aos bens e serviços comercializados em rede, uma expressão significativa.

Por outro lado, porque o comércio electrónico é levado a cabo com recurso a métodos e tecnologias que em alguns países são patenteáveis[396].

Ora, a tutela dos direitos privativos sobre esses sinais distintivos e criações intelectuais suscita, quando estes sejam utilizados em rede, novos e difíceis problemas.

Desde logo, questiona-se se o uso de marcas e outros sinais distintivos na Internet, *v.g.* mediante a sua inclusão numa página *web*, num nome de domínio ou num *metatag*, pode representar uma violação de direitos privativos sobre esses sinais.

Admitindo que a resposta a esse quesito seja afirmativa – *maxime* por a comercialização de produtos ou serviços em rede ser equiparada à que é feita fora dela (consoante sucede entre nós em virtude do regime da contratação electrónica consagrado no D.L. n.º 7/2004) –, pergunta-se em que condições se poderá ter por verificada uma violação desses direitos.

Por exemplo: constituirá violação do direito à marca registada em certo país a sua utilização num sítio Internet que não se dirija a utentes domiciliados nesse país nem produza nele quaisquer efeitos?

Uma vez que podem ser registadas em países diversos, a favor de pessoas distintas, marcas homónimas que visem distinguir produtos ou serviços iguais ou similares, suscita-se também o problema de saber como

---

[394] Cfr. o n.º 12.2.

[395] Ver Heinrich Hubmann/Horst-Peter Götting/Hans Forkel, *Gewerblicher Rechtsschutz,* 7.ª ed., Munique, 2002, p. 266; William Cornish/David Llewelyn, *Intellectual Property: Patents, Copyright, Trade Marks and Allied Rights*, Londres, 2003, p. 587; e Luís Couto Gonçalves, *Direito de marcas*, 2.ª ed., Coimbra, 2003, p. 25.

[396] De que é exemplo, nos Estados Unidos, o sistema de encomendas em linha *one--click*, cuja patente pertence a Amazon.com: ver Lawrence Street/Mark Grant, *Law of the Internet*, 2002, § 12.08 [2].

184 *Problemática internacional da sociedade da informação*

resolver o conflito entre os direitos concorrentes sobre esse sinal quando a sua utilização seja feita através da Internet.

Na medida em que a tutela do direito à marca pressuponha o seu *uso sério* pelo respectivo titular (como sucede entre nós por força do disposto no art. 269.° do Código da Propriedade Industrial), cabe ainda averiguar qual o âmbito geográfico em que esse uso deve verificar-se, a fim de que possa ter-se como preenchido esse requisito: bastará para o efeito a colocação da marca num qualquer sítio da Internet, ou é ainda necessário que este último se dirija especificamente ao mercado do país onde a marca está registada?

Problemas análogos se colocam a respeito do uso de certas patentes.

Se, por exemplo, uma empresa norte-americana for titular de uma patente relativa a certo método de vendas *online* e este for utilizado sem o seu consentimento por um concorrente, que desse modo vende bens a consumidores residentes em Portugal, poderá ter-se por violada aqui a patente? Se sim, que direitos assistem ao seu titular?

A resposta a estes quesitos pressupõe a determinação das regras com base nas quais se há-de aferir, por um lado, a titularidade, o conteúdo e o âmbito da protecção conferida aos direitos privativos de propriedade industrial e, por outro, a sua violação.

A este problema acresce, como em outras matérias atrás examinadas, o de saber em que condições detêm os tribunais portugueses competência internacional para dirimir os litígios relativos à violação desses direitos através de uma rede de comunicações electrónicas.

É, por conseguinte, destes problemas que se curará em seguida no curso.

b) Direito aplicável. A competência da **lex loci protectionis.** – Na Propriedade Industrial debatem-se fundamentalmente duas ordens de interesses: os dos titulares dos direitos privativos e os da comunidade.

Os primeiros depõem no sentido da aplicação da *lei do país de origem do direito privativo*, pois essa é a forma de maximizar os efeitos desse direito.

Os segundos exigem a aplicação aos direitos de propriedade industrial da lei do país para cujo território se reclama a protecção do direito em causa: a *lex loci protectionis*. Por duas razões.

Uma, prende-se com o facto de a concessão de um exclusivo de utilização e exploração económica de certo bem incorpóreo envolver uma *restrição da concorrência*. Dado que esse exclusivo apenas é concedido pela ordem jurídica se e na medida em que tal se mostre conforme com o *bem comum – v.g.* porque essa é uma forma de *estimular a inventividade* ou de assegurar a *diferenciação dos bens e serviços* e por conseguinte o *correcto funcionamento do mercado –*, parece que, tal como sucede no Direito de Autor, cada Estado deve ter a prerrogativa de definir em que termos tal exclusivo se constitui, exerce e extingue no território sobre o qual detém poderes de soberania, assim como de determinar o seu conteúdo e objecto e as sanções aplicáveis às respectivas violações ocorridas nesse território.

A outra, é que se assim não fosse ficaria comprometido o *princípio de tipicidade* a que o Direito Industrial se encontra submetido. Como se sabe, só beneficiam da protecção estabelecida por este ramo do Direito os tipos de bens que se achem expressamente contemplados como tais na lei ou em outras fontes de Direito. Ora, a tipicidade dos bens protegidos em determinado país nos termos do Direito Industrial só pode ser assegurada mediante a aplicação da lei desse país à protecção nele reclamada para certo bem.

É justamente a competência da *lex loci protectionis* que encontramos consagrada em algumas das leis estrangeiras mais significativas em matéria de Direito Internacional Privado, anteriormente citadas[397].

No mesmo sentido dispõem vários actos de Direito Comunitário.

Assim, de acordo com o art. 98.º, n.º 2, do Regulamento (CE) n.º 40/94, do Conselho, de 20 de Dezembro de 1993, sobre a marca comunitária[398] (alterado pelo Regulamento (CE) n.º 3288/94, do Conselho, de 22 de Dezembro de 1994[399], e pelo Regulamento (CE) n.º 422/2004, do Conselho, de 19 de Fevereiro de 2004[400]), «o tribunal da marca comunitária aplicará a lei, incluindo o direito internacional privado, do Estado--membro em que tiverem sido cometidos os actos de contrafacção ou de ameaça de contrafacções».

Uma disposição paralela encontra-se consignada no Regulamento (CE) n.º 6/2002, do Conselho, de 12 de Dezembro de 2001, relativo aos desenhos e modelos comunitários[401], cujo art. 89.º, n.º 1, alínea *d)*, prevê

---

[397] Ver *supra*, n.º 8.1. Para mais elementos de Direito Comparado, consulte-se Marta Pertegás Sender, *Cross Border Enforcement of Patent Rights. An Analysis of the Interface Between Intellectual Property and Private International Law*, Oxford, 2002, pp. 235 ss.

[398] *In JOCE* n.º L 11, de 14 de Janeiro de 1994, pp. 1 ss.

[399] *In JOCE* n.º L 349, de 31 de Dezembro de 1994, pp. 83 ss.

[400] *In JOCE* n.º L 70, de 9 de Março de 2004, pp. 2 ss.

[401] *In JOCE* n.º L 3, de 5 de Janeiro de 2002, pp. 1 ss.

186 Problemática internacional da sociedade da informação

a aplicação nas acções de contrafacção de desenhos e modelos comunitários da «legislação interna do Estado-Membro em que foram cometidos os actos de contrafacção ou de ameaça de contrafacção, incluindo o seu direito internacional privado».

No art. 48.°, n.° 2, do Código Civil diz-se, porém, que «a propriedade industrial é regulada pela lei do país da sua criação».

Tomada à letra, esta regra levaria a que a protecção pedida em Portugal para uma patente concedida por um país estrangeiro ou para uma marca registada num país estrangeiro, alegadamente violada em território nacional, estaria sujeita à lei desse país; o que não faria sentido à luz de quanto acima dissemos.

Num país essencialmente importador de bens intelectuais, como o nosso, essa regra significaria provavelmente a sujeição a leis estrangeiras da maior parte dos casos relativos à propriedade industrial julgados pelos tribunais portugueses; o que se traduziria numa acentuação da dependência, já de si excessiva, em que Portugal se encontra nesta matéria perante outros países.

A referida regra deve, porém, considerar-se sujeita à condição de não haver disposição em contrário constante de convenção internacional vigente entre nós ou de lei especial.

Supomos que é esse o caso de certas regras constantes da Convenção de Paris para a Protecção da Propriedade Industrial, de 20 de Março de 1883[402], e do Acordo de Madrid Relativo ao Registo Internacional das Marcas, de 14 de Abril de 1891[403].

Com efeito, os arts. 4.°-*bis*, n.° 1, e 6.°, n.° 3, da Convenção de Paris consagram a *independência das patentes e marcas* requeridas nos países da União de Paris; e essa independência implica que a protecção conferida em cada Estado a um direito privativo seja definida pelo seu próprio Direito e não pelo Direito de outro Estado. Por outro lado, o art. 6.°-*quinquies*, B, da mesma Convenção permite a recusa ou a anulação do registo de uma marca de fábrica ou de comércio registada noutro Estado membro da Convenção com fundamento na lesão de direitos adquiridos

---

[402] Revista por diversas vezes, a última das quais através do Acto de Estocolmo de 14 de Julho de 1967, aprovado para ratificação pelo Decreto n.° 22/75, de 22 de Janeiro (publicado no 1.° suplemento ao *D.R.* dessa data).

[403] Revisto pelo Acto de Estocolmo de 14 de Julho de 1967, modificado em 2 de Outubro de 1979, o qual foi aprovado para ratificação pelo Decreto do Governo n.° 7/88, de 29 de Abril de 1988.

por terceiros no *país em que a protecção é requerida* ou na circunstância de as mesmas serem desprovidas de carácter distintivo nesse país.

Acresce que, nos termos do art. 5.°, n.° 1, do Acordo de Madrid, as administrações nacionais da propriedade industrial podem recusar protecção às marcas do registo internacional com os mesmos fundamentos que poderiam ser opostos, em consequência do disposto no art. 6.°, quinquies, B), a Convenção de Paris, a uma marca submetida ao registo nacional.

É certo que no Direito vigente a regra da aplicação da *lex loci protectionis* conhece alguns desvios a favor da aplicação da *lex originis*.

Assim, no tocante às marcas, a admissão a registo é decidida pela lei do país de origem segundo o art. 6.° *quinquies*, A), n.° 1, da Convenção de Paris, nos termos do qual: «Qualquer marca de fábrica ou de comércio regularmente registada no país de origem será admitida a registo e como tal protegida nos outros países da União [...]». É a cláusula dita *telle quelle*, por força da qual uma marca pode ser registada num Estado membro tal como está registada no Estado membro de origem: o registo num Estado membro não pode ser recusado apenas porque os sinais de que é composta não são admitidos como marca nesse Estado membro. Assim se confere certa eficácia internacional às marcas registadas nos Estados membros da Convenção.

Mas isso não prejudica que o *conteúdo da protecção* e o *âmbito* dela se rejam pela *lei do país de protecção*[404]. Além de que o registo pode ser recusado nos casos previstos no mencionado art. 6.° *quinquies*, B), no qual se faz apelo a esta mesma lei.

Também relativamente às *denominações de origem* decorre do art. 1.° do Acordo de Lisboa Relativo à Protecção das Denominações de Origem e ao Seu Registo Internacional, de 1958[405], que a sua protecção só se faz nos países da União *se a denominação tiver protecção no país de origem* e for registada na Secretaria Internacional. Mas, de igual modo, é a *lex loci protectionis* que definirá os meios de protecção destas denominações, segundo resulta do art. 8.° do mesmo Acordo[406].

A propósito da competência da *lex loci protectionis* em matéria de direitos privativos da propriedade industrial alude-se frequentemente a um *princípio de territorialidade*. Mas, tal como vimos suceder em matéria de Direito de Autor, essa ideia é algo equívoca.

---

[404] Cfr. Ferrer Correia, *Lições de Direito Comercial*, vol. I, Coimbra, 1973, p. 348.
[405] Aprovado, para ratificação, pelo D.L. n.° 46.852, de 2 de Fevereiro de 1966.

188 *Problemática internacional da sociedade da informação*

Na verdade, a competência da *lex loci protectionis* não impede que um direito privativo goze de protecção para além das fronteiras do Estado que o concede. É o que sucede, por exemplo, com a *marca notória* e a *marca de prestígio*, a que se referem, nomeadamente, os arts. 6.°-*bis* da Convenção de Paris e 241.° e 242.° do Código da Propriedade Industrial.

Por força destes preceitos, as marcas desse tipo gozam de tutela para além das fronteiras do Estado que originariamente lhes conferiu protecção. Neste sentido são dotadas de extraterritorialidade, posto que as condições e o conteúdo da protecção que lhes são conferidas em território nacional sejam definidas pela lei portuguesa.

c) Continuação. A lei reguladora da utilização da propriedade industrial na Internet. – No tocante às utilizações de bens da propriedade industrial através da Internet valem, na falta de disposições especiais, as regras gerais acima expostas.

Sendo assim, pergunta-se: onde deve ter-se por verificada a utilização de um sinal distintivo de comércio feito através da Internet? Em especial: poderá considerar-se que esse uso tem lugar em qualquer país onde exista acesso à rede?

A questão foi objecto da referida *Recomendação Conjunta* da União de Paris e da OMPI acerca da protecção de marcas e outros direitos de propriedade industrial sobre sinais na Internet[407].

À luz do que nela se dispõe, não basta a simples utilização de um sinal, num qualquer sítio da Internet, para que se possa ter esse sinal por utilizado em qualquer Estado membro da União onde haja acesso à rede; é ainda necessário que a utilização *produza um efeito comercial* nesse Estado[408].

A determinação da existência desse efeito comercial deve ser feita pela autoridade competente, segundo estabelece o art. 3 da mesma Recomendação, atendendo a todas as circunstâncias relevantes.

Entre estas hão-de tomar-se em conta as que indiquem se o utilizador do sinal exerce, ou planeia exercer, uma actividade comercial no Estado membro em causa tendo por objecto bens ou serviços idênticos ou seme-

---

[406] Cfr. Alberto Ribeiro de Almeida, *Denominação de origem e marca*, Coimbra, 1999, pp. 184 ss.

[407] Cfr. *supra*, n.° 5.4.

[408] Art. 2: «Use of a sign on the Internet shall constitute use in a Member State for the purposes of these provisions, only if the use has a commercial effect in that Member State [...]».

Parte II – Conteúdos a Leccionar 189

lhantes àqueles para que o sinal é utilizado na Internet; e bem assim o grau e a natureza da actividade comercial empreendida pelo utilizador no Estado membro e a conexão da oferta de bens ou serviços feita na Internet com o Estado membro.

d) Continuação. Determinação da ocorrência de uma violação de um direito privativo através da Internet e regime aplicável. – Apurado, *maxime* por apelo aos critérios acabados de enunciar, que certa utilização de um sinal distintivo através da Internet produz efeitos no território de determinado Estado, sendo por isso aplicável a lei nele vigente, importa ainda determinar se se pode ter por violado, à luz desta lei, um direito sobre esse sinal e, na hipótese afirmativa, quais as consequências dessa violação.

A questão reveste-se de particular melindre devido à possibilidade de o utilizador do sinal (e alegado infractor) ser titular de um direito sobre o mesmo de acordo com a lei de outro Estado.

Foi o que sucedeu no caso *Hotel Maritime*, julgado pelo *Hanseatisches Oberlandesgericht Hamburg* em 2 de Maio de 2002[409]. A autora explorava uma cadeia de hotéis na Alemanha e registara neste país, a seu favor, a marca «Maritim», destinada a assinalá-los. A ré possuía um hotel com a denominação «Maritime», sito em Copenhaga, que publicitava através de prospectos difundidos na Alemanha e de um sítio Internet com o endereço «www.hotel-Maritime.dk», através do qual aceitava também reservas de quartos; era ainda titular da marca «Hotel Maritime», registada a seu favor na Dinamarca. Na acção por si intentada, a autora alegou que a publicidade deste modo efectuada na Alemanha violava o seu direito à marca neste país; e reclamou, com esse fundamento, que a ré fosse condenada a abster-se de utilizar a referida marca na Alemanha, inclusive através do seu sítio Internet.

Em situações como a descrita ocorre, como refere García Vidal[410], uma alteração da «coexistência pacífica» entre os titulares de direitos sobre sinais iguais ou confundíveis possibilitada pelo princípio da territorialidade. «Porque – afirma aquele autor – quando um dos titulares decide utilizar o sinal na Internet a presença global deste meio faz com que possa

---

[409] A sentença proferida por esse tribunal encontra-se disponível em http://www.jurpc.de.

[410] Cfr. «A Recomendação Conjunta da União de Paris e da OMPI sobre a Protecção das Marcas e outros Direitos de Propriedade Industrial sobre Sinais na Internet», *SI*, 2003, pp. 317 ss. (p. 333).

190 *Problemática internacional da sociedade da informação*

haver interferência no âmbito territorial do outro sinal originando confusão no mercado».

Duas ordens fundamentais de soluções se oferecem para a questão assim colocada: uma consiste na atribuição de primazia a um dos direitos em conflito, restringindo, *v.g.*, àquele que primeiramente tivesse registado o sinal em questão a seu favor a possibilidade de fazer uso dele na Internet; a outra, em conciliar na medida do possível esses direitos.

A primeira corresponde, como veremos em seguida, ao sistema que vigora para os nomes de domínio. Ela é, porém, inservível para os sinais distintivos em apreço, sob pena de se conferir *eficácia universal* a um monopólio de âmbito originariamente territorial, sem que nenhum dos interesses que fundamentam a sua atribuição o justifique.

Afigura-se, por isso, preferível a segunda ordem de soluções acima apontada.

Por ela enveredou o *Oberlandesgericht* de Hamburgo, na decisão proferida sobre o referido caso *Maritime*. Depois de ter admitido a aplicabilidade na espécie do Direito alemão, com base no princípio da competência da *lex loci protectionis* em matéria de propriedade industrial, sustentou o tribunal ser insuficiente, a fim de que se dê como verificada uma violação do direito à marca na Alemanha, a sua utilização em sítios Internet acessíveis a partir de território alemão. Seria ainda necessária, para este efeito, a existência de uma *conexão suficiente* com o território nacional («hinreichender Inlandsbezug»), que não existiria no caso, visto que a ré apenas podia prestar os serviços hoteleiros por si oferecidos na Dinamarca.

Na mesma ordem de soluções se inscreve a que é preconizada na aludida *Recomendação Conjunta* da OMPI, que prevê para estes casos um procedimento de «notificação e retirada» (*notice and take down*) análogo ao que o Direito norte-americano consagra[411].

Nos termos do art. 9 daquele texto, o utilizador do sinal não será tido por responsável antes de ter sido notificado de que se encontra em infracção de um direito alheio, desde que se achem preenchidos três requisitos: *a)* ser esse sujeito titular de um direito segundo a lei de outro Estado; *b)* não ter a utilização do sinal sido por ele feita de má fé; e *c)* ter disponibilizado informação suficiente para que possa ser contactado.

Após a recepção dessa notificação, o utilizador tão-pouco será responsabilizado se tomar expeditamente medidas eficazes em ordem a evi-

---

[411] Ver adiante, n.º 20.2.

Parte II – Conteúdos a Leccionar 191

tar qualquer efeito comercial no Estado referido na notificação ou a evitar a infracção do direito nela referido (art. 10).

Entre as medidas aceites para este efeito inclui-se, nos termos do art. 12 da Recomendação, uma declaração (*disclaimer*) nos termos da qual o utilizador não tenciona fornecer bens ou serviços a pessoas situadas no Estado onde o direito em questão é protegido e efectivamente recuse esse fornecimento.

Cabe à *lex loci protectionis* definir as sanções aplicáveis às infracções em causa; estas devem, de acordo com o art. 13 da *Recomendação*, ser proporcionadas aos efeitos comerciais do uso do sinal distintivo no Estado membro em causa.

e) Tribunal competente. Soluções gizadas pela jurisprudência de países de Common Law. – Nos Estados Unidos, a questão do tribunal competente para julgar uma pretensão de tutela jurisdicional fundada na violação do direito à marca através da Internet pôs-se originariamente no caso *Maritz, Inc. v. Cybergold, Inc.*, julgado em 1996 pelo *United States District Court, Eastern District of Missouri*[412].

Aí se decidiu indeferir a excepção de incompetência dos tribunais do Missouri, deduzida pela ré, com fundamento em que esta havia transmitido informação via Internet para aquele Estado aproximadamente 131 vezes, tendo em vista promover os seus serviços; o que sugeriria, segundo o tribunal, que o réu estaria a prevalecer-se da faculdade de levar a cabo actividades no Missouri («defendant is purposefully availing itself to the privilege of conducting activities in Missouri»).

Posteriormente, a mesma questão foi examinada no caso *Zippo*[413], no qual o *United States District Court, W.D. Pennsylvania*, por decisão de 16 de Janeiro de 1997, se julgou competente para uma acção fundada em *trademark dilution* intentada pela titular da conhecida marca de isqueiros *Zippo*, estabelecida na Pensilvânia, contra a titular do sítio Internet com os nomes de domínio *Zippo.com*, *Zippo.net* e *Zippo.news.com*, que operava a partir da Califórnia.

Para tanto, distinguiu o tribunal três tipos de sítios Internet: *a)* aqueles através dos quais um não residente leva a cabo actividades comerciais

---

[412] Reproduzido em Symeon C. Symeonides/Wendy Collins Perdue/Arthur T. Von Mehren, *Conflict of Laws: American, Comparative International. Cases and Materials*, St. Paul, Minn., West, 1998, pp. 897 ss.

[413] Cfr. *Zippo Manufacturing Company v. Zippo Dot Com, Inc.*, 952 F. Supp. 1119.

192 *Problemática internacional da sociedade da informação*

através da Internet («does business over the Internet») com residentes no Estado do foro; *b)* os que apenas contêm informação, acessível também a utilizadores situados em distintas jurisdições (*sítios passivos*); e *c)* os sítios ditos *interactivos*, em que o utilizador pode trocar informação com o computador no qual o sítio se acha alojado.

Relativamente aos primeiros, nenhuma dúvida haveria quanto à susceptibilidade de os tribunais do Estado do foro exercerem sobre o seu titular a *personal jurisdiction*; já quanto aos segundos, tal não seria possível, por faltar a conexão exigível com o Estado do foro nos termos da doutrina dos «minimum contacts», há muito firmada na jurisprudência norte-americana; pelo que respeita aos terceiros, sustentou o tribunal a necessidade de uma apreciação casuística, na base do critério conforme o qual «the exercise of jurisdiction is determined by examining the level of interactivity and commercial nature of the exchange of information that occurs on the Web site».

Tal o teor do denominado *Zippo test*, desde então seguido por vários tribunais dos Estados Unidos (posto que com aperfeiçoamentos[414]) na apreciação desta matéria.

Na mesma ordem fundamental de ideias, o *High Court* inglês julgou--se incompetente para apreciar o mérito da causa no caso *Euromarket Designs Inc. v. Peters*, decidido em 25 de Julho de 2000[415], com fundamento em que a ré, titular de um estabelecimento comercial em Dublin com o nome «Crate & Barrel» e de um sítio Internet que o publicitava, não exercia qualquer actividade comercial no Reino Unido, onde a autora, apesar de titular de marca homónima registada neste país, tão-pouco tinha qualquer actividade. A simples susceptibilidade de visualização daquele sítio da Internet no Reino não seria, por si só, suficiente para justificar a competência dos tribunais locais.

f) Continuação. Direito vigente em Portugal. – Na Comunidade Europeia, as acções referentes à inscrição ou validade de patentes, marcas, desenhos, modelos e direitos análogos sujeitos a depósito ou a registo, devem obrigatoriamente ser propostas, nos termos do art. 22.°, n.° 4, do Regulamento (CE) n.° 44/2001, perante os tribunais do Estado-Membro onde o registo tiver sido requerido, efectuado ou considerado efectuado.

---

[414] Cfr. *infra*, n.° 9.5.

[415] Disponível em http://www.bailii.org.

Parte II – Conteúdos a Leccionar

Mas este preceito não vale para a determinação da competência judiciária quanto às acções fundadas na infracção de direitos privativos da propriedade industrial: ele apenas abrange os litígios referentes à inscrição ou validade desses direitos.

No tocante àquelas acções vigora o disposto nos arts. 2.º, n.º 1, 5.º, n.º 3, 23.º e 24.º do Regulamento (CE) n.º 44/2001, por força dos quais em matéria de responsabilidade civil extracontratual são competentes, alternativamente, os tribunais do Estado-Membro do domicílio do réu, do lugar onde ocorreu ou poderá ocorrer o facto danoso ou que expressa ou tacitamente forem escolhidos pelas partes; soluções que correspondem, no essencial, às que as Convenções de Bruxelas e Lugano já consagravam e que, embora com algumas restrições, o Código de Processo Civil português também acolhe nos arts. 65.º, n.º 1, 74.º, n.º 2, e 99.º.

Suscita-se, a propósito do *forum delicti commissi*, a questão de saber onde deve ter-se por cometido o facto ilícito consistente no uso não autorizado de uma marca ou outro sinal distintivo de comércio através de uma rede de comunicações electrónicas. É questão que será examinada *ex professo* noutro lugar do curso, quando nos ocuparmos do problema do tribunal competente em matéria de responsabilidade extracontratual emergente de ilícitos cometidos através de tais redes; para aí se remete, pois[416].

8.4. Direitos sobre nomes de domínio. a) Tipos e funções dos nomes de domínio. – Como se sabe, o funcionamento da Internet depende em larga medida dos chamados *nomes de domínio*, ou nomes de «sítios».

Estes podem ser de diferentes tipos ou «níveis»: existem nomes de *último nível*, ou de *topo*, que designam um país (ou território)[417] ou o sector de actividade[418] em que o seu titular opera; de *segundo nível*, os quais identificam esse titular, um bem ou um serviço por ele comercializado, uma obra intelectual de que é autor, etc.[419]; e de *nível inferior*, ou *subdomínios*, os quais designam, por exemplo, uma unidade do titular do nome de segundo nível[420].

---

[416] Ver *infra*, n.º 12.2.

[417] Dizendo-se então nomes de domínio geográficos. Por exemplo: «.pt», «.es», «.fr», «.de».

[418] Nomes de domínio genéricos: «.com», «.gov», «.edu», «.org», etc.

[419] Por exemplo: «.ul».

[420] Por exemplo: «.fd».

Entre as funções dos nomes de domínio avulta a que consiste em possibilitar a *localização* da informação disponível em rede; mas elas não se resumem a isso, pois tais nomes são hoje também, em muitos casos, importantes *sinais distintivos de actividades económicas.*

Sucede que cada nome de domínio de segundo nível apenas pode ser atribuído uma vez sob o mesmo domínio de topo, pois apenas desse modo pode desempenhar a sua função identificadora de um sítio da Internet. Os nomes de domínio são, por isso, um *bem escasso.*

Dadas as inúmeras utilizações comerciais de que a Internet é hoje passível e a vastidão do universo dos seus utilizadores, os nomes de domínio são, além disso, *bens dotados de valor económico.*

Daí que os nomes de domínio sejam objecto de uma *procura crescente*: em 2002 o número de nomes de domínio registados ascendia a mais de trinta milhões. Destes, cerca de vinte um milhões foram registados sob o domínio de topo «.com»[421]; e vinte e cinco mil sob o domínio «.pt»[422].

A não ser que sejam periodicamente criados novos domínios de topo, o número de nomes de domínio disponíveis tenderá, por isso, a *reduzir-se drasticamente.* Compreende-se, a esta luz, o surgimento nos últimos anos de um elevado número de litígios relacionados com o registo e a utilização indevida de nomes de domínio.

Acresce que os nomes de domínio entram frequentemente em conflito com outros sinais distintivos protegidos através de direitos intelectuais. É este, aliás, um dos problemas centrais que o fenómeno em apreço suscita, também ele com uma importante vertente internacional, que cumpre examinar neste curso.

b) Meios de tutela dos nomes de domínio. – O direito ao nome de domínio é adquirido através de um contrato celebrado com a entidade de registo. Esse direito configura-se, assim, como um direito de crédito susceptível de ser exercido, em primeira linha, contra aquela entidade. O incumprimento por esta das obrigações para si decorrentes do contrato importa, por isso, a responsabilidade pelos danos sofridos pelo titular do domínio.

Agora pergunta-se: será possível, não obstante a fonte contratual do direito ao nome de domínio, tutelá-lo delitualmente perante terceiros?

---

[421] Cfr. http://www.domainstats.com/main.html.
[422] Cfr. http://www.DNS.pt/Estatísticas.

Parte II – Conteúdos a Leccionar

A questão entronca na problemática da tutela aquiliana dos direitos de crédito. Se e na medida em que se admita esta última – o que está longe de ser consensual nas diversas ordens jurídicas nacionais[423] –, haverá que reconhecer que o titular do nome de domínio deve ser indemnizado, ao abrigo das regras sobre a responsabilidade extracontratual, pelos danos que lhes causem os terceiros que perturbem o exercício dos seus direitos perante a entidade que procedeu ao respectivo registo.

E poderá o titular de um nome de domínio regularmente registado opor-se à sua utilização por um terceiro, sem o seu consentimento, como marca ou outro sinal distintivo?

Assim o entendeu o *Tribunal de Grande Instance du Mans*, numa decisão proferida em 29 de Junho de 1999[424], que declarou nulo o registo de certa marca, por esta coincidir com um nome de domínio anteriormente registado e utilizado por um terceiro.

Outro foi o ponto de vista recentemente perfilhado entre nós pelo Supremo Tribunal de Justiça, para o qual «o "registo" de um nome de domínio na Internet ("record created") não confere qualquer direito de exclusivo, ou de prioridade, em Portugal»[425].

Tal não prejudica, no entanto, que, se a utilização de uma marca nas referidas circunstâncias for susceptível de induzir o consumidor em erro ou confusão, seja idêntica à do Direito francês a solução a que se chega perante o nosso Direito, atento o que dispõe o art. 266.º do Código da Propriedade Industrial, nos termos do qual o registo da marca é anulável quando se reconheça que o titular desse registo pretende fazer *concorrência desleal*, ou que esta é possível independentemente da sua intenção.

Por outro lado, nada obsta a que um nome de domínio seja qualificado como *título de uma obra* – concretamente, o sítio Internet por ele identificado[426]. O nome de domínio gozará, assim, de protecção nos termos previstos no art. 4.º do Código do Direito de Autor e dos Direitos Conexos, ou seja, desde que tenha carácter original e não possa confundir-

---

[423] Ver, por último, Eduardo Santos Júnior, *Da responsabilidade civil de terceiro por lesão de direito de crédito*, Coimbra, 2003, especialmente pp. 269 ss., e a demais bibliografia aí citada.

[424] Disponível em http://www.juriscom.net/txt/jurisfr/ndm/tgimans19990629.htm.

[425] Cfr. o acórdão de 21 de Janeiro de 2003, *CJSTJ*, 2003, t. I, pp. 34 ss.

[426] No mesmo sentido se pronuncia, perante o Direito francês, Xavier Linant de Bellefonds, *Droits d'auteur et droits voisins*, Paris, 2002, p. 101.

-se com o título de qualquer outra obra do mesmo género e de outro autor anteriormente divulgada ou publicada.

São, pois, muito variados os meios de tutela de que podem beneficiar os nomes de domínio. É matéria que não podemos desenvolver aqui. Para os efeitos deste relatório, apenas importa salientar ser inequívoco, à luz do exposto, que as diferenças que separam as ordens jurídicas locais quanto ao regime da responsabilidade extracontratual, da concorrência desleal, da propriedade industrial e do direito de autor se repercutem necessariamente na protecção de que os nomes de domínio beneficiam perante essas ordens jurídicas. Razão pela qual também a este propósito se coloca relevantemente a questão do Direito aplicável.

c) Violação de direitos sobre outros bens incorpóreos mediante o registo e a utilização de nomes de domínio. – Dado que geralmente as entidades de registo dos nomes de domínio não averiguam, antes de os atribuírem, se os mesmos são utilizados para outros fins – por exemplo, como marcas ou nomes de estabelecimentos –, conferindo-os em muitos casos àquele que primeiro apresentar o correspondente pedido, na base do *princípio da prioridade temporal* (*first come, first served*), são hoje muito frequentes as situações de conflito entre os nomes de domínio e os direitos privativos da propriedade industrial, em especial as marcas, relativamente às quais vigora, como se sabe, o *princípio da especialidade*[427].

Embora mais raramente, esses conflitos suscitam-se também com direitos autorais e com o direito ao nome.

Levanta-se nessas situações a questão de saber se aos titulares destes direitos é dado impedir o uso por terceiros de nomes de domínio com eles conflituantes; e bem assim quais as sanções aplicáveis àqueles que registarem em seu benefício tais nomes de domínio.

---

[427] Alguns desses conflitos envolveram empresas sedeadas em Portugal. Assim, por exemplo, em 1999 o nome de domínio «Lusomundo.com» foi registado por uma entidade estabelecida em Espanha, que em seguida exigiu o pagamento de determinada quantia pela cessão à Lusomundo, S.A., dos direitos sobre esse nome; e em 2000 a Portugal Telecom foi confrontada com análoga pretensão, formulada por um terceiro, que havia registado os nomes de domínio «Portugal-Telecom.com», «Portugal-Telecom.net» e «Portugal-Telecom.org». Vejam-se as decisões proferidas sobre nesses casos, no âmbito do Centro de Mediação e Arbitragem da Organização Mundial da Propriedade Intelectual, respectivamente a 2 de Agosto de 2000 e a 7 de Fevereiro de 2001, disponíveis em http://arbiter.wipo.int/domains/decisions/html.

Nos Estados Unidos, algumas dessas situações estão hoje reguladas no *Anticybersquatting Consumer Protection Act*, de 1999. Aí se impõe um dever de indemnizar a quem, de má fé e com a intenção de obter um benefício, registar um nome de domínio idêntico ou susceptível de causar confusão com uma marca[428].

Por seu turno, a já referida recomendação da União de Paris e da OMPI sobre a protecção de marcas notórias[429], adoptada em 1999, prevê o cancelamento do registo ou a transferência da titularidade de um nome de domínio conflituante com uma marca notória para o titular desta. Neste sentido, dispõe o seu artigo 6:

> «(1) [*Conflicting Domain Names*] A domain name shall be deemed to be in conflict with a well-known mark at least where that domain name, or an essential part thereof, constitutes a reproduction, an imitation, a translation, or a transliteration of the well-known mark, and the domain name hás been registered or used in bad faith.
>
> (2) [*Cancellation; Transfer*] The owner of a well-known mark shall be entitled to request, by a decision of the competent authority, that the registrant of the conflicting domain name cancel the registration, or transfer it to the owner of the well-known mark.»

Mais recentemente, o Regulamento (CE) n.º 874/2004, de 28 de Abril de 2004, previu no art. 21.º que um nome de domínio registado sob «.eu» será objecto de anulação, na sequência de um procedimento extrajudicial ou judicial adequado, se for idêntico ou susceptível de ser confundido com um nome sobre o qual a legislação nacional ou comunitária reconheça direitos e se esse nome de domínio tiver sido registado por quem

---

[428] Diz, com efeito, a secção 43 (d) (1) do *Trademark Act*, na redacção dada pelo *Anticybersquatting Act*: «A person shall be liable in a civil action by the owner of a mark, including a personal name which is protected as a mark under this section, if, without regard to the goods or services of the parties, that person- (i) has a bad faith intent to profit from that mark, including a personal name which is protected as a mark under this section; and (ii) registers, traffics in, or uses a domain name that- (I) in the case of a mark that is distinctive at the time of registration of the domain name, is identical or confusingly similar to that mark; (II) in the case of a famous mark that is famous at the time of registration of the domain name, is identical or confusingly similar to or dilutive of that mark [...]».

[429] Cfr. União de Paris Para a Protecção da Propriedade Industrial e Organização Mundial da Propriedade Intelectual, *Joint Recommendation Concerning Provisions on the Protection of Well-Known Marks*, Genebra, 2000 (disponível em http://www.wipo.int).

198 *Problemática internacional da sociedade da informação*

não tenha sobre estoutro nome direito ou interesse legítimo ou se tiver sido registado ou estiver a ser utilizado de má fé.

Não existem no Direito português regras equivalentes; mas o registo da marca confere ao seu titular, nos termos do art. 258.° do Código da Propriedade Industrial, o direito de impedir que terceiros, sem o seu consentimento, usem na sua actividade económica «qualquer sinal igual, ou semelhante, em produtos ou serviços idênticos ou afins daqueles para os quais a marca foi registada, e que, em consequência da semelhança entre os sinais e da afinidade dos produtos ou serviços, possa causar um risco de confusão, ou associação, no espírito do consumidor». Ora, o sinal em questão neste preceito pode, se bem cuidamos, ser um nome de domínio. Desde que haja identidade ou semelhança entre os produtos ou serviços distinguidos pela marca e os que são comercializados através de um sítio Internet identificado por um nome de domínio igual ou semelhante à marca, o titular daquela pode, assim, opor-se à utilização deste[430].

Mas ainda que o nome de domínio seja aplicado à comercialização de produtos ou serviços diversos daqueles que a marca visa distinguir, pode a nosso ver o aproveitamento da notoriedade obtida por um produto ou serviço de um concorrente, mediante o uso de um nome de domínio que crie risco de confusão com uma marca de que esse concorrente é titular, ou que contenha uma referência não autorizada a uma marca alheia, ser sancionado nos termos da cláusula geral da concorrência desleal, consagrada no art. 317.° do mesmo Código[431].

---

[430] Orientação idêntica é perfilhada, à luz do Direito espanhol, por Ángel García Vidal, «La tutela de los signos distintivos frente a los nombres de dominio (un análisis de las resoluciones judiciales españolas), *in* José Antonio Gómez Segade (director), *Comercio electrónico en Internet*, Madrid/Barcelona, 2001, pp. 117 ss. (pp. 128 ss.). Segundo informam Rodrigo Bercovitz Rodríguez-Cano e outros, *Manual de Propiedad Intelectual*, Valencia, 2001, p. 300, o art. 34.3.e) do Projecto de Lei de Marcas espanhol concede ao titular de uma marca o direito de proibir o uso do sinal como nome de domínio, sempre que concorram os requisitos do apartado 2 desse preceito. Vejam-se ainda, quanto ao Direito italiano, Tommaso Tosi, «La tutela della proprietà industriale», *in* Emilio Tosi (organizador), *I Problemi Giuridici di Internet*, 2.ª ed, Milão, 2001, pp. 219 ss. (pp. 231 ss.), e relativamente ao Direito alemão, Thomas Hoeren, *Grundzüge des Internetrechts*, 2.ª ed., 2002, pp. 33 e ss. Na jurisprudência norte-americana, pode ver-se uma importante decisão que reconhece a lesão do direito à marca, apesar de não existir identidade ou semelhança entre os produtos distinguidos pela marca e pelo nome de domínio, em *Panavision International vs. Toeppen*, disponível em http://laws.lp.findlaw.com/9th/9755467.html.

[431] Vejam-se em sentido próximo, perante a lei alemã, Torsten Bettinger, «Trademark Law in Cyberspace – The Battle for Domain Names», *IIC – International Review of*

Por seu turno, os autores de obras literárias, científicas e artísticas têm o direito exclusivo de fruir e utilizar as suas obras, no todo ou em parte, «por qualquer dos modos actualmente conhecidos ou que de futuro o venham a ser» (art. 68.°, n.° 1, do Código do Direito de Autor e dos Direitos Conexos), sendo a protecção da obra extensiva ao título, nas condições referidas no art. 4.° do mesmo Código. A utilização não autorizada do título de uma obra literária como nome de domínio constituirá, pois, um ilícito no Direito de Autor português.

Por outro lado, tanto o nome literário, artístico ou científico como o nome de personagem célebre da história das letras, das artes ou das ciências são entre nós protegidos nos termos do art. 29.°, n.° 1, daquele Código. Assim, os autores podem reagir com fundamento neste preceito à utilização dos seus nomes ou dos nomes dos respectivos personagens como nomes de domínio.

Visto que ocorre nestas situações a violação de uma norma legal destinada a proteger interesses alheios ou de direitos de outrem, fica o infractor sujeito à obrigação de indemnizar cominada no art. 483.°, n.° 1, do Código Civil.

Finalmente, nos termos do art. 72.°, n.° 1, do Código Civil, toda a pessoa tem o direito a opor-se a que outrem use ilicitamente o seu nome para sua identificação ou outros fins – incluindo, pensamos, como nome de um sítio da Internet.

Em suma, a utilização de nomes de domínio pode importar a violação de direitos de exclusivo sobre outros bens imateriais, sendo sancionada, na falta de disposições especiais, nos termos das regras que disciplinam estes últimos.

Na medida em que essas regras divirjam entre si nas diferentes ordens jurídicas locais, diversa será também a protecção por elas outorgada contra o uso abusivo de nomes de domínio.

d) Problemática internacional. – Suponhamos agora que é intentada perante tribunais portugueses, por uma empresa com sede em Portugal, uma acção contra uma empresa sedeada em Espanha, que registou e utiliza como nome de domínio na sua página da Internet, por hipótese alojada

---

Industrial Property and Copyright Law, 1997, pp. 508 ss. (p. 525); frente ao Direito italiano, Tosi, est. cit. pp. 251 ss.; e em face da lei espanhola, Javier Maestre, *El derecho al nombre de dominio*, 2001, p. 87.

200 Problemática internacional da sociedade da informação

num servidor situado em França, uma marca de que a primeira é titular, a qual é protegida em território nacional. A autora pede a indemnização dos danos que sofreu em consequência desse facto.

Pergunta-se: têm os tribunais portugueses competência internacional para julgar esta acção? Se sim, perante que regras de Direito hão-de aferir a procedência da pretensão deduzida pela autora?

São problemas deste género que os nomes de domínio suscitam sempre que a sua utilização é feita em situações internacionais[432].

Tais problemas não são, na ordem jurídica interna, objecto de quaisquer normas especiais. E as próprias regras da ICANN são quanto a este ponto extremamente vagas, limitando-se a dispôr que os «órgãos administrativos» nelas previstos decidirão as reclamações que lhes forem submetidas «na base das declarações e documentos que lhe tenham sido presentes e de acordo com a Política, estas Regras e quaisquer regras e princípios de Direito que considere aplicáveis»[433].

Ora, a disciplina dos nomes de domínio é, como vimos, indissociável do regime jurídico da propriedade industrial, da concorrência desleal, do direito de autor, do direito ao nome e dos direitos de crédito.

De um modo geral, as regras que comandam a determinação do tribunal competente e do Direito aplicável a estas matérias hão-de, por isso, valer também para os litígios atinentes aos nomes de domínio.

Com dois desvios, porém.

É hoje, como se sabe, muito acentuada a tendência para o recurso nesta matéria a instâncias extrajudiciais de composição de litígios, de que nos ocuparemos noutro lugar deste curso[434]. Na medida em que tais instâncias se encontrem sujeitas a regras de conflitos especiais, poderão os conflitos entre os nomes de domínio e outros bens incorpóreos ser por elas resolvidos de modo diverso do que o fariam os tribunais judiciais.

Por outro lado, no tocante aos acordos de escolha do foro competente e da lei aplicável constantes de contratos relativos ao registo de nomes de

---

[432] Ver sobre o tema o nosso estudo «Problemática internacional dos nomes de domínio», *in* AAVV, *Direito da Sociedade da Informação*, volume IV, Coimbra, 2003, pp. 213 ss. (reproduzido em *Direito Internacional Privado. Ensaios*, vol. I, Coimbra, 2002, pp. 167 ss.), e a demais bibiliografia aí citada.

[433] Parágrafo 15: «A panel shall decide a complaint on the basis of the statements and documents submitted and in accordance with the Policy, these Rules and any rules and principles of law that it deems applicable».

[434] Cfr. *infra*, n.° 20.

Parte II – Conteúdos a Leccionar   201

domínio terminados em «.eu» vigoram restrições especiais à autonomia privada, constantes do Regulamento (CE) n.º 874/2004, cujo art. 5.º dispõe que tais acordos «não podem designar nenhum outro direito que não seja o de um dos Estados-Membros, designar um organismo de resolução de litígios diferente do determinado pelo registo nos termos do artigo 23.º, nem designar um tribunal arbitral ou um tribunal estabelecido fora da Comunidade».

9. Comércio electrónico

9.1. Noção e modalidades. – Há mais de três décadas que se concluem e executam regularmente transacções comerciais com recurso ao denominado intercâmbio electrónico de dados (*electronic data interchange* ou EDI[435]). O impulso decisivo para esta forma de actividade comercial foi, porém, dado pelo advento das redes abertas de comunicações electrónicas, em especial a Internet. Concebida com fins militares e de investigação científica, esta tornou-se nos últimos anos, em virtude do elevado número de utilizadores que atraiu[436], num meio de acesso a um mercado de âmbito mundial[437]. Vulgarizou-se, assim, o chamado comércio electrónico.

Deste último não existe ainda uma noção sedimentada. Em sentido restrito, tem sido definido como a contratação realizada através da Internet[438]. Numa acepção mais ampla, dir-se-á que é a actividade comercial levada a cabo por meios electrónicos (*doing business electronically*) atra-

---

[435] Sobre este, vejam-se: Paula Costa e Silva, «Transferência electrónica de dados: a formação dos contratos (O novo regime jurídico dos documentos electrónicos)», *in* AAVV, *Direito da Sociedade da Informação,* vol. I, Coimbra, 1999, pp. 201 ss.; Francisco Carneiro Pacheco Andrade, «A celebração de contratos por EDI – Intercâmbio Electrónico de Dados», *in* AAVV, *Estudos em comemoração do décimo aniversário da Licenciatura em Direito da Universidade do Minho*, Coimbra, 2004, pp. 297 ss.

[436] Superior a seiscentos milhões em 2003, segundo uma estimativa do serviço de estatística federal alemão. Cfr. http://www.destatis.de/presse/deutsch/pm2003/p0510024.htm.

[437] As projecções disponíveis apontam para que o valor das transacções comerciais realizadas na Internet atinja em 2004 os seis mil milhões de dólares dos Estados Unidos. Cfr. Organização Mundial da Propriedade Intelectual, *Intellectual Property On the Internet: A Survey of Issues*, 2002, p. 13.

[438] Cfr., nesta linha de orientação, José António Gomes Segade, *Comercio electrónico en Internet*, Madrid/Barcelona, 2001, p. 27.

vés de qualquer rede de telecomunicações, aberta ou fechada[439]. Num sentido mais lato ainda, incluir-se-ão nele todos os actos jurídicos concluídos ou executados com recurso ao processamento e à transmissão de dados por meios electrónicos – independentemente, portanto, de terem ou não índole comercial[440].

Nesta última acepção, o comércio electrónico pode assumir, em razão dos sujeitos que nele participam, diferentes modalidades. Nele se incluem, desde logo, os actos praticados por meios electrónicos entre profissionais (comércio electrónico dito *business to business*) e entre profissionais e consumidores (comércio electrónico *business to consumer*). Mas no comércio electrónico *lato sensu* cabem também actos jurídicos concluídos ou executados por meios electrónicos entre consumidores (comércio electrónico *consumer to consumer*) e entre empregadores e trabalhadores (comércio electrónico *employer to employee*)[441].

Em razão do objecto, distingue-se o comércio electrónico *directo*, no qual se inclui «a encomenda, pagamento e entrega directa (em linha) de bens incorpóreos e serviços, como *software*, conteúdo recreativo ou serviços de informação à escala mundial»[442], do comércio electrónico *indirecto*, que consiste na «encomenda electrónica de bens corpóreos, que continuam a ter de ser entregues fisicamente utilizando os canais tradicionais, como os serviços postais ou os serviços privados de correio expresso»[443].

---

[439] Veja-se em sentido próximo a comunicação da Comissão Europeia intitulada *Uma iniciativa europeia para o comércio electrónico*, documento COM (97) 157 final, Bruxelas, 16 de Abril de 1997, p. 7; e ainda: Eric A. Capriolli/Renaud Sorieul, «Le commerce international électronique: vers l'émergence de règles juridiques transnationales», *Clunet*, 1997, pp. 323 ss. (p. 326); Katherine Kessedjian (relatora), *Commerce électronique et compétence juridictionelle internationale*, Haia, 2000, p. 18; Chris Reed/Gavin Sutter, «E-Commerce», *in* Chris Reed/John Angel (orgs.), *Computer Law*, 5.ª ed., Oxford, 2003, pp. 331 ss. (p. 332).

[440] Cfr. o nosso «Comércio electrónico e responsabilidade empresarial», *in Direito Internacional Privado. Ensaios*, vol. I, Coimbra, 2002, pp. 193 ss. (p. 193). No sentido de que nem todo o *e-commerce* é comercial pronuncia-se também António Menezes Cordeiro, *Manual de Direito Comercial*, I volume, Coimbra, 2001, p. 434.

[441] Ver Bradford L. Smith, «The Third Industrial Revolution: Law and Policy for the Internet», *in Rec. Cours*, t. 282 (2000), pp. 229 ss. (pp. 261 ss.).

[442] Cfr. o documento da Comissão Europeia COM (97) 157 final, cit. *supra*, p. 8.

[443] *Idem, ibidem.*

Parte II – Conteúdos a Leccionar   203

9.2. *Harmonização de legislações e mercado interno. a) A Directiva Sobre o Comércio Electrónico*. – Embora o comércio electrónico nunca se tenha processado, mesmo na falta de leis especiais, independentemente de qualquer base normativa, são muitos os países que nos últimos anos têm adaptado ou modernizado as suas leis, nomeadamente em matéria de forma e prova dos contratos, de segurança na contratação, de protecção de dados pessoais, de responsabilidade dos prestadores de serviços de telecomunicações, de protecção do consumidor, etc., em ordem a disciplinar especificamente os problemas suscitados pelo comércio electrónico. O que se justificará, além do mais, pela necessidade de assegurar a certeza do Direito aplicável, condição necessária da confiança dos agentes económicos neste novo modo de actuação no mercado.

Assim procedeu também a Comunidade Europeia, nomeadamente através da Directiva 2000/31/CE, sobre o comércio electrónico, de 17 de Julho de 2000. Esta propõe-se, nos termos do seu considerando 7, estabelecer «um quadro legal claro, que abranja certos aspectos legais do comércio electrónico no mercado interno», por forma a «garantir a segurança jurídica e a confiança do consumidor», bem como, de acordo com o considerando 8, «criar um enquadramento legal destinado a assegurar a livre circulação dos serviços da sociedade da informação entre os Estados--Membros».

A Directiva centra a regulamentação que institui no conceito de *serviços da sociedade da informação*, o qual é definido pela Directiva 98/48/CE do Parlamento Europeu e do Conselho, de 20 de Julho de 1998 (que altera a Directiva 98/34/CE relativa a um procedimento de informação no domínio das normas e regulamentações técnicas)[444] como «qualquer serviço prestado normalmente mediante remuneração, à distância, por via electrónica e mediante pedido individual de um destinatário de serviços»[445].

Comércio electrónico é, pois, na acepção da Directiva, a *actividade de prestação de serviços da sociedade da informação*. Dado que esta actividade não tem de ter natureza comercial em sentido restrito, ela corresponde a uma noção ampla de comércio electrónico. Nem todas as realida-

---

[444] Publicada no *JOCE* n.º L 217, de 5 de Agosto de 1998, pp. 18 ss.

[445] Observe-se que o termo «serviço» não deve aqui ser entendido em sentido técnico, porquanto nos serviços da sociedade da informação de que trata a Directiva 2000/31/CE se compreende a venda de mercadorias em linha: cfr., neste sentido, o considerando 18 da Directiva.

204   *Problemática internacional da sociedade da informação*

des a este reconduzíveis são, no entanto, objecto da Directiva, pois esta não abrange o *comércio electrónico indirecto*, que referimos acima.

São exemplos daqueles serviços o fornecimento de acesso a redes electrónicas de comunicações, a transmissão de dados através dessas redes, a armazenagem de informações em servidor, o fornecimento em linha, bem como a sua manutenção e actualização pela mesma via, de programas informáticos, livros, música, filmes ou jogos digitalizados, a prestação pela mesma via de serviços profissionais e a concessão de acesso a bases de dados informáticas.

Disciplinam-se na Directiva, nomeadamente, o exercício da actividade de prestador de serviços da sociedade da informação (objecto dos arts. 4.º e 5.º), as comunicações comerciais que constituam ou sejam parte de um serviço da sociedade da informação (tratadas nos arts. 6.º e 7.º), os contratos celebrados por meios electrónicos (de que se ocupam os arts. 9.º a 11.º) e a responsabilidade dos prestadores intermediários de serviços da sociedade da informação (a que dizem respeito os arts. 12.º a 15.º).

As mesmas matérias foram entretanto reguladas pelo D.L. n.º 7/2004, de 7 de Janeiro, que transpõe a Directiva para a ordem jurídica nacional.

No art. 3.º, n.º 1, deste diploma define-se o conceito de *serviço da sociedade da informação* por apelo a quatro elementos: *a)* a prestação do serviço à distância; *b)* por via electrónica; *c)* mediante remuneração ou pelo menos no âmbito de uma actividade económica; e *d)* na sequência de pedido individual do destinatário.

Também a regulamentação nacional do comércio electrónico se aplica, pois, a um vasto conjunto de situações, que transcendem a actividade estritamente comercial, mas deixam de parte a prestação *offline* de produtos ou serviços encomendados por via electrónica[446].

b) Limites da harmonização de legislações empreendida pela Directiva. – Sucede, porém, que a Directiva apenas vincula os Estados--Membros da Comunidade; e que, apesar da harmonização das legislações destes Estados por ela induzida, não é ainda uniforme o regime dos contratos celebrados por meios electrónicos nem o da responsabilidade dos fornecedores de bens e serviços em linha consagrado nas leis nacionais de transposição da Directiva. Senão vejamos.

---

[446] Ver, sobre o ponto, José de Oliveira Ascensão, *in* AAVV, *O comércio electrónico em Portugal – o quadro legal e o negócio*, s/l, 2004, p. 112.

Tanto a Directiva como as leis nacionais de transposição disciplinam o processo de formação do contrato concluído por meios electrónicos. Mas fazem-no em termos que divergem substancialmente nalguns pontos capitais.

Assim, perante a lei portuguesa, «a oferta de produtos ou serviços em linha representa uma proposta contratual quando contiver todos os elementos necessários para que o contrato fique concluído com a simples aceitação do destinatário» (art. 32.°, n.° 1, do D.L. n.° 7/2004), sendo que para a determinação do momento da conclusão do contrato «o mero aviso de recepção da ordem de encomenda não tem significado» (*ibidem*, n.° 2). Outras leis, ao invés, estabelecem que o contrato se considera concluído quando o destinatário do serviço houver recebido, por via electrónica, da parte do prestador do serviço, o aviso de recepção da aceitação do destinatário do serviço: é o caso da lei luxemburguesa de 14 de Agosto de 2000, relativa ao comércio electrónico (art. 52, n.° 1) [447].

Por outro lado, de acordo com a nossa lei, a encomenda feita *on line* apenas se tornará definitiva, regra geral, com a sua confirmação pelo destinatário do serviço, dada na sequência do aviso de recepção enviado pelo prestador de serviços (art. 29.°, n.° 5)[448]. E à mesma solução fundamental conduz o disposto no art. 1369-2 do Código Civil francês, na redacção dada pelo art. 25 da Lei n.° 2004-575, de 21 de Junho de 2004 (*Loi pour la confiance dans l'économie numérique*)[449].

Diferentemente, a lei espanhola n.° 34/2002, de 11 de Julho de 2002, *de Servicios de la Sociedad de la Información y Comercio Electronico*, exige apenas, no seu art. 28, n.° 1, uma confirmação da aceitação por parte

---

[447] Publicada no *Memorial – Journal Officiel du Grand-Duché de Luxembourg*, de 8 de Setembro de 2000, pp. 2176 ss.

[448] Trata-se da solução que constava do art. 11.°, n.° 1, alínea *a)*, da *Proposta de Directiva do Parlamento Europeu e do Conselho relativa a certos aspectos jurídicos do comércio electrónico no mercado interno*, documento COM (1998) 586 final, Bruxelas, 18 de Novembro de 1998, e que foi abandonada na versão final da mesma. Para uma crítica de semelhante solução, que considera ineficiente, formalista e incompatível com a prática comercial existente, veja-se Bradford L. Smith, «The Third Industrial Revolution: Law and Policy for the Internet», *in Rec. cours*, vol. 282 (2000), pp. 229 ss. (p. 318).

[449] Publicada no *Journal Officiel de la République Française*, de 22 de Junho de 2004. Estabelece o 1.° § do referido preceito: «Pour que le contrat soit valablement conclu, le destinataire de l'offre doit avoir eu la possibilité de vérifier le détail de sa commande et son prix total, et de corriger d'éventuelles erreurs, avant de confirmer celle-ci pour exprimer son acceptation».

206 Problemática internacional da sociedade da informação

do oferente de bens ou serviços em rede (a qual pode ser efectuada através de um aviso de recepção a enviar por correio electrónico ou de uma confirmação, por um meio equivalente ao usado no processo de contratação, da aceitação recebida). Por seu turno, o Decreto Legislativo italiano n.° 70, de 9 de Abril de 2003[450], requer, no art. 13, n.° 2, que o prestador acuse, por via telemática, a recepção da ordem do destinatário, recapitulando certas informações relativas ao contrato celebrado. E as *Electronic Commerce (EC Directive) Regulations 2002* inglesas[451] estabelecem, no n.° 11, que o prestador de serviços da sociedade da informação deve acusar a recepção da encomenda sem demora e por via electrónica, podendo essa formalidade considerar-se cumprida mediante o próprio fornecimento do serviço em causa.

Outro domínio objecto da harmonização visada pela Directiva é, como se disse atrás, a responsabilidade dos prestadores intermediários de serviços da sociedade da informação.

A este respeito, o D.L. n.° 7/2004 estabelece no seu art. 16.°, n.° 1 – na esteira do art. 14.° da Directiva –, que o prestador intermediário de serviços de armazenagem em servidor só é responsável, nos termos comuns, pela informação que armazena se tiver conhecimento de actividade ou informação cuja ilicitude for manifesta e não retirar ou impossibilitar logo o acesso a essa informação.

Logo, porém, se acrescenta, no n.° 2 da mesma disposição, que há também responsabilidade civil sempre que, perante as circunstâncias que conhece, o prestador do serviço tenha ou *deva ter* consciência do carácter ilícito da informação.

Ora, neste ponto a lei portuguesa vai além do exigido pela Directiva, pois esta apenas impõe a responsabilização do prestador intermediário de serviços quando este tenha *conhecimento efectivo* da actividade ou informação ilegal ou de factos ou circunstâncias que a «evidenciem» (art. 14.°, n.° 1, alínea *a*)) ou quando, o prestador, tendo tomado conhecimento da ilicitude, não actue com diligência no sentido de *retirar ou impossibilitar o acesso* às informações (*idem*, alínea *b*))[452].

---

[450] Disponível em http://www.filodiritto.com.

[451] Cujo texto se encontra disponível em http://www.legislation.hmso.gov.uk.

[452] Cfr. Oliveira Ascensão, *Estudos sobre Direito da Internet e da Sociedade da Informação*, Coimbra, 2001, pp. 180 s.; e Cláudia Trabuco, «Responsabilidade e desresponsabilização dos prestadores de serviços em rede», *in* AAVV, *O comércio electrónico em Portugal – O quadro legal e o negócio*, s/l, 2004, pp. 142 ss. (pp. 153 s.).

Outro tanto se conclui do confronto do art. 16.° do D.L. n.° 7/2004 com disposições homólogas constantes das leis de diversos Estados-Membros da Comunidade, que na matéria se limitam a reproduzir, com maior ou menor fidelidade, a solução constante da Directiva. Tal o caso, por exemplo, do § 11 da Lei dos Teleserviços alemã (*Teledienstegesetz*), na redacção dada pela Lei do Comércio Electrónico (*Elektronischer Geschäftsverkehr-Gesetz*), de 20 de Dezembro de 2001[453].

Mais restritiva ainda se mostra, neste particular, a lei espanhola de 2002, cujo art. 16, n.° 1, alínea *a)*, isenta de responsabilidade os prestadores dos serviços em causa siempre que não tenham conhecimento efectivo de que a actividade ou informação armazenada é ilícita ou de que lesiona bens ou direitos de um terceiro susceptíveis de indemnização, declarando que «se entenderá que el prestador de servicios tiene el conocimiento efectivo a que se refiere el párrafo a) cuando un órgano competente haya declarado la ilicitud de los datos, ordenado su retirada o que se imposibilite el acceso a los mismos, o se hubiera declarado la existencia de la lesión, y el prestador conociera la correspondiente resolución [...]».

Além disso, nos termos da lei portuguesa os prestadores de serviços de «associação de conteúdos em rede», por meio de instrumentos de busca, hiperconexões ou processos análogos, beneficiam da isenção de responsabilidade aplicável aos prestadores de serviços de armazenagem de informação em servidor[454]. Soluções análogas acham-se consagradas nos §§ 14 e 17 da *E-Commerce Gesetz* austríaca, de 21 de Dezembro de

---

[453] Disponível em http://www.iid.de/iukdg/EGG/index.html. Aí se estabelece: «Diensteanbieter sind für fremde Informationen, die sie für einen Nutzer speichern, nicht verantwortlich, sofern 1. sie keine Kenntnis von der rechtswidrigen Handlung oder der Information haben und ihnen im Falle von Schadensersatzansprüchen auch keine Tatsachen oder Umstände bekannt sind, aus denen die rechtswidrige Handlung oder die information offensichtlich wird, oder 2. sie unverzüglich tätig geworden sind, um die Information zu entfernen oder den Zugang zu ihr zu sperren, sobald sie diese Kenntnis erlangt haben».

[454] Sobre as razões determinantes dessa opção legislativa, veja-se Oliveira Ascensão, «Bases para uma transposição da Directriz n.° 00/31, de 8 de Junho (comércio electrónico)», anexo n.° 4 à «Proposta de Lei n.° 44/IX (autoriza o Governo a legislar sobre certos aspectos legais dos serviços da sociedade de informação, em especial do comércio electrónico, no mercado interno, transpondo para a ordem jurídica nacional a Directiva n.° 2000/31/CE, do Parlamento Europeu e do Conselho, de 8 de Junho). Relatório, conclusões e parecer da Comissão de Assuntos Constitucionais, Direitos, Liberdades e Garantias», *in D.A.R.*, II Série-A, n.° 79, de 20 de Março de 2003, suplemento, pp. 3320(2) ss. (pp. 3320 (41) ss.).

208   *Problemática internacional da sociedade da informação*

2001, e no art. 17 da citada lei espanhola. As restantes legislações nacionais não disciplinam, porém, esta matéria, de que a Directiva também não se ocupa.

Recorde-se ainda, a este propósito, que o art. 11.° do D.L. n.° 7/2004 consagra o princípio por força do qual a responsabilidade dos prestadores de serviços em rede está sujeita, em tudo o que não é objecto de regulamentação especial nos preceitos subsequentes, ao regime comum da responsabilidade civil vigente na ordem interna. Ora, como é sabido, este diverge em aspectos capitais daquele que prevalece nos sistemas jurídicos de outros Estados-Membros da Comunidade Europeia[455]. Também por essa via poderão surgir, portanto, relevantes disparidades nas soluções que forem dadas pelos tribunais nacionais à questão da imputabilidade àqueles agentes económicos dos danos por si causados.

Por outro lado, a própria Directiva remete para as legislações nacionais dos Estados-Membros a definição das sanções aplicáveis nos casos em que, a título excepcional, o fornecedor de serviços responde pelo conteúdo das mensagens transmitidas em rede (art. 20.°); e deixa implicitamente às leis desses Estados a regulação de múltiplas questões suscitadas pelo comércio electrónico, sobre as quais é omissa – como, *v.g.*, as consequências do erro na contratação electrónica.

Mantém-se, por conseguinte, apesar da harmonização de legislações nacionais ensaiada pela Directiva, a necessidade de determinar a lei aplicável às matérias que dela são objecto.

Compreende-se, assim, que tanto a Directiva como o diploma nacional de transposição estabeleçam regras sobre a lei reguladora das matérias de que se ocupam. Destas se procurará dar conta em seguida.

c) O princípio da aplicação da lei do país de origem. – As regras sobre a determinação da lei aplicável ao comércio electrónico figuram no art. 3.° da Directiva 2000/31/CE e, entre nós, nos arts. 4.° a 6.° do D.L. n.° 7/2004.

Determina o art. 3.°, n.° 1, da Directiva que «[c]ada Estado-Membro assegurará que os serviços da sociedade da informação prestados por um prestador estabelecido no seu território cumpram as disposições nacionais aplicáveis nesse Estado-Membro que se integrem no domínio coordenado».

---

[455] Veja-se, sobre o ponto, o nosso *Da responsabilidade pré-contratual em Direito Internacional Privado*, Coimbra, 2001, pp. 187 ss., e a bibliografia aí citada.

Parte II – Conteúdos a Leccionar	209

Não são poucas as dúvidas e perplexidades que este preceito tem suscitado, nomeadamente quando confrontado com o art. 1.°, n.° 4, da Directiva, nos termos do qual «[a] presente directiva não estabelece normas adicionais de direito internacional privado, nem abrange a jurisdição dos tribunais».

De acordo com o entendimento que obteve consagração no diploma português de transposição da Directiva, acolhe-se naquele preceito, como princípio geral, a aplicabilidade aos serviços da sociedade da informação da *lei do país de estabelecimento do respectivo prestador* – *hoc sensu*, a *lex originis* –, contanto que esse país seja um Estado-Membro da Comunidade Europeia[456].

Dispõe, com efeito, o art. 4.°, n.° 1, do D.L. n.° 7/2004: «Os prestadores de serviços da sociedade da informação estabelecidos em Portugal ficam integralmente sujeitos à lei portuguesa relativa à actividade que exercem, mesmo no que concerne a serviços da sociedade da informação prestados noutro país comunitário».

Na sua transposição para a ordem jurídica interna, o art. 3.°, n.° 1, da Directiva deu, assim, origem a uma *regra de conflitos unilateral*, que define as condições em que são aplicáveis em Portugal as normas nacionais reguladoras dos serviços da sociedade da informação, sujeitando a estas a actividade desenvolvida pelos prestadores de serviços estabelecidos em território nacional.

O art. 5.°, n.° 1, do D.L. n.° 7/2004 determina, por seu turno, no que respeita aos prestadores de serviços da sociedade da informação estabelecidos noutros Estados-Membros da União Europeia, que «é aplicável, exclusivamente no que respeita a actividades em linha, a lei do lugar do estabelecimento: *a)* Aos próprios prestadores, nomeadamente no que respeita a habilitações, autorizações e notificações, à identificação e à responsabilidade; *b)* Ao exercício, nomeadamente no que respeita à qualidade e conteúdo dos serviços, à publicidade e aos contratos».

Bilateraliza-se deste modo (posto que *imperfeitamente*, visto que apenas são abrangidos no preceito transcrito os serviços prestados por entidades estabelecidas noutros Estados-Membros da Comunidade[457]) a

---

[456] Neste sentido nos pronunciámos já no nosso estudo «Comércio electrónico e responsabilidade empresarial», *in Direito Internacional Privado. Ensaios*, vol. I, Coimbra, 2002, pp. 193 ss. (pp. 217 ss.).

[457] Pelo que respeita aos serviços oriundos de Estados que não sejam partes da Comunidade Europeia, veja-se o n.° 3 do mesmo preceito e, sobre este, o n.° 4.4 deste relatório.

210 *Problemática internacional da sociedade da informação*

regra contida no n.° 1 do art. 4.° do mesmo diploma, submetendo-se também os serviços aí visados à lei do respectivo país de origem.

O recurso nesta matéria a regras de conflitos unilaterais corresponde a uma técnica adoptada nas leis de outros Estados-Membros da Comunidade.

Assim sucedeu na *Teledienstegesetz* alemã, cujo § 4 (1) estabelece: «Os fornecedores de serviços estabelecidos na República Federal da Alemanha e os seus teleserviços estão sujeitos às exigências do Direito alemão, ainda que os teleserviços sejam profissionalmente oferecidos ou prestados noutro Estado incluído no âmbito de aplicação da Directiva 2000/31/CE do Parlamento Europeu e do Conselho de 8 de Junho de 2000 relativa a certos aspectos legais dos serviços da sociedade da informação, em especial do comércio electrónico, no mercado interno (JOCE n.° L 178, p. 1)»[458].

No mesmo sentido, dispõe o art. 2, n.° 1, da Lei espanhola n.° 34/2002: «Esta Ley será de aplicación a los prestadores de servicios de la sociedad de la información establecidos en España y a los servicios prestados por ellos».

Outra não é a orientação acolhida na *regulation* 4 (1) das *Electronic Commerce (EC Directive) Regulations 2002* inglesas, de 30 de Julho de 2002, onde se pode ler: «Subject to paragraph (4) below, any requirement which falls within the coordinated field shall apply to the provision of an information society service by a service provider established in the United Kingdom irrespective of whether that information society service is provided in the United Kingdom or another member State».

Analogamente, estabelece o art. 5 da lei belga de 11 de Março de 2003 (*Loi sur certains aspects juridiques des services de la société de l'information*)[459]: «La fourniture de services de la société de l'information par un prestataire établi sur le territoire belge doit être conforme aux exigences applicables en Belgique».

E o art. 3, n.° 1, da lei citada italiana determina: «I servizi della società dell'informazione forniti da un prestatore stabilito sul territorio ita-

---

[458] «In die Bundesrepublik Deutschland niedergelassene Diensteanbieter und ihre Teledienste unterliegen den Anforderungen des deutschen Rechts auch dann, wenn die Teledienste in einem anderen Staat innerhalb des Geltungsbereichs der Richtlinie 2000/31/EG des Europäischen Parlaments und des Rates vom 8. Juni 2000 über bestimmte rechtliche Aspekte der Dienste der Informationsgesellschaft, insbesondere des elektronischen Geschäftsverkehrs, im Binnenmarkt (ABl. EG Nr. L 178 S. 1) geschäftsmässig angeboten oder erbracht werden».

[459] Publicada no *Moniteur Belge* de 17 de Março de 2003, pp. 12963 ss.

liano si conformano alle disposizioni nazionali applicabili nell'ambito regolamentato e alle norme del presente decreto».

Uma técnica legislativa diversa foi seguida por outros Estados-Membros, cujas leis adoptam nesta matéria *regras de conflitos bilaterais* (nalguns casos *imperfeitamente bilaterais*).

É o caso da lei luxemburguesa de 14 de Agosto de 2000, cujo art. 2, n.º 4, dispõe: «La loi du lieu d'établissement du prestataire de services de la société de l'information s'applique aux prestataires et aux services qu'ils prestent, sans préjudice de la liberté des parties de choisir le droit applicable à leur contrat».

E também da lei austríaca sobre o comércio electrónico, que estabelece, no § 20 (1): «No domínio coordenado (§ 3 Z 8) as exigências jurídicas aplicáveis a um fornecedor de serviços estabelecido num Estado-Membro regem-se pelo Direito desse Estado»[460].

Por seu turno, a lei holandesa de 13 de Maio de 2004[461], que adapta o Código Civil, o Código de Processo Civil, o Código Penal e a lei sobre delitos económicos com vista a transpor a Directiva n.º 2000/31/CE, estabelece no seu art. V: «Os serviços a sociedade da informação na acepção do art. 15d, terceiro parágrafo, do Livro 3 do Código Civil sujeitam-se às regras vigentes no Estado-Membro da União Europeia de estabelecimento do prestador de serviços, que se integrem no domínio coordenado na acepção da Directiva 2000/31/CE do Parlamento Europeu e do Conselho das Comunidades Europeias de 8 de Junho de 2000 relativa a certos aspectos legais dos serviços da sociedade da informação, em especial do comércio electrónico, no mercado interno»[462].

Na mesma linha de orientação, prevê-se no art. 17 da *Loi pour la confiance dans l'économie numérique* francesa: «L'activité définie à l'article

---

[460] «Im koordinierten Bereich (§ 3 Z 8) richten sich die rechtlichen Anforderungen an einen in einem Mitgliedstaat niedergelassenen Diensteanbieter nach dem Recht dieses Staats».

[461] Publicada no *Staatsblad van het Koninkrijk der Nederlande*, 2004, n.º 210, pp. 1 ss.

[462] «Diensten van de informatiemaatschappij als bedoeld in artikel 15d, derde lid, van Boek 3 van het Burgerlijk Wetboek, voldoen aan de daarvor in de lidstaat van de Europese Unie van vestinging van de dienstverlener geldende bepalingen die vallen binnen het gecoördineerd gebied als bedoeld in Richtlijn 2000/31/EG van het Europees Parlement en de Raad van de Europese Gemmenschappen van 8 juni 2000, betreffende bepaalde juridische aspecten van de diensten van de informatiemaatschappij, met name de elektronische handel, in de interne markt».

212   *Problemática internacional da sociedade da informação*

14 [commerce électronique] est soumise à la loi de l'État membre sur le territoire duquel la personne qui l'exerce est établie, sous réserve de la commune intention de cette personne et de celle à qui sont destinées les biens ou les services».

Muito próxima desta é a orientação que vingou no *Uniform Computer Information Transactions Act (UCITA)*, aprovado em 1999 pela *National Conference of Commissioners on Uniform State Laws* norte--americana.

Esta lei-modelo tem por objecto as «computer information transactions», que a secção 102 (a) (11) define como «an agreement or the performance of it to create, modify, transfer, or license computer information or informational rights in computer information».

Ora, também a secção 109 (b) (1) desse texto estabelece que, na falta de escolha pelas partes da lei aplicável, «[a]n access contract or a contract providing for electronic delivery of a copy is governed by the law of the jurisdiction in which the licensor was located when the agreement was entered into».

O acolhimento assim conferido à *lex originis* não é desprovido de antecedentes no Direito Internacional Privado europeu. Pode, com efeito, ver-se uma projecção da mesma ideia fundamental na *Magna Glosa* ao Código de Justiniano, atribuída a Acúrcio (séc. XIII), onde se declara que ao bolonhês demandado em Modena não devem aplicar-se os estatutos desta cidade, a que aquele não está sujeito («*argumentum quod si Bononiensis conveniatur Mutinae, non debet iudicari secundum statuta Mutinae, quibus non subest*»)[463], em conformidade com a regra *statutum non ligat nisi subditos*[464].

O princípio da aplicação da lei do país de origem obterá futuramente, caso seja adoptada a proposta de Directiva relativa aos serviços no mercado interno, divulgada em 2004[465], um âmbito de aplicação muito mais vasto, passando a abranger a generalidade dos serviços prestados por enti-

---

[463] Cfr. Armand Lainé, *Introduction au droit international privé*, tomo I, Paris, 1888, pp. 105 ss., e t. II, pp. 118 s.; Max Gutzwiller, *Geschichte des Internationalen Privatrechts*, Basileia/Estugarda, 1977, p. 17, n. 26.

[464] Sobre esta regra, *vide* E.-M. Meijers, «L'histoire des principes fondamentaux du droit international privé à partir du moyen age spécialement dans l'Europe Occidentale», *Rec. cours*, t. 34 (1934-III), pp. 54 ss. (pp. 594 ss.).

[465] Cfr. *Proposta de Directiva do Parlamento Europeu e do Conselho relativa aos serviços no mercado interno*, documento COM (2004) 2 final, Bruxelas, 13 de Janeiro de 2004.

dades estabelecidas num Estado-Membro da Comunidade Europeia, independentemente de o serem por via electrónica. Lê-se, com efeito, no art. 16.º dessa proposta, que tem por epígrafe «princípio do país de origem»: «Os Estados-Membros diligenciam para que os prestadores de serviços estejam sujeitos apenas às disposições nacionais do seu Estado-Membro de origem que digam respeito ao domínio coordenado. São abrangidas pelo primeiro parágrafo as disposições nacionais relativas ao acesso à actividade de um serviço e o seu exercício, nomeadamente aquelas que regem o comportamento do prestador, a qualidade ou o conteúdo do serviço, a publicidade, os contratos e a responsabilidade do prestador [...]».

d) Fundamento da competência da **lex originis.** – O fundamento da aplicabilidade da *lex originis* em matéria de comércio electrónico encontra-se enunciado no considerando 22 da Directiva 2000/31/CE, de acordo com o qual «[o] controlo dos serviços da sociedade da informação deve ser exercido na fonte da actividade, a fim de garantir uma protecção eficaz dos interesses gerais».

E acrescenta-se no mesmo lugar: «a fim de garantir a eficácia da livre circulação de serviços e a segurança jurídica para os prestadores e os destinatários, esses serviços devem estar sujeitos, em princípio, à legislação do Estado-Membro em que o prestador se encontra estabelecido».

Com efeito, a aplicabilidade aos serviços em apreço da lei do país do estabelecimento do respectivo fornecedor, na medida em que dispensa as empresas de se informarem acerca do teor das leis dos países de destino dos mesmos, bem como de conformarem a sua actividade com regimes porventura mais rigorosos do que o que vigora naquele país, facilita, pela diminuição de riscos e encargos que implica, a internacionalização da sua actividade mediante a prestação dos seus serviços em outros Estados-Membros da Comunidade Europeia[466].

---

[466] No mesmo sentido, veja-se Stephen Weatherill, «The regulation of e-commerce under EC law: the distribution of competence between home State and host States as a basis for managing the internal market», *in* Henk Snijders/Stephen Weatherill (orgs.), *E-Commerce Law. National and Transnational Topics and Perspectives*, Haia/Londres/ /Nova Iorque, 2003, pp. 9 ss., que escreve, a p. 25, referindo-se à aplicabilidade da *lex originis*: «This permits e-traders to plan an integrated commercial strategy for the whole of the EU market, confident in the expectation that the common legal regime introduced by Directive 2000/31 will preclude any need to devise separate approaches State-by-State». Fundamentando também a regra homóloga constante da secção 109 (b) (1) da *UCITA*

214   *Problemática internacional da sociedade da informação*

Compreende-se assim que o art. 3.° da Directiva 2000/31/CE seja encimado pela epígrafe *mercado interno*; e que esta disposição haja sido classificada pela Comissão Europeia como a *pedra angular* da Directiva[467].

e) Relação com o princípio do reconhecimento mútuo. – A aplicação da *lex originis* aos serviços da sociedade da informação encontra-se estreitamente ligada – diríamos mesmo que constitui uma das faces da mesma medalha – a um outro princípio consignado na Directiva: o *reconhecimento mútuo*.

Dele é expressão o disposto no n.° 2 do art. 3.° desse texto, conforme o qual «[o]s Estados-Membros não podem, por razões que relevem do domínio coordenado, restringir a livre circulação dos serviços da sociedade da informação provenientes de outro Estado-Membro».

Princípio esse que o legislador nacional acolheu no art. 5.°, n.° 2, do D.L. n.° 7/2004, onde se lê: «É livre a prestação dos serviços referidos no número anterior, com as limitações constantes dos artigos seguintes».

Por outras palavras, os serviços da sociedade da informação podem ser livremente prestados no território de qualquer Estado-Membro da Comunidade Europeia (ressalvados os casos em que sejam tomadas as medidas derrogatórias permitidas pelo n.° 4 do art. 3.° da Directiva e pelo art. 7.° do D.L. n.° 7/2004), *contanto que sejam originários de outro Estado-Membro e cumpram o disposto na legislação dessoutro Estado*; e isto porque cada um dos demais Estados-Membros *reconhece* a disciplina jurídica dos serviços em causa instituída nessa legislação[468].

---

norte-americana, que transcrevemos acima, nas ideias de previsibilidade e eficiência, veja-se Bradford Smith, «The Third Industrial Revolution: Law and Policy for the Internet», cit., p. 331, que escreve: «requiring online vendors to tailor their transactions to the laws of 180 or more legal jurisdictions would entail massive costs with little off-setting benefit».

[467] Cfr. o *Primeiro Relatório sobre a aplicação da Directiva 2000/31/CE do Parlamento Europeu e do Conselho de 8 de Junho de 2000 relativa a certos aspectos legais dos serviços da sociedade da informação, em especial do comércio electrónico, no mercado interno (Directiva sobre comércio electrónico)*, documento COM (2003) 702 final, Bruxelas, 21 de Novembro de 2003, p. 4.

[468] Eis por que na exposição de motivos relativa à proposta que antecedeu esta Directiva se declara que «a aplicação do princípio do país de origem não poderá ser considerada, nesta fase, como um modelo aplicável em negociações internacionais futuras, tendo em conta que a referida abordagem só pode ser seguida quando existe um nível de integração jurídica suficiente»: cfr. o documento COM (1998) 586 final, de 18 de Novembro de 1998, p. 17.

Parte II – Conteúdos a Leccionar 215

Sendo assim, reconhecimento mútuo e competência da *lex originis* não são, se bem cuidamos, conceitos antitéticos, mas antes complementares: na Comunidade Europeia, o reconhecimento mútuo apenas opera, pelo que respeita aos serviços da sociedade da informação, no domínio da competência atribuída à *lex originis*; e a aplicação desta lei é a forma por excelência desse reconhecimento[469].

***f)* *Matérias abrangidas na competência da* lex originis.** – Mas qual o exacto alcance do princípio da *lex originis*?

Esta questão desdobra-se em várias outras, a saber: *a)* Que matérias são abrangidas por esse princípio? *b)* Como se conjuga ele com as regras comuns de Direito Internacional Privado? *c)* Como se determina o lugar do estabelecimento do prestador dos serviços da sociedade da informação? *d)* Quais as excepções a que o princípio se subordina?

Procuraremos agora esclarecer estes pontos.

Tanto a Directiva como o diploma nacional de transposição se socorrem, a fim de delimitarem o âmbito da competência da *lex originis*, do conceito de «serviços da sociedade da informação», que já examinámos. Da delimitação deste conceito que se extrai da Directiva e desse diploma resulta que a competência daquela lei só abrange os produtos e serviços *prestados em linha*; todos os demais, ainda que oferecidos ou encomendados por via electrónica, encontram-se submetidos à lei de competência normal.

Nem a Directiva nem o diploma português se aplicam, por outro lado, a todos os serviços da sociedade da informação prestados *on line* nem a todos os aspectos da disciplina jurídica destes.

Desde logo, o que se estatui na Directiva não vale quanto aos serviços provenientes de empresas estabelecidas em Estados estranhos à Comunidade Europeia[470] (outro tanto não se podendo dizer, todavia, do diploma português, atento o preceituado no art. 5.º, n.º 3, acima examinado) nem às exigências aplicáveis às mercadorias enquanto tais e à entrega destas, as quais não se inserem no «domínio coordenado»[471].

---

[469] Ver, porém, em sentido diverso António Marques dos Santos, «Direito aplicável aos contratos celebrados através da Internet e tribunal competente», *in* AAVV, *Direito da Sociedade da Informação*, vol. IV, Coimbra, 2003, pp. 107 ss. (p. 160).

[470] Cfr. o art. 1.º, n.º 1, e o considerando 58.

[471] Art. 2.º, alínea *h), ii)*, da Directiva.

Além disso, o disposto nos n.ᵒˢ 1 e 2 do art. 3.º da Directiva não se aplica a certas matérias enunciadas no Anexo a esta: direitos de autor e conexos e direitos de propriedade industrial[472]; obrigações contratuais relativas a contratos celebrados por consumidores[473] (incluindo as obrigações pré-contratuais de informação[474]); e autorização de comunicações comerciais não solicitadas por correio electrónico (*spam*)[475].

Pelo que respeita a estas matérias valem, pois, independentemente do sentido e alcance que se atribua ao citado preceito da Directiva, as soluções consagradas nas regras comuns de Direito Internacional Privado. Confirmam-no, no tocante aos contratos de consumo, os trabalhos preparatórios da Directiva[476] e o preâmbulo desta[477].

Também a delimitação do âmbito espacial de aplicação da lei portuguesa operada pelos arts. 4.º e 5.º do D.L. n.º 7/2004 não vale para as matérias enunciadas no art. 6.º deste diploma, às quais são aplicáveis as regras de conflitos comuns: a propriedade intelectual; a emissão de moeda electrónica; a publicidade realizada por um organismo de investimento colectivo em valores mobiliários; a actividade seguradora; as matérias disciplinadas por lei escolhida pelas partes no exercício da autonomia privada; os contratos celebrados por consumidores; a validade for-

---

[472] Art. 3.º, n.º 3, e primeiro travessão do Anexo.

[473] Art. 3.º, n.º 3, e sexto travessão do Anexo.

[474] Cfr. o considerando 56 da Directiva. A inclusão dos deveres pré-contratuais de informação a cargo do co-contratante do consumidor entre as excepções à aplicação da *lex originis* justifica-se plenamente à luz da estreita conexão entre esses deveres e o contrato cuja correcta formação tais deveres visam geralmente assegurar: cfr. o nosso *Da responsabilidade pré-contratual em Direito Internacional Privado*, Coimbra, 2001, pp. 446 e 717.

[475] Art. 3.º, n.º 3, e oitavo travessão do Anexo.

[476] Cfr. a Proposta de Directiva do Parlamento Europeu e do Conselho relativa a certos aspectos jurídicos do comércio electrónico no mercado interno, documento COM (1998) 586 final, de 18 de Novembro de 1998. Aí se pode ler: «os critérios da Convenção de Roma relativa à lei aplicável às obrigações contratuais, que permitem a aplicação de um regime derrogatório a favor do consumidor, serão preenchidos, por exemplo, no caso de a celebração do contrato ter sido precedida, no país do consumidor, de uma proposta especialmente feita através do envio de uma mensagem electrónica e se o consumidor tiver realizado, no seu país, os actos necessários à celebração do contrato».

[477] Cfr. o considerando 55, onde se refere que a Directiva «não afecta a legislação aplicável às obrigações contratuais relativas aos contratos celebrados pelos consumidores», pelo que «não pode ter como resultado privar o consumidor da protecção que lhe é concedida pelas disposições compulsivas relativas às obrigações contratuais, constantes da legislação do Estado-Membro em que este tem a sua residência habitual».

Parte II – Conteúdos a Leccionar

mal de contratos relativos a direitos reais sobre imóveis; e as comunicações comerciais não solicitadas por correio electrónico.

Bem se compreendem estas restrições ao âmbito de competência da lei do país de origem.

A exclusão dos serviços prestados por empresas estabelecidas em Estados que não sejam membros da Comunidade funda-se na circunstância de não estar assegurado entre o Direito desses Estados e o dos que integram a Comunidade o grau mínimo de harmonização que é pressuposto daquele princípio[478].

Relativamente às exigências aplicáveis às mercadorias (*v.g.* as constantes de normas de segurança ou de normas relativas à responsabilidade do produtor), bem como à sua entrega, a sua subtracção ao domínio da lei do país de origem é uma consequência de a harmonização visada pela Directiva apenas compreender as exigências atinentes a actividades em linha[479].

Pelo que respeita ao direito de autor e aos direitos conexos, bem como aos direitos de propriedade industrial, a aplicação da lei do país de origem contenderia com o princípio da aplicação da *lex loci protectionis*, que vigora nos Estados-Membros da Comunidade quanto à determinação do regime jurídico dos direitos sobre bens intelectuais[480].

Por seu turno, a exclusão dos contratos de consumo vai ao encontro da preocupação em evitar uma redução do nível de protecção dos consumidores no domínio do comércio electrónico, que a aplicação sistemática da lei do país do estabelecimento da empresa poderia implicar[481]: na

---

[478] Na exposição de motivos relativa à proposta que antecedeu a Directiva reconhece-se, com efeito, que «a aplicação do princípio do país de origem não poderá ser considerada, nesta fase, como um modelo aplicável em negociações internacionais futuras, tendo em conta que a referida abordagem só pode ser seguida quando existe um nível de integração jurídica suficiente»: cfr. o citado documento COM (1998) 586 final, p. 17.

[479] Cfr. o considerando 21.

[480] Cfr., sobre o ponto, *supra*, n.os 8.1 e 8.3.

[481] Cfr. Alexandre Dias Pereira, *Comércio electrónico na sociedade da informação: da segurança técnica à confiança jurídica*, Coimbra, 1999, pp. 69 ss.; *idem*, «A protecção do consumidor no quadro da directiva sobre o comércio electrónico», *in Estudos de Direito do Consumidor*, n.º 2, 2000, pp. 43 ss. (pp. 82 ss.); Markus Köhler/Hans-Wolfgang Arndt, *Recht des Internet*, 2.ª ed., Heidelberga, 2000, p. 42; e Michael Lehmann, «El comercio electrónico y la protección del consumidor en Europa», *in* José Antonio Gómez Segade (Director), *Comercio electrónico en Internet*, Madrid/Barcelona, 2001, pp. 339 ss. (pp. 343 s.).

218 Problemática internacional da sociedade da informação

ausência de uma harmonização integral do regime jurídico desses contratos vigente na Comunidade Europeia, essa solução constituiria um forte estímulo a que as empresas se estabelecessem nos países onde o nível de protecção do consumidor é mais baixo, a partir dos quais ofereceriam os seus bens e serviços (a denominada *race to the bottom*), ou a que os Estados diminuíssem o nível de protecção oferecido aos consumidores no intuito de atrairem ao seu território os prestadores de serviços da sociedade da informação.

Finalmente, a exclusão das comunicações comerciais não solicitadas feitas por correio electrónico do domínio de aplicação da *lex originis* explica-se pela estreita conexão deste problema com a protecção do consumidor, que se encontra subtraída a essa lei.

No tocante ao âmbito de aplicação da *lex originis* importa ainda ter presente que, por força do quinto travessão do Anexo à Directiva e da alínea *e)* do art. 6.° do D.L. n.° 7/2004, a competência dessa lei não prejudica a liberdade de as partes escolherem a lei aplicável nas matérias em que vigore o princípio da autonomia da vontade em Direito Internacional Privado. Por conseguinte, em matéria contratual o princípio da aplicação da lei do país de origem tem carácter supletivo, podendo ser derrogado mediante uma estipulação pela qual as partes designem, a fim de reger o respectivo contrato, a lei de outro país. Outro tanto pode dizer-se da matéria extracontratual, se e na medida em que também quanto a esta as partes possam escolher a lei aplicável.

g) Relação com o domínio coordenado. – Dito isto, pode ainda perguntar-se se no âmbito de competência da lei do país de origem se compreendem apenas os aspectos do regime jurídico dos contratos e da responsabilidade civil dos prestadores de serviços da sociedade da informação que se encontram especificamente disciplinados na Directiva e no diploma nacional de transposição ou também os demais que, apesar de não terem sido harmonizados, cabem no «domínio coordenado» por aquela.

Supomos que apenas esta última solução deve ser tida como exacta.

Com efeito, a competência atribuída no art. 3.°, n.° 1, à *lex originis* abrange todas as normas que se integrem no «domínio coordenado»; e este é definido pela alínea *h)* do art. 2.° como «as exigências fixadas na legislação dos Estados-Membros, aplicáveis aos prestadores de serviços da sociedade da informação e aos serviços da sociedade da informação, independentemente de serem de natureza geral ou especificamente concebidos para esses prestadores e serviços».

Parte II – Conteúdos a Leccionar   219

O domínio coordenado transcende, pois, manifestamente, os aspectos do regime dos serviços da sociedade da informação harmonizados pela Directiva, estendendo-se às regras nacionais de Direito comum ou especial aplicáveis ao comércio electrónico[482].

Na competência da lei do país de origem deve, por isso, considerar--se incluída toda a regulamentação material dos serviços prestados em linha[483]. É este, segundo cremos, o entendimento acolhido no diploma português, atento o enunciado das matérias submetidas à *lex originis* nos termos das alíneas *a)* e *b)* do art. 5.°, n.° 1.

h) Relação com as regras comuns de Direito Internacional Privado. – Feita esta delimitação, podemos agora considerar a *vexata quaestio* de saber se no âmbito de aplicação da *lex originis* se compreende também a regulação das obrigações contratuais e da responsabilidade civil dos prestadores de serviços da sociedade da informação, derrogando os preceitos que remetem para essa lei, por conseguinte, as regras comuns de Direito Internacional Privado sobre estas matérias.

Em sentido afirmativo pode aduzir-se que no «domínio coordenado», a que o art. 3.°, n.° 1, da Directiva alude para circunscrever o âmbito das disposições da *lex originis* aplicáveis aos serviços da sociedade da informação abrangidos pela Directiva, se incluem, nos termos do art. 2.°, alínea *h)*, subalínea *i)*, «as exigências que o prestador de serviços tem de observar, no que se refere [...] à prossecução de actividade de um serviço da sociedade da informação, tal como os requisitos respeitantes ao comportamento do prestador de serviços, à qualidade ou conteúdo do serviço, incluindo as aplicáveis à publicidade e aos contratos, ou as respeitantes

---

[482] Neste sentido se pronuncia também Olivier Cachard, *La régulation internationale du marché électronique,* Paris, 2002, p. 104; *idem,* «Le domaine coordonné par la Directive sur le Commerce Électronique et le Droit International Privé», *RDAI/IBLJ,* 2004, pp. 161 ss. (p. 165).

[483] Nesta orientação, veja-se Alexandre Cruquenaire, «La clause de marché intérieur: clef de voute de la Directive sur le commerce électronique», *in* Étienne Montero (director), *Le commerce électronique européen sur les rails ? Analyse et proposition de mise en oeuvre de la directive sur le commerce électronique,* Bruxelas, 2001, pp. 41 ss. (p. 58); *idem,* «Transposition of the e-commerce Directive: Some Critical Comments», *in* AAVV, *Direito da Sociedade da Informação,* Coimbra, vol. V, 2004, pp. 97 ss. (pp. 109 s.). Ver ainda, sobre o ponto, o *compte rendu* da 11.ª reunião do *Groupe européen de droit international privé,* realizada em 21 e 23 de Setembro de 2001, disponível em http://www.drt.ucl.ac.be/gedip, p. 6.

220 Problemática internacional da sociedade da informação

à responsabilidade do prestador de serviços». À mesma conclusão conduz o enunciado de matérias constante do art. 5.°, n.° 1, alíneas *a)* e *b)*, do D.L. n.° 7/2004.

Por outro lado, essa solução é a mais conforme com os objectivos prosseguidos pela Directiva[484], *maxime* a livre circulação na Comunidade dos serviços da sociedade da informação.

O art. 3.°, n.° 1, da Directiva (*rectius*: as normas que o transpõem para a ordem jurídica interna dos Estados-Membros, como as que constam entre nós dos arts. 4.°, n.° 1, e 5.° n.° 1, do D.L. n.° 7/2004) constituiria, nesta medida, uma regra de conflitos de Direito Internacional Privado[485].

De acordo com outra leitura daquele primeiro preceito, ele limita-se a submeter as empresas à lei do país do seu estabelecimento pelo que respeita às exigências que devem observar a fim de poderem prestar serviços da sociedade da informação, consignadas em normas de Direito Público da Economia; não já no tocante aos pressupostos e ao conteúdo da obrigação

---

[484] Neste sentido, Alexandre Cruquenaire, «La clause de marché intérieur...», cit., p. 51.

[485] Orientação dominante na doutrina de língua alemã: cfr. Alexander Thünken, «Die EG-Richtlinie über den elektronischen Geschäftsverkehr und das internationale Privatrecht des unlauteren Wettbewerbs», *IPRax*, 2001, pp. 15 ss. (p. 20); *idem, Das kollisionsrechtliche Herkunftslandprinzip*, Frankfurt a.M, etc., 2003, pp. 23 ss. e 62 ss.; Peter Mankowski, «Das Herkunftslandprinzip als Internationales Privatrecht der e-commerce-Richtlinie», *ZvglRWiss.*, 2001, pp. 137 ss. (pp. 140 ss. e 179); *idem*, «Binnenmarkt-IPR – Eine Problemskizze», *in Aufbruch nach Europa. 75 Jahre Max-Planck-Institut für Privatrecht*, Tubinga, 2001, pp. 595 ss. (p. 598); *idem*, «Herkunftslandprinzip und deutsches Umsetzungsgesetz zur e-commerce-Richtlinie», *IPRax*, 2002, pp. 257 ss. (pp. 258 ss.); Gerald Spindler, «Kapitalmarktgeschäfte im Binnenmarkt. Der Einfluss der E-Commerce-Richtlinie auf das Internationale Vertragsrecht», *IPRax*, 2001, pp. 400 ss. (p. 401); *idem, in* Georgios Gounalakis (org.), *Rechtshandbuch Electronic Commerce*, Munique, 2003, pp. 246 ss.; Markus Fallenböck, *Internet und Internationales Privatrecht*, Viena/Nova Iorque, 2001, pp. 199 ss.; Alexander Tettenborn, *in* Hans-Werner Moritz/Thomas Dreier (orgs.), *Rechts-Handbuch zum E-Commerce*, Colónia, 2002, pp. 490 s.; Renate Schaub, «Die Neuregelung des Internationalen Deliktrechts in Deutschland und das europäische Gemeinschaftsrecht», *RabelsZ*, 2002, pp. 18 ss. (p. 32); Stefan Grundmann, «Das Internationale Privatrecht der E-Commerce-Richtlinie – was ist categorial anders im Kollisionsrecht des Binnenmarkts und warum?», *RabelsZ*, 2003, pp. 246 ss. (pp. 265 e 293 ss.); Gerhard Kegel/Klaus Schurig, *Internationales Privatrecht*, 9.ª ed., Munique, 2004, pp. 226 e 682; e Dieter Martiny *in* Christoph Reithmann/Dieter Martiny (orgs.), *Internationales Vertragsrecht*, 6.ª ed., Colónia, 2004, p. 56. Ver ainda, no mesmo sentido, Marta Requejo Isidro, «Contratación electrónica internacional: derecho aplicable», *in* Maria Jesus Moro Almaraz (directora), *Autores, consumidores y comercio electrónico*, Madrid, 2004, pp. 275 ss. (pp. 284 ss.); e Alexandre Cruquenaire, «Transposition of the e-commerce Directive...», cit., pp. 107 ss.

Parte II – Conteúdos a Leccionar

221

de indemnizar em que tais empresas porventura incorram pelos danos que causem a terceiros no exercício da sua actividade, matéria a que se aplicariam as regras gerais de Direito Internacional Privado[486].

Estoutro entendimento encontra algum apoio textual no citado art. 1.º, n.º 4, da Directiva: uma vez que esta não visa, consoante aí se diz, estabelecer «normas adicionais de direito internacional privado», quedariam intactas, pelo que respeita à responsabilidade dos provedores de serviços em rede, as regras de conflitos comuns e ficariam, por conseguinte, excluídas do âmbito de aplicação da *lex originis* todas as matérias compreendidas no escopo de tais regras.

A verdade, porém, é que este ponto de vista, a ser exacto, tiraria qualquer sentido às excepções à aplicação da *lex originis* consignadas no Anexo à Directiva, as quais, como se viu, compreendem diversas matérias que são objecto de normas de Direito Privado e não de Direito Público da Economia.

Por outro lado, o argumento extraído do n.º 4 do art. 1.º da Directiva não é decisivo, na medida em que deste preceito apenas resulta que para o legislador comunitário o art. 3.º, n.º 1, não é uma norma de Direito Internacional Privado – qualificação essa que não é vinculativa para o intérprete.

Em contrapartida, a remissão feita no art. 3.º, n.º 1, para a enunciação das matérias compreendidas no «domínio coordenado», constante do art. 2.º, alínea *h)*, importa necessariamente a inclusão no âmbito de competência da lei do país de origem do regime dos contratos e da responsabilidade civil dos prestadores de serviços da sociedade da informação, a que esse preceito alude[487].

---

[486] Nesta linha de orientação, vejam-se Alfonso Calvo Caravaca/Javier Carrascosa González, *Conflictos de Leyes e Conflictos de Jurisdicción en Internet*, Madrid, 2001, pp. 34 s.; *idem, Derecho Internacional Privado*, vol. II, 5.ª ed., Granada, 2004, pp. 567 s. Entre nós, perfilha esta opinião Luís de Lima Pinheiro, «Federalismo e Direito Internacional Privado – algumas reflexões sobre a comunitarização do Direito Internacional Privado», *Cadernos de Direito Privado*, n.º 2, Abril/Junho 2003, pp. 3 ss. (p. 17).

[487] Confirmam-no os trabalhos preparatórios da Directiva. Cfr. *Recommandation pour la deuxième lecture relative à la position commune du Conseil en vue de l'adoption de la directive du Parlement européen et du Conseil relative à certains aspects juridiques des services de la société de l'information, et notamment du commerce électronique, dans le marché intérieur («Directive sur le commerce électronique»)*, documento PE 285.973, de 12 de Abril de 2000, de que foi relatora Ana Palacio Vallersundi, onde se lê, a p. 11: «L'article 3 s'applique en effet dans tous les domaines du droit national, y compris le droit privé (sauf pour les questions visées à l'annexe)».

222   *Problemática internacional da sociedade da informação*

Eis por que se nos afigura que, salvo nas situações expressamente subtraídas pela Directiva ou pelas partes ao âmbito de aplicação da *lex originis*, também as relações jurídicas de Direito Privado constituídas pelos prestadores de serviços da sociedade da informação estabelecidos em Estados-Membros da Comunidade no exercício da sua actividade (incluindo, portanto os contratos por eles celebrados e a responsabilidade civil em que porventura incorram em consequência de actos praticados no âmbito da prestação dos referidos serviços) se encontram sujeitas à lei do país do seu estabelecimento.

Observe-se que não conduz a resultados substancialmente diferentes deste o ponto de vista, sustentado por alguns autores, conforme o qual o art. 3.°, n.° 1, da Directiva conteria tão-somente uma *norma material*; sendo que, por força desta, a lei reguladora dos serviços da sociedade da informação segundo as regras de conflitos comuns não seria aplicável se e na medida em que se revelasse contrária ao Direito Comunitário, aplicando-se, neste caso, a lei do país de estabelecimento do prestador desses serviços[488]. A circunstância de, segundo os próprios autores que defendem este entendimento, o art. 3.°, n.° 1, conter uma *remissão* para a *lex originis*, cujas regras se sobreporiam, em caso de conflito, às da lei de competência normal, depõe, em todo o caso, contra semelhante caracterização desse preceito.

Outro tanto pode dizer-se da orientação que vê nas regras da Directiva *normas internacionalmente imperativas*, ou *de aplicação imediata*, cujo âmbito espacial de aplicação seria delimitado pelo art. 3.°, n.° 1, com primazia sobre o disposto nas regras de conflitos comuns[489]. Para além da artificialidade da caracterização como «imediatamente aplicáveis» de disposições que carecem de transposição para as ordens jurídicas nacionais dos Estados-Membros a fim de poderem ser aplicadas, esse ponto de vista afigura-se dificilmente conciliável com a circunstância de o art. 3.°, n.° 4,

---

[488] Ver, neste sentido, Karl-Heinz Fezer/Stefan Koos, «Das gemeinschaftsrechtliche Herkunftslandprinzip und die e-commerce Richtlinie», *IPRax*, 2000, pp. 349 ss. (p. 352); e Thomas Pfeiffer, *in* Georgios Gounalakis (org.), *Rechtshandbuch Electronic Commerce*, Munique, 2003, pp. 370 ss.; *idem,* «Welches Recht gilt für elektronische Geschäfte?», *JuS*, 2004, pp. 282 ss. (p. 285). Em sentido próximo, cfr. Olivier Cachard, *La régulation internationale du marche électronique*, Paris, 2002, p. 155.

[489] Ver Michael Hellner, «The Country of Origin Principle in the E-commerce Directive: A Conflict with Conflict of Laws?», *in* Angelika Fuchs/Horatia Muir Watt/ /Étienne Pataut (directores), *Les conflits de lois et le système juridique communautaire*, Paris, 2004, pp. 205 ss. (pp. 217 ss.).

da Directiva (a que corresponde o art. 7.º do D.L. n.º 7/2004) permitir aos Estados-Membros a adopção de medidas derrogatórias da livre circulação dos serviços da sociedade da informação (e, por conseguinte, da aplicabilidade das normas da lei do país de estabelecimento do prestador desses serviços) fundadas na defesa da ordem pública, na protecção da saúde pública, na segurança pública e na defesa dos consumidores – portanto, de normas que são, *hoc sensu*, internacionalmente imperativas[490].

Só à luz do que dissemos acima se compreende, de resto, o disposto no art. 23.º, n.º 2, da Proposta de Regulamento Sobre a Lei Aplicável às Obrigações Extracontratuais («Roma II»), que ressalva os «instrumentos comunitários que, em matérias específicas, e no domínio coordenado pelos referidos instrumentos, sujeitam a prestação de serviços ou de bens ao respeito das disposições nacionais aplicáveis no território do Estado-Membro onde o prestador está estabelecido». Tem-se manifestamente em vista, nesta fórmula, a Directiva Sobre o Comércio Electrónico.

O ponto de vista que exprimimos atrás é confirmado entre nós pelo disposto no art. 5.º, n.º 1, do D.L. n.º 7/2004, que expressamente inclui entre as matérias sujeitas à *lex originis* a *responsabilidade* dos prestadores de serviços da sociedade da informação (alínea *a)*, *in fine*) e os *contratos* por eles concluídos (alínea *b)*, *in fine*).

Dada, porém, a frequência com que as partes escolhem a lei aplicável aos contratos internacionais, cumpre reconhecer que não será muito grande, pelo que respeita às obrigações emergentes destes últimos e à responsabilidade pelo seu incumprimento ou cumprimento defeituoso, a relevância do princípio consignado no art. 3.º, n.º 1, da Directiva e nos arts. 4.º e 5.º do D.L. n.º 7/2004: sempre que seja escolhida pelas partes a lei reguladora do contrato, será essa lei e não a *lex originis* (caso difiram) a lei aplicável.

Por outro lado, deve sublinhar-se que em matéria contratual o desvio às regras de conflitos comuns resultante da aplicação dos preceitos em apreço tem alcance limitado, uma vez que na falta de escolha pelas partes da lei aplicável o art. 4.º, n.º 2, da Convenção de Roma Sobre

---

[490] Voltaremos a este ponto adiante, na alínea *j)*, e no n.º 9.3 alínea *f)*. Sobre o conceito de normas internacionalmente imperativas, veja-se a bibliografia citada acima, na nota 393, bem como as considerações expendidas no texto correspondente. Acerca da relação entre tais normas e o princípio do reconhecimento mútuo em Direito Comunitário, vejam-se Nuno Pissarrra/Susana Chabert, *Normas de aplicação imediata, ordem pública internacional e Direito Comunitário*, Coimbra, 2004, pp. 54 ss.

224   Problemática internacional da sociedade da informação

a Lei Aplicável às Obrigações Contratuais manda presumir que o contrato apresenta a conexão mais estreita a lei do país da residência, da administração central ou, em certos casos, do estabelecimento do devedor da prestação característica, sendo essa em princípio a lei aplicável ao contrato.

Como o devedor da prestação característica é, pelo que respeita aos contratos que tenham como objecto o fornecimento de serviços da sociedade da informação, o prestador destes, segue-se que a solução que se extrai do art. 3.°, n.° 1, da Directiva e dos arts. 4.°, n.° 1, e 5.°, n.° 1 do D.L. n.° 7/2004 não é, em princípio, diversa da que a própria Convenção de Roma consagra.

Assim, por exemplo, nos contratos de prestação de serviços de registo de nomes de domínio celebrados com provedores estabelecidos na Comunidade Europeia será aplicável, na falta de escolha pelas partes da lei reguladora do contrato, a do país do estabelecimento daqueles sujeitos – solução a que tanto se chega por via do disposto nos arts. 4.° e 5.° do D.L. n.° 7/2004 como por força do art. 4.°, n.° 2, da Convenção de Roma.

O que bem se compreende, pois também esta última é tributária da preocupação com a realização do *mercado interno*, que subjaz ao art. 3.° da Directiva.

Na verdade, como escrevemos noutro lugar[491], «uma vez que o devedor da prestação característica se acha em condições de incorporar no preço dos seus bens ou serviços o acréscimo de encargos que eventualmente suporte com o conhecimento do Direito estrangeiro, bem como com os prémios dos seguros que efectue para fazer face à sua responsabilidade profissional segundo o Direito vigente nos mercados estrangeiros em que ofereça esses bens ou serviços, repercutindo-os sobre o conjunto dos seus co-contratantes, é a aplicação da sua lei, em princípio, a solução mais condizente com a redução do custo das transacções, que a integração económica em alguma medida visa possibilitar».

Deve, em todo o caso, reconhecer-se que a aludida convergência entre as regras de conflitos da Convenção de Roma e as que versam sobre os serviços da sociedade da informação tem um alcance limitado porque a Convenção exclui a admissibilidade das referidas presunções «sempre

---

[491] Cfr. *Da responsabilidade pré-contratual em Direito Internacional Privado*, cit., p. 475.

que resulte do conjunto das circunstâncias que o contrato apresenta uma conexão mais estreita com outro país» (n.º 5)[492].

i) Noção de país de estabelecimento. – Por país de estabelecimento deve entender-se, nos termos da alínea c) do art. 2.º da Directiva, aquele onde a empresa «efectivamente exerça uma actividade económica através de uma instalação fixa, por um período indefinido»; quando a empresa preste serviços através de um sítio Internet, o local de estabelecimento não é aquele onde se encontra a tecnologia de apoio a esse sítio ou o local em que este é acessível, mas antes o local onde a empresa desenvolve a sua actividade económica[493].

Não é outra a solução que se retira do diploma nacional de transposição da Directiva, cujo art. 4.º, n.º 2, manda considerar estabelecido em Portugal «um prestador de serviços que exerça uma actividade económica no país mediante um estabelecimento efectivo», acrescentando que é irrelevante para o efeito o lugar da sua sede e que, só por si, não configura um estabelecimento efectivo a mera disponibilidade de meios técnicos adequados à prestação do serviço.

Quando o prestador se ache estabelecido em vários locais, considera-se estabelecido para os efeitos da determinação da lei aplicável, «no local em que tenha o centro das suas actividades relacionadas com o serviço da sociedade da informação»: art. 4.º, n.º 3, do D.L. n.º 7/2004.

j) Derrogações à competência da **lex originis.** – A competência da lei do país de estabelecimento acha-se sujeita a uma ressalva, resultante de no n.º 4 do art. 3.º da Directiva se consagrar a faculdade de os Estados-Membros, sob certas condições, restringirem a livre circulação dos serviços da sociedade da informação (que, como se disse, o princípio da aplicação da lei do país de origem visa assegurar), mormente tendo em vista a defesa da ordem pública, a protecção da saúde pública, a segurança pública e a defesa dos consumidores. Em tais casos, as normas aplicáveis

---

[492] Não falta, porém, quem entenda que a «cláusula de excepção» em benefício da lei que tiver a conexão mais estreita deve também funcionar relativamente ao princípio da aplicação da lei do país de origem do serviços da sociedade da informação: cfr. Oliver Remien, «Das anwendbare Recht bei elektronisch geschlossen Verträgen», *in* Stefan Leible (org.), *Die Bedeutung des Internationalen Privatrechts im Zeitalter der neuen Medien*, Estugarda, etc., 2003, pp. 21 ss. (p. 30).

[493] Neste sentido, veja-se o considerando 19 da Directiva.

226 Problemática internacional da sociedade da informação

à prestação dos referidos serviços são as que vigoram no *país de destino* desses serviços, e não as do país de origem[494].

É essa mesma ressalva que o D.L. n.° 7/2004 disciplina no seu art. 7.°, onde, sob a epígrafe «providências restritivas», se prevê a possibilidade de os tribunais ou outras entidades competentes restringirem a circulação de determinado serviço proveniente de outro Estado-Membro, se este ameaçar gravemente um dos referidos interesses.

Estar-se-á aqui, como já referimos, perante uma manifestação da prevalência – por natureza excepcional – de certas *normas internacionalmente imperativas* do país de destino dos serviços em apreço sobre a *lex originis*.

9.3. Contratação electrónica. a) Noção e categorias. – No cerne do comércio electrónico está a contratação electrónica[495]. Nela se com-

---

[494] É nítida a filiação da regra referida no texto na doutrina firmada pelo Tribunal de Justiça das Comunidades Europeias, há mais de vinte e cinco anos, no acórdão *Cassis de Dijon*: também aí se submeteu a aplicabilidade das disposições do Estado-Membro de destino de mercadorias oriundas de outro Estado-Membro, das quais resultavam restrições à sua livre circulação na Comunidade Europeia, à condição de as mesmas serem necessárias a fim de satisfazer «exigências imperativas» atinentes, nomeadamente, à eficácia de controlos fiscais, à protecção da saúde pública, à lealdade das transacções comerciais e à defesa dos consumidores (cfr. o acórdão de 20 de Fevereiro de 1979, *Rewe-Zentral AG c. Bundesmonopolverwaltng für Branntwein*, proc. n.° 120/78, *CJTJ*, 1979, I, pp. 327 ss.).

[495] Ver sobre o tema, na doutrina portuguesa: Inocêncio Galvão Telles, *Manual dos Contratos em Geral*, 4.ª ed., 2002, pp. 151 ss.; José de Oliveira Ascensão, *Teoria geral do Direito Civil*, vol. II, Coimbra, 2003, pp. 472 ss.; *idem*, «Contratação electrónica», *in* AAVV, *Direito da Sociedade da Informação*, vol. IV, Coimbra, 2003, pp. 43 ss.; Carlos Ferreira de Almeida, *Contratos*, vol. I, 2.ª ed., Coimbra, 2003, pp. 137 ss.; A. G. Lourenço Martins/J. A. Garcia Marques/Pedro Simões Dias, *Cyberlaw em Portugal. O direito das tecnologias da informação e comunicação*, s/l, 2004, pp. 253 ss. Na literatura estrangeira, destaquem-se: José Antonio Gómez Segade (director), *Comercio electrónico en Internet*, Madrid/Barcelona, 2001, pp. 263 ss.; Christiane Bierekoven, *Der Vertragsabschluss via Internet im internationalen Wirtschaftsverkehr*, Colónia, etc., 2001, pp. 21 ss.; Carlos Barriuso Ruiz, *La contratación electrónica*, 2.ª ed., Madrid, 2002; Pedro de Miguel Asensio, *Derecho Privado de Internet*, 3.ª ed., Madrid, 2002, pp. 333 ss.; Philippe le Tourneau, *Contrats informatiques et électroniques*, 2.ª ed., Paris, 2002; Mathias Terlau *et al.*, *in* Hans-Werner Moritz/Thomas Dreier, *Rechts-Handbuch zum E-Commerce*, Colónia, 2002, pp. 346 ss.; Norman Thot/Marc Gimmy, *in* Detlef Kröger/Marc Gimmy (orgs.), *Handbuch zum Internetrecht*, 2.ª ed., Berlim, etc., 2002, pp. 3 ss.; Andreas Wiebe, *in* Giorgios Gounalakis (org.), *Rechtshandbuch Electronic Business*, Munique, 2003, pp. 578 ss.; e Karl Larenz/Manfred Wolf, *Allgemeiner Teil des Bürgerlichen Rechts*, 9.ª ed., Munique, 2004, pp. 583 ss.

preende, de acordo com o art. 24.º do D.L. n.º 7/2004, «todo o tipo de contratos celebrados por via electrónica ou informática, sejam ou não qualificáveis como comerciais».

Trata-se, pois, de contratos que se distinguem dos demais em razão do *meio* pelo qual são concluídos. Com eles não se confundem os que têm por *objecto* bens ou serviços informáticos, ditos *contratos informáticos*, dos quais nos ocuparemos noutro lugar do curso[496].

Na contratação electrónica é possível distinguir duas categorias fundamentais de contratos: os contratos electrónicos *stricto sensu* e a chamada *contratação automatizada.*

Os primeiros são aqueles em que os meios electrónicos operam como puros meios de comunicação: a sua única especialidade é a circunstância de as declarações de vontade que os integram serem transmitidas electronicamente.

A segunda corresponde ao que no art. 33.º do citado diploma se denomina «contratação sem intervenção humana» (contemporânea da conclusão do contrato, bem entendido), na qual o computador participa na produção da própria declaração negocial[497].

b) Princípios informadores. – Sobre esta matéria, estabelece o art. 9.º, n.º 1, da Directiva Sobre o Comércio Electrónico que «[o]s Estados-Membros assegurarão que os seus sistemas legais permitem a celebração de contratos por meios electrónicos».

Em conformidade, declara o art. 25.º, n.º 1, do D.L. n.º 7/2004 que «[é] livre a celebração de contratos por via electrónica, sem que a validade ou eficácia destes seja prejudicada pela utilização deste meio»[498].

Pode, assim, dizer-se que obteve acolhimento entre nós o princípio geral da *liberdade de celebração de contratos por meios electrónicos.*

---

[496] *Infra*, n.º 9.4.

[497] Sobre o fenómeno, vejam-se: Paula Costa e Silva, «A contratação automatizada», *in* AAVV, *Direito da Sociedade da Informação*, vol. IV, Coimbra, 2003, pp. 289 ss.; David Festas, *A declaração negocial automatizada. Da sua natureza jurídica e do erro humano e defeito da máquina no seu processo de emissão e de transmissão*, Lisboa, 2003 (polic.); e Larenz/Wolf, ob. cit., p. 585.

[498] O n.º 2 do mesmo preceito exceptua, no entanto, à regra do n.º 1 os negócios jurídicos familiares e sucessórios, os que exijam a intervenção de entes que exerçam poderes públicos, os reais imobiliários, com excepção do arrendamento, e os de caução e garantia, quando não se integrarem na actividade profissional de quem as presta.

228 *Problemática internacional da sociedade da informação*

Agora pergunta-se: quais as particularidades de regime a que tais contratos se encontram sujeitos? Em especial: que efeitos produz a declaração negocial emitida por via electrónica e qual o valor probatório do documento electrónico em que se contenha essa declaração?

A respeito da validade formal das declarações negociais feitas por meios electrónicos, estabelece o art. 26.º, n.º 1, do D.L. n.º 7/2004 que «[a]s declarações emitidas por via electrónica satisfazem a exigência legal de forma escrita quando contidas em suporte que ofereça as mesmas garantias de fidedignidade, intelegibilidade e conservação».

É o *princípio da equivalência funcional*, que a Lei-Modelo da CNUDCI, de 1996, também acolhe[499]: a forma electrónica é considerada bastante sempre que permita realizar as mesmas finalidades que as exigências legais respeitantes, nomeadamente, à redução de documentos a escrito, à assinatura destes e à apresentação de um documento original. Por força desse princípio, valerá como declaração escrita a declaração negocial expressa em caracteres e registada num suporte informático (*v.g.* o disco rígido de um computador) que permita a sua conservação e posterior leitura por um ser humano, ainda que por intermédio de uma máquina.

A propósito da força probatória dos documentos electrónicos, a principal dificuldade que se suscita consiste em saber se estes fazem prova plena quanto às declarações neles atribuídas aos seus autores, à imagem do que sucede relativamente aos documentos particulares assinados sempre que a assinatura seja considerada verdadeira – seja porque foi reconhecida ou não impugnada pela parte a quem foi oposto o documento, seja porque

---

[499] Neste sentido, dispõe o art. 6, n.º 1, desse texto: «Where the law requires information to be in writing, that requirement is met by a data message if the information contained therein is accessible so as to be usable for subsequent reference». E acrescenta o art. 7, n.º 1: «Where the law requires a signature of a person, that requirement is met by a data message if: (a) a method is used to identify that person and to indicate that person's approval of the information contained in the data message; and (b) that message is as reliable as was appropriate for the purpose for which the data message was generated or communicated, in the light of all the circumstances, including any relevant agreement». Por seu turno, diz o art. 8, n.º 1: «Where the law requires information to be presented or retained in its original form, that requirement is met by a data message if: (a) there exists a reliable assurance as to the integrity of the information from the time when it was first generated in its final form, as a data message or otherwise; and (b) where it is required that information be presented, that information is capable of being displayed to the person to whom it is presented». Sobre estes preceitos, veja-se Anna Lisa Marconi, «La legge modello UNCITRAL sul commercio elettronico», *Dir. Comm. Int.*, 1997, pp. 137 ss. (pp. 141 ss.).

Parte II – Conteúdos a Leccionar 229

foi objecto de um reconhecimento notarial –; ou se, ao invés, são livremente apreciados pelo julgador, segundo a convicção que a seu respeito houver formado. A dúvida nasce, como é bom de ver, da circunstância de tais documentos serem insusceptíveis de assinatura autógrafa (*hoc sensu*, aposta pelo próprio punho do seu autor).

Vale nesta matéria o preceituado no art. 3.°, n.° 2, do D.L. 290-D/99, de 2 de Agosto, nos termos do qual «[q]uando lhe seja aposta uma assinatura electrónica qualificada certificada por uma entidade credenciada, o documento electrónico com o conteúdo referido no número anterior tem a força probatória de documento particular assinado, nos termos do artigo 376.° do Código Civil». Ou seja, o documento electrónico legível faz prova plena quanto às declarações atribuídas ao seu autor, sem prejuízo da arguição e prova da sua falsidade, desde que esteja assinado por aquele através de uma *assinatura electrónica qualificada certificada* por uma entidade credenciada nos termos do D.L. 290-D/99[500].

Preceitua ainda o n.° 2 do art. 26.° do D.L. n.° 7/2004 que «[o] documento electrónico vale como documento assinado quando satisfizer os requisitos da legislação electrónica e certificação». A este respeito, diz art. 7.°, n.° 1, do D.L. n.° 290-D/99 que «a aposição de uma assinatura electrónica qualificada a um documento electrónico equivale à assinatura autógrafa dos documentos com forma escrita sobre suporte de papel».

O documento electrónico é, pois, *equiparado* ao documento assinado quando lhe seja aposta a dita *assinatura electrónica qualificada*.

c) ***Problemática internacional.*** – A consagração dos referidos princípios consubstancia um inequívoco progresso sob o ponto de vista da segurança no tráfico jurídico.

Tais princípios não podem, todavia, dizer-se universalmente aceites; pelo que assume a maior relevância a determinação do Direito aplicável aos contratos concluídos por meios electrónicos; e importa ainda determinar o tribunal competente para apreciar os litígios deles emergentes.

Estas questões revestem-se de inegável melindre, fruto da circunstância de os contratos em apreço serem geralmente celebrados à distância, entre partes estabelecidas ou domiciliadas em países diferentes, cujos lugares de estabelecimento ou domicílio não são verificáveis pela contra-

---

[500] Sobre o que deve entender-se por assinatura electrónica qualificada, veja-se *infra*, n.° 9.6.

230 *Problemática internacional da sociedade da informação*

parte dada a natureza do meio utilizado e o relativo anonimato por este possibilitado. Não raro, trata-se, além disso, de contratos concluídos através de sítios Internet, que constituem simultaneamente suportes publicitários e estabelecimentos «virtuais» a que o adquirente de bens ou serviços acede por sua própria iniciativa, mas cuja localização no espaço pode suscitar as maiores dificuldades.

À solução dada aos referidos problemas está associada a distribuição de um risco económico: o risco da lei aplicável e do tribunal competente. Dela pode depender, por isso, a maior ou menor adesão dos agentes económicos ao comércio electrónico e, por conseguinte, o desenvolvimento deste.

d) Direito aplicável. Escolha pelas partes. – A faculdade de as partes escolherem o Direito aplicável aos contratos obrigacionais encontra-se, como é sabido, expressamente consagrada no art. 3.°, n.° 1, da Convenção de Roma de 1980 Sobre a Lei Aplicável às Obrigações Contratuais.

Uma vez que no Anexo à Directiva Sobre o Comércio Electrónico, assim como no art. 6.°, alínea *e)*, do D.L. n.° 7/2004, se ressalva expressamente essa faculdade, deve entender-se que ela se estende aos contratos celebrados por meios electrónicos.

Tem-se colocado a respeito destes a questão do sentido e alcance dessa faculdade e, em particular, da admissibilidade de uma autonomia mais vasta na eleição do Direito aplicável a tais contratos.

Com efeito, há quem sustente, em face do referido preceito da Convenção de Roma, que as partes poderiam subtrair o contrato a qualquer lei e submetê-lo unicamente a códigos de conduta elaborados por associações comerciais, profissionais ou de consumidores, a colectâneas extra-estaduais de princípios jurídicos[501] ou a usos mercantis – em suma, à *lex electronica*, ou *lex informatica*, que constituiria um sector da denominada *lex mercatoria*[502].

---

[501] Como os *Unidroit Principles of International Commercial Contracts*, a que acima fizemos alusão: cfr. o n.° 5.6.

[502] Sobre esta última vejam-se, na doutrina portuguesa, o nosso *Da arbitragem comercial internacional*, Coimbra, 1990, pp. 134 ss., e ainda Rui de Moura Ramos, *Da lei aplicável ao contrato de trabalho internacional*, Coimbra, 1991, pp. 495 ss.; António Marques dos Santos, *As normas de aplicação imediata no Direito Internacional Privado*, vol. I, Coimbra, 1991, pp. 656 ss.; e Luís de Lima Pinheiro, *Contrato de empreendimento comum (joint venture) em Direito Internacional Privado*, Lisboa, 1998, pp. 561 ss. e 703 ss.

Esta tese, de que se fizeram eco primeiramente autores norte-americanos[503], mas que também teve repercussão na doutrina europeia[504], seria conforme à ideia de que o chamado «ciberespaço» é um meio subtraído à soberania legislativa dos Estados e a auto-regulação e a «deslocalização» das situações jurídicas nele constituídas consequências inelutáveis dessa sua característica.

Mas ela defronta-se com importantes objecções.

Por um lado, porque a sujeição dos contratos em apreço unicamente a regras de fonte extra-estadual, porventura associada à utilização de mecanismos de autotutela, como os mencionados dispositivos tecnológicos destinados a garantir os direitos contratuais dos prestadores de serviços da sociedade da informação, reforçaria perigosamente o controlo por estes exercido sobre a utilização de conteúdos informativos: as condições e a própria possibilidade dessa utilização ficariam fundamentalmente dependentes de determinações privadas, alheias à composição dos interesses em jogo levada a cabo pelos Direitos estaduais. A «deslocalização» conduziria, assim, paradoxalmente, a um maior cerceamento da liberdade individual[505].

Por outro, porque a tanto se opõem a letra do art. 3.°, n.° 1, da Convenção de Roma e a ponderação de interesses que lhe subjaz.

A letra do preceito, porque nele se refere como único objecto possível da escolha pelas partes uma lei, como tal apenas se podendo entender a ordem jurídica de um Estado e não quaisquer outras realidades normativas extra-estaduais.

Os interesses em jogo, porque se fosse possível subtrair o contrato à lei de qualquer Estado verificar-se-ia inevitavelmente um abaixamento da protecção conferida à parte mais fraca, que poderia ser imposto a esta mediante um contrato de adesão: poderiam as partes, por exemplo, num contrato de licença celebrado electronicamente entre um autor português e um provedor de serviços de Internet francês, relativo à colocação em rede, a partir de França, de uma obra do primeiro, excluir a aplicação quer da

---

[503] Cfr. *supra*, n.° 4.1.

[504] Admite a aplicação dos *Princípios Unidroit* aos litígios emergentes de relações constituídas através da Internet, em vez de qualquer Direito estadual, Katharina Boele-Woelki, «Internet und IPR: Wo geht jemand ins Netz?», *in* AAVV, *Völkerrecht und Internationales Privatrecht in einem sich globalisierenen internationalen System – Auswirkungen der Entstaatlichung transnationaler Rechtsbeziehungen*, Heidelberga, s/d, pp. 307 ss. (pp. 314 s.).

[505] Alerta para estes perigos, por exemplo, Lawrence Lessig, *Code and Other Laws of Cyberspace*, cit., pp. 206 ss.

232   *Problemática internacional da sociedade da informação*

regra do Código do Direito de Autor e dos Direitos Conexos que prevê a compensação suplementar ao autor (art. 49.°, n.° 1) quer da disposição do Código da Propriedade Intelectual francês que consagra a possibilidade de revisão do preço convencionado em caso de lesão (art. 131-5)[506].

Dir-se-á que as partes também podiam, no exemplo figurado, escolher a lei de um país que não previsse a compensação suplementar nem a revisão do preço por lesão.

Resta saber se semelhante escolha seria eficaz.

Julgamos que a tal se opõe a ausência de um interesse sério que a justifique. Este requisito não figura, decerto, no art. 3.° da Convenção de Roma; mas pode considerar-se implícito nele, à luz da ideia de que todo o direito se encontra restringido, no seu exercício, pelo seu fim, função social ou fundamento axiológico[507].

Ora, não parece que se conforme com esta exigência a escolha, para regular o contrato, da lei de um país sem qualquer conexão com a relação material litigada, ditada apenas pela circunstância de essa lei ser mais permissiva ou favorável aos interesses de uma das partes do que qualquer das leis objectivamente conexas com os factos. Tal escolha não obedece, com efeito, aos fins para que a ordem jurídica consagra a autonomia privada em Direito Internacional Privado: maior segurança das relações jurídicas plurilocalizadas mediante a prévia determinação da lei que lhes é aplicável e maior adequação da lei aplicável à correlação de interesses em jogo nessas relações[508].

Outra questão que pode colocar-se relevantemente a respeito da determinação da lei aplicável aos contratos em apreço prende-se com

---

[506] O abaixamento referido no texto verificar-se-ia no exemplo descrito mesmo que as partes elegessem os *Princípios Unidroit* como *lex contractus*: como a situação não cabe no conceito de *hardship* nem no de alteração de circunstâncias, no sentido em que os *Princípios* aludem a estes conceitos (*vide* os arts. 6.2.1 e seguintes), porque não ocorre aqui nenhuma alteração anormal de circunstâncias que tenha tornado mais onerosa a prestação de uma das partes ou diminuído o valor da sua contraprestação, mas apenas o surgimento *a posteriori* de uma desproporção entre os lucros do editor e os proventos do autor, devido à valorização da obra; sendo que, em todo o caso, a valorização da obra não é imprevisível, como postulam as cláusulas de *hardship*.

[507] Não é outro o pensamento que subjaz à proscrição do abuso de direito: a autonomia privada só é protegida pelo ordenamento jurídico enquanto instrumento de realização de funções socialmente úteis.

[508] Também Gerhard Kegel e Klaus Schurig entendem que a existência de um interesse atendível constitui um limite à faculdade de as partes escolherem a lei aplicável: cfr. *Internationales Privatrecht*, 9.ª ed., Munique, 2004, p. 653.

a validade formal das cláusulas pelas quais as partes procedam à eleição dessa lei.

É um problema que a Convenção de Roma submete à regra geral sobre a determinação da lei aplicável aos requisitos de forma a que se subordinam os contratos, que será examinada adiante.

De todo o modo, deve entender-se que vale pelo que respeita às cláusulas de escolha da lei aplicável constantes de contratos celebrados por meios electrónicos o disposto no art. 31.°, n.° 1, do D.L. n.° 7/2004 (correspondente ao art. 10.°, n.° 3, da Directiva 2000/31/CE), segundo o qual os termos contratuais e as cláusulas gerais devem ser sempre comunicados ao destinatário de maneira que este possa armazená-los e reproduzi-los.

e) Continuação. Direito supletivamente aplicável. – Na falta de escolha pelas partes, manda o art. 4.°, n.° 1, da Convenção de Roma aplicar aos contratos obrigacionais a lei do país com o qual o mesmo «apresente uma conexão mais estreita».

Essa lei «presume-se» ser, consoante os casos, a do domicílio, administração central ou estabelecimento do devedor da prestação característica, nos termos do art. 4.°, n.° 2 da Convenção (cuja justificação expusemos acima[509]); a do lugar da situação de um imóvel que o contrato tenha por objecto, segundo o n.° 3 do mesmo preceito (o qual pode ter certa importância, no domínio em apreço, pelo que respeita aos arrendamentos para fins de vilegiatura celebrados por meios electrónicos); ou, verificados determinados requisitos, a do estabelecimento principal do transportador, no contrato de transporte, de acordo com o n.° 4.

A aplicabilidade destas regras aos contratos celebrados por prestadores de serviços da sociedade da informação que se encontrem estabelecidos na Comunidade Europeia é, no entanto, limitada por força dos arts. 4.° e 5.° do D.L. n.° 7/2004, que são examinados noutro lugar deste curso.

Destes preceitos resulta que as regras de conflitos da Convenção de Roma não se aplicam aos contratos concluídos electronicamente por prestadores de serviços da sociedade da informação, pelo menos quando estes se encontrem estabelecidos na Comunidade Europeia.

Mas as regras da Convenção já serão aplicáveis aos serviços prestados *offline* na base de um contrato concluído por troca de mensagens de correio electrónico ou através de um sítio Internet. Dada a grande fre-

---

[509] Ver *supra*, n.° 9.2.

234 *Problemática internacional da sociedade da informação*

quência com que estas transacções hoje ocorrem, deve concluir-se que, não obstante os arts. 4.º e 5.º do D.L. n.º 7/2004, é muito vasta a relevância das regras de conflitos da Convenção de Roma em matéria de comércio electrónico.

Na aplicação do art. 4.º, n.º 2, da Convenção de Roma neste domínio tem especial interesse a questão de saber quem deve ser tido por devedor da prestação característica nos contratos de licença de utilização de bens intelectuais (informáticos ou outros).

A este respeito, importa distinguir consoante o beneficiário da licença se obriga ou não a realizar certa prestação típica (*v.g.* a reproduzir, distribuir ou vender exemplares do bem em questão, a pô-lo à disposição do público, etc.). Na hipótese afirmativa, supomos que aquela condição pertencerá a este sujeito, pois são estas formas de utilização da obra que caracterizam o contrato, conferindo-lhe individualidade jurídica.

Se, ao invés, o beneficiário da licença se limitar a pagar o preço exigido pela utilização do bem, não parece que possa ser caracterizado como devedor da prestação característica, cabendo antes essa qualidade ao licenciante[510].

A respeito do art. 4.º, n.º 2, importará ainda ter presente que a localização dos meios técnicos utilizados pelo devedor da prestação característica – nomeadamente o servidor em que se encontra alojado o seu sítio Internet – não é, por si só, suficiente a fim de determinar o lugar da situação do seu estabelecimento (consoante, aliás, dispõem o art. 2.º, alínea *c)*, da Directiva Sobre o Comércio Electrónico e o art. 4.º, n.º 2, do D.L. n.º 7/2004)[511].

De salientar, por último, que as presunções consignadas nos n.os 2 a 4 do art. 4.º da Convenção de Roma não são admitidas sempre que o contrato apresente uma conexão mais estreita com outro país (n.º 5); o que pode ocorrer, *inter alia*, quando o devedor da prestação característica, ainda que de facto estabelecido em certo país (desconhecido da contraparte), dirija a sua actividade empresarial exclusivamente para certo

---

[510] Neste sentido nos pronunciámos no estudo «Lei aplicável à responsabilidade pela utilização ilícita de obras disponíveis em redes digitais», *in Direito Internacional Privado. Ensaios*, vol. I, Coimbra, 2002, pp. 145 ss. (p. 165). Veja-se também a demais bibliografia aí citada.

[511] Assim também Christiane Bierekoven, *Der Vertragsabschluss via Internet im internationalen Wirtschaftsverkehr*, Colónia, etc., 2001, p. 325; e Thomas Pfeiffer, *in* Giorgios Gounalakis (org.), *Rechtshandbuch Electronic Business*, Munique, 2003, p. 380.

Parte II – Conteúdos a Leccionar 235

país, cuja língua oficial e moeda são as únicas utilizadas na respectiva página *web*[512].

f) Continuação. A relevância das normas internacionalmente imperativas. – Demos conta anteriormente de algumas disposições convencionais e legais que permitem aos Estados, em situações excepcionais, restringir os fluxos transfronteiras de dados pessoais e de serviços da sociedade da informação.

Estão neste caso o art. 12.°, n.° 3, da Convenção Para a Protecção das Pessoas Relativamente ao Tratamento Automatizado de Dados de Carácter Pessoal, aberta à assinatura em Estrasburgo a 28 de Janeiro de 1981, e o art. 7.° do D.L. n.° 7/2004, de 7 de Janeiro, que tem correspondência com o art. 3.°, n.° 4, da Directiva 2000/31/CE.

Todos esses preceitos prevêem, com efeito, a possibilidade de serem adoptadas certas disposições, de carácter administrativo ou legislativo, restritivas da livre circulação da informação através das fronteiras, tendo em vista proteger determinados interesses públicos ou da parte mais fraca na relação jurídica, *maxime* o consumidor[513].

O mesmo objectivo fundamental preside às disposições convencionais que prescrevem a adopção pelos Estados das medidas legislativas necessárias a fim de serem qualificadas como infracções penais a colocação em rede e a transmissão com o auxílio de sistemas informáticos de certo tipo de conteúdos, como a pornografia infantil[514]; e bem assim às regras comunitárias sobre a aplicação efectiva dos direitos intelectuais[515].

A essas disposições – das quais resultam inevitavelmente significativas restrições à autonomia privada – poderão ser reconhecidos efeitos, sob certas condições, na disciplina jurídica dos contratos internacionais celebrados por meios electrónicos, ainda que estes se achem sujeitos, por via das regras de conflitos anteriormente examinadas, a uma lei diversa da

---

[512] Neste sentido José Carlos Fernández Rozas/Sixto Sánchez Lorenzo, *Derecho Internacional Privado*, 3.ª ed., Madrid, 2004, p. 478.

[513] Sobre o tema, veja-se Peter Mankowski, «Behördliche Eingriffe und grenzüberschreitende Online-Dienste», *in* Stefan Leible (org.), *Die Bedeutung des Internationalen Privatrechts im Zeitalter der neuen Medien*, Estugarda, etc., 2003, pp. 51 ss.

[514] Haja vista, por exemplo, ao art. 9 da Convenção sobre o cibercrime, celebrada em Budapeste a 23 de Novembro de 2001 e assinada, entre outros países, por Portugal (disponível em http://conventions.coe.int).

[515] Cfr. a Directiva 2004/48/CE, de 29 de Abril de 2004, relativa ao respeito dos direitos de propriedade intelectual.

236   *Problemática internacional da sociedade da informação*

do Estado ou dos Estados em que tais disposições vigorem. Estas podem, nessa medida, ser qualificadas como *internacionalmente imperativas* ou, de acordo com a terminologia que tem igualmente sido utilizada entre nós, *de aplicação necessária ou imediata.*

Da eficácia destas normas em matéria de obrigações contratuais se ocupa, no Direito vigente, o art. 7.º da Convenção de Roma, que distingue a este respeito as normas do Estado do foro das de terceiros Estados[516].

As primeiras devem, de acordo com o n.º 2 desse preceito, ser aplicadas sempre *regulem imperativamente* o caso concreto, qualquer que seja a lei aplicável ao contrato; sendo que a aplicabilidade imperativa dessas disposições ao caso *sub judice* tanto pode resultar de uma regra de conflitos unilateral como ser inferida do seu objecto e fins específicos.

A respeito das normas homólogas de outros ordenamentos jurídicos, prevê-se, no n.º 1 do art. 7.º, a *possibilidade*, mas não a obrigatoriedade, de lhes ser dada prevalência. Para tanto, é, em todo o caso, necessário que a situação apresente uma *conexão estreita* com o país de que tais regras dimanam; e que, de acordo com a lei desse país, as disposições em causa sejam aplicáveis qualquer que seja a lei reguladora do contrato. Além disso, há que tomar em consideração a natureza e o objecto das disposições, assim como as consequências da sua aplicação e da sua não aplicação.

Relativamente a esta última regra estabeleceu o nosso país uma reserva, ao abrigo do art. 22.º, n.º 1, alínea *a)*, da Convenção de Roma. Esta, porém, não parece ser impeditiva da atribuição de efeitos pelos tribunais portugueses às normas em questão, sempre que tal seja reclamado pelos princípios gerais do Direito Internacional Privado vigente.

De todo o modo, no âmbito da Comunidade Europeia carecem as regras imperativas em apreço de ser aplicadas, consoante o salientou o Tribunal de Justiça em várias decisões recentes[517], sem prejuízo injustificado para as liberdades de circulação de mercadorias e de prestação de serviços

---

[516] Acerca desse preceito, que não podemos examinar aqui desenvolvidamente, veja--se o nosso *Da responsabilidade pré-contratual em Direito Internacional Privado*, cit., pp. 657 ss., e a demais bibliografia aí citada.

[517] Ver, designadamente, os acórdãos de 23 de Novembro de 1999, *in CJTJ*, 1999--I, pp. 8498 ss. (caso *Arblade*), e de 25 de Outubro de 2001, *in CJTJ*, 2001-I, pp. 7831 ss. (caso *Finalarte*). Sobre o ponto, consulte-se, com mais referências, Rui de Moura Ramos, «O Tribunal de Justiça das Comunidades Europeias e a teoria geral do Direito Internacional Privado. Desenvolvimentos recentes», *in* AAVV, *Estudos em homenagem à Professora Doutora Isabel de Magalhães* Collaço, Coimbra, 2002, vol. I, pp. 431 ss. (pp. 460 ss.).

consignadas no Tratado de Roma. O que implica que, a fim de os órgãos nacionais de aplicação do Direito lhes poderem conferir efeitos em situações em que esteja em causa o exercício daquelas liberdades, será necessário que isso se justifique por *razões de interesse geral* e que o mesmo interesse não se encontre salvaguardado por disposições *funcionalmente equivalentes* a que o respectivo destinatário esteja submetido no Estado-Membro em que se encontra estabelecido. Pode, nesta medida, afirmar-se que os princípios jurídicos que visam assegurar a consecução do *mercado interno* restringem a aplicabilidade das disposições internacionalmente imperativas do país de destino dos produtos ou serviços nele postos em circulação.

g) Continuação. Lei reguladora da formação e validade substancial do contrato. – A formação e a validade substancial dos contratos são submetidas pelo art. 8.°, n.° 1, da Convenção de Roma à hipotética lei reguladora da substância dos mesmos, i. é, a lei que será chamada a reger os efeitos obrigacionais do contrato se este tiver sido validamente celebrado.

Assim, a fim de saber, por exemplo, se a oferta de produtos ou serviços em linha constitui uma proposta contratual ou um convite a contratar, haverá que consultar, nas hipóteses não abrangidas pelo D.L. n.° 7/2004, a lei designada pelos arts. 3.° ou 4.° da Convenção.

Propicia-se deste modo um estatuto contratual único, em ordem a evitar o surgimento das antinomias normativas a que o chamado *dépeçage* pode dar lugar.

A aplicação da lei da substância à formação do contrato sofre, porém, uma restrição, prevista no art. 8.°, n.° 2, da Convenção. Submete-se aí a determinação do valor de um comportamento como declaração negocial, cumulativamente com a lei referida no número anterior, à lei da residência habitual do sujeito a quem esse comportamento for imputável, se em face das circunstâncias não for razoável que o valor do mesmo seja aferido pela lei da substância.

Procura-se deste modo evitar que a uma pessoa possa ser imputada uma declaração negocial se não era esse o alcance da sua conduta ou omissão segundo a lei com cuja aplicação normalmente podia ou devia contar: a que vigora no país da sua residência habitual.

O preceito em apreço constitui, nesta medida, uma consagração do princípio da tutela da confiança nas situações plurilocalizadas.

Suponha-se, para exemplificar, que *A*, com sede num país estrangeiro, oferece no seu sítio Internet determinados serviços, que *B*, residente

238 *Problemática internacional da sociedade da informação*

em Portugal, lhe encomenda electronicamente. *A* acusa pela mesma via a recepção da ordem de encomenda. De acordo com a lei de *A*, o contrato considera-se, por hipótese, concluído nesse momento, ficando *ipso facto* ambas as partes vinculadas a ele. Em Portugal, como vimos, vigora a regra segundo a qual a encomenda só se torna definitiva com a confirmação do destinatário, dada na sequência do aviso de recepção, reiterando a ordem emitida. *B* não confirma a encomenda, julgando assistir-lhe o *direito de confirmação* consagrado nesta regra. Se aplicássemos à formação do contrato a lei de *A*, por ser esta a lei reguladora da substância do contrato caso ele se formasse validamente, como resulta do n.º 1 do art. 8.º, *B* ter-se-ia vinculado à encomenda, ainda que isso fosse contrário à sua natural expectativa. O art. 8.º, n.º 2, da Convenção previne semelhante resultado, desde que se demonstre que ele não seria razoável, submetendo a questão à lei do país da residência habitual da parte cuja declaração estiver em causa.

h) Continuação. Lei reguladora da forma do contrato. – Pelo que respeita aos problemas suscitados pela determinação da lei reguladora da forma dos contratos obrigacionais concluídos por meios electrónicos, há que atender, na falta de uma regra de conflitos especial, ao disposto no art. 9.º da Convenção de Roma[518].

Nos termos do n.º 1 desse preceito, «[u]m contrato celebrado entre pessoas que se encontram no mesmo país é formalmente válido desde que preencha os requisitos de forma prescritos pela lei reguladora da substância, aplicável por força da presente Convenção ou da lei do país em que foi celebrado».

A remissão assim feita para a *lex loci celebrationis* suscita, pelo que respeita aos contratos concluídos por meios electrónicos, o problema da determinação desse lugar.

Nesta matéria, havemos de partir, na falta de regras especiais, das que servem de base à fixação do momento de celebração do contrato, cuja adequação à determinação do lugar da celebração caberá depois apreciar.

São bem conhecidas as divergências que opõem os sistemas jurídicos nacionais quanto a este ponto: enquanto uns fazem coincidir o momento da celebração dos contratos entre ausentes com a expedição da declaração

---

[518] Cfr., sobre o ponto, Pietro Maria di Giovanni, «Il contratto concluso mediante computer alla luce della convenzione di Roma sulla legge applicabile alle obbligazioni contrattuali del 19 giugno 1980», *Dir. Comm. Int.*, 1993, pp. 581 ss. (pp. 605 ss.).

Parte II – Conteúdos a Leccionar

de aceitação, outros mandam atender para o mesmo efeito à sua recepção, e outros ainda ao seu conhecimento pelo proponente[519].

A essas divergências somam-se agora as respeitantes ao momento juridicamente relevante de recepção da declaração formulada por via electrónica, o qual tanto pode ser o da sua recepção na caixa de correio electrónico do destinatário (não raro exterior ao equipamento de acesso à rede utilizado por esse sujeito) como o da sua recepção no equipamento terminal do destinatário.

Não havendo uma regra convencional uniforme sobre a matéria, haverá que atender ao que dispõe sobre a matéria o Direito nacional.

Ora, o art. 6.º, n.º 1, do D.L. n.º 290-D/99 estabelece que «[o] documento electrónico comunicado por um meio de telecomunicações considera-se enviado e recebido se for transmitido para o endereço electrónico definido por acordo das partes e neste recebido».

Por força deste preceito, não será exigível, a fim de que uma declaração constante de documento electrónico produza efeitos, que este último seja disposto no terminal do destinatário: basta que tenha sido *recebido* no equipamento do prestador de serviços em que são armazenadas as mensagens dirigidas àquele sujeito[520].

Na mesma linha de orientação, dispõe o art. 29.º, n.º 4, do D.L. n.º 7/2004 que o prestador satisfaz o dever de acusar a recepção se enviar a comunicação para o endereço electrónico que foi indicado ou utilizado pelo destinatário do serviço.

Ora, a referida regra do D.L. n.º 290-D/99 será certamente relevante para a fixação do *momento* da celebração do contrato; mas parece-nos inservível para a determinação do *lugar* dessa celebração.

É que o equipamento referido pode mudar de localização sem que qualquer das partes disso tenha consciência. Se essa localização fosse relevante para os efeitos em apreço, o *locus celebrationis* tornar-se-ia completamente aleatório.

---

[519] Ver, para mais desenvolvimentos, o nosso *Da responsabilidade pré-contratual em Direito Internacional Privado*, cit., pp. 575 ss.

[520] Neste sentido se pronuncia também Paula Costa e Silva, «Transferência electrónica de dados: a formação dos contratos (O novo regime jurídico dos documentos electrónicos)», *in* AAVV, *Direito da Sociedade da Informação*, vol. I, Coimbra, 1999, pp. 201 ss. (p. 226). A mesma solução é preconizada perante o Direito holandês por Henk Snijders, «The moment of effectiveness of e-mail notices», *in* Henk Snijders/Stephen Weatherill (orgs.), *E-commerce Law: National and Transnational Topics and Perspectives*, Haia/Londres/Nova Iorque, 2003, pp. 79 ss.

240   *Problemática internacional da sociedade da informação*

A este problema procurou obviar a *Lei-Modelo da CNUDCI sobre o comércio electrónico*, que se ocupa da matéria no art. 15.°.

Aí se estabelece que o *momento da expedição* de uma mensagem de dados (*data message*) – *hoc sensu,* «a informação gerada, enviada, recebida ou arquivada ou comunicada por meios electrónicos, ópticos ou similares» (art. 2, alínea *a)*) – é o da sua entrada num sistema informático fora do controlo daquele que a originou; o momento da sua *recepção*, em princípio, aquele em que a mensagem entra no sistema informático escolhido pelo destinatário. Mas os *lugares da expedição e da recepção* fixam-se na base de outros critérios: a primeira presume-se ocorrida no lugar onde o expedidor tem o seu estabelecimento; a segunda, no do estabelecimento do destinatário. Tendo qualquer das partes mais do que um estabelecimento, releva aquele que tiver a conexão mais estreita com a relação subjacente ou, na falta desta, o estabelecimento principal. Se qualquer das partes não tiver estabelecimento, atende-se para este efeito ao lugar da sua residência habitual[521].

Verifica-se, assim, que as reservas há muito formuladas na doutrina nacional contra uma transposição mecânica das regras de Direito interno sobre o momento em que se tem o contrato por celebrado a fim de deter-

---

[521] É seguinte o texto integral da disposição em causa: «(1) Unless otherwise agreed between the originator and the addressee, the dispatch of a data message occurs when it enters an information system outside the control of the originator or of the person who sent the data message on behalf of the originator. (2) Unless otherwise agreed between the originator and the addressee, the time of receipt of a data message is determined as follows: (a) if the addressee has designated an information system for the purpose of receiving data messages, receipt occurs: (i) at the time when the data message enters the designated information system; or (ii) if the data message is sent to an information system of the addressee that is not the designated information system, at the time when the data message is retrieved by the addressee; (b) if the addressee has not designated an information system, receipt occurs when the data message enters an information system of the addressee. (3) Paragraph (2) applies notwithstanding that the place where the information system is located may be different from the place where the data message is deemed to be received under paragraph (4). (4) Unless otherwise agreed between the originator and the addressee, a data message is deemed to be dispatched at the place where the originator has its place of business, and is deemed to be received at the place where the addressee has its place of business. For the purposes of this paragraph: (a) if the originator or the addressee has more than one place of business, the place of business is that which has the closest relationship to the underlying transaction or, where there is no underlying transaction, the principal place of business; (b) if the originator or the addressee does not have a place of business, reference is to be made to its habitual residence. (5) The provisions of this article do not apply to the following: [...]».

Parte II – Conteúdos a Leccionar   241

minar o lugar da sua celebração[522] ganham acrescida razão de ser no domínio da contratação electrónica: a especificidade do meio reforça a necessidade de uma regra autónoma.

Vem justamente ao encontro destas preocupações a proposta de modificação do art. 9.º da Convenção de Roma elaborada pelo Grupo Europeu de Direito Internacional Privado, segundo a qual os actuais n.ºs 1 e 2 dessa disposição seriam substituídos pela seguinte fórmula:

> «Un contrat est valable quant à la forme s'il satisfait aux conditions de forme de la loi qui le régit au fond en vertu de [la présente convention], de la loi du pays où se trouve l'une ou l'autre des parties au moment de sa conclusion ou de la loi du pays de la résidence habituelle de l'une d'elles au même moment.»[523]

i) Tribunal competente. Interesses em jogo. – Na determinação do tribunal competente aos litígios emergentes de contratos concluídos por meios electrónicos, debatem-se fundamentalmente três ordens de interesses.

Desde logo, os dos fornecedores de produtos e serviços em linha, aos quais convém a atribuição de competência aos tribunais do país onde se encontrem estabelecidos (*hoc sensu*, o *país de origem* desses produtos ou serviços), em ordem a minimizarem os riscos e custos da sua participação no comércio electrónico transfronteiras[524].

Em contraponto a estes, avultam os interesses dos adquirentes desses produtos e serviços (em especial os consumidores), os quais depõem no sentido da atribuição de competência aos tribunais do país do respectivo

---

[522] Ver Isabel de Magalhães Collaço, *Da compra e venda em Direito Internacional Privado*, vol. I, *Aspectos fundamentais*, Lisboa, 1954, pp. 238 ss.

[523] Cfr. Groupe Européen de Droit International Privé, *Treizième réunion. Vienne, 19-21 septembre 2003. Réponse au Livre vert de la Commission sur la transformation de la Convention de Rome en instrument communautaire ainsi que sur sa modernisation* (disponível em http://www.drt.ucl.ac.be/gedip), p. 20, onde se aduz em abono daquela proposta: «lorsque le contrat est conclu par une simple pression sur la souris d'un ordinateur, il est sans doute possible de déterminer l'ordinateur émetteur, mais il ne l'est pas de localiser dans l'espace cet ordinateur au moment de l'émission. Il faut donc, tant du moins que l'on continue d'utiliser pour la forme des actes la méthode du conflit de lois, déterminer une localisation subsidiaire de la personne qui émet une déclaration de volontés».

[524] Veja-se, neste sentido, o *policy statement* da Câmara de Comércio Internacional, intitulado *Jurisdiction and applicable law in electronic commerce*, Paris, 2001 (disponível em http://www.iccwbo.org).

242 *Problemática internacional da sociedade da informação*

domicílio (que é também, regra geral, o *país de destino* dos mesmos produtos ou serviços)[525].

A estes acrescem interesses públicos. O comércio electrónico foi, com efeito, há muito percebido pelos Estados como uma fonte de estímulos ao crescimento económico[526]. Importará, por isso, evitar que os regimes legais impeçam o seu crescimento. Concomitantemente, interessa, porém, aos Estados preservar algum grau de controlo sobre a informação disponível no seu território e sobre os produtos e serviços neles comercializados, em ordem a evitar que certas proibições legais (*v.g.* de venda de determinadas categorias de produtos ou de prestação de certos serviços) sejam contornadas por via do oferecimento desses produtos ou serviços em rede. Daqui pode resultar, em matéria de comércio electrónico, um reconhecimento com maior amplitude da competência dos tribunais do Estado do foro.

Examinaremos nesta rubrica do curso os problemas suscitados pela aplicação do regime comum da competência internacional aos comtratos celebrados por meios electrónicos. Para outro lugar ficará reservada a análise da competência internacional em matéria de contratos celebrados por consumidores através da Internet, a respeito da qual os referidos interesses podem reclamar uma diferente valoração[527].

j) Continuação. Escolha pelas partes do tribunal competente. – Entre as regras de competência constantes do Regulamento (CE) n.º 44/2001 figura a do art. 23.º, n.º 1 (correspondente ao art. 17.º, § 1.º, das Convenções de Bruxelas e de Lugano), nos termos do qual se admite que as partes, das quais pelo menos uma se encontre domiciliada no território de um Estado-Membro, atribuam competência a um tribunal ou aos tribunais de

---

[525] Cfr. Bureau Européen des Unions de Consommateurs, *Réponse au questionnaire de la Commission concernant le projet de Convention de la Conférence de la Haye sur la compétence judiciaire*, Bruxelas, 2002 (disponível em http://www.beuc.org), p. 2.

[526] Haja vista, por exemplo, ao preâmbulo da Directiva Sobre o Comércio Electrónico, onde se lê que «[o] desenvolvimento do comércio electrónico na sociedade da informação faculta oportunidades importantes de emprego na Comunidade, particularmente nas pequenas e médias empresas, e irá estimular o crescimento económico e o investimento na inovação por parte das empresas europeias e pode igualmente reforçar a competitividade da indústria europeia, contanto que a internet seja acessível a todos» (considerando 2).

[527] Cfr. *infra*, n.º 9.5.

um Estado-Membro para decidir quaisquer litígios que tenham surgido ou que possam surgir de determinada relação jurídica.

Esse pacto de jurisdição deve, nos termos do mesmo preceito, ser celebrado por escrito ou verbalmente com confirmação escrita, em conformidade com os usos que as partes estabeleceram entre si ou, no comércio internacional, em conformidade com os usos que neste sejam amplamente conhecidos e regularmente observados pelas partes em contratos do mesmo tipo, no ramo comercial considerado.

Para este efeito, o art. 23.°, n.° 2, do Regulamento equiparou o pacto de jurisdição celebrado por meios electrónicos aos pactos escritos, ao dispor que «qualquer comunicação por via electrónica que permita um registo duradouro do pacto equivale à "forma escrita"».

Pode ver-se no art. 2.°, alínea *f)*, da Directiva 2002/65/CE, do Parlamento Europeu e do Conselho, de 23 de Setembro de 2002, relativa à comercialização à distância de serviços financeiros prestados a consumidores[528], a seguinte definição do conceito de «suporte duradouro», que deve ser tomada em consideração na interpretação daquele preceito do Regulamento (CE) n.° 44/2001: «qualquer instrumento que permita ao consumidor armazenar informações que lhe sejam pessoalmente dirigidas, de um modo que, no futuro, lhe permita um acesso fácil às mesmas durante um período de tempo adequado aos fins a que as informações se destinam e que permita a reprodução inalterada das informações armazenadas». Será este o caso, por exemplo, do disco rígido de um computador.

Parece não oferecer dúvidas que os contratos concluídos mediante a troca de mensagens de correio satisfazem o aludido requisito. Menos evidente é a situação dos contratos celebrados através de sítios Internet[529]. Sempre, porém, que tais contratos possam ser impressos ou reproduzidos na memória de um equipamento terminal, ou que as condições neles estipuladas sejam objecto de confirmação por via de uma mensagem de correio electrónico, afigura-se-nos que o aludido requisito deve ser considerado satisfeito.

Uma regra ditada pelo mesmo objectivo fundamental figura agora no art. 3, alínea *c)*, do anteprojecto de Convenção da Haia Sobre os Acordos Exclusivos de Eleição de Foro, de 2004, nos termos do qual «un accord exclusif d'élection de for doit être conclu ou confirmé: i) par écrit; ii) par

---

[528] *In JOCE*, n.° L 271, de 9 de Outubro de 2002, pp. 16 ss.

[529] Cfr. Rainer Hausmann, *in* Christoph Reithmann/Dieter Martiny (orgs.), *Internationales Vertragsrecht*, 6.ª ed., Colónia, 2004, p. 2081, n. 4.

244 *Problemática internacional da sociedade da informação*

tout autre moyen de communication qui rende l'information accessible pour être consultée ultérieurement»[530].

A faculdade de escolha do tribunal competente acha-se também consignada no art. 99.° do Código de Processo Civil, embora em moldes um tanto diversos. Este preceito não se ocupa, no entanto, da validade dos pactos de jurisdição celebrados por meios electrónicos. Quando a questão da validade formal desses pactos se encontre sujeita ao Direito português, valerão, por isso, relativamente a eles as regras gerais que entre nós disciplinam a forma das declarações emitidas por via electrónica, atrás examinadas. Destas resulta a admissibilidade, desde que observadas as condições nelas enunciadas, da celebração por via electrónica de tais pactos.

l) Continuação. Regras subsidiárias. – Na falta de escolha pelas partes do tribunal competente, intervêm as regras de competência subsidiárias.

Entre estas avulta a que atribui competência aos tribunais do Estado-Membro do domicílio do réu (*actor sequitur forum rei*), consignada no art. 2.°, n.° 1, do Regulamento (CE) n.° 44/2001 (bem como nas disposições correspondentes das Convenções de Bruxelas e de Lugano) e no art. 65.°, n.° 1, alínea *a)*, do Código de Processo Civil.

Em matéria contratual, o art. 5.°, n.° 1, do Regulamento e das Convenções e o art. 74.°, n.° 1, do Código atribuem competência concorrente ao tribunal do país onde foi ou deva ser cumprida a obrigação em questão.

De acordo com o Regulamento, considera-se como tal, na falta de convenção em contrário, no caso de venda de bens, o lugar onde, nos termos do contrato, os bens foram ou devam ser entregues; e no caso de prestação de serviços, o lugar onde, nos termos do contrato, os serviços foram ou devam ser prestados.

Na falta de um pacto atributivo de jurisdição, os tribunais portugueses serão, pois, competentes, em alternativa, se o réu tiver domicílio em território português ou se se situar em Portugal o lugar onde foi ou deva ser cumprida a obrigação em causa.

A aplicação de ambas as regras à contratação electrónica suscita problemas delicados.

---

[530] Ver, sobre esse preceito, Masato Dogauchi/Trevor C. Hartley, *Preliminary Draft Convention on Exclusive Choice of Court Agreements*, p. 19.

A primeira, porque a conclusão de contratos pela Internet pode fazer-se, em determinados casos, sem que as partes revelem o seu domicílio, ou indicando um domicílio falso, o que dificulta ou inviabiliza o funcionamento da regra. A tutela da confiança reclama, nestas hipóteses, que se admita a competência concorrente dos tribunais do domicílio fictício[531]. De todo o modo, o problema é minorado pela Directiva Sobre o Comércio Electrónico, cujo art. 5.º, n.º 1, alíneas *a)* e *b)*, exige que os prestadores de serviços da sociedade da informação facultem aos destinatários dos seus serviços e às autoridades competentes um acesso fácil, directo e permanente, entre outras informações, ao seu nome e ao endereço geográfico em que se encontram estabelecidos; exigência essa que o art. 10.º, n.º 1, do D.L. n.º 7/2004 acolhe nas suas alíneas *a)* e *b)*.

A segunda, porque quando os bens ou serviços em causa devam ser prestados através de uma rede electrónica de comunicações pode também colocar-se pertinentemente a dúvida sobre qual o país onde a execução do contrato é devida. Será este, por exemplo, o país onde se situa o servidor em que se encontra alojada a base de dados através da qual é disponibilizada certa informação a uma das partes? Ou será antes o país onde se encontra o terminal de computador a partir do qual o utente da rede acede a essa informação? Como é bom de ver, qualquer destes países pode não possuir uma *conexão efectiva* com a relação material litigada: basta, para tanto, que o servidor ou o terminal de acesso se situem num país diverso do da sede, estabelecimento ou domicílio das partes[532]. O reconhecimento de competência aos tribunais de qualquer desses países será, em tais casos, inadequado à luz da ideia de *proximidade* em que se fundam os aludidos preceitos do Regulamento e do Código português. Deve, em todo o caso, atender-se ao que as partes houverem convencionado a este respeito.

Aos factores de competência referidos acresce, nos termos do art. 5.º, n.º 5, do Regulamento e das Convenções, o *foro da sucursal*: segundo aqueles preceitos, nos litígios relativos à exploração de uma sucursal, de uma agência ou de qualquer outro estabelecimento, a acção pode igualmente ser proposta perante o tribunal do lugar da sua situação. Solução esta que encontra também acolhimento no art. 65.º, n.º 2, do Código português.

---

[531] Assim Alfonso Calvo Caravaca/Javier Carrascosa González, *Conflictos de leyes y conflictos de jurisdicción en Internet*, Madrid, 2001, p. 40.

[532] Cfr. Calvo Caravaca/Carrascosa González, ob. cit., p. 53.

246   *Problemática internacional da sociedade da informação*

Na interpretação daqueles primeiros preceitos, há-de ter-se presente a definição autónoma dos referidos conceitos, formulada pelo Tribunal de Justiça das Comunidades Europeias ao abrigo da sua competência interpretativa da Convenção de Bruxelas.

Ora, segundo o Tribunal, o seu preenchimento pressupõe «a existência de um centro de operações, que se manifesta exteriormente, de forma duradoura, como o prolongamento da casa-mãe, dispondo de uma direcção e encontrando-se materialmente apto a negociar com terceiros, de tal forma que estes, embora sabendo que as suas eventuais relações jurídicas se estabelecem com a casa-mãe, estão dispensados de se dirigir directamente a esta, podendo celebrar negócios com o centro operativo que constitui o seu prolongamento»[533].

Não constitui, assim, uma sucursal ou estabelecimento, para este efeito, a mera disponibilidade em certo país dos equipamentos informáticos de que o devedor se socorre na celebração do contrato ou na execução da sua prestação.

9.4. Contratos informáticos. a) Noção e categorias. – Por contratos informáticos entendemos aqueles que têm por objecto os bens corpóreos ou incorpóreos que possibilitam o tratamento automático de informação, a sua colocação em rede e a prestação de serviços relacionados com esse tratamento e colocação[534].

Conceptualmente, tais contratos não se confundem com os celebrados por meios informáticos, ou electrónicos, a que aludimos anterior-

---

[533] Veja-se o acórdão de 22 de Novembro de 1978, caso *Somafer c. Saar-Fernagas*, *in CJTJ*, 1978, pp. 2183 ss.

[534] Cfr., sobre esse conceito, Armindo Ribeiro Mendes, «Contratos informáticos», *Legislação – Cadernos de Ciência e Legislação*, Outubro/Dezembro 1993, pp. 83 ss.; Javier Carrascosa González, «Contratos en el sector audiovisual e informático», *in* Alfonso Calvo Caravaca/Luis Fernández de la Gándara (directores)/Pilar Blanco-Morales Limones (coordenadora), *Contratos internacionales*, Madrid, 1997, pp. 1644 ss. (p. 1710); António Pinto Monteiro, «A responsabilidade civil na negociação informática», *in* AAVV, *Direito da Sociedade da Informação*, vol. I, Coimbra, 1999, pp. 229 ss. (p. 230); André Lucas/Jean Devèze/Jean Frayssinet, *Droit de l'informatique et de l'Internet*, Paris, 2001, p. 480; Philippe le Tourneau, *Contrats informatiques et électroniques*, 2.ª ed., Paris, 2002, pp. 3 s.; Inocêncio Galvão Telles, *Manual dos Contratos em Geral*, 4.ª ed., Coimbra, 2002, p. 153; José de Oliveira Ascensão, *Direito Civil. Teoria geral*, vol. II, 2.ª ed., Coimbra, 2003, p. 473; e A. G. Lourenço Martins/J. A. Garcia Marques/Pedro Simões Dias, *Cyberlaw em Portugal. O direito das tecnologias da informação e comunicação*, s/l, 2004, pp. 187 ss.

Parte II – Conteúdos a Leccionar

mente[535]. Mas o mesmo contrato pode, evidentemente, subsumir-se a ambas as categorias, se nele se conjugarem a utilização, na sua conclusão, de um meio informático e a incidência sobre um objecto da mesma natureza.

Na *praxis* contratual vêm ganhando autonomia diversos tipos de contratos informáticos. Entre eles sobressaem os contratos de fornecimento de *hardware* e *software*; as licenças de *software*, pelas quais uma das partes adquire, contra o pagamento de uma remuneração, o direito de utilizar, sob certas condições, um programa informático; os contratos relativos à produção e exploração de obras e produtos multimédia, que a doutrina vem autonomizando dos programas informáticos; e os contratos de prestação de serviços de armazenagem e transporte de informação em rede.

b) Questões que suscitam no comércio internacional. – Boa parte dos contratos em apreço tem carácter internacional: a integração económica e o advento das redes abertas de comunicações electrónicas favoreceu ao mais alto grau a circulação dos bens e serviços informáticos através das fronteiras.

Suscitam-se quanto a esses contratos, tal como a respeito dos demais que examinámos anteriormente, as questões da lei aplicável e do tribunal competente para julgar os litígios deles emergentes. É, por conseguinte, destas questões que se tratará na presente rubrica do curso.

Relativamente à primeira, haverá que atender, sempre que os contratos em apreço sejam celebrados por meios electrónicos, ao disposto nos arts. 4.º a 7.º do D.L. n.º 7/2004, e, subsidiariamente, na Convenção de Roma de 1980.

Se, porém, se tratar de contratos informáticos celebrados com consumidores, serão aplicáveis, com primazia sobre aquele diploma legal, as regras constantes do art. 5.º da Convenção de Roma, do D.L. n.º 446/85, de 25 de Outubro (na medida em que tais contratos sejam celebrados por adesão, consoante sucede nas licenças ditas *shrink wrap*, em que o licenciado adere às condições contratuais previamente elaboradas pelo licenciante de um programa informático mediante a abertura do invólucro em que se contém o respectivo suporte físico), e do art. 11.º do D.L.

---

[535] Os segundos são, como sugere Olivier Cachard (cfr. *La régulation internationale du marché électronique*, Paris, 2002, pp. 117 s.), *contrats par l'électronique*; os primeiros, *contrats sur l'électronique*.

248 *Problemática internacional da sociedade da informação*

n.º 67/2003, de 8 de Abril, relativo à venda de bens de consumo, que analisaremos adiante[536].

Já pelo que respeita aos contratos informáticos celebrados *offline* valem exclusivamente as regras constantes da Convenção de Roma e daqueloutros diplomas legais.

Ora, quanto à determinação da lei aplicável a estes contratos na falta de escolha pelas partes podem suscitar-se algumas dificuldades particulares, que cumpre examinar aqui. Pergunta-se, em especial, qual o devedor da *prestação característica* nesses contratos.

Esta prestação é, como referimos atrás, aquela que confere individualidade ao contrato e que permite subsumi-lo sob certo tipo legal ou social. Sendo assim, ela pode variar consoante o tipo de contrato informático em causa.

Supomos que nos contratos de fornecimento de *hardware* a referida qualidade pertencerá ao fornecedor, seja ele vendedor ou locador dos equipamentos em causa. E nos contratos de fornecimento de *software* dito *à medida* (entre nós reconduzíveis à empreitada) será também o fornecedor a parte que detém essa condição. Analogamente, nos contratos de licença de uso de *software* o prestador característico será em geral o licenciante. Já nos contratos pelos quais uma das partes ceda à outra direitos de exclusivo sobre determinadas formas de utilização de programas informáticos de que seja titular, assumindo a contraparte específicas obrigações no tocante, por exemplo, à exploração comercial desses bens ou ao seu desenvolvimento, é admissível que seja o licenciado o prestador característico[537]. Tudo depende, como é bom de ver, do que for estipulado pelas partes.

No tocante à competência internacional, relevam também aqui, na falta de regras especiais, as que constam dos preceitos do Código de Processo Civil, das Convenções de Bruxelas e de Lugano e do Regulamento (CE) n.º 44/2001 acima examinados, assim como dos que respeitam aos contratos celebrados por consumidores, dos quais se cuidará a seguir.

9.5. Contratos de consumo celebrados através da Internet. a) Preliminares. – O comércio electrónico suscita, pelo que respeita aos contra-

---

[536] Ver *infra*, n.º 9.5.

[537] Neste sentido também Thomas Hoeren, *Grundzüge des Internetrechts*, 2.ª ed, Munique, 2002, p. 183.

tos de consumo, a questão de saber qual o grau de protecção de que nele devem beneficiar os consumidores.

Três ordens de soluções se afiguram possíveis para essa questão.

A primeira consiste em assegurar aos consumidores, neste domínio, uma *protecção equivalente* à de que gozam nas outras formas de comércio[538]. Dir-se-á, neste sentido, que a tecnologia utilizada na contratação não afecta as necessidades de tutela jurídica que se fazem sentir nas situações concretas da vida, pelo que, embora os regimes legais possam variar em função daquela, os juízos de valoração de interesses que lhes subjazem não são por ela afectados.

A segunda traduz-se em conferir aos consumidores que adquiram produtos ou serviços por via electrónica uma *protecção superior* àquela de que usufruem quando o façam por outra via. A novidade do meio, a abundância dos bens oferecidos em rede, o risco de precipitação nas escolhas feitas, etc., deporiam neste sentido.

A terceira consiste em *restringir* a aplicabilidade ao comércio electrónico das normas de protecção dos consumidores. Em abono dela pode invocar-se que o paradigma tradicional do Direito do Consumo, assente na existência, por um lado, de um desequilíbrio económico e social entre o fornecedor de bens ou serviços e o seu adquirente, e, por outro, de uma desigualdade de informação, que pode afectar a formação da vontade de contratar por parte do consumidor, não corresponde à situação com que deparamos nos contratos de consumo celebrados por meios electrónicos, *maxime* através da Internet. Nestes, não raro o fornecedor de bens ou serviços é uma micro-empresa, que apenas dispõe de um endereço electrónico e de uma organização rudimentar. Por outro lado, as assimetrias de informação seriam em alguma medida atenuadas neste domínio pela circunstância de os consumidores obterem mais facilmente a informação de que necessitam acerca dos produtos e serviços oferecidos em linha, *maxime* no tocante aos preços praticados, mediante a comparação dos diferentes sítios onde esses produtos e seviços são anunciados.

A aplicabilidade aos contratos de consumo celebrados por meios electrónicos das regras de protecção do consumidor vigentes é ainda fonte de outros problemas de cariz mais específico.

---

[538] Ver, neste sentido, a Resolução do Conselho de 19 de Janeiro de 1999 sobre os aspectos relativos ao consumidor na sociedade da informação, *JOCE*, n.º C 23, de 28 de Janeiro de 1999, pp. 1 ss.

250 Problemática internacional da sociedade da informação

Entre estes incluem-se os que se prendem com a identificação do consumidor como tal pela contraparte, a determinação da autenticidade das declarações por ele emitidas por via electrónica, a fixação do momento e do lugar a partir do qual essas declarações foram feitas, a disciplina dos erros de introdução de dados aquando da celebração do contrato e a repartição do risco de indisponibilidade dos produtos ou serviços encomendados.

Vários destes problemas são hoje objecto de regras especiais na lei portuguesa – *maxime* as que constam do D.L. n.º 143/2001, de 26 de Abril, que transpõe para a ordem jurídica interna a Directiva n.º 97/7/CE, do Parlamento Europeu e do Conselho, de 20 de Maio, relativa à protecção dos consumidores em matéria de contratos celebrados à distância, e do D.L. n.º 7/2004, que transpõe a Directiva Sobre o Comércio Electrónico –, às quais não é alheia certa opção quanto à questão de fundo acima colocada.

Aí se consagram imperativamente, em benefício do consumidor, entre outras, a exigência da prestação pelo seu co-contratante de certas *informações prévias* à celebração do contrato (arts. 4.º do D.L. n.º 143/ /2001 e 28.º do D.L. n.º 7/2004); o dever de enviar um *aviso de recepção* da ordem de encomenda feita por via electrónica, salvo quando haja imediata prestação em linha do produto ou serviço (art. 29.º, n.ºs 1 e 2, do D.L. n.º 7/2004); o requisito de uma confirmação da encomenda pelo seu destinatário a fim de que esta se torne definitiva (*ibidem*, n.º 5); e o direito de *livre resolução do contrato* dentro de certo prazo (art. 6.º do D.L. n.º 143/2001)[539].

As soluções acolhidas nestas regras estão, no entanto, longe de uma consagração generalizada: basta ver, por exemplo, que a aludida confirmação da encomenda pelo consumidor não é exigida pela Directiva 2000/31/CE e entre as legislações dos Estados-Membros da Comunidade Europeia só a francesa, se bem cuidamos, lhe atribui efeito semelhante.

Pelo que também nesta matéria assume crucial importância a determinação do Direito aplicável, assim como do tribunal competente.

---

[539] Para uma análise do regime legal anterior à publicação do D.L. n.º 7/2004, vejam-se: Alexandre Dias Pereira, «A protecção do consumidor no quadro da Directiva Sobre o Comércio Electrónico», *in Estudos de Direito do Consumidor*, n.º 2, 2000, pp. 43 ss.; e Elsa Dias Oliveira, *A protecção dos consumidores nos contratos celebrados através da Internet*, Coimbra, 2002, especialmente pp. 49 ss.

Parte II – Conteúdos a Leccionar 251

*b) **Direito aplicável. Regras de conflitos relevantes.*** – A protecção do consumidor nos contratos internacionais é hoje assegurada, entre nós, por diversos preceitos: o art. 5.° da Convenção de Roma de 1980 Sobre a Lei Aplicável às Obrigações Contratuais; o art. 23.° do D.L. n.° 446/85, de 25 de Outubro, que institui o regime jurídico das cláusulas contratuais gerais, transpondo a Directiva 93/13/CEE, do Conselho, de 5 de Abril de 1993, relativa às cláusulas abusivas nos contratos celebrados com os consumidores; e o art. 11.° do Decreto-Lei n.° 67/2003, de 8 de Abril, que transpõe a Directiva 1999/44/CE do Parlamento Europeu e do Conselho, de 25 de Maio de 1999, sobre certos aspectos da venda de bens de consumo e das garantias a ela relativas.

No tocante à comercialização à distância de serviços financeiros prestados a consumidores, há ainda que atender ao disposto nos arts. 3.°, n.° 4, e 12.°, n.° 2, da Directiva 2002/65/CE, do Parlamento Europeu e do Conselho, de 23 de Setembro de 2002, relativa a essa matéria[540], que deverá ser transposta para a ordem jurídica interna até 9 de Outubro de 2004.

Estabelecem-se naqueles preceitos diversos limites ao funcionamento das regras de conflitos comuns, em particular ao princípio da autonomia da vontade[541]. Vejamo-los sucintamente.

O n.° 1 do art. 5.° da Convenção de Roma delimita o universo dos contratos a que se refere, dispondo que o que nele se estabelece vale para os contratos que tenham por objecto o fornecimento de bens móveis corpóreos ou de serviços a uma pessoa – o consumidor – para uma finalidade que possa ser considerada estranha à sua actividade profissional, bem como aos contratos destinados ao financiamento desse fornecimento.

A disposição em apreço aplica-se, pois, aos fornecimentos de bens móveis corpóreos e de serviços, bem como aos financiamentos desses fornecimentos, feitos a *consumidores em sentido estrito*[542], i. é, a pessoas que adquiram tais bens ou serviços para fins alheios à sua actividade profissional. Ela não inclui no seu escopo, por conseguinte, os fornecimentos de

---

[540] Publicada no *JOCE*, n.° L 271, de 9 de Outubro de 2002, pp. 16 ss.

[541] Sobre o tema, *vide* o nosso estudo «Lei reguladora dos contratos de consumo», *in* AAVV, *Estudos do Instituto de Direito do Consumo*, vol. II, Coimbra, 2004, pp. 75 ss. (pp. 79 ss.), e a demais bibliografia aí citada.

[542] Cfr. sobre este conceito João Calvão da Silva, *Responsabilidade civil do produtor*, Coimbra, 1990, p. 59.

252 *Problemática internacional da sociedade da informação*

bens e serviços feitos para consumo do próprio adquirente na sua actividade profissional – solução que, aliás, não é imune à crítica, pois em muitos casos as razões que justificam a existência de um regime especial para os consumidores *stricto sensu* valem também para os profissionais que adquirem bens de consumo destinados à actividade que desenvolvem enquanto tais.

O preceito em análise procura garantir ao consumidor um *standard* mínimo de protecção: aquele que lhe é conferido pelas disposições imperativas da lei da sua residência habitual, o qual não pode ser derrogado pelas partes através da escolha de uma lei diferente.

É o que resulta do n.º 2, nos termos do qual «[n]ão obstante o disposto no art. 3.º, a escolha pelas Partes da lei aplicável não pode ter como consequência privar o consumidor da protecção que lhe garantem as disposições imperativas da lei do país em que tenha a sua residência habitual».

Repare-se que não se proíbe a escolha da lei aplicável (permitida pelo art. 3.º da Convenção) nem se manda aplicar, quando as partes escolham a lei aplicável, a totalidade das disposições da lei referida neste preceito, mas tão-só aquelas dentre essas disposições que confiram ao consumidor uma protecção superior à da lei escolhida. Por isso se nos afigura que o *favor consumatoris* consignado neste preceito se reconduz à garantia a esse sujeito de uma *protecção mínima*.

A aplicação das disposições imperativas da lei da residência habitual do consumidor tem lugar, quando tiver sido escolhida outra lei, sempre que as mesmas consagrem em benefício desse sujeito um grau de protecção mais elevado do que aquele que decorre da lei reguladora do contrato; o que pressupõe uma comparação (a *Günstigkeitsvergleich* de que falam os autores germânicos), a empreender pelo julgador previamente à aplicação da regra de conflitos, e pode ter como consequência a aplicação aos contratos de consumo com carácter internacional de um *regime compósito*, resultante da combinação de preceitos extraídos de diferentes leis.

A insegurança que este sistema inevitavelmente implica é o preço da difícil conciliação dos princípios da autonomia privada e da protecção da parte mais fraca, que a Convenção procura levar a cabo.

Contudo, a aplicação das normas de protecção da lei do país da residência habitual do consumidor não tem lugar em todo e qualquer caso. Ela apenas ocorre quando se verifiquem certas condições, enunciadas nos parágrafos subsequentes do n.º 2 do art. 5.º, a saber: *a)* ter a celebração do contrato sido precedida, nesse país, de uma proposta que foi especialmente

Parte II – Conteúdos a Leccionar

dirigida ao consumidor ou de um anúncio publicitário e ter o consumidor executado nesse país todos os actos necessários à celebração do contrato; *b)* ter a outra parte ou o respectivo representante recebido o pedido do consumidor nesse país; ou *c)* consistindo o contrato numa venda de mercadorias, ter-se o consumidor deslocado a um país diverso do da sua residência habitual e aí feito o pedido, desde que a viagem tenha sido organizada pelo vendedor com o objectivo de o incitar a comprar.

No fundo, o sujeito que se visa proteger não é qualquer consumidor, mas tão-só aquele a que se tem chamado o *consumidor passivo*[543], i. é, o consumidor que, a fim de adquirir bens ou serviços, não sai do país onde habitualmente reside (no qual é procurado pelo fornecedor), ou só sai dele no âmbito de uma viagem organizada pelo próprio fornecedor com o objectivo de incitá-lo a consumir.

Se as partes não tiverem escolhido a lei aplicável, aplica-se, nos termos do n.º 3 do art. 5.º, a lei do país da residência habitual do consumidor, desde que se verifiquem as circunstâncias referidas no n.º 2 do mesmo artigo. Afasta-se assim a regra geral, constante do art. 4.º da Convenção.

A regra do n.º 3 do art. 5.º justifica-se por dois motivos.

Em primeiro lugar, quando se verifiquem as circunstâncias referidas no n.º 2 desse preceito, dado o *enraizamento* do contrato de consumo no país da residência habitual do consumidor, a aplicação da lei deste país é conforme com o princípio da conexão mais estreita enunciado no n.º 1 do art. 4.º e com a salvaguarda das legítimas expectativas dos interessados.

Em segundo lugar, essa solução permite evitar a manipulação dos elementos de conexão referidos no n.º 2 do art. 4.º pelo co-contratante do consumidor em detrimento deste, sendo por isso conforme com o princípio da *protecção da parte mais fraca*.

O segundo dos preceitos acima mencionados – o art. 23.º do D.L. n.º 446/85 – limita-se a estabelecer que, sempre que o contrato celebrado por adesão apresente uma *conexão estreita* com o território português, se aplicam, independentemente da lei escolhida pelas partes a fim de regulá-lo, as proibições de certas cláusulas contratuais gerais nas relações com consumidores finais constantes da secção III do capítulo V desse diploma; se o contrato apresentar uma tal conexão com o território de outro Estado-

---

[543] Cfr. Dieter Martiny, «Europäisches Internationales Vertragsrecht – Erosion der Römischen Konvention?», *ZEuP*, 1997, pp. 107 ss. (p. 121); Kurt Siehr, *Internationales Privatrecht*, Heidelberga, 2001, p. 148; Alfonso Calvo Caravaca/Javier Carrascosa González (directores), *Derecho Internacional Privado*, vol. II, 5.ª ed., Granada, 2004, p. 578.

254 *Problemática internacional da sociedade da informação*

-Membro da Comunidade Europeia, aplicar-se-ão as normas correspondentes desse Estado, desde que o Direito local assim o determine.

Levanta-se, em face desse preceito, o problema de saber como concretizar o conceito de *conexão estreita* nele contido.

Supomos que para o efeito haverá que atender às regras de conflitos da Convenção de Roma, por forma a salvaguardar a *unidade da ordem jurídica*, que deve nortear toda a interpretação das regras jurídicas de fonte interna. Deve, assim, ter-se por verificada essa conexão com o território de um Estado-Membro da Comunidade quando a sua lei fosse designada pelo art. 5.º da Convenção.

Outro tanto se dirá a respeito do art. 11.º do citado Decreto-Lei n.º 67/2003[544] e do art. 12.º, n.º 2, da referida Directiva 2002/65/CE[545].

c) Continuação. Aplicabilidade do art. 5.º da Convenção de Roma. – Como vimos, os contratos de consumo não se encontram abrangidos pelas regras de Direito Internacional Privado contidas na Directiva 2000/31/CE e no diploma nacional de transposição desta, uma vez que ambos os excluem do seu âmbito de aplicação (a Directiva, no respectivo anexo; o D.L. n.º 7/2004, no art. 6.º, alínea f)).

Coloca-se, pois, a este propósito, a questão de saber se a regra de conflitos consignada no art. 5.º da Convenção de Roma é aplicável aos contratos celebrados por consumidores através da Internet com prestadores de serviços da sociedade da informação estabelecidos na Comunidade.

Importa considerar essa questão, em primeiro lugar, sob o ângulo do *âmbito de aplicação material* do preceito em causa.

Como vimos, o n.º 1 do art. 5.º delimita as situações a que se refere, dispondo que o que nele se estabelece vale para os contratos que tenham por objecto o fornecimento de bens móveis corpóreos ou de serviços a uma pessoa para uma finalidade estranha à sua actividade pro-

---

[544] Segundo o qual: «Se o contrato de compra e venda celebrado entre profissional e consumidor apresentar uma ligação estreita ao território dos Estados membros da União Europeia, a escolha, para reger o contrato, de uma lei de um Estado não membro que se revele menos favorável ao consumidor não lhe retira os direitos atribuídos pelo presente decreto-lei».

[545] Nos termos da qual: «Os Estados-Membros tomam as medidas necessárias para assegurar que o consumidor não perca a protecção que lhe é conferida pela presente directiva em caso de escolha da lei de um Estado terceiro como lei aplicável ao contrato, se este último tiver um vínculo estreito com o território de um ou mais Estados-Membros».

Parte II – Conteúdos a Leccionar

fissional, bem como para os contratos destinados ao financiamento desse fornecimento.

Esse preceito é, por conseguinte, aplicável aos contratos de prestação a consumidores de serviços da sociedade da informação. Cabem, por exemplo, no âmbito de aplicação dele os contratos de prestação a consumidores de serviços de acesso à rede e de transporte e armazenamento de informação[546].

Já as vendas a consumidores finais de exemplares de programas de computador *standard* fixados em suportes materiais (disquetes, CDs, etc.) parecem dever ter-se por compreendidas no âmbito de aplicação material do art. 11.º do D.L. n.º 63/2003. A analogia entre esta situação e aquela em que o programa é fornecido através de uma rede digital depõe no sentido de que também esta última se tenha por incluída no âmbito de aplicação desse preceito.

Agora pergunta-se: poderão as condições atinentes à *localização espacial do contrato* enunciadas nos três parágrafos do n.º 2 do art. 5.º considerar-se preenchidas em relação ao consumidor que adquire bens ou serviços através da Internet a um fornecedor estabelecido em país diverso do da sua residência habitual?

A questão tem suscitado larga controvérsia na doutrina[547].

---

[546] Neste sentido, veja-se Pedro de Miguel Asensio, *Derecho Privado de Internet*, 3.ª ed., Madrid, 2002, p. 518.

[547] Ver em sentido afirmativo, na doutrina portuguesa: Luís de Lima Pinheiro, «Direito aplicável aos contratos celebrados com consumidores», *ROA*, 2001, pp. 155 ss. (p. 162); Elsa Dias Oliveira, *A protecção dos consumidores nos contratos celebrados através da Internet*, Coimbra, 2002, pp. 232 ss. e 347; *idem*, «Contratos celebrados através da Internet», *in* Luís de Lima Pinheiro (coordenador), *Estudos de Direito Comercial Internacional*, vol. I, Coimbra, 2004, pp. 219 ss. (p. 229); *idem*, «Tutela do consumidor na Internet», *in* AAVV, *Direito da Sociedade da Infromação*, vol. V, Coimbra, 2004, pp. 335 ss. (p. 356); e António Marques dos Santos, «Direito aplicável aos contratos celebrados através da Internet e tribunal competente» *in* AAVV, *Direito da Sociedade da Informação*, vol. IV, Coimbra, 2003, pp. 107 ss. (p. 129). Na doutrina estrangeira, pronunciam-se favoravelmente à aplicação do disposto no art. 5.º da Convenção de Roma aos negócios celebrados por consumidores através da Internet: Peter Mankowski, «Das Internet im Internationalen Vertrags- und Deliktsrecht», *RabelsZ*, 1999, pp. 203 ss. (pp. 234 ss.) (referindo-se ao art. 29 da Lei de Introdução ao Código Civil alemão, que corresponde ao citado preceito da Convenção de Roma); e Brigitta Lurger, «Internationaler Verbraucherschutz im Internet», *in* Stefan Leible (org.), *Die Bedeutung des Internationalen Privatrechts im Zeitalter der neuen Medien*, Estugarda, etc., 2003, pp. 33 ss. (p. 43). *De jure condendo* no mesmo sentido, *Dicey and Morris on the Conflict of Laws*, 13.ª ed., por Lawrence Collins

256 *Problemática internacional da sociedade da informação*

Supomos deverem distinguir-se a este respeito diferentes categorias de situações.

A primeira corresponde àquela em que o consumidor adquire produtos ou serviços anunciados num sítio Internet, a que acede por sua iniciativa, «navegando» na rede.

A questão que então se põe é a de saber se existe analogia entre esta situação e aqueloutras a que o art. 5.°, n.° 2, da Convenção se reporta directamente.

Entre estas avulta, desde logo, a referida no 1.° parágrafo desse preceito, que alude à hipótese de o consumidor adquirir bens ou serviços depois de ter recebido no país da sua residência habitual um *anúncio publicitário* ou uma *proposta que lhe foi especialmente dirigida*.

Consideremos separadamente estas duas situações.

No tocante à primeira, dir-se-á que uma página da Internet pode inequivocamente constituir um anúncio publicitário para os efeitos do disposto no primeiro parágrafo do n.° 2 do art. 5.° da Convenção de Roma[548]. Trata-se, porém, de uma forma *sui generis* de publicidade, pois só acede a ela quem quiser: a página *web* não é geralmente *comunicada* aos consumidores, antes é *colocada à disposição do público*, podendo os consumidores aceder a ela, individualmente e a pedido, no momento e a partir do lugar que entenderem – o que muitas vezes fazem após terem comparado os preços e outras condições praticadas por aqueles que oferecem produtos ou serviços na rede[549]. A página *web* assemelha-se, por isso, muito

---

(General Editor) e outros, Londres, 2000, vol. II, pp. 1288 s. Mais reservados mostram-se: Herbert Kronke, «Applicable Law in Torts and Contracts in Cyberspace», *in* Katharina Boele-Woelki/Catherine Kessedjian (orgs.), *Internet. Which Court Decides? Which Law Applies?*, Haia/Londres/Boston, 1998, pp. 65 ss. (p. 83); André Bertrand/Thierry Piette-Coudol, *Internet et le droit*, 2.ª ed., Paris, 2000, pp. 30 s.; Alfonso Calvo Caravaca/Javier Carrascosa González, *Conflictos de Leyes y Conflictos de Jurisdicción en Internet*, Madrid, 2001, pp. 96 ss.; Thomas Hoeren, *Grundzüge des Internetrechts*, 2.ª ed., Munique, 2002, pp. 214 s.; M. Fallon/J. Meeusen, «Le commerce électronique, la directive 2000/31/CE et le droit international privé», *RCDIP*, 2002, pp. 435 ss. (p. 446); Jérôme Huet, «Le droit applicable dans les réseaux numériques», *in* Georges Chatillon (org.), *Le droit international de l'internet*, Bruxelas, 2002, pp. 71 ss. (p. 81); e Jan Kropholler, *Internationales Privatrecht*, 5.ª ed., Tubinga, 2004, p. 476.

[548] Vejam-se, a este propósito, o conceito de publicidade constante do art. 3.° do D.L. n.° 330/90, de 23 de Outubro, e a noção de «comunicação comercial» inserta no art. 2.°, alínea *f)*, da Directiva 2000/31/CE.

[549] Como vimos, também no Direito de Autor se distingue – com importantes consequências no tocante ao regime jurídico aplicável – entre a comunicação da obra ao

mais a um *estabelecimento comercial virtual* do que às formas comuns de publicidade. Nesta medida, não parece que possa, em rigor, considerar-se preenchida quanto a ela a previsão do art. 5.°, n.° 2, 1.° parágrafo[550].

Mais difícil de aferir é ocorrência, nas hipóteses em apreço, da segunda situação contemplada neste preceito: a formulação, no país do consumidor, de uma proposta que lhe foi especialmente dirigida. Primeiro, porque é variável nas legislações nacionais a definição dos requisitos de que depende qualificação da oferta de produtos ou serviços em rede como proposta contratual ou mero convite a contratar. Segundo, porque a própria verificação, em concreto, desses requisitos é de molde a suscitar as maiores dúvidas. Terceiro, porque é também muito duvidoso que uma página *web* se possa dizer «especialmente dirigida» a certo consumidor ou categoria de consumidores. Certo, pode certa página *web*, segundo a lei da residência habitual do consumidor, por isso que contém todos os elementos necessários para que o contrato fique concluído com a simples aceitação pelo consumidor, ser qualificada como proposta contratual. E pode até essa proposta, pela língua, pelas condições (*maxime* de preço) em que é formulada ou por ser acompanhada de um formulário que refere especificamente certo país, ser tida como «especialmente dirigida» ao consumidor em apreço. Ainda assim, não será inequívoco *onde* essa proposta foi feita. A nosso ver, a mera acessibilidade do sítio Internet em causa no país da residência habitual do consumidor não será, por via de regra, suficiente a fim de que se possa ter a proposta por formulada nesse país. Parece, assim, muito duvidoso que a segunda situação prevista no art. 5.°, n.° 2, 1.° §, se verifique em semelhantes casos.

Por outro lado, os contratos celebrados por consumidores através da Internet são por natureza contratos à distância. Por este motivo, também não parece que possa considerar-se preenchida na generalidade desses contratos a hipótese do 2.° parágrafo daquele preceito (i. é, ter a contraparte do consumidor ou o seu representante recebido o «pedido» deste no

---

público (que ocorre na radiodifusão) e a sua colocação à disposição do público (que tem lugar na difusão através da Internet). Cfr. *supra*, n.° 8.1.

[550] Neste sentido, aduzem André Bertrand e Thierry Piette-Coudol, ob. cit., pp. 26 s., «*[p]ersonne n'est brutalement jeté dans le monde virtuel constitué par l'Internet: on accede à celui-ci. La porte d'entrée sur cet espace est toujours franchie pour l'internaute. Celui-ci decide d'y pénétrer, puis d'y naviguer pour consulter les sites ou participer aux forums de son choix. L'internaute n'est pas un personage passif, il "surf" sur l'internet, à difference de l'auditeur qui se contente d'écouter la radio ou de regarder un émission de télévision dans son fauteuil*».

258 *Problemática internacional da sociedade da informação*

país da respectiva residência habitual), manifestamente pensado para contratos entre presentes[551].

No mesmo sentido depõe outro argumento. Se os contratos celebrados por consumidores através da Internet fossem sistematicamente submetidos à lei da residência habitual destes, ou às normas de protecção dos consumidores constantes dessa lei, as empresas que oferecem bens ou serviços em rede ficariam potencialmente sujeitas, no que diz respeito a esses contratos, às leis de todos os países do mundo onde existe acesso à rede. A execução de tais contratos tornar-se-ia muito onerosa para essas empresas, subvertendo-se a ponderação de interesses visada pelo art. 5.º da Convenção de Roma, que apenas submete à lei da residência habitual do consumidor os contratos celebrados por consumidores quando o fornecedor haja *assumido o risco* da aplicação daquela lei, ao *solicitar o consumidor* no país da sua residência.

Acresce que o art. 5.º da Convenção de Roma pressupõe em alguma medida a possibilidade de o co-contratante do consumidor *reconhecer* este último como tal e *determinar o país da sua residência habitual*; o que nem sempre será viável no que respeita aos contratos celebrados por meios electrónicos, visto que neles frequentemente não ocorre qualquer comunicação directa entre as partes e o endereço de correio electrónico fornecido pelo consumidor amiúde não permite identificar aquele país.

Numa segunda categoria de situações integram-se aquelas em que o contrato é celebrado na sequência da recepção pelo consumidor, no seu terminal de computador, de uma mensagem de correio electrónico não solicitada, contendo uma proposta ou um anúncio publicitário de certo bem ou serviço.

Em tais casos, é o fornecedor quem toma a iniciativa de procurar o consumidor. Eles aproximam-se, por isso, da previsão do art. 5.º, n.º 2. Por via deste preceito, os contratos de consumo celebrados nas circunstâncias descritas ficarão sujeitos às disposições imperativas da lei do país da residência habitual do consumidor.

Sempre que o disposto no art. 5.º da Convenção de Roma não for aplicável, os contratos celebrados por consumidores regem-se pela lei designada nos termos dos arts. 3.º e 4.º da Convenção.

Por força destes preceitos, os contratos de consumo celebrados através de sítios Internet estarão em princípio submetidos à lei escolhida pelas

---

[551] À mesma conclusão chega Thomas Pfeiffer, *in* Giorgios Gounalakis (org.), *Rechtshandbuch Electronic Business*, Munique, 2003, p. 400.

Parte II – Conteúdos a Leccionar

partes ou à do país da administração central ou do estabelecimento do co--contratante do consumidor.

Soluções que, como é bom de ver, não são fundamentalmente diversas das que se extraem da Directiva 2000/31/CE e do D.L. n.º 7/2004: também a Convenção de Roma acolheu em certa medida, no seu art. 4.º, n.º 2, a competência da *lex originis*.

A aplicabilidade aos contratos em apreço da lei designada por essas regras de conflitos não prejudica, evidentemente, a possibilidade de se atribuirem efeitos a disposições internacionalmente imperativas da *lex fori*, nos termos do disposto no art. 7.º, n.º 2, da Convenção, a que aludimos acima[552].

De acordo com este preceito, as regras de protecção dos consumidores vigentes nos Estados-Membros da Comunidade – *v.g.* as que constem das legislações nacionais que visem transpor a Directiva n.º 2000/31/CE – poderão ser aplicadas aos contratos celebrados por consumidores domiciliados na Comunidade com prestadores de serviços da sociedade da informação nela estabelecidos, *maxime* quando haja sido escolhida para reger esses contratos a lei de um terceiro país.

d) Continuação. Perspectivas de reforma. – As soluções acima apontadas para o problema da lei aplicável aos contratos celebrados por consumidores através da Internet são as que se nos afiguram corresponderem à aplicação neste domínio específico do critério de repartição do risco de sujeição a uma lei estrangeira subjacente ao disposto no art. 5.º da Convenção de Roma.

Não é, porém, de excluir que, no quadro de uma futura reforma deste instrumento internacional, seja alargado o âmbito das situações a que é aplicável a lei da residência habitual do consumidor; o que teria inevitáveis reflexos na determinação da lei aplicável aos contratos concluídos por consumidores por meios electrónicos[553].

---

[552] Cfr. *supra*, n.º 9.3.

[553] Veja-se o *Livro verde relativo à transformação da Convenção de Roma de 1980 sobre a lei aplicável às obrigações contratuais num instrumento comunitário e a sua modernização*, a já fizemos alusão acima, no n.º 5.3. Aí se coloca, entre outras questões, a de saber se as regras relativas à protecção do consumidor constantes da Convenção de Roma continuam a ser adequadas, nomeadamente à luz do desenvolvimento do comércio electrónico (p. 35).

260 Problemática internacional da sociedade da informação

Parece ser justamente aquele o propósito que anima a proposta de reformulação do art. 5.º da Convenção de Roma elaborada pelo *Grupo Europeu de Direito Internacional Privado*[554]. Aí se lê, com efeito:

«1. Le présent article s'applique aux contrats ayant pour objet la fourniture d'un bien mobilier ou immobilier ou d'un service à une personne, le consommateur, pour un usage pouvant être considéré comme étranger à son activité professionnelle, par une personne agissant dans l'exercice de son activité professionnelle.

2. La loi applicable en vertu des articles 3, 4 et 9 ne peut priver le consommateur de la protection que lui assurent les dispositions impératives de la loi du pays dans lequel il a sa résidence habituelle au moment de la conclusion du contrat, à moins que le fournisseur établisse qu'il ignorait le pays de cette résidence du fait du consommateur.

L'alinéa précédent n'est pas applicable:

a) lorsque le consommateur s'est rendu dans le pays du fournisseur et y a conclu le contrat, ou

b) lorsque le bien ou le service a été ou devait être fourni dans le pays où était situé l'établissement en charge de cette fourniture, à moins que, dans l'un ou l'autre cas, le consommateur ait été incité par le fournisseur à se rendre dans ledit pays en vue d'y conclure le contrat.»

Perante esta formulação, as disposições de protecção do consumidor constantes da lei da sua residência habitual passariam a prevalecer, regra geral, sobre as da lei escolhida, independentemente de a contraparte do consumidor ter assumido nos preliminares do contrato um comportamento que implicasse a assunção do risco da aplicação daquela lei, *v.g.*, solicitando o consumidor no país da sua residência. Só em hipóteses excepcionais seria aquela lei, por conseguinte, de aplicação integral; sendo que entre essas hipóteses não se incluem os contratos celebrados por intermédio de sítios Internet a que o consumidor haja acedido *sponte sua*. Caso esta formulação fosse adoptada, também nestes casos passaria, por conseguinte, a ter de atender-se àquelas disposições.

Uma técnica diversa foi seguida na Proposta de Regulamento do Conselho Sobre a Lei Aplicável às Obrigações Contratuais elaborada pelo *Max-Planck-Institut* para o Direito Privado Estrangeiro e o Direito

---

[554] Cfr. *Treizième réunion. Vienne, 19-21 septembre 2003. Réponse au Livre vert de la Commission sur la transformation de la Convention de Rome en instrument communautaire ainsi que sur sa modernisation* (disponível em http://www.drt.ucl.ac.be/gedip).

Internacional Privado[555], a qual visa também alargar o âmbito do art. 5.º, n.º 2, da Convenção de Roma a novas categorias de situações. Nela se dispõe:

> «Article 5 – Certain consumer contracts
>
> 1. This article applies to a contract concluded by a person («the consumer») for a purpose which can be regarded as being outside his trade or profession, and a person acting in the course of his trade or profession.
>
> 2. Notwithstanding the provisions of Article 3, a choice of law made by the parties shall not have the result of depriving the consumer of the protection afforded to him by the internally mandatory rules of the law of the country in which he has his habitual residence at the time of conclusion of the contract, if the contract has been concluded with a supplier who pursues commercial or professional activities in that state or, by any means, directs such activities to that state or to several states including that state and the contract falls into the scope of such activities.
>
> 3. Notwithstanding the provisions of Article 4, a contract to which this article applies shall, in the absence of choice in accordance with Article 3, be governed by the law of the country in which the consumer has his habitual residence if the supplier acts in the way described in paragraph 2 of this Article.
>
> [...].»

Em lugar de se prever a aplicação de princípio das normas imperativas da lei do país da residência habitual do consumidor, como sucede na proposta do *Grupo Europeu* anteriormente referida, a qual apenas lhe subtrai determinadas situações precisamente definidas, manda-se nestoutro texto aplicar aos contratos de consumo a lei designada pelas regras de conflitos comuns, admitindo-se todavia que essa lei seja derrogada por aquelas normas imperativas, ou pela lei do país do consumidor *in toto*, nas situações genericamente descritas nos n.ºs 2 e 3, as quais possuem um certo paralelismo com as previstas no art. 15.º do Regulamento (CE) n.º 44/2001, que examinaremos a seguir.

O projecto em causa apresenta, assim, maior flexibilidade, a qual tem como contrapartida alguma incerteza quanto ao Direito aplicável, resultante, como veremos adiante, da indeterminação do conceito de «dirigir actividades» consignado no n.º 2.

---

[555] Publicada na *RabelsZ*, 2003, pp. 1 ss.

262   *Problemática internacional da sociedade da informação*

e) Tribunal competente. Soluções possíveis. – Duas soluções fundamentais se oferecem quanto à determinação da competência internacional directa nos contratos celebrados por consumidores através de meios electrónicos: o reconhecimento dessa competência aos tribunais do *país de origem* dos produtos ou serviços disponíveis em rede e o acolhimento de idêntica solução em benefício dos tribunais do *país de destino* desses produtos e serviços.

A primeira solução é, sem dúvida, a mais favorável aos fornecedores de bens e serviços disponíveis na Internet, porquanto lhes proporciona a redução dos custos em que necessariamente incorrem a fim de se defenderem das acções contra si instauradas por aqueles a quem forneçam esses bens ou serviços e lhes permite gerir melhor os riscos inerentes à actuação em mercados externos, o que evidentemente confere maior previsibilidade à sua actividade empresarial.

A segunda é a mais favorável aos consumidores, pois evita que estes tenham de demandar os fornecedores de bens ou serviços defeituosos em país estrangeiro e lhes assegura, em princípio, a protecção que lhes conferem as disposições imperativas do Direito do país da sua residência habitual (no pressuposto, evidentemente, de que os tribunais locais sempre as tomarão em consideração na resolução dos litígios que lhes forem submetidos).

Cada uma destas soluções apresenta, por seu turno, certos inconvenientes.

A primeira, porque cria o risco de uma «corrida para o fundo» (*race to the bottom*), consistente em os provedores de serviços em rede se estabelecerem sistematicamente nos países cuja legislação seja mais permissiva, na expectativa de que os tribunais locais a apliquem sistematicamente quando julguem acções intentadas contra esses sujeitos.

A segunda, porque faz recair sobre as empresas que oferecem bens ou serviços na Internet – muitas das quais são pequenas ou médias empresas – o ónus de se defenderem das acções contra si instauradas pelos adquirentes de bens ou serviços que comercializem por essa via perante uma multiplicidade de jurisdições – porventura todas aquelas onde exista conexão à rede e a partir das quais, por conseguinte, os respectivos sítios Internet sejam acessíveis. Ónus esse que poderia produzir, como já tem sido notado, um «efeito de arrefecimento» (*chilling effect*) do comércio electrónico.

Surgiram, por isso, mormente na jurisprudência dos tribunais norte-americanos, soluções de compromisso (aplicáveis não apenas aos contratos de consumo, mas também a outras formas de actividade desenvolvidas através da Internet).

De acordo com uma delas, assente na distinção entre sítios Internet «passivos» e «interactivos», exclui-se a competência judiciária baseada na simples acessibilidade de um sítio Internet no Estado do foro, se esse sítio se limitar a veicular informação acerca dos bens ou serviços comercializados pelo seu titular (*hoc sensu*, se for um *sítio passivo*[556]). Já se o fornecedor desses bens ou serviços desenvolver a sua actividade empresarial através da Internet e celebrar contratos por via de um *sítio interactivo* com pessoas domiciliadas em outros Estados, justificar-se-á, pelo menos em certos casos, que os tribunais destes últimos sejam competentes a fim de julgarem os litígios deles emergentes[557]. Para tanto, será ainda necessário que a pretensão do autor resulte de actividades do réu relacionadas com o Estado do foro (*forum-related*) e que o exercício da jurisdição no caso concreto seja razoável[558].

Segundo outro ponto de vista, mais recente, a circunstância de um sítio Internet interactivo operado pelo réu ser acessível no Estado do domicílio do autor não sujeita, por si só, o primeiro à jurisdição dos tribunais do segundo[559]: exige-se ainda que o fornecedor de bens ou serviços em rede *vise especificamente* pessoas residentes no Estado do foro ou, noutra formulação, que *dirija intencionalmente a sua actividade, de forma substancial, para o Estado do foro*[560]. Nisto consiste o denominado *targeting approach*[561].

---

[556] Neste sentido, veja-se a sentença proferida pelo *United States District Court, W.D. Pennsylvania*, em 16 de Janeiro de 1997, no caso *Zippo Manufacturing Company v. Zippo Dot Com, Inc.*, 952 F. Supp. 1119, já referida (*supra*, n.° 8.3). Aí se lê, com efeito, a p. 1124: «A passive web site that does little more than make information available to those who are interested in it is not grounds for the exercise of personal jurisdiction».

[557] Assim a sentença proferida pelo *United States District Court, E.D. Virginia*, em 26 de Maio de 1999, no caso *Bochan v. La Fontaine*, 68 F. Supp. 2d 692, p. 701: «personal jurisdiction exists when Internet activities involve the conduct of business over the Internet, including on-line contracting with residents of the jurisdiction or other kinds of substantial commercial interactivity».

[558] Cfr. a sentença proferida pelo *United States Court of Appeals, Ninth Circuit*, em 2 de Dezembro de 1997, no caso *Cybersell, Inc. v. Cybersell, Inc.*, 130 F. 3d 414.

[559] Ver, nesta linha, a sentença proferida em 11 de Janeiro de 2000 pelo *United States Court of Appeals for the District of Columbia* no caso *GTE New Media Services, Inc. v. Bellsouth Corp. et al.*, 199 F3d. 1343.

[560] Cfr. a sentença proferida pelo *United States Court of Appeals, Ninth Circuit*, em 17 de Abril de 1998, no caso *Panavision International v. Dennis Toeppen*, 141 F3d 1316,

f) Continuação. Regime do Regulamento de Bruxelas I. – No art. 16.º
do Regulamento (CE) n.º 44/2001 estabelece-se, no tocante aos contratos
celebrados por consumidores, uma regra de competência especial, que lhes
permite demandarem os respectivos co-contratantes no país do seu próprio
domicílio (*forum actoris*). Esta regra aplica-se, nos termos do art. 15.º,
n.º 1, alínea *c*), também aos casos em que um profissional *dirige a sua
actividade* por qualquer meio ao Estado-Membro do domicílio do consumidor e o contrato seja abrangido por essa actividade.

Não se esclarece, porém, nesse preceito o que deve entender-se por
«dirigir actividades».

Numa declaração relativa ao art. 15.º, o Conselho de Ministros e a
Comissão excluíram que seja suficiente, a fim de que se possa ter como
preenchido esse requisito, a *simples acessibilidade* de um sítio Internet
a partir do Estado-Membro do domicílio do consumidor: seria preciso que
o sítio em questão «convide à celebração de contratos à distância e que
tenha efectivamente sido celebrado um contrato à distância, por qualquer
meio»[562]. A este respeito, a língua utilizada e a moeda convencionada seriam, de acordo com a mesma declaração, irrelevantes.

---

na qual se afirma, a p. 1321: «no court had ever held that an Internet advertisement alone
is sufficient to subject a party to jurisdiction in another state [...] In each case where personal jurisdiction was exercised, there had been "something more" to "indicate that the
defendant purposefully (albeit electronically) directed his activity in a substantial way to
the forum state"». Ver ainda a sentença do *United States Court of Appeals, Fourth Circuit*,
de 14 de Junho de 2002, sobre o caso *ALS Scan, Inc., v. Digital Service Consultants, Inc.*,
293 F.3d 714, onde se lê: «a state may, consistent with due process, exercise judicial power
over a person outside of the State when that person (1) directs electronic activity into the
State, (2) with the manifest intent of engaging in business or other interactions within the
State, and (3) that activity creates, in a person within the State, a potential cause of action
cognizable in the State's courts». Esta jurisprudência foi reafirmada pelo mesmo tribunal
na decisão proferida em 13 de Dezembro de 2002 no caso *Young v. New Haven Advocate*,
disponível em http://laws.lp.findlaw.com.

[561] Cfr. American Bar Association, *A Report on Global Jurisdiction Issues Created by the Internet*, 2000 (disponível em http://www.abanet.org/buslaw/cyber/initiatives/
proj-documentation.html), pp. 28 ss. e 53 ss. Ver também Christopher Reed, *Internet Law:
Text and Materials*, Londres/Edimburgo/Dublin, 2000, pp. 196 ss.; Lawrence Street/Mark
Grant, *Law of the Internet*, s/l, 2002, § 3.01 [1]; e Graham Smith, «Directing and Targeting – the Answer to the Internet's Jurisdiction Problems? A discussion of directing and
targeting internet activities towards a foreign country as the threshold test for triggering
foreign law or jurisdiction», *CRi*, 2004, pp. 145 ss.

[562] *Vide* o comunicado à imprensa relativo à 2314.ª sessão do Conselho, disponível
em http://ue.eu.int/newsroom.

Parte II – Conteúdos a Leccionar 265

Não é inequívoca, apesar desta declaração, a bondade da solução acolhida no art. 15.°, n.° 1, alínea *c)*, do Regulamento.

Com efeito, dela se retira que se um sítio Internet convidar à celebração de contratos à distância e não especificar qualquer país como alvo desse convite nem excluir a celebração de contratos com consumidores domiciliados em qualquer país, o titular desse sítio «dirige as suas actividades» a qualquer país a partir do qual um consumidor possa aceder a ele, sendo por isso os tribunais locais competentes para julgar os litígios emergentes do contrato.

Não é outra a conclusão a que conduzem os trabalhos preparatórios do Regulamento.

Efectivamente, no considerando 13 da proposta de Regulamento apresentada pela Comissão Europeia em 14 de Julho de 1999[563] afirma-se que «a comercialização de bens ou serviços por um meio electrónico acessível no Estado-Membro constitui uma actividade dirigida a esse Estado». E acrescenta-se: «quando esse Estado é o do domicílio do consumidor, este deve poder beneficiar da protecção que lhe é oferecida pelo regulamento ao subscrever no seu lugar de domicílio um contrato de consumo por um meio electrónico».

Por seu turno, a proposta alterada da Comissão, de 26 de Outubro de 2000, declara que «a própria existência [de um contrato de consumo] parece, em si própria, ser já uma indicação clara de que o fornecedor de bens ou serviços dirigiu a sua actividade comercial para o Estado do domicílio do consumidor»[564].

Apenas se excluem da competência do foro do domicílio do consumidor, por conseguinte, os casos em que o profissional se tenha limitado a anunciar os seus bens ou serviços na Internet e o consumidor se tenha deslocado ao país do profissional a fim de adquiri-los – dito de outro modo, quando o consumidor haja tomado conhecimento do bem ou serviço através de um *sítio passivo*, acessível no país do seu domicílio[565].

---

[563] *Proposta de Regulamento (CE) do Conselho relativo à competência judiciária, ao reconhecimento e à execução de decisões em matéria civil e comercial*, documento COM (1999) 348 final, publicado no *JOCE* n.° C 376, de 28 de Dezembro de 1999, pp. 1 ss.

[564] Cfr. a Exposição de Motivos da *Proposta de Regulamento do Conselho relativo à competência judiciária, ao reconhecimento e à execução de decisões em matéria civil e comercial*, documento COM (2000) 689 final, publicado no *JOCE* n.° C 62, de 27 de Fevereiro de 2001, pp. 243 ss. (n.° 2.2.2).

[565] Ver neste sentido a Exposição de Motivos da referida Proposta de Regulamento de 14 de Julho de 1999, *sub* art. 15.°. Cfr. ainda, sobre o ponto, Markus Lubitz, «Jurisdic-

266 *Problemática internacional da sociedade da informação*

A solução do art. 15.° do Regulamento (CE) n.° 44/2001 aproxima-se muito, nesta medida, da exigência de *mera acessibilidade* do sítio Internet a partir do país do domicílio do consumidor, a fim de que os tribunais locais sejam competentes.

Pode perguntar-se se a solução do art. 15.° não será excessiva, atendendo a que pode levar à atribuição de competência aos tribunais do Estado do domicílio do consumidor apesar da ausência de qualquer conexão substantiva entre a actuação pré-contratual do profissional e esse Estado.

Por exemplo, um finlandês que adquira a um fabricante de *software* português, pela Internet, um programa de computador anunciado no sítio de que o segundo seja titular poderá demandá-lo na Finlândia pelos defeitos de que o programa alegadamente padeça, ainda que o fabricante nenhuma conexão possua com esse país nem tenha visado especificamente o mercado local na publicidade que fez dos seus programas.

Ora, semelhante regime é potencialmente dissuasor da actividade das pequenas empresas que ofereçam bens ou serviços em rede.

Dir-se-á que estas podem, nas próprias páginas da Internet que utilizem, recusar o fornecimento de tais bens ou serviços a consumidores domiciliados em qualquer país onde não queiram ser demandadas[566].

Mas semelhantes *disclaimers* levantam dificuldades de outra ordem.

À uma, porque não existem mecanismos seguros de verificação do domicílio da contraparte nos contratos celebrados por meios electrónicos, não sendo evidentemente bastantes para o efeito os nomes de domínio constantes dos endereços de correio electrónico[567].

---

tion and Choice of Law for Electronic Contracts: an English Perspective», *CRi*, 2001, pp. 39 ss. (p. 42); Alfonso Luis Calvo Caravaca/Javier Carrascosa González, *Conflictos de leyes y conflictos de jurisdicción en Internet*, Madrid, 2001, pp. 87 ss.; Jan Kropholler, *Europäisches Zivilprozessrecht*, 7.ª ed., Heidelberga, 2002, p. 227; Hans-Werner Moritz/ /Thomas Dreier, *Rechts-Handbuch zum E-Commerce*, Colónia, 2002, p. 410; Pedro de Miguel Asensio, *Derecho Privado de Internet*, 3.ª ed., Madrid, 2002, p. 478; Ugo Draetta, *Internet et commerce éléctronique en droit international des affaires,* Paris/Bruxelas, 2003, pp. 213 ss.; Brigita Lurger, est. cit., pp. 40 ss.; Thomas Pfeiffer, *in* Giorgios Gounalakis (org.), *Rechtshandbuch Electronic Business*, Munique, 2003, pp. 479 s.; Peter Schlosser, *EU-Zivilprozessrecht*, 2.ª ed., Munique, 2004, p. 117; Reinhold Geimer/Rolf Schütze, *Europäisches Zivilverfahrensrecht*, 2.ª ed., Munique, 2004, pp. 278 s.; Ansgar Staudinger, *in* Thomas Rauscher (org.), *Europäisches Zivilprozessrecht. Kommentar*, Munique, 2004, pp. 192 ss.

[566] Assim, Brigita Lurger, est. cit., p. 42; Ansgar Staudinger, ob. cit., p. 193.

[567] Sublinha também este aspecto Gerald Spindler, «Internationales Verbraucherschutzrecht im Internet», *MMR*, 2000, pp. 18 ss. (p. 21).

Depois, porque não é inequívoco que o profissional possa restringir os destinatários dos bens ou serviços que disponibiliza em rede aos consumidores domiciliados em certo ou certos Estados, impedindo o acesso aos mesmos a partir dos demais países. Há hoje, decerto, «filtros» e outras medidas tecnológicas que em alguma medida visam esse desiderato; mas estes são falíveis, como o demonstra o caso *Yahoo!*[568], em que, instado por um tribunal francês a bloquear o acesso a partir de França aos leilões de objectos nazis realizados no seu portal Internet, o provedor de serviços *Yahoo!Inc.*, estabelecido na Califórnia, teve de banir tais objectos desse portal por, consoante alegou no processo que decorreu naquele país (assim como no que posteriormente foi instaurado na Califórnia, tendente a impedir o reconhecimento da sentença francesa), carecer dos meios tecnológicos necessários a fim de dar cumprimento àquela determinação[569].

Finalmente, porque, ainda que tais medidas sejam eficazes, elas cerceiam o comércio electrónico e a integração económica na Comunidade Europeia, pela *fragmentação do mercado interno* a que inevitavelmente conduzem.

Poderá obtemperar-se que a solução consagrada no art. 15.º é a que melhor protege a parte mais fraca na relação jurídica. Mas temos dúvidas de que este argumento seja decisivo. A protecção da parte mais fraca nunca foi, por si só, tida como bastante para a previsão de um *forum actoris* em seu benefício: sempre se exigiu para tanto (mormente na Convenção de Bruxelas de 1968, que examinaremos a seguir) um *nexo suficiente* entre a relação considerada e o país do domicílio dessa parte; e o que se questiona a respeito das hipóteses em apreço é justamente a existência de um tal nexo.

Poderá, por outra via, aduzir-se que o regime do art. 15.º constitui a contrapartida dos benefícios que os fornecedores de bens e serviços em linha extraem do acesso que a Internet lhes proporciona a um mercado

---

[568] Cfr. *supra*, n.º 4.1.

[569] Veja-se a sentença do *U.S. District Court for the Northern District California, San Jose Division*, proferida em 7 de Novembro de 2001, no caso *Yahoo! Inc. v. La Ligue Contre Le Racisme Et L'Antisemitisme et al.*, 169 F. Supp. 2d 1181, reproduzida *in CRi*, 2002, pp. 13 ss., com anotação de Mark Wittow. Aí se lê, a pp. 1185 s.: «Yahoo! claims that because it lacks the technology to block French citizens from accessing the Yahoo.com auction site to view materials which could violate the French Order or from accessing other Nazi-based content of websites on Yahoo.com, it cannot comply with the French order without banning Nazi-related material from Yahoo.com altogether».

268   *Problemática internacional da sociedade da informação*

de âmbito mundial[570]. Contudo, também os consumidores beneficiam dos preços mais baixos geralmente praticados quanto aos bens e serviços oferecidos em linha. Pelo que o alargamento da competência do foro do domicílio do consumidor não parece ter, nesta óptica, particular justificação.

A solução do art. 15.º quanto à repartição do risco do tribunal competente (*Gerichtsstandsrisiko*) parece-nos ainda incoerente com a repartição do risco da lei aplicável (*Rechtsanwendungsrisiko*) operada no tocante aos contratos de consumo pela Convenção de Roma de 1980 Sobre a Lei Aplicável às Obrigações Contratuais, a que nos reportámos atrás.

De facto, enquanto que na Convenção a ênfase é posta na facilitação do comércio internacional através da atribuição à lei do país do estabelecimento do fornecedor de bens ou serviços da competência subsidiária para discipliná-los (art. 4.º, n.º 2), apenas se prevendo a aplicação imperativa das normas de protecção do consumidor vigentes no país da sua residência habitual nas hipóteses referidas no n.º 2 do art. 5.º – as quais têm fundamentalmente em vista, como dissemos, o chamado *consumidor passivo* –, no Regulamento (CE) n.º 44/2001 estende-se a protecção do consumidor, mediante o reconhecimento de competência internacional aos tribunais do país de domicílio deste, a um maior número de situações, incluindo aquelas em que o consumidor assume um *papel activo*[571].

---

[570] Neste sentido, Luís de Lima Pinheiro, «Competência internacional em matéria de litígios relativos à *Internet*», *in* AAVV, *Direito da Sociedade da Informação*, vol. IV, Coimbra, 2003, pp. 171 ss. (p. 183).

[571] Cfr., em sentido convergente, Erik Jayme/Christian Kohler, «Europäisches Kollisionsrecht 1999 – Die Abendstunde der Staatsverträge», *IPRax*, 1999, pp. 401 ss., que escrevem, a p. 405: «Die Einbeziehung auch des "aktiven" Verbrauchers in den Schutzbereich des 4. Abschnitts führt dazu, dass Anbieter im Binnenmarkt in erheblich grösseren Masse als bisher im Verbraucherwohnsitzstaat gerichtspflichtig werden». Em sentido crítico quanto a este aspecto do Regulamento pronuncia-se também Markus Fallenböck, *Internet und Internationales Privatrecht*, Viena/Nova Iorque, 2001, p. 166. Vejam-se ainda, reconhecendo que as condições de que depende a competência do foro do domicílio do consumidor no Regulamento n.º 44/2001 são menos exigentes do que as previstas no art. 5.º da Convenção de Roma a fim de que seja aplicável a lei do país da residência habitual deste sujeito, Elsa Dias Oliveira, *A protecção dos consumidores nos contratos celebrados através da Internet*, Coimbra, 2002, p. 327, e António Marques dos Santos, «Direito aplicável aos contratos celebrados através da Internet e tribunal competente», *in* AAVV, *Direito da Sociedade da Informação*, vol. IV, Coimbra, 2003, pp. 107 ss. (p. 155).

Dir-se-ia, assim, que as regras sobre a determinação da lei aplicável actualmente em vigor na Comunidade Europeia são mais *trader friendly* do que as relativas ao tribunal competente[572].

Os inconvenientes do art. 15.° do Regulamento poderiam, é certo, ser superados através da estipulação nos contratos celebrados com consumidores de pactos de jurisdição ou de convenções de arbitragem, nos quais se atribuísse a competência a tribunais convenientes a ambas as partes.

Mas também este caminho está hoje em larga medida vedado pelo disposto no art. 17.° do Regulamento, que restringe fortemente a admissibilidade de semelhantes estipulações, as quais, não sendo oponíveis aos consumidores, na prática apenas podem funcionar em benefício destes[573].

O que, de resto, parece de duvidosa compatibilidade com o disposto no art. 17.° da Directiva Sobre o Comércio Electrónico, que manda os Estados-Membros assegurarem que a respectiva legislação não impeça a utilização, pelo que respeita aos litígios emergentes da prestação de serviços da sociedade da informação, de mecanismos de resolução extrajudicial de litígios[574].

g) Continuação. Regime das Convenções de Bruxelas e Lugano.

– Muito diferente deste é o panorama que nos oferecem as Convenções de Bruxelas de 1968 e de Lugano de 1988.

Aí se prevê, no art. 13.°, n.° 3, um regime bastante mais restritivo da possibilidade de o consumidor demandar o profissional com quem contratou no país do domicílio do primeiro. Tal só pode acontecer, na verdade, quando o contrato for precedido de uma proposta ou anúncio publicitário

---

[572] Reconhece-o expressamente o relatório do Parlamento Europeu intitulado *Internationales Privatrecht – Elektronischer Geschäftsverkehr – HerkunftslandPrinzip. Private International Law – Electronic Commerce – Country of Destination Principle. Droit International Privé – Commerce Électronique – Principe du pays destinataire*, documento PE 303.747/AM, Luxemburgo, 2001, p. 21.

[573] Vejam-se sobre a justificação dessa regra Alexandre Dias Pereira, «Os pactos atributivos de jurisdição nos contratos electrónicos de consumo», *in Estudos de Direito do Consumidor*, n.° 3, 2001, pp. 281 ss. (p. 288); *idem*, «A jurisdição na Internet segundo o Regulamento 44/2001 (e as alternativas extrajudiciais e tecnológicas)», *BFDUC*, 2001, pp. 633 ss. (p. 662); e Elsa Dias Oliveira, «Lei aplicável aos contratos celebrados com os consumidores através da Internet e tribunal competente», *in AAVV, Estudos de Direito do Consumidor*, n.° 4, 2002, pp. 219 ss. (pp. 236 s.).

[574] Cfr. *infra*, capítulo IV.

270 Problemática internacional da sociedade da informação

no Estado do domicílio do consumidor e este haja praticado nesse Estado todos os actos necessários à contratação.

Aplicada ao comércio electrónico, esta regra traduz-se na exigência de que o profissional *solicite o consumidor* no país do seu domicílio (por exemplo através de uma mensagem de correio electrónico que divulgue os seus bens ou serviços[575]), a fim de que possa ser demandado nesse país; o que corresponde ao *targeting approach* que vimos acima ser actualmente praticado nos Estados Unidos. Trata-se, a nosso ver, de uma solução que se justifica perfeitamente à luz da ideia de que em tais hipóteses o profissional assumiu conscientemente o risco de se sujeitar aos tribunais do país do domicílio do consumidor.

h) **Continuação. Regime do Código de Processo Civil.** – As regras de competência até aqui mencionadas apenas valem para os casos em que o réu se ache domiciliado, sedeado ou estabelecido na Comunidade Europeia ou num dos denominados «Estados-Lugano».

Nas demais hipóteses, valerão, para as acções relativas a contratos de consumo celebrados por meios electrónicos, as regras de competência internacional constantes do Código de Processo Civil.

Estas atribuem, como é sabido, competência internacional ao tribunal do lugar do cumprimento da obrigação, em alternativa ao do domicílio do réu (arts. 65.°, n.° 1, alíneas *a)* e *b)*, e 74.°, n.° 1).

Se nenhum destes factores de competência se localizar em território nacional, não poderá o consumidor domiciliado em Portugal, com base em qualquer desses preceitos, demandar a contraparte perante os tribunais portugueses, ainda que a conclusão do contrato haja sido aqui precedida de uma proposta ou de publicidade que lhe tenha sido especifica e deliberadamente dirigida.

Há, nesta medida, um défice de protecção do consumidor no Direito de fonte interna, que o torna carecido de revisão neste particular.

i) **Continuação. Os projectos de Convenções da Haia.** – O anteprojecto de Convenção da Haia Sobre Competência e Sentenças Estrangeiras em Matéria Civil e Comercial estabelecia, na versão de 1999, uma regra,

---

[575] Pronuncia-se também favoravelmente ao exercício da competência judiciária nesta hipótese Hélène Gaudemet-Tallon, *Compétence judiciaire et exécution des jugements en Europe,* 3.ª ed., Paris, 2002, p. 230.

constante do art. 7.°, n.° 1, conforme a qual o consumidor poderia demandar a contraparte perante os tribunais do Estado da sua residência habitual, contanto que a conclusão do contrato em que se fundasse a acção se encontrasse ligada a actividades profissionais ou comerciais que o réu houvesse exercido nesse Estado ou dirigido a esse Estado (alínea *a*)) e que os actos necessários à conclusão do contrato houvessem sido realizados pelo consumidor nesse Estado (alínea *b*))[576].

Também a aplicação desta regra ao comércio electrónico não seria isenta de dificuldades: a respeito dela pode questionar-se, por exemplo, se a mera disponibilização de informação em rede é bastante a fim de que se tenha por preenchido o requisito enunciado na alínea *a*)[577].

Por outro lado, das discussões subsequentemente empreendidas no âmbito da Conferência da Haia emergiram propostas no sentido, por um lado, da consagração, relativamente aos contratos de consumo, da admissibilidade dentro de certos limites da escolha pelas partes do tribunal competente; e, por outro, da exclusão da competência dos tribunais do país da residência do consumidor nas hipóteses em que a contraparte desconhecesse que este agia nessa qualidade ou em que haja tomado medidas razoáveis para evitar a conclusão de contratos com consumidores habitualmente residentes no Estado em causa. Essas propostas, que reduziam consideravelmente o alcance da regra constante do anteprojecto de 1999, não obtiveram, todavia, o assentimento dos Estados representados na Conferência[578].

---

[576] «Le demandeur qui a conclu un contrat pour un usage étranger à son activité professionelle ou comercielle, ci-après dénommé le consommateur, peut introduire un action devant les tribunaux de l'Etat de sa résidence habituelle, si: *a)* la conclusion du contrat sur lequel la demande est fondée est liée aux activités professionelles ou commerciales que le défendeur a exercées dans cet Etat, ou dirigé vers cet Etat, en particulier en sollicitant des affaires par des moyens de publicité, et *b)* les démarches nécessaires à la conclusion du contrat ont été accomplies par le consommateur dans cet Etat». Sobre esta disposição, consulte-se Peter Nygh/Fausto Pocar, *Report of the Special Commission*, Haia, s/d, pp. 54 ss.

[577] Ver Katherine Kessedjian, *Les échanges de données informatisées, Internet et le commerce électronique*, Haia, 2000, p. 22; Avril Haines, *The Impact of the Internet on the Judgments Project: Thoughts for the Future*, Haia, 2002, p. 18.

[578] Cfr. Conferência da Haia de Direito Internacional Privado, *Summary of the Outcome of the Discussion in Commission II on the First Part of the Diplomatic Conference 6-20 June 2001. Interim Text* (disponível em http://hcch.net), pp. 5 ss.; Mary Shannon Martin, «Keep it Online: The Hague Convention and the Need for Online Alternative Dispute Resolution in International Business-to-Consumer E-Commerce», *Boston University International Law Journal*, 2002, pp. 125 ss.

272   *Problemática internacional da sociedade da informação*

Não surpreende, a esta luz, que o projecto de 2004 omita qualquer regra sobre a matéria: consoante referimos, ele cinge-se aos acordos de eleição do foro competente e ao reconhecimento das decisões estrangeiras proferidas com base neles, tendo os litígios emergentes de contratos celebrados por consumidores sido excluídos do seu âmbito de aplicação[579].

j) Balanço. – O quadro normativo oferecido pelos instrumentos jurídicos acima considerados em matéria de competência internacional revela-se um tanto paradoxal.

O Regulamento (CE) n.° 44/2001, ao disciplinar a competência internacional em matéria de contratos celebrados por consumidores por meios electrónicos, operou um importante alargamento da protecção do consumidor, estendendo a um número significativamente maior de situações a competência dos tribunais do país do seu domicílio para as acções intentadas contra o profissional que lhe forneceu bens ou serviços: esses tribunais podem agora julgar conflitos de consumo mesmo que o país do domicílio do consumidor nenhuma ligação substantiva possua com a actuação pré-contratual do o profissional. Pode, nesta medida, concluir-se que o dito Regulamento não preservou o equilíbrio de interesses estabelecido nas Convenções de Bruxelas e Lugano. Ora, não é inequívoco que a alteração de regime introduzida pelo Regulamento se justifique, pois a circunstância de o contrato de consumo ser celebrado e executado através da Internet não gera, por si só, uma necessidade acrescida de protecção do consumidor.

Em contrapartida, o Direito de fonte interna, cujas regras de competência internacional se aplicam a todas as situações em que o demandado se ache domiciliado, sedeado ou estabelecido fora do âmbito territorial do Regulamento e das Convenções de Bruxelas e de Lugano, não confere ao consumidor, nessas situações, uma protecção satisfatória.

A consecução desta passa em alguma medida por uma unificação das regras de competência internacional com um âmbito mais vasto, a realizar, *v.g.*, sob a égide da Conferência da Haia de Direito Internacional Privado. Mas também esta parece longe de poder concretizar-se.

Outra forma possível de resolução dos conflitos emergentes de relações de consumo – não propriamente alternativa às que até aqui foram consideradas, mas, como se verá, complementar delas – consiste na sua

---

[579] Cfr. *supra*, n.° 5.2.

Parte II – Conteúdos a Leccionar

sujeição a instâncias extrajudiciais. Das suas virtualidades, bem como dos problemas específicos que suscita em situações internacionais, cuidaremos adiante, no capítulo IV do curso.

9.6. Assinatura electrónica e certificação. a) Noção e questões que suscita. – Diz-se assinatura electrónica, no Direito português, o «resultado de um processamento electrónico de dados susceptível de constituir objecto de direito individual e exclusivo e de ser utilizado para dar a conhecer a autoria de um documento electrónico»[580].

Contrapõe-se esta modalidade de assinatura à *assinatura autógrafa*, ou manuscrita, que é aposta no documento pelo próprio punho do respectivo autor, sem a intermediação de qualquer máquina.

A actual proliferação de documentos electrónicos e a facilidade com que os mesmos são transmitidos através de redes electrónicas de comunicação levantou a questão de saber se e em que medida lhes podem ser imputados, quando autenticados mediante uma assinatura electrónica, os mesmos efeitos que possuem os documentos particulares assinados manualmente pelo seu autor[581]. Disso depende em alguma medida o desenvolvimento, em bases seguras, do comércio electrónico e o alargamento deste a transacções de maior relevo económico do que as que dele hoje são correntemente objecto.

A dificuldade daquela questão resulta, ao menos em parte, do elevado risco de falsificação da assinatura electrónica: uma vez que esta implica um processamento de dados a efectuar por uma máquina, pode-se com relativa facilidade apor a um documento uma assinatura electrónica não pertencente ao autor do documento. O que coloca em causa, pelo que respeita à assinatura electrónica, a susceptibilidade de esta desempenhar adequadamente a função precípua da assinatura: autenticar o documento a que é aposta, i. é, atestar que o mesmo provém da pessoa que o assinou e a quem a sua autoria é imputada.

O reconhecimento a uma assinatura electrónica de efeitos jurídicos idênticos aos da assinatura autógrafa reclama, assim, um *sistema de certificação* da autoria da assinatura electrónica, que dê ao documento a que ela for aposta garantias de autenticidade equivalentes às que dão os documen-

---

[580] Cfr. o art. 2.°, alínea *b)*, do D.L. n.° 290-D/99, de 2 de Agosto.

[581] Efeitos esses que, como se sabe, consistem entre nós em o documento assinado fazer prova plena das declarações nele atribuídas ao seu autor.

274   *Problemática internacional da sociedade da informação*

tos a que é aposta a assinatura autógrafa. Pode esse sistema, como se verá, integrar uma exigência de *credenciação* das entidades certificadoras de assinaturas electrónicas ou, pelo menos, de registo destas.

b) Eficácia: principais orientações. – Entre nós, consagra o art. 7.º, n.º 1, do D.L. n.º 290-D/99, de 2 de Agosto, o *princípio da equivalência* da *assinatura electrónica qualificada* aposta a um documento electrónico (i. é, nos termos da alínea *g)* do art. 2.º do mesmo diploma, a «assinatura digital ou outra modalidade de assinatura electrónica avançada que satisfaça exigências de segurança idênticas às da assinatura digital baseadas num certificado qualificado e criadas através de um dispositivo seguro de criação de assinatura») à assinatura autógrafa dos documentos escritos sobre suporte de papel.

Essa assinatura cria, de acordo com o referido preceito, a presunção de que a pessoa que após a assinatura electrónica qualificada é o titular desta ou é representante, com poderes bastantes, da pessoa colectiva titular da assinatura electrónica qualificada; de que a assinatura electrónica qualificada foi aposta com a intenção de assinar o documento electrónico; e de que o documento electrónico não sofreu alteração desde que lhe foi aposta assinatura electrónica qualificada.

Quem pretenda utilizar uma assinatura electrónica qualificada, acrescenta o art. 8.º do referido diploma, deve, nos termos do n.º 1 do art. 28.º, gerar ou obter os dados de criação e verificação de assinatura, bem como obter um certificado emitido por uma *entidade certificadora*. Este certificado é um documento electrónico, que permite confirmar que a pessoa que após a assinatura electrónica a certo documento é o titular desta[582].

O exercício da actividade das entidades certificadoras é livre, sendo facultativa a solicitação da credenciação destas a uma *autoridade credenciadora* (art. 9.º, n.º 1). Porém, só os documentos electrónicos a que forem apostas assinaturas electrónicas certificadas por entidade credenciada possuem, nos termos do art. 3.º, n.º 2, do D.L. n.º 290-D/99, a força probatória que o art. 376.º do Código Civil atribui aos documentos particulares assinados.

---

[582] As regras técnicas e de segurança aplicáveis às entidades certificadoras estabelecidas em Portugal na emissão de tais certificados constam do Decreto Regulamentar n.º 25/2004, de 15 de Julho.

A entidade certificadora é civilmente responsável pelos danos sofridos pelos titulares dos certificados e por terceiros, em consequência do incumprimento dos deveres que lhe incumbem por força do D.L. n.º 290-D/99, excepto se provar que não actuou de forma dolosa ou negligente (art. 26.º, n.º 1, do mesmo diploma). São nulas as convenções de exoneração ou limitação dessa responsabilidade (*ibidem*, n.º 2).

Este, em linhas gerais, o regime da lei portuguesa no tocante à eficácia da assinatura electrónica[583].

Não se trata, porém – cumpre notá-lo –, de um regime universalmente consagrado. Podem, com efeito, distinguir-se hoje a este respeito duas orientações fundamentais.

A primeira é a que denominaremos *orientação liberal*, ou *minimalista*, corporizada na Lei Federal norte-americana de 2000 (*E-Sign Act*)[584], a qual assenta nos princípios da *equivalência funcional* e da *auto-regulação*[585]. Por força dessa lei, não pode ser recusada eficácia a uma assinatura apenas por esta ter forma electrónica (secção 101 (a) (1)). A equiparação da forma electrónica à forma escrita é colocada na dependência de um único requisito: que o registo electrónico possa ser conservado e reproduzido de modo exacto para utilização posterior pelas partes ou por terceiros (secção 101 (e)). A assinatura electrónica é definida, sem mais especificações, como «an electronic sound, symbol, or process, attached to or logically associated with a contract or other

---

[583] Sobre esse regime, vejam-se ainda: Jorge Sinde Monteiro, «Direito Privado Europeu. Assinatura electrónica e certificação (A Directiva 1999/93/CE e o Decreto-Lei n.º 298-D/99, de 2 de Agosto)», *RLJ*, ano 133.º, pp. 261 ss.; Miguel Pupo Correia, *Documentos electrónicos e assinatura digital: perspectiva da nova lei (Decreto-lei n.º 290-D/99, de 2.8)* (disponível em http://www.digital-forum.net); idem, *Direito Comercial*, 8.ª ed., Lisboa, 2003, pp. 99 ss.; Manuel Lopes Rocha/Miguel Pupo Correia/Marta Felino Rodrigues/Miguel Almeida Andrade/Henrique José Carreiro, *Leis do comércio electrónico. Notas e comentários*, Coimbra, 2001, pp. 11 ss.; e A. G. Lourenço Martins/J. A. Garcia Marques/Pedro Simões Dias, *Cyberlaw em Portugal. O direito das tecnologias da informação e comunicação*, s/l, 2004, pp. 265 ss.

[584] Reproduzida em Manuel Lopes Rocha *et al.*, ob. cit., pp. 412 ss.

[585] Para um confronto desta orientação com a que prevalece na Comunidade Europeia, vejam-se John D. Gregory, «Les lois américaines et canadiennes sur les signatures électroniques et quelques réflexions sur la Directive de l'Union Européenne», *in* Georges Chatillon (org.), *Le doit international de l'internet*, Bruxelas, 2002, pp. 413 ss.; Pedro de Miguel Asensio, «Regulación de la firma electrónica: balance y perspectivas», *in* AAVV, *Direito da Sociedade da Informação*, vol. V, Coimbra, 2004, pp. 115 ss. (pp. 120 ss.).

record and executed or adopted by a person with the intent to sign the record» (secção 106 (5)). Como é bom de ver, cabem nesta noção realidades muito diversas, correspondentes a níveis de segurança também eles muito variados.

A segunda orientação referida, com um carácter mais marcadamente *intervencionista* e *regulamentar*, foi acolhida na Directiva 1999/93/CE, a qual regula minuciosamente os requisitos a que se subordina o reconhecimento de efeitos legais às assinaturas electrónicas. A equiparação *ex lege* da assinatura electrónica à assinatura manuscrita, tanto para efeitos substantivos como processuais, é aí reservada à denominada «assinatura electrónica avançada»[586] baseada num «certificado qualificado» e criada «através de dispositivos seguros de criação de assinaturas» (art. 5.º, n.º 1). Regula-se ainda a actividade de prestação de serviços de certificação, determinando-se que os prestadores desses serviços ficam sujeitos ao controlo do Estado-Membro em que se encontrem estabelecidos (art. 3.º); e consagra-se a responsabilidade por culpa presumida dos prestadores pelos prejuízos causados «a qualquer entidade ou pessoa singular ou colectiva que confie, de forma razoável, no certificado» (art. 6.º, n.º 1).

c) Problemas que suscita em situações internacionais. – A circunstância de coexistirem actualmente diferentes regulamentações nacionais da assinatura electrónica confere grande relevância, em situações internacionais, à determinação dos efeitos que a assinatura electrónica criada ou certificada em determinado país é susceptível de produzir para além das fronteiras desse mesmo país.

De nada serve, com efeito, apor a um documento uma assinatura electrónica se a lei do país onde ela for invocada não lhe reconhecer certos efeitos, *maxime* equiparando-a a uma assinatura autógrafa pelo que respeita aos requisitos de forma a que se subordina o documento a que foi aposta e atribuindo-lhe determinado valor probatório.

Esta, por conseguinte, outra questão de Direito Internacional Privado de que nos havemos de ocupar no presente curso.

---

[586] Isto é, nos termos do art. 2.º, n.º 2, a assinatura electrónica que: *a)* esteja associada inequivocamente ao signatário; *b)* permita identificá-lo; *c)* seja criada com meios que o signatário possa manter sob o seu controlo exclusivo; e *d)* esteja ligada aos dados a que diz respeito de tal modo que qualquer alteração subsequente dos dados seja detectável.

Questão essa que, bem entendido, não se confunde com a da lei aplicável às exigências de forma e à prova dos factos que o documento assinado electronicamente visa representar, a qual é regida pelas regras de conflitos comuns, que não temos de examinar aqui[587].

Uma coisa é, com efeito, apurar qual a lei perante a qual se há-de aferir de que modo certo negócio jurídico deve ser formalizado e em que condições se tem o mesmo por provado, em juízo ou fora dele. Outra, distinta dela (mas que a pressupõe resolvida), é indagar se e em que condições podem as exigências estabelecidas pela lei aplicável quanto à forma do negócio jurídico (*v.g.* o requisito de que um contrato seja reduzido a escrito e assinado pelas partes), bem como à sua prova, considerar-se satisfeitas mediante um documento a que seja aposta uma assinatura electrónica.

Outro problema ainda sobre o qual nos iremos debruçar é o da determinação da lei reguladora e do tribunal competente para apreciar a responsabilidade civil das entidades certificadoras de assinaturas electrónicas.

d) Eficácia transfronteiras de assinaturas electrónicas e certificados. – A questão da eficácia transfronteiras das assinaturas electrónicas e dos certificados a elas referentes desdobra-se, a nosso ver, em duas.

A primeira é uma questão de *conflitos de leis*: de determinação da lei reguladora do valor formal e probatório da assinatura electrónica. Essa lei é a mesma que regula a forma do negócio jurídico e a prova dos factos a que se refere o documento assinado electronicamente. Trata-se, na verdade, de matérias estreitamente conexas e que, por conseguinte, não teria sentido autonomizar no plano do Direito de Conflitos.

A segunda é uma questão de *substituição*[588]. Quando a assinatura electrónica haja sido criada ou certificada ao abrigo de uma lei diversa da

---

[587] Vejam-se, em matéria de contratos obrigacionais, os arts. 9.° e 14.° da Convenção de Roma.

[588] Sobre essa figura, vejam-se, na doutrina portuguesa: António Marques dos Santos, «Breves considerações sobre a adaptação em Direito Internacional Privado», *in Estudos de Direito Internacional Privado e de Direito Processual Civil Internacional*, Coimbra, 1998, pp. 51 ss. (pp. 56 ss.); António Ferrer Correia, *Lições de Direito Internacional Privado*, vol. I, Coimbra, 2000, pp. 322 ss.; Luís de Lima Pinheiro, *Direito Internacional Privado*, vol. I, Coimbra, 2001, pp. 440 ss.; e João Baptista Machado, *Lições de Direito Internacional Privado*, 3.ª ed., reimpr., Coimbra, 2002, pp. 290 ss. Na doutrina estrangeira

278 Problemática internacional da sociedade da informação

que rege a forma ou a prova dos factos a que se refere o documento a que foi aposta, levanta-se, na verdade, o problema de saber se e em que medida pode essa assinatura produzir os efeitos jurídicos que a lei aplicável (determinada nos termos acima referidos) imputa à aposição de uma assinatura electrónica a um documento. Se, por exemplo, esta lei exigir como condição da produção de certos efeitos jurídicos que a assinatura electrónica haja sido certificada por uma entidade certificadora credenciada, poderá uma assinatura electrónica certificada por uma entidade estabelecida em certo país estrangeiro produzir esses efeitos?

Na resolução deste problema – assim como dos demais problemas de substituição – há-de em princípio observar-se um critério de *equivalência funcional*.

É justamente isso o que prevê o art. 12.° da *Lei-Modelo da CNUDCI sobre Assinaturas Electrónicas*, de 2001, cujo n.° 2 estabelece que um certificado emitido fora do Estado do foro terá nesse Estado os mesmos efeitos jurídicos que um certificado nele emitido, se oferecer um *grau de fiabilidade substancialmente equivalente* («if it offers a substantially equivalent level of reliability»)[589]. Ao mesmo requisito se subordina, no n.° 3 daquele preceito, o reconhecimento de efeitos no Estado do foro a uma assinatura electrónica criada ou usada fora desse Estado. Na determinação do preenchimento do referido requisito deve atender-se, segundo o n.° 4 da mesma disposição, a *padrões internacionalmente reconhecidos* e a quaisquer outros factores relevantes.

O problema em apreço é também versado na referida Directiva 1999/93/CE, assim como no diploma português de transposição. Ambos distinguem a hipótese em que a assinatura electrónica é certificada por entidade estabelecida na Comunidade Europeia das demais. A respeito da

---

mais recente, podem consultar-se acerca do assunto: Erik Jayme, «Identité culturelle et intégration: le droit international privé postmoderne. Cours général de droit international privé», *Rec. cours*, t. 251 (1995), pp. 9 ss. (pp. 119 ss.); Bernd von Hoffmann, *Internationales Privatrecht,* 7.ª ed., Munique, 2002, pp. 220 ss.; Kurt Siehr, *Das Internationale Privatrecht der Schweiz,* Zurique, 2002, pp. 586 s.; Christian von Bar/Peter Mankowski, *Internationales Privatrecht,* vol. I, 2.ª ed., Munique, 2003, pp. 699 ss.; e Jan Kropholler, *Internationales Privatrecht,* 5.ª ed., Tubinga, 2004, pp. 229 ss.

[589] Ver, acerca desse preceito, Christiane Bierekoven, *Der Vertragsabschluss via Internet im internationalen Wirtschaftsverkehr,* Colónia, etc., 2001, pp. 365 ss.; Renaud Sorieul, «La Loi-Type de la CNUDCI sur les signatures électroniques (2001)», *in* Georges Chatillon (org.), *Le droit international de l'internet,* Bruxelas, 2002, pp. 403 ss. (p. 411).

primeira, dispõe o art. 4.° da Directiva, encimado pela epígrafe «Princípios relativos ao mercado interno»:

> «1. Cada Estado-Membro aplicará as disposições nacionais que adoptar de acordo com a presente directiva aos prestadores de serviços de certificação estabelecidos no seu território e aos serviços por eles prestados. Os Estados-Membros não podem restringir a prestação de serviços de certificação com origem noutro Estado-Membro nos domínios abrangidos pela presente Directiva.
> 2. Os Estados-Membros assegurarão que os produtos de assinatura electrónica que sejam conformes com a presente directiva possam circular livremente no mercado interno.»

Tal como em matéria de comércio electrónico, visa-se aqui, como inculca a epígrafe do preceito, assegurar a realização do *mercado interno*. Este pressupõe, na verdade, o levantamento de obstáculos à utilização de assinaturas electrónicas no interior da Comunidade Europeia; e, por conseguinte, que a assinatura electrónica certificada por uma entidade estabelecida num Estado-Membro, de acordo com as regras locais, seja *reconhecida* nos demais Estados-Membros, mediante a sua *equiparação* às assinaturas electrónicas certificadas por entidades estabelecidas no território destes.

Não é outro o objectivo prosseguido pelo art. 38.°, n.° 1, do D.L. n.° 290-D/99, quando dispõe que as assinaturas electrónicas qualificadas certificadas por entidade certificadora credenciada em outro Estado-Membro da União Europeia são equiparadas às assinaturas electrónicas qualificadas certificadas por entidade certificadora credenciada nos termos desse diploma, acrescentando, no n.° 2, que os certificados emitidos por entidade certificadora sujeita a sistema de fiscalização de outro Estado-Membro da União Europeia são equiparados aos certificados qualificados emitidos por entidade certificadora estabelecida em Portugal.

No âmbito da Comunidade Europeia vigora, por conseguinte, um *princípio de equivalência* das assinaturas electrónicas nela emitidas e certificadas, sendo estas *mutuamente substituíveis*.

e) Continuação. Eficácia de assinaturas electrónicas e certificados oriundos de países estranhos à Comunidade Europeia. – Diverso deste é o regime aplicável às assinaturas electrónicas certificadas por entidades estabelecidas em países estranhos à Comunidade Europeia.

280 Problemática internacional da sociedade da informação

Nestes casos, não se suscita, com efeito, a necessidade de evitar que da diversidade dos regimes aplicáveis à assinatura electrónica resultem entraves ao funcionamento do mercado interno. Por outro lado, não existe com aqueles países a harmonização de legislações pressuposta pelo princípio comunitário do reconhecimento mútuo.

Eis por que a eficácia de certificados emitidos por entidades estabelecidas fora da Comunidade Europeia é em princípio colocada na dependência de um controlo do cumprimento dos requisitos estabelecidos pela Directiva 1999/93/CE.

Neste sentido, determina o art. 7.°, n.° 1, da Directiva que os Estados--Membros assegurem que os certificados emitidos ao público, enquanto certificados qualificados, por um prestador de serviços de certificação estabelecido num país terceiro sejam considerados legalmente equivalentes aos certificados emitidos por um prestador de serviços estabelecido na Comunidade, desde que: *a)* o prestador de serviços de certificação obedeça aos requisitos constantes da Directiva e tenha sido acreditado sob um regime de acreditação facultativa vigente num Estado-Membro; ou *b)* o prestador de serviços de certificação estabelecido na Comunidade e que cumpre os requisitos da Directiva garanta o certificado; ou *c)* o certificado ou o prestador de serviços de certificação seja reconhecido com base num regime de acordo bilateral ou multilateral entre a Comunidade e países terceiros ou organizações internacionais.

A fim de dar execução a este preceito, dispõe o art. 38.° do D.L. n.° 290-D/99, no seu n.° 3, que os certificados qualificados emitidos por entidades certificadoras estabelecidas em Estados terceiros são equiparados aos certificados qualificados emitidos por entidade certificadora estabelecida em Portugal, desde que se verifique alguma das seguintes circunstâncias: *a)* a entidade certificadora preencha os requisitos estabelecidos pela Directiva 1999/93/CE e tenha sido credenciada num Estado--Membro da União Europeia; *b)* o certificado esteja garantido por uma entidade certificadora estabelecida na União Europeia que cumpra os requisitos estabelecidos na directiva referida na alínea anterior; *c)* o certificado ou a entidade certificadora sejam reconhecidos com base num acordo internacional que vincule o Estado português.

f) Responsabilidade civil das entidades certificadoras: lei aplicável e tribunal competente. – Como se disse acima, tanto na lei portuguesa como na Directiva comunitária encontra-se associada à regulamentação legal da eficácia da assinatura electrónica a cominação de responsabili-

Parte II – Conteúdos a Leccionar

dade civil das entidades certificadoras pelos danos que causarem a terceiros em virtude do incumprimento dos deveres que sobre si impendem.

Na falta de regras uniformes sobre essa responsabilidade[590], coloca-se, em situações internacionais, a questão de saber qual a lei reguladora dessa responsabilidade, à qual acresce a da determinação do tribunal ou dos tribunais nacionais competentes para ajuizarem dela.

Nesta matéria relevam as regras de conflitos de leis e de jurisdições sobre a responsabilidade pelo incumprimento de obrigações contratuais e sobre a responsabilidade extracontratual, assim como as que se referem à responsabilidade pela prestação de serviços da sociedade da informação[591].

A aplicabilidade em concreto dessas regras depende, além do mais, do fundamento da responsabilidade das entidades certificadoras perante as leis potencialmente aplicáveis ao caso: na medida em que esse fundamento seja contratual (quer por as situações em apreço se configurarem como contratos com eficácia de protecção de terceiros, quer por na espécie ter sido celebrado um contrato entre a entidade de certificação e aquele que se socorre do certificado a fim de confirmar a identidade do titular da assinatura electrónica), aplicar-se-ão as regras de conflitos em matéria de obrigações contratuais; já se tal responsabilidade tiver natureza delitual, valerão as regras de conflitos que se referem a estoutra modalidade da responsabilidade. Sempre que a certificação possa ser caracterizada como um «serviço da sociedade da informação», aplicar-se-ão, no seu âmbito próprio, as regras especiais atinentes à responsabilidade por este tipo de serviços.

9.7. Publicidade em rede e marketing directo. a) Noção e principais formas que reveste.

– Publicidade é, nos termos do art. 3.º, n.º 1, do Código da Publicidade português, «qualquer forma de comunicação feita por entidades de natureza pública ou privada, no âmbito de uma actividade comercial, industrial, artesanal ou liberal, com o objectivo directo ou indirecto de: *a)* Promover, com vista à sua comercialização ou alienação, quaisquer bens ou serviços; *b)* Promover ideias, princípios, iniciativas ou instituições».

---

[590] Atente-se, a este respeito, no considerando 22 da Directiva, nos termos do qual «[o]s prestadores de serviços de certificação que prestam os seus serviços ao público estão sujeitos às disposições nacionais em matéria de responsabilidade».

[591] Cfr., sobre essas regras, *supra*, n.os 9.2 e 9.3. e *infra*, n.º 12.

282 Problemática internacional da sociedade da informação

Do conceito de publicidade, assim formulado, autonomiza-se o de *publicidade em rede*[592], para a qual o D.L. n.º 7/2004, na esteira da Directiva 2000/31/CE, reservou um regime especial.

Além do meio específico através do qual é levada a cabo – as redes electrónicas de comunicações –, distingue-se essa forma de publicidade das demais pelas suas finalidades próprias, as quais são mais restritas do que as da publicidade comum. Com efeito, nos termos do art. 20.º, n.º 1, do D.L. n.º 7/2004 excluem-se desse conceito, ficando por conseguinte subtraídas ao regime especial da publicidade em rede, as mensagens que se limitem a identificar ou permitir o acesso a um operador económico ou identifiquem objectivamente bens, serviços ou a imagem de um operador, em colectâneas ou listas; e bem assim as mensagens destinadas a promover ideias, princípios, iniciativas ou instituições.

São várias as formas que a publicidade em rede pode revestir. Entre elas destacam-se: as páginas da Internet que promovem bens ou serviços, as faixas publicitárias (*banners*) apostas no topo ou na base dessas páginas, as «janelas» ou «caixas» que se abrem automaticamente no ecrã do utente quando este acede a determinados sítios (*pop-up ads*), etc.

Mais duvidosa é a integração no conceito de publicidade em rede dos chamados *metatags*, i.é, as palavras-chave mediante as quais os titulares de sítios Internet procuram informar terceiros acerca do conteúdo desses sítios, atraindo-os aos mesmos, as quais têm especial relevo no funcionamento dos motores de busca[593].

Uma outra forma de publicidade em rede que assume actualmente grande relevo consiste nas comunicações não solicitadas feitas por correio electrónico para fins de *marketing* directo (*spam*), disciplinadas no art. 22.º do D.L. n.º 7/2004; preceito este que tem um alcance mais vasto do

---

[592] Ver sobre a matéria: Alexandre Dias Pereira, *Comércio electrónico na sociedade da informação: da segurança técnica à confiança jurídica*, Coimbra, 1999, pp. 89 ss.; Luís Menezes Leitão, «A distribuição de mensagens de correio electrónico indesejadas (*spam*)», *in* Rui de Moura Ramos e outros (orgs.), *Estudos em homenagem à Professora Doutora Isabel de Magalhães Collaço,* vol. II, Coimbra, 2002, pp. 219 ss.; Celso Serra, «Publicidade ilícita e abusiva na Internet», *in* AAVV, *Direito da Sociedade da Informação*, vol. IV, Coimbra, 2003, pp. 455 ss.; Anxo Tato Plaza, «Internet, a publicidade e a concorrência», *in* AAVV, *Temas de Direito da Informática e da Internet*, Coimbra, 2004, pp. 181 ss.; e Adelaide Menezes Leitão, «Publicidade na Internet», *in* AAVV, *Direito da Sociedade da Informação*, vol. V, Coimbra, 2004, pp. 285 ss.

[593] Voltaremos ao assunto adiante, a propósito da concorrência desleal: ver *infra*, n.º 11.

Parte II – Conteúdos a Leccionar 283

que aqueles que o antecedem, pois abrange não apenas as comunicações em rede com carácter comercial, mas também outras, feitas por entidades sem fins lucrativos, como, por exemplo, os partidos políticos[594].

   b) Modos possíveis de regulação. – Referimos já que entre as regras da denominada *netiquette* se inclui, segundo alguns, a proibição do *spam*. As extraordinárias proporções que este assumiu ultimamente[595] – explicáveis sobretudo pelo seu baixo custo e pela vastidão do público que dessa forma pode ser alcançado –, assim como a ausência de sanções para a violação daquela suposta regra, demonstram, no entanto, que semelhante proibição não corresponde a um verdadeiro uso; e ainda que fosse essa a sua natureza, bastaria a sua ineficácia para pôr em crise a suficiência de tal modo de regulação do fenómeno.

   Outro modo possível de disciplinar a publicidade em rede, que vem conquistando crescente importância, é a *auto-regulação*. São, na verdade, vários os instrumentos de fonte interna e internacional publicados com esse fim, dos quais demos alguns exemplos anteriormente[596]. A experiência revela, porém, não ser viável confiar aos próprios agentes económicos a disciplina integral da sua actividade, sobretudo quando nela avultam relevantes interesses públicos.

   Mais eficazes serão, porventura, neste domínio os mecanismos de *auto-tutela*, entre os quais sobressaem os programas informáticos destinados a impedir a recepção pelos utentes da rede de certos tipos de comunicações electrónicas não solicitadas. Contudo, no actual estado da técnica não parece que só por si esses programas permitam pôr cobro aos inconvenientes sociais e económicos do envio indiscriminado de mensagens publicitárias não solicitadas.

   Compreende-se assim que a publicidade em rede e o *marketing* directo sejam presentemente objecto de intensa *regulação pública*, de fonte nacional e supranacional, a qual tem incidido em particular sobre a admissibilidade do *spam*.

---

[594] Ver neste sentido AAVV, *O comércio electrónico em Portugal – o quadro legal e o negócio*, s/l, ICP-ANACOM, 2004, p. 188.

[595] Estima-se, com efeito, que mais de metade do correio electrónico que circula nas redes existentes consiste em mensagens comerciais não solicitadas.

[596] Ver *supra*, n.º 4.2.

c) Tendências gerais da regulação pública. – Desta última forma de regulação constituem exemplos relevantes as disposições contidas em duas Directivas comunitárias recentes.

Assim, o art. 7.° da Directiva 2000/31/CE requer a identificação como tais das comunicações comerciais não solicitadas e a observância pelos prestadores de serviços que a ela recorram dos chamados registos de opção negativa (*«opt out»*), nos quais podem inscrever-se as pessoas singulares que não desejem receber esse tipo de comunicações.

Por seu turno, o art. 13.° da Directiva 2002/58/CE estabelece que a utilização de sistemas de correio electrónico para fins de comercialização directa apenas pode ser autorizada em relação a assinantes que tenham dado o seu consentimento prévio, sem prejuízo de uma pessoa singular ou colectiva que haja obtido dos seus clientes coordenadas de contacto por correio electrónico no contexto da venda de um produto ou serviço (*sic*) poder utilizá-las para fins de comercialização directa dos seus próprios produtos ou serviços análiogos, desde que aos clientes tenha sido dada clara e distintamente a possibilidade de recusarem, de forma gratuita e fácil, a utilização dessas coordenadas electrónicas.

O princípio da identificabilidade da natureza publicitária das comunicações comerciais prestadas à distância, assim como do anunciante e das ofertas promocionais delas constantes, obteve também acolhimento no art. 21.° do D.L. n.° 7/2004.

No que respeita ao envio de comunicações não solicitadas para fins de *marketing* directo a pessoas singulares, o art. 22.° desse diploma consagrou uma genérica exigência de consentimento prévio do destinatário (*«opt in»*). Vigora, porém, o sistema da opção negativa relativamente às pessoas colectivas em geral e quanto às pessoas singulares a quem o anunciante haja previamente fornecido produtos ou serviços idênticos ou análogos.

O envio de comunicações não solicitadas com inobservância dos requisitos legais previstos naquele preceito constitui contra-ordenação sancionável com coima de € 2.500 a € 50.000 (art. 37.°, n.° 1, alínea *b)*, do mesmo diploma legal).

Neste particular, a lei portuguesa acompanhou a orientação prevalecente em outros Estados-Membros da Comunidade Europeia, entre os quais se destaca a França[597]; mas ficou aquém, por exemplo, do estabelecido na lei espanhola, que proíbe o envio de comunicações publicitárias ou

---

[597] Veja-se o art. 12 do projecto de *Lei Para a Confiança na Economia Digital.*

Parte II – Conteúdos a Leccionar   285

promocionais por correio electrónico ou outro meio de comunicação electrónica equivalente que não hajam sido previamente solicitadas ou expressamente autorizadas pelos respectivos destinatários[598].

Em contrapartida, a lei portuguesa é mais rigorosa do que a inglesa, que apenas requer, pelo que respeita às comunicações comerciais não solicitadas, que o prestador de serviços assegure que estas sejam claramente identificáveis como tais[599]; e do que a norte-americana, que permite o *spam* desde que este se conforme com certos requisitos[600].

d) Direito aplicável. – Este enunciado de algumas soluções que a matéria em apreço tem merecido em outros sistemas jurídicos coloca em evidência a importância crucial que quanto a ela reveste a determinação do Direito aplicável.

Também a este respeito as opções fundamentais que se oferecem consistem na aplicação da lei do país de origem ou da do país de destino.

Vimos já que a primeira se funda, além do mais, na segurança jurídica dos operadores económicos e na garantia da liberdade de expressão; e acha-se consagrada no art. 3.°, n.° 1, da Directiva 2000/31/CE, assim como nos arts. 4.° e 5.° do D.L. n.° 7/2004.

Por seu turno, o princípio do controlo no país de destino tem por si a tutela da privacidade dos destinatários da publicidade, a protecção dos consumidores e a necessidade de evitar os custos sociais e económicos do *spam*; mas apresenta o sério inconveniente de que a identificação do país de residência dos destinatários das mensagens não solicitadas pode revelar-se muito difícil, se não mesmo impossível, pois frequentemente os endereços de correio electrónico não permitem fazer essa identificação.

Ora, a publicidade insere-se no domínio coordenado pela Directiva 2000/31/CE[601], estando por conseguinte abrangida pela *cláusula do mercado interno* constante do art. 3.°, n.° 1, e pela remissão aí feita para a *lex originis*[602].

---

[598] Art. 21 da Lei n.° 32/2002, de 11 de Julho.

[599] Cfr. *The Electronic Commerce (EC Directive) Regulations 2002*, n.° 8.

[600] Veja-se o *CAN-SPAM Act of 2003*, em vigor desde 1 de Janeiro de 2004 (disponível em http://www.spamlaws.com).

[601] Cfr. o art. 2.°, alínea *h)*, subalínea *i)*, segundo travessão.

[602] Reconhece-o, por exemplo, Hans-Georg Landfermann, «Internet-Werbung und IPR», *in* Jürgen Basedow e outros (orgs.), *Aufbruch nach Europa. 75 Jahre Max-Planck--Institut für Privatrecht*, Tubinga, 2001, pp. 503 ss. (p. 512).

286 *Problemática internacional da sociedade da informação*

Outra não é a solução que se colhe do D.L. n.° 7/2004, o qual expressamente inclui a publicidade, no seu art. 5.°, n.° 1, alínea *b)*, entre as matérias submetidas à lei do lugar do estabelecimento do prestador de serviços da sociedade da informação.

E a mesma regra tem sido preconizada pela Câmara de Comércio Internacional nas *Directrizes sobre publicidade e marketing na Internet*, a que aludimos acima[603], cujo art. 1, segundo parágrafo, dispõe: «All advertising and marketing should be legal, decent, honest and truthful. "Legal", in the context of these guidelines, is presumed to mean that advertising and marketing messages should be legal in their country of origin».

Contudo, tanto o anexo à Directiva como o art. 6.°, alínea *h)*, do D.L. n.° 7/2004 excepcionaram do âmbito da *lex originis* a questão da permissibilidade do envio de mensagens publicitárias não solicitadas por correio electrónico (se bem que o art. 21.°, n.° 2, da Directiva haja previsto que o relatório sobre a respectiva aplicação, a apresentar pela Comissão Europeia, analisaria a possibilidade de estender os princípios do mercado interno às comunicações não solicitadas por correio electrónico[604]).

Ter-se-á tido em vista, desse modo, evitar que um prestador de serviços estabelecido num Estado-Membro que autorize o *spam* se pudesse prevalecer daquela lei a fim de enviar mensagens não solicitadas para Estados-Membros que o proscrevem[605].

A questão da admissibilidade do *spam* ficou, assim, submetida em cada Estado-Membro às regras de Direito Internacional Privado nele vigentes.

Sucede que não existem em Portugal regras de conflitos especificamente respeitantes à matéria, que permitam fixar o âmbito de aplicação espacial do disposto no art. 22.° do D.L. n.° 7/2004.

Supomos que as finalidades desempenhadas por esse preceito, de que demos conta acima, reclamam a sua aplicação quando o destinatário das comunicações publicitárias em causa se ache domiciliado ou sedeado em território nacional[606].

---

[603] Cfr. *supra*, n.° 4.2.

[604] O relatório publicado pela Comissão em 21 de Novembro de 2003 [doc. COM (2003) 702 final] é, porém, omisso quanto a essa questão.

[605] Cfr., neste sentido, Marie Demoulin/Étienne Montero, *in* Étienne Montero (director), *Le commerce électronique européen sur les rails?*, Bruxelas, 2001, pp. 131 ss. (pp. 146 s.).

[606] Veja-se também no sentido de que é a lei do país de residência do consumidor a aplicável nesta matéria, Alexandre Cruquenaire, *in op. cit.* na nota anterior, p. 67.

Parte II – Conteúdos a Leccionar 287

A lacuna legal há-de, por conseguinte, ser suprida mediante o reconhecimento de competência, nesta limitada medida, à *lex destinationis*.

Além da aplicação das coimas acima referidas, pode a violação das disposições legais sobre a publicidade em rede originar pretensões indemnizatórias fundadas na concorrência desleal. Cuidar-se-á noutro ponto deste curso da determinação do Direito aplicável a estas pretensões, assim como do tribunal competente para julgá-las[607].

9.8. Instrumentos de pagamento electrónicos. a) Ideia geral e problemas que suscitam. – É hoje geralmente reconhecido que a viabilidade do comércio electrónico depende em larga medida da existência e fiabilidade de instrumentos de pagamento electrónicos, que possibilitem a extinção das obrigações pecuniárias através dele contraídas pelas partes de uma forma tão simples e segura quanto a própria celebração dos contratos que lhe estão na base[608].

Em parte, esse desiderato tem sido conseguido mediante o recurso nas transacções em rede a certos meios de pagamento comuns, como os cartões de crédito e de débito e as transferências electrónicas de fundos.

Mas começam a despontar novos instrumentos de pagamento tendentes a substituir os pagamentos em numerário, que podem também ser utilizados para aquele efeito. Entre eles avulta a *moeda electrónica*, i. é, na definição constante do art. 4.º, n.º 1, do D.L. n.º 42/2002, de 2 de Março, «um valor monetário, representado por um crédito sobre o emi-

---

[607] Ver *infra*, n.º 11.

[608] Sobre o tema, vejam-se: Maria Raquel Guimarães, *As transferências electrónicas de fundos e os cartões de débito*, Coimbra, 1999, *passim*; *idem*, «Comércio electrónico e transferências electrónicas de fundos», *in* Glória Teixeira (coordenadora), *O comércio electrónico. Estudos jurídico-económicos*, Coimbra, 2002, pp. 57 ss.; Giusella Finocchiaro, «Il problema dei mezzi di pagamento», *in* Emílio Tosi (org.), *I problemi giuridici di Internet. Dall E-Commerece all'E-*Business, 2.ª ed., Milão, 2001, pp. 147 ss.; António Menezes Cordeiro, *Manual de Direito Bancário*, 2.ª ed., Coimbra, 2001, pp. 90 ss.; João Calvão da Silva, *Direito Bancário*, Coimbra, 2001, pp. 95 ss.; Pedro de Miguel Asensio, *Derecho Privado de Internet*, 3.ª ed., Madrid, 2002, pp. 429 ss.; Florbela Pires, «Moeda electrónica e cartões de pagamento restrito», *Cadernos do Mercado de Valores Mobiliários*, n.º 15, Dezembro de 2002, pp. 353 ss.; Ugo Draetta, *Internet et commerce électronique en droit international des affaires*, Paris/Bruxelas, 2003, pp. 136 ss.; Teodoro Andrade Waty, *Transferência electrónica de fundos*, Maputo, 2004; e Maria Victória Rocha, «Novos meios de pagamento no comércio electrónico (*e-commerce*)», *in* AAVV, *Direito da Sociedade da Informação*, vol. V, 2004, pp. 203 ss.

288 Problemática internacional da sociedade da informação

tente: *a)* Armazenado num suporte electrónico; *b)* Emitido contra a recepção de fundos; e *c)* Aceite como meio de pagamento por outras entidades que não a emitente».

São muitos e bastante variados os problemas de índole jurídica suscitados por estes instrumentos de pagamento. Cingindo-nos aos aspectos de Direito Privado, mencionaremos os seguintes: *a)* a eficácia liberatória de tais instrumentos; *b)* os deveres acessórios de conduta que impendem sobre aqueles que os disponibilizam (emitentes) e utilizam (detentores); *c)* a responsabilidade do emitente e do detentor pela sua utilização abusiva; *d)* o valor probatório dos registos informáticos a eles referentes; e *e)* os efeitos do erro nas ordens de pagamento dadas por computador.

Problemas esses que são agravados pela circunstância de boa parte dos pagamentos em que os instrumentos referidos são utilizados terem carácter transfonteiras e de lhes serem, por isso, potencialmente aplicáveis normas emanadas de diferentes ordenamentos jurídicos locais.

b) Fontes de regulação; tentativas de harmonização e unificação legislativa. – São também de várias ordens as fontes normativas relevantes nesta matéria. Entre elas compreendem-se textos que relevam quer da denominada *soft law* quer da *hard law*, bem como formas de *auto-* e de *hetero-regulação*.

Assim, no âmbito da Comunidade Europeia foi adoptada a Recomendação da Comissão n.º 87/598/CEE, que contém em anexo um *Código Europeu de Boa Conduta em Matéria de Pagamento Electrónico*[609]. Neste se estabelecem diversas condições a que devem obedecer os contratos relativos à emissão e utilização de cartões de pagamento electrónicos,

Dez anos volvidos, foi publicada a Recomendação n.º 97/489/CE relativa às transacções realizadas através de um instrumento de pagamento electrónico e, nomeadamente, às relações entre o emitente e o detentor[610]. Aí se definiram orientações não vinculativas para os Estados-Membros sobre, entre outros aspectos, as informações mínimas que devem figurar nas condições que regem a emissão e utilização de instrumentos de pagamento electrónico, as obrigações e responsabilidades do detentor e do emitente desses instrumentos, os deveres de comunicação e a resolução de litígios.

---

[609] *In JOCE*, n.º L 365, de 24 de Dezembro de 1987, pp. 72 ss.
[610] *In JOCE*, n.º L 208, de 2 de Agosto de 1997, pp. 52 ss.

Parte II – Conteúdos a Leccionar 289

No tocante às transferências transfronteiras, foi aprovada a Directiva 97/5/CE do Parlamento Europeu e do Conselho, de 27 de Janeiro de 1997[611], que o legislador português transpôs para a ordem jurídica interna através do D.L. n.° 41/2000, de 17 de Março. Nele se estabelecem, pelo que respeita às transferências em Euros ou noutras moedas com curso legal no Espaço Económico Europeu, diversos deveres de informação a cargo das instituições de crédito, assim como prazos máximos para sua execução, indemnizações por não cumprimento e obrigações de reembolso, tendo em vista assegurar que os particulares e as empresas possam efectuar naquele Espaço transferências de forma expedita, fiável e pouco onerosa.

Subsequentemente, foi aprovada a Directiva 2000/46/CE do Parlamento Europeu e do Conselho, de 18 de Setembro de 2000, relativa ao acesso e à actividade das instituições de moeda electrónica e ao seu exercício, bem como à sua supervisão prudencial[612], transposta para a ordem jurídica interna pelo mencionado D.L. n.° 42/2002.

Mais recentemente, o Parlamento Europeu e o Conselho aprovaram a Directiva 2002/65/CE, de 23 de Setembro de 2002, relativa à comercialização à distância de serviços financeiros prestados a consumidores[613], ainda não transposta, a qual complementa, pelo que respeita a esses serviços, a Directiva Sobre os Contratos à Distância[614] e a Directiva Sobre o Comércio Electrónico.

Noutro plano, refira-se que a Comissão das Nações Unidas Para o Direito Comercial Internacional adoptou em 1992 a Lei-Modelo Sobre Transferências de Créditos Internacionais (*«UNCITRAL Model Law on International Credit Transfers»*; *«Loi Type de la CNUDCI sur les Virements Internationaux»*)[615]. A elaboração deste texto foi fundamentalmente ditada, consoante se refere na respectiva nota explicativa, pelo crescimento explosivo do recurso aos meios electrónicos a fim de realizar transferências de créditos (definidas no art. 2, alínea *a)*, como «a série de

---

[611] *In JOCE*, n.° L 43, de 14 de Fevereiro de 1997, pp. 25 ss.

[612] *In JOCE*, n.° L 275, de 27 de Outubro de 2000, pp. 39 ss.

[613] *In JOCE*, n.° L 271, de 9 de Outubro de 2002, pp. 16 ss.

[614] Directiva 97/7/CE do Parlamento Europeu do Conselho, de 20 de Maio de 1997, relativa à protecção dos consumidores em matéria de contratos à distância, *in JOCE*, n.° L 144, de 4 de Junho de 1997, pp. 19 ss. Foi transposta para a ordem jurídica interna pelo D.L. n.° 143/2001, de 26 de Abril.

[615] Disponível em http://www.uncitral.org.

290   *Problemática internacional da sociedade da informação*

operações, começando pela ordem de pagamento do dador da ordem, efectuadas com o objectivo de colocar fundos à disposição de um beneficiário»). O seu âmbito de aplicação cinge-se às transferências em que o banco expedidor e o banco receptor se situem em Estados diferentes (art. 1.º, n.º 1). A regulamentação instituída, que pode em princípio ser derrogada por acordo das partes (art. 4), versa sobre dois temas fundamentais: as obrigações das partes (arts. 5 a 12) e as consequências dos incidentes, erros e atrasos nas transferências (arts. 13 a 18).

c) Direito aplicável. – Apesar das tentativas de harmonização e de unificação de legislações levadas a cabo através dos instrumentos normativos acima referidos, estão longe de ser uniformes os regimes nacionais dos meios de pagamento electrónicos – até porque vários dos problemas mencionados não são por eles abrangidos, ou são objecto de instrumentos sem carácter vinculativo.

Suscita-se assim, em situações internacionais, a necessidade de determinar o Direito aplicável às questões levantadas por esses meios de pagamento.

Para este efeito, propôs a CNUDCI a seguinte regra de conflitos:

«(1) The rights and obligations arising out of a payment order shall be governed by the law chosen by the parties. In the absence of agreement, the law of the State of the receiving bank shall apply.

(2) The second sentence of paragraph (1) shall not affect the determination of which law governs the question whether the actual sender of the payment order had the authority to bind the purported sender.

(3) For the purposes of this article:

(a) where a State comprises several territorial units having different rules of law, each territorial unit shall be considered to be a separate State;

(b) branches and separate offices of a bank in different States are separate banks.»

Para os efeitos desta disposição, os conceitos de «expedidor» («sender») e de «banco receptor» («receiving bank») hão-de ser entendidos em conformidade com o estabelecido no art. 2 da Lei-Modelo, cujas alíneas *e)* e *f)* os definem, respectivamente, nos seguintes termos:

– «"Sender" means the person who issues a payment order, including the originator and any sending bank»;

– «"Receiving bank" means a bank that receives a payment order».

Parte II – Conteúdos a Leccionar

Trata-se, evidentemente, de uma disposição de alcance limitado: fora do seu escopo ficam todas as formas de pagamento que não impliquem o recurso a transferências; e mesmo pelo que respeita a estas não são por ela abrangidos os efeitos das transferências nas relações entre o dador da ordem de pagamento e terceiros, *maxime* o seu credor.

Ora, tanto as relações entre o detentor dos instrumentos de pagamento em causa e o respectivo emitente, por um lado, como aquelas que existem entre o primeiro e o seu credor, por outro, são geralmente tituladas por contratos – entre os quais avultam, no primeiro caso, os que disciplinam a abertura e movimentação de contas bancárias e a aquisição e utilização de cartões de crédito e de débito.

Sempre que a utilização dos referidos instrumentos de pagamento se encontre prevista nesses contratos, ou constitua uma operação acessória das que nele são disciplinadas, afigura-se-nos dever ser a lei reguladora das questões atrás referidas, em princípio, a mesma que rege esses contratos.

Às relações entre detentores de instrumentos de pagamento e respectivos emitentes serão aplicáveis, na falta de disposições especiais, as regras de conflitos da Convenção de Roma de 1980 Sobre a Lei Aplicável às Obrigações Contratuais.

Estas, como sabemos, consagram o princípio da autonomia da vontade e mandam aplicar, na falta de escolha pelas partes da lei aplicável, a do país da residência habitual, da administração central ou do estabelecimento principal da parte que se encontra vinculada a realizar a prestação característica, que se presume ser o país com o qual a relação *sub judice* possui a conexão mais estreita.

Nos contratos de que sejam partes um banco e outra empresa, que não uma instituição de crédito, a aplicação desta directriz conduzirá, por via de regra, à competência da *lei do banco*[616], para a qual remete também, a título subsidiário, a Lei-Modelo da CNUDCI.

A prestação de serviços financeiros em linha encontra-se, é certo, abrangida pela Directiva Sobre o Comércio Electrónico, e em especial

---

[616] Cfr. Maria Helena Brito, «Os contratos bancários e a Convenção de Roma de 19 de Junho de 1980 sobre a Lei Aplicável às Obrigações Contratuais», *Revista da Banca*, 1993, pp. 75 ss. (p. 103); António Marques dos Santos, «A Convenção de Roma e as operações bancárias», *in Estudos de Direito Internacional Privado e de Direito Público*, Coimbra, 2004, pp. 227 ss. (pp. 239 s.); e Julia Hornle, «Private International Law & E-Finance – The European Perspective», *in* Glória Teixeira (coordenadora), *O comércio electrónico. Estudos jurídico-económicos*, Coimbra, 2002, pp. 161 ss. (pp. 181 s.).

292 *Problemática internacional da sociedade da informação*

pela *cláusula do mercado interno* constante do art. 3.°, n.° 1[617] (assim como pelas regras constantes dos arts. 4.° e 5.° do D.L. n.° 7/2004, que submetem à *lex originis* os serviços da sociedade da informação prestados por entidades estabelecidas na União Europeia), uma vez que essa prestação de serviços é, ela própria, uma forma de comércio electrónico.

Mas da aplicação daquela cláusula não resultam soluções fundamentalmente diversas das que se extraem dos referidos preceitos da Convenção de Roma e da Lei-Modelo: à uma, porque tanto a Directiva como o diploma nacional de transposição ressalvam a faculdade de as partes escolherem a lei aplicável, no tocante às matérias para que vale o princípio da autonomia da vontade segundo as regras de conflitos comuns; depois, porque a *lex originis* não é, como vimos, senão a lei do país do estabelecimento do devedor da prestação característica (o prestador de serviços), que a Convenção de Roma também manda aplicar.

Tratando-se de relações de consumo, valerá porém, nas condições atrás examinadas, a lei do país da residência habitual do consumidor[618]. No caso de serviços financeiros prestados à distância a consumidores, haverá ainda que atender ao disposto nos arts. 3.°, n.° 4, e 12.°, n.° 2, da Directiva 2002/65/CE – *rectius*, às normas que procederem à respectiva transposição para a ordem jurídica nacional –, a que aludimos anteriormente[619].

d) Tribunal competente. – A aplicação do Regulamento (CE) n.° 44/2001 à comercialização à distância de serviços financeiros prestados a consumidores encontra-se expressamente admitida no considerando n.° 8 da Directiva 2002/65/CE.

O tribunal competente para julgar os litígios emergentes da prestação desses serviços, *maxime* quando estes consistam na disponibilização de instrumentos de pagamento electrónicos, deverá, pois, ser determinado, sempre que o réu se encontre domiciliado no território de um Estado-Membro, em conformidade com as regras desse Regulamento.

---

[617] Vejam-se neste sentido as comunicações da Comissão ao Conselho e ao Parlamento Europeu intituladas *Comércio electrónico e serviços financeiros*, documento COM (2001) 66 final, de 7 de Fevereiro de 2001, e *Aplicação aos serviços financeiros dos n.os 4 a 6 do artigo 3.° da Directiva relativa ao comércio electrónico*, documento COM (2003) 259 final, Bruxelas, de 14 de Maio de 2003.

[618] Ver *supra*, n.° 9.5.

Parte II – Conteúdos a Leccionar   293

Nos demais casos, haverá que recorrer às disposições do Código de Processo Civil, da Convenção de Bruxelas ou da de Lugano, consoante as circunstâncias ocorrentes.

10. Teletrabalho

a) Noção e relevância actual. – Por *teletrabalho* entende-se, na lei portuguesa, «a prestação laboral realizada com subordinação jurídica, habitualmente fora da empresa do empregador, e através do recurso a tecnologias de informação e de comunicação»: assim se exprime o art. 233.º do Código do Trabalho[620].

Trata-se, no nosso ordenamento jurídico, de uma figura nova, cuja regulamentação expressa no Código do Trabalho veio suprir uma lacuna legal e dar resposta aos problemas postos por uma realidade em franca expansão, a qual é uma das expressões mais visíveis, no domínio laboral, do advento da sociedade da informação e da globalização da economia.

À sua consagração na lei não terão sido indiferentes as vantagens que, do ponto de vista social, podem colher-se desse novo modo de execução da prestação laboral: redução de custos para as empresas; melhor gestão do tempo para os trabalhadores; aumento da oferta de emprego e da competitividade da economia em geral[621].

O legislador português rodeou, porém, a figura em questão das maiores cautelas. Estas vão da exigência de observância de forma escrita no contrato para a prestação subordinada de teletrabalho (art. 103.º, n.º 1, alínea *b)*, do Código) à consagração de um *direito de arrependimento*

---

[619] *Ibidem.*

[620] Vejam-se sobre essa figura, na doutrina nacional: Maria Regina Redinha, «O teletrabalho», *in* António Moreira (org.), *II Congresso Nacional de Direito do Trabalho. Memórias*, Coimbra, 1999, pp. 81 ss.; Pedro Romano Martinez, *Direito do Trabalho*, Coimbra, 2002, pp. 344 s.; Guilherme Dray, «Teletrabalho, Sociedade da Informação e Direito», *in* Pedro Romano Martinez (coordenador), *Estudos do Instituto de Direito do Trabalho*, vol. III, Coimbra, 2002, pp. 261 ss.; e Maria do Rosário Palma Ramalho, «Novas formas da realidade laboral: o teletrabalho», *in Estudos de Direito do Trabalho*, vol. I, Coimbra, 2003, pp. 195 ss.; *idem*, «Teletrabalho: reflexões sobre uma projecção da sociedade da informação no mundo do trabalho», *in* AAVV, *Direito da Sociedade da Informação*, vol. V, Coimbra, 2004, pp. 185 ss.

[621] Cfr. Bradford L. Smith, «The Third Industrial Revolution: Law and Policy for the Internet», *in Rec. cours*, t. 282 (2000), pp. 229 ss. (pp. 265 ss.).

294 *Problemática internacional da sociedade da informação*

de qualquer das partes nos primeiros trinta dias de execução do contrato (art. 235.°, n.° 2), passando pela consignação de importantes garantias em benefício do teletrabalhador, no tocante mormente à igualdade de tratamento que lhe é devida (art. 236.°), à sua privacidade (art. 237.°), ao pagamento das despesas inerentes aos instrumentos de trabalho (art. 238.°), à aplicação das regras sobre segurança, higiene e saúde no trabalho (art. 239.°), aos limites máximos do período normal de trabalho (art. 240.°), à formação (art. 242.°), à participação e representação colectivas (art. 243.°).

Várias destas formas de protecção específica do teletrabalhador, assim como outras que constam das regras comuns do Direito do Trabalho português, não têm, contudo, acolhimento em diversos ordenamentos jurídicos, *maxime* aqueles onde tendem a prevalecer concepções diferentes acerca do sentido geral da regulamentação das relações laborais e das restrições neste âmbito admissíveis à liberdade contratual[622].

Observe-se ainda, a este respeito, que não raro é o teletrabalho prestado sem subordinação jurídica, embora o teletrabalhador se encontre na dependência económica do beneficiário da sua actividade. Ser-lhe-ão, nesse caso, aplicáveis os princípios definidos no Código do Trabalho, nomeadamente quanto a direitos de personalidade, igualdade e não discriminação e segurança, higiene e saúde no trabalho, atento o disposto no art. 13.° do Código quanto a contratos equiparados ao contrato de trabalho.

b) Direito aplicável. – Na medida em que facilita a deslocalização das relações laborais, tendo em vista nomeadamente evitar a aplicação de regimes mais proteccionistas, o teletrabalho suscita com particular acuidade o problema da determinação do Direito aplicável.

Ora, não existem entre nós regras de conflitos específicas sobre o teletrabalho, nem lhe são aplicáveis – pelo menos na medida em que a relação contratual que lhe subjaz seja uma relação laboral ou equiparada – as que se referem aos serviços da sociedade da informação[623].

---

[622] *Vide* os dados sobre o regime do teletrabalho em diversos ordenamentos jurídicos estrangeiros coligidos por Guilherme Dray, no est. cit., pp. 274 ss.

[623] Veja-se o considerando 18 da Directiva 2000/31/CE, onde se lê: «A relação contratual entre um assalariado e a sua entidade patronal não é um serviço da sociedade da informação».

Parte II – Conteúdos a Leccionar 295

Haverá, pois, que recorrer para aquele efeito às regras de conflitos sobre o contrato individual de trabalho[624].

Em Portugal estas regras figuram hoje no art. 6.° da Convenção de Roma de 1980 Sobre a Lei Aplicável às Obrigações Contratuais e no art. 6.° do Código do Trabalho, cujo conteúdo é em parte coincidente[625].

Delas decorrem para o teletrabalhador duas garantias especialmente importantes.

A primeira resulta da circunstância de, por força do art. 6.°, n.os 1 e 2, alínea *a)*, da Convenção de Roma e do art. 6.°, n.os 2, 3, alínea *a)*, e 7, do Código do Trabalho, as normas imperativas da lei do país onde o teletrabalhador presta habitualmente a sua actividade não poderem ser derrogadas mediante a escolha de outra lei que lhe confira um grau de protecção inferior (*v.g.* a da sede ou do estabelecimento da entidade patronal, amiúde situados, no caso do teletrabalho, em país diverso daquele).

É que, se bem cuidamos, no caso do teletrabalho não pode deixar de qualificar-se como *locus laboris* senão o local *a partir do qual* o trabalhador exerce a sua actividade profissional, e não aquele onde o resultado dessa actividade é *recebido* pelo empregador (*v.g.* a sede deste). Neste pressuposto assenta, entre nós, por exemplo o art. 237.° do Código do Trabalho.

Como aquele primeiro local coincidirá geralmente com o da residência habitual do trabalhador, a solução em apreço traduz-se numa inequívoca vantagem para o trabalhador.

---

[624] Sobre o tema podem consultar-se, com amplos desenvolvimentos, Rui de Moura Ramos, *Da lei aplicável ao contrato de trabalho internacional*, Coimbra, 1991, especialmente pp. 721 ss; *idem*, «O contrato individual de trabalho em Direito Internacional Privado», *in Estudos de Direito Internacional Privado e de Direito Processual Civil Internacional*, Coimbra, 2002, pp. 127 ss.; Luís de Lima Pinheiro, *Direito Internacional Privado*, vol. II, Coimbra, 2002, pp. 202 ss.; Dário Moura Vicente, «Destacamento internacional de trabalhadores», *in Direito Internacional Privado. Ensaios*, vol. I, Coimbra, 2002, pp. 85 ss.; e António Marques dos Santos, «Alguns princípios de Direito Internacional Privado e de Direito Internacional Público do Trabalho», *in Estudos de Direito Internacional Privado e de Direito Público,* Coimbra, 2004, pp. 93 ss.; e a demais bibliografia citada nestes estudos.

[625] Sobre a articulação dessas regras, veja-se o nosso estudo «O Direito Internacional Privado no Código do Trabalho», *in* Pedro Romano Martinez (coordenador), *Estudos do Instituto de Direito do Trabalho*, vol. IV, Coimbra, 2003, pp. 15 ss. A respeito dos problemas suscitados pela aplicação da Convenção de Roma ao teletrabalho, vejam-se Calvo Caravaca/Carrascosa González, *Conflictos de Leyes y Conflictos de Jurisdicción en Internet*, Madrid, 2001, pp. 105 s.

296 *Problemática internacional da sociedade da informação*

Se, porém, se tratar de um *teletrabalhador itinerante*, que não preste habitualmente a sua actividade no mesmo país, já as regras de conflitos mencionadas apenas lhe garantem, em princípio, a protecção da lei do país em que esteja situado o estabelecimento que o contratou (arts. 6.°, n.° 2, alínea *b)*, da Convenção de Roma e 6.°, n.° 3, alínea *b)*, do Código do Trabalho).

A segunda garantia a que nos referíamos acima advém da aplicabilidade excepcional, em derrogação da competência subsidiária da *lex loci laboris* ou da lei do país do estabelecimento que contratou o trabalhador, da lei de outro país com o qual o contrato de trabalho apresente uma *conexão mais estreita*, prevista no art. 6.°, n.° 2, *in fine* da Convenção de Roma e no art. 6.°, n.° 4, do Código do Trabalho.

Por força dessa regra, ficará sujeito à lei portuguesa, por exemplo, um teletrabalhador português contratado em Portugal por uma empresa sedeada no nosso país a fim de exercer a sua actividade laboral via Internet a partir de um *escritório-satélite* da entidade patronal sito em Espanha.

Também a *cláusula de excepção* constante das referidas regras restringe, pois, o alcance dos fenómenos de *deslocalização* das situações jurídicas laborais.

c) Tribunal competente. – Uma protecção paralela é conferida ao trabalhador, em matéria de competência judiciária internacional, pelo Regulamento (CE) n.° 44/2001 e pelas Convenções de Bruxelas de 1968 e de Lugano de 1988, pois todos estes textos atribuem competência, pelo que respeita às acções intentadas pelo trabalhador contra a entidade patronal, ao tribunal do lugar onde o primeiro *efectua habitualmente o seu trabalho* (arts. 19.°, n.° 2, alínea *a)*, do Regulamento e 5.°, n.° 1, das Convenções de Bruxelas e de Lugano); o que não raro se traduzirá na competência do *forum actoris*.

Já se o trabalhador não efectuar habitualmente o seu trabalho no mesmo país, será competente, além do foro do domicílio da entidade patronal, o do lugar onde se situa ou situava o estabelecimento que contratou o trabalhador (Regulamento, art. 19.°, n.° 2, alínea *b)*; Convenções, art. 5.°, n.° 1).

Por seu turno, a entidade patronal só pode intentar uma acção contra o trabalhador perante os tribunais do Estado em cujo território o trabalhador tiver domicílio (art. 20.°, n.° 1, do Regulamento) ou perante o foro escolhido, se a escolha for posterior ao surgimento do litígio (Regulamento, art. 21.°; Convenções, art. 17.°).

Às acções emergentes de contrato individual de trabalho nas quais sejam demandadas pessoas domiciliadas ou sedeadas no território de um Estado estranho aos referidos instrumentos aplicam-se as regras constantes do Código de Processo do Trabalho. Este estabelece, no art. 14.°, n.° 1, que as referidas acções, quando intentadas por trabalhador contra a entidade patronal, podem ser propostas no tribunal do lugar da prestação de trabalho ou do domicílio do autor (sendo que esse preceito fixa também a competência internacional dos tribunais do trabalho portugueses, por força da remissão para ele operada pelo art. 10.° do Código). Caso o trabalho seja prestado em mais do que um lugar, podem as acções referidas ser intentadas no tribunal de qualquer desses lugares (art. 14.°, n.° 3). O *favor laboratoris* parece, pois, mais acentuado no Código de Processo do Trabalho do que nos instrumentos europeus antes referidos.

A aplicação destas regras ao teletrabalho suscita graves questões.

É que a competência assim atribuída aos tribunais do *locus laboris* traduzir-se-á, sempre que os teletrabalhadores exerçam a sua actividade a partir do respectivo domicílio, na potencial sujeição da respectiva entidade patronal a uma *pluralidade de foros estrangeiros* – tantos quantos os países onde tenham trabalhadores ao seu serviço – para os litígios emergentes dos contratos individuais de trabalho por si celebrados; o que inevitavelmente implicará um acréscimo de custos e de riscos económicos, que pode neutralizar algumas das vantagens do recurso a esta forma de organização do trabalho acima assinaladas.

11. Concorrência desleal

a) Posição do problema. – Vários tipos de condutas integradas na utilização das redes informáticas internacionais são susceptíveis de constituir *actos de concorrência desleal*.

Entre elas destacam-se: *a)* o uso como nomes de domínio de marcas ou outros sinais distintivos alheios; *b)* a utilização como marcas de nomes de domínio alheios; *c)* a manipulação dos motores de busca mediante a inclusão em sítios Internet de «meta-etiquetas» (*metatags*) enganosas; *d)* o estabelecimento de certos hipernexos, em particular daqueles em que o sítio *ad quem* é integrado numa «moldura» (*frame*) contendo publicidade do sítio *a quo*; e *e)* a utilização dos já referidos *pop ups*.

298   *Problemática internacional da sociedade da informação*

Em todos estes casos podemos, na verdade, estar perante actos directa ou indirectamente destinados a *captar clientela alheia*, desviando-a de um agente económico que se encontra em competição com o autor do acto, por isso que ambos desenvolvem actividades substancialmente idênticas ou mutuamente substituíveis ou porque, apesar de diversas entre si, essas actividades se dirigem ao mesmo tipo de clientela – como, por exemplo, os utilizadores da Internet[626].

Actos esses que, na medida em que visem o aproveitamento da notoriedade alheia para promover bens ou serviços próprios, serão contrários às *normas e usos honestos* da actividade económica, a que se referem nomeadamente o art. 317.º do Código da Propriedade Industrial e o art. 10.º-*bis*, n.º 2, da Convenção da União de Paris[627].

Assim, por exemplo, a inserção não autorizada, como *metatag*, de uma marca alheia num sítio Internet a fim de descrever o respectivo conteúdo ou o serviço nele oferecido pode provocar a referenciação desse sítio nas listagens fornecidas pelos motores de busca, apesar de o mesmo não possuir qualquer conexão real com o objecto da busca; e induz os utentes

---

[626] Na verdade, ainda que procurem produtos diferentes, esses sujeitos fazem-no pelo mesmo meio e podem ser atraídos a um sítio Internet meramente em virtude de nele ser empregado um nome ou marca que já conhecem.

[627] Sobre a qualificação de alguns dos fenómenos mencionados no texto como actos de concorrência desleal, vejam-se: Tommaso Tosi, «La tutela della proprietà industriale», *in* Emilio Tosi (org.), *I Problemi Giuridici di Internet: dall'e-commerce all'e-business*, 2.ª ed., Milão, 2001, pp. 219 ss. (pp. 251 ss.); Emilio Tosi, «Le responsabilità civili», *in ibidem*, pp. 281 ss. (pp. 326 ss.); Markus Fallenböck/Stefan Stockinger, «Domain Namen und Wettberwerbsrecht», *in* Viktor Mayer-Schönberger/Franz Galla/Markus Fallenböck, *Das Recht der Domain Namen*, Viena, 2001, pp. 13 ss.; Oliveira Ascensão, *Estudos sobre Direito da Internet e da sociedade da informação*, cit., pp. 199 ss.; *idem*, «As funções da marca e os descritores (*metatags*) na Internet», *in* AAVV, *Direito Industrial*, vol. III, Coimbra, 2003, pp. 5 ss.; Sofia Casimiro, *Contributo para o estudo dos mecanismos de associação de conteúdos da* World Wide Web – *As hiperligações*, Lisboa, 2001 (dissertação de mestrado, polic.), pp. 153 ss., 186 ss., 236 ss. e 252 s.; Andreas Freitag, «Wettbewerbsrechtliche Probleme im Internet», *in* Detlef Kröger/Marc A. Gimmy (orgs.), *Handbuch zum Internetrecht*, 2.ª ed., Berlim, etc., 2002, pp. 413 ss.; Thomas Hoeren, *Grundzüge des Internetrechts,* 2.ª ed., Munique, 2002, pp. 173 ss.; Pedro de Miguel Asensio, *Derecho Privado de Internet*, 3.ª ed., Madrid, 2002, pp. 145 ss. e 165 ss.; Markus Köhler/Hans-Wolfgang Arndt, *Recht des Internet*, 4.ª ed., Heidelberga, 2003, pp. 223 ss.; Alexandre Dias Pereira, «*"Meta-tags"*, marca e concorrência desleal», *in* AAVV, *Direito Industrial*, vol. III, Coimbra, 2003, pp. 243 ss.; Adelaide Menezes Leitão, «*Metatags* e correio electrónico entre os novos problemas do Direito da Internet», *in* AAVV, *Direito da Sociedade da Informação*, vol. IV, Coimbra, 2003, pp. 405 ss.

da rede a associar a marca e o sítio, constituindo por isso uma forma de aproveitamento ilegítimo da reputação obtida pela marca.

Por seu turno, o *hipernexo* – que em si não envolve qualquer concorrência desleal – pode consubstanciar um acto desta natureza se for estabelecido por forma a criar confusão, *v.g.* apresentando como próprio aquilo que pertence a outrem: é o que sucede se o titular do sítio de origem não tiver qualquer serviço ou produto próprio e apresentar como seu um conteúdo alheio disponível em rede. Semelhante forma de parasitismo não pode, com efeito, haver-se por conforme com as ditas normas e usos honestos.

Mas em que circunstâncias ficarão esses actos sujeitos às sanções que a lei portuguesa estabelece para a concorrência desleal? Eis o problema que deverá ser versado em seguida no curso.

b) Direito aplicável. Regras gerais. – Não existe entre nós uma regra de conflitos na qual se possa fundar directamente ou por analogia a determinação do Direito aplicável à concorrência desleal. A lacuna legal há-de, assim, ser suprida por recurso à regra que o próprio intérprete criaria, se houvesse de legislar dentro do espírito do sistema.

Ora, as regras repressivas da concorrência desleal visam assegurar o correcto funcionamento do mercado e salvaguardar certos interesses dos agentes económicos que nele actuam, *maxime* os concorrentes e os consumidores.

Segue-se daqui que os tribunais portugueses deverão aplicar o Direito vigente em Portugal às acções fundadas na concorrência desleal quando a conduta em questão seja *susceptível de afectar o mercado português*[628]. Assim se assegurará a *par conditio concurrentium*.

Bilateralizando esta regra, diremos que a lei aplicável à concorrência desleal é a do *país para cujo mercado se reclama protecção* – ou, o que é o mesmo, *aquele em que o acto de concorrência produz ou pode produzir efeitos*.

---

[628] Pode ver-se uma regra paralela no art. 1.º, n.º 2, da Lei n.º 18/2003, de 11 de Junho, que estabelece o regime geral da defesa e promoção da concorrência, segundo a qual: «Sob reserva das obrigações internacionais do Estado Português, o presente diploma é aplicável às práticas restritivas da concorrência que ocorram em território nacional ou que neste tenham ou possam ter efeitos».

300 Problemática internacional da sociedade da informação

Contém uma regra semelhante o art. 136, n.º 1, da Lei Federal suíça de Direito Internacional Privado, segundo o qual: «Les prétentions fondées sur un acte de concurrence déloyale sont régies par le droit de l'Etat sur le marché duquel le résultat s'est produit»[629]. Analogamente, dispõe o § 48 (2) da lei austríaca de Direito Internacional Privado: «As pretensões de indemnização e outras pretensões baseadas em concorrência desleal são reguladas pela lei do Estado em cujo mercado a concorrência produza efeitos». E outra não é a solução há muito acolhida na jurisprudência do Tribunal Federal alemão[630].

Também no art. 5.º, n.º 1, da citada Proposta de Regulamento «Roma II» se consagra, pelo que respeita às obrigações extracontratuais resultantes de um acto de concorrência desleal, a aplicabilidade da «lei do país em cujo território as relações de concorrência ou os interesses colectivos dos consumidores são ou podem ser prejudicados de forma directa e substancial»[631].

*c) **Continuação. Concorrência desleal através da Internet.** –* À luz do exposto, deve entender-se que, sendo alegada a prática de um acto de concorrência desleal através da Internet, se aplicará a lei portuguesa quando o acto em questão produza efeitos no mercado português.

Tal como sucede no caso da utilização de sinais distintivos de comércio, não existe um único critério susceptível de servir de base à concretização deste factor de conexão; antes terá de atender-se a todas as circunstâncias relevantes da situação considerada, consoante determina

---

[629] Sobre essa disposição consulte-se Kurt Siehr, *Das Internationale Privatrecht der Schweiz*, Zurique, 2002, pp. 372 ss.

[630] Veja-se o acórdão de 30 de Junho de 1961, reproduzido em Haimo Schack, *Höchstrichterliche Rechtsprechung zum Internationalen Privat- und Verfahrensrecht*, 2.ª ed., Munique, 2000, pp. 80 ss. Na doutrina, perfilham a *Marktortanknüpfung*, perante o Direito actual: Bernd von Hoffmann, *Internationales Privatrecht*, 7.ª ed., Munique, 2002, pp. 462 s.; Thomas Kadner Graziano, *Europäisches Internationales Deliktsrecht*, Tubinga, 2003, p. 88; e Jan Kropholler, *Internationales Privatrecht,* 5.ª ed., Tubinga, 2004, p. 532.

[631] Admite-se, no entanto, no n.º 2 do mesmo preceito, um desvio a esta regra: se um acto de concorrência deslal prejudicar exclusivamente os interesses de um determinado concorrente, a lei aplicável será a da sua residência habitual comum ou, na falta dessa residência habitual comum, a de um terceiro país, com o qual a situação tenha uma conexão manifestamente mais estreita.

Parte II – Conteúdos a Leccionar 301

a *Recomendação Conjunta* da União de Paris e da OMPI, a que nos reportámos atrás[632].

Assim, por exemplo, se o nome de domínio que identifica um sítio Internet no qual se oferecem explicitamente bens ou serviços a consumidores estabelecidos em Portugal corresponder a uma marca aqui registada para os mesmos produtos ou serviços, parece de admitir que o acto de concorrência desleal assim praticado produz efeitos no mercado nacional, sendo por isso aplicável a lei portuguesa.

À mesma conclusão pode chegar-se através de outros indícios, como a língua utilizada numa página *web*, a moeda em que é aceite o pagamento do preço dos bens ou serviços nela oferecidos ou a inclusão nessa página de um endereço ou outro meio de contacto no território nacional.

O que, em todo o caso, não parece bastante a fim de que se dê por concretizado aqui o referido elemento de conexão é a *simples acessibilidade* em território nacional do sítio Internet através do qual os alegados actos de concorrência desleal foram cometidos. Pois se assim fosse teriam os oferentes de bens ou serviços em rede de conformar-se com as legislações de todos os países do mundo a partir dos quais fosse possível aceder à Internet – o mesmo é dizer, com a mais exigente de todas elas[633].

Eis por que se nos afigura dever ainda exigir-se, para aquele efeito, que a informação disponibilizada em rede pelo alegado infactor *vise especificamente* o território nacional; o que poderá resultar, nomeadamente, dos indícios atrás mencionados.

d) Continuação. Aplicabilidade da **lex originis?** – Tem-se discutido se a competência da *lei do país dos efeitos* do acto de concorrência desleal, que se retira da função precípua deste instituto, fica prejudicada, no domí-

---

[632] *Supra*, n.os 5.4 e 8.2.

[633] Vejam-se, em sentido fundamentalmente coincidente, Jochen Dieselhorst, «Anwendbares Recht bei Internationalen Online-Diensten», *ZUM*, 1998, pp. 293 ss. (pp. 293 s.); Alexander Thünken, «Die EG-Richtlinie über den elektronischen Geschäftsverkehr und das internationale Privatrecht des unlauteren Wettbewerbs», *IPRax*, 2001, pp. 15 ss. (p. 16); Pedro de Miguel Asensio, ob. cit., pp. 204 s.; Andreas Freitag, est. cit., p. 453; e Eva-Maria Kieninger, «Die Lokalisierung von Wettbewerbsverstössen im Internet – ist das Marktortprinzip zukunftsfähig?», *in* Stefan Leible (org.), *Die Bedeutung des Internationalen Privatrechts im Zeitalter der neuen Medien*, Estugarda, etc., 2003, pp. 121 ss. (p. 124 s.).

302 *Problemática internacional da sociedade da informação*

nio do comércio electrónico, pelas regras que submetem a prestação de serviços da sociedade da informação à *lex originis*.

Nos sistemas jurídicos germânicos a doutrina entende maioritariamente que sim[634]; mas esta orientação é nitidamente determinada pela integração do Direito do Consumo e do Direito da Publicidade na disciplina jurídica da concorrência desleal, que aí verifica[635]. Ora, a situação é completamente diversa entre nós, dada a autonomia existente entre os referidos sectores da ordem jurídica[636].

Contra semelhante solução depõe ainda a circunstância de a alínea *a)* do art. 6.º do D.L. n.º 7/2004 (tal como o primeiro travessão do anexo à Directiva 2000/31/CE) excluir a propriedade industrial do escopo da *lex originis*.

É que entre os direitos privativos da propriedade industrial e a repressão da concorrência desleal existe uma estreita *ligação funcional*, que o art. 1.º do Código da Propriedade Industrial exprime ao dispor: «A propriedade industrial desempenha a função de garantir a lealdade da concor-

---

[634] Ver sobre o assunto (com posições divergentes): Peter Mankowski, «Internet und Internationales Wettbewerbsrecht», *GRURInt.*, 1999, pp. 909 ss. (pp. 912 ss.); *idem*, «Das Herkunftslandprinzip als Internationales Privatrecht der e-commerce-Richtlinie», *ZVglRWiss.*, 2001, pp. 137 ss. (especialmente pp. 157 ss.); Brigitta Lurger, «Internationales Deliktsrecht und Internet – ein Ausgangspunkt für grundlegende Umwältzungen im Internationalen Privatrecht?», *in* Jürgen Basedow e outros (organizadores), *Festschrift 75 Jahre Max-Planck-Institut für Privatrecht*, Tubinga, 2001, pp. 479 ss. (pp. 481 ss.); *idem*, «Grenzüberschreitender Wettbewerb im Internet. Umsetzung des Herkunftlandsprinzips der E-Commerce-Richtlinie in Deutschland und Österreich», *RIW*, 2002, pp. 188 ss.; Thünken, est. cit., pp. 17 ss.; *idem, Das kollisionsrechtliche Herkunftslandprinzip*, Frankfurt a.M., 2003, pp. 27 e 154 ss.; Eva-Maria Kieninger, est. cit., pp. 130 ss.; Marike Vermeer, «Electronic Unifair Competition and Applicable Law: An Open Spot in the European Jungle», *EJCL*, vol. 7.5, Dezembro de 2003; Markus Köhler/Hans-Wolfgang Arndt, *Recht des Internet*, cit., pp. 107 ss.; Thomas Pfeiffer, *in* Giorgios Gounalakis (org.), *Rechtshandbuch Electronic Business*, Munique, 2003, p. 443; Kegel/Schurig, *Internationales Privatrecht*, 9.ª ed., Munique, 2004, p. 729; e Dirk Looschelders, *Internationales Privatrecht – Art. 3-46 EGBGB*, Berlim, etc., 2004, pp. 611 s.

[635] O que suscita, no plano do Direito Internacional Privado, o problema de saber como determinar o «lugar do mercado» no caso de publicidade transfronteiras que alegadamente constitua um acto de concorrência desleal. Sobre o ponto, veja-se, por último, a decisão do *Bundesgesrichtshof* de 13 de Maio de 2004, disponível em http://www.recht-in.de.

[636] Cfr., por todos, Oliveira Ascensão, *Concorrência desleal*, Coimbra, 2002, pp. 12 e 45.

Parte II – Conteúdos a Leccionar   303

rência, pela atribuição de direitos privativos sobre os diversos processos técnicos de produção e desenvolvimento da riqueza»[637].

O mesmo acto pode, assim, constituir simultaneamente violação de um direito industrial e acto de concorrência desleal[638]. Nenhum sentido teria, por isso, subtrair a propriedade industrial ao domínio da *lex originis* e sujeitar-lhe a repressão da concorrência desleal. Ambas as matérias devem, pois, considerar-se excluídas da esfera de competência dessa lei.

O âmbito das matérias abrangidas pelas regras constantes dos arts. 4.º, n.º 1 e 5.º, n.º 1, D.L. n.º 7/2004 não compreende, em suma, a concorrência desleal. Não o declara expressamente, é certo, este diploma legal; mas não pode ser outra a interpretação dos respectivos preceitos à luz do sistema jurídico em que se inserem.

Nesta linha de orientação se insere a citada lei francesa de 21 de Junho de 2004 (*Loi pour la confiance dans l'économie numérique*), cujo art. 16, II, dispõe:

> «En outre, lorsqu'elle est exercée par des personnes dans un Etat membre de la Communauté européenne autre que la France, l'activité définie à l'article 14 [commerce électronique] est soumise au respect: [...] 3.º Des dispositions relatives aux pratiques anticoncurrentielles et à la concentration économique, prévues aux titres II et III du livre IV du code de commerce.»

*e) **Tribunal competente.*** – O que dissemos atrás sobre o modo de determinar a lei reguladora dos actos de concorrência desleal praticados através de redes electrónicas de comunicações releva também na fixação da competência internacional.

Com efeito, entre os factores de competência judiciária em matéria extracontratual acolhe o Regulamento n.º 44/2001, no art. 5.º, n.º 3, o *lugar onde ocorreu ou poderá ocorrer o facto danoso.*

---

[637] Outro tanto se pode dizer, aliás, a respeito do art. 1.º, n.º 2, da Convenção da União de Paris, onde se lê que «[a] protecção da propriedade industrial tem por objecto as patentes de invenção, os modelos de utilidade, os desenhos ou modelos industriais, as marcas de fábrica ou de comércio, as marcas de serviço, o nome comercial e as indicações de proveniência ou denominações de origem, bem como a repressão da concorrência desleal».

[638] Neste sentido, Oliveira Ascensão, *Concorrência desleal*, cit., pp. 78 e 350.

304 *Problemática internacional da sociedade da informação*

Sendo assim, à luz do critério acima preconizado, os tribunais portugueses poderão julgar acções de responsabilidade civil fundadas na concorrência desleal sempre que o acto de concorrência em questão produza ou seja susceptível de produzir efeitos no *mercado nacional* (posto que, pelas razões apontadas, não baste para tal a simples acessibilidade de um sítio Internet a partir do território nacional).

E à mesma conclusão fundamental havemos de chegar se, em vez daquele Regulamento, forem aplicáveis as Convenções de Bruxelas ou de Lugano[639] ou as regras do Código de Processo Civil português.

Se a conduta em causa produzir efeitos em mais do que um país haverá, todavia, que atender a certas limitações à competência dos tribunais nacionais que decorrem da jurisprudência comunitária. A elas nos reportaremos adiante, quando versarmos *ex professo* a competência judiciária em matéria de responsabilidade extracontratual por ilícitos cometidos através de redes electrónicas de comunicações[640].

O exposto deve entender-se, evidentemente, sem prejuízo da competência atribuída aos tribunais do Estado do domicílio do réu pelos instrumentos normativos acima referidos.

12. Responsabilidade civil por actos praticados através de redes de comunicações electrónicas

12.1. Preliminares. – O âmbito mundial de algumas das redes de comunicações electrónicas actualmente existentes, bem como a circunstância de a informação nelas disponibilizada ficar instantaneamente acessível em todos os países onde existam equipamentos terminais a elas ligados, potencia os efeitos danosos dos actos ilícitos através delas praticados e torna-os significativamente mais difíceis de prevenir.

Assume, por isso, inegável relevo social e jurídico o problema da responsabilidade dos fornecedores de conteúdos disponíveis nessas redes e daqueles que tornam possível o transporte e o armazenamento em servidor desses conteúdos.

---

[639] Cfr. Haimo Schack, «Internationale Urheber-, Marken- und Wettbewerbsrechtsverletzungen im Internet. Internationales Zivilprozessrecht», *MMR*, 2000, pp. 135 ss. (pp. 137 s.).

[640] Cfr. *infra*, n.º 12.2.

Sucede que a ubiquidade dessas redes propicia, consoante já notámos, a multiplicação dos lugares onde podem ter-se por cometidos o factos geradores desta responsabilidade e, por conseguinte, das leis aplicáveis e dos tribunais competentes para regê-la. O que suscita a questão de saber qual ou quais desses lugares hão-de considerar-se relevantes para o efeito[641].

É desse problema que se tratará nesta rubrica do curso. Distinguiremos a respeito dele o regime comum da responsabilidade civil daqueloutro que se aplica aos prestadores de serviços da sociedade da informação, os quais se encontram sujeitos, como veremos, a regras especiais.

Pode perguntar-se qual a relevância do problema em apreço, tendo presente que, por via da transposição da Directiva 2000/31/CE, sobre o comércio electrónico, ocorreu recentemente na Comunidade Europeia uma certa harmonização das regras sobre estas matérias; e que esta será no

---

[641] Sobre o tema, *vide* Herbert Kronke, «Applicable Law in Torts and Contracts in Cyberspace», *in* Boele-Woelki/Kessedjian (orgs.), *Internet. Which Court Decides? Which Law Applies?*, Haia, etc., 1998, pp. 65 ss. (pp. 67 ss.); Michael von Hinden, *Persönlichkeitsverletzungen im Internet,* Tubinga, 1999, pp. 54 ss.; Peter Mankowski, «Das Internet im Internationalen Vertrags- und Deliktsrecht», *RabelsZ,* 1999, pp. 203 ss. (pp. 256 ss.); Paolo Cerina, «Il problema della legge applicabile e della giurisdizione», *in* Emílio Tosi, *I problemi giuridici di Internet,* cit., pp. 409 ss. (pp. 439 ss.); Calvo Caravaca/Carrascosa González, *Conflictos de Leyes y Conflictos de Jurisdicción en Internet,* cit., pp. 107 ss.; Brigitta Lurger, «Internationales Deliktsrecht und Internet – ein Ausgangspunkt für grundlegende Umwältzungen im Internationalen Privatrecht?», *in* Jürgen Basedow e outros (organizadores), *Festschrift 75 Jahre Max-Planck-Institut für Privatrecht*, Tubinga, 2001, pp. 479 ss.; Michael Bogdan, «Cross-Border Transactions on the Internet», *in* Peter Hohloch (org.), *Recht und Internet,* Baden-Baden, 2001, pp. 59 ss.; Luís de Lima Pinheiro, «Direito aplicável à responsabilidade extracontratual na Internet», *RFDUL,* 2001, pp. 825 ss.; *idem,* «Competência internacional em matéria de litígios relativos à Internet», *in* AAVV, *Direito da Sociedade da Informação,* vol. IV, Coimbra, 2003, pp. 171 ss.; André Lucas/Jean Devèze/Jean Frayssinet, *Droit de l'informatique et de l'Internet,* cit., pp. 465 ss.; Pedro de Miguel Asensio, *Derecho Privado de Internet,* cit., pp. 600 ss.; Dário Moura Vicente, «Lei aplicável à responsabilidade pela utilização ilícita de obras disponíveis em redes digitais», *in Direito Internacional Privado. Ensaios,* cit., pp. 145 ss.; *idem,* «Comércio electrónico e responsabilidade empresarial», *in ibidem*, pp. 193 ss. (pp. 233 ss.); Thomas Hoeren, *Grundzüge des Internetrechts,* 2.ª ed., Munique, 2002, pp. 273 s.; Andreas Spickhoff, «Das Internationale Privatrecht der sog. Internet-Delikte – Art. 40-42 EGBGB, "Rom II" und Herkunftslandprinzip», *in* Stefan Leible (org.), *Die Bedeutung des Internationalen Privatrechts im Zeitalter der neuen Medien,* Estugarda, etc., 2003, pp. 89 ss.; e Thomas Pfeiffer, *in* Giorgios Gounalakis (org.), *Rechtshandbuch Electronic Business*, Munique, 2003, pp. 427 ss.

306 Problemática internacional da sociedade da informação

futuro reforçada, no tocante à responsabilidade civil pela violação de direitos intelectuais, pela transposição da Directiva 2004/48/CE, relativa ao respeito dos direitos de propriedade intelectual.

Supomos que essa relevância deriva, além do mais, do seguinte.

Por um lado, a harmonização referida apenas abrange os Estados--Membros da Comunidade Europeia. Relativamente a terceiros países, em especial os Estados Unidos da América, mantêm-se, em tudo o que se prende com a regulação dos serviços da sociedade da informação e da responsabilidade pelos ilícitos cometidos em linha, divergências muito acentuadas.

Assim sucede, desde logo, pelo que respeita aos pressupostos gerais de imputação de danos e ao conteúdo do dever de indemnizar: recordem--se tão-somente, a este propósito, os diferentes sistemas de delimitação dos factores de responsabilidade civil vigentes nos países de *civil* e de *common law* – assentes os primeiros em cláusulas gerais e os segundos numa tipicidade dos delitos (*torts*) susceptíveis de originarem o dever de indemnizar – e a admissibilidade da imposição dos chamados *punitive damages*, amplamente consagrada na jurisprudência dos tribunais norte--americanos, mas bastas vezes repudiada na Europa continental.

O mesmo ocorre no tocante à disciplina jurídica de alguns dos direitos subjectivos mais frequentemente afectados por informação disponibilizada em rede – da privacidade aos direitos autorais[642].

Verifica-se, por outro lado, que, apesar da harmonização das legislações dos Estados-Membros da Comunidade induzida pela Directiva Sobre o Comércio Electrónico, não é ainda uniforme, como se verá adiante[643], o regime da responsabilidade dos fornecedores de bens e serviços em linha consagrado nas ordens jurídicas desses Estados.

E outro tanto é provável que venha a suceder quanto ao regime comum da responsabilidade por violação de direitos intelectuais após a transposição da Directiva 2004/48/CE, dada a latitude das formulações nesta adoptadas relativamente ao modo de cálculo das indemnizações devidas por esse ilícito[644].

---

[642] Ver *supra*, n.os 7 e 8.

[643] Cfr. o n.º 12.3.

[644] Haja vista ao art. 13.º da Directiva. Para uma explanação dos intentos desta, *vide* Comissão Europeia, *Proposta de Directiva do Parlamento Europeu e do Conselho relativa às medidas e aos procedimentos destinados a assegurar o respeito pelos direitos de propriedade intelectual*, documento COM (2003) 46 final, Bruxelas, 30 de Janeiro de 2003.

Parte II – Conteúdos a Leccionar

12.2. Regime comum. a) A competência da lex loci delicti. – A disponibilização de informação em rede é um facto complexo, que tanto pode considerar-se praticado no país onde a mesma foi inserida nela como naquele ou naqueles a partir dos quais fica acessível aos seus utentes; o que, *prima facie*, confere à lei de qualquer desses países um título de aplicação à responsabilidade civil pelos danos através dele causados a outrem.

Facilmente se adivinham os inconvenientes de semelhante solução.

Ela forçaria aqueles que colocam informação em rede a pautarem a sua conduta pelas leis de todos os países a partir dos quais seja possível uma conexão à rede – *rectius*: pela mais exigente dessas leis –, sob pena de incorrerem em responsabilidade. O que cercearia de forma intolerável a sua liberdade de actuação e constituiria um forte desincentivo ao comércio electrónico.

Eis por que os ilícitos praticados mediante a disponibilização de informação em rede não são geralmente tratados pela doutrina e pela jurisprudência que se tem ocupado do problema como tendo ocorrido em qualquer país a partir do qual exista acesso a ela.

No Direito Internacional Privado português, a competência para reger a responsabilidade extracontratual pertence, em primeira linha, à lei do Estado onde decorreu a *principal actividade causadora do prejuízo*: é, como se sabe, o que dispõe o art. 45.°, n.° 1, do Código Civil.

Na generalidade dos casos em que o prejuízo resulte de informação disponibilizada em rede, esse Estado será aquele onde se deu a sua inserção na rede – o mesmo é dizer, o Estado de que ela é originária.

A referida regra do Código Civil português é, porém, complementada pelo disposto no n.° 2 do mesmo preceito, que prevê a hipótese de a lei do país do *efeito lesivo* considerar o agente responsável, mas de a lei do lugar do facto que o causou o não ter como tal. Foi o que sucedeu nos casos *Yahoo!* e *Dow Jones & Co. v. Gutnick*.

Do primeiro demos conta anteriormente[645]. Consideremos agora o segundo, que foi julgado em última instância a 10 de Dezembro de 2002 pelo *High Court of Australia*[646].

Discutia-se aí a responsabilidade da ré, *Dow Jones & Co. Inc.*, empresa sedeada nos Estados Unidos, onde edita o *Wall Street Journal* e a

---

[645] Cit. *supra*, n.° 4.1.

[646] A sentença proferida por esse tribunal encontra-se reproduzida em *CRi*, 2003, pp. 17 ss. (com anotação de Mark Davison; existe também uma anotação de Uta Kohl em *ICLQ*, 2003, pp. 1049 ss.).

revista *Barron's*, pelos danos alegadamente causados à reputação do autor, Joseph Gutnick, residente em Victoria, na Austrália, através de um artigo divulgado no sítio Internet com o endereço *www.wsj.com*, de que a primeira era titular.

A acção fora intentada pelo autor, em primeira instância, perante o *Supreme Court of Victoria*. Pela ré foi invocada a doutrina do *forum non conveniens*, de acordo com a qual, na sua formulação australiana[647], «an Australian court will decline [...] to exercise jurisdiction which has been regularly invoked by a plaintiff [...] when it is shown that the forum whose jurisdiction is invoked by the plaintiff is clearly inappropriate». Sendo aplicável ao caso, no seu entender, o Direito vigente no Estado norte--americano de Nova Jérsia, onde se situavam os servidores através dos quais a informação alegadamente difamatória fora colocada em rede (e onde, por conseguinte, essa informação havia sido publicada), o tribunal de Victoria seria um foro «claramente inapropriado» para julgar a causa. Ao que o autor contrapôs cingir-se a acção aos danos causados à sua reputação no Estado de Victoria, em consequência de uma publicação nele ocorrida, razão por que deveria a mesma ser julgada pelos tribunais locais e de acordo com o Direito local.

O *High Court* entendeu que o Direito australiano era aplicável ao caso e que, em consequência disso, a Austrália não seria um foro inapropriado para julgá-lo; rejeitou, pois, o recurso interposto pela ré da decisão proferida pelo tribunal de Victoria.

A decisão proferida no caso *Gutnick* integra-se, assim, na orientação favorável à competência da *lei do país de destino* da informação disponibilizada em rede, de que já examinámos outras consagrações na doutrina e na jurisprudência contemporâneas, a respeito de diferentes problemas suscitados pela utilização de redes informáticas internacionais.

Ora, também o art. 45.°, n.° 2, do Código Civil português consente, sob certos pressupostos, este resultado. Por força dele, se o *bem jurídico protegido através da regra delitual cuja aplicação está em causa* for de alguma sorte lesado no *país de destino* da informação ilícita, será aplicável a lei local.

Deste modo, por exemplo, às ofensas à honra de uma pessoa cometidas através da Internet pode ser aplicada a lei do país onde as declarações

---

[647] Sobre o tema, *vide* Peter Nygh, «Forum *Non Conveniens* and *Lis Alibi Pendens*: the Australian Experience», *in* J. Basedow *et al.* (orgs.), *Private Law in the International Arena – Liber Amicorum Kurt Siehr*, Haia, 2000, pp. 511 ss.

Parte II – Conteúdos a Leccionar 309

ofensivas foram inseridas na rede, assim como as daqueloutros países onde a conduta em questão for susceptível de atingir esse bem de personalidade – *v.g.* porque o ofendido aí reside ou é conhecido.

Subordina-se, contudo, no art. 45.°, n.° 2, a aplicação da lei do lugar do efeito lesivo a uma *cláusula de previsibilidade*, de acordo com a qual a *lex loci injuriae* só se aplica se o agente devesse prever a produção de um dano, naquele lugar, como consequência do seu acto ou omissão[648].

Coloca-se, por isso, a questão de saber se este requisito deve ser tido como preenchido pelo que respeita aos ilícitos praticados através de redes de comunicações electrónicas.

Em sentido afirmativo pode aduzir-se que é do conhecimento de todo o utilizador da rede que um acto cometido por esse meio produzirá efeitos em qualquer país onde exista acesso a ela.

A ter-se este argumento por procedente, sempre que o agente for responsável perante a lei do país onde se produziu certo efeito lesivo resultante da colocação de informação em rede, mas a lei do país onde ocorreu este acto o não considerar como tal, será aplicável a primeira dessas leis.

Está certo que assim seja.

É natural, com efeito, que o agente conte com a aplicação da lei do lugar onde agiu à definição das consequências jurídicas do seu acto ou omissão. Mas ninguém pode legitimamente esperar que a liberdade de actuação que lhe confere a lei desse país lhe seja reconhecida *urbi et orbi*.

A referida expectativa apenas é atendível, por isso, na medida em que estejam em causa os efeitos do acto ou omissão verificados *no próprio país onde o agente actuou*; não pelo que respeita aos efeitos produzidos noutros países.

Relativamente a estes avulta a expectativa da vítima em ver aplicadas as regras locais que delimitam as situações em que o sofrimento de danos causados por terceiros é susceptível de constituir o seu autor no dever de repará-los, pois geralmente é confiando na aplicação dessa lei que as pessoas intervêm no tráfico jurídico e se expõem ao padecimento de danos[649].

---

[648] Sobre os fundamentos e o alcance dessa regra, *vide* o nosso *Da responsabilidade pré-contratual em Direito Internacional Privado*, Coimbra, 2001, pp. 486 ss., e a demais bibliografia aí citada.

[649] Neste sentido nos pronunciámos já no nosso *Da responsabilidade pré-contratual em Direito Internacional Privado*, cit., pp. 486 s.

310 *Problemática internacional da sociedade da informação*

b) A competência da **lex damni.** – Ao mandar aplicar, no seu art. 3.°, n.° 1, a lei do país do *dano directo*, a Proposta de Regulamento «Roma II», a que aludimos acima[650], conforma-se com o ponto de vista que acabamos de sustentar[651].

Sucede, porém, com crescente frequência que os danos causados por uma única conduta se produzem numa *multiplicidade de lugares*, deles se podendo dizer com propriedade que se trata, *hoc sensu*, de *danos transnacionais*. É justamente o que ocorre em muitos dos delitos cometidos através de redes de comunicações electrónicas.

Ora, que lei ou leis aplicarão nesses casos os tribunais a que a acção ou as acções de indemnização forem submetidas? A Proposta de Regulamento é omissa quanto a este ponto.

Uma solução possível consistirá na aplicação do Direito vigente em cada um dos lugares onde se produziu o efeito lesivo apenas à reparação do *dano localmente sofrido*[652].

Orientação análoga foi preconizada pelo Tribunal de Justiça das Comunidades Europeias, como veremos a seguir, para a questão paralela do tribunal competente quanto a pretensões indemnizatórias fundadas em delitos de imprensa cometidos através de publicações distribuídas em vários países.

c) Relevância da autonomia privada. – Outra solução possível para o problema apontado consistirá em as partes fazerem uso, nos termos do art. 10.°, n.° 1, da Proposta de Regulamento, da faculdade que lhes assiste (salvo nos casos de violação de direitos intelectuais) de sujeitar a obrigação extracontratual à lei que escolherem.

---

[650] Cfr. *supra*, n.° 5.3.

[651] Dispõe esse texto: «A lei aplicável a uma obrigação extracontratual é a do país onde ocorreu ou poderá ocorrer o dano, independentemente do país em que o facto gerador do dano se produziu e independentemente do ou dos países em que ocorram as consequências indirectas do dano».

[652] Solução que preconizámos, em matéria de violação de direito de autor, no nosso estudo «Lei aplicável à responsabilidade pela utilização ilícita de obras disponíveis em redes digitais», *in Direito Internacional Privado. Ensaios,* vol. I, cit., pp. 145 ss. (p. 156). Pode ver-se uma consagração jurisprudencial dessa solução no acórdão da *Cour de cassation, 1ère Chambre Civile,* de 5 de Março de 2002, caso *Sisro c. Ampersand Software BV et autres,* publicado na *RCDIP,* 2003, pp. 440 ss. (com anotação de Jean-Marc Bischoff); e em *GRUR Int.,* 2003, pp. 75 ss. (com anotação de Nicolas Bouche).

Parte II – Conteúdos a Leccionar 311

O funcionamento do *princípio da autonomia privada* na matéria em apreço encontra-se, contudo, sujeito a alguns limites importantes, tendentes a salvaguardar interesses públicos e de terceiros: em primeiro lugar, a escolha só é admissível se for posterior ao surgimento do litígio, não devendo prejudicar os direitos de terceiros (n.º 1); depois, ela não pode, sempre que todos os outros elementos da situação se localizem, no momento do dano, num país que não o da lei escolhida, prejudicar a aplicação das disposições imperativas locais (n.º 2) ou de Direito Comunitário, caso a situação se localize, no momento do dano, na Comunidade Europeia (n.º 3).

d) A cláusula de excepção. – Uma terceira via de solução para o referido problema poderá fundar-se no disposto no n.º 3 do art. 3.º da Proposta de Regulamento, segundo o qual «[n]ão obstante o disposto nos n.ᵒˢ 1 e 2, se resultar do conjunto das circunstâncias que a obrigação extracontratual apresenta uma conexão manifestamente mais estreita com um outro país, é aplicável a lei deste último país. Uma conexão manifestamente mais estreita com um outro país pode ter por base, nomeadamente, uma relação pré-existente entre as partes, tal como um contrato que apresente um vínculo estreito com a obrigação extracontratual em causa».

Trata-se de uma *cláusula de excepção*, paralela a outras que o Direito vigente já consagra; mas que apresenta a particularidade de poder também funcionar quando a conexão mais estreita resultar da ligação dos factos com outra relação jurídica, *v.g.* de natureza contratual. Alude-se, para designar esta última solução, a uma *conexão acessória*[653].

e) A competência da **lex fori.** – Quando a lei aplicável à obrigação extracontratual resultante de uma violação do direito à vida privada ou dos direitos de personalidade for contrária aos princípios fundamentais do *Estado do foro* em matéria de liberdade de expressão e de informação, será aplicável a lei desse Estado: é o que estabelece o art. 6.º, n.º 1, da Proposta de Regulamento.

Trata-se, como é bom de ver, de uma regra com largo alcance no tocante aos ilícitos cometidos através de redes electrónicas, *maxime* o

---

[653] Ver, sobre o assunto, o nosso *Da responsabilidade pré-contratual em Direito Internacional Privado*, cit., pp. 497 ss.

312 *Problemática internacional da sociedade da informação*

tratamento não autorizado de dados pessoais e a difamação ocorrida em sítios Internet.

f) A competência da **lex loci protectionis**. – Assinale-se ainda que, pelo que respeita à responsabilidade extracontratual emergente da violação de direitos intelectuais, a mencionada Proposta de Regulamento consagra, no n.º 1 do seu art. 8.º, uma regra especial, nos termos da qual «[a] lei aplicável à obrigação extracontratual resultante da violação de um direito de propriedade intelectual, é a lei do país em que a protecção é reivindicada».

Caberá, por conseguinte, à *lex loci protectionis* regular não apenas a constituição, o conteúdo e a extinção do direito de autor, mas também a tutela civil dele, *maxime* através da imposição do dever de indemnizar os danos causados pela sua violação[654]; o que bem se compreende, porquanto se trata de aspectos indissociáveis da regulamentação substantiva desse direito, sendo a sua sujeição à mesma lei inteiramente conforme com o princípio da *harmonia material*[655].

g) Tribunal competente. Posição do problema. – Relativamente à determinação do tribunal competente para conhecer das acções indemni-

---

[654] Neste sentido se pronunciara já Eugen Ulmer, *Intellectual Property Rights and the Conflict of Laws*, 1978, pp. 34 e s.; implicitamente, parece aceitar a mesma solução José de Oliveira Ascensão, *Direito de Autor e Direitos Conexos*, 1992, p. 607.

[655] Observe-se, a este propósito, que a fórmula adoptada na versão portuguesa do n.º 1 do art. 8.º da Proposta não se afigura ser a melhor a fim de traduzir a ideia referida no texto. Com efeito, manda-se aí aplicar a lei do país *em que* a protecção é reivindicada. Ora, a protecção pode ser reivindicada num país diferente daquele *para cujo território* a protecção é reivindicada. É o que sucede, por exemplo, se a acção for intentada, como permite o art. 2.º, n.º 1, do Regulamento (CE) n.º 44/2001, no país do domicílio do réu e este país pode não coincidir com aquele para que se pede protecção. Nesse caso, a actual redacção da versão portuguesa da Proposta conduziria à aplicação da *lei do Estado foro*, que pode não dispor de qualquer título para se aplicar, à luz do que acima se expôs. A redacção do art. 8.º, n.º 1, deveria assim ser modificada, adoptando-se, por exemplo, a seguinte: «A lei aplicável à obrigação extracontratual resultante da violação de um direito de propriedade intelectual é a lei do país para o qual a protecção é reivindicada». Assim se conformaria a versão portuguesa com as versões francesa e inglesa, que dispõem, respectivamente: «La loi applicable à l'obligation non contractuelle résultant d'une atteinte à un droit de propriété intelectuelle est celle du pays pour lequel la protection est revendiquée»; «The law applicable to a non-contractual obligation arising from an infringement of a intellectual property right shall be the law of the country for which protection is sought».

Parte II – Conteúdos a Leccionar

zatórias fundadas na causação de danos mediante informação ilícita disponibilizada em redes electrónicas, colocam-se problemas de certo modo paralelos aos que acabamos de examinar.

Com efeito, quer o Regulamento (CE) n.º 44/2001 quer o Código de Processo Civil português permitem que em matéria extracontratual o réu seja demandado perante o tribunal do *lugar onde ocorreu o facto danoso* (arts. 5.º, n.º 3, do Regulamento e 74.º, n.º 2, do Código).

Ora, quanto aos delitos cometidos através de uma rede electrónica internacional esse lugar tanto pode ser aquele onde a informação ilícita é *inserida em rede* como aquele ou aqueloutros onde *fica acessível* aos utentes desta ou ainda aquele onde se deu a *lesão* dos interesses protegidos (a ofensa da honra ou reputação de certa pessoa por um jornal *on line*, a danificação de um terminal de computador por um vírus, o desvio de clientela por um concorrente que usa como nome de domínio uma marca alheia, a exploração não autorizada de uma obra literária, etc.).

Pergunta-se, pois: qual ou quais desses lugares hão-de ter-se como relevantes para efeitos de aplicação das referidas regras de competência?

O problema não é rigorosamente novo: trata-se, na verdade, tão-só de uma nova modalidade de *delitos à distância*.

A respeito destes, o Tribunal de Justiça das Comunidades Europeias, em acórdão de 30 de Novembro de 1976, proferido ao abrigo da sua competência interpretativa da Convenção de Bruxelas, entendeu que, nos casos em que o lugar do facto gerador de responsabilidade extracontratual e o lugar onde esse facto provocou um prejuízo não coincidam, a expressão «lugar onde ocorreu o facto danoso», utilizada no art. 5.º, n.º 3, daquela Convenção, deve ser interpretada no sentido de que «se refere tanto ao lugar onde o prejuízo se verificou como ao do evento causal», pelo que o autor pode optar entre qualquer deles[656].

A verdade, porém, é que no caso referido as opções ao dispor do autor eram relativamente limitadas. Tratava-se, na espécie decidenda, de danos causados por resíduos tóxicos oriundos de uma mina de potassa situada em França, que haviam sido despejados no Reno e que afectaram culturas agrícolas situadas na Holanda. A opção em matéria de competência judiciária cingia-se, pois, aos tribunais franceses e holandeses.

---

[656] Caso *Bier c. Mines de Potasse d'Alsace, in CJTJ*, 1976, pp. 1735 ss. Sobre essa jurisprudência, vejam-se, por último, Jan Kropholler, *Europäisches Zivilprozessrecht*, 7.ª ed., Heidelberga, 2002, pp. 155 ss.; Hélène Gaudemet-Tallon, *Compétence et exécution des jugements en Europe*, 3.ª ed., Paris, 2002, pp. 172 ss.

314 *Problemática internacional da sociedade da informação*

Ora, nos casos de danos causados através de redes electrónicas de comunicações são geralmente muito mais vastas as opções disponíveis e, por conseguinte, também muito maiores os riscos de fragmentação da competência judiciária a fim de apreciar as acções fundadas na responsabilidade extracontratual: como se disse, o dano pode em muitos desses casos produzir-se em qualquer país do mundo onde exista acesso à rede e onde a informação através dela veiculada fique disponível.

Os actos praticados em rede, além de o serem *à distância*, são, pois, potencialmente consumados numa *multiplicidade de países*. Agrava-se, assim, pelo que respeita à responsabilidade pelos danos através deles causados, o problema do *forum shopping* e o risco de uma exposição excessiva do agente ao dever de repará-los.

Não é, por isso, pacífico que possam ter-se como competentes para julgar uma acção de responsabilidade civil fundada num tal ilícito, sem quaisquer restrições, os tribunais de todos os países onde exista acesso à rede[657].

h) Continuação. Principais critérios de solução. – Na jurisprudência dos tribunais norte-americanos – perante os quais o problema originariamente se pôs – avulta entre as soluções para ele preconizadas o já referido critério do *targeting* do Estado do foro.

De acordo com este, a circunstância de a informação ilícita disponibilizada em rede se encontrar acessível a partir do Estado do foro não basta para fundar a competência dos tribunais locais: é ainda necessário que essa informação seja *deliberadamente tornada acessível no Estado do foro* (ou, noutra formulação, que aquele que a disponibiliza em rede *vise intencionalmente este Estado*)[658].

Acolhe-o igualmente o *Projecto de Convenção Sobre Competência e Reconhecimento de Sentenças em Matéria de Propriedade Intelectual*, elaborado, sob a égide da Organização Mundial da Propriedade Intelec-

---

[657] Sublinha a inadequação do sistema comunitário de competência judiciária em matéria de obrigações extracontratuais quando estejam em causa delitos perpetrados pela Internet Rui de Moura Ramos «Le droit international privé communautaire des obligations extra-contractuelles», *Revue des Affaires Européennes – Law & European Affairs*, 2001/2002, pp. 415 ss. (p. 417).

[658] Podem ver-se consagrações desse critério, em diferentes contextos factuais, nas sentenças proferidas sobre os casos *Panavision, Cybercell, Zippo, ALS Scan* e *Young v. New Haven Advocate*, de que demos conta atrás (cfr. os n.ºs 8.3 e 9.5).

tual, por Rochelle Dreyfuss e Jane Ginsburg[659], cujo art. 6, n.º 1, estabelece: «A plaintiff may bring an infringement action in the courts of: [...] (b) any State to which the alleged infringement was intentionally directed, including those States for which defendant took no substantial measures to deflect the communication of the infringement to that State».

Foi também este o critério seguido pelo Tribunal de Paris na sentença proferida sobre o citado caso *Yahoo!*, onde se lê o seguinte:

> «Attendu que s'il est exact que le site – Yahoo Auctions – en général s'adresse principalement à des internautes basés aux Etats-Unis eu égard notamment à la nature des objets mis en vente, aux modes de paiement prévus, aux conditions de livraison, à la langue et à la monnaie utilisées, il n'en est pas de même des enchères d'objets représentant des symboles de l'idéologie nazie qui peuvent intéresser et sont accessibles à toute personne qui souhaite les suivre, y compris aux Français;
>
> Que, par ailleurs, et comme il a déjà été jugé, la simple visualisation en France de tels objets constitue une violation de l'article R. 645-1 du Code pénal et donc un trouble à l'ordre public interne;
>
> Qu'en outre, cette visualisation cause à l'évidence un dommage en France aux associations demanderesses qui sont fondées à en poursuivre la cessation et la réparation;
>
> *Attendu, enfin, que Yahoo sait qu'elle adresse à des français puisque à une connexion à son site d'enchères réalisée à partir d'un poste situé en France elle répond par l'envoi de bandeaux publicitaires rédigés en langue française;*
>
> Qu'est ainsi suffisamment caractérisé en l'espèce le lien de rattachement avec la France, ce qui rend notre juridiction parfaitement compétente pour connaître de la demande.»[660]

O tribunal procurou, pois fundamentar a sua competência, além do mais, na circunstância de a informação ilícita em causa ter sido deliberadamente tornada acessível em França, como o demonstraria o facto de no sítio da *Yahoo!* figurarem bandas publicitárias em língua francesa.

Menos exigente do que esta é a chamada *doutrina dos efeitos*.

Segundo ela, têm competência os tribunais do país onde a conduta ilícita produziu os seus efeitos danosos, independentemente de o agente ter tido especificamente em vista esse país.

---

[659] *Draft Convention on Jurisdiction and Recognition of Judgments in Intellectual Property Matters*, disponível em http://www.wipo.int.

[660] O sublinhado é nosso.

316 *Problemática internacional da sociedade da informação*

Esta doutrina esteve manifestamente na base da citada decisão australiana proferida no caso *Dow Jones & Co. v. Gutnick*.

Uma outra formulação da mesma doutrina consta da *opinion* de Lorde Young no caso *Bonnier Media Ltd.*, julgado em 2002[661]. Aí sustentou aquele magistrado que, para os efeitos do disposto no art. 5.º, n.º 3, da Convenção de Bruxelas, deveria a Escócia ser havida como o lugar da comissão do delito consistente no uso de um nome de domínio em violação do direito à marca homónima («*business a.m.*»), por ser no respectivo território que o titular desta exercia a sua actividade empresarial e ser nele, por conseguinte, que os actos praticados pelos réus produziram, ou deveriam produzir, os respectivos efeitos.

Noutro caso, julgado em 2004 pelo *High Court of Justice* inglês[662], o tribunal reputou-se competente para uma acção de responsabilidade civil extracontratual fundada em difamação (*libel*) alegadamente cometida através de um sítio Internet, por ter entendido que – não obstante as partes residirem nos Estados Unidos, onde as afirmações difamatórias haviam sido produzidas e colocadas na Internet – a reputação do autor fora lesada em Inglaterra, onde era muito conhecido no meio desportivo, graças, nomeadamente, à sua presença assídua em programas televisivos e radiofónicos.

Outra solução possível, que visa essencialmente evitar o excessivo fraccionamento da competência judiciária gerada pela doutrina dos efeitos, consiste em atribuir aos tribunais do país da residência habitual ou do estabelecimento principal do autor uma *competência genérica* (i.é, não restrita à responsabilidade pelos danos ocorridos no respectivo território), ao menos quando se verifiquem nesse país os danos principais ou seja esse o país que possui a conexão mais estreita com o dano[663].

---

[661] Cfr. *Bonnier Media Limited v. Greg Lloyd Smith and Kestrel Trading Corporation, Outer House, Court of Session*, 1 de Julho de 2002, disponível em http://www.scotscourts.gov.uk.

[662] Cfr. *Don King v. Lennox Lewis et al., High Court of Justice, Queen's Bench Division*, 6 de Fevereiro de 2004, *CRi*, 2004, pp. 46 ss.

[663] Neste sentido se pronunciou a Assembleia Geral do Conselho de Estado francês, no estudo intitulado *Internet et les réseaux numériques*, adoptado em 2 de Julho de 1998 (disponível em http://www.internet.gouv.fr), parte 3.ª, p. 28. Na doutrina, vejam-se, perfilhando a mesma solução: Jane Ginsburg, «The Private International Law of Copyright in an Era of Technological Change», *in Rec. cours*, t. 273 (1998), pp. 239 ss. (p. 311); Gabrielle Kaufmann-Kohler, «Internet: mondialisation de la communication – mondialisation de la résolution des litigies?», *in* Katharina Boele-Woelki/Catherine Kessedjian

i) Continuação. Direito vigente em Portugal. – Perante o Direito vigente, parece fora de dúvida que os tribunais portugueses serão internacionalmente competentes para julgar uma acção fundada na responsabilidade civil por danos causados através de informação ilícita colocada em rede sempre que se dê em Portugal a *inserção na rede* dessa informação, onde quer que os correspondentes danos se produzam; e isso sucederá, nomeadamente, quando o servidor através do qual o infractor procede a essa inserção esteja localizado no território nacional[664].

Sê-lo-ão também, nos termos comuns, quando aqui se localize o domicílio, a sede, a administração central ou o estabelecimento principal do infractor ou for convencionada pelas partes a competência dos nossos tribunais.

Os tribunais portugueses poderão ainda julgar a mesma acção se, ficando a informação ilícita disponível em território nacional, aqui se produzir o *efeito lesivo* da conduta em questão.

Com duas restrições, porém.

A primeira resulta de, à luz da jurisprudência firmada pelo Tribunal de Justiça das Comunidades Europeias no acórdão *Fiona Shevill e outros c. Presse Alliance*[665], os tribunais portugueses só poderem em tais casos apreciar a responsabilidade civil gerada por *danos ocorridos em Portugal* e não quaisquer outros que o mesmo ilícito haja gerado noutro ou noutros países onde exista acesso à rede.

Nesse acórdão decidiu-se, com efeito, que a expressão «lugar onde ocorreu o facto danoso», consagrada no artigo 5.º, n.º 3, da Convenção de Bruxelas, deve ser interpretada no sentido de que «em caso de difamação através de um artigo de imprensa divulgado em vários Estados contratantes [...] a vítima pode intentar uma acção de indemnização contra o editor

---

(orgs.), *Internet. Which Court Decides? Which Law Applies?*, Haia/Londres/Boston, 1998, pp. 89 ss. (pp. 117 s.); Catherine Kessedjian, «Rapport de synthèse», *in ibidem,* pp. 143 ss. (p. 152); Calvo Caravaca/Carrascosa González, ob. cit., pp. 115 s.; e Rui de Moura Ramos, «Le droit international privé communautaire des obligations extra-contractuelles», cit., p. 417. Entre nós, distancia-se de semelhante orientação Luís de Lima Pinheiro, «Competência internacional em matéria de litígios relativos à Internet», cit., p. 180.

[664] Em sentido análogo, perante o Direito vigente na Alemanha, Reinhold Geimer, *Internationales Zivilprozessrecht*, 4.ª ed., Colónia, 2001, p. 471; Markus Köhler/Hans--Wolfgang Arndt, *Recht des Internet*, 4.ª ed., 2003, p. 254; e Thomas Pfeiffer, *in Giorgios* Gounalakis (org.), *Rechtshandbuch Electronic Business*, Munique, 2003, p. 480.

[665] Acórdão de 7 de Março de 1995, *in CJTJ*, 1995, I, pp. 415 ss. Sobre ele, consultem-se Kropholler, ob. cit., pp. 157 s.; e Gaudemet-Tallon, ob. cit., pp. 177 ss.

318   *Problemática internacional da sociedade da informação*

ou nos órgãos jurisdicionais do Estado contratante do lugar do estabelecimento do editor da publicação difamatória, competentes para reparar a integralidade dos danos resultantes da difamação, ou nos órgãos jurisdicionais de cada Estado contratante em que a publicação foi divulgada e onde a vítima alega ter sofrido um atentado à sua reputação, competentes para conhecer apenas dos danos causados no Estado do tribunal onde a acção foi proposta».

Em abono de semelhante solução, aduziu o tribunal que «de acordo com o imperativo de uma boa administração da justiça, fundamento da regra de competência especial do artigo 5.°, n.° 3, o tribunal de cada Estado contratante em que a publicação difamatória foi divulgada e onde a vítima invoca ter sofrido um atentado à sua reputação é territorialmente o mais qualificado para apreciar a difamação cometida nesse Estado e determinar o alcance do prejuízo correspondente» (n.° 31); e que «[e]mbora seja um facto que o julgamento dos diversos aspectos de um mesmo litígio por tribunais diferentes tem inconvenientes, o demandante tem sempre, no entanto, a faculdade de fazer o seu pedido global ou no tribunal do domicílio do demandado, ou no do lugar de estabelecimento do editor da publicação difamatória» (n.° 32).

Haverá, nesta medida, uma *competência distributiva* dos tribunais dos vários países onde se produziram os danos directamente resultantes da colocação de informação em rede, circunscrita à responsabilidade pelos danos localmente padecidos: sendo a acção de indemnização intentada perante os tribunais do país onde fique acessível a informação disponibilizada em rede, cada um deles apenas deverá julgar, de acordo com a jurisprudência *Shevill*, o pedido ressarcitório referente aos danos sofridos no território desse país[666].

Confere-se assim protecção à vítima de um ilícito cometido através da colocação de informação em rede, sem que, regra geral, o risco de *forum shopping* por parte daquela se torne incomportável para os operadores de redes de comunicações electrónicas e os fornecedores de conteúdos nelas disponíveis[667].

---

[666] Isto, evidentemente, sem prejuízo da apensação de acções conexas, verificados que estejam os requisitos para o efeito enunciados nos arts. 28.° do Regulamento (CE) n.° 44/2001 e 22.° das Convenções de Bruxelas e Lugano.

[667] O que não significa que não possa gerar-se uma tendência para demandá-los preferencialmente perante certas jurisdições, ditas *claimant-friendly*, como é o caso dos tribunais ingleses. Neste sentido, Chris Reed/John Angel, *Computer Law*, 5.ª ed., Oxford, 2003, p. 391.

Fica por determinar se a competência especializada dos tribunais do país do efeito lesivo não colocará a cargo da vítima um ónus excessivamente pesado, sobretudo quando o infractor se encontre domiciliado ou estabelecido fora da Comunidade Europeia, em país onde se revele difícil demandá-lo pela totalidade dos danos sofridos. Voltaremos a este ponto adiante.

A segunda restrição a que aludíamos acima resulta de, para este efeito, se dever excluir que no conceito de lugar onde ocorreu o facto danoso se possa ter como abrangido o lugar onde a vítima sofreu um prejuízo patrimonial consecutivo a um dano inicial ocorrido e por ela sofrido noutro lugar (*dano indirecto*). Neste sentido se pronunciou o Tribunal de Justiça das Comunidades no acórdão de 19 de Setembro de 1995, proferido no caso *Antonio Marinari c. Lloyd's Bank plc. e Zubaidi Trading Company*[668]. O que bem se compreende, pois semelhante orientação poderia conduzir à pura e simples consagração do *forum actoris*.

Retomemos, a fim de exemplificar a aplicação destas regras, uma hipótese acima figurada, quando tratámos dos nomes de domínio[669].

Discutia-se a propósito dela a competência judiciária para uma acção intentada perante tribunais portugueses, por uma empresa com sede em Portugal, contra uma empresa sedeada em Espanha, que registou e utiliza como nome de domínio na sua página da Internet, alojada num servidor situado em França, uma marca de que a primeira é titular, protegida em território nacional.

À luz das referidas regras, os tribunais espanhóis seriam internacionalmente competentes para julgar a acção, enquanto tribunais do país do domicílio do réu; mas sê-lo-iam também os tribunais franceses, como tribunais do país da comissão do delito, e – verificadas as condições acima enunciadas – os tribunais portugueses enquanto tribunais do país onde se produziu o efeito lesivo.

O mesmo não se poderia dizer, todavia, se a marca violada através da utilização de um nome de domínio, que identifica determinado sítio Internet acessível em Portugal, não fosse explorada no nosso país; ou se fosse praticado um acto de concorrência desleal, consubstanciado, *v.g.*, no uso de um nome de domínio num sítio acessível em Portugal, mas esse acto não afectasse o mercado português, por o lesado não operar nele.

---

[668] *In CJTJ*, 1995, I, pp. 2719 ss.
[669] Cfr. *supra*, n.º 8.4.

320 Problemática internacional da sociedade da informação

Daqui resulta que, regra geral, a *mera acessibilidade* no Estado do foro da informação ilícita disponível em rede não deverá bastar, por si só, para fundar a competência dos tribunais locais[670]: será ainda necessário que se dê no território desse Estado, como consequência da difusão dessa informação, a lesão do bem jurídico protegido. Aqueloutra conexão é, com efeito, demasiado ténue para que se justifique admitir a competência internacional exclusivamente com base nela; além de que conduziria a uma excessiva fragmentação da competência jurisdicional na matéria em apreço.

O que acabamos de dizer não abrange, evidentemente, as hipóteses em que, situando-se o domicílio do réu fora do Espaço Económico Europeu (porventura nalgum *paraíso digital*), não possa o direito invocado pelo autor tornar-se efectivo senão por meio de acção proposta em território português e entre o objecto do litígio e a ordem jurídica nacional haja algum elemento ponderoso de conexão, pessoal ou real; ou em que, verificada também esta última condição, constitua para o autor dificuldade apreciável a propositura da acção no estrangeiro. Em tais casos poderão os tribunais portugueses ter-se por internacionalmente competentes *ex necessitate*, nos termos do art. 65.°, n.° 1, alínea *d)*, do Código de Processo Civil. Assim se superará o aludido inconveniente que a jurisprudência *Shevill* pode apresentar nos casos relativos a delitos cometidos *online*.

12.3. Regime especial dos prestadores de serviços da sociedade da informação

a) Posição do problema. – Até aqui ocupámo-nos do regime comum da responsabilidade por ilícitos cometidos através de redes electrónicas de comunicações. Mas, como referimos oportunamente, a responsabilidade

---

[670] Neste sentido, cfr. Francesca Squillante, «La tutela dei marchi nel commercio elettronico: problemi di giurisdizione», *RDIPP*, 2000, pp. 689 ss. (pp. 708 ss.); Calvo Caravaca/Carrascosa González, *Conflictos de Leyes y Conflictos de Jurisdicción en Internet*, cit., p. 113; Eric Caprioli, *Règlement des litiges internationaux et droit applicable dans le commerce électronique*, Paris, 2002, pp. 34 ss.; Pedro de Miguel Asensio, *Derecho Privado de Internet*, cit., pp. 192 s.; e Ansgar Ohly, «Kennzeichenkonflikte im Internet», *in* Stefan Leible (org.), *Die Bedeutung des Internationalen Privatrechts im Zeitalter der neuen Medien*, Estugarda, etc., 2003, pp. 135 ss. (p. 148).

Parte II – Conteúdos a Leccionar

dos prestadores de serviços da sociedade da informação estabelecidos na Comunidade Europeia encontra-se submetida a regras especiais, que cumpre examinar.

São de vária índole esses prestadores de serviços: uns, são *fornecedores de conteúdos*, i. é, da própria informação disponível; outros, são *prestadores intermediários de serviços*, que o art. 4.°, n.° 5, do D.L. n.° 7/2004 define como «os que prestam serviços técnicos para o acesso, disponibilização e utilização de informações ou serviços em linha independentes da geração da própria informação»[671].

Relativamente a ambas as categorias se tem colocado o problema da sua eventual responsabilidade pelas informações difundidas em rede cujo conteúdo seja ilícito, *v.g.* por violar direitos intelectuais ou de personalidade. Mas a questão da responsabilidade dos que integram a segunda categoria mencionada reveste-se de particular actualidade e importância.

Por duas razões.

Primeiro, dada a consabida tendência dos lesados para se dirigirem, a fim de serem ressarcidos, às empresas com maior capacidade económica e mais facilmente identificáveis, que são geralmente os prestadores intermediários de serviços e não os fornecedores de conteúdos.

Segundo, porque a imposição a esses sujeitos, sem quaisquer restrições, da obrigação de responderem pelos danos causados pela informação que transportam ou armazenam constituiria, como é bom de ver, um forte desincentivo à prestação dos serviços em causa, dos quais dependem o funcionamento da Internet e o desenvolvimento do comércio electrónico, assim como o livre fluxo da informação disponível em rede.

Levanta-se, assim, a questão de saber se se devem consagrar regras especiais, mais exigentes, a respeito da imputação de danos aos prestadores intermediários de serviços.

Debatem-se nesta matéria interesses contraditórios.

Por um lado, importa preservar esses sujeitos contra uma responsabilização excessivamente ampla pelos danos causados através de informação ilícita que transportem, armazenem ou a que facultem acesso e que não

---

[671] Trata-se, nomeadamente, dos operadores de telecomunicações, que fornecem as infraestruturas que permitem a transmissão de informações; dos fornecedores de acesso, que oferecem aos utilizadores a conexão à rede; dos fornecedores de serviços de armazenagem de informação e de disponibilização de espaço para páginas pessoais; e dos fornecedores de serviços de busca e acesso a informações.

322   *Problemática internacional da sociedade da informação*

tenham possibilidade nem o dever de controlar, a qual poderia inviabilizar economicamente a sua actividade e, por conseguinte, o próprio funcionamento da Internet. No mesmo sentido depõe o interesse público em assegurar a liberdade de expressão e em fomentar o acesso à informação e aos bens culturais.

Por outro lado, sobressai a necessidade de tutelar as vítimas dos ilícitos cometidos através da Internet, cujos efeitos danosos, como se disse acima, são fortemente ampliados pelo âmbito mundial dessa rede de comunicação e pela circunstância de a informação nela disponibilizada ficar instantaneamente acessível a um público muito vasto.

b) Tentativas de harmonização de legislações e seus limites. A Directiva 2000/31/CE. – Ocupa-se desta matéria a secção 4 da Directiva Sobre o Comércio Electrónico. Aí se distinguem duas categorias fundamentais de serviços: o transporte e a armazenagem de informação. Pelo que respeita a esta última, o regime de responsabilidade difere consoante a armazenagem seja temporária ou permanente.

Pode dizer-se que a Directiva, tal como o diploma nacional de transposição, é mais exigente no tocante aos prestadores de serviços de armazenagem permanente do que relativamente aos de armazenagem temporária; o que se prende por certo com o maior grau de automatismo da armazenagem temporária e, por conseguinte, com a menor possibilidade de controlo que os respectivos prestadores detêm sobre a informação armazenada.

Afasta-se nos arts. 12.º a 14.º da Directiva, sob determinados pressupostos, a responsabilidade dos provedores de serviços que consistam na transmissão, através de uma rede de comunicações, de informações prestadas pelo destinatário do serviço ou na armazenagem dessas informações.

O princípio geral (sujeito a importantes derrogações) é, assim, o da *irresponsabilidade* dos prestadores intermediários de serviços da sociedade da informação pelos danos causados a terceiros no exercício da sua actividade.

Para tanto, exige-se, todavia, que, no caso do denominado *caching*, o provedor de serviços remova a informação em causa ou impossibilite o acesso à mesma logo que tome conhecimento de que ela foi removida da rede na fonte de transmissão inicial, de que o acesso a esta foi tornado impossível ou de que um tribunal ou autoridade administrativa ordenou essa remoção ou impossibilitação de acesso (art. 13.º, n.º 1, alínea *e)*).

Relativamente ao *hosting*, requer-se que o prestador não tenha conhecimento efectivo de que a actividade ou informação em causa é ilegal, nem de factos ou de circunstâncias que evidenciem essa sua natureza (art. 14.°, n.° 1, alínea *a*)).

Estas regras têm, em qualquer caso, de ser compaginadas com o art. 15.°, n.° 1, que exclui uma *obrigação geral de vigilância* relativamente às informações que os provedores armazenem ou de procurar activamente factos ou circunstâncias que indiciem ilicitudes.

As regras em apreço possibilitam, em suma, que o provedor seja responsabilizado se alguém (incluindo um particular) o advertir de que o conteúdo em questão é ilícito e o provedor não bloquear ou remover o conteúdo.

Vejamos agora como foi este regime transposto para a ordem jurídica interna e em que medida se mantém, à luz da transposição feita, a possibilidade de ocorrem conflitos de leis.

Nesta matéria, o D.L. n.° 7/2004 consigna no seu art. 11.°, como já notámos, um *princípio de equiparação*, por força do qual a responsabilidade dos prestadores de serviços em rede está sujeita ao regime comum.

Mas logo isenta os prestadores intermediários de serviços de responsabilidade pelos danos causados mediante conteúdos informativos colocados em rede por terceiros, desde que estes *não controlem* a informação ilícita que transportam, armazenam ou a que facultam acesso, e, no caso dos serviços de armazenagem dita «principal» e de «associação de conteúdos», não tenham, nem devam ter, consciência da ilicitude dessa informação: haja vista aos arts. 14.° a 17.° daquele diploma.

Acolhe-se, além disso, no art. 12.°, como regra geral, que os prestadores intermediários de serviços da sociedade da informação «não estão sujeitos a uma obrigação geral de vigilância sobre as informações que transmitem ou armazenam ou de investigação de eventuais ilícitos praticados no seu âmbito».

O princípio da irresponsabilidade dos prestadores destes serviços assenta no reconhecimento de que não lhes é exigível – nem, porventura, tecnicamente possível – um *controlo sistemático* da informação que transportam ou armazenam, que lhes permita aperceberem-se das violações de direitos alheios praticadas pelos seus clientes, sem que destas hajam sido previamente informados pelos respectivos titulares ou por uma autoridade pública.

A isenção de responsabilidade conhece, no entanto, certos limites.

324 *Problemática internacional da sociedade da informação*

Assim, no art. 15.°, n.° 3, prevê-se, pelo que respeita à *armazenagem intermediária*, que serão aplicáveis as regras comuns «se chegar ao conhecimento do prestador que a informação foi retirada da fonte originária ou o acesso tornado impossível ou ainda que um tribunal ou autoridade administrativa com competência sobre o prestador que está na origem da informação ordenou essa remoção ou impossibilidade de acesso com exequibilidade imediata e o prestador não a retirar ou impossibilitar imediatamente o acesso».

Por seu turno, o art. 16.° estabelece, a respeito da *armazenagem principal*, que o prestador será responsável nos termos comuns «se tiver conhecimento de actividade ou informação cuja ilicitude for manifesta e não retirar ou impossibilitar logo o acesso a essa informação» (n.° 1), outro tanto sucedendo quando «o prestador do serviço tenha ou deva ter consciência do carácter ilícito da informação» (n.° 2) – solução esta que, como vimos atrás[672], vai além do exigido na Directiva 2000/31/CE e em outras legislações de Estados-Membros da Comunidade.

Aplicam-se ainda as regras comuns de responsabilidade civil, nos termos do n.° 3 do art. 16.°, sempre que o destinatário do serviço «actuar subordinado ao prestador ou for por ele controlado». Neste ponto, a lei portuguesa (tal como a Directiva[673]) excede o nível de exigência do Direito norte-americano, que só consente a imputação de danos nos termos gerais se o provedor de serviços tiver recebido um «benefício financeiro» directamente atribuível à infracção e possuir o «direito e a capacidade de controlar» a actividade do infractor[674].

Este regime aplica-se também aos serviços de associação de conteúdos, por meio de instrumentos de busca, hiperconexões ou processos análogos (cfr. o art. 17.° do D.L. n.° 7/2004), matéria que a Directiva não disciplinou. Talvez por isso, a solução a este respeito consignada na lei portuguesa não tem correspondência na maior parte dos diplomas europeus sobre a matéria.

No art. 18.°, n.° 1, consigna-se que nos casos contemplados nos arts. 16.° e 17.° o prestador intermediário de serviços, se a ilicitude não for manifesta, não é obrigado a remover o conteúdo contestado ou a impossi-

---

[672] Cfr. o n.° 9.2.
[673] Art. 14.°, n.° 2.
[674] Cfr. o *United States Code*, título 17, capítulo 5, secção 512 (c) (1) (B), na redacção dada pelo *Digital Millenium Copyright Act*.

Parte II – Conteúdos a Leccionar

bilitar o acesso à informação só pelo facto de um interessado arguir uma violação. Mas confere-se aos interessados, no n.º 2, a faculdade de recorrerem a uma entidade administrativa de supervisão, que dará uma solução provisória no prazo de 48 horas. A entidade de supervisão central é, nos termos do art. 35.º, a ICP/ANACOM – Autoridade Nacional de Telecomunicações. Deste regime se distingue nitidamente o procedimento de notificação e retirada (*notice and take down*), acolhido no Direito dos Estados Unidos da América, o qual apela nesta matéria sobretudo à *auto--regulação*[675].

c) Continuação. A Directiva 2001/29/CE. – Uma importante concretização do regime especial da responsabilidade dos prestadores intermediários de serviços da sociedade da informação assim delineado figura na Directiva 2001/29/CE.

Com efeito, nos arts. 2.º, n.º 1, e 3.º, n.º 1, desta Directiva são, como vimos, reconhecidos aos autores e aos titulares dos direitos conexos (artistas intérpretes, produtores de fonogramas e organismos de radiodifusão) os direitos exclusivos de reproduzir e de comunicar ao público as suas obras e prestações, bem como de as colocar em rede à disposição do público.

Mas no n.º 1 do art. 5.º subtraem-se ao direito de reprodução os actos de reprodução temporária transitórios ou episódicos, que constituam parte integrante e essencial de um processo tecnológico e cujo único objectivo seja permitir uma transmissão numa rede entre terceiros por parte de um intermediário ou uma utilização legítima de uma obra ou outro material a realizar – como é o caso do *browsing* e do *caching* –, desde que «não tenham, em si, significado económico».

O funcionamento desta excepção está ainda sujeita ao crivo da regra dita dos «três passos», consignada no art. 5.º, n.º 5, da Directiva: ela só se aplica «em certos casos especiais que não entrem em conflito com uma exploração normal da obra ou outro material e não prejudiquem irrazoavelmente os legítimos interesses do titular do direito».

O disposto nestes preceitos da Directiva 2001/29/CE foi transposto para o Código do Direito de Autor e dos Direitos Conexos, por via da nova redacção dada ao art. 75.º, n.º 1, deste pela Lei n.º 50/2004.

---

[675] Dele nos ocuparemos *ex professo* adiante: ver *infra*, n.º 20.2.

326　　*Problemática internacional da sociedade da informação*

Aí se excluem do direito de reprodução os actos de reprodução temporária que sejam transitórios ou episódicos, que constituam parte integrante e essencial de um processo tecnológico e cujo único objectivo seja permitir uma transmissão numa rede entre terceiros por parte de um intermediário, ou uma utilização legítima de uma obra protegida e que não tenham, em si, significado económico. Essas utilizações – acrescenta o n.° 4 da mesma disposição – não devem atingir a exploração normal da obra, nem causar prejuízo injustificado dos interesses legítimos do autor.

Vale isto por dizer que nos Estados-Membros da Comunidade Europeia o titular de uma página Internet em que sejam colocadas à disposição do público obras literárias ou artísticas sem o consentimento dos respectivos autores viola um direito de exclusivo destes; mas não incorrerá nesse ilícito o intermediário que se limite a armazenar essa página nos seus servidores ou a viabilizar o acesso a ela, ainda que para tanto haja de realizar cópias temporárias da mesma, desde que estas *não tenham, em si, significado económico*, correspondam a *casos especiais*, não conflituem com a *exploração normal* da obra e não prejudiquem os *legítimos interesses* do titular do direito.

Como é bom de ver, a indeterminação destes conceitos não permite assegurar a uniformidade da jurisprudência daqueles Estados quanto à matéria em apreço.

Também por este motivo se torna imprescindível, não obstante a harmonização empreendida, a aplicação de um Direito nacional sempre que se colocar a questão da responsabilidade dos prestadores intermediários de serviços da sociedade da informação. É da determinação desse Direito que trataremos em seguida.

d) Direito aplicável. A competência da **lex originis.** – No art. 23.°, n.° 2, da Proposta de Regulamento «Roma II» ressalvam-se os «instrumentos comunitários que, em matérias específicas, e no domínio coordenado pelos referidos instrumentos, sujeitam a prestação de serviços ou de bens ao respeito das disposições nacionais aplicáveis no território do Estado-Membro onde o prestador está estabelecido».

Está neste caso a Directiva Sobre o Comércio Electrónico, cujo art. 3.°, n.° 1, como vimos, sujeita os prestadores de serviços da sociedade da informação, às disposições nacionais do país do seu estabelecimento que se integrem no «domínio coordenado»; sendo que neste último se inclui a responsabilidade desses prestadores de serviços (art. 2.°,

Parte II – Conteúdos a Leccionar 327

al. *h)*, *i)*, segundo travessão), matéria disciplinada nos arts. 12.º a 15.º da Directiva.

A competência assim atribuída à *lex originis* visa, como se disse acima, assegurar a *livre circulação de serviços* da sociedade da informação no âmbito da Comunidade Europeia: a circunstância de os prestadores de serviços a sociedade da informação poderem contar com a aplicação da lei do país onde se encontrem estabelecidos à sua eventual responsabilidade pelos danos sofridos por terceiros em virtude dos conteúdos que disponibilizarem em rede constitui um importante factor de segurança jurídica, que concomitantemente reduz os riscos e os custos da actividade económica desenvolvida por esses sujeitos além-fronteiras.

Além disso, a aplicação da *lex originis* explica-se, como referimos anteriormente, pela ideia de *reconhecimento mútuo*: através dela, cada Estado-Membro da Comunidade reconhece a liberdade de actuação concedida pelos demais aos provedores de serviços da sociedade da informação neles estabelecidos.

Compreende-se, a esta luz, a ressalva constante do referido art. 23.º, n.º 2, da Proposta de Regulamento: se a responsabilidade dos prestadores de serviços ficasse sujeita à regra geral da competência da *lex damni*, nos termos do art. 3.º, n.º 1, da Proposta, frustrar-se-iam as finalidades tidas em vista na Directiva.

Deve essa ressalva, por isso, ser interpretada no sentido de que compreende as disposições nacionais adoptadas em execução dos instrumentos comunitários referidos naquele preceito, como é o caso dos arts. 4.º e 5.º do D.L. n.º 7/2004, de 7 de Janeiro.

A responsabilidade civil extracontratual dos prestadores de serviços da sociedade da informação estabelecidos na Comunidade Europeia por ilícitos cometidos em linha acha-se, em suma, subtraída às regras comuns de Direito Internacional Privado acima examinadas e submetida à lei do respectivo Estado de estabelecimento[676].

---

[676] Neste sentido se pronunciam também, perante o Direito alemão, Andreas Spickhoff, «Das Internationale Privatrecht der sog. Internet-Delikte – Art. 40-42 EGBGB, "Rom II" und Herkunftslandprinzip», *in* Stefan Leible (org.), *Die Bedeutung des Internationalen Privatrechts im Zeitalter der neuen Medien*, Estugarda, etc., 2003, pp. 89 ss. (p. 117); e Alexander Thünken, *Das kollisionsrechtliche Herkunftsprinzip*, Frankfurt a.M., etc., pp. 27 e 66. Na doutrina portuguesa, veja-se sobre o ponto Rui de Moura Ramos, «Le droit international privé communautaire des obligations extra-contractuelles», *Revue des Affaires Européennes – Law & European Affairs*, 2001/2002, pp. 415 ss. (p. 419).

328 Problemática internacional da sociedade da informação

O que, conjugado com o preceito que se analisará a seguir, significa que essas regras só valem para a determinação da lei reguladora do dever de indemnizar a cargo de outros sujeitos – mormente aqueles que cometam delitos em rede à margem do exercício de qualquer actividade económica.

e) Continuação. A competência da **lex fori.** – Consoante se observou atrás[677], os serviços da sociedade da informação de origem extracomunitária estão sujeitos, nos termos do art. 5.°, n.° 3, do D.L. n.° 7/2004, à lei portuguesa.

Trata-se de uma regra que a Directiva 2000/31/CE não impunha; e uma regra que deve considerar-se subordinada aos instrumentos de Direito Internacional e Comunitário em matéria de Direito Internacional Privado vigentes entre nós, os quais, por força do disposto no art. 8.° da Constituição, prevalecem sobre o Direito de fonte interna. Vale isto por dizer que aquela regra não prejudicará a aplicação do futuro Regulamento de *Roma II* pelo que respeita aos ilícitos cometidos *on line*.

Mas já prevalecerá aquele preceito sobre o que se estabelece no art. 45.° do Código Civil português acerca da lei aplicável à responsabilidade civil extracontratual.

Pergunta-se pois: serão substancialmente diversas as soluções que se extraem deste último preceito pelo que respeita aos ilícitos praticados em rede?

Supomos que num número apreciável de situações a resposta deverá ser negativa. Na verdade, o art. 45.°, n.° 2, do Código português já admite com grande amplitude, como se viu, a aplicação da lei do Estado onde se produziu o efeito lesivo. A responsabilidade extracontratual por uma afirmação difamatória contida na edição *on line* de um jornal editado por uma empresa estabelecida nos Estados Unidos, por exemplo, estará sujeita à lei portuguesa se de alguma sorte essa edição se dirigir ao território nacional e o efeito lesivo aqui se produzir, apesar de a afirmação se achar protegida nos Estados Unidos pelo princípio constitucional da liberdade de expressão.

Questão diversa é a de saber se a sentença eventualmente proferida por um tribunal português com base do Direito interno, ao abrigo do art. 5.°, n.° 3, do D.L. n.° 7/2004, produziria algum efeito nos Estados Unidos. A decisão proferida em 2001 por um tribunal da Califórnia

---

[677] Cfr. *supra*, n.° 4.4.

acerca da susceptibilidade de reconhecimento naquele Estado da sentença francesa sobre o caso *Yahoo!*, e a circunstância de não terem (ainda) chegado a bom termo os trabalhos da Conferência da Haia de Direito Internacional Privado tendo em vista a celebração de uma convenção internacional sobre a competência e as sentenças estrangeiras em matéria civil e comercial, levam-nos a admitir que não. Voltaremos a este ponto adiante[678].

f) Tribunal competente. – Na falta de regras especiais sobre a competência judiciária em matéria de responsabilidade dos prestadores de serviços da sociedade da informação, valem as regras comuns anteriormente examinadas.

A este propósito, tem interesse notar que a competência dos tribunais do Estado do domicílio do réu, prevista no art. 2.° do Regulamento (CE) n.° 44/2001, assim como no art. 2.° das Convenções de Bruxelas e Lugano e no art. 65.°, n.° 1, alínea *a)*, do Código de Processo Civil – ao qual são declaradas equivalentes, termos do art. 60.° do mesmo acto comunitário, a sede social, a administração central e o estabelecimento principal das pessoas colectivas ou associações –, possui um certo paralelismo com a aplicabilidade da *lex originis* prevista no art. 3.°, n.° 1, da Directiva 2000/31/CE e nos arts. 4.°, n.° 1, e 5.°, n.° 1, do D.L. n.° 7/2004.

Por via destas regras, será possível assegurar, quando a acção fundada na responsabilidade civil dos prestadores de serviços da sociedade da informação for intentada perante os tribunais de um daqueles Estados, a coincidência da competência judiciária e legislativa. Do ponto de vista do autor, essa opção será muitas vezes a melhor forma de garantir a exequibilidade da sentença que porventura obtiver contra o prestador de serviços em rede.

Em contrapartida, a propositura da acção no país do dano pode, como se verá a seguir, suscitar dificuldades insuperáveis na obtenção do *exequatur* no país de emissão, sobretudo se o facto gerador do dano não for aí tido como ilícito.

---

[678] Ver *infra*, n.° 15.2.

CAPÍTULO III
Reconhecimento de sentenças estrangeiras
e outras formas de cooperação judiciária internacional

13. Introdução

O advento das redes electrónicas mundiais aumentou extraordinariamente a medida em que as pequenas e médias empresas, e até os indivíduos, podem participar activamente no comércio internacional, *maxime* como fornecedores de bens ou serviços oferecidos em linha, ainda que não disponham de quaisquer bens penhoráveis fora do país onde se encontram estabelecidos ou domiciliados.

Em consequência disso, aumentou também o número de situações em que uma sentença proferida por um tribunal de determinado país (*v.g.* sobre um litígio emergente da utilização de dados pessoais ou de bens intelectuais disponíveis em linha, do comércio electrónico ou da causação de danos a outrem mediante informação colocada numa rede electrónica) pode ter de ser executada sobre bens de que o réu seja possuidor no território de outro país.

O *reconhecimento*, para este efeito, dessa sentença no país da situação dos bens torna-se, assim, necessário. Suscita-se então o problema de saber quais os requisitos de que depende esse acto. É das suas projecções no domínio específico que constitui o objecto deste curso que nos ocuparemos neste capítulo.

Na regulação da matéria debatem-se valores e interesses de diversa índole.

Por um lado, a *tutela da confiança*: esta ficará inevitavelmente comprometida se tais sentenças não puderem ser reconhecidas além-fronteiras, *maxime* nos países onde os fornecedores de bens ou serviços em linha se encontram estabelecidos ou onde possuem bens penhoráveis.

No mesmo sentido depõe a *utilização eficiente dos recursos judiciais* existentes em cada país: esta reclama que se evite a repetição de uma causa já decidida por sentença proferida num país estrangeiro.

Mas há também que tomar em consideração nesta matéria aspectos ligados à *soberania dos Estados*. Nas sentenças relativas às situações da vida em apreço reflectem-se muitas vezes as concepções dominantes no país onde as mesmas foram proferidas acerca de questões fundamentais para a organização de cada sociedade como a tutela da privacidade, os limites da liberdade de expressão e a atribuição de direitos de monopólio sobre a utilização de bens incorpóreos; razão por que o seu reconhecimento além-fronteiras constitui uma forma de essas concepções indirectamente determinarem a regulação em outros países de situações da vida que de outro modo não seriam por elas disciplinadas, porventura rompendo os equilíbrios de interesses construídos pelo Direito local quanto a essas questões.

Além do reconhecimento de sentenças estrangeiras, outras formas de cooperação judiciária internacional existem, às quais já fizemos brevemente alusão, em cuja disciplina jurídica se projectam os mesmos valores e interesses: a citação e a notificação no estrangeiro, a obtenção de provas no estrangeiro e a troca de informações entre autoridades judiciárias. Das incidências quanto a estas do advento das redes electrónicas de comunicações havemos, pois, de curar também neste capítulo.

14. Regimes aplicáveis e sua articulação

No Direito vigente em Portugal, esta matéria é disciplinada por normas constantes de fontes internas, internacionais e supranacionais, que consagram outros tantos regimes. Importa, pois, antes de mais, delimitar reciprocamente o respectivo âmbito de aplicação.

a) Reconhecimento de sentenças estrangeiras. – No tocante ao reconhecimento de sentenças estrangeiras, destacam-se, entre as fontes internas, os arts. 1094.° a 1102.° do Código de Processo Civil, nos quais se contém o regime do processo especial de revisão de sentenças estrangeiras.

Interessam ainda à matéria em apreço as Convenções de Bruxelas e de Lugano, já referidas, e o Regulamento (CE) n.° 44/2001, a que também já fizemos alusão, assim como o Regulamento (CE) n.° 805/2004, do Parlamento Europeu e do Conselho, que cria o *título executivo europeu para créditos não contestados*, de 21 de Abril de 2004[679], dispensando, pelo

---

[679] *In JOCE*, n.° L 143, de 30 de Abril de 2004, pp. 15 ss. Veja-se, a este respeito, a proposta de Regulamento apresentada pela Comissão Europeia em 2002 (documento COM (2002) 159 final, de 18 de Abril de 2002), alterada em 2003 (documento COM (2003) 341 final, de 11 de Junho de 2003). Sobre o Regulamento, consultem-se: Rolf Wagner, «Vom

332 *Problemática internacional da sociedade da informação*

que respeita às decisões que tenham sido certificadas como «Título Executivo Europeu» no Estado-Membro de origem (excepto a Dinamarca) a declaração de executoriedade prevista nas Convenções de Bruxelas e de Lugano e no Regulamento n.° 44/2001.

O âmbito de aplicação daqueles preceitos do Código de Processo Civil define-se negativamente: estão submetidas ao regime do reconhecimento de sentenças estrangeiras neles consagrado todas as sentenças estrangeiras não abrangidas por leis especiais, tratados ou convenções internacionais e regulamentos comunitários. Contém-se neles, por conseguinte, o *regime comum* do reconhecimento de sentenças estrangeiras.

As regras da Convenção de Bruxelas apenas relevam hoje no tocante ao reconhecimento em Portugal de sentenças judiciais em matéria civil e comercial oriundas da Dinamarca, uma vez que este país não é parte do Regulamento (CE) n.° 44/2001, consoante resulta do n.° 3 do seu art. 1.°. As sentenças originárias dos demais Estados-Membros da Comunidade Europeia, que versem sobre questões suscitadas pelo comércio electrónico ou por outras formas de utilização de redes de comunicações electrónicas acham-se, por conseguinte, submetidas aos regimes dos Regulamentos (CE) n.os 44/2001 e 805/2004.

Pelo que respeita às sentenças emanadas de tribunais judiciais de outros países, haverá que atender ao disposto na Convenção de Lugano, caso hajam sido proferidas num dos denominados *Estados Lugano* que não aderiram à Comunidade Europeia (como a Suíça e a Noruega); ao regime constante de convenções e tratados bilaterais sobre cooperação judiciária internacional, como os que vinculam Portugal e vários Estados africanos de expressão oficial portuguesa, se provierem de tribunais destes Estados; e ao Código de Processo Civil, nos restantes casos.

b) Outras formas de cooperação judiciária internacional. – Também no que se refere às demais formas de cooperação judiciária há a considerar fontes internacionais e comunitárias.

Entre as primeiras avultam as convenções emanadas da Conferência da Haia de Direito Internacional Privado: a Convenção Relativa ao Pro-

---

Brüsseler Übereinkommen über die Brüssel I – Verordnung zum Europäischen Vollstreckungstitel», *IPRax*, 2002, pp. 75 ss.; Ana Paloma Abarca Junco (directora), *Derecho Internacional Privado*, vol. I, 5.ª ed., 2004, pp. 522 ss.

Parte II – Conteúdos a Leccionar   333

cesso Civil, assinada em 1 de Março de 1954[680]; a Convenção Relativa à Citação e à Notificação no Estrangeiro de Actos Judiciais e Extrajudiciais em Matéria Civil e Comercial, assinada em 15 de Novembro de 1965[681], que substitui, nas relações entre os Estados que dela são partes, os arts. 1.º a 7.º da Convenção anterior; e a Convenção Relativa à Obtenção de Provas no Estrangeiro em Matéria Civil e Comercial, assinada em 18 de Março de 1970[682]. A citação e a notificação de actos judiciais são ainda reguladas no artigo IV do Protocolo anexo à Convenção de Bruxelas e no artigo IV do Protocolo n.º 1 anexo à Convenção de Lugano.

Na segunda categoria de fontes mencionadas compreendem-se o Regulamento (CE) n.º 1348/2000, relativo à citação e à notificação dos actos judiciais e extrajudiciais em matérias civil e comercial nos Estados--Membros[683]; o Regulamento (CE) n.º 1206/2001 do Conselho, de 28 de Maio de 2001, relativo à cooperação entre os tribunais dos Estados-Membros no domínio da obtenção de provas em matéria civil ou comercial[684]; e a Decisão do Conselho n.º 2001/470, de 28 de Maio de 2001, que cria uma rede judiciária europeia em matéria civil e comercial[685].

De acordo com o art. 20.º, n.º 1, do Regulamento (CE) n.º 1348//2000, este prevalece, no respectivo âmbito de aplicação, sobre as disposições constantes de convenções bilaterais e multilaterais celebradas entre Estados-Membros do Regulamento, designadamente o art. IV do Protocolo anexo à Convenção de Bruxelas e a mencionada Convenção da Haia de 15 de Novembro de 1965.

Outro tanto sucede nas relações entre os Estados-Membros Regulamento (CE) n.º 1206/2001 e da Convenção da Haia em 18 de Março de 1970, por força do art. 21.º, n.º 1, do Regulamento.

---

[680] Aprovada para ratificação pelo Decreto-Lei n.º 47.097, de 14 de Julho de 1966. Em vigor em Portugal desde 31 de Agosto de 1967.

[681] Aprovada para ratificação pelo Decreto-Lei n.º 210/71, de 18 de Maio, e em vigor no nosso país desde 25 de Fevereiro de 1974.

[682] Aprovada para ratificação pelo Decreto n.º 764/74, de 30 de Dezembro; em vigor em Portugal desde 11 de Maio de 1975.

[683] Publicado no *JOCE*, n.º L 160, de 30 de Junho de 2000, pp. 37 ss. Em vigor desde 31 de Maio de 2001.

[684] Publicado no *JOCE*, n.º L 174, de 27 de Junho de 2001, pp. 1 ss. Em vigor desde 1 de Julho de 2001, mas apenas aplicável, pelo que respeita aos mecanismos de cooperação nele previstos, a partir de 1 de Janeiro de 2004.

[685] Publicada no *JOCE*, n.º L 174, de 27 de Junho de 2001, pp. 25 ss. Aplicável desde 1 de Dezembro de 2002.

15. Problemas relativos aos requisitos substantivos do reconhecimento de sentenças estrangeiras

15.1. Competência internacional indirecta em matéria de litígios emergentes da utilização de redes de comunicações electrónicas. a) Generalidades.

– Entre os problemas que suscita o reconhecimento de sentenças estrangeiras avultam os que se prendem com a chamada competência internacional indirecta[686].

Trata-se de definir os critérios de que depende o reconhecimento pela ordem jurídica nacional aos tribunais de outros Estados do poder de julgarem as acções que perante eles tenham corrido, como condição necessária a fim de que as sentenças por eles proferidas possam produzir efeitos em território nacional.

Esse poder é, como foi salientado entre nós, o requisito primordial do reconhecimento de sentenças estrangeiras: o seu *fundamento formal*[687].

Várias são as soluções que, na lei, na jurisprudência e na doutrina, têm sido preconizadas para este problema: *a)* a que consiste em não efectuar no Estado do foro qualquer controlo autónomo da competência internacional do tribunal de origem da sentença como condição do reconhecimento dela: este teria lugar contanto que o tribunal estrangeiro se houvesse tido como competente para julgar a causa; *b)* a que manda proceder a esse controlo exclusivamente por apelo aos factores de competência internacional directa do próprio Estado do foro, que para o efeito são como que *bilateralizados*; e *c)* como soluções intermédias entre as anteriores, a que preconiza apenas a verificação, para este efeito, da ocorrência de uma violação da *competência internacional exclusiva* dos tribunais do Estado do foro, caso em que o reconhecimento será recusado; a que manda negar o reconhecimento se a competência do tribunal de origem se tiver baseado em factores de competência interditos ou mera-

---

[686] Para mais desenvolvimentos sobre esta matéria, vejam-se, na doutrina portuguesa: António Ferrer Correia, «Breves reflexões sobre a competência internacional indirecta», *in Estudos vários de Direito*, Coimbra, 1982, pp. 193 ss.; *idem, Lições de Direito Internacional Privado*, vol. I, Coimbra, 2000, pp. 478 ss.; Dário Moura Vicente, «A competência internacional no Código de Processo Civil revisto: aspectos gerais», *in Aspectos do novo Processo Civil*, Lisboa, 1997, pp. 71 ss. (pp. 89 ss.), reproduzido em *Direito Internacional Privado. Ensaios*, vol. I, cit., pp. 243 ss. (pp. 263 ss.); Rui Moura Ramos, *A reforma do Direito Processual Civil Internacional*, Coimbra, 1998, pp. 41 ss.; e Luís de Lima Pinheiro, *Direito Internacional Privado*, vol. III, Coimbra, 2002, pp. 349 ss.

[687] Assim, António Ferrer Correia, est. cit., p. 195.

mente tolerados, previamente definidos na lei ou em tratado internacional; e a que requer, para o reconhecimento de uma sentença estrangeira, a existência de um *nexo espacial suficiente* entre o Estado de origem e a lide, aferido à luz dos princípios gerais que presidem à regulamentação da matéria no Direito do foro.

A primeira destas soluções facilita muito significativamente o reconhecimento de sentenças estrangeiras. Mas apenas tem cabimento nos domínios abrangidos por uma unificação dos critérios de competência internacional directa, levada a cabo por convenção internacional ou instrumento de Direito Comunitário. De outro modo, possibilitar-se-ia o reconhecimento *in forum* de sentenças estrangeiras proferidas com base em critérios de competência exorbitantes – como, por exemplo, a nacionalidade do autor –; o que, como é bom de ver, potenciaria significativamente os efeitos nocivos do *forum shopping*.

Em contrapartida, a segunda solução apontada – que já teve acolhimento legal entre nós – restringe excessivamente o reconhecimento, fomentando o surgimento de situações claudicantes. Por força dela, sempre que a sentença estrangeira haja sido proferida por um tribunal que se tenha reputado competente ao abrigo de regras diversas das que vigoram no Estado do foro, poderá o réu subtrair-se ao cumprimento do que nela se determina, transferindo o seu património para o território deste Estado.

Tendem, por isso, a prevalecer nesta matéria soluções intermédias, que se afiguram também preferíveis *de jure condendo*.

A sua concretização pelo que respeita às sentenças sobre litígios emergentes da utilização de redes electrónicas de comunicações depende em larga medida, como resulta do exposto, dos critérios de competência internacional directa que o Direito do Estado do foro consagre no tocante a esses litígios.

As dificuldades que vimos acima suscitarem-se a este respeito projectam-se, assim, no reconhecimento de sentenças estrangeiras.

b) ***O problema perante o Direito vigente.*** – Vejamos como se resolve a questão perante o Direito vigente entre nós.

O Regulamento (CE) n.° 44/2001 proscreve o reconhecimento das sentenças proferidas nos Estados-Membros contra pessoas neles domiciliadas se tiver sido desrespeitado o que nela se dispõe em matéria de competência para os litígios emergentes de contratos celebrados por consumidores (art. 35.°).

336 *Problemática internacional da sociedade da informação*

Pode, portanto, ser recusado o reconhecimento se o tribunal do país do domicílio do consumidor se tiver declarado competente, apesar de o profissional que lhe forneceu bens ou serviços encomendados pela Internet não «dirigir actividades» para esse país, como exige o art. 15.°, n.° 1, alínea *c)*, do Regulamento.

Também no art. 28.° das Convenções de Bruxelas e Lugano se prevê a recusa de reconhecimento por violação de regras de competência em matéria de contratos celebrados por consumidores. Como, porém, estas são bastante mais restritivas do que as que o Regulamento consagra[688], segue-se que as hipóteses de recusa de reconhecimento com esse fundamento são naquelas Convenções bastante mais vastas.

No Código de Processo Civil português, a matéria é tratada no art. 1096.°, alínea *c)*, onde se exige, a fim de que a sentença seja confirmada, que esta não verse sobre matéria da exclusiva competência dos tribunais portugueses.

Uma vez que as matérias em apreço não são objecto de qualquer regra de competência exclusiva dos nossos tribunais, não resulta desse preceito (no segmento aqui considerado) qualquer óbice ao reconhecimento de sentenças estrangeiras que versem sobre litígios emergentes da utilização de redes de comunicações electrónicas.

Solução que, como escrevemos noutro lugar[689], não é imune à crítica, porquanto dela resulta a possibilidade de se reconhecerem sentenças estrangeiras baseadas em factores de competência internacional inaceitáveis na óptica do Direito português.

Seria este o caso, em matéria de responsabilidade por ilícitos cometidos através de redes electrónicas, de uma sentença proferida contra um prestador de serviços estabelecido em território nacional por um tribunal estrangeiro que se houvesse declarado competente com fundamento em a informação difundida pelo réu ser acessível a partir de terminais de computador sitos nesse Estado, ainda que nenhum dano se tivesse produzido nele.

Preferível seria, pois, subordinar o reconhecimento da sentença estrangeira à condição de existir entre o objecto do litígio e a ordem jurídica de que a sentença dimana uma *conexão suficiente* à luz dos critérios de competência aceites na ordem interna ou internacional; ou recusar esse reconhecimento não só nas situações actualmente previstas, mas também

---

[688] Ver *supra*, n.° 9.5.

[689] Cfr. «A competência internacional no Código de Processo Civil revisto: aspectos gerais», cit., pp. 264 s.

Parte II – Conteúdos a Leccionar 337

sempre que o tribunal verificasse ser a conexão existente na espécie *manifestamente insuficiente* de acordo com os mesmos critérios[690].

c) O problema perante o anteprojecto de Convenção da Haia. – No art. 26 do mencionado anteprojecto de Convenção da Haia Sobre a Competência e as Sentenças Estrangeiras em Matéria Civil e Comercial, de 1999, previa-se que fossem recusados o reconhecimento e a execução de sentenças estrangeiras, além do mais, quando o tribunal *a quo* houvesse baseado a sua competência num dos factores de competência interditos enunciados no art. 18[691].

Entre estes factores sobressaíam a presença no Estado de origem de bens do réu (salvo se o litígio lhe estiver directamente ligado), a nacionalidade do autor, a nacionalidade do réu, o domicílio do autor nesse Estado, etc.

A esses factores foi proposto que se aditasse a *simples acessibilidade de um sítio Internet* no país onde a sentença foi proferida[692]. A proposta não teve, porém, seguimento, pois os trabalhos preparatórios da referida Convenção foram entretanto adiados – para o que contribuíram não só as divergências que existem entre as regras de competência vigentes nos Estados partes da Conferência da Haia, mas também a incerteza quanto ao impacto do desenvolvimento tecnológico futuro, inclusive no tocante à Internet, sobre as regras de competência da Convenção[693].

---

[690] Pode ver-se uma solução próxima no art. 288.º, n.º 1, do Código da Insolvência e da Recuperação de Empresas, aprovado pelo D.L. n.º 53/2004, de 18 de Março, onde se dispõe: «A declaração de insolvência em processo estrangeiro é reconhecida em Portugal, salvo se: *a)* A competência do tribunal ou autoridade estrangeira não se fundar em algum dos critérios referidos no artigo 7.º ou em *conexão equivalente* [...]» (sublinhado nosso). Também no projecto de *Foreign Judgments Recognition and Enforcement Act* preparado pelo American Law Institute se prevê, no § 6.º (a) (v), a recusa do reconhecimento nos Estados Unidos de uma sentença estrangeira proferida com base num critério de competência «that is regarded as unreasonable or unfair given the nature of the claim and the identity of the parties»: cfr. *International Jurisdiction And Judgments Project. Tentative Draft (Revised)*, Filadélfia, 2004, p. 5.

[691] Cfr. Peter Nygh/Fausto Pocar, *Report of the Special Commission*, pp. 82 ss.

[692] Cfr. Katherine Kessedjian, *Commerce électronique et compétence juridictionelle internationale*, Haia, 2000, p. 9 (disponível em http://www.hcch.net).

[693] Neste sentido, *vide* Conférence de La Haye de Droit International Privé/Bureau Permanent, *Quelques réflexions sur l'etat actuel des negotiations du projet sur les juge-*

338 *Problemática internacional da sociedade da informação*

15.2. Reconhecimento de sentenças estrangeiras e conflitos de valorações quanto à regulação de conteúdos disponíveis em rede. a) Posição do problema. – A diversidade dos valores dominantes em cada ordem jurídica nacional, ou do modo como eles são hierarquizados, traduz-se frequentemente numa diferente regulação dos conteúdos disponíveis nas redes electrónicas de comunicação.

Pode, por isso, um tribunal estrangeiro ter-se julgado competente ao abrigo de regras de competência internacional que não mereçam qualquer reparo do ponto de vista da ordem jurídica do Estado *ad quem* e, não obstante isso, ser questionada a bondade do reconhecimento da sentença por ele proferida, com fundamento na incompatibilidade desta (ou do resultado a que o seu reconhecimento conduziria) com certos princípios fundamentais do Direito local.

Deparamos assim com outro problema que cumpre examinar no presente curso: o reflexo sobre o reconhecimento de sentenças estrangeiras dos conflitos de valorações que opõem as ordens jurídicas dos diferentes Estados a partir dos quais é possível o acesso a conteúdos disponíveis em rede.

Como é bom de ver, esta é uma matéria em que ganha particular relevo a *reserva de ordem pública internacional*; mas não falta quem preconize, neste domínio, uma *revisão de mérito* das sentenças estrangeiras, tendente a aferir a *razoabilidade* das decisões contidas nessas sentenças e do próprio Direito nelas aplicado[694].

A experiência demonstra que o problema em apreço afecta de modo particular o reconhecimento de sentenças estrangeiras em matéria de responsabilidade por ilícitos cometidos através da Internet. Dele constituem interessantes ilustrações alguns casos recentes, em parte já referidos[695], que importa analisar.

b) O problema na jurisprudência recente. O caso **Yahoo!** – No primeiro desses casos, discutia-se a licitude da exibição e venda em leilões

---

ments dans le contexte du programme de travail future de la conférence, Haia, 2002, p. 5; Masato Dogauchi/Trevor C. Hartley, *Preliminary Draft Convention on Exclusive Choice of Court Agreements. Draft Report*, Haia, 2004, p. 6 (disponíveis em http://www. hcch.net).

[694] Cfr., neste sentido, Henrik Spang-Hanssen, *Cyberspace & Internationl Law on Jurisdiction*, Copenhaga, 2004, p. 449.

[695] Cfr. *supra*, n.ᵒˢ 4.1., 9.5. e 12.2.

Parte II – Conteúdos a Leccionar   339

realizados na Internet, através do sítio *Yahoo.com*, de objectos evocativos do nacional-socialismo e a responsabilidade por danos desse modo alegadamente causados a terceiros.

Como dissemos, a simples susceptibilidade de visualização desse sítio em França foi julgada pelo *Tribunal de Grande Instance* de Paris uma conexão bastante com este país, a fim de que o tribunal se pudesse considerar competente para conhecer do pedido indemnizatório formulado por duas associações judaicas e aplicar-lhe a lei francesa. Com esse fundamento, o tribunal ordenou à ré *Yahoo! Inc.*, titular daquele sítio, que impedisse o acesso aos seus leilões a partir de França; e condenou-a a pagar a quantia de 100.000 Francos por cada dia de atraso no cumprimento dessa determinação.

Supomos que, no tocante à determinação do tribunal competente e da lei aplicável, não havia neste caso divergência fundamental entre o Direito francês e o que vigora nos Estados Unidos: se o dano fosse padecido neste último país, embora a conduta lesiva tivesse ocorrido em França, os tribunais americanos ter-se-iam julgado competentes e teriam aplicado o Direito local[696].

Não obstante isso, numa decisão proferida em 7 de Novembro de 2001[697], o *United States District Court for the Northern District of Cali-*

---

[696] De facto, o § 145 do *Restatement Second* sobre os conflitos de leis dispõe, sob a epígrafe «Princípio geral», o seguinte: «(1) Os direitos e responsabilidades das partes relativos a uma questão delitual são determinados pelo Direito local do Estado que, no tocante a essa questão, possuir a conexão mais significativa com a ocorrência e as partes, à luz dos princípios consignados no § 6. (2) As conexões a serem tomadas em consideração na aplicação dos princípios do § 6, a fim de se determinar a lei aplicável a uma dada questão incluem: (a) o lugar onde ocorreu o dano, (b) o lugar onde a conduta causadora do dano ocorreu, (c) o domicílio, a residência, a nacionalidade, o lugar da incorporação e o lugar do estabelecimento das partes, e (d) o lugar onde a relação existente entre as partes, se a houver, se encontra centrada. Estas conexões devem ser avaliadas de acordo com a sua importância relativa no tocante à questão considerada». Cfr. The American Law Institute, *Restatement of the Law Second. Conflict of Laws 2nd*, vol. I, St. Paul, Minn., 1971.

[697] Cfr. *Yahoo! Inc. v. La Ligue Contre Le Racisme Et L'Antisemitisme et al.*, 169 F. Supp. 2d 1181; reproduzido *in CRi*, 2002, pp. 13 ss., com anotação de Mark Wittow. Ver ainda, sobre esta sentença, Lothar Determann/Saralyn M. Ang-Olson, «Recognition and Enforcement of Foreign Injunctions in the U.S. *Yahoo! Inc. v. La Ligue Contre Le Racisme et L'Antisemitisme* – influential precedent for freedom of speech on the Internet or routine confirmation of long established principles regarding equitable reflief?», *CRi*, 2002, pp. 129 ss.; e Horatia Muir Watt, «*Yahoo!* Cyber-collision of cultures: who regulates?», *Mich. J. Int'l L.*, 2003, pp. 673 ss.

fornia, de San Jose (onde se situa a sede da *Yahoo! Inc.*), declarou a sentença francesa insusceptível de produzir efeitos nos Estados Unidos, por o que nela se determinava ser contrário à Primeira Emenda à Constituição norte-americana, que protegeria a exibição e venda de objectos que exprimam pontos de vista associados a qualquer orientação política, incluindo o nazismo.

O tribunal começou por colocar a questão no plano da compatibilidade com a Constituição norte-americana da regulação do exercício da liberdade de expressão por pessoas residentes nos Estados Unidos levada a cabo por autoridades de outro país:

> «What *is* at issue here is whether it is consistent with the Constitution and the laws of the United States for another nation to regulate speech by a United States resident within the United States on the basis that such speech can be accessed by Internet users in that nation [...] The modern world is home to widely varied cultures with radically divergent value systems. There is little doubt that Internet users in the United States routinely engage in speech that violates, for example, China's laws against religious expression, the laws of various nations against advocacy of gender equality or homosexuality, or even the United Kingdom's restrictions on freedom of the press. If the government or another party in one of these sovereign nations were to seek enforcement of such laws against Yahoo! or another U.S.-based Internet service provider, what principles should guide the court's analysis?»

Em seguida, declarou aplicáveis ao caso a Constituição e as leis norte-americanas:

> «The Court has stated that it must and will decide this case in accordance with the Constitution and the laws of the United States. It recognizes that in so doing, it necessarily adopts certain value judgments embedded in those enactments, including the fundamental judgment expressed in the First Amendment that it is preferable to permit the non-violent expression of offensive viewpoints rather than to impose viewpoint-based governmental regulation upon speech. The government and people of France have made a different judgment based upon their own experience. In undertaking its inquiry as to the proper application of the laws of the United States, the Court intends no disrespect for that judgment or for the experience that has informed it.»

E concluiu pela incompatibilidade da decisão francesa com a Primeira Emenda à Constituição americana:

«[...] the French order's content and viewpoint-based regulation of the web pages and auction site on Yahoo.com, while entitled to great deference as an articulation of French law, clearly would be inconsistent with the First Amendment if mandated by a court in the United States [...] Although France has the sovereign right to regulate what speech is permissible in France, this Court may not enforce a foreign order that violates the protections of the United States Constitution by chilling protected speech that occurs simultaneously within our borders.»

Eis, em suma, como um tribunal norte-americano, depois de ter admitido abertamente a existência de um conflito de valorações entre os Direitos francês e norte-americano quanto à medida em que pode ser licitamente exercida a liberdade de expressão, recusou, na base do seu próprio Direito, o reconhecimento da sentença oriunda do tribunal francês e baseada na concepção francesa acerca daquela liberdade.

c) Continuação. O caso **Gutnick.** – O mesmo problema fundamental colocou-se mais recentemente no caso *Dow Jones & Co. v. Gutnick*.

Como vimos, o *High Court* australiano entendeu aí que os tribunais australianos não seriam «inapropriados» para julgar a causa. Mas não deixou de assinalar que, não tendo a ré quaisquer bens penhoráveis na Austrália, poderia a mesma, em vez de cumprir a sentença, aguardar por um pedido de reconhecimento desta perante os tribunais do seu próprio país – onde a sentença poderia ser havida como «unconstitutional or otherwise offensive to a different legal culture» e como tal insusceptível de reconhecimento.

Vale isto por dizer que, na óptica do tribunal, o risco de uma sujeição dos editores *online* às leis de uma multiplicidade de países, decorrente da aplicação da *lex destinationis*, seria em certa medida compensado pela possível ineficácia nos países onde os mesmos se acham estabelecidos das sentenças contra si proferidas no estrangeiro – pelo menos quando entre esses países e o de origem da sentença se verifique uma diversidade de culturas jurídicas.

d) Continuação. O caso **Bertelsmann.** – O problema em apreço tem-se ainda posto a respeito do reconhecimento das sentenças estran-

342   *Problemática internacional da sociedade da informação*

geiras que condenem uma das partes no pagamento de indemnizações des-proporcionadas ou de *punitive damages*[698].

Sobre a compatibilidade de tais condenações com os princípios fundamentais do Direito alemão pronunciou-se o Tribunal Constitucional alemão, em decisão proferida a 25 de Julho de 2003 no caso *Bertelsmann*[699].

O Tribunal ocupou-se aí da susceptibilidade de citação de uma sociedade sedeada na Alemanha (a *Bertelsmann A.G.*) para uma *class action* contra ela intentada nos Estados Unidos por diversas editoras discográficas norte-americanas, com fundamento em alegados danos sofridos em virtude das actividades desenvolvidas pelo sistema *Napster* de intercâmbio de ficheiros musicais.

A circunstância de o montante reclamado pelas autoras a título de indemnização (o qual ascendia a 17 mil milhões de dólares) exceder manifestamente quaisquer danos por si eventualmente sofridos, e até os rendimentos da indústria fonográfica norte-americana em anos recentes, foi considerada suficiente pelo Tribunal a fim de deferir o pedido de uma providência cautelar, formulado pela ré, no sentido de que fosse suspensa a respectiva citação na Alemanha.

Neste sentido, foi invocado pelo Tribunal, além do mais, o disposto no art. 40 (3), n.º 2, da Lei de Introdução ao Código Civil alemão, nos termos do qual as pretensões sujeitas ao Direito de outro Estado não podem ser feitas valer na Alemanha se servirem manifestamente fins diversos de uma adequada indemnização do lesado[700].

e) O problema perante o Direito vigente em Portugal. – As espécies jurisprudenciais acima examinadas revelam que a aceitação pela ordem jurídica do Estado *ad quem* da competência internacional do tribunal *a quo* não assegura, por si só, o reconhecimento no primeiro de uma sentença do segundo relativa às matérias em apreço: a tal podem opor-se conflitos de valorações entre as ordens jurídicas dos dois Estados no tocante à questão de fundo decidida nessa sentença.

---

[698] Acerca desta figura e das suas implicações em situações internacionais, veja-se o nosso *Da responsabilidade pré-contratual em Direito Internacional Privado*, cit., pp. 698 ss., onde se indica mais bibliografia.

[699] Disponível em http://www.bverfg.de.

[700] «Ansprüche, die dem Recht eines anderen Staates unterliegen, können nicht geltend gemacht werden, soweit sie [...] offensichtlich anderen Zwecken als einer angemessenen Entschädigung des Verletzten dienen [...]».

Parte II – Conteúdos a Leccionar   343

Como se sabe, perante as regras relativas ao reconhecimento de sentenças estrangeiras vigentes em Portugal, a fim de que possa ser confirmada uma sentença estrangeira é necessário que esta não contenha decisão cujo reconhecimento conduza a um «resultado manifestamente incompatível com os princípios da ordem pública internacional do Estado Português» (alínea *f)* do art. 1096.° do Código de Processo Civil). O mesmo fundamento de recusa do reconhecimento encontra-se consignado nas Convenções de Bruxelas e de Lugano (art. 27.°, n.° 1) e no Regulamento (CE) n.° 44/2001 (art. 34.°, n.° 1).

A nosso ver, poderá caber na previsão destas normas a decisão estrangeira que condene o agente de um ilícito cometido em rede a pagar à vítima uma indemnização largamente superior ao dano por esta efectivamente sofrido, ou que arbitre *punitive damages* desproporcionados à gravidade desse ilícito, pois a proporcionalidade da sanção do acto ilícito é um princípio fundamental do nosso ordenamento jurídico[701].

A recusa do reconhecimento de uma sentença oriunda de um Estado que não seja parte das Convenções de Bruxelas e de Lugano nem do Regulamento (CE) n.° 44/2001 poderá ainda fundar-se no *privilégio de nacionalidade*, que o art. 1100.°, n.° 2, do Código de Processo Civil português consagra como fundamento de impugnação do pedido de revisão de sentença estrangeira.

Aí se declara, efectivamente, que, tendo a sentença estrangeira sido proferida contra pessoa singular ou colectiva de nacionalidade portuguesa, obsta ao reconhecimento a circunstância de que o resultado da acção lhe teria sido mais favorável se o tribunal estrangeiro tivesse aplicado o Direito material português, quando por este devesse ser resolvida a questão segundo as normas de conflitos da lei portuguesa.

Também por esta via poderá um prestador de serviços em rede estabelecido em Portugal, que tenha nacionalidade portuguesa, opor-se ao reconhecimento no nosso país de uma sentença contra si proferida, que lhe imponha uma responsabilidade por danos causados no exercício da sua actividade superior à que para si derivaria da lei portuguesa, aplicável ao caso nos termos do art. 4.° n.°, 1, do D.L. n.° 7/2004.

---

[701] Sobre esta matéria, veja-se o nosso *Da responsabilidade pré-contratual em Direito Internacional Privado*, cit., pp. 698 ss., e a bibliografia e jurisprudência aí citadas.

344   *Problemática internacional da sociedade da informação*

f) O problema perante os anteprojectos de Convenções da Haia.
– À questão em apreço não ficaram alheios os anteprojectos de convenções elaborados sob a égide da Conferência da Haia de Direito Internacional Privado, a que vimos fazendo referência.

Previa, com efeito, o art. 33 do anteprojecto de Convenção Sobre a Competência e as Sentenças Estrangeiras em Matéria Civil e Comercial, de 1999, que:

> «1. Dans la mesure où un jugement accorde des dommages et intérêts non compensatoires, en ce compris des dommages et intérêts exemplaires ou punitifs, il est reconnu au moins à la concurrence du montant des dommages et intérêts similaires ou comparables qui auraient pu être accordés dans l'Etat requis.
>
> 2. a) Lorsque le débiteur convainc le tribunal requis, après que le créancier a eu la possibilité d'être entendu, que dans les circonstances en ce compris celles existant dans l'Etat d'origine, des dommages et intérêts manifestement excessifs ont été accordés, reconnaissance peut être donnée pour un montant inférieur.
>
> b) En aucun cas, le tribunal requis ne peut reconnaître le jugement pour un montant inférieur à celui qui aurait pu être accordé par les tribunaux de l'Etat requis, dans les mêmes circonstances, en prenant e considération également celles existant dans l'Etat d'origine.
>
> 3. Pour l'application des paragraphes 1 et 2, le tribunal requis prend en considération le montant éventuellement accordé par le tribunal d'origine pour couvrir les frais et dépens du procès.»[702]

Um texto de teor praticamente idêntico figura agora no art. 15 do anteprojecto de Convenção Sobre os Acordos Exclusivos de Eleição de Foro, de 2004[703].

Na base de uma *revisão de mérito* da sentença estrangeira, admitida por estes preceitos quanto à questão do montante da indemnização arbitrada pelo tribunal de origem, será assim possível, nos Estados partes de qualquer das projectadas convenções, um *reconhecimento parcial* dessa sentença; o que permite conciliar o interesse no reconhecimento com a

---

[702] Sobre os antecedentes e os objectivos visados por esta disposição, consulte-se Peter Nygh/Fausto Pocar, *Report of the Special Commission*, cit., pp. 132 ss.

[703] Ver, sobre esse preceito, Masato Dogauchi/Trevor C. Hartley, *Preliminary Draft Convention on Exclusive Choice of Court Agreements*, cit., pp. 40 ss.

Parte II – Conteúdos a Leccionar

preservação dos princípios fundamentais do Estado do foro em matéria de imputação de danos e de repressão do acto ilícito.

16. Problemas relativos à utilização de meios electrónicos em outras formas de cooperação judiciária internacional

16.1. Citação e notificação no estrangeiro. a) Regimes aplicáveis. – A citação e a notificação no estrangeiro de actos judiciais e extrajudiciais são, como deixámos dito atrás, objecto da Convenção de Haia de 1965 e do Regulamento (CE) n.° 1348/2000.

A fim de examinarmos, à luz destes instrumentos, os problemas postos pelo recurso, para aquele efeito, a redes electrónicas de comunicações, importará ter presentes as linhas gerais do regime neles consignado.

O primeiro deles prevê que a citação e a notificação de actos oriundos de cada Estado contratante sejam feitas nos demais Estados contratantes por intermédio de uma *Autoridade Central* para o efeito designada. Essa Autoridade procede ou manda proceder à citação ou notificação segundo a forma prevista no Estado requerido ou segundo a forma pedida pelo requerente, a menos que esta seja incompatível com a lei do Estado requerido. A citação e a notificação podem ainda, se o Estado de destino a tal não se opuser, ser feitas por via diplomática ou consular e por intermédio dos funcionários competentes do Estado de destino, a quem os correspondentes pedidos sejam presentes. Consagra--se além disso, sob a mesma condição, a faculdade de remeter directamente, por via postal, actos judiciais às pessoas que se encontrem no estrangeiro.

Já o sistema instituído pelo Regulamento assenta na *transmissão directa* dos actos judiciais e extrajudiciais entre as entidades locais para o efeito designadas pelos Estados-Membros (que em Portugal é o Tribunal de Comarca, na pessoa do secretário de justiça). Dispensa-se, assim, a intervenção, no processo de citação ou notificação, da Autoridade Central prevista na Convenção da Haia. A descentralização do sistema deste modo possibilitada constitui a chave da sua eficácia e a principal vantagem que possui relativamente ao da Convenção.

Esta possibilidade de transmissão directa não prejudica, todavia, a faculdade de cada Estado utilizar, em circunstâncias excepcionais, a via diplomática ou consular para transmitir actos judiciais, para citação ou

346 Problemática internacional da sociedade da informação

notificação, às entidades de outro Estado-Membro, bem como de cada Estado-Membro mandar proceder directamente, sem coacção e salvo oposição do Estado requerido, por diligência dos seus agentes diplomáticos ou consulares, às citações ou às notificações de actos judiciais destinadas a pessoas que residam noutro Estado-Membro ou de proceder directamente, por via postal, às citações e às notificações de actos judiciais destinadas a pessoas que residam noutro Estado-Membro.

A possibilidade de transmitir actos directamente também não obsta, salvo oposição do Estado requerido (que Portugal deduziu), à faculdade de os interessados num processo judicial promoverem as citações e as notificações de actos judiciais directamente por diligência de oficiais de justiça, funcionários ou outras pessoas competentes do Estado-Membro requerido.

A entidade requerida procede ou manda proceder à citação ou notificação do acto quer segundo a lei do Estado requerido, quer segundo a forma própria pedida pela entidade de origem, a menos que esta seja incompatível com a lei do Estado requerido. Todas as diligências necessárias à citação ou notificação são efectuadas no mais breve prazo possível.

b) Continuação. Transmissão de pedidos por meios electrónicos. – Os instrumentos em apreço não prevêem expressamente a transmissão por via electrónica dos pedidos de citação ou notificação; mas também não a excluem, pois não impõem uma forma específica de transmissão[704].

A via electrónica corresponde seguramente à preocupação com a celeridade do processo, que subjaz à regulamentação instituída pela Convenção e pelo Regulamento. Afigura-se, no entanto, imprescindível que, como estabelece o art. 4.°, n.° 2, do Regulamento, «o conteúdo do documento recebido seja fiel e conforme ao conteúdo do documento expedido e que todas as informações dele constantes sejam facilmente legíveis». Há, além disso, que acautelar a autenticidade dos pedidos, a sua integridade e confidencialidade.

---

[704] Um estudo recente, encomendado pela Comissão Europeia, revela que, embora de modo muito limitado, o uso da Internet para a transmissão de pedidos ao abrigo do Regulamento (CE) n.° 1348/2000 já tem lugar: cfr. Mainstrat, *Study on the application of the Council Regulation (EC) No 1348/2000 on the service of judicial and extra judicial documents in civil or commercial matters*, s/l, 2004 (disponível em http://europa.eu.int/comm/justice_home/ejn/index_pt.htm), p. 27.

Parte II – Conteúdos a Leccionar 347

Observados estes requisitos, a transmissão por via electrónica deve ser tida como admissível[705].

c) *Continuação. Citação e notificação por meios electrónicos.*
– Mais complexa é a questão de saber se a própria citação ou notificação podem ser feitas por via electrónica. A este respeito, importa distinguir as hipóteses em que a citação ou notificação são efectuadas por uma autoridade ou por um funcionário do Estado requerido daqueloutras em que a citação ou notificação são feitas directamente por uma entidade do Estado de origem, por via diplomática ou consular, ou por via postal.

No primeiro caso, como se viu, a citação ou notificação obedecem em princípio à forma prevista na lei do Estado requerido; mas podem ser feitas na forma pedida pela entidade de origem, salvo se tal for incompatível com a lei do Estado requerido (art. 5.°, § 1.°, da Convenção; art. 7.°. n.° 1, do Regulamento). A admissibilidade da citação ou notificação electrónicas deve, por isso, ser determinada à luz do que dispõe esta lei.

O segundo caso assume maior melindre, sobretudo se as leis do Estado de origem e do Estado requerido consagrarem a respeito da citação e da notificação electrónicas regimes diversos. Em face de ambos os instrumentos em análise, parece que ela deve ser excluída, pelo menos, quando haja oposição expressa do Estado requerido a semelhante forma de citação ou notificação. Além disso, a falibilidade, no actual estado da técnica, do correio electrónico opõe-se a que este possa ser considerado funcionalmente equivalente à «via postal» para os efeitos do disposto na Convenção e no Regulamento.

16.2. *Obtenção de provas no estrangeiro. a) A Convenção de Haia de 1970.*
– A realização no estrangeiro de actos de instrução necessários ao julgamento de uma causa pendente ou a instaurar no Estado do foro pode ser requerida, nos termos da Convenção da Haia de 1970, por carta

---

[705] Em idêntico sentido se pronunciou a comissão que, sob a égide da Conferência da Haia de Direito Internacional Privado, apreciou o problema em face da Convenção de 1965: cfr. Catherine Kessedjian, *Les échanges de données informatisées, internet et le commerce électronique*, cit., p. 29.

348 *Problemática internacional da sociedade da informação*

rogatória dirigida a uma Autoridade Central para o efeito designada em cada Estado contratante, que as transmitirá à autoridade competente para a respectiva execução.

A execução da carta é feita, de acordo com a Convenção, segundo a lei do país onde deva ter lugar. Porém, atender-se-á ao pedido da entidade requerente de que se proceda de forma especial, a não ser que tal procedimento seja incompatível com a lei do Estado requerido ou a sua execução não seja possível.

A obtenção de provas nos Estados contratantes pode ainda, sob certas condições, ser efectuada, sem coacção, por agentes diplomáticos ou consulares, ou por comissários para o efeito designados (em princípio, mediante autorização da autoridade competente do Estado onde deva ter lugar a recolha das provas).

Também pelo que respeita a esta Convenção a comissão que, no quadro da Conferência da Haia, examinou a utilização neste âmbito de meios electrónicos se pronunciou no sentido de que a mesma não se opõe à transmissão de pedidos por essa via. Em especial, o emprego da expressão «carta rogatória» não constituiria, segundo a comissão, obstáculo a semelhante procedimento, uma vez que a Convenção não define a forma que essa carta deve revestir [706].

Além disso, a comissão considerou não haver obstáculo à utilização de meios como a videoconferência e outros do género, a fim de interrogar testemunhas à distância. O emprego de tais meios deveria, no entanto, ser precedido de carta rogatória ou ter lugar mediante a observância das condições previstas no art. 17.° para a prática de actos de instrução por comissários[707].

b) Continuação. O Regulamento (CE) n.° 1206/2001. – No Regulamento (CE) n.° 1206/2001 consagra-se um mecanismo de *transmissão directa* de pedidos de obtenção de provas entre os tribunais dos Estados-Membros, os quais devem ser comunicados pelo tribunal onde o processo tenha sido iniciado ou esteja previsto (o «tribunal requerente») ao tribunal competente do outro Estado-Membro (o «tribunal requerido»).

---

[706] Ver Catherine Kessedjian, est cit., p. 32.
[707] *Ibidem*, p. 33.

Aos Estados-Membros cabe elaborar uma lista dos tribunais competentes para a obtenção de provas ao abrigo do Regulamento, com a indicação do seu âmbito de competência territorial, a qual é comunicada à Comissão Europeia e por esta divulgada electronicamente.

A transmissão do pedido pode ser feita por «qualquer meio adequado, desde que o conteúdo do documento recebido seja fiel e conforme ao conteúdo do documento expedido e que todas as informações dele constantes sejam legíveis» (art. 6.°), o que inclui a via electrónica.

No âmbito da obtenção de provas, o tribunal requerente pode solicitar ao tribunal requerido que recorra às tecnologias da comunicação, em particular a videoconferência e a teleconferência; o tribunal requerido deve atender essa solicitação, a menos que tal procedimento seja incompatível com a lei do Estado-Membro do tribunal requerido ou salvo importantes dificuldades de ordem prática (art. 10.°, n.° 4).

Além da obtenção de provas por intermédio de tribunais estrangeiros, prevê-se no Regulamento a possibilidade de os tribunais dos Estados--Membros recolherem provas directamente noutros Estados-Membros, recorrendo também, por exemplo, à videoconferência ou à teleconferência (art. 17.°, n.° 4). Para o efeito, deve o tribunal interessado apresentar um pedido a uma autoridade designada para o efeito pelo Estado-Membro onde a prova haja de ser produzida.

A obtenção directa de provas só pode ter lugar, contudo, se for feita «numa base voluntária, sem recorrer a medidas coercivas» (art. 17.°, n.° 2). O pedido de obtenção directa de provas pode, por outro lado, ser recusado se esta for contrária aos princípios fundamentais da legislação do Estado em que deva ter lugar (art. 17.°, n.° 5, alínea *c)*).

Tal como vimos suceder em relação à citação e à notificação no estrangeiro, a admissibilidade do emprego de meios electrónicos na obtenção de provas além fronteiras fica, assim, em última análise subordinada à lei do Estado requerido.

16.3. Troca de informações entre autoridades judiciárias. – A questão de que nos vimos ocupando coloca-se em termos um tanto diversos pelo que respeita à troca de informações entre autoridades judiciárias, relativamente à qual é admitida com maior latitude o recurso a meios electrónicos; o que bem se compreende, pois não estão em jogo nesta matéria direitos fundamentais das partes como aqueles que importa acautelar nas formas de cooperação judiciária até aqui examinadas.

350   *Problemática internacional da sociedade da informação*

Disso é elucidativa a Decisão do Conselho n.º 2001/470, que hoje regula em termos gerais a troca de informações entre autoridades judiciárias a administrativas na Comunidade Europeia.

Esse acto comunitário instituiu uma *rede judiciária europeia em matéria civil e comercial*, a qual é responsável, nos termos do art. 3.º, n.º 1, por facilitar a cooperação judiciária, nomeadamente através da concepção, da criação progressiva e da actualização de um sistema de informação destinado aos membros da rede; bem como por conceber, criar de forma progressiva e actualizar um sistema de informação acessível ao público.

A rede baseia-se em «pontos de contacto» designados pelos Estados-Membros, que estão à disposição das autoridades judiciárias e administrativas referidas no art. 2.º, n.º 1, alíneas *b)* a *d)*. A sua função precípua consiste em fornecer todas as informações necessárias à boa cooperação judiciária entre os Estados membros (art. 5.º, n.º 2).

Os «pontos de contacto» utilizam os meios tecnológicos mais adequados por forma a responderem o mais eficaz e rapidamente possível a todos os pedidos que lhes forem submetidos (art. 8.º). Para a difusão de informações no interior da rede previu-se também a instauração progressiva pela Comissão Europeia de um sistema electrónico de intercâmbio de informações, seguro e de acesso limitado (art. 13.º, n.º 2).

A rede compreende ainda, desde 2003, um sistema público de informação, baseado num sítio Internet[708], no qual se contêm os actos comunitários em vigor ou em preparação relativos à cooperação judiciária em matéria civil e comercial, as medidas nacionais de execução destes, os instrumentos internacionais sobre a matéria de que os Estados-Membros são partes, a jurisprudência comunitária a ela respeitante e fichas de informação sobre o acesso à justiça nos Estados-Membros.

---

[708] Com o endereço http://europa.eu.int/comm/justice_home/ejn/index.pt.htm.

Parte II – Conteúdos a Leccionar 351

CAPÍTULO IV
Meios extrajudiciais de composição de litígios

17. Noção e relevância actual

17.1. O fenómeno. – Uma das tendências que caracterizam o Direito contemporâneo é o recurso crescente a meios extrajudiciais de composição de litígios, para os quais a literatura jurídica anglo-saxónica cunhou a expressão – sugestiva, mas algo equívoca – *alternative dispute resolution* (ADR).

O advento do comércio electrónico acentuou este fenómeno, sendo hoje frequentes as referências à *online*, ou *electronic, dispute resolution* (ODR) como modo específico de resolução de litígios[709].

As primeiras manifestações desta realidade parecem ter sido o serviço de arbitragem em linha denominado *Virtual Magistrate*[710], instituído em 1996 nos Estados Unidos, o qual tem por objecto reclamações dirigidas contra administradores de sistemas informáticos, tendentes à retirada ou restrição de acesso a mensagens ou conteúdos disponíveis em redes de computadores; e o *CyberTribunal*, lançado em 1998 por iniciativa do *Centre de Recherches en Droit Public* da Faculdade de Direito da Universidade de Montréal[711].

Outro passo neste âmbito foi dado em 1999, quando a já referida *Internet Corporation for Assigned Names and Numbers* (ICANN), aprovou a «Política Uniforme de Resolução de Litígios Sobre Nomes de Domínio» (*Uniform Domain Name Dispute Resolution Policy* ou UDRP)[712], que institui e disciplina um sistema de resolução extrajudicial de litígios entre titulares de nomes de domínio genéricos e titulares de marcas, relativos ao registo e à utilização abusivos desses nomes (*cybersquatting*)[713]. Por força daquela «Política», que passou a ser incorporada nos contratos

---

[709] Veja-se, por exemplo, o *Livro verde sobre os modos alternativos de resolução dos litígios em matéria civil e comercial* (documento COM (2002) 196 final), apresentado pela Comissão Europeia em 19 de Abril de 2002, p. 5.

[710] Cujo regulamento se encontra disponível em http://www.vmag.org.

[711] Cfr. Eric Caprioli, «Arbitrage et médiation dans le commerce éléctronique (L'expérience du "CyberTribunal")», *Rev. arb.*, 1999, pp. 224 ss.

[712] Disponível em http://www.icann.org/udrp/udrp-policy-24oct99.htm.

[713] Sobre o tema, veja-se o nosso estudo «Problemática internacional dos nomes de domínio», *in Direito Internacional Privado. Ensaios*, vol. I, Coimbra, 2002, pp. 167 ss.

352 *Problemática internacional da sociedade da informação*

relativos ao registo de nomes de domínio, a entidade que procede a esse registo cancela-o, transfere-o para outrem ou altera-o, se receber uma ordem nesse sentido de um tribunal arbitral ou de outro órgão («panel») que haja decidido um processo ao abrigo dele. Essa política de resolução de litígios foi posteriormente complementada por outras, relativas a certas categorias específicas de nomes de domínio[714].

O primeiro provedor de serviços de resolução de litígios relativos a nomes de domínio aprovado pela ICANN foi o Centro de Mediação e Arbitragem da Organização Mundial da Propriedade Intelectual. Este adoptou em 1999 regras complementares da UDRP[715], que visam tornar possível a realização desses processos de resolução de litígios, assim como a participação neles, exclusivamente através da Internet[716].

Em 2001 entrou em funcionamento, por iniciativa de um consórcio integrado por diversas universidades europeias e uma canadiana, um sistema de resolução em linha, por negociação ou mediação, de conflitos emergentes de transacções concluídas através da Internet, dos quais pelo menos uma das partes seja um consumidor: o ECODIR (abreviatura de *Electronic Consumer Dispute Resolution*)[717].

No mesmo ano, a Câmara Arbitral de Milão passou a oferecer o serviço de conciliação em linha denominado *RisolviOnline*[718]; e a *American Arbitration Association* encetou a prestação de serviços de arbitragem em linha, que ficaram sujeitos a regras específicas entretanto publicadas[719].

---

[714] Estão neste caso: a *Charter Eligibility Dispute Resolution Policy*, relativa aos litígios sobre nomes de domínio com os sufixos «.aero», «.coop» e «.museum»; a *Elegibility Reconsideration Policy*, destinada aos litígios referentes a nomes de domínio com o sufixo «.aero»; a *Legibility Requirements Dispute Resolution Policy*, respeotante a litígios sobre nomes de domínio com o sufixo «.name»; a *Intellectual Property Defensive Registration Challenge Policy*, destinada aos litígios sobre nomes de domínio com o sufixo «.pro»; a *Restrictions Dispute Resolution Policy*, sobre nomes de domínioo concluídos por «.biz»; e a *Sunrise Challenge Policy*, para nomes de domínio com o sufixo «info». Podem consultar-se estes textos em http://www.icann.org.

[715] Disponíveis em http://arbiter.wipo.int/domains/rules/supplemental.html.

[716] É muito significativa a actividade desenvolvida pelo referido Centro: até Maio de 2002, recebeu 5.000 reclamações ao abrigo da UDRP, a que acrescem cerca de 15.000 reclamações fundadas noutros regulamentos, ascendendo assim a mais de 20.000 o número de casos de *cybersquatting* nele examinados. Cfr. http://www.wipo.int/pressroom/en/updates/2003/upd193.htm.

[717] Cujo regulamento se encontra disponível em http://www.ecodir.org.

[718] Consulte-se o respectivo regulamento em http://www.risolvionline.com.

[719] Cfr. *Supplementary Procedures for Online Arbitration* (texto disponível em http://www.adr.org).

Por seu turno, a Câmara de Comércio Internacional publicou em 2003 as *linhas de orientação* para arbitragens de pequenos litígios realizadas ao abrigo do Regulamento de Arbitragem daquela instituição[720], em que se preconiza o recurso pelas partes, no âmbito de tais arbitragens, aos meios electrónicos.

Entre nós, as *Regras do Registo de Domínios .pt*, adoptadas em 2003 pela Fundação Para a Computação Científica Nacional, prevêem que «[e]m caso de conflito sobre nomes de domínios ou de subdomínios, os titulares de nomes de domínio/subdomínio comprometem-se a recorrer à arbitragem voluntária institucionalizada, prevista e regulamentada respectivamente no artigo 38.° da Lei 31/86, de 29 de Agosto e Portaria 81/2001 de 8 de Fevereiro» (n.° 2.11.1).

Mais recentemente, a Comissão Europeia aprovou o Regulamento (CE) n.° 874/2004, de 28 de Abril de 2004, relativo ao registo de nomes de domínio sob «.eu», no qual se prevê e disciplina um procedimento extrajudicial tendente à resolução de litígios que tenham por objecto registos especulativos ou abusivos de nomes de domínio ou decisões das entidades de registo.

17.2. Suas causas. – A resolução extrajudicial de litígios, parece, pois, generalizar-se no comércio electrónico.

Como explicar este fenómeno?

Ele é, evidentemente, uma consequência da *crise das instituições judiciárias do Estado*: dadas a morosidade e a onerosidade dos processos que correm termos perante os tribunais do Estado, a composição de litígios num lapso de tempo razoável e em termos economicamente eficientes reclama em alguma medida o reconhecimento aos particulares da possibilidade de recorrerem a meios extrajudiciais a fim de obterem tutela efectiva para os seus direitos. Aos próprios Estados interessará desviar dos tribunais judiciais uma parte do contencioso que lhes era tradicionalmente cometido, por forma a descongestioná-los e a reduzir a parcela dos custos da administração da justiça suportada pelo erário público.

O recurso aos meios extrajudiciais de composição de litígios prende-se também com a *internacionalização crescente* das relações jurídicas,

---

[720] *Guidelines for Arbitrating Small Claims under the ICC Rules of Arbitration*, texto disponível em http://www.iccwbo.org.

354 *Problemática internacional da sociedade da informação*

propiciada pela disseminação de redes mundiais de transmissão electrónica de dados e pela «globalização» da economia. É, com efeito, o carácter internacional da relação material litigada que frequentemente leva as partes a atribuírem competência a instâncias extrajudiciais, não só pela *certeza* que essa estipulação confere ao modo pelo qual os seus litígios serão resolvidos, mas também pelas maiores *garantias de neutralidade* que tais instâncias oferecem.

Redução de custos, maior celeridade processual, certeza e neutralidade da instância decisória – eis, em suma, algumas das razões determinantes da crescente institucionalização de meios extrajudiciais de composição de litígios.

A ela não é também alheio o objectivo de *promover o comércio electrónico*, que a Comunidade Europeia tomou sobre si, pois a *confiança dos consumidores* neste depende em alguma medida da existência de meios eficazes de resolução dos litígios emergentes dos contratos concluídos ou executados em linha, sobretudo quando estes tenham carácter internacional[721].

A preferência das partes pelos meios extrajudiciais de resolução de litígios explica-se ainda por outros factores, entre os quais sobressaem a possibilidade de as partes escolherem os árbitros, mediadores e demais terceiros que neles intervêm; a confidencialidade dos procedimentos extrajudiciais (de crucial importância para a preservação da imagem de muitas empresas); e a preservação de relações comerciais preexistentes entre as partes desavindas, que tais procedimentos geralmente favorecem.

17.3. Tentativas de regulação jurídica. – Os meios extrajudiciais de composição dos litígios emergentes do comércio electrónico surgiram, as mais das vezes, à margem de qualquer regulação jurídica estadual específica. Não tardou, porém, que os Estados e as organizações supranacionais procurassem discipliná-los.

Na Comunidade Europeia, o principal instrumento jurídico que se ocupa da matéria é a Directiva Sobre o Comércio Electrónico. Esta estabelece, no n.º 1 do seu art. 17.º, a obrigação de os Estados-Membros assegurarem que, em caso de desacordo entre o prestador de um serviço da

---

[721] Veja-se sobre o ponto o *Livro Verde* cit. *supra*, pp. 10 e 19.

sociedade da informação e o destinatário desse serviço, a sua legislação não impeça a utilização de mecanismos de resolução extrajudicial disponíveis nos termos da legislação nacional para a resolução de litígios, inclusive através de meios electrónicos adequados; e acrescenta, no n.º 2 da mesma disposição, que os Estados-Membros incentivarão os organismos responsáveis pela resolução extrajudicial, designadamente dos litígios de consumidores, a que funcionem de forma a proporcionar adequadas garantias de procedimento às partes interessadas. Prevê ainda, no n.º 3, que os Estados membros incentivarão os ditos organismos a informar a Comissão das decisões significativas tomadas relativamente aos serviços da sociedade da informação, bem como das práticas, usos ou costumes relativos ao comércio electrónico.

Neste sentido, o D.L. n.º 7/2004, de 7 de Janeiro, prevê no seu art. 18.º (com a epígrafe «solução provisória de litígios»), que nos casos contemplados nos arts. 16.º e 17.º – relativos, como vimos acima, à denominada armazenagem principal e à responsabilidade dos prestadores intermediários de serviços de associação de conteúdos – o prestador intermediário de serviços, se a ilicitude não for manifesta, não é obrigado a remover o conteúdo contestado ou a impossibilitar o acesso à informação só pelo facto de um terceiro arguir uma violação; mas consagra a possibilidade de o interessado recorrer à entidade de supervisão, que dará uma solução provisória em 48 horas, a qual será logo comunicada electronicamente aos intervenientes. A solução definitiva do litígio é remetida, no n.º 7, para as vias comuns.

Por seu turno, o art. 34.º do mesmo diploma, subordinado à epígrafe «solução de litígios por via electrónica», permite o funcionamento em rede de formas de resolução extrajudicial de litígios entre prestadores e destinatários de serviços da sociedade da informação, com observância das disposições relativas à validade e eficácia dos documentos dele constantes.

Várias disposições constantes de outros actos comunitários recentes prevêem e regulam também formas de resolução extrajudicial de litígios emergentes do comércio electrónico. Estão neste caso o art. 21.º da Directiva relativa a um quadro regulamentar comum para as redes e serviços de comunicações electrónicas[722]; o art. 34.º da Directiva relativa ao

---

[722] Directiva n.º 2002/21/CE, do Parlamento Europeu e do Conselho, de 7 de Março de 2002, *in JOCE*, n.º L 108, de 24 de Abril de 2002, pp. 33 ss.

356   *Problemática internacional da sociedade da informação*

serviço universal e aos direitos dos utilizadores em matéria de redes e serviços de comunicações electrónicas[723]; e o art. 14.° da Directiva relativa à comercialização à distância de serviços financeiros prestados a consumidores[724].

A Comissão Europeia adoptou ainda uma Recomendação relativa aos princípios aplicáveis aos organismos extrajudiciais envolvidos na resolução consensual de litígios do consumidor[725], na qual se enunciam os princípios a que devem obedecer os «procedimentos que se limitam a uma simples tentativa de aproximar as partes para as convencer a encontrar uma solução de comum acordo». Entre esses princípios inclui-se o de que «[o] procedimento deverá ser facilmente acessível e estar à disposição de ambas as partes, por exemplo, através de meios electrónicos, independentemente do local onde aquelas estejam localizadas» (ponto C.2).

O tema tem também suscitado a atenção de outras organizações supranacionais.

Assim, a Organização para a Cooperação e Desenvolvimento Económicos (OCDE) versou-o no documento intitulado *Recommendation of the OECD Council concerning guidelines for consumer protection in the context of electronic commerce*[726]. Aí se declara: «Consumers should be provided meaningful access to fair and timely alternative dispute resolution and redress without undue cost or burden» (n.° VII.B). E acrescenta-se: «In implementing the above, businesses, consumer representatives and governments should employ information technologies innovatively and use them to enhance consumer awareness and freedom of choice» (*ibidem*, alínea iv).

Por outro lado, no âmbito da Comissão das Nações Unidas para o Direito do Comércio Internacional estão em curso trabalhos preparatórios da revisão da Lei-Modelo Sobre a Arbitragem Comercial Internacional, emanada dessa entidade, bem como da Convenção Sobre o Reconhecimento e a Execução de Sentenças Arbitrais Estrangeiras celebrada em

---

[723] Directiva n.° 2002/22/CE, do Parlamento Europeu e do Conselho, de 7 de Março de 2002, *in ibidem*, pp. 51 ss.

[724] Directiva n.° 2002/65/CE, do Parlamento Europeu e do Conselho, de 23 de Setembro de 2002, *in ibidem*, n.° L 271, de 9 de Outubro de 2002, pp. 16 ss.

[725] Recomendação n.° 2001/310/CE, de 4 de Abril de 2001, *in JOCE*, n.° L 109, de 19 de Abril de 2001, pp. 56 ss.

[726] Disponível em http://www.oecd.org.

Parte II – Conteúdos a Leccionar 357

Nova Iorque em 1958[727], tendo em vista contemplar nestes instrumentos a arbitragem conduzida com recurso às novas tecnologias[728].

Finalmente, refira-se que também nesta matéria se têm feito sentir apelos à auto-regulação, que frutificaram no *Código de Conduta Europeu para Mediadores*, a que aludimos acima[729].

17.4. Indicação de sequência. – No presente curso tem particular interesse examinar, a este propósito, três meios extrajudiciais de composição de litígios com especial relevância na resolução de litígios emergentes do comércio electrónico, que os textos legais e outros instrumentos normativos em vigor permitem autonomizar: a arbitragem, a mediação e os procedimentos *sui generis*, entre os quais avultam os relativos aos litígios em matéria de nomes de domínio, a que acima fizemos alusão, os quais não são reconduzíveis a qualquer das categorias anteriores.

Vejamo-los sucintamente.

18. Arbitragem

18.1. A arbitragem de litígios emergentes do comércio electrónico e os problemas que suscita. – No Direito português, a arbitragem consiste fundamentalmente num meio de composição de litígios que se caracteriza pela atribuição da competência a fim de julgá-los a uma ou mais pessoas, escolhidas pelas próprias partes ou por terceiros, cujas decisões têm a mesma eficácia que possuem as sentenças judiciais.

A arbitragem «em linha» pode ser definida como aquela que é convencionada, processada e decidida fundamentalmente através de rede electrónica de transmissão de dados[730]. Tal como a mediação em linha, de que nos ocuparemos a seguir, esta forma de resolução extrajudicial de litígios tem por objecto precípuo os litígios emergentes do comércio electrónico.

---

[727] Aprovada para ratificação pela Resolução da Assembleia da República n.º 37/94, publicada no *D.R.*, I Série-A, n.º 156, de 8 de Julho de 1994. Está em vigor em Portugal desde 16 de Janeiro de 1995: cfr. o Aviso do Ministério dos Negócios Estrangeiros n.º 142/95, publicado no *D.R.*, I Série-A, n.º 141, de 21 de Junho de 1995.

[728] Podem consultar-se esses trabalhos em http://www.uncitral.org.

[729] Cfr. *supra*, n.º 4.2.

[730] Para uma noção próxima, veja-se Pedro de Miguel Asensio, *Derecho Privado de Internet*, 3.ª ed., Madrid, 2002, p. 493.

358 *Problemática internacional da sociedade da informação*

Acha-se esta modalidade de arbitragem em franca expansão[731]. O que bem se compreende: o recurso a ela evita às empresas que oferecem bens ou serviços em rede o risco, a que aludimos anteriormente, de se exporem à competência dos tribunais de qualquer país a partir do qual os respectivos sítios Internet sejam acessíveis, do mesmo passo que poupa aos seus co-contratantes os encargos (particularmente gravosos em transacções de baixo valor, como são muitas das que têm lugar através da Internet) inerentes a demandarem essas empresas perante uma jurisdição estrangeira, ou mesmo perante uma jurisdição nacional.

As principais questões que tem interesse examinar a respeito desta figura são as que se prendem com: *a)* a validade e eficácia internacional da convenção de arbitragem, dos actos processuais e da sentença proferida com recurso a meios electrónicos; *b)* as limitações a que, em situações internacionais, se subordina a atribuição a árbitros escolhidos pelas partes de poderes para decidirem os litígios emergentes do comércio electrónico; e *c)* o Direito aplicável pelos árbitros ao processo e ao mérito da causa.

Delas nos ocuparemos, pois, em seguida.

Observe-se que algumas destas questões se suscitam também relevantemente pelo que respeita às arbitragens conduzidas *off line*, que tenham por objecto litígios emergentes do comércio electrónico; pelo que também estas últimas deverão ser tratadas no presente curso.

18.2. Eficácia internacional da convenção de arbitragem. a) Problemas relativos à forma. – Consiste a convenção de arbitragem no acordo pelo qual as partes submetem à decisão de árbitros um litígio actual ou os litígios eventuais emergentes de determinada relação jurídica. Consoante se trate da primeira ou da segunda destas situações, fala-se, entre nós, de compromisso arbitral ou de cláusula compromissória, as quais são, assim, as duas modalidades possíveis da convenção de arbitragem: prevê-o expressamente o n.º 2 do art. 1.º da Lei da Arbitragem Voluntária.

Pelo que respeita à forma da convenção, estabelece o n.º 1 do art. 2.º deste diploma que ela deve ser *reduzida a escrito*. Considera-se como tal, nos termos do n.º 2, «a convenção de arbitragem constante ou de documento assinado pelas partes, ou de troca de cartas, *telex*, telegramas

---

[731] Vejam-se os dados recolhidos por Roger Alford, «The Virtual World and the Arbitration World», *JIA*, 2001, pp. 449 ss.

Parte II – Conteúdos a Leccionar 359

ou outros meios de telecomunicação de que fique prova escrita, quer esses instrumentos contenham directamente a convenção, quer deles conste cláusula de remissão para algum documento em que uma convenção esteja contida». Regra análoga figura no art. 7, n.° 2, da Lei-Modelo da CNUDCI Sobre a Arbitragem Comercial Internacional.

A respeito do mesmo problema, dispõe o art. II, n.° 1, da Convenção Sobre o Reconhecimento e a Execução de Sentenças Arbitrais Estrangeiras, concluída em Nova Iorque a 10 de Junho de 1958[732], que «[c]ada Estado Contratante reconhece a convenção escrita pela qual as Partes se comprometem a submeter a uma arbitragem todos os litígios ou alguns deles que surjam ou possam surgir entre elas relativamente a uma determinada relação de direito, contratual ou não contratual, respeitante a uma questão susceptível de ser resolvida por via arbitral». Entende-se por «convenção escrita», acrescenta o n.° 2 da mesma disposição, uma cláusula compromissória inserida num contrato, ou num compromisso, assinado pelas Partes ou inserido numa troca de cartas ou telegramas.

Perante estas disposições, suscita-se a questão de saber se será válida e internacionalmente eficaz a convenção de arbitragem concluída electronicamente, *maxime* por troca de mensagens de correio electrónico.

Sempre que a validade formal da convenção se encontre sujeita à lei portuguesa, a resposta a essa questão terá de ser dada à luz das exigências formuladas no n.° 1 do art. 3.° do D.L. 290-D/99, de 2 de Agosto, e no n.° 1 do art. 26.° do D.L. n.° 7/2004, que examinámos atrás.

Em face do que neles se dispõe, havemos de concluir que a validade de uma convenção de arbitragem não é entre nós prejudicada por a mesma ser representada por um documento electrónico. Ponto é que o suporte em que tal documento se encontra representado ofereça as garantias reclamadas pelos preceitos citados em matéria de fidedignidade, inteligibilidade e conservação.

À luz da Convenção de Nova Iorque, já se tem admitido que é válida a convenção de arbitragem celebrada por troca de mensagens de correio electrónico ou através de um sítio *web*, com base na analogia entre a mesma e a troca de telegramas, que o n.° 2 do art. II dessa convenção expressamente prevê[733].

---

[732] Ratificada pelo Decreto do Presidente da República n.° 52/94, de 8 de Julho. Encontra-se em vigor em Portugal desde 16 de Janeiro de 1995.

[733] Assim, Richard Hill, «On-line Arbitration: Issues and Solutions», *Arbitration International*, 1999, pp. 199 ss. (pp. 200 s.); Andrés Moncayo Von Hase, «Litiges relatifs

Por outro lado, sempre que a convenção de arbitragem, ou a sentença nela baseada, for invocada num país onde seja tida como válida, de acordo com o Direito de fonte interna ou internacional nele vigente, uma convenção de arbitragem celebrada nos referidos moldes, deverá a mesma ser reconhecida, qualquer que seja o entendimento que se perfilhe acerca da sua validade formal perante a Convenção de Nova Iorque, atenta a regra da prevalência sobre esta das disposições nacionais mais favoráveis ao reconhecimento, constante do respectivo art. VII, n.º 2[734].

Aliás, como vimos, o art. 23.º, n.º 2, do citado Regulamento (CE) n.º 44/2001 admite a celebração de pactos atributivos de jurisdição por via electrónica, desde que esta permita um *registo duradouro* do pacto. Ora, sendo válido um pacto de jurisdição celebrado por via electrónica, parece que deverá sê-lo também uma convenção de arbitragem concluída desse modo.

b) Continuação. Problemas relativos ao objecto possível da convenção. – No tocante ao *objecto possível* da convenção de arbitragem, matéria que contende também com a sua validade, estabelece o n.º 1 do art. 1.º da Lei n.º 31/86 (à imagem do que fazem diversas outras legislações nacionais, como, por exemplo, o Código Civil francês, no art. 2059, e a Lei espanhola n.º 60/2003, no art. 2.º, n.º 1) que só podem ser submetidos a arbitragem voluntária os litígios que não respeitem a *direitos indisponíveis* e não estejam exclusivamente submetidos por lei especial a tribunal judicial ou a arbitragem necessária.

Ora, são direitos indisponíveis aqueles cujas vicissitudes estão subtraídas à autonomia privada.

---

au commerce électronique et à l'arbitrage: obstacles juridiques et enjeux», *in* Georges Chatillon (org.), *Le droit international de l'internet,* Bruxelas, 2002, pp. 595 ss. (p. 603); M. H. M. Scheellekens, «Les collèges d'arbitrage et le commerce électronique», *in ibidem,* pp. 619 ss. (p. 625); Pedro de Miguel Asensio, *Derecho Privado de Internet,* cit., p. 485; e Rainer Hausmann, *in* Christoph Reithmann/Dieter Martiny (orgs.), *Internationales Vertragsrecht,* 6.ª ed., Colónia, 2004, p. 2251. Ver ainda Matthias Terlau *in* Hans-Werner Moritz/Thomas Dreier, *Rechts-Handbuch zum E-Commerce,* Colónia, 2002, pp. 335 s.

[734] Nos termos do qual: «As disposições da presente Convenção não prejudicam [...] o direito de invocar a sentença arbitral que qualquer das Partes interessadas possa ter nos termos da lei ou dos tratados do país em que for invocada». Sobre a aplicabilidade desta regra ao reconhecimento da convenção de arbitragem, veja-se Albert Jan van den Berg, *The New York Arbitration Convention of 1958,* Deventer, etc., 1981, pp. 86 ss.

Serão, assim, insusceptíveis de serem resolvidos por arbitragem os litígios relativos à violação de direitos de personalidade. Com um desvio, porém: os litígios relativos ao tratamento de dados pessoais transferidos para países exteriores à Comunidade Europeia podem ser submetidos a arbitragem, desde que o importador dos dados se encontre estabelecido num país que haja ratificado a Convenção de Nova Iorque. É o que resulta das cláusulas-tipo aplicáveis a essas transferências de dados, nos termos das Decisões da Comissão Europeia n.os 2001/497/CE e 2002/16/CE, de que demos conta anteriormente[735].

Pode, além disso, perguntar-se se a referida regra da Lei da Arbitragem Voluntária impede que sejam objecto de uma convenção de arbitragem litígios referentes a direitos disciplinados por normas legais imperativas, como, por exemplo, os direitos intelectuais.

O interesse da questão para o tema do presente curso decorre de estes direitos se acharem no cerne do comércio electrónico: a *digitalização* tornou possível, como já disse, que a utilização e a exploração das obras literárias e artísticas e outros bens intelectuais passassem a fazer-se à escala universal, através das redes electrónicas de comunicação de dados; e boa parte do comércio electrónico sobre-fronteiras tem justamente por objecto bens dessa natureza.

Supomos que a circunstância de aqueles direitos serem regulados por normas imperativas não deve, em princípio, prejudicar a sua arbitrabilidade. É antes no plano do Direito aplicável à questão de mérito que deve ser tomada em consideração a natureza específica dos mesmos. Assim, as normas legais imperativas que os regem não podem ser afastadas por mero efeito da vontade das partes, ainda que os árbitros hajam sido autorizados a julgar segundo a equidade ou por apelo à composição amigável.

Aliás, o próprio Código do Direito de Autor e dos Direitos Conexos prevê, no art. 229.º, a possibilidade de ser resolvido por arbitragem qualquer litígio que não incida sobre direitos indisponíveis, surgido na aplicação das disposições desse diploma; e o art. 48.º, n.º 1, do Código da Propriedade Industrial estabelece também que, sem prejuízo da possibilidade de recurso a outros mecanismos extrajudiciais de resolução de litígios, pode ser constituído tribunal arbitral para o julgamento de todas as questões susceptíveis de recurso judicial nos termos desse Código.

---

[735] Ver *supra*, n.º 7.1.

Insusceptíveis de constituirem objecto de arbitragens voluntárias são, em todo o caso, os litígios atinentes à generalidade dos direitos morais ou pessoais de autor, que o art. 56.°, n.° 2, do Código do Direito de Autor e dos Direitos Conexos expressamente qualifica como inalienáveis, irrenunciáveis e imprescritíveis. Outro tanto pode dizer-se de um direito patrimonial de autor: o direito de sequência consagrado no art. 54.° do Código, que o n.° 3 dessa disposição estabelece também ser inalienável, irrenunciável e imprescritível.

Em determinadas hipóteses, a lei portuguesa submete a *arbitragem necessária* litígios relativos aos direitos intelectuais[736]. Trata-se, designadamente, das situações previstas nos arts. 5.°, n.° 2, e 6.°, n.° 2, do D.L. n.° 332/97, de 27 de Novembro (respeitante aos direitos remuneração pelo aluguer e comodato de obras protegidas pelo Direito de Autor); no art. 7.°, n.° 3, do D.L. n.° 333/97, da mesma data (quanto ao direito de autorizar ou proibir a retransmissão por cabo de obras protegidas pelo Direito de Autor); no art. 5.°, n.° 4, da Lei n.° 62/98, de 1 de Setembro, alterado pela Lei n.° 50/2004, de 24 de Agosto (no tocante à compensação pela reprodução ou gravação de obras, prevista no art. 82.° do Código); e no art. 221.°, n.° 4, do Código do Direito de Autor e dos Direitos Conexos (a propósito da utilização de medidas de carácter tecnológico).

Esta modalidade de arbitragem é exercida pela Comissão de Mediação e Arbitragem prevista nos arts. 28.° e seguintes da Lei n.° 83/2001, de 3 de Agosto, que estabelece o regime das entidades de gestão colectiva do direito de autor. Os membros dessa Comissão são nomeados por despacho do Primeiro-Ministro, sob proposta do Ministro da Cultura (art. 30.°, n.° 2). Não podem, por isso, tais litígios ser submetidos a árbitros livremente escolhidos pelas partes quando for aplicável a lei portuguesa.

Uma outra questão que a este respeito se coloca prende-se com as já referidas limitações a que o art. 17.° do Regulamento (CE) n.° 44/2001 submete as derrogações convencionais às regras de competência jurisdicional em matéria de contratos celebrados por consumidores[737].

---

[736] Sobre o tema, veja-se José de Oliveira Ascensão, *Direito de Autor e Direitos Conexos*, Coimbra, 1992, pp. 644 s.; *idem*, «O projecto de Código da Propriedade Industrial – Patentes, Modelos de Utilidade e Modelos e Desenhos Industriais», *RFDUL*, 1997, pp. 133 ss. (pp. 148 ss.).

[737] Cfr. *supra*, n.° 9.5.

Supomos, todavia, que deste preceito não resulta uma genérica exclusão da arbitrabilidade dos conflitos de consumo em situações internacionais.

É que o referido Regulamento não disciplina *ex professo* a arbitragem, a qual se acha excluída do seu âmbito material de aplicação em virtude do disposto no art. 1.°, n.° 2, alínea *d)*; pelo que não pode o mesmo excluir nem limitar genericamente a arbitrabilidade de quaisquer categorias de litígios. Apenas se pode admitir uma tal exclusão ou limitação na medida em que a necessidade de não privar de efeitos as regras de competência imperativa constantes do Regulamento o imponha.

Ora, as regras de competência imperativa em matéria de contratos celebrados por consumidores constantes do Regulamento apenas visam os tipos contratuais especificados no art. 15.°. Só quanto aos litígios deles emergentes se poderá, por conseguinte, admitir uma limitação da respectiva arbitrabilidade.

Por outro lado, o art. 17.° apenas proscreve derrogações ao disposto no Regulamento em matéria de contratos de consumo quanto a *litígios futuros*; não pelo que respeita a litígios actuais. Relativamente a estes nada impede, por conseguinte, a sua sujeição a árbitros.

Finalmente, esse preceito consente expressamente derrogações às regras de competência imperativa que visem permitir que o consumidor recorra a tribunais diversos dos indicados no Regulamento; de modo que o que nele se dispõe não afecta propriamente a *arbitrabilidade* dos litígios de consumo, mas tão-só a possibilidade de o co-contratante do consumidor instaurar o processo arbitral[738].

c) Continuação. Lei aplicável à forma da convenção e à arbitrabilidade do objecto do litígio. – O exposto até aqui remete-nos para outra questão: qual a lei aplicável à forma da convenção de arbitragem e à arbitrabilidade do litígio? Eis outro problema que não poderá deixar de ser examinado no presente curso.

Problema esse que não é isento de dificuldades, nomeadamente porque pode colocar-se em contextos muito diversos, sendo-lhe correspondentemente aplicáveis diferentes regras.

---

[738] Ver, para mais desenvolvimentos, o nosso estudo «Resolução extrajudicial de conflitos de consumo com carácter transfronteiriço», *in Direito Internacional Privado. Ensaios,* vol. I, Coimbra, 2002, pp. 393 ss. (pp. 395 s.), e a bibliografia aí citada.

364 *Problemática internacional da sociedade da informação*

Com efeito, ele pode pôr-se perante o tribunal arbitral, nomeadamente quando este haja de apreciar a sua própria competência; e perante os tribunais estaduais, *v.g.*, quando for deduzida a excepção de preterição do tribunal arbitral, impugnada a sentença arbitral, deduzida oposição à execução desta ou pedido o reconhecimento de uma sentença arbitral estrangeira.

Ora, no primeiro caso, haverá que atender, quando a arbitragem tenha lugar em território nacional, ao disposto no art. 37.º da Lei da Arbitragem Voluntária, que sujeita as arbitragens que aqui se realizem ao disposto neste diploma: tal a contrapartida de as sentenças proferidas nessas arbitragens terem, nos termos do art. 26.º, n.º 2, da Lei, a mesma força executiva que as dos tribunais judiciais de 1.ª instância[739].

O segundo caso não é entre nós objecto de qualquer regra geral. Mas a Convenção de Nova Iorque disciplina a matéria, distinguindo a este respeito a validade da convenção de arbitragem da arbitrabilidade do objecto do litígio.

Relativamente à primeira questão, o art. V, n.º 1, alínea *a)*, da Convenção manda resolvê-la segundo a lei a que as partes a sujeitaram (no que vai implícita uma remissão para a lei reguladora do contrato principal); no caso de falta de escolha pelas partes da lei aplicável, deve, segundo o mesmo preceito, atender-se à lei do país em que foi proferida a sentença. O que pode ser fonte de particulares dificuldades, pois quando os árbitros hajam funcionado em diferentes países e comunicado entre si e com as partes exclusivamente por meios electrónicos, o lugar da prolação da sentença só poderá determinar-se, as mais das vezes, na base de critérios normativos e estes estão ainda em larga medida por definir.

Quanto à definição da lei reguladora da arbitrabilidade do objecto do litígio, o art. V, n.º 2, alínea *a)*, da mencionada Convenção submete-a à lei do país em que o reconhecimento e a execução da sentença arbitral forem pedidos – a *lex fori*, portanto. Solução que nos parece extensível às demais hipóteses acima referidas em que a questão em apreço seja colocada perante um tribunal judicial, atentos os interesses públicos nela implicados.

---

[739] Examinaremos a seguir as questões postas pela aplicação do referido critério de conexão às arbitragens em linha.

Parte II – Conteúdos a Leccionar 365

18.3. Direito aplicável ao processo arbitral. a) Posição do problema. – Conforme vimos, consagra-se no art. 34.º do D.L. n.º 7/2004 a genérica permissão do funcionamento em rede de formas de resolução extrajudicial de litígios entre prestadores e destinatários de serviços da sociedade da informação, desde que sejam observadas as disposições respeitantes à validade e eficácia dos documentos electrónicos constantes do mesmo diploma.

Na falta de regras especiais sobre a prática de actos processuais por meios electrónicos no âmbito de uma arbitragem, deve entender-se que se lhe aplicam entre nós, com as necessárias adaptações, as regras do Código de Processo Civil sobre a matéria.

Ora, nos termos do art. 150.º, n.º 1, alínea d), deste Código[740], os actos processuais que devam ser praticados por escrito pelas partes no processo podem ser apresentados a juízo mediante o seu envio por correio electrónico, sendo todavia necessária, neste caso, a aposição de assinatura electrónica avançada do seu signatário. Pode ainda o envio dessas peças ter lugar através de outro meio de transmissão electrónica de dados, de acordo com a alínea e) do mesmo preceito. A prática de actos por esta forma pode ocorrer, segundo o art. 143.º, n.º 4, em qualquer dia e independentemente da hora da abertura e do encerramento dos tribunais. Devem as partes, em todo o caso, consoante exige o art. 150.º, n.º 3, remeter ao tribunal, no prazo de cinco dias, os documentos que devam acompanhar as peças processuais em causa.

Até à publicação do D.L. n.º 324/2003, o Código era omisso quanto à possibilidade de os actos do tribunal e da secretaria serem comunicados às partes por meios electrónicos. Mas essa possibilidade já podia ser extraída da regra geral constante do art. 6.º, n.º 3, do D.L. 290-D/99, nos termos do qual: «A comunicação do documento electrónico, ao qual seja aposta assinatura electrónica qualificada, por meio de telecomunicações que assegure a efectiva recepção equivale à remessa por via postal registada e, se a recepção for comprovada por mensagem de confirmação dirigida ao remetente pelo destinatário que revista idêntica forma, equivale à remessa por via postal registada com aviso de recepção».

---

[740] Na redacção dada pelo art. 5.º do D.L. n.º 324/2003, de 27 de Dezembro. Foi regulamentado pela Portaria n.º 337-A/2004, de 31 de Março, entretanto substituída pela Portaria n.º 642/2004, de 16 de Junho, que revogou a primeira.

366 Problemática internacional da sociedade da informação

A nova redacção dada por aquele diploma ao art. 254.°, n.° 2, do Código de Processo Civil veio, no entanto, consagrar essa possibilidade pelo que respeita às notificações a mandatários das partes que pratiquem os actos processuais pelo meio previsto nas alíneas *d)* e *e)* do n.° 1 do artigo 150.°. A essa notificação deve, em todo o caso, ser aposta assinatura electrónica avançada[741-742].

A aplicabilidade destas disposições a uma arbitragem *on line* depende, evidentemente, de a mesma se encontrar sujeita ao Direito português. Pergunta-se, por isso: em que circunstâncias é o processo arbitral conduzido em linha regido pela lei portuguesa?

b) Continuação. Critério geral de solução. – O critério geral de delimitação do âmbito espacial de aplicação da Lei da Arbitragem Voluntária acha-se definido, como já referimos, no art. 37.° deste diploma, nos termos do qual o mesmo se aplica à «arbitragens que tenham lugar em território nacional».

Esta solução justifica-se, além do mais, pela necessidade de acautelar os interesses das partes, de terceiros e da comunidade em geral que justificam o monopólio estadual do exercício da função jurisdicional no território nacional. O reconhecimento às convenções de arbitragem de força derrogatória da competência dos tribunais públicos e a concessão às decisões arbitrais da mesma eficácia que assiste às sentenças judiciais constitui uma restrição a esse monopólio; ela tem, por isso, como contrapartida necessária a faculdade de o Estado disciplinar as arbitragens que decorram no respectivo território[743].

Deve, em todo o caso, notar-se que a sujeição das arbitragens entre nós realizadas ao Direito Processual português não prejudica a liberdade de escolher as regras de processo a observar na arbitragem, que o art. 15.° da Lei confere às partes e, subsidiariamente, aos árbitros, podendo a mesma ser feita por referência a um regulamento de arbitragem emanado de uma

---

[741] Veja-se, a este respeito, a Declaração de Rectificação n.° 26/2004, de 24 de Fevereiro.

[742] Mais longe foi, neste particular, o Regulamento de Arbitragem da Câmara de Comércio Internacional, cujo art. 3.°, n.° 2, prevê que «[a]ll notifications or communications from the Secretariat and the Arbitral Tribunal [...] may be made by [...] any other means of telecommunication that provides a record of the sending thereof».

[743] Para mais desenvolvimentos, veja-se o nosso estudo *Da arbitragem comercial internacional. Direito aplicável ao mérito da causa*, Coimbra, 1990, pp. 42 ss. e 93 s.

Parte II – Conteúdos a Leccionar   367

instituição especializada. É apenas na aplicação imperativa ao processo arbitral dos princípios enunciados no art. 16.° da Lei que se manifesta a sujeição da arbitragem realizada em território nacional ao Direito português.

c) *Continuação. Aplicação à arbitragem em linha.* – A dificuldade fundamental da aplicação do art. 37.° da Lei da Arbitragem Voluntária à arbitragem em linha está, como é bom de ver, em determinar quando é que esta pode ser considerada como tendo tido lugar em território nacional.

A este respeito há quem sustente que na arbitragem em linha, devido à abolição das distâncias proporcionada pelas inovações tecnológicas, *le lieu devient une non-question*[744].

Mas não é seguro que assim seja, pelo menos entre nós.

Da resposta que for dada à questão do lugar da arbitragem depende, perante o Direito português, a determinação dos efeitos da decisão arbitral na ordem interna e a susceptibilidade da anulação dela pelos tribunais portugueses: só as decisões proferidas em arbitragens que hajam decorrido em território nacional produzem os efeitos executivo e de caso julgado independentemente de um prévio *exequatur* por um tribunal judicial; e isso porque só essas decisões se encontram submetidas ao controlo dos tribunais portugueses, a exercer nomeadamente através da acção de anulação. De modo que a questão coloca-se, independentemente do meio pelo qual a arbitragem haja sido levada a efeito.

Por outro lado, a circunstância de a arbitragem ser realizada com recurso ao intercâmbio electrónico de dados através de uma rede mundial de comunicação, como a Internet, não preclude a possibilidade de se determinar o local onde, *juridicamente*, tem a sua *sede*, ainda que *geograficamente* esse local seja porventura mais difícil de definir.

A própria sede geográfica da arbitragem em linha não será, muitas vezes, impossível de determinar, pois os sujeitos que intervêm nela estão necessariamente estabelecidos nalgum lugar do mundo físico, outro tanto podendo dizer-se das instituições sob a égide das quais tais arbitragens são predominantemente realizadas.

Na determinação da sede da arbitragem haverá que atender ao lugar que as partes houverem designado como tal, de forma expressa ou

---

[744] *Sic*, Gabrielle Kaufmann-Kohler, «Le lieu de l'arbitrage à l'aune de la mondialisation – Réflexions à propos de deux formes récentes d'arbitrage», *Rev. arb.*, 1998, pp. 517 ss. (p. 536).

368   Problemática internacional da sociedade da informação

tácita[745]: tal a solução mais condizente com o princípio da autonomia da vontade que domina esta matéria. Na falta de escolha pelas partes, caberá ao tribunal arbitral fixar o referido lugar[746].

Se tanto as partes como os árbitros nada tiverem determinado a este respeito, atender-se-á, nas arbitragens que decorram sob a égide de centros de arbitragem, aos regulamentos destes.

Na arbitragem dita *ad hoc*, bem como na arbitragem institucionalizada quando o regulamento aplicável seja omisso quanto a esta questão, haverá que determinar o país com o qual a arbitragem apresenta a conexão mais estreita. Tendo já sido proferida a sentença arbitral, poderá presumir-se que esse país é aquele onde a sentença foi proferida; caso contrário, haverá que determinar onde se realizaram ou devem realizar-se predominantemente os actos processuais que integram o procedimento arbitral – *v.g.*, onde foram ou devem ser ouvidas as testemunhas ou praticadas outras diligências probatórias, onde os árbitros se reuniram ou reunirão, etc.

Não pode excluir-se que em casos relativamente raros a aplicação destes critérios se revele inviável. A *deslocalização* da arbitragem em linha, daí resultante, terá como consequência, perante o Direito vigente entre nós, que a decisão nela proferida não pode produzir em território nacional os efeitos próprios das decisões proferidas em arbitragens sedeadas em Portugal e será, por conseguinte, tratada como uma decisão estrangeira.

18.4. Direito aplicável ao mérito da causa. – A respeito do Direito aplicável ao mérito da causa na arbitragem em linha suscitam-se duas ordens de questões.

Primeira: acha-se a regulação jurídica do comércio electrónico subtraída a qualquer Direito estadual, podendo os árbitros submeter os litígios dele emergentes a uma *lex electronica*, integrada por códigos de conduta

---

[745] Neste sentido se pronunciam também Hill, est. cit. *supra*, pp. 204 s.; Peter Mankowski, «Das Internet im Internationalen Vertrags- und Deliktsrecht», *RabelsZ*, 1999, pp. 203 ss. (p. 220); von Hase, est. cit., p. 609; Schellenkens, est. cit., p. 627; e de Miguel Asensio, ob. cit., p. 494.

[746] Cfr. o art. 10 das *Supplementary Procedures for Online Arbitration* publicadas pela *American Arbitration Association*, onde se dispõe o seguinte: «The parties may agree in writing upon the place of the award, and the Arbitrator shall designate this as the place of the award in the award. In the absence of such an agreement between the parties, the Arbitrator shall decide and shall designate the place of the award in the award».

Parte II – Conteúdos a Leccionar

elaborados por associações comerciais, profissionais ou de consumidores, colectâneas privadas de princípios jurídicos e usos mercantis, que constituiria o critério exclusivo de regulação das situações constituídas no chamado ciberespaço[747]? Ou deve ela, ao invés, ser necessariamente feita por apelo a um ou mais Direitos nacionais?

Segunda: sendo esta última a resposta correcta ao quesito anterior, como determinar o ou os Direitos aplicáveis?

A primeira destas questões já foi versada acima[748]. De quanto a este respeito se disse, resulta que não é *de jure constituto* nem *de jure constituendo* aceitável a subtracção do comércio electrónico a qualquer Direito estadual.

Na determinação deste Direito hão-de os árbitros atender ao disposto no art. 33.º da Lei da Arbitragem Voluntária, sempre que a arbitragem em causa se ache compreendida no âmbito de aplicação espacial deste diploma, definido no respectivo art. 37.º.

De acordo com o n.º 1 daquele preceito, podem as partes escolher o Direito a aplicar pelos árbitros, se os não tiverem autorizado a julgar segundo a equidade. Na falta de escolha, o tribunal aplica, de acordo com o n.º 2, o *Direito mais apropriado ao litígio*.

Mas como se determina esse Direito nas arbitragens em linha?

Esta é uma questão a que não é possível responder em termos gerais: tudo depende da natureza da relação material litigada.

Em qualquer o caso, os árbitros que funcionem em arbitragens sedeadas em Portugal não podem, a nosso ver, deixar de tomar em consideração as regras de conflitos vigentes entre nós na determinação do Direito mais apropriado ao litígio[749].

---

[747] Sobre o tema, veja-se, por último, Vincent Gautrais, *Le contrat électronique international*, 2.ª ed., Bruxelas, s/d, pp. 229 ss.

[748] Cfr. o n.º 4.1.

[749] Cfr., sobre o ponto, o nosso *Da arbitragem comercial internacional*, cit., pp. 240 ss. Em sentido coincidente, veja-se António Ferrer Correia, «Do direito aplicável pelo árbitro internacional ao fundo da causa», *BFDUC*, 2001, pp. 1 ss. (pp. 9 ss.). Um ponto de vista diferente é, porém, expendido por Isabel de Magalhães Collaço, em «L'arbitrage international dans la récente loi portugaise sur l'arbitrage volontaire (Loi nº 31/86, du 29 août 1986)», *in Droit International et Droit Communautaire*, Paris, 1991, pp. 55 ss. (p. 63), e por Luís de Lima Pinheiro, em *Direito Internacional Privado*, vol. II, 2.ª ed., Coimbra, 2002, p. 333, e em «Direito aplicável ao mérito da causa na arbitragem transnacional», *in* Luís de Lima Pinheiro (coordenador), *Estudos de Direito Comercial Internacional*, vol. I, Coimbra, 2004, pp. 11 ss. (p. 36).

Reclama-o, desde logo, a unidade da ordem jurídica, pois seria atentatória desta a valoração segundo critérios diversos de situações substancialmente idênticas, apenas porque submetidas as jurisdições diferentes. Exige-o também a circunstância de essas regras de conflitos consagrarem amiúde – *v.g.* em matéria de contratos celebrados por consumidores e de propriedade intelectual – factores de conexão que visam salvaguardar os interesses da parte mais fraca na relação jurídica e do Estado, que nada justifica sejam preteridos através da celebração de uma convenção de arbitragem.

Este ponto de vista obteve acolhimento na Recomendação da Comissão Europeia n.º 98/257/CE, de 30 de Março de 1998, relativa aos princípios aplicáveis aos organismos responsáveis pela resolução extrajudicial de litígios de consumo[750]. Dispõe o n.º V desse texto: «A decisão do organismo não pode ter como resultado privar o consumidor da protecção que lhe asseguram as disposições imperativas da legislação do Estado no território do qual o organismo está estabelecido. Tratando-se de litígios transfronteiriços, a decisão do organismo não pode ter como resultado privar o consumidor da protecção que lhe asseguram as disposições imperativas da lei do Estado-membro no qual o consumidor tem a sua residência habitual, nos casos previstos no artigo 5.º da Convenção de Roma de 19 de Junho de 1980 relativa à lei aplicável às obrigações contratuais [...]».

No mesmo sentido, declara-se no considerando 55 da Directiva sobre o Comércio Electrónico que a mesma «não afecta a legislação aplicável às obrigações contratuais relativas aos contratos celebrados pelos consumidores». E acrescenta-se: «Assim, a presente directiva não pode ter como resultado privar o consumidor da protecção que lhe é concedida pelas disposições compulsivas relativas às obrigações contratuais, constantes da legislação do Estado-Membro em que este tem a sua residência habitual».

Sempre que a relação material litigada respeite a serviços da sociedade da informação, hão-de os árbitros ter ainda em conta (salvo no tocante a direitos de propriedade intelectual e a obrigações emergentes de

---

[750] Publicada no *JOCE*, n.º L 115, de 17 de Abril de 1998, pp. 31 ss. Os princípios enunciados na Recomendação foram parcialmente introduzidos na ordem jurídica interna através do D.L. n.º 146/99, de 4 de Maio, que estabelece os princípios e regras a que devem obedecer a criação e o funcionamento de entidades privadas de resolução extrajudicial de conflitos de consumo.

Parte II – Conteúdos a Leccionar 371

contratos celebrados por consumidores[751]) a aplicabilidade da *lex originis* a esses serviços, consagrada, como vimos, no art. 3.°, n.° 1, da Directiva sobre o Comércio Electrónico e nos arts. 4.°, n.° 1, e 5.°, n.° 1, do diploma nacional de transposição.

A necessária referência dos árbitros a um Direito estadual não impede, cumpre notá-lo, o reconhecimento de efeitos a códigos de conduta ou outros instrumentos de auto-regulação.

Supomos, na verdade, que tais códigos deverão ser aplicados pelos árbitros sempre que contenham verdadeiras normas jurídicas, *v.g.* de Direito costumeiro, vigentes na ordem jurídica designada pelas regras de conflitos atrás mencionadas; e também na hipótese de deverem considerar--se incorporados nos contratos a que respeitem os litígios em apreço ou de corresponderem a usos geralmente observados em determinado sector da actividade económica (embora, neste último caso, apenas como elementos de interpretação e integração das declarações negociais das partes).

Em qualquer caso, a aplicação dos instrumentos de auto-regulação terá de fazer-se, pelas razões que expusemos acima, sem prejuízo das normas imperativas da lei reguladora do mérito da causa.

18.5. Eficácia internacional da decisão arbitral. – Exige-se no art. 23.°, n.° 1, da Lei da Arbitragem Voluntária que a decisão arbitral seja reduzida a escrito e assinada pelos árbitros, sob pena de ser anulada, nos termos do art. 27.° da mesma Lei.

Atento o que dispõem estes preceitos, colocam-se quanto à decisão constante de um documento electrónico os mesmos problemas que suscita a convenção de arbitragem contida de um tal documento, que examinámos acima.

Além disso, a decisão deve ser notificada às partes, mediante a remessa de um exemplar dela, por carta registada (art. 24.°, n.° 1, da Lei) e depositada na secretaria do tribunal arbitral do lugar da arbitragem, a menos que as partes tenham dispensado esse depósito (*ibidem*, n.° 2). A primeira destas formalidades deve ter-se por cumprida quando a notificação haja sido feita por documento electrónico, desde que se encontrem preenchidos os requisitos do art. 6.°, n.° 3, do D.L. n.° 290-D/99, acima examinados.

---

[751] Matérias que o anexo à Directiva exceptua à aplicação do disposto no art. 3.°, n.° 1.

Sendo formalmente válida a decisão arbitral proferida e notificada às partes *on line*, pertencem-lhe os efeitos geralmente conferidos a tais decisões.

Entre estes avulta a susceptibilidade de reconhecimento e execução internacionais, de particular importância no domínio em apreço.

Em matéria de reconhecimento de sentenças arbitrais estrangeiras, a principal convenção internacional a que Portugal se encontra vinculado é a já referida Convenção de Nova Iorque.

O regime instituído por esta Convenção visa simplificar o mais possível os requisitos do reconhecimento e execução das sentenças arbitrais estrangeiras. Nesse sentido, estabelece-se que a parte que requerer o reconhecimento e a execução tem apenas, nos termos do art. IV, que juntar ao seu pedido o original ou uma cópia autenticada da sentença e da convenção de arbitragem, bem como, se for caso disso, a respectiva tradução. Além disso, no art. V, n.º 1, da Convenção faz-se recair sobre a parte contra a qual for invocada a sentença o ónus de provar a verificação de algum dos fundamentos de recusa do reconhecimento, excepto quando os mesmos forem do conhecimento oficioso da autoridade competente para o efeito, nos termos do n.º 2 da mesma disposição. A Convenção não prevê qualquer revisão de mérito da sentença arbitral estrangeira: o erro de facto ou de direito cometido pelo árbitro não é, assim, fundamento de recusa do reconhecimento da sentença; apenas certas irregularidades formais e a ofensa da ordem pública internacional do país de reconhecimento podem, nos termos do art. V, opor-se ao reconhecimento.

Não será demais sublinhar a relevância da aplicabilidade destas regras às sentenças arbitrais proferidas *on line*: a Convenção de Nova Iorque encontra-se presentemente em vigor em 133 países[752]; dado que nenhum instrumento internacional em matéria de reconhecimento e execução de sentenças judiciais estrangeiras logrou até hoje obter um número comparável de ratificações ou adesões, há que concluir que a eficácia internacional das decisões arbitrais se exerce actualmente num âmbito espacial muito mais vasto do que o das sentenças emanadas dos tribunais judiciais. Nisto está uma vantagem não negligenciável do recurso a este meio de composição de litígios.

---

[752] Cfr. o estado das ratificações da Convenção, disponível em http://www. uncitral.org.

19. Mediação

19.1. A mediação de litígios emergentes do comércio electrónico e os problemas que suscita. a) Noção de mediação; sua distinção de figuras afins.

– A mediação é definida, na lei portuguesa, como «uma modalidade extrajudicial de resolução de litígios, de carácter privado, informal, confidencial, voluntário e natureza não contenciosa, em que as partes, com a sua participação activa e directa, são auxiliadas por um mediador a encontrar, por si próprias, uma solução negociada e amigável para o conflito que as opõe»: assim se exprime o art. 35.º, n.º 1, da Lei n.º 78/2001, de 13 de Julho, que regula a competência, organização e funcionamento dos Julgados de Paz e a tramitação dos processos da sua competência.

Trata-se, porém, de uma definição que dificilmente compreenderá todas as formas de mediação praticadas entre nós. À uma, porque a mediação pode também ter carácter público, consoante sucede, por exemplo, quando é levada a efeito por órgãos administrativos[753]. Depois, porque certas disposições legais regulam minuciosamente o processo de mediação e qualificam até como contra-ordenação grave o incumprimento pelas partes dos deveres de conduta que sobre si impendem no decurso da mediação[754], não podendo nesses casos dizer-se que se trata de um processo informal.

Preferimos, por isso, definir a mediação simplesmente como a actividade consistente na facilitação, mediante a intervenção de um terceiro, da resolução de um litígio por acordo entre as partes.

Distingue-se por vezes esta figura da *conciliação*. Ao mediador pertenceria um papel mais activo do que ao conciliador, na medida em que só a ele caberia apresentar às partes desavindas propostas de solução do litígio. Diferentemente, o conciliador limitar-se-ia a estimular o diálogo entre elas.

Supomos, porém, que não existem diferenças substanciais entre as duas figuras: ambas designam a mesma actividade fundamental, visando

---

[753] Como é o caso das autoridades de controlo em matéria de tratamento de dados pessoais, cuja intervenção como entidades de mediação de conflitos emergentes da transferência de dados para países exteriores à Comunidade Europeia se encontra prevista nas cláusulas-tipo anexas às Decisões da Comissão Europeia n.ºs 2001/497/CE e 2002/16/CE, a que aludimos anteriormente (*supra*, n.º 7.1).

[754] Haja vista, por exemplo, aos arts. 588.º, 589.º e 687.º, n.º 4, do Código do Trabalho.

Problemática internacional da sociedade da informação

os mesmos objectivos precípuos. A prova de que assim é retira-se de o regime da mediação e da conciliação ser, mesmo nos diplomas legais que entre nós distinguem as duas figuras, praticamente idêntico[755]. Entre a mediação e a conciliação existirá, quando muito, uma *diferença de grau, mas não de natureza,* na iniciativa do terceiro.

A mediação não se confunde com a arbitragem: o mediador não julga o litígio; limita-se a propor uma solução, que as partes aceitarão ou não, conforme entenderem. «O mediador é – declara o art. 35.°, n.° 2, da Lei n.° 78/2001 – um terceiro neutro, independente e imparcial, desprovido de poderes de imposição aos mediados de uma decisão vinculativa».

A mediação baseia-se integralmente na vontade das partes. Qualquer delas pode pôr-lhe termo de forma unilateral, o que não é possível na arbitragem. A mediação é, assim, um meio de *auto-regulação* de litígios, ainda que com o auxílio de um terceiro.

Diferentemente, o processo arbitral culmina, em princípio, numa decisão, que no Direito português é susceptível de ser executada coactivamente pelos tribunais judiciais nos termos do art. 26.°, n.° 2, da Lei da Arbitragem Voluntária. Há, pois, nesse processo uma *hetero-regulação* de um litígio.

Não raro, são a arbitragem e a mediação integradas na categoria a que se convencionou chamar «meios alternativos de resolução de litígios», ou «resolução alternativa de litígios», expressões com que se pretende traduzir para português o conceito, já referido, de *alternative dispute resolution.*

Duvidamos, porém, do interesse de semelhante categoria. À uma, porque nela se agregam realidades que, como acabamos de demonstrar, são essencialmente diversas. Depois, porque tais modos de resolução de litígios não constituem, em boa verdade, alternativas aos meios comuns de resolução de litígios: basta ver que na lei portuguesa os tribunais judiciais são chamados em múltiplas circunstâncias a intervir na arbitragem – da constituição do tribunal arbitral até à prolação da sentença – e que esta última só pode ser executada pelos tribunais estaduais. O que, aliás, bem se compreende à luz dos interesses sociais que se acham implicados na administração da justiça. E outro tanto sucede na mediação, que não raro tem lugar no âmbito de processos judiciais.

---

[755] Cfr. os arts. 583.° e seguintes do Código do Trabalho.

b) **A mediação privada internacional.** – A mediação tem vindo a ganhar relevância como meio de composição de litígios emergentes de relações de Direito Privado com carácter internacional (podendo, neste sentido, falar-se de *mediação privada internacional*).

Atestam-no, por um lado, os trabalhos recentemente desenvolvidos neste domínio pela Comunidade Europeia[756] e pela Comissão das Nações Unidas Para o Direito Comercial Internacional[757]; e, por outro, a circunstância de reputados centros de arbitragem internacionais oferecerem actualmente também serviços de mediação[758].

É compreensível este fenómeno.

Do ponto de vista dos particulares, a mediação tem manifesto interesse, dados os seus baixos custos (pelo menos em confronto com aqueles que qualquer processo – judicial ou arbitral – geralmente implica, sobretudo quando as partes e encontrem domiciliadas ou sedeadas em países diferentes) e os riscos mínimos que envolve (visto que se trata de um modo de composição de litígios que lhes permite reter um elevado grau de controlo sobre o respectivo resultado). Para as empresas que intervêm no comércio electrónico dito *business to consumer*, a adesão a sistemas institucionais de mediação pode ainda constituir uma forma relevante de atrair clientela, dada a confiança que esse facto pode suscitar junto dos potenciais adquirentes dos seus produtos ou serviços.

Aos Estados, por seu turno, interessa favorecer a mediação, visto que esta liberta o sistema judiciário das causas que forem resolvidas por esse meio e evita ao erário público o financiamento dos respectivos encargos.

c) **A mediação «em linha».** – A mediação em linha pode ser definida como aquela que se processa exclusiva ou fundamentalmente através de uma rede electrónica de comunicações.

---

[756] Temos aqui em vista as Recomendações n.os 98/257 e 2001/310 e o *Livro Verde*, a que aludimos atrás, nos n.os 17 e 18.

[757] Veja-se a *Lei-Modelo da CNUDCI Sobre Conciliação Comercial Internacional*, adoptada em 28 de Junho de 2002, cujo texto se encontra disponível em http://www.uncitral.org. Em 2003, a Lei-Modelo foi incorporada no *Uniform Mediation Act* norte--americano, por força da remissão para ela feita na secção 11 deste texto.

[758] É o caso do Centro de Arbitragem e Mediação da Organização Mundial da Propriedade Intelectual, que dispõe de um *Regulamento de Mediação*, aprovado em 1994, tendo como objecto específico litígios em matéria de propriedade intelectual; e da Câmara de Comércio Internacional, que adoptou em 2001 um *Règlement ADR*, visando litígios de natureza comercial.

376 Problemática internacional da sociedade da informação

É o caso da mediação oferecida pelo mencionado ECODIR, assim como da que é efectuada pela Câmara Arbitral de Milão, a que atrás fizemos referência[759].

Observe-se que aquele conceito é, ao mesmo tempo, mais restrito e mais amplo do que o de mediação de litígios emergentes do comércio electrónico: mais restrito, porque não inclui a mediação *offline* de tais litígios, que evidentemente também pode ocorrer; mais amplo, porque, ao menos potencialmente, compreende também litígios nascidos de relações ou situações jurídicas que não se integram no comércio electrónico.

Em comparação com a arbitragem, este meio de resolução extrajudicial de litígios afigura-se mais facilmente moldável ao ambiente *online*, nomeadamente porque não pressupõe a realização de diligências instrutórias, as quais nem sempre surtirão a plenitude dos seus efeitos quando efectuadas à distância por via electrónica.

d) Questões a examinar. – Não cabe, evidentemente, no curso de que se ocupa o presente relatório o exame de todos os problemas jurídicos que levanta a mediação, nem sequer de todos aqueles que se suscitam a respeito da mediação privada internacional; apenas interessam aqui as questões especiais resultantes da circunstância de a mediação internacional ter por objecto litígios atinentes à produção, transmissão ou utilização de informação por meios electrónicos ou ser convencionada ou conduzida por tais meios.

Esses problemas exprimem-se, a nosso ver, nos seguintes quesitos: *a)* Qual a eficácia internacional dos acordos pelos quais as partes estipulem o recurso à mediação de litígios emergentes de situações plurilocalizadas (aos quais chamaremos *convenções de mediação*), *maxime* quando concluídos por meios electrónicos? *b)* Qual a eficácia internacional dos acordos que, no seguimento de um processo de mediação, ponham termo a um tal litígio?

---

[759] Para uma descrição e avaliação do modo de funcionamento de diversos serviços de mediação em linha, vejam-se: Scott Donahey, «Dispute Resolution in Cyberspace», *Journal of International Arbitration*, 1998, pp. 127 ss.; Joseph W. Goodman, «The Pros and Cons of Online Dispute Resolution: an Assessment of Cyber-Mediation Websites», *Duke L. & Tech. Rev.*, 2003, n.° 4 (disponível em http://www.law.duke.edu/journals/dltr); e Rinaldo Sali, *Risolvionline della Camera Arbitrale di Milano: il modelo e la procedura*, disponível *in* http://www.risolvionline.com.

Parte II – Conteúdos a Leccionar 377

19.2. Eficácia internacional das convenções de mediação. – A resposta à primeira questão acima colocada pressupõe a análise de diversos outros problemas. Entre eles avultam os seguintes: *a)* Poderão ser validamente submetidos a mediação quaisquer litígios relativos à produção, transmissão ou utilização de informação por meios electrónicos? *b)* Poderá exprimir-se validamente por meios electrónicos a vontade de submeter a mediação um litígio com carácter internacional? *c)* Que efeitos produz a convenção de mediação sobre uma acção judicial ou arbitral relativa ao mesmo litígio? *d)* E quais os seus efeitos sobre os prazos de prescrição dos direitos subjectivos controvertidos?

Sobre estes problemas não existem, por enquanto, regras uniformes[760]. Por outro lado, é de supor que esses problemas recebam nos diferentes países respostas divergentes, à imagem do que sucede com as questões paralelas que se suscitam a respeito da arbitragem.

Vale isto por dizer que a resolução desses problemas terá de ser feita mediante a prévia determinação da lei aplicável. É, pois, desta que havemos de curar em primeiro lugar.

A susceptibilidade de mediação de determinado litígio é, tal como a questão homóloga que vimos colocar-se na arbitragem, um problema que pode ser suscitado em diferentes instâncias e em diversos momentos.

Perante os mediadores, a circunstância de a mediação tender para a composição de um litígio através de uma transacção, que é um contrato, depõe no sentido de a admissibilidade da mediação ser aferida à luz da lei reguladora desse mesmo contrato.

Sendo esta lei a portuguesa, o critério aplicável seria, pois, o que o art. 1249.º do Código Civil consigna: são insusceptíveis de transacção os direitos de que as partes não podem dispor e as questões respeitantes a negócios jurídicos ilícitos.

Tal como vimos suceder no tocante à arbitragem, este critério sofre, no entanto, uma restrição pelo que respeita aos direitos sobre dados pessoais, visto que os litígios a estes relativos podem, por força dos actos

---

[760] A respeito da suspensão da prescrição, a referida Lei Modelo da CNUDCI sugere, no entanto, em nota ao art. 4, uma regra com o seguinte teor: «(1) When the conciliation proceedings commence, the running of the limitation period regarding the claim that is the subject matter of the conciliation is suspended. (2) Where the conciliation proceedings have terminated without a settlement agreement, the limitation period resumes running from the time the conciliation ended without a settlement agreement».

378 Problemática internacional da sociedade da informação

comunitários que examinámos atrás, ser submetidos a mediação, a efectuar por um terceiro independente ou pela autoridade de controlo.

Já perante os tribunais estaduais a que seja solicitado, por exemplo, o reconhecimento de determinados efeitos processuais a uma mediação em curso ou convencionada entre as partes, a questão em apreço não parece poder ser resolvida independentemente do que a *lex fori* estabeleça a respeito da admissibilidade desse modo de composição de litígios.

No tocante à forma da convenção de mediação, importará igualmente ter em conta a natureza contratual das convenções de mediação.

A questão da validade formal das convenções concluídas por meios electrónicos reconduz-se, a esta luz, fundamentalmente à da validade dos contratos concluídos pelos mesmos meios.

Entre nós, aplica-se-lhes, na falta de disposição legal ou estipulação negocial que imponha a observância de forma especial, o princípio da liberdade de forma consignado no art. 219.° do Código Civil.

Por conseguinte, perante a lei portuguesa elas poderão ser validamente celebradas mediante a emissão e comunicação de declarações de vontade por meios electrónicos.

Mas a liberdade de forma não é uma regra universal. Também quanto à validade formal das convenções de mediação se coloca, por conseguinte, o problema de saber à face de que lei deve ser aferida.

Nesta matéria haverá que atender, na falta de uma regra de conflitos especial, ao disposto no art. 9.° da Convenção de Roma sobre a Lei Aplicável às Obrigações Contratuais, que foi objecto de análise noutro lugar do curso[761].

Os efeitos processuais da convenção de mediação, nomeadamente a susceptibilidade de esta suspender, interromper ou extinguir a instância, hão-de, atenta a circunstância de a questão contender com o exercício pelos tribunais comuns da sua própria competência, ser aferidos à luz da *lex fori*.

Relativamente aos efeitos substantivos da convenção de mediação, mormente a suspensão ou interrupção dos prazos de prescrição dos direitos subjectivos, deverão observar-se, consoante os casos, as regras de conflitos constantes do art. 40.° do Código Civil ou do art. 10.°, n.° 1, alínea *d)*, da Convenção de Roma, as quais submetem a prescrição e a caducidade à lei reguladora do direito em causa ou do contrato de que ele brota.

---

[761] Ver *supra*, n.° 9.3.

Parte II – Conteúdos a Leccionar

19.3. Eficácia internacional dos acordos resultantes de processos de mediação. – Como se disse, os acordos resultantes de processos de mediação têm em Portugal a natureza de transacções extrajudiciais, estando por conseguinte sujeitos às exigências em matéria de forma constantes do art. 1250.° do Código Civil. Ora, nos termos deste preceito, tais transacções constarão de escritura pública quando delas possa derivar algum efeito para o qual a escritura seja exigida, e de documento escrito nos demais casos.

A exigência de escritura pública não pode, evidentemente, ter-se por satisfeita relativamente às transacções celebradas por meios electrónicos. Mas outro tanto não pode dizer-se da imposição legal de que as transacções extrajudiciais sejam *reduzidas a escrito*.

Na aferição do preenchimento deste requisito há-de atender-se, entre nós, no disposto no art. 26.° do D.L. n.° 7/2004.

Os acordos pelos quais as partes ponham termo a um litígio na sequência de um processo de mediação, constantes, por exemplo, de trocas de mensagens de correio electrónico, serão, pois, eficazes, preenchidas que estejam as condições estabelecidas nesse preceito.

Mas também o que aí se prescreve apenas será aplicável se for a lei portuguesa a designada nos termos do art. 9.° da Convenção de Roma.

Outra questão que se pode colocar a respeito dos acordos em apreço, e que resulta da circunstância de estes serem frequentemente concluídos à distância, entre partes domiciliadas em países diversos, prende-se com a sua *eficácia transfronteiras*.

A este propósito há que distinguir diferentes hipóteses.

Quando os acordos resultantes de processos de mediação hajam sido concluídos num dos Estados partes das Convenções de Bruxelas e de Lugano relativas à competência judiciária, ao reconhecimento e à execução de decisões em matéria civil e comercial ou do Regulamento (CE) n.° 44/2001 sobre a mesma matéria e tenham a natureza de actos autênticos ou de transacções celebradas perante um juiz, que gozem de força executiva no respectivo Estado de origem, podem ser executados nos demais Estados partes desses instrumentos mediante a prévia declaração da respectiva exequibilidade por uma jurisdição do Estado onde a execução é solicitada, sob a condição de não ofenderem a ordem pública desse Estado[762].

---

[762] Cfr., respectivamente, os arts. 50.° e 51.° das Convenções de Bruxelas e de Lugano e os arts. 57.° e 58.° do Regulamento. Sobre esses preceitos, *vide* Miguel Teixeira

380 Problemática internacional da sociedade da informação

O Regulamento (CE) n.º 805/2004, que cria o *título executivo europeu para créditos não contestados*, atrás referido[763], veio entretanto suprimir a exigência de *exequatur*, constante daqueles instrumentos, pelo que respeita às decisões judiciais, transacções e actos autênticos exarados nos Estados-Membros da Comunidade (excepto a Dinamarca) quando estes sejam relativos a créditos não contestados – o que evidentemente facilitará a execução dos acordos obtidos na sequência de processos de mediação que se integrem naquelas categorias.

Simplesmente, não é esse o caso da generalidade dos acordos resultantes da mediação em linha, pois normalmente estes não constituem actos autênticos nem são celebrados perante juízes[764].

Ainda assim, poderão tais títulos servir de base a acções executivas a instaurar em Portugal, independentemente de revisão – que o art. 49.º, n.º 2, do Código de Processo Civil dispensa –, nas condições previstas no art. 46.º, alínea *c)*, deste Código – ou seja, se estiverem assinados pelo devedor e importarem a constituição ou o reconhecimento de obrigações pecuniárias, cujo montante seja determinado ou determinável nos termos do art. 805.º do Código, ou de obrigação de entrega de coisas móveis ou de prestação de facto. Mas neste caso poderá ser exigida, nos termos do art. 365.º, n.º 2, do Código Civil, a *legalização* do documento que consubstancia o acordo, a qual há-de ser feita em conformidade com o preceituado no art. 540.º do Código de Processo Civil.

Nos demais casos, os acordos em apreço apenas poderão servir de base a acções de condenação, a intentar por aqueles que os queiram fazer valer coercivamente.

O que não deixa de constituir um *paradoxo*: tendo tais acordos sido concluídos em processos instaurados com o intuito de evitar o recurso aos tribunais judiciais, a realização coactiva dos direitos neles fundados não dispensa, afinal, a intervenção desses mesmos tribunais.

---

de Sousa/Dário Moura Vicente, *Comentário à Convenção de Bruxelas*, Lisboa, 1994, pp. 53 e 173 ss.; Dário Moura Vicente, «Competência judiciária e reconhecimento de decisões estrangeiras no Regulamento (CE) n.º 44/001», *in Direito Internacional Privado. Ensaios*, vol. I, Coimbra, 2002, pp. 291 ss.; e a demais bibliografia citada nestes trabalhos.

[763] Cfr. *supra*, n.º 14.

[764] Reconhecem-no, pelo que respeita aos acordos celebrados no âmbito do ECODIR, acima mencionado, Alexandre Cruquenaire/Fabrice de Patoul, «Le développement des modes alternatifs de règlement des litiges de consommation: Quelques réflexions inspirées par l'expérience ECODIR», *Lex Electronica*, vol. 8, n.º 1, 2002, disponível em http://www.lex-electronica.org/v8-1/cruquenaire-patoul.htm.

Parte II – Conteúdos a Leccionar 381

A referida *Lei-Modelo sobre a Conciliação Comercial Internacional* adoptada em 2002 pela CNUDCI procura em alguma medida superar este estado de coisas.

De acordo com o seu art. 14, que tem por epígrafe «força executória do acordo emergente da conciliação», se as partes concluirem um acordo pondo termo ao seu litígio, esse acordo será obrigatório e vincula-as, sendo susceptível de execução nos termos que cada Estado definir[765].

Deve, em todo o caso, reconhecer-se que o cumprimento dos acordos obtidos em processos de mediação pode ser assegurado através de mecanismos de outra ordem, porventura não menos eficazes do que os processos de execução coactiva.

Pensamos, por um lado, na *publicitação* desses acordos e do respectivo incumprimento, por iniciativa dos organismos no âmbito dos quais os mesmos foram concluídos; e, por outro, na *certificação* dos sítios Internet dos fornecedores de produtos e serviços em linha mediante a incorporação neles de «selos» ou «etiquetas»[766] que permitam aos consumidores assegurarem-se de que os seus potenciais co-contratantes aderiram a um sistema de resolução extrajudicial de litígios e respeitam as determinações deles oriundas[767].

---

[765] Dispõe o referido preceito da Lei-Modelo, na versão oficial em língua inglesa: «If the parties conclude an agreement settling a dispute, that settlement agreement is binding and enforceable ... [*the enacting State may insert a description of the method of enforcing settlement agreements or refer to provisions governing such enforcement*]».

[766] De que são exemplo as previstas no acordo sobre um sistema europeu de atribuição de etiquetas de confiança no comércio electrónico, celebrado em 2001 entre o *Bureau Européen des Unions de Consommateurs* e a *Union des Confédérations de l'Industrie et des Employeurs d'Europe*, disponível em http://www.beuc.org.

[767] Sobre o ponto, vejam-se José Domingo Gómez Castallo, «La autorregulación e internet», *in* José Antonio Gómez Segade (director), *Comercio electrónico en Internet*, Madrid/Barcelona, 2001, pp. 449 ss. (pp. 463 ss.); Isabelle de Lamberterie, «Le règlement en ligne des petits litiges de consommation», *in* Georges Chatillon (org.), *Le droit international de l'internet*, Bruxelas, 2002, pp. 631 s. (p. 640); e Juan Pablo Aparico Vaquero, «Autorregulación de Internet y resolución extrajudicial de conflictos», *in* Maria Jesus Moro Almaraz (directora), *Autores, consumidores y comercio electrónico*, Madrid, 2004, pp. 471 ss. (pp. 494 ss.).

382 Problemática internacional da sociedade da informação

20. Meios sui generis de composição de litígios

20.1. Procedimentos extrajudiciais de composição de litígios relativos a nomes de domínio. a) Noção e exemplos. – Frisámos acima que na composição de litígios em matéria de nomes de domínio desempenham hoje um papel fundamental os meios extrajudiciais.

Neste âmbito assume particular relevância a *Política Uniforme de Resolução de Litígios Sobre Nomes de Domínio* (*Uniform Domain Name Dispute Resolution Policy* ou UDRP), aprovada pela ICANN em 1999 e entretanto incorporada em largo número de contratos relativos ao registo desses nomes.

Nela se baseia o *Procedimento Alternativo de Resolução de Litígios* (PARL), previsto no art. 22.° do Regulamento (CE) n.° 874/2004, de 28 de Abril de 2004, a que também já fizemos referência anteriormente.

De acordo com o parágrafo 4, alínea a, da UDRP, os titulares de nomes de domínio comprometem-se a submeter-se ao procedimento de composição de litígios nele previsto sempre que um terceiro alegue perante um provedor de serviços de resolução de litígios aprovado pela ICANN que: *a)* certo nome de domínio é *idêntico* ou de tal modo *semelhante* que seja susceptível de *causar confusão com uma marca* sobre a qual o reclamante tem direitos; *b)* o titular do nome não tem qualquer *direito ou interesse legítimo* no mesmo; e *c)* o nome de domínio foi registado e está sendo usado de *má fé*.

Por seu turno, a entidade que procedeu ao registo obriga-se a cancelá--lo, a transferi-lo para outrem ou a alterá-lo se receber uma ordem nesse sentido de um órgão («panel») que haja decidido um processo ao abrigo das regras da ICANN (parágrafo 3). Exceptua-se, porém, a hipótese de essa entidade receber, no prazo de dez dias contados da notificação da decisão do órgão, prova documental de que foi instaurada pelo titular do nome de domínio uma acção contra o reclamante perante um tribunal a que este se tenha submetido na sua reclamação (parágrafo 4, alínea k).

Complementam a UDRP as «Regras para a Política Uniforme de Resolução de Litígios sobre Nomes de Domínio», que disciplinam a tramitação dos processos instaurados ao abrigo da primeira e definem o regime aplicável à decisão do litígio[768].

---

[768] Cujo texto se encontra disponível em http://www.icann.org/udrp/udrp-rules-24 oct99.htm.

Nos termos destas Regras, instaurado o processo dispõe o titular do nome de domínio de vinte dias para apresentar a sua resposta (parágrafo 5 (a)), após o que é designado pelo provedor de serviços de resolução de litígios o órgão administrativo, composto por um ou três membros (parágrafo 6), que dispõe de catorze dias para proferir uma decisão (parágrafo 15 (b)). Esta deve ser reduzida a escrito e fundamentada (parágrafo 15 (b)).

Quando não rejeite a reclamação que lhe deu origem, o órgão só pode determinar, à luz do que dispõe o parágrafo 4, alínea i, da UDRP, o cancelamento ou a transferência do registo do nome de domínio para o reclamante[769]. A condenação do titular do nome de domínio ao pagamento de uma indemnização está, assim, excluída da sua competência judicativa.

A execução da decisão pelo provedor de serviços que efectuou o registo do nome de domínio deve ter lugar, nos termos do parágrafo 4, alínea k, da UDRP, no prazo de dez dias contados da sua notificação.

Por seu turno, o Regulamento n.° 874/2004 prevê, no seu art. 22.°, n.° 1, que qualquer das partes pode dar início a um procedimento alternativo de resolução de litígios (PARL), se: «*a)* Um registo for especulativo ou abusivo, nos termos do artigo 21.°; ou *b)* Uma decisão tomada pelo registo for incompatível com o presente regulamento ou com o Regulamento (CE) n.° 733/2002».

A participação nesse procedimento é obrigatória para o titular de um nome de domínio e para o registo, nos termos do n.° 2 da mesma disposição.

Em caso de procedimento contra o titular de um nome de domínio, o órgão PARL decide que o nome de domínio será anulado se considerar que o registo é especulativo ou abusivo, nos termos do art. 21.° do Regulamento; o nome de domínio é transferido para o queixoso se este se candidatar ao mesmo e satisfizer os critérios gerais de elegibilidade previstos no Regulamento (CE) n.° 733/2002. Sendo o procedimento instaurado contra o registo, o órgão determina se uma decisão pelo mesmo tomada viola qualquer dos dois regulamentos comunitários sobre a matéria; na hipótese afirmativa, o órgão anula a decisão e pode determinar a transferência, anulação ou atribuição de um nome de domínio (art. 22.°, n.° 11).

---

[769] Dispõe aquele preceito: «The remedies to a complainant pursuant to any proceeding before an Administrative Panel shall be limited to requiring the cancellation of your domain name or the transfer of your domain name registration to the complainant».

384   *Problemática internacional da sociedade da informação*

As decisões tomadas no âmbito do pocedimento em apreço são vinculativas para as partes e para o registo, excepto se forem iniciados procedimentos judiciais no prazo de 30 dias após a sua notificação às partes (art. 22.°, n.° 13).

b) Caracterização. – Como caracterizar estes procedimentos?

Acabamos de verificar que o processo previsto nas regras da ICANN e no Regulamento (CE) n.° 874/2004 culmina numa decisão, que é susceptível de ser executada mediante o cancelamento, a transferência ou a modificação do registo do nome de domínio; dá-se, pois, nesse processo a *resolução de um litígio por um terceiro*, que é incompatível com a essência da *mediação*.

Mas também não se trata, em rigor, de uma *arbitragem*[770].

Neste sentido depõe, desde logo, a circunstância de nada obstar a que os tribunais estaduais conheçam do litígio cometido ao órgão administrativo e de a decisão por este proferida não ter força de caso julgado. Na verdade, a UDRP não preclude a possibilidade de os interessados recorrerem aos tribunais judiciais, a fim de obterem a resolução do litígio, antes, durante ou mesmo após a conclusão do processo nela previsto. Para tanto, consigna-se no parágrafo 4, alínea k, que o processo obrigatório previsto nessa disposição não impede que o titular do nome de domínio ou o reclamante submetam o litígio a um tribunal competente para uma resolução independente antes de o processo administrativo obrigatório ser iniciado ou após a sua conclusão. À mesma conclusão conduz o disposto no citado art. 22.°, n.° 13, do Regulamento n.° 874/2004.

---

[770] Vejam-se, porém, neste sentido, referindo-se à UDRP: Bradford Smith, «The Third Industrial Revolution: Law and Policy for the Internet», *in Rec. cours*, t. 282 (2000), pp. 229 ss. (p. 294); Lionel Bochurberg, *Internet et commerce électronique*, 2.ª ed., Paris, 2001, p. 250; F. Lawrence Street/Mark P. Grant, *Law of the Internet*, 2002, § 4.03.[4]; David Lametti, «The Form and Substance of Domain Name Arbitration», *Lex Electronica*, vol. 7, n.° 2 (2002), disponível em http://www.lex-electronica.org; e Andrés von Hase, est. cit., p. 617 (que todavia admite ser o procedimento em apreço uma «arbitragem não executória»). Excluem, como nós, a qualificação do processo ICANN como arbitragem: Pierre Lastenouse, «Le règlement ICANN de résolution uniforme des litiges relatifs aux noms de domaine», *Rev. arb.*, 2001, pp. 95 ss.; Alexandre Cruquenaire, *Le règlement extrajudiciaire des litiges relatifs aux noms de domaine*, Bruxelas, 2002, pp. 55 s.; Olivier Cachard, *La régulation internationale du marché électronique*, Paris, 2002, p. 329; e Anri Engel, «International Domain Name Disputes: (Rules and Practice of the UDRP), *EIPR*, 2003, p. 351.

Por outro lado, no parágrafo 18 (a) das Regras acima referidas estabelece-se que, no caso de ser iniciado um processo judicial antes ou durante o processo previsto na UDRP, relativo a um litígio sobre um nome de domínio que tenha sido objecto de uma reclamação, o órgão pode suspender, extinguir ou prosseguir o processo.

No mesmo sentido concorre a circunstância de o parágrafo 3 da UDRP contrapor os tribunais judiciais e arbitrais aos órgãos administrativos.

Tratar-se-á, segundo outra perspectiva[771], de *modos alternativos de resolução de litígios*. Neste sentido depõe, aliás, a própria terminologia usada no Regulamento comunitário em referência.

Mas semelhante caracterização não parece muito esclarecedora, pois o modo de resolução de litígios previsto nas regras ICANN e no Regulamento da Comunidade Europeia não constitui em rigor uma alternativa aos tribunais judiciais.

Basta ver que nem todas as questões suscitadas pela utilização ilícita de nomes de domínio podem ser resolvidas através dos procedimentos disciplinados nessas regras: fora do âmbito da UDRP e do PARL ficam, por exemplo, os litígios emergentes de registos feitos de boa fé, assim como as questões atinentes ao ressarcimento de danos sofridos pelo requerente; e a UDRP (diversamente do PARL) não abrange os conflitos entre nomes de domínio e sinais distintivos diversos das marcas. Além disso, como vimos, as decisões proferidas ao abrigo dessas regras não vinculam os tribunais estaduais.

Diríamos, pois, que se trata de meios *sui generis* de resolução extrajudicial de litígios, que não podem ser reconduzidos nem à mediação nem à arbitragem[772].

---

[771] Cfr. Christopher Gibson, «Digital Dispute Resolution. Internet Domain names and WIPO's Role», *CRi*, 2001, pp. 33 ss. (p. 39); e Susan L. Donegan, «Alternative Dispute Resolution for Global Consumers in E-Commerce Transactions», *in* Dennis Campbell e Susan Woodley (orgs.), *E-Commerce: Law and Jurisdiction*, Haia, 2002, pp. 117 ss. (p. 128).

[772] Tal o ponto de vista que já sustentámos no nosso «Problemática internacional dos nomes de domínio», *in Direito Internacional Privado. Ensaios*, vol. I, Coimbra, 2002, pp. 167 ss. (p. 176). À mesma conclusão chegam, pelo que respeita à UDRP, Alexandre Cruquenaire, ob. cit., p. 56, e Catherine Kessedjian, «Rapport général», *in* Georges Chatillon (org), *Le droit international de l'internet*, Bruxelas, 2002, pp. 647 ss. (p. 651). No sentido de que a UDRP consagra «a hybrid mediation/arbitration scheme», veja-se David W. Maher, «The UDRP: The Globalization of Trademark Rights», *International Review of Industrial Property and Copyright Law*, 2002, p. 924.

386 *Problemática internacional da sociedade da informação*

c) Direito aplicável ao mérito da causa. – Também a respeito deste modo de resolução de litígios se pode suscitar relevantemente a questão de saber como se determina o Direito aplicável ao mérito da causa.

As regras do ICANN são quanto a este ponto extremamente vagas, limitando-se a dispôr que o órgão administrativo decidirá a reclamação «na base das declarações e documentos que lhe tenham sido presentes e de acordo com a Política, estas Regras e quaisquer regras e princípios de Direito que considere aplicáveis»[773].

Mais explícito é o Regulamento n.° 874/2004, que, além de estabelecer uma disciplina substantiva do registo especulativo e abusivo de nomes de domínio, consagra no art. 21.°, n.° 4, a possibilidade de serem formuladas reclamações por registos especulativos ou abusivos ao abrigo do Direito nacional. Mas não se indica nele qual o Direito aplicável a essas reclamações, nem o modo como se há-de determiná-lo.

A competência da *lex loci protectionis* obteve, em todo o caso, acolhimento na jurisprudência dos órgãos que funcionam sob a égide a Organização Mundial da Propriedade Intelectual.

Assim sucedeu, por exemplo, na decisão proferida em 27 de Novembro de 2002 sobre o caso *Her Majesty the Queen v. Virtual Countries, Inc.*[774]. Foi apreciada nessa decisão uma reclamação apresentada em nome da Rainha de Inglaterra contra *Virtual Countries, Inc.*, motivada pelo registo e utilização pela requerida do nome de domínio «newzealand. com», em alegada violação dos direitos da primeira sobre a marca «New Zealand». A fim de fundamentar a rejeição dessa reclamação, o órgão administrativo invocou o Direito da Nova Zelândia, nos termos do qual a reclamante não seria titular de qualquer marca com esse teor.

d) Eficácia das decisões proferidas. – Consoante dissemos, estes procedimentos culminam em princípio numa *decisão vinculativa* para as partes.

Dado, porém, que esta não goza da força de caso julgado nem do efeito executivo que pertencem às sentenças judiciais e arbitrais, não poderá ser reconhecida nem executada além-fronteiras nos mesmos termos que essas sentenças – salvo, evidentemente, se for confirmada por uma sentença judicial ou arbitral.

---

[773] Parágrafo 15: «A panel shall decide a complaint on the basis of the statements and documents submitted and in accordance with the Policy, these Rules and any rules and principles of law that it deems applicable».

Outros meios asseguram, no entanto, o cumprimento de tais decisões: como dissemos, os provedores de serviços de registo de nomes de domínio acham-se obrigados a anulá-lo, a transferi-lo para o reclamante ou a alterá-lo se forem notificados de uma decisão nesse sentido proferida por um órgão que haja decidido um processo ao abrigo da UDRP ou do Regulamento n.º 874/2004.

Fala-se, a este propósito de um *in-built enforcement mechanism*, que dispensaria a necessidade de as decisões proferidas ao abrigo da UDRP serem objecto de qualquer revisão ou confirmação por uma autoridade judicial previamente à sua execução[775].

Há, todavia, que reconhecer que esse mecanismo de execução das decisões em apreço comporta algumas fragilidades. É que, como se referiu acima, o titular do nome de domínio pode impedir a execução da decisão, demandando a contraparte perante um tribunal judicial no prazo definido na UDRP e no Regulamento.

Também por aqui se verifica ser inexacta a ideia de *alternatividade* dos procedimentos em causa relativamente aos que decorrem perante os tribunais judiciais.

20.2. Procedimentos de «advertência e retirada» de conteúdos disponíveis em rede. a) Exemplificação.

– Numa acepção ampla, os meios extrajudiciais de resolução de litígios emergentes do comércio electrónico compreendem ainda os procedimentos de advertência e retirada de conteúdos disponíveis em rede, designados na terminologia anglo-saxónica por *notice and take down procedures*.

Um procedimento deste tipo foi consagrado no *Digital Millenium Copyright Act* norte-americano[776] a respeito das violações de direito de autor cometidas mediante a colocação de materiais em rede.

Nos termos da secção 512 do *United States Code*, introduzida neste pelo referido *Copyright Act*, os provedores de serviços relativos a redes digitais não serão responsáveis por violação de direito de autor em virtude do armazenamento ou da transmissão de materiais nos servidores e redes que controlem ou operem, feitos a pedido de um utente desses serviços, se,

---

[774] Disponível em http://www.wipo.int.

[775] Cfr. World Intellectual Property Organization, *Intellectual Property on the Internet: a Survey of Issues*, Genebra, 2002, p. 96.

[776] Disponível em http://thomas.loc.gov.

388 *Problemática internacional da sociedade da informação*

sendo notificados de uma alegada violação pelo titular do direito alegadamente violado, removerem ou impedirem expeditamente o acesso a esses materiais. Caso proceda deste modo, deve o provedor, sob pena de responder perante o utente, notificá-lo prontamente de que foi removido ou desactivado o acesso ao material em causa. Se receber uma contra-notificação subscrita pelo utente em que este declare crer de boa fé que o material foi removido ou desactivado em resultado de erro ou má identificação deste, deve o provedor fornecer uma cópia dessa contra-notificação à pessoa que primeiramente o notificou, e informá-la de que o material removido será recolocado, ou cessará a desactivação do acesso ao mesmo, no prazo de dez dias, excepto se entretanto o provedor for notificado de que essa pessoa requereu em juízo uma providência destinada a impedir o utente de prosseguir a actividade ilícita.

b) ***Autonomia relativamente às vias comuns de composição de litígios.*** – Este sistema permite, como é bom de ver, solucionar à margem dos tribunais e das autoridades administrativas uma parte dos conflitos atinentes às violações de direitos subjectivos cometidas no comércio electrónico.

Tal como o sistema de resolução de litígios relativos a nomes de domínio, a sua eficácia assenta no poder de que dispõem os provedores de serviços de excluirem os utilizadores que violem direitos de terceiros[777]. Mas, tal como sucede com essoutro sistema, as potencialidades do procedimento *notice and take down* são limitadas, pois ele não dispensa o recurso aos tribunais judiciais. Por outro lado, a referida secção 512 apenas tem em vista os casos em que sejam colocados à disposição do público, num sítio Internet, conteúdos potencialmente lesivos de *copyright* alheio; não aqueloutros (que apenas surgiram posteriormente à publicação

---

[777] Aspecto que é, aliás, expressamente reconhecido pelo legislador comunitário no considerando 59 da referida Directiva 2001/29/CE, relativa à harmonização de certos aspectos do direito de autor e dos direitos conexos na sociedade de informação. Aí se lê: «no meio digital, os serviços de intermediários poderão ser cada vez mais utilizados por terceiros para a prática de violações. Esses intermediários encontram-se frequentemente em melhor posição para porem termo a tais actividades ilícitas». Porém, a consequência extraída pelo legislador comunitário desta verificação não foi, como nos Estados Unidos, a consagração de um procedimento puramente privado de advertência e retirada de conteúdos ilícitos disponíveis na rede, mas antes o reconhecimento, no art. 8.°, n.° 2, da Directiva aos titulares de direitos da possibilidade de solicitarem uma «injunção» contra intermediários que veiculem na rede actos de violação de direitos de terceiros.

Parte II – Conteúdos a Leccionar   389

do *Digital Millenium Copyright Act*) em que um sítio Internet se limita a facilitar a violação de direitos autorais pelos próprios utilizadores finais da rede, mediante a partilha de ficheiros informáticos dita *peer to peer*.

20.3. Resolução administrativa de litígios referentes à utilização de dados pessoais e a conteúdos disponíveis em rede. a) Consagrações legais. – Nem a Directiva Sobre o Comércio Electrónico nem o Direito de fonte interna consagram um sistema de resolução de litígios idêntico ao que acabamos de descrever.

Mas tanto a Lei n.° 67/98 como o D.L. n.° 7/2004 atribuem a certas autoridades administrativas competência para, a título provisório, ordenarem a remoção ou impossibilitarem o acesso a conteúdos informativos disponíveis em linha.

No exercício das suas atribuições, pode, com efeito, a Comissão Nacional de Protecção de Dados ordenar o bloqueio, apagamento ou destruição dos dados, bem como proibir, temporária ou definitivamente, o tratamento de dados pessoais, ainda que incluídos em redes abertas de transmissão de dados a partir de servidores situados em território português.

As decisões proferidas pela Comissão no exercício das suas funções têm força obrigatória, sendo passíveis de reclamação e recurso para o Tribunal Central Administrativo (art. 23.°, n.° 3, da citada Lei).

A Comissão pode, nesta medida, resolver litígios entre particulares ou entre particulares e entidades públicas, relativos à utilização de dados pessoais.

Por seu turno, o art. 18.° do D.L. n.° 7/2004 abre a qualquer interessado o recurso, a fim de remover ou impossibilitar o acesso a determinado conteúdo disponível em linha, à «entidade de supervisão respectiva», que é, de acordo com o art. 35.°, na falta de qualquer outra, o ICP-ANACOM. O procedimento perante essa entidade será, nos termos do n.° 4 do art. 18.°, objecto de diploma especial; mas consigna-se no n.° 2 desse preceito que deve ser proferida em 48 horas uma decisão provisória, a comunicar electronicamente às partes.

b) Problemas que levanta. – Visa-se manifestamente através destas disposições legais assegurar uma resolução rápida – ainda que provisória – dos litígios surgidos a respeito do tratamento de dados pessoais e de conteúdos disponíveis em redes informáticas: a necessidade de minimizar os prejuízos sofridos pelos titulares dos direitos lesados através do

390   *Problemática internacional da sociedade da informação*

tratamento desses dados ou da colocação à disposição do público de tais conteúdos não se compadecerá, muitas vezes, com o recurso às instâncias judiciais através do processo comum.

Inserem-se elas na actual tendência para uma certa «administrativização» do Direito Privado e da resolução de litígios entre particulares[778], a que é alheio o Direito norte-americano, muito mais propenso, como vimos acima, à auto-regulação.

Das suas virtualidades não é possível aferir por enquanto; apenas se salientará a este respeito que o sistema norte-americano acima descrito, na medida em que permite aos prestadores de serviços endossarem aos titulares dos conteúdos disponíveis em rede a responsabilidade pelos danos sofridos por terceiros em virtude carácter alegadamente ilícito desses conteúdos, mantendo os mesmos acessíveis nos seus servidores, se afigura *prima facie* mais propício à salvaguarda da liberdade de expressão e de informação.

Em situações plurilocalizadas, suscita-se a respeito dos meios extrajudiciais em apreço o problema da delimitação do âmbito espacial de competência das autoridades administrativas mencionadas; problema esse que nenhum dos referidos diplomas regula de modo expresso.

Sempre que a mesma conduta produza efeitos no território de mais do que um Estado, podem suscitar-se conflitos de jurisdição entre autoridades administrativas desses Estados. Como forma de preveni-los ou dirimi-los, avulta a coordenação da intervenção dessas autoridades, que o art. 12.°, n.° 2, da Lei das Comunicações Electrónicas[779] prevê a respeito do procedimento de resolução administrativa de litígios em matéria de telecomunicações, instituído e disciplinado por esse diploma. Para aquele efeito, tem igualmente interesse a possibilidade, prevista no art. 11.°, n.° 1, alínea *c)*, da referida Lei, de uma autoridade administrativa nacional declinar a resolução de um litígio quando entenda existirem outros meios mais adequados para a resolução do mesmo em tempo útil (*hoc sensu*, por ser uma *auctoritas non conveniens*).

---

[778] Sobre o tema, vejam-se: Pedro Gonçalves, *Direito das telecomunicações*, Coimbra, 1999, pp. 196 ss.; Paulo Otero, *Legalidade e administração pública. O sentido da vinculação administrativa à juridicidade*, Coimbra, 2003, pp. 793 ss.; Dário Moura Vicente, «Meios extrajudiciais de composição de litígios emergentes do comércio electrónico», *in* AAVV, *Direito da Sociedade da Informação*, vol. V, Coimbra, 2004, pp. 145 ss. (pp. 152 ss.).

[779] Lei n.° 5/2004, de 10 de Fevereiro.

PARTE III

MÉTODOS DE ENSINO

§ 8.º
Do ensino em seminário

I – GENERALIDADES

Nos cursos de mestrado professados na Faculdade de Direito de Lisboa, o ensino é ministrado, na denominada *parte escolar* (que toma nesta Faculdade a designação de *curso de especialização*), não através de lições magistrais complementadas por aulas práticas, como sucede no curso de licenciatura, mas antes em regime de *seminário*[780].

Nesse regime, os diferentes tópicos do programa previamente definido pelo professor ou professores são distribuídos pelos alunos, cada um dos quais fica incumbido de investigar e expor oralmente, numa aula do curso, o que lhe couber. A exposição é seguida de debate com os demais alunos e o ou os professores; e é por vezes interrompida para esse efeito.

No final do ano lectivo (ou porventura antes dele, se o professor assim o determinar), é apresentado por cada aluno que deseje obter aprovação no curso de especialização um relatório sobre o tema por si versado, o qual é depois classificado. A obtenção da classificação média mínima de catorze valores é condição da admissão do aluno à preparação de uma dissertação.

Este método apresenta inegáveis vantagens sob o ponto de vista formativo, pois constitui um forte incentivo à investigação pessoal e ao

---

[780] Prevêem-no expressamente o art. 19.º, n.º 1, do *Regulamento do Mestrado* em vigor e o art. 32.º, n.º 1, do *Regulamento de Estudos Pós-Graduados* aprovado pelo Conselho Científico na reunião de 31 de Março de 2004, para entrar em vigor no ano lectivo de 2004/2005 (este último, porém, apenas pelo que respeita às disciplinas nucleares). Sobre o regime de seminário e os seus antecedentes, veja-se Marcello Caetano, «A reforma dos estudos jurídicos», *RFDUL*, 1966, pp. 407 ss. (p. 421, nota 1).

394   *Problemática internacional da sociedade da informação*

desenvolvimento da capacidade de equacionar e descobrir soluções no plano do Direito, que se requer do jurista[781].

Além disso, é o método que melhor se coaduna com o perfil dos cursos de mestrado das Universidades portuguesas delineado no D.L. n.º 216/92, de 13 de Outubro, onde se dispõe que o grau de mestre concedido a quem os frequente com aprovação «comprova nível aprofundado de conhecimentos numa área científica e capacidade para a prática da investigação»[782].

É, por isso, o método que nós próprios preconizamos (e que temos seguido ao longo de quatro anos de docência em cursos de mestrado) para o ensino da disciplina de que aqui nos ocupamos.

A didáctica não pode, todavia, ser alheia à matéria leccionada[783]. O funcionamento daquele método – como de qualquer outro – compreende, por isso, algumas variantes em razão da natureza do tema escolhido para o curso e do número de alunos, que importa considerar.

Com efeito, sendo o tema adoptado no seminário uma especificação de matéria já ministrada no curso de licenciatura, e havendo alunos em número suficiente, pode esse método ser empregado desde o início das aulas.

Se, porém, o tema for completamente novo para os alunos ou o número destes reduzido (como frequentemente sucede nas Faculdades onde a oferta de disciplinas do curso de mestrado é muito diversificada), poderá justificar-se – decerto que com alguma quebra do espírito do seminário – que as primeiras aulas sejam ministradas pelo próprio professor ou professores, ou, em alternativa, por alunos por estes designados. Assim temos procedido nos cursos de mestrado cuja regência nos foi confiada.

---

[781] Pois, como refere António Castanheira Neves (citando Pawlowski), «o jurista pelo simples aprender "pode adquirir uma certa *técnica* jurídica [...], uma certa capacidade de lidar com o direito positivo, mas a *ciência* jurídica, a capacidade de procurar com independência o direito, é-lhe estranha e permanecer-lhe-á desconhecida"» (cfr. *Relatório com a justificação do sentido e objectivo pedagógico, o programa, os conteúdos e os métodos de um curso de "Introdução ao Estudo do Direito"*, Coimbra, 1976, p. 67).

[782] Art. 5.º, n.º 1. Ver também, pelo que respeita ao grau de Mestre em Direito concedido pela Faculdade de Direito de Lisboa, o art. 1.º do *Regulamento do Mestrado* e o art. 15.º, n.º 1, do *Regulamento de Estudos Pós-Graduados*.

[783] Assim, Miguel Teixeira de Sousa, «Aspectos metodológicos e didácticos do direito processual civil», *RFDUL*, 1994, pp. 337 ss. (p. 339). Em sentido coincidente, veja-se Carlos Ferreira de Almeida, *Direito Comparado. Ensino e método*, Lisboa, 2000, p. 162.

Parte III – Métodos de Ensino

De preferência, hão-de essas primeiras aulas versar sobre aspectos gerais do tema escolhido como objecto do seminário e incluir indicações metodológicas a seguir pelos alunos na preparação das suas exposições[784]. Mais do que a transmitir conhecimentos, devem, pois, tais aulas destinar--se, no nosso modo de ver, a fornecer aos alunos o necessário enquadramento dos temas fundamentais da disciplina e a estimular neles uma reflexão pessoal sobre os assuntos a examinar.

Por outro lado, nada obsta – antes tudo aconselha – a que, havendo tempo disponível para o efeito, sejam analisadas no seminário decisões jurisprudenciais, nacionais, estrangeiras e internacionais, relativas aos assuntos nele tratados[785]. Assim se proporcionará aos alunos um contacto de outra índole com o tema do curso, o qual complementa e valoriza o ensino de carácter necessariamente formativo e científico ministrado em seminário.

As exposições orais feitas por alunos devem, salvo melhor opinião, ser imediatamente seguidas de debate, no qual hão-de participar não apenas o relator do tema e o ou os professores, mas também os demais alunos. A participação destes é, com efeito, essencial a fim de que o seminário possa atingir os objectivos visados e deve por isso ser incentivada e valorizada[786]. O seminário funciona, nesta medida, em regime de *avaliação contínua*[787] ou (como nos parece preferível dizer) de *aprendizagem contínua*[788].

Por isso, cada exposição não deve exceder uma hora, reservando-se o mesmo tempo para o debate. A realização das exposições deve ser precedida, com antecedência razoável (no mínimo, uma semana), da dis-

---

[784] Exprimem pontos de vista convergentes: Jorge Sinde Monteiro, *Relatório sobre o programa, conteúdo e métodos de uma disciplina de responsabilidade civil (Curso de Mestrado)*, Coimbra, 2001 (policopiado), pp. 2 e 53; e António Pinto Monteiro, *Direito Comercial. Contratos de Distribuição Comercial.Relatório*, Coimbra, 2002, p. 181.

[785] Por isso inserimos neste relatório uma lista de decisões relevantes: cfr. *infra*, § 16.°.

[786] Observe-se que, nos termos do art. 20.° do *Regulamento do Mestrado da Faculdade de Direito de Lisboa*, deve atender-se, na classificação a atribuir a cada aluno no curso de especialização, à sua participação activa no seminário. Outro tanto estabelece o art. 34.° do *Regulamento de Estudos Pós-Graduados*.

[787] Neste sentido também Fernando Alves Correia, *Direito Constitucional (A justiça constitucional). Programa, Conteúdos e Métodos de Ensino de um Curso de Mestrado*, Coimbra, 2001, p. 139.

[788] Para uma explanação deste conceito, ver António Menezes Cordeiro, *Teoria Geral do Direito Civil. Relatório*, cit., pp. 278 s.

Problemática internacional da sociedade da informação

cussão do respectivo plano com o professor e da distribuição aos demais alunos do plano, de uma bibliografia sucinta e de uma lista dos textos normativos relevantes, que possibilite àqueles o efectivo acompanhamento da exposição feita e a preparação para o debate.

A distribuição dos temas para exposições deve, em princípio, atender às preferências pessoais dos alunos, mas sem prejuízo da ordenação das matérias constante do programa, por forma que o regime de funcionamento da disciplina não prejudique a unidade da mesma[789].

II – ORGANIZAÇÃO DO SEMINÁRIO

Preconizamos para a disciplina em apreço um seminário com cerca de 25 aulas em cada ano lectivo, de duas horas cada, a iniciar em Novembro e a terminar em Junho.

A distribuição do tempo disponível far-se-ia do seguinte modo:

1.ª aula – Apresentação da disciplina. Indicações metodológicas e bibliográficas. Planificação das sessões do seminário.

2.ª aula – A sociedade da informação. Problemática internacional (primeira noção). Valores e interesses em presença.

3.ª aula – Métodos de regulação.

4.ª aula – Fontes e instituições de regulação.

5.ª aula – Privacidade.

6.ª aula – Outros direitos de personalidade.

7.ª aula – Direito de autor e direitos conexos.

8.ª aula – Direito sui generis do fabricante da base de dados.

9.ª aula – Propriedade industrial.

10.ª aula – Direitos sobre nomes de domínio.

11.ª aula – Comércio electrónico. Noção e modalidades. Harmonização de legislações e mercado interno.

12.ª aula – Contratação electrónica.

13.ª aula – Contratos informáticos.

14.ª aula – Contratos de consumo celebrados através da Internet.

---

[789] Sobre as regras a que deve obedecer o funcionamento dos seminários de mestrado, veja-se ainda J. J. Gomes Canotilho, «Relatório sobre programa, conteúdos e métodos de um curso de Teoria da Legislação», *BFDUC*, 1987, pp. 405 ss. (p. 416).

15.ª aula – Assinatura electrónica e certificação.
16.ª aula – Publicidade em rede e marketing *directo.*
17.ª aula – Instrumentos de pagamento electrónicos.
18.ª aula – Teletrabalho.
19.ª aula – Concorrência desleal.
20.ª aula – Responsabilidade civil por actos praticados através de redes de comunicações electrónicas.
21.ª aula – Reconhecimento de sentenças estrangeiras.
22.ª aula – Outras formas de cooperação judiciária internacional.
23.ª aula – Arbitragem.
24.ª aula – Mediação.
25.ª aula – Meios sui generis *de composição de litígios. Orientações sobre a elaboração de relatórios. Conclusão dos trabalhos.*

§ 9.º
Da orientação de relatórios
e dissertações de mestrado

I – FINALIDADES

A concessão do grau de mestre pressupõe não só a aprovação no curso de especialização a que nos referimos no parágrafo anterior, mas também a elaboração e apresentação de uma dissertação original, a discutir em provas públicas, a qual deve representar «um contributo para a análise crítica e a compreensão de qualquer matéria situada na respectiva área de especialização, e não uma mera descrição de factos ou institutos»[790].

A elaboração da dissertação não é, porém, levada a cabo livremente pelo candidato, antes deve ser orientada, em princípio, por um professor ou investigador da universidade ou estabelecimento de ensino universitário que confere o grau[791].

Nisto está outro aspecto nuclear do regime português dos mestrados, que o distingue do dos doutoramentos, visto que só os candidatos a estes podem apresentar-se a provas sob sua exclusiva responsabilidade[792].

Bem se compreende aquela exigência legal.

A investigação científica obedece a regras metodológicas, que disciplinam uma pluralidade de aspectos em que a mesma se desdobra – desde a definição do objecto a investigar até ao modo de apresentação dos elementos em que os resultados obtidos se baseiam – cuja observância é

---

[790] Assim se exprimem o art. 27.º, n.º 2, do *Regulamento de Mestrados* e o art. 38.º, n.º 2, do *Regulamento de Estudos Pós-Graduados da Faculdade de Direito de Lisboa*.

[791] Cfr. o art. 11.º, n.º 1, do D.L. n.º 216/92, de 13 de Outubro.

[792] Nos casos definidos no art. 19.º, n.º 3, do diploma citado na nota anterior.

400   *Problemática internacional da sociedade da informação*

indispensável a fim de que esses resultados possam ser tidos por fiáveis ou, pelo menos, possam ser confirmados ou refutados por terceiros.

Ora, as dissertações de mestrado são em regra elaboradas por pessoas inexperientes nesta actividade. É, por isso, recomendável que os trabalhos de investigação levados a cabo por alunos de mestrado sejam orientados por professores. Disso dependem, em muitos casos, o cabal aproveitamento da disponibilidade e das qualidades de trabalho dos alunos, assim como a própria utilidade social do esforço por estes despendido (não raro com o patrocínio económico do Estado ou de outras entidades).

Aliás, julgamos que a orientação deve em rigor também ser exercida na parte escolar do mestrado, quer por via da prévia discussão do plano da exposição com o ou os professores, quer através dos contactos mantidos entre estes e os alunos antes e durante a elaboração dos relatórios escritos, *maxime* no tempo de atendimento para o efeito reservado.

II – CONTEÚDO

A orientação de relatórios e dissertações é a nosso ver, pelo exposto, também uma forma de ensino. Mas qual o conteúdo que deve assumir?

Sobre o ponto apenas se estabelecem, tanto no *Regulamento do Mestrado* em vigor na Faculdade de Direito de Lisboa como no *Regulamento de Estudos Pós-Graduados* desta Faculdade, duas directrizes[793]:

– Cabe ao aluno entrar em contacto com o professor orientador e assentar com ele os termos da orientação;
– A orientação baseia-se no princípio da liberdade académica, não se responsabilizando o professor orientador pelas opiniões e formulações que venham a constar da dissertação.

A estas regras acresce a que foi fixada pelo Conselho Científico em 1987, conforme a qual a orientação «postula, após a nomeação pelo Conselho, contactos efectivos entre o candidato e o orientador»[794].

---

[793] Cfr. o art. 29.° do *Regulamento do Mestrado* e o art. 40.° do *Regulamento de Estudos Pós-Graduados.*

[794] Cfr. a acta n.° 41, da reunião do Conselho de 2 de Dezembro de 1987, *in Actas do Conselho Científico da Faculdade de Direito de Lisboa de 24/4/85 a 2/3/88*, fl. 81, anexo, p. 3.

A matéria é, pois, em larga medida deixada na disponibilidade das partes.

O que significa que dificilmente se podem formular outras regras gerais quanto à orientação de trabalhos de mestrado. Na realidade, cada professor tende a imprimir-lhe um conteúdo particular e por vezes até conteúdos diversos consoante o aluno, a índole do trabalho e a própria circunstância em que a exerce (pois não pode ignorar-se que a democratização do ensino pós-graduado, para que se tem caminhado, é inevitavelmente adversa à personalização deste).

Cremos, no entanto, poder afirmar que a intensidade da orientação deve variar na razão inversa do estado de adiantamento dos trabalhos. No início destes é desejável uma intervenção mais acentuada do orientador, designadamente na delimitação do tema da investigação, na definição do estatuto desta, na identificação dos problemas e da ordem por que estes hão-de ser tratados. Parece, em contrapartida, aconselhável um maior distanciamento por parte do orientador à medida que o candidato for chegando a conclusões, de modo a assegurar que o primeiro não comprometa a sua capacidade para julgar a aptidão do segundo, assim como o mérito e a originalidade do trabalho.

III – SUGESTÕES DE TEMAS

Indicam-se seguidamente vinte e cinco temas, que podem constituir objecto de relatórios ou dissertações de mestrado no domínio abrangido pelo presente curso:

1. Lex electronica.
2. *Comércio electrónico e auto-regulação.*
3. *Internet e* soft law.
4. *Protecção da privacidade e Direito Internacional Privado.*
5. *Tutela internacional de obras e prestações disponíveis em rede.*
6. *Lei reguladora da protecção das bases de dados e normas de aplicação imediata.*
7. *Obras multimédia e Direito Internacional Privado.*
8. *Territorialidade dos direitos industriais e Internet.*
9. *Problemática internacional dos nomes de domínio.*
10. *A Convenção de Viena e o comércio electrónico.*

402   *Problemática internacional da sociedade da informação*

11. Lex originis *e* lex destinationis *na regulação do comércio electrónico.*
12. *A protecção do consumidor no comércio electrónico transfronteiras.*
13. *Comércio electrónico e competência internacional.*
14. *Lei reguladora dos contratos informáticos.*
15. *Reconhecimento internacional de assinaturas electrónicas e certificados.*
16. *Transferências internacionais de fundos por via electrónica.*
17. *Lei reguladora da publicidade em rede.*
18. *Concorrência desleal, lei do mercado e Internet.*
19. *Direito aplicável ao teletrabalho.*
20. *Competência internacional em matéria de teletrabalho.*
21. *Dano transnacional e Internet.*
22. *Reconhecimento de sentenças estrangeiras relativas a litígios emergentes do comércio electrónico.*
23. *Arbitragem* on line.
24. *Mediação de conflitos emergentes do comércio electrónico.*
25. *Resolução administrativa de conflitos transfronteiras.*

PARTE IV

ELEMENTOS DE ESTUDO
E INVESTIGAÇÃO

§ 10.°

Generalidades

Indicam-se seguidamente os principais elementos de estudo e investigação dos temas versados na disciplina. A bibliografia sobre esses temas é hoje extremamente vasta. Os títulos que aqui se coligem correspondem, por isso, a uma selecção das obras disponíveis.

Teve-se em vista, nessa selecção, fornecer aos alunos elementos que, além de facultarem uma introdução ao objecto do curso e de possibilitarem o acompanhamento e a participação nas aulas ministradas em seminário, sirvam de ponto de partida para uma investigação pessoal sobre os diferentes tópicos do programa. Incluiram-se, por conseguinte, na bibliografia, além de obras gerais, outras sobre temas específicos. Estas vão indicadas em rubricas distintas, em ordem a facilitar a consulta da bibliografia.

Algumas das obras referidas apenas estão disponíveis em *sítios* da Internet. Apesar da volatilidade da informação nesta última divulgada, pareceu-nos útil mencioná-las aqui. Deve, porém, advertir-se o leitor de que a disponibilidade dessas obras se refere, o mais tardar, a Julho de 2004 e pode não se manter ulteriormente.

A fim de não alongarmos excessivamente a bibliografia, os estudos incluídos em colectâneas e obras colectivas apenas são referidos autonomamente quando estas últimas não sejam directamente citadas. Por outro lado, as obras mencionadas numa das categorias acima referidas não o serão nas demais, ainda que integráveis em mais do que uma. Na classificação feita, atendeu-se às características predominantes de cada obra.

§ 11.°
Bibliografia

I – DIREITO INTERNACIONAL PRIVADO

1. Bibliografia portuguesa

1.1. Obras gerais

Collaço, Isabel de Magalhães – *Direito Internacional Privado*, 3 vols., Lisboa, AAFDL, 1958-59 [polic.; existe reedição do vol. I, de 1966].

Correia, António Ferrer – *Direito Internacional Privado. Alguns problemas*, Coimbra, 1981.

—— «Direito Internacional Privado», *Polis*, vol. 2, col. 461 ss. [reproduzido *in Temas de Direito Comercial e Direito Internacional Privado*, Coimbra, Almedina, 1989, pp. 299 ss.].

—— *Lições de Direito Internacional Privado*, vol. I, Coimbra, Almedina, 2000.

Machado, João Baptista – *Lições de Direito Internacional Privado*, 3.ª ed., reimpressão, Coimbra, Almedina, 2002.

Pinheiro, Luís de Lima – *Direito Internacional Privado*, Coimbra, Almedina, vol. I, *Introdução e Direito de Conflitos. Parte geral*, 2001; vol. II, *Parte especial (Direito de conflitos)*, 2002; vol. III, *Competência internacional e reconhecimento de decisões estrangeiras*, 2002.

Santos, António Marques dos – *Direito Internacional Privado. Introdução – I volume*, Lisboa, AAFDL, 2001.

Villela, Álvaro Machado – *Tratado elementar (teórico e prático) de Direito Internacional Privado,* Coimbra, Coimbra Editora, livro I, 1921; livro II, 1922.

Xavier, Luís Barreto – «Direito internacional privado», *in Enciclopédia Verbo Luso-Brasileira de Cultura. Edição Século XXI*, Lisboa/São Paulo, Editorial Verbo, vol. 9, cols. 529 ss.

408 *Problemática internacional da sociedade da informação*

1.2. Obras sobre temas específicos

Brito, Maria Helena – «Os contratos bancários e a Convenção de Roma de 19 de Junho de 1980 sobre a Lei Aplicável às Obrigações Contratuais», *Revista da Banca*, 1993, pp. 75 ss.

—— *A representação nos contratos internacionais. Um contributo para o estudo do princípio da coerência em direito internacional privado*, Coimbra, Almedina, 1999.

Collaço, Isabel de Magalhães – *Da compra e venda em Direito Internacional Privado*, vol. I, *Aspectos fundamentais*, Lisboa, 1954.

—— *Os reflexos do movimento de integração económica no Direito Privado e no Direito Internacional Privado*, Lisboa, 1972.

—— «L'arbitrage international dans la récente loi portugaise sur l'arbitrage volontaire (Loi n.º 31/86, du 29 août 1986)», *in Droit International et Droit Communautaire*, Paris, 1991, pp. 55 ss.

Correia, António Ferrer – *Estudos vários de direito*, Coimbra, 1982.

—— «Do direito aplicável pelo árbitro internacional ao fundo da causa», *BFDUC*, 2001, pp. 1 ss.

Pinheiro, Luís de Lima – *Contrato de empreendimento comum* (joint venture) *em Direito Internacional Privado*, Lisboa, Edições Cosmos, 1998; reimpressão, Coimbra, Almedina, 2003.

—— «Federalismo e Direito Internacional Privado – algumas reflexões sobre a comunitarização do Direito Internacional Privado», *Cadernos de Direito Privado*, n.º 2, Abril/Junho 2003, pp. 3 ss.

—— «Direito aplicável ao mérito da causa na arbitragem transnacional», *in* Luís de Lima Pinheiro (coordenador), *Estudos de Direito Comercial Internacional*, vol. I, Coimbra, Almedina, 2004, pp. 11 ss.

Pissarra, Nuno, e Susana Chabert – *Normas de aplicação imediata, ordem pública internacional e Direito Comunitário*, Coimbra, Almedina, 2004.

Ramos, Rui de Moura – *Direito Internacional Privado e Constituição*, Coimbra, Coimbra Editora, 1980.

—— *Da lei aplicável ao contrato de trabalho internacional*, Coimbra, Almedina, 1991.

—— *Das relações privadas internacionais. Estudos de Direito Internacional Privado*, Coimbra, Coimbra Editora, 1995.

—— «Le droit international privé communautaire des obligations extra-contractuelles», *Revue des Affaires Européennes – Law & European Affairs*, 2001/2002, pp. 415 ss.

—— *Estudos de Direito Internacional Privado e de Direito Processual Civil Internacional*, Coimbra, Coimbra Editora, 2002.

—— «O Tribunal de Justiça das Comunidades Europeias e a teoria geral do Direito Internacional Privado. Desenvolvimentos recentes», *in* AAVV, *Estu-*

dos em homenagem à Professora Doutora Isabel de Magalhães Collaço, Coimbra, 2002, vol. I, pp. 431 ss.

Santos, António Marques dos – *As normas de aplicação imediata no Direito Internacional Privado. Esboço de uma teoria geral,* 2 vols., Coimbra, Almedina, 1991.

—— *Estudos de Direito Internacional Privado e de Direito Processual Civil Internacional,* Coimbra, Almedina, 1998.

—— *Estudos de Direito Internacional Privado e de Direito Público,* Coimbra, Almedina, 2004.

Soares, Maria Ângela, e Rui Moura Ramos – *Contratos internacionais. Compra e venda. Cláusulas penais. Arbitragem,* Coimbra, Almedina, 1986.

Sousa, Miguel Teixeira de, e Dário Moura Vicente – *Comentário à Convenção de Bruxelas Relativa à Competência Judiciária e à Execução de Decisões em Matéria Civil e Comercial,* Lisboa, Lex, 1994.

Vicente, Dário Moura – *Da arbitragem comercial internacional. Direito aplicável ao mérito da causa,* Coimbra, Coimbra Editora, 1990.

—— *Da responsabilidade pré-contratual em Direito Internacional Privado,* Coimbra, Almedina, 2001.

—— *Direito Internacional Privado. Ensaios,* vol. I, Coimbra, Almedina, 2002.

—— «O Direito Internacional Privado no Código do Trabalho», *in* Pedro Romano Martinez (coordenador), *Estudos do Instituto de Direito do Trabalho,* vol. IV, Coimbra, Almedina, 2003, pp. 15 ss.

—— «Cooperação judiciária em matéria civil na Comunidade Europeia», *in Estudos em comemoração da Licenciatura em Direito da Universidade do Minho,* Coimbra, Almedina, 2004, pp. 251 ss.

—— «A Convenção de Viena Sobre a Compra e Venda Internacional de Mercadorias: características gerais e âmbito de aplicação», *in* Luís de Lima Pinheiro (coordenador), *Estudos de Direito Comercial Internacional,* Coimbra, Almedina, 2004, pp. 271 ss.

—— «Lei reguladora dos contratos de consumo», *in* AAVV, *Estudos do Instituto de Direito do Consumo,* vol. II, Coimbra, Almedina, 2004, pp. 75 ss.

2. Bibliografia estrangeira

2.1. Obras gerais

Abarca Junco, Ana Paloma (directora), Julio Gonzalez Campos, Mónica Guzmán Zapater, Pedro Miralles Sangro e Elisa Pérez Vera – *Derecho Internacional Privado,* vol. I, 5.ª ed., UNED, 2004.

Audit, Bernard – *Droit international privé,* Paris, Economica, 3.ª ed., 2000.

410 Problemática internacional da sociedade da informação

Ballarino, Tito – *Diritto internazionale privato*, 3.ª ed., Pádua, Cedam, 1999 [com a colaboração de Andrea Bonomi].

Bar, Christian von, e Peter Mankowski – *Internationales Privatrecht*, Munique, C.H. Beck, vol. I, *Allgemeine Lehren*, 2.ª ed., 2003; vol. II, *Besonderer Teil*, 1991 [por Christian von Bar].

Batiffol, Henri, e Paul Lagarde – *Droit international privé*, Paris, LGDJ, t. I, 8.ª ed., 1993; t. II, 7.ª ed., 1983.

Calvo Caravaca, Alfonso-Luis, e Javier Carrascosa González (directores) – *Derecho Internacional Privado*, 2 vols., 5.ª ed., Granada, Editorial Comares, 2004.

Cheshire, G. C., P. M. North e J.J. Fawcett – *Private International Law*, 13.ª ed., Londres/Edimburgo/Dublin, Butterworths, 1999.

Dicey and Morris on the Conflict of Laws, 13.ª ed., 2 vols., Londres, Sweet & Maxwell, 2000, *under the general editorship of Lawrence Collins; First supplement*, 2001; *Second supplement*, 2002; *Third supplement*, 2003; *Fourth Supplement*, 2004.

Dolinger, Jacob – *Direito Internacional Privado (Parte Geral)*, 7.ª ed., Rio de Janeiro/São Paulo, Renovar, 2003.

—— e Carmen Tiburcio – *Direito Internacional Privado (Parte Especial). Arbitragem comercial internacional* [com a colaboração de Suzana Medeiros], Rio de Janeiro/São Paulo, Renovar, 2003.

Fernández Rozas, José Carlos, e Sixto Sánchez Lorenzo – *Derecho Internacional Privado*, 3.ª ed., Madrid, Civitas, 2004.

Hay, Peter – *Internationales Privatrecht einschliesslich des internationalen Zivilverfahrenrechts*, 2.ª ed., Munique, C.H. Beck, 2002.

Hoffmann, Bernd von – *Internationales Privatrecht einschliesslich der Grundzüge des internationalen Zivilverfahrenrechts*, 7.ª ed., Munique, C.H. Beck, 2002.

Jayme, Erik – «Identité culturelle et intégration: le droit international privé postmoderne. Cours général de droit international privé», *Rec. cours*, t. 251 (1995), pp. 9 ss.

Kegel, Gerhard, e Klaus Schurig – *Internationales Privatrecht*, 9.ª ed., Munique, C.H. Beck, 2004.

Kropholler, Jan – *Internationales Privatrecht einschliesslich der Grundbegriffe des Internationalen Zivilverfahrensrechts*, 5.ª ed., Tubinga, Mohr Siebeck, 2004.

Lainé, Armand – *Introduction au droit international privé*, Paris, Librarie Cotillon, tomo I, 1888; tomo II, 1892.

Looschelders, Dirk – *Internationales Privatrecht* – Art. 3-46 EGBGB, Berlim, etc., Springer, 2004.

Loussouarn, Yvon, e Pierre Bourel – *Droit international privé*, 7.ª ed., Paris, Dalloz, 2001.

Mayer, Pierre, e Vicent Heuzé – *Droit international privé*, 7.ª ed., Paris, Montchrestien, 2001.

McClean, David – *Morris: The Conflict of Laws*, 5.ª ed., Londres, Sweet & Maxwell, 2000.

Mosconi, Franco – *Diritto Internazionale Privato e Processuale. Parte Generale e contratti*, 2.ª ed., com a colaboração de Cristina Campiglio, Turim, UTET, 2001.

Münchener Kommentar zum Bürgerlichen Gesetzbuch, vol. 10, 3.ª ed., Munique, C.H. Beck, 1998 [redactor: Hans-Jürgen Sonnenberger].

Picone, Paolo, e Wilhelm Wengler (orgs.) – *Internationales Privatrecht,* Darmstadt, Wissenschaftliche Buchgesellschaft, 1974.

Rauscher, Thomas – *Internationales Privatrecht*, 2.ª ed., Heidelberga, C.F. Müller, 2002.

Scoles, Eugene F., Peter Hay, Patrick J. Borchers e Symeon C. Symeonides – *Conflict of Laws*, 3.ª ed., St. Paul, Minn., West Publishing Co., 2000.

Siehr, Kurt – *Internationales Privatrecht. Deutsches und europäisches Kollisionsrecht für Studium und Praxis*, Heidelberga, C. F. Müller, 2001.

—— *Das internationale Privatrecht der Schweiz*, Zurique, Schulthess, 2002.

J. von Staudingers Kommentar zum Bürgerlichen Gesetzbuch mit Einführungsgesetz und Nebengesetzen, 13.ª ed., Berlim, Sellier/De Gruyter, 1994-2000 [cit. Staudingers Kommentar/autor].

Strenger, Ireneu – *Direito Internacional Privado*, 4.ª ed., São Paulo, LTR, 2000.

Strikwerda, L. – *Inleiding tot het Nederlandse Internationaal Privaatrecht*, 7.ª ed., Deventer, Kluwer, 2002.

Vischer, Frank – «General Course on Private International Law», *in Rec. cours*, t. 232 (1992-I), pp. 9 ss.

Wengler, Wilhelm – «The General Principles of Private International Law», *Rec. cours*, t. 104 (1961-III), pp. 273 ss.

—— *Internationales Privatrecht*, 2 vols., Berlim/Nova Iorque, De Gruyter, 1981.

2.2. Obras sobre temas específicos

Austin, Graeme – *Private International Law and Intellectual Property Rights. A Common Law Overview*, Genebra, 2001 (polic.).

Basedow, Jürgen – «The Effects of Globalization on Private International Law», *in* Jürgen Basedow e Toshiyuki Kono (orgs.), *Legal Aspects of Globalization. Conflict of Laws, Internet, Capital Markets and Insolvency in a Global Economy*, Haia/Londres/Boston, 2000, Kluwer Law International, pp. 1 ss.

—— «The communitarization of the Conflict of Laws under the Treaty of Amsterdam», *CMLR*, 2000, pp. 687 ss.

Baumgartner, Samuel P. – *The Proposed Hague Convention on Jurisdiction and Foreign Judgments*, Tubinga, Mohr Siebeck, 2003.

412 *Problemática internacional da sociedade da informação*

Blumer, Fritz – *Patent Law and International Private Law on Both Sides of the Atlantic*, Genebra, 2001 (polic.).

Boele-Woelki, Katharina – «Unification and Harmonization of Private International Law in Europe», *in Private Law in the International Arena. Liber Amicorum Kurt Siehr*, Haia, T.M.C. Asser Press, 2000, pp. 61 ss.

Boer, Th. M. de – «Prospects for European Conflicts Law in the Twenty-First Century», *in International Conflict of Laws for the Third Millenium. Essays in Honor of Friedrich Juenger*, Nova Iorque, s/d, pp. 193 ss.

Bonell, Michael Joachim - «UNIDROIT Principles 2004 – The New Edition of the Principles of International Commercial Contracts adopted by the International Institute for the Unification of Private Law», *ULR/RDU*, 2004, pp. 5 ss.

Calvo Caravaca, Alfonso-Luis, e Luis Fernández de la Gándara (directores) e Pilar Blanco-Morales Limones (coordenadora) – *Contratos internacionales*, Madrid, Tecnos, 1997.

Dinwoodie, Graeme B. – *Private International Aspects of the Protection of Trademarks*, Genebra, 2001 (polic.).

Dogauchi, Masato – *Private International Law and Intellectual Property Rights. A Civil Law Overview*, Genebra, 2001 (polic.).

Ehricke, Ulrich – «"Soft Law" – Aspekte einer neuen Rechtsquelle», *NJW*, 1989, pp. 1906 ss.

Fawcett, James, e Paul Torremans – *Intelectual Property and Private International Law*, Oxford, Oxford University Press, 1998.

Ferrari, Franco – «L'ambito d'applicazione della Convenzione di Vienna sulla vendita internazionale», *RTDPC*, 1994, pp. 893 ss.

Fouchard, Philippe, Emmanuel Gaillard e Berthold Goldman – *Traité de l'arbitrage commercial international*, Paris, Litec, 1996.

Fuchs, Angelika, Horatia Muir Watt e Étienne Pataut (directores) - *Les conflits de lois et le système juridique communautaire*, Paris, Dalloz, 2004.

Gaudemet-Tallon, Helène – *Compétence et exécution des jugements en Europe*, 3.ª ed., Paris, LGDJ, 2002.

Geimer, Reinhold – *Internationales Zivilprozessrecht*, 4.ª ed., Colónia, Dr. Otto Schmidt, 2001.

—— *Europäisches Zivilverfahrensrecht. Kommentar*, 2.ª ed., Munique, C.H. Beck, 2004.

Goldstein, Paul – *International Copyright. Principles, Law, and Practice*, Oxford, University Press, 2001.

Graziano, Thomas Kadner – *Europäisches Internationales Deliktsrecht*, Tubinga, Mohr Siebeck, 2003.

Gutzwiller, Max – «Le développement historique du droit international privé», *Rec. cours*, t. 29 (1929-IV), pp. 291 ss.

—— *Geschichte des Internationalen Privatrechts*, Basileia/Estugarda, 1977.

Parte IV – Elementos de Estudo e Investigação 413

Hamburg Group for Private International Law – «Comments on the European Commission's Draft Proposal for a Council Regulation on the Law Applicable to Non-Contractual Obligations», *RabelsZ*, 2003, pp. 1 ss.

Honnold, John – *Uniform Law for International Sales under the 1980 United Nations Convention*, 3.ª ed., s/l, 1999.

Jayme, Erik – «Le Droit International Privé du nouveau millénaire: la protection de la personne humaine face à la globalisation», *Rec. cours*, t. 282 (2000), pp. 9 ss.

—— e Christian Kohler – «Europäisches Kollisionsrecht 2001: Anerkennungsprinzip statt IPR?», *IPRax*, 2001, pp. 501 ss.

—— «Europäisches Kollisionsrecht 2002: Zur Wiederkehr des Internationalen Privatrechts», *IPRax*, 2002, pp. 461 ss.

—— «Europäisches Kollisionsrecht 2003: Der Verfassungskonvent und das Internationale Privat- und Verfahrensrechts», *IPRax*, 2003, pp. 485 ss.

Karollus, Martin – «Der Anwendungsbereich des UN-Kaufrechts im Überblick», *JuS*, 1993, pp. 378 ss.

Kessedjian, Catherine – «Codification du droit commercial international et droit international privé. De la gouvernance normative pour les relations économiques transnationales», *Rec. cours*, t. 300 (2002), pp. 79 ss.

Klauer, Stefan – *Das europäische Kollisionsrecht der Verbraucherverträge zwischen Römer EVÜ und EG-Richtlinien*, Tubinga, Mohr Siebeck, 2002.

Kohler, Christian – «Interrogations sur les sources du droit international privé européen après le traité d'Amsterdam», *RCDIP*, 1999, pp. 1 ss.

—— «Vom EuGVÜ zur EuGVVO: Grenzen und Konsequenzen der Vergemeinschaftung», *in Festschrift für Reinhold Geimer zum 65. Geburtstag*, Munique, 2002, pp. 461 ss.

Kropholler, Jan – *Europäisches Zivilprozessrecht. Kommentar zum EuGVO und Lugano-Übereinkommen*, 7.ª ed., Heidelberga, Verlag Recht und Wirtschaft, 2002.

Lagarde, Paul – «Le nouveau droit international privé des contrats après l'entrée en vigueur de la Convention de Rome du 19 juin 1980», *RCDIP*, 1991, pp. 287 ss.

Ly, Filip de – «Uniform Commercial Law and International Self-Regulation», *Dir. Comm. Int.*, 1997, pp. 519 ss.

Mankowski, Peter – «Binnenmarkt-IPR – Eine Problemskizze», *in* Jürgen Basedow e outros (orgs.), *Aufbruch nach Europa. 75 Jahre Max-Planck-Institut für Privatrecht*, Tubinga, Mohr Siebeck, 2001, pp. 595 ss.

—— «Überlegungen zur sach- und interessengerechten Rechtswahl für Verträge des internationalen Wirtschaftsverkehrs», *RIW*, 2003, pp. 2 ss.

Martiny, Dieter – «Europäisches Internationales Vertragsrecht – Erosion der Römischen Konvention?», *ZEuP*, 1997, pp. 107 ss.

414 Problemática internacional da sociedade da informação

Von Mehren, Arthur Taylor – «The Hague Jurisdiction and Enforcement Convention Project Faces an Impasse – A Diagnosis and Guidelines for a Cure», *IPRax*, 2000, pp. 465 ss.

——— «La rédaction d'une convention universellement acceptable sur la compétence judiciaire internationale et les effets des jugements étrangers: Le projet de la Conférence de La Haye peut-il aboutir?», *RCDIP*, 2001, pp. 85 ss.

——— «Theory and Practice of Adjudicatory Authority in Private International Law: A Comparative Study of the Doctrine, Policies and Practices of Common- and Civil-Law Systems. General Course on Private International Law (1996)», *Rec. cours*, t. 295 (2002), pp. 9 ss.

Meijers, E.-M. – «L'histoire des principes fondamentaux du droit international privé à partir du moyen age spécialement dans l'Europe Occidentale», *Rec. cours*, t. 49 (1934-III), pp. 54 ss.

De Miguel Asensio, Pedro Alberto – *Contratos internacionales sobre propiedad industrial*, Madrid, Civitas, 1995.

——— «Armonización normativa y régimen jurídico de los contratos mercantiles internacionales», *Dir. Comm. Int.*, 1998, pp. 859 ss.

——— «El Derecho Internacional Privado ante la globalización», *Anuario Español de Derecho Internacional Privado*, t. I, 2001, pp. 37 ss.

Nagel, Heinrich, e Peter Gottwald – *Internationales Zivilprozessrecht*, 5.ª ed., Colónia, Dr. Otto Schmidt, 2002.

Nygh, Peter – «Forum *Non Conveniens* and *Lis Alibi Pendens*: the Australian Experience», *in* J. Basedow *et al.* (orgs.), *Private Law in the International Arena – Liber Amicorum Kurt Siehr*, Haia, T.M.C. Asser Press, 2000, pp. 511 ss.

Patry, William – «Choice of Law and International Copyright», *AJCL*, 2000, 383.

Pertegás Sender, Marta – *Cross Border Enforcement of Patent Rights. An Analysis of the Interface Between Intellectual Property and Private International Law*, Oxford, Oxford University Press, 2002.

Rauscher, Thomas (org.) – *Europäisches Zivilprozessrecht. Kommentar*, Munique, Sellier – European Law Publishers, 2004.

Reithmann, Christoph, e Dieter Martiny (orgs.) – *Internationales Vertragsrecht. Das internationale Privatrecht der Schuldverträge*, 6.ª ed., Colónia, Otto Schmidt, 2004.

Remien, Oliver – «European Private International Law, the European Community and its Emerging Area of Freedom, Security and Justice», *CMLR*, 2001, pp. 53 ss.

Sánchez Lorenzo, Sixto, e Mercedes Moya Escudero (editores) – *La cooperación judicial en materia civil y la unificación del derecho privado en Europa*, Madrid, Dykinson, 2003.

Schack, Haimo – *Internationales Zivilverfahrensrecht*, 3.ª ed., Munique, C.H. Beck, 2002.

Parte IV – Elementos de Estudo e Investigação 415

Schlechtriem, Peter (org.) – *Kommentar zum Einheitlichen UN-Kaufrecht*, 3.ª ed., Munique, 2000.

Schlosser, Peter – «Jurisdiction and International Judicial and Administrative Co--operation», *Rec. cours*, t. 284 (2000), pp. 9 ss.

——— *EU-Zivilprozessrecht. Kommentar*, 2.ª ed., Munique, C.H. Beck, 2003.

Seidl-Hohenveldern, Ignaz – «International Economic "Soft Law"», *Rec. cours*, vol. 163 (1979-II), pp. 165 ss.

Spindler, Gerald – «Herkunftslandprinzip und Kollisionsrecht – Binnenmarktintegration ohne Harmonisierung?», *RabelsZ*, 2002, pp. 633 ss.

Strömholm, Stig – «The immovable *lex loci delicti* in international copyright law – traditional or rational?», *in* Jürgen Basedow e outros (orgs.), *Aufbruch nach Europa. 75 Jahre Max-Planck-Institut für Privatrecht*, Tubinga, Mohr Siebeck, 2001, pp. 517 ss.

Symeonides, Symeon C. – «The American Choice-of-Law Revolution in the Courts: Today and Tomorrow», *Rec. cours*, t. 298 (2002), pp. 9 ss.

Thünken, Alexander – *Das kollisionsrechtliche Herkunftslandprinzip*, Frankfurt am Main, etc., Peter Lang, 2003.

Troller, Alois – «Unfair Competition», *in IECL*, vol. III, *Private International Law.*

Vischer, Frank, Lucius Huber e David Oser – *Internationales Vertragsrecht*, 2.ª ed., Berna, Stämpfli, 2000.

Wagner, Rolf - «Vom Brüsseler Übereinkommen über die Brüssel I -Verordnung zum Europäischen Vollstreckungstitel», *IPRax*, 2002, pp. 75 ss.

Watté, Nadine, e Arnaud Nuyts – «Le champ d'application de la Convention de Vienne sur la vente internationale. La théorie à l'épreuve de la pratique», *Clunet*, 2003, pp. 365 ss.

II – DIREITO DA SOCIEDADE DA INFORMAÇÃO E MATÉRIAS CONEXAS

3. Bibliografia portuguesa

3.1. Obras gerais

Ascensão, José de Oliveira – «Direito cibernético: a situação em Portugal», *Direito e Justiça,* 2001, pp. 9 ss.

Gonçalves, Maria Eduarda – *Direito da Informação. Novos direitos e formas de regulação na sociedade da informação*, Coimbra, Almedina, 2003.

Gonçalves, Pedro – *Direito das telecomunicações*, Coimbra, Almedina, 1999.

416   *Problemática internacional da sociedade da informação*

Marques, Garcia, e Lourenço Martins – *Direito da Informática*, Coimbra, Almedina, 2000.

Martins, A. G. Lourenço, J. A. Garcia Marques e Pedro Simões Dias – *Cyberlaw em Portugal. O direito das tecnologias da informação e comunicação*, s/l, Centro Atlântico, 2004.

Silva, Francisco da – «Sociedade da informação», *in Enciclopédia Verbo Luso--Brasileira de Cultura. Edição Século XXI*, vol. 27, Lisboa/São Paulo, Editorial Verbo, cols. 263 ss.

3.2. Obras sobre temas específicos

AAVV – *Num novo Mundo do Direito de Autor?*, Lisboa, Cosmos/DGESP/Arco Íris, 1994.

AAVV – *As Telecomunicações e o Direito na Sociedade da Informação*, Coimbra, Instituto Jurídico da Comunicação, 1999.

AAVV – *Sociedade da Informação. Estudos jurídicos*, Coimbra, Almedina, 1999.

AAVV – *Direito da Sociedade da Informação*, Coimbra, Coimbra Editora, vol. I, 1999; vol. II, 2001; vol. III, 2002; vol. IV, 2003; vol. V, 2004.

AAVV – *Gestão Colectiva do Direito de Autor e Direitos Conexos no Ambiente Digital*, Ministério da Cultura, 2001.

AAVV – *Temas de Direito da Informática e da Internet*, Coimbra, Coimbra Editora, 2004.

AAVV – *O comércio electrónico em Portugal – o quadro legal e o negócio*, s/l, ICP-ANACOM, 2004.

Andrade, Francisco Carneiro Pacheco – «A celebração de contratos por EDI – Intercâmbio Electrónico de Dados», *in* AAVV, *Estudos em comemoração do décimo aniversário da Licenciatura em Direito da Universidade do Minho*, Coimbra, 2004, pp. 297 ss.

Andrade, Miguel Almeida – *Nomes de domínio na Internet. A regulamentação dos nomes de domínio sob.pt*, Lisboa, Centro Atlântico, 2004.

Ascensão, José de Oliveira – *Direito Civil – Direito de Autor e direitos conexos*, Coimbra, Coimbra Editora, 1992.

—— *Direito Comercial*, vol. II, *Direito Industrial*, Lisboa, 1994.

—— *Estudos sobre Direito da Internet e da Sociedade da Informação*, Coimbra, Almedina, 2001.

—— «Direito intelectual, exclusivo e liberdade», *ROA*, 2001, pp. 1195 ss.

—— *Concorrência desleal*, Coimbra, Almedina, 2002.

—— «A reserva da intimidade da vida privada e familiar», *RFDUL*, 2002, pp. 9 ss.

—— «A transposição da Directriz n.° 01/29 sobre aspectos do direito de autor e direitos conexos na sociedade da informação», *RFDUL*, 2002, pp. 915 ss.

Parte IV – Elementos de Estudo e Investigação

—— «Bases para uma transposição da Directriz n.° 00/31, de 8 de Junho (comércio electrónico)», *in D.A.R.,* II Série-A, n.° 79, de 20 de Março de 2003, suplemento, pp. 3320 (41) ss.

—— «As funções da marca e os descritores *(metatags)* na Internet», *in* AAVV, *Direito Industrial,* vol. III, Coimbra, Almedina, 2003, pp. 5 ss.

Câmara, Paulo – «A oferta de valores mobiliários realizada através das Internet», *Cadernos do Mercado de Valores Mobiliários,* 1997, pp. 1 ss.

Casimiro, Sofia – *A responsabilidade civil pelo conteúdo da informação transmitida pela Internet,* Coimbra, Almedina, 2000.

—— *Contributo para o estudo dos mecanismos de associação de conteúdos da World Wide Web – As hiperligações,* Lisboa, 2001 (dissertação de mestrado, polic.).

Correia, Miguel Pupo – *Documentos electrónicos e assinatura digital: perspectiva da nova lei (Decreto-lei n.° 290-D/99, de 2.8)* (disponível em http://www.digital-forum.net).

Costa, José Francisco de Faria – *Direito Penal da Comunicação (Alguns escritos),* Coimbra, Coimbra Editora, 1998.

Dray, Guilherme – «Teletrabalho, Sociedade da Informação e Direito», *in* Pedro Romano Martinez (coordenador), *Estudos do Instituto de Direito do Trabalho,* vol. III, Coimbra, Almedina, 2002, pp. 261 ss.

Festas, David Fernandes de Oliveira – *A declaração negocial automatizada. Da sua natureza jurídica e do erro humano e defeito da máquina no seu processo de emissão e de transmissão* [relatório de mestrado, polic.], Lisboa, 2003.

Frada, Manuel Carneiro da – «Vinho novo em odres velhos? A responsabilidade civil das "operadoras de *Internet*" e a doutrina comum da imputação de danos», *ROA,* 1999, pp. 665 ss.

Gonçalves, Luís Couto – *Direito de marcas,* 2.ª ed., Coimbra, Almedina, 2003.

Guimarães, Maria Raquel – *As transferências electrónicas de fundos e os cartões de débito,* Coimbra, Almedina, 1999.

Leitão, Luís Menezes – «A responsabilidade civil na Internet», *ROA,* 2001, pp. 171 ss.

—— «A distribuição de mensagens de correio electrónico indesejadas *(spam)*», *in* Rui de Moura Ramos e outros (orgs.), *Estudos em homenagem à Professora Doutora Isabel de Magalhães Collaço,* vol. II, Coimbra, 2002, pp. 219 ss.

Mendes, Armindo Ribeiro – «Contratos informáticos», *Legislação – Cadernos de Ciência e Legislação,* Outubro/Dezembro 1993, pp. 83 ss.

Monteiro, Jorge Sinde – «Direito Privado Europeu. Assinatura electrónica e certificação (A Directiva 1999/93/CE e o Decreto-Lei n.° 298-D/99, de 2 de Agosto)», *RLJ,* ano 133.°, pp. 261 ss.

Oliveira, Elsa Dias – *A protecção dos consumidores nos contratos celebrados através da Internet. Contributo para uma análise numa perspectiva material e internacionalprivatista,* Coimbra, Almedina, 2002.

418 *Problemática internacional da sociedade da informação*

Pereira, Alexandre Dias – *Comércio electrónico na sociedade da informação: da segurança técnica à confiança jurídica*, Coimbra, Almedina, 1999.
—— «Direitos de autor, códigos tecnológicos e a Lei do Milénio Digital», *BFDUC*, 1999, pp. 475 ss.
—— «A protecção do consumidor no quadro da Directiva sobre o Comércio Electrónico», *in Estudos de Direito do Consumidor*, n.° 2, Coimbra, 2000, pp. 43 ss.
—— *Informática, Direito de Autor e propriedade tecnodigital*, Coimbra, Coimbra Editora, 2001.
—— «*"Meta-tags"*, marca e concorrência desleal», *in* AAVV, *Direito Industrial*, vol. III, Coimbra, Almedina, 2003, pp. 243 ss.
Pereira, Joel Timóteo Ramos – *Direito da internet e comércio electrónico*, Lisboa, Quid Juris?, 2001.
Pires, Florbela – «Moeda electrónica e cartões de pagamento restrito», *Cadernos do Mercado de Valores Mobiliários*, n.° 15, Dezembro de 2002, pp. 353 ss.
Ramalho, Maria do Rosário Palma – «Novas formas da realidade laboral: o teletrabalho», *in Estudos de Direito do Trabalho*, vol. I, Coimbra, Almedina, 2003, pp. 195 ss.
Redinha, Maria Regina – «O teletrabalho», *in* António Moreira (org.), *II Congresso Nacional de Direito do Trabalho. Memórias*, Coimbra, Almedina, 1999, pp. 81 ss.
Silva, Francisco da – «Comércio electrónico», *in Enciclopédia Verbo Luso-Brasileira de Cultura. Edição Século XXI*, vol. 7, Lisboa/São Paulo, Editorial Verbo, cols. 561 ss.
Teixeira, Glória (coordenadora) – *O comércio electrónico. Estudos jurídico-económicos*, Coimbra, Almedina, 2002.

4. Bibliografia estrangeira

4.1. Obras gerais

Asseraf-Olivier, Frédérique, e Éric Barbry – *Le droit du multimédia*, 2.ª ed., Paris, Presses Universitaires de France, 2000.
Ballarino, Tito – *Internet nel mondo della legge*, Pádua, Cedam, 1998.
Barlow, John Perry – *A Cyberspace Independence Declaration* (disponível em http://www.eff.org).
Bertrand, André, e Thierry Piette-Coudol – *Internet et le droit*, 2.ª ed., Paris, Presses Universitaires de France, 2000.
Boehme-Nessler, Volker – *Cyberlaw. Lehrbuch zum Internet-Recht*, Munique, C.H. Beck, 2001.

Parte IV – Elementos de Estudo e Investigação

Cassano, Giuseppe (org.) – *Internet. Nuovi problemi e questioni controverse*, Milão, Giuffrè, 2001.

Catala, Pierre – *Le droit à l'épreuve du numérique. Jus ex Machina*, Paris, PUF, 1998.

Glatt, Christoph – *Vertragsschluss im Internet*, Baden-Baden, Nomos Gesellschaft, 2002.

Hill, Richard – «On-line Arbitration: Issues and Solutions», *Arbitration International*, 1999, pp. 199 ss.

Hoeren, Thomas – «Internet und Recht – Neue Paradigmen des Informationsrechts», *NJW*, 1998, pp. 2849 ss.

—— *Grundzüge des Internetrechts*, 2.ª ed., Munique, C.H. Beck, 2002 (também disponível em http://www.uni-muenster.de/Jura.itm/hoeren, em versão actualizada a Julho de 2004).

Hohloch, Gerhard (org.) – *Recht und Internet*, Baden-Baden, Nomos, 2001.

Junker, Abbo, e Martina Benecke – *Computerrecht*, 3.ª ed., Baden-Baden, Nomos Verlagsgesellschaft, 2003.

Kloepfer, Michael – *Informationsrecht*, Munique, C.H. Beck, 2002.

Köhler, Markus, e Hans-Wolfgang Arndt – *Recht des Internet*, 4.ª ed., Heidelberga, C.F. Müller, 2003.

Kröger, Detlef, e Marc A. Gimmy (orgs.) – *Handbuch zum Internetrecht*, 2.ª ed., Berlim, etc., Springer, 2002.

Ledermann, Eli, e Ron Shapira (orgs.) – *Law, Information and Information Technology*, Haia/Londres/Nova Iorque, Kluwer, 2001.

Lessig, Lawrence – «The Zones of Cyberspace», *Stan. L. Rev.*, 1996, pp. 1403 ss.

—— *Code and Other Laws of Cyberspace*, Nova Iorque, Basic Books, 1999.

—— *The Future of Ideas. The Fate of the Commons in a Connected World*, Nova Iorque, Random House, 2001.

Losano, Mario G. – «Giuscibernetica», *in Novissimo Digesto Italiano, Appendice*, vol. III, Turim, 1982, pp. 1077 s.

Lucas, André, Jean Devèze e Jean Frayssinet – *Droit de l'informatique et de l'Internet*, Paris, PUF, 2001.

Lyon, David – *The Information Society. Issues and Illusions*, Cambridge, Polity Press, reimpressão, 1998.

De Miguel Asensio, Pedro Alberto – *Derecho Privado de Internet*, 3.ª ed., Madrid, Civitas, 2002.

Munõz Machado, Santiago – *La regulación de la red. Poder y Derecho en Internet*, s/l, Taurus, 2000.

Negroponte, Nicholas – *Being Digital*, Londres, Coronet Books/Hodder and Stoughton, 1995.

Nespor, Stefano, e Ada Lucia de Cesaris – *Internet e la legge*, 2.ª ed., Milão, Ulrico Hoepli, 2001.

Paesani, Liliana Minardi – *Direito e Internet*, 2.ª ed., São Paulo, Editora Atlas, 2003.

420   *Problemática internacional da sociedade da informação*

Reed, Chris – *Internet Law: Text and Materials*, Londres/Edimburgo/Dublin, Butterworths, 2000.
—— e John Angel (orgs.) – *Computer Law*, 5.ª ed., Oxford, Oxford University Press, 2003.
Schwarz, Mathias, e Andreas Peschel-Mehner (orgs.) – *Recht im Internet*, Augsburg, Kognos, 2002 (folhas móveis).
Sieber, Ulrich – «Informationsrecht und Recht der Informationstechnik. Die Konstituierung eines Rechtsgebietes in Gegenstand, Grundfragen und Zielen», *NJW*, 1989, pp. 2569 ss.
Smith, Bradford L. – «The Third Industrial Revolution: Law and Policy for the Internet», *in Rec. cours*, t. 282 (2000), pp. 229 ss.
Street, Lawrence, e Mark Grant – *Law of the Internet*, LexisNexis, 2002.
Tosi, Emilio (org.) – *I Problemi Giuridici di Internet: dall'e-commerce all'e-business*, 2.ª ed., Milão, Giuffrè, 2001.
Susskind, Richard – *Transforming the Law. Essays on Technology, Justice and the Legal Marketplace*, Oxford, Oxford University Press, 2000.

4.2. Obras sobre temas específicos

AAVV – *Commerce électronique et propriétés intellectuelles*, Paris, Litec, 2001.
AAVV – *Culture, Copyright and Information Society*, Atenas, Ministério da Cultura, 2004.
Alford, Roger P. – «The Virtual World and the Arbitration World», *JIA*, 2001, pp. 449 ss.
Barriuso Ruiz, Carlos – *La contratación electrónica*, 2.ª ed., Madrid, Dykinson, 2002.
Beard, Lucy, Valérie Budd, Arnd Haller, Marc Schuler, Ingrid Silver e Jörg Wimmers – «Harmonization of Copyright Law in the European Community. A comparative overview of the implementation of the Copyright Directive 2001/29/EC) in France, Germany and the United Kingdom», *CRi*, 2004, pp. 33 ss.
Bellefonds, Xavier Linant de (org.) – *Droits d'auteur et droits voisins*, Paris, Dalloz, 2002 [com a colaboração de Célia Zolynski].
Berger, Christian – «Rechtliche Rahmenbedingungen anwaltlicher Dienstleistungen über das Internet», *NJW*, 2001, pp. 1530 ss.
Bertrand, André – *Le droit d'auteur et les droits voisins*, 2.ª ed., Paris, Dalloz, 1999.
Biegel, Stuart – *Beyond Our Control? Confronting the Limits of Our Legal System in the Age of Cyberspace*, Cambridge, Massachussets/Londres, The MIT Press, 2003.
Bochurberg, Lionel – *Internet et commerce électronique*, 2.ª ed., Paris, Dalloz, 2001.

Parte IV – Elementos de Estudo e Investigação 421

Broderick, Terry R. – *Regulation of Information Technology in the European Union*, Londres/Haia/Boston, Kluwer, 2000.

Broglie, Gabriel de – *Le droit d'auteur et l'internet*, 2.ª ed., Paris, PUF, 2001.

Bydlinski, Peter – «Der Sachbegriff im elektronischen Zeitalter: zeitlos oder anpassungsbedürftig?», *AcP*, 1998, pp. 287 ss.

Caprioli, Eric A. – «Arbitrage et médiation dans le commerce électronique», *Rev. arb.*, 1999, pp. 225 ss.

Chimienti, Laura – *Lineamenti del nuovo diritto d'autore. Direttive comunitarie e normativa interna*, 5.ª ed., Milão, Giuffrè, 2002.

Cornish, William, e David Llewelyn – *Intellectual Property: Patents, Copyright, Trade Marks and Allied Rights*, 5.ª ed., Londres, Sweet & Maxwell, 2003.

Cruquenaire, Alexandre, e Fabrice de Patoul – «Le développement des modes alternatifs de règlement des litiges de consommation: quelques réflexions inspirées par l'expérience ECODIR», *Lex Electronica*, vol. 8, n.º 1, 2002 (disponível em http://www.lex-electronica.org)

Cutsem, Jean-Pierre van, Arnaud Viggria e Oliver Güth – *E-Commerce in the World*, Bruxelas, Bruyllant, 2003.

Ensthaler, Jürgen – *Gewerblicher Rechtsschutz und Urheberrecht*, 2.ª ed., Berlin, etc. Springer Verlag, 2003.

——, Wolfgang Bosch e Stefan Völker (organizadores) – *Handbuch Urheberrecht und Internet*, Heidelberga, Verlag Recht und Wirtschaft, 2002.

Edwards, Lilian, e Charlotte Waelde – *Law and the Internet. A Framework for Electronic Commerce*, Oxford/Portland Oregon, Hart Publishing, 2000.

Fallenböck, Markus, e Johann Weitzer – «Digital Rights Management: A New Approach to Information and Content Management?», *CRi*, 2003, pp. 40 ss.

Ficsor, Mihály – *La gestion collective du droit d'auteur et des droits connexes*, Genebra, OMPI, 2002.

Freytag, Stefan M. – *Haftung im Netz. Verantwortlichkeit für Urheber-, Marken- und Wettbewerbsrechtsverletzungen nach § 5 TDG und § 5 MDStV*, Munique, C.H. Beck, 1999.

García Vidal, Ángel – «A Recomendação Conjunta da União de Paris e da OMPI sobre a Protecção das Marcas e outros Direitos de Propriedade Industrial sobre Sinais na Internet», *SI*, 2003, pp. 317 ss.

Geller, Paul Edward, e Melville B. Nimmer (organizadores) – *International Copyright Law and Practice*, vol. I, [folhas móveis; actualizado até Outubro de 2000].

Gómez Segade, José Antonio (director) – *Comercio electrónico en internet*, Madrid/Barcelona, Marcial Pons, 2001.

Goodman, Joseph W. – «The Pros and Cons of Online Dispute Resolution: An Assessment of Cyber-Mediation Websites», *Duke L. & Tech. Rev.*, 2003, n.º 4 (disponível em http://www.law.duke.edu/journals/dltr).

422   *Problemática internacional da sociedade da informação*

Gounalakis, Giorgios (org.) – *Rechtshandbuch Electronic Business*, Munique, C.H. Beck, 2003.

Hoeren, Thomas – «Electronic Commerce and Law – Some Fragmentary Thoughts on the Future of Internet Regulation From a German Perspective», *in* Jürgen Basedow/Toshiyuki Kono, *Legal Aspects of Globalization. Conflict of Laws, Internet, Capital Markets and Insolvency in a Global Economy*, Haia/Londres/Boston, Kluwer Law International, 2000, pp. 35 ss.

Hubmann, Heinrich, Horst-Peter Götting e Hans Forkel – *Gewerblicher Rechtsschutz*, 7.ª ed., Munique, C.H. Beck, 2002.

Hugenholtz, Bernt P. (org.) – *The Future of Copyright in a Digital Environment. Proceedings of the Royal Academy Colloquium organized by the Royal Netherlands Academy of Sciencies (KNAW) and the Institute for Information Law (Amsterdam, 6-7 July 1995)*, Haia/Londres/Boston, Kluwer Law International, 1996.

—— *Copyright and Electronic Commerce. Legal Aspects of Electronic Copyright Management*, Haia/Londres/Boston, Kluwer Law International, 2000.

Illescas Ortiz, Rafael (director) – *Derecho del comercio electrónico*, Madrid, La Ley, 2001.

Jehoram, Herman Cohen – «European Copyright Law – Ever More Horizontal», *IIC*, 2001, pp. 533 ss.

Kaestner, Jan (org.) – *Legal Aspects of Intellectual Property Rights in Electronic Commerce*, Munique, C.H. Beck, 1999.

Koepsell, David R. – *The Ontology of Cyberspace. Philosophy, Law, and the Future of Intellectual Property*, Chicago/La Salle, Illinois, Open Court Publishing, 2000.

Kretschmer, Martin – «Digital Copyright: The End of an Era», *EIPR*, 2003, pp. 333 ss.

Labbé, Éric – «Spamming en Cyberespace: à la recherche du caractère obligatoire de l'autoréglementation», *Lex Electronica*, vol. 6, n.º 1, 2000 (disponível em http://www.lex-electronica.org).

Lametti, David – «The Form and Substance of Domain Name Arbitration», *Lex Electronica*, vol. 7, n.º 2, 2002 (disponível em http://www.lex-electronica. org).

Lee, Ki-Su – «Urheberrecht im Internet», *in* Olaf Werner, Peter Häberle, Zentaro Kitagawa e Ingo Saenger (orgs.), *Brücken für die Rechtsvergleichung. Festschrift für Hans G. Leser zum 70. Geburtstag*, Tubinga, Mohr Siebeck, 1998, pp. 298 ss.

Lerouge, Jean-François – «Internet Effective Rules: The Role of Self-Regulation», *The EDI Law Review*, 2001, pp. 197 ss.

Lewinski, Kai von – «Alternative Dispute Resolution and Internet. A practial survey of the conditions for a successful blend», *CRi*, 2003, 167 ss.

Litman, Jessica – *Digital Copyight*, Nova Iorque, Prometheus Books, 2001.

Parte IV – Elementos de Estudo e Investigação

Lodder, Arno R., e Henrik W. K. Kaspersen (orgs.) – *eDirectives: Guide to the European Union Law on E-Commerce. Commentary on the Directives on Distance Selling, Electronic Signatures, Electronic Commerce, Copyright in the Information Society, and Data Protection*, Haia/Londres/Boston, Kluwer Law International, 2002.

Lucas, André – *Droit d'auteur et numérique*, Paris, Litec, 1998.

—— e Henri-Jacques Lucas – *Traité de la propriété littéraire et artistique*, 2.ª ed., Paris, Litec, 2001.

Lucca, Newton de – *Aspectos Jurídicos da Contratação Informática e Telemática*, São Paulo, Saraiva, 2003.

Maestre, Javier A. – *El Derecho al Nombre de Dominio*, s/l, Dominiuris.com, 2001.

Makeen, Makeen Fouad – *Copyright in a Global Information Society*, Haia/Londres/Boston, Kluwer, 2000.

Mayer, Franz C. – «Recht und Cyberspace», *NJW*, 1996, pp. 1782 ss.

Mayer-Schönberger, Viktor, Franz Galla e Markus Fallenböck – *Das Recht der Domain Namen*, Viena, Manz, 2001.

Montero, Étienne (director) – *Le commerce électronique européen sur les rails? Analyse et propositions de mise en oeuvre de la Directive sur le commerce électronique*, Bruxelas, Bruylant, 2001.

Moreno Navarrete, Miguél Ángel – *Derecho-e. Derecho del Comercio Electrónico*, Madrid/Barcelona, Marcial Pons, 2002.

Moritz, Hans-Werner, e Thomas Dreier – *Rechts-Handbuch zum E-Commerce*, Colónia, Dr. Otto Schmidt, 2002.

Moro Almaraz, Maria Jesus (directora), Juan Pablo Aparício Vaquero e Alfredo Batueas Caletrío (coordenadores) – *Autores, consumidores y comercio electrónico*, Madrid, Colex, 2004.

Nimmer, David – *Copyright. Sacred Text, Technology, and the DMCA*, Haia/Londres/Nova Iorque, Kluwer Law International, 2003.

Owenga Odinga, Emile Lambert – «Vers l'émergence d'une justice on-line», *Lex Electronica*, vol. 7, n.º 2, 2002 (disponível em http://www.lex-electronica.org).

Philips, Jeremy, e Alison Firth – *Introduction to Intellectual Property Law*, 4.ª ed., Londres, Butterworths, 2001.

Poullet, Yves – *The "Safe Harbor Principles": An Adequate Protection?*, Paris, 2000 (disponível em http://www.droit.fundp.ac.be/crid).

Rehbinder, Manfred – *Urheberrecht*, 12.ª ed., Munique, C.H. Beck, 2002.

Ricket, Charles E. F., e Graeme W. Austin (orgs.) – *International Intellectual Property and the Common Law World*, Oxford/Portland, Oregon, 2000.

Ricolfi, Marco – «A copyright for cyberspace? The european dilemmas», *AIDA*, 2000, pp. 443 ss.

Rogel Vide, Carlos – *Derecho de Autor*, Barcelona, Cálamo, s/d.

424 *Problemática internacional da sociedade da informação*

Rotenberg, Marc – «Fair Information Practices and the Architecture of Privacy (What Larry Doesn't Get)», *Stan. Tech. L. Rev.*, 2001, pp. 1 ss. (disponível em http://stlr.stanford.edu/STLR/Articles/01_STLR_1).

Roussos, Alexia – «La résolution des différends», *Lex Electronica*, vol. 6, n.º 1, 2002 (disponível em http://www.lex-electronica.org).

Sacerdoti, Giorgio, e Giuseppe Marino (orgs.) – *Il commercio elettronico. Profili giuridici e fiscali internazionali*, Milão, EGEA, 2001.

Sali, Rinaldo - *Risolvionline della Camera Arbitrale di Milão: Il modello e la procedura* (disponível em http://www.risolvionline.com).

Santos, Manoel J. Pereira – «Arbitragem e Propriedade Intelectual», *RBAr*, 2003, pp. 194 ss.

Schack, Haimo – «Neue Techniken und Geistiges Eigentum», *JZ*, 1998, pp. 753 ss.

—— *Urheber- und Urhebervertragsrecht*, 2.ª ed., Tubinga, Mohr Siebeck, 2001.

Schricker, Gerhard (editor) – *Urheberrecht. Kommentar*, 2.ª ed., Munique, C.H. Beck, 1999.

Snijders, Henk, e Stephen Weatherill (orgs.) – *E-Commerce Law. National and Transnational Topics and Perspectives*, Haia/Londres/Nova Iorque, Kluwer Law International, 2003.

Souza, Carlos Affonso Pereira de – «A resolução de conflitos entre marca e nome de domínio na Organização Mundial de Propriedade Intelectual», *in* Ricardo Ramalho Almeida (coordenador), *Arbitragem interna e internacional (questões de doutrina e da prática)*, Rio de Janeiro/S.Paulo, Renovar, 2003, pp. 171 ss.

Sterling, J. A. L. – «Philosophical and Legal Challenges in the Context of Copyright and Digital Technology», *IIC*, 2000, pp. 508 ss.

—— «International Codification of Copyright Law: Possibilities and Imperatives», *IIC*, 2002, pp. 270 ss.

Strömholm, Stig – «Copyright. Comparison of Laws», *in International Encyclopedia of Comparative Law*, vol. XIV, *Copyright and Industrial Property*, Tubinga, J.C.B. Mohr, s/d., capítulo 3.

Strowel, Alain – *Droit d'auteur et numérique*, Bruxelas, Bruylant, 2001.

Thieffry, Patrick – «L'émergence d'un droit européen du commerce électronique», *RTDE*, 2000, pp. 652 ss.

—— *Commerce électronique: droit international et européen*, Paris, Litec, 2002.

Tourneau, Philippe le – *Contrats informatiques et électroniques*, 2.ª ed., Paris, Dalloz, 2002.

Torremans, Paul – *Intellectual Property Law*, 3.ª ed., Londres, Butterworths, 2001.

Vahrenwald, Arnold – *Out-of-court dispute settlement systems for e-commerce* (disponível em http://dsa-isis.jrc.it/ADR/legalrep.html).

Vaidhyanathan, Siva – *Copyrights and Copywrongs. The Rise of Intellectual Property and How it Threatens Creativity*, Nova Iorque/Londres, New York University Press, 2001.

Parte IV – Elementos de Estudo e Investigação

Vázquez Iruzubieta – *Comercio Electrónico, Firma Electrónica y Servidores. Comentarios y Anexo Legislativo (Ley 34/2002, de 11 de julio)*, Madrid, Dijusa, 2002.

Walden, Ian – «Regulating electronic commerce: Europe in the global E-conomy», *E.L.Rev.*, 2001, pp. 529 ss.

Walter, Michel M. (org.) – *Europäisches Urheberrecht. Kommentar*, Viena/Nova Iorque, Springer Verlag, 2001.

—— *Updating and Consolidation of the Acquis. The Future of European Copyright*, s/l, 2002 (disponível em http://europa.eu.int).

Wandtke, Artur-Axel, e Winfried Bullinge (orgs.) – *Gesetz zur Regelung des Urheberrechts in der Informationsgesellschaft. Ergänzungsband zum Praxiskommentar zum Urheberrecht*, Munique, C.H. Beck, 2003.

Waty, Teodoro Andrade – *Transferência electrónica de fundos*, Maputo, W & W – Editora, 2004.

Westkamp, Guido – «Regional Protection of Databases. Common Law Misappropriation Surpasses Material Reciprocity in the US Investments in Collections of Information Bill 2003», *CRi*, 2004, pp. 1 ss.

Weyers, Hans-Leo (org.) – *Electronic Commerce – Der Abschluss von Verträgen im Internet*, Baden-Baden, Nomos, 2001.

Winkler, Matteo M. – «Il regime giuridico dei portali internet: i *terms of service*», *Dir. Comm. Int.*, 2002, pp. 825 ss.

III – PROBLEMÁTICA INTERNACIONAL DA SOCIEDADE DA INFORMAÇÃO

5. Bibliografia portuguesa

Oliveira, Elsa Dias – «Lei aplicável aos contratos celebrados com os consumidores através da Internet e tribunal competente», *in Estudos de Direito do Consumidor*, n.º 4, Coimbra, 2002, pp. 219 ss.

—— «Contratos celebrados através da Internet», *in* Luís de Lima Pinheiro (coordenador), *Estudos de Direito Comercial Internacional*, vol. I, Coimbra, Almedina, 2004, pp. 219 ss.

Pereira, Alexandre Dias – «Os pactos atributivos de jurisdição nos contratos electrónicos de consumo», *in Estudos de Direito do Consumidor*, n.º 3, Coimbra, 2001, pp. 281 ss.

—— «A jurisdição na Internet segundo o Regulamento 44/2001 (e as alternativas extrajudiciais e tecnológicas)», *BFDUC*, 2001, pp. 633 ss.

Pinheiro, Luís de Lima – «Direito aplicável aos contratos com consumidores», *ROA*, 2001, pp. 155 ss.

426   *Problemática internacional da sociedade da informação*

—— «Direito aplicável à responsabilidade extracontratual na Internet», *RFDUL*, 2001, pp. 825 ss.

Quadros, Fausto de – «O carácter *self-executing* de disposições de tratados internacionais. O caso concreto do acordo TRIPS», *ROA*, 2001, pp. 1269 ss.

Vicente, Dário Moura – «Comércio electrónico e competência internacional», *in* AAVV, *Estudos em homenagem ao Professor Doutor Armando M. Marques Guedes*, Lisboa, Coimbra Editora, 2004, pp. 903 ss.

6. Bibliografia estrangeira

6.1. Obras gerais

Ballarino, Tito – «Il quadro internazionale di internet», *in* Jean-François Gerkens e outros (directores), *Mélanges Fritz Sturm*, vol. II, s/l, Editions Juridiques de l'Université de Liège, 1999, pp. 1355 ss.

Bariatti, Stefania – «Internet: aspects relatifs aux conflits de lois», *RDIPP*, 1997, pp. 545 ss.

Boele-Woelki, Katharina, e Catherine Kessedjian (orgs.) – *Internet. Which Court Decides? Which Law Applies?*, Haia/Londres/Boston, Kluwer Law International, 1998.

Cachard, Olivier – *La régulation internationale du marché électronique*, Paris, LGDJ, 2002.

Calvo Caravaca, Alfonso, e Javier Carrascosa González – *Conflictos de Leyes y Conflictos de Jurisdicción en Internet*, Madrid, Colex, 2001.

Caprioli, Eric A. – *Règlement des litiges internationaux et droit applicable dans le commerce électronique*, Paris, Litec, 2002.

Chatillon, Georges (org.) – *Le droit international de l'internet*, Bruxelas, Bruylant, 2002.

Draetta, Ugo – *Internet et commerce électronique en droit international des affaires* (tradução do original italiano por Pierre Lévi e Carine Mocquart), Paris/Bruxelas, Forum Européen de la Communication/Bruylant, 2003.

Fallenböck, Markus – *Internet und Internationales Privatrecht*, Viena/Nova Iorque, Springer, 2001.

Mefford, Aron – «Lex Informatica: Foundations of Law on the Internet», *Indiana Journal of Global Legal Studies*, 1997, pp. 211 ss.

Müller, Carsten – «Internationales Privatrecht und Internet», *in* Thomas Hoeren/ /Robert Queck (orgs.), *Rechtsfragen der Informationsgesellschaft*, Berlim, Erich Schmidt Verlag, 1999, pp. 259 ss.

Müller, Helene Boriths – «Internationales Zivilverfahrensrecht», *in* Thomas Hoeren/Robert Queck (orgs.), *Rechtsfragen der Informationsgesellschaft*, Berlim, Erich Schmidt Verlag, 1999, pp. 288 ss.

Parte IV – Elementos de Estudo e Investigação

Overstraeten, Tanguy van – «Droit applicable et juridiction compétente sur Internet», *RDAI/IBLJ*, 1998, pp. 373 ss.

Post, David G. – «Anarchy, State, and the Internet: An Essay on Law-Making in Cyberspace», *J. Online L.*, 1995, artigo 3.

Spang-Hanssen, Henrik – *Cyberspace & International Law on Jurisdiction. Possibilities of Dividing Cyberspace into Jurisdictions with help of Filters and Firewall Software*, Copenhaga, DJOF Publishing, 2004.

6.2. Obras sobre temas específicos

Bachmann, Birgit – «Der Gerichtsstand der unerlaubten Handlung im Internet», *IPRax*, 1998, pp. 179 ss.

Bales, Richard A., e Suzanne Van Wert – «Internet Web Site Jurisdiction», *The John Marshall Journal of Computer & Information Law*, 2001, pp. 21 ss.

Ballon, Ian C. – «Rethinking Cyberspace Jurisdiction in Intellectual Property Disputes», *University of Pennsylvania Journal of International Economic Law*, 2000, pp. 481 ss.

Bariatti, Stefania – «La compétence internationale et le droit applicable au contentieux du commerce électronique», *RDIPP*, 2002, pp. 19 ss.

Basso, Maristela – «Arbitragem em *E-business* e Mecanismos *On-line* de Solução de Controvérsias», *RBAr*, 2003, pp. 207 ss.

Beltran, Javier – «What a Local Internet Company Can Do About Legal Uncertainty In Cyberspace: A Policy Proposal on How To Deal with the International Jurisdictional, Judgment Enforcement, and Conflict of Law Problems Posed By the Internet», *B. C. Intell. Prop. & Tech. F.*, 2001 (disponível em http://www.bc.edu).

Bergé, Jean-Sylvestre – «Droit d'auteur, conflit de lois et réseaux numériques: rétrospective et prospective», *RCDIP*, 2000, pp. 357 ss.

Berliri, Marco – «Jurisdiction and the Internet, and the European Regulation 44 of 2001», *in* Dennis Campbell e Susan Woodley (orgs.), *E-Commerce: Law and Jurisdiction*, Haia, Kluwer, 2002, pp. 1 ss.

Bernstoff, Christoph Graf von – «Ausgewählte Rechtsprobleme im Electronic Commerce», *RIW*, 2000, pp. 14 ss.

Bettinger, Torsten – «Trademark Law in Cyberspace – The Battle for Domain Names», *IIC*, 1997, pp. 508 ss.

—— «Der lange Arm amerikanischer Gerichte: Personal Jurisdiction im Cyberspace. Bericht über die neuere Rechtsprechung amerikanischer Gerichte zur intelokalen und internationalen Zuständigkeit bei Kennzeichkonflikten im Internet», *GRUR Int.*, 1998, pp. 660 ss.

—— e Dorothee Thum – «Territorial Trademark Rights in the Global Village – International Jurisdiction, Choice of Law and Substantive Law for Trademark Disputes on the Internet», *IIC*, 2000, pp. 162 ss., 285 ss.

428 *Problemática internacional da sociedade da informação*

Bierekoven, Christiane – *Der Vertragsabschluss via Internet im internationalen Wirtschaftsverkehr*, Colónia, etc., Carl Heymanns Verlag, 2001.

Bing, Jon – *The identification of applicable law and liability with regard to the use of protected material in the digital context* (disponível em http://www.eclip.org).

Boele-Woelki, Katharina – «Internet und IPR. Wo geht jemand ins Netz?», *in* AAVV, *Völkerrecht und Internationales Privatrecht in einem sich globalisierenden internationalen System – Auswirkungen der Entstaatlichung transnationaler Rechtsbeziehungen*, Heidelberga, C.F. Müller Verlag, 1999, pp. 307 ss.

Borges, Georg – «Weltweite Geschäfte per Internet und deutscher Verbraucherschutz», *ZIP*, 1999, pp. 565 ss.

Bortloff, Nils – «Internationale Lizenzierung von Internet-Simulcasts durch Tonträgerindustrie», *GRUR Int.*, 2003, pp. 669 ss.

Bühler, Lukas – *Schweizerisches und internationales Urheberrecht im Internet*, Friburgo, Universitätsverlag, 1999.

Burk, Dan L. – «Jurisdiction in a World Without Borders», *Va. J. L. & Tech.*, vol. 3 (1997) (disponível em http://vjolt.net).

Cachard, Olivier – «Le domaine coordonné par la Directive sur le Commerce Électronique et le Droit International Privé», *RDAI/IBLJ*, 2004, pp. 161 ss.

Caprioli, Eric A., e Renaud Sorieul – «Le commerce international électronique: vers l'émergence de règles juridiques transnationales», *Clunet*, 1997, pp. 323 ss.

Caral, José MA. Emmanuel A. – «Lessons from ICANN: Is self-regulation of the Internet fundamentally flawed?», *International Journal of Law and Information Technology*, 2004, pp. 1 ss.

Cornish, William R. – «Technology and Territoriality: A new Confrontation for Intellectual Property», *in* Olaf Werner, Peter Häberle, Zentaro Kitagawa e Ingo Saenger (orgs.), *Brücken für die Rechtsvergleichung. Festschrift für Hans G. Leser zum 70. Geburtstag*, Tubinga, Mohr Siebeck, 1998, pp. 298 ss.

Crane, Matthew – «International Liability in Cyberspace», *Duke L. & Tech. Rev.*, 2001, n.º 23 (disponível em http://www.law.duke.edu/journals/dltr).

Cruquenaire, Alexandre – *Le règlement extrajudiciaire des litiges relatifs aux noms de domaine*, Bruxelas, Bruylant, 2002.

Dessemontet, François – «Internet, le droit d'auteur et le droit international privé», *SJ*, 1996, pp. 285 ss.

—— «Conflicts of Laws for Intellectual Property in Cyberspace», *JIA*, 2001, pp. 487 ss.

Determann, Lothar, e Saralyn M. Ang-Olson – «Recognition and Enforcement of Foreign Injunctions in the U.S. *Yahoo! Inc, v. La Ligue Contre Le Racisme et L'Antisemitisme* – influential precendent for freedom of speech on the

Internet or routine confirmation of long established principles regarding equitable reflief?», *CRi*, 2002, pp. 129 ss.

Dethloff, Nina – «Marketing im Internet und Internationales Wettbewerbsrecht», *NJW*, 1998, pp. 1596 ss.

Dieselhorst, Jochen – «Anwendbares Recht bei Internationalen Online-Diensten», *ZUM*, 1998, pp. 293 ss.

Dinwoodie, Graeme B. – «International Intellectual Property Litigation: A Vehicle for Resurgent Comparativist Thought?», *AJCL*, 2001, pp. 429 ss.

Dogauchi, Masato – «Law Applicable to Torts and Copyright Infringement Through the Internet», *in* Jürgen Basedow e Toshiyuki Kono, *Legal Aspects of Globalisation. Conflict of Laws, Internet, Capital Markets and Insolvency in a Global Economy*, Haia/Londres/Boston, 2000, pp. 49 ss.

Donahey, M. Scott – «Dispute Resolution in Cyberspace», *JIA*, vol. 15 (1998), n.º 4, pp. 127 ss.

Donegan, Susan L. – «Alternative Dispute Resolution for Global Consumers in E-Commerce Transactions», *in* Dennis Campbell e Susan Woodley (orgs.), *E-Commerce: Law and Jurisdiction*, Haia, Kluwer, 2002, pp. 117 ss.

Dreyfuss, Rochelle C., e Jane Ginsburg – «Principles Governing Jurisdiction, Choice of Law, and Judgments in Transnational Disputes. Aim, scope and approach of the American Law Institute project on intellectual property», *CRi*, 2003, pp. 33 ss.

Engel, Anri – «International Domain Name Disputes: (Rules and Practice of the UDRP)», *EIPR*, 2003, pp. 351 ss.

Fallon, Marc, e J. Meeusen – «Le commerce électronique, la directive 2000/31//CE et le droit international privé», *RCDIP*, 2002, pp. 435 ss.

Fezer, Karl-Heinz, e Stefan Koos – «Das gemeinschaftsrechtliche Herkunftslandprinzip und die e-commerce Richtlinie», *IPRax*, 2000, pp. 349 ss.

Gautier, Pierre-Yves – «Du droit applicable dans le "village planétaire" au titre de l'usage immatériel des oeuvres», *D.*, 1996, *Chronique*, pp. 131 ss.

Gautrais, Vincent – *Le contrat électronique international*, 2.ª ed., Lovaina, Bruylant, 2002.

Geist, Michael – «Is There a There There? Toward Greater Certainty for Internet Jurisdiction», *Berkeley Technology Law Journal*, 2001, pp. 1 ss. (disponível em http://aix1.uottawa.ca/~geist/geistjurisdiction-us.pdf).

Geller, Paul – «From Patchwork to Network: Strategies for International Intellectual Property in Flux», *Duke Journal of Comparative and International Law*, 1998, pp. 69 ss. (disponível em http://www-rfc.usc.edu/~pgeller/patchnet.htm).

—— «Internationales Immaterialgüterrecht, Kollisionsrecht und gerichtliche Sanktionen im Internet», *GRUR Int.*, 2000, pp. 659 ss.

—— «International Intellectual Property, Conflicts of Laws, and Internet Remedies», *EIPR*, vol. 22 (2000), n.º 3, pp. 125 ss. (disponível em http://www--ref.usc.edu/~pgeller/ipconflicts.htm).

430   *Problemática internacional da sociedade da informação*

Gibbons, Llewellyn – «No Regulation, Government Regulation, or Self-Regulation: Social Enforcement or Social Contracting for Governance in Cyberspace», *Cornell Journal of Law and Public Policy*, 1997, pp. 475 ss.

Gibson, Christopher – «Digital Dispute Resolution. Internet Domain Names and WIPO's Role», *CRi*, 2001, pp. 33 ss.

Ginsburg, Jane – «The Private International Law of Copyright in an Era of Technological Change», *in Rec. cours*, t. 273 (1998), pp. 239 ss.

—— «Die Rolle des nationalen Urheberrechts im Zeitalter der internationalen Urheberrechtnormen», *GRUR Int.*, 2000, 97.

—— *Private International Law Aspects of the Protection of Works and Objects of Related Rights Transmitted Through Digital Networks (2000 Update)*, Genebra, 2001 (polic.).

—— e Myriam Gauthier – «The Celestial Jukebox and Earthbound Courts: Judicial Competence in The European Union and the United States over Copyright Infringements in Cyberspace», *RIDA*, 1997, pp. 61 ss.

Giovanni, Pietro Maria di – «Il contratto concluso mediante computer alla luce della convenzione di Roma sulla legge applicabile alle obbligazioni contrattuali del 19 giugno 1980», *Dir. Comm. Int.*, 1993, pp. 581 ss.

Goldsmith, Jack, e Lawrence Lessig – *Grounding the Virtual Magistrate* (disponível em http://www.lessig.org).

De Groote, Bertel, e Jean-François Derroite – «L'Internet et le droit international privé: un mariage boiteux ? À propos des affaires Yahoo! et Gutnick», *Revue Ubiquité – Droit des technologies de l'information*, n.° 16, Setembro de 2003, pp. 61 ss.

Grundmann, Stefan – «Das Internationale Privatrecht der E-Commerce-Richtlinie – was ist categorial anders im Kollisionsrecht des Binnenmarkts und warum?», *RabelsZ*, 2003, pp. 246 ss.

Guillemard, Sylvette – «Le 'cyberconsommateur' est mort, vive l'adhérent», *Clunet*, 2004, pp. 7 ss.

Hellner, Michael - «The Country of Origin Principle in the E-commerce Directive: A Conflict with Conflict of Laws?», *in* Angelika Fuchs/Horatia Muir Watt/Étienne Pataut (directores), *Les conflits de lois et le système juridique communautaire*, Paris, Dalloz, 2004, pp. 207 ss.

Hilty, Reto, M., e Alexander Peukert – «Das neue deutsche Urhebervertragsrecht im internationalen Kontext», *GRURInt.*, 2002, pp. 643 ss.

Hinden, Michael von – *Persönlichkeitsverletzungen im Internet. Das anwendbare Recht*, Tubinga, Mohr Siebeck, 1999.

Hörnle, Julia – «Private International Law and E-finance: The European Perspective», *The EDI Law Review*, 2001, pp. 209 ss.

Houweling, Molly S. Van – «Enforcement of Foreign Judgments, The First Amendment, And Internet Speech: Notes For The Next *Yahoo! V. Licra*», *Mich. J. Int'l L.*, 2003, pp. 697 ss.

Huet, Jérôme – «Le droit applicable dans les réseaux numériques», *Clunet*, 2002, pp. 737 ss.

Ingber, Joëlle – «D.I.P. et WAP: boussole pour un nouveau continent», *in* AAVV, *Transferts électroniques de fonds. Les paiements par wap*, Bruxelas, Bruylant, 2001, pp. 121 ss.

Intveen, Carsten – *Internationales Urheberrecht und Internet. Zur Frage des anzuwendenden Urheberrechts bei grenzüberschreitenden Datenübertragungen*, Baden-Baden, Nomos Verlagsgesellschaft, 1999.

Johnson, David R., e David G. Post – «Law and Borders – The Rise of Law in Cyberspace», *Stan. L. Rev.*, 1996, pp. 1367 ss.

—— *And How Shall the Net Be Governed? A Meditation on the Relative Virtues of Decentralized, Emergent Law* (disponível em http://www.cli.org).

Junker, Abbo – «Internationales Vertragsrecht im Internet», *RIW*, 1999, 809.

Junker, Markus – *Anwendbares Recht und internationale Zuständigkeit bei Urheberrechtsverletzungen im Internet*, Kassel, Kassel University Press, 2002.

Katz, Ronald S., e Richard A. Jones – «National Boundaries in Cyberspace? *Yahoo! V. Licra*», *Journal of Internet Law*, vol. 5, n.º 3, Setembro 2001, pp. 1 ss.

Kaufmann-Kohler, Gabrielle – «Le lieu de l'arbitrage à l'aune de la mondialisation – Réflexions à propos de deux formes récentes d'arbitrage», *Rev.arb.*, 1998, pp. 517 ss.

Kieninger, Eva-Maria – «Internationale Zuständigkeit bei der Verletzung ausländischer Immaterialgüterrechte: Common Law auf dem Prüfstand des EuGVÜ. Zugleich Anmerkung zu *Pearce v. Ove Arup Partnership Ltd. And others* (Chancery Division) und *Coin Controls Ltd. V. Suzo International (U.K.) Ltd. And others* (Chancery Division)», *GRUR Int.*, 1998, pp. 280 ss.

Knightlinger, Mark F. – «A Solution to the *Yahoo!* Problem? The EC E-Commerce Directive as a Model For International Cooperation on Internet Choice of Law», *Mich. J. Int'l L.*, 2003, pp. 719 ss.

Kohl, Uta – «Defamation on the Internet – Nice Decision, Shame About the Reasoning: *Dow Jones & Co. Inc. v. Gutnick*», *ICLQ*, 2003, pp. 1049 ss.

Köster, Thomas – «Urheberkollisionsrecht im Internet – Aufweichung des "Territorialitätsprinzips" durch das europäische "Ursprungslandprinzip"?», *in* Horst-Peter Götting (org.), *Multimedia, Internet und Urheberrecht*, Dresden, Dresden University Press, 1998, pp. 153 ss.

Kristin, Tanja – *Das Deliktsstatut bei Persönlichkeitsrechtsverletzungen über das Internet*, Munique, VVF, 2001.

Kur, Anette – «Use of Trademarks on the Internet – the WIPO Recommendations», *IIC*, 2000, pp. 41 ss.

—— «Principles Governing Jurisdiction, Choice of Law and Judgments in Transnational Disputes: A European Perspective», *CRi*, 2003, pp. 65 ss.

432   *Problemática internacional da sociedade da informação*

Landfermann, Hans-Georg – «Internet-Werbung und IPR», *in* Jürgen Basedow e outros (orgs.), *Aufbruch nach Europa. 75 Jahre Max-Planck-Institut für Privatrecht*, Tubinga, Mohr Siebeck, 2001, pp. 503 ss.

Laprès, Daniel Arthur – «L'exorbitante affaire Yahoo», *Clunet*, 2002, pp. 975 ss.

Lastenouse, Pierre – «Le règlement ICANN de résolution uniforme des litigies relatifs aux noms de domaine», *Rev. arb.*, 2001, pp. 95 ss.

Leible, Stefan (org.) – *Die Bedeutung des Internationalen Privatrechts im Zeitalter der neuen Medien*, Estugarda/Munique/Hanôver/Berlim/Weimar/ /Dresden, Boorberg Verlag, 2003.

Lubitz, Markus – «Jurisdiction and Choice of Law for Electronic Contracts: an English Perspective», *CRi*, 2001, pp. 39 ss.

Lucas, André – *Aspects de droit international privé de la protection d'oeuvres et d'objets de droits connexes transmis par réseaux numériques mondiaux*, Genebra, 2001 (polic.).

Lurger, Brigitta – «Internationales Deliktsrecht und Internet – ein Ausgangspunkt für grundlegende Umwältzungen im Internationalen Privatrecht?», *in* Jürgen Basedow e outros (organizadores), *Festschrift 75 Jahre Max-Planck- -Institut für Privatrecht*, Tubinga, Mohr Siebeck, 2001, pp. 479 ss.

—— «Grenzüberschreitender Wettbewerb im Internet. Umsetzung des Herkunftlandsprinzips der E-Commerce-Richtlinie in Deutschland und Österreich», *RIW*, 2002, pp. 188 ss.

Maher, David W. – «The UDRP: The Globalization of Trademark Rights», *IIC*, 2002, pp. 924 ss.

Mankowski, Peter – «Das Internet im Internationalen Vertrags- und Deliktsrecht», *RabelsZ*, 1999, pp. 203 ss.

—— «Internet und Internationales Wettbewerbsrecht», *GRUR Int.*, 1999, pp. 909 ss.

—— «Wider ein transnationales Cyberlaw», *AfP*, 1999, pp. 138 ss.

—— «Internet und besondere Aspekte des Internationalen Vertragsrechts», *CR*, 1999, pp. 512 ss. e 581 ss.

—— «Das Herkunftslandprinzip als Internationales Privatrecht der e-commerce- -Richtlinie», *ZVglRWiss.*, 2001, pp. 137 ss.

—— «Particular Kinds of Unfair Competition on the Internet and Conflict of Laws», *IIC*, 2001, pp. 390 ss.

—— «Herkunftslandprinzip und deutsches Umsetzungsgesetz zur e-commerce- -Richtlinie», *IPRax*, 2002, pp. 257 ss.

Marconi, Anna Lisa – «La legge modello UNCITRAL sul commercio elettronico», *Dir. Comm. Int.*, 1997, pp. 137 ss.

Martin, Mary Shannon – «Keep it Online: The Hague Convention and the Need for Online Alternative Dispute Resolution in International Business-to-Consumer E-Commerce», *Boston University International Law Journal*, 2002, pp. 125 ss.

Parte IV – Elementos de Estudo e Investigação

Marwitz, Petra – «Das System der Domainnamen», *ZUM*, 2001, pp. 398 ss.

Mendola, Lydia – «La *Uniform Domain Name Dispute Resolution Policy*. Genesi della procedura e profili critici», *Dir. Comm. Int.*, 2003, pp. 57 ss.

De Miguel Asensio, Pedro Alberto – «Directiva sobre el comercio electrónico: determinación de la normativa aplicable a las actividades transfronterizas», *RCE*, n.º 20, Outubro de 2001, pp. 3 ss.

Muth, Suzanne – *Die Bestimmung des anwendbaren Rechts bei Urheberrechtsverletzungen im Internet*, Frankfurt a.M., etc., Peter Lang, 2000.

Nack, Ralph – «Internet: Anwendbares Recht, Verwertungsrechte, Haftung. Bericht über die öffentliche Sitzung des Fachauschusses für Urheber- und Verlagsrecht auf der Jahrestagung der Deutschen Vereinigung für gewerblichen Rechtsschutz und Urheberrecht am 22. Juni 2000 in Bonn», *GRUR Int.*, 2000, pp. 893 ss.

Nerenz, Jochen – *Urheberschutz bei grenzüberschreitenden Datentransfers: Lex Loci Protectionis und Forum Delicti*, Konstança, Hartung-Gorre Verlag, 2000.

Oren, Joakim ST – «International Jurisdiction over Consumer Contracts in e-Europe», *ICLQ*, 2003, pp. 665 ss.

Pfeiffer, Thomas – «Welches Recht gilt für elektronische Geschäfte?», *JuS*, 2004, pp. 282 ss.

Perrit Jr., Henry H. – *Electronic Commerce: Issues in Private International Law ad the Role of Alternative Dispute Resolution*, Genebra, 2001 (polic.).

Polanski, Paul Przemyslaw – «A New Approach to Regulating Internet Commerce: Custom as a Source of Electronic Commerce Law», *Electronic Communication Law Review*, 2002, pp. 165 ss.

Reidenberg, Joel – *The Yahoo Case and the International Democratization of the Internet* (disponível em http://papers.ssrn.com).

Reimann, Mathias – «Introduction: The *Yahoo!* Case And Conflict Of Laws In the Cyberage», *Mich. J. Int'l L.*, 2003, pp. 663 ss.

Reindl, Andreas – «Choosing Law in Cyberspace: Copyright Conflicts on Global Networks», *Mich. J. Int'l L.*, vol. 19 (1997/98), pp. 799 ss.

Rosenthal, David – «Das auf unerlaubte Handlungen im Internet anwendbare Recht am Beispiel des Schweizer IPR», *AJP/PJA*, 1997, pp. 1340 ss.

Roth, Marianne – «Gerichtsstand und Kollisionsrecht bei Internetgeschäften», *in* Michael Gruber e Peter Mader, *Internet und e-commerce. Neue Herausforderungen an das Privatrecht*, Viena, Manzsche Verlags- und Universitätsbuchhandlung, 2000, pp. 157 ss.

Schack, Haimo – «Internationale Urheber-, Marken- und Wettbewerbsrechtsverletzungen im Internet. Internationales Privatrecht», *MMR*, 2000, pp. 59 ss.

—— «Internationale Urheber-, Marken- und Wettbewerbsrechtsverletzungen im Internet. Internationales Zivilprozessrecht», *MMR*, 2000, pp. 135 ss.

434   *Problemática internacional da sociedade da informação*

Schonning, Peter – «Anwendbares Recht bei grenzüberschreitenden Direktübertragungen», *ZUM*, 1997, pp. 34 ss.
—— «Internet and the Applicable Copyright Law: A Scandinavian Perspective», *EIPR*, 1999, pp. 45 ss.
Smith, Graham - «Directing and Targeting – the Answer to the Internet's Jurisdiction Problems? A discussion of directing and targeting internet activities towards a foreign country as the threshold test for triggering foreign law or jurisdiction», *CRi*, 2004, pp. 145 ss.
Smith, Seagrumn – «From Napster to Kazaa: The Battle Over Peer-To-Peer Filesharing Goes International», *Duke L. & Tech. Rev.*, 2000, n.º 8 (disponível em http://www.law.duke.edu/journals/dltr).
Spindler, Gerald – «Deliktsrechtliche Haftung im Internet – nationale und internationale Rechtsprobleme», *ZUM*, 1996, pp. 533 ss.
—— «Internationales Verbraucherschutzrecht im Internet. Auswirkungen der geplanten neuen Verordnung des Rates über die gerichtliche Zuständigkeit und die Anerkennung und Vollstreckung von Entscheidungen in Zivil- und Handelssachen», *MMR*, 2000, pp. 18 ss.
—— «Kapitalmarktgeschäfte im Binnenmarkt. Der Einfluss der E-Commerce--Richtlinie auf das Internationale Vertragsrecht», *IPRax*, 2001, pp. 400 ss.
—— «Die kollisionsrechtliche Behandlung von Urheberrechtsverletzungen im Internet», *IPRax*, 2003, pp. 412 ss.
Squillante, Francesca – «La tutela dei marchi nel commercio elettronico: problemi di giurisdizione», *RDIPP*, 2000, pp. 689 ss.
Strömholm, Stig – «Alte Fragen in neuer Gestalt – das internationale Urheberrecht im IT-Zeitalter», *in* Peter Ganea, Christopher Heath e Gerhard Schricker (orgs.), *Urheberrecht Gestern – Heute – Morgen. Festchrift für Adolf Dietz zum 65. Geburtstag*, Munique, C. H. Beck, 2001, pp. 533 ss.
Swire, Peter P. – «Of Elephants, Mice, and Privacy: International Choice of Law and the Internet», *International Law*, 1998, pp. 991 ss. (disponível em http://www.acs.ohio-state.edu/units/law/swire1/elephants.htm).
Symonyuk, Yelena – «The Extraterritorial Reach of Trademarks on the Internet», *Duke L. & Tech. Rev.*, 2002, n.º 9 (disponível em http://www.law.duke.edu/journals/dltr).
Thomann, Felix H. – «Internationaler Urheberrechtsschutz und Verwertung von Urheberrechten auf dem Internet», *sic!*, 1997, pp. 529 ss.
Thum, Dorothee – «Internationalprivatrechtliche Aspekte der Verwertung urheberrechtlich geschützte Werke im Internet. Zugleich Bericht über eine WIPO-Expertensitzung in Genf», *GRUR Int.*, 2001, pp. 9 ss.
Thünken, Alexander – «Die EG-Richtlinie über den elektronischen Geschäftsverkehr und das internationale Privatrecht des unlauteren Wettbewerbs», *IPRax*, 2001, pp. 15 ss.

Parte IV – Elementos de Estudo e Investigação   435

Torremans, Paul – «Private International Law Aspects of IP – Internet Disputes», *in* L. Evans/C.Waelde (orgs.), *Law & the Internet: a Framework for Electronic Commerce*, Hart Publishing, 2000, pp. 245 ss.

Verbiest, Thibault – «Droit international privé et commerce électronique: état des lieux», *in Juriscom.net – droit des technologies de l'information*, 23 de Fevereiro de 2001.

Vermeer, Marike – «Electronic Unifair Competition and Applicable Law: An Open Spot in the European Jungle», *EJCL*, vol. 7.5, Dezembro de 2003.

Vivant, Michel – «Cybermonde: Droit et droits des réseaux», *La Semaine Juridique*, 1996, vol. I, n.º 3969, pp. 401 ss.

Watt, Horatia Muir – «*Yahoo!* Cyber-collision of cultures: who regulates?», *Mich. J. Int'l L.*, 2003, pp. 673 ss.

Wienand, Stefanie – «IPR und UN-Kaufrecht bei grenzüberschreitenden Verträgen im Internet unter besonderer Berücksichtigung des Herunterladens von Software», *JurPC – Internet-Zeitschrift für Rechtsinformatik* (disponível em http://www.jura.uni-sb.de/jurpc).

Wilske, Stephan – «Conflict of Laws in Cyber Torts», *CRi*, 2001, pp. 68 ss.

—— e Teresa Schiller – *International Jurisdiction in Cyberspace: Which States May Regulate the Internet?* (disponível em http://www.law.indiana.edu/fclj/pubs/v50/no1/wilske.html).

Winkler, Matteo M. – «Il caso *Yahoo!* Ovvero il buon senso alle prese col diritto», *Dir. Comm. Int.*, 2002, pp. 357 ss.

Zekos, Georgios I. – «Personal Jurisdiction and Applicable Law in Cyberspace Transactions», *The Journal of World Intellectual Property*, 2000, pp. 977 ss.

§ 12.º
Relatórios e textos oficiais

I – NACIONAIS

American Bar Association – *A Report on Global Jurisdiction Issues Created by the Internet*, s/l, 2000 (disponível em http://www.abanet.org/buslaw/cyber/initiatives/proj-documentation.html).

—— *Global Internet Jurisdiction: The ABA/ICC Survey*, s/l, 2004 (disponível em http://www.mgblog.com/resc/Global Internet Survey.pdf).

American Law Institute – *International Jurisdiction And Judgments Project. Report*, Filadélfia, 2000.

—— *International Jurisdiction And Judgments Project*. Tentative Draft (Revised), Filadélfia, 2004.

Assemblée Nationale – *Projet de loi sur la société de l'information*, n.º 3143, *Exposé des motifs*, s/l, 2001 (disponível em http://www.assemblee-nat.fr/projets/pl3143.asp).

Comissão de Assuntos Constitucionais, Direitos, Liberdades e Garantias – «Proposta de Lei n.º 44/IX (autoriza o Governo a legislar sobre certos aspectos legais dos serviços da sociedade de informação, em especial do comércio electrónico, no mercado interno, transpondo para a ordem jurídica nacional a Directiva n.º 2000/31/CE, do Parlamento Europeu e do Conselho, de 8 de Junho). Relatório, conclusões e parecer da Comissão de Assuntos Constitucionais, Direitos, Liberdades e Garantias», *in D.A.R.,* II Série-A, n.º 79, de 20 de Março de 2003, suplemento, pp. 3320(2) ss.

Conseil d'Etat – *Internet et les réseaux numériques*, 1998 (disponível em http://www.internet.gouv.fr).

Kovar, Jeffrey D. – *Negotiations at the Hague Conference for a Convention on Jurisdiction and the Recognition and Eforcement of Foreign Civil Judgments* (disponível em http://www.house.gov/judiciary/kovar0629.htm).

Max-Planck-Institut für Ausländisches und Internationales Privatrecht – *Comments on the European Commission's Green Paper on the conversion of the*

438 *Problemática internacional da sociedade da informação*

Rome Convention of 1980 on the law applicable to contractual obligations into a Community instrument and its modernization, RabelsZ, 2004, pp. 1 ss.

Max-Planck-Institut für Geistiges Eigentum, Wettbewerbs- und Steuerrecht – *International Convention on Jurisdiction and Enforcement – Proposed Alternative Draft for Provisions on Proceedings Involving I.P. Rights*, Munique, 2003 (disponível em http://www.ip.mpg.de).

Presidência do Conselho de Ministros – *Plano de Acção para a Sociedade da Informação*, D.R., série I-B, de 12 de Agosto de 2003, n.º 185, pp. 4794 ss.

Staatscommissie voor het Internationaal Privaatrecht – *Rapport aan de Minister van Justitie. Algemene Bepalingen Wet Internationaal Privaatrecht*, Haia, Ministério da Justiça, 2002.

United States Department of Commerce – *Management of Internet Names and Addresses*, s/l, 1998 (disponível em http://www.ntia.doc.gov/ntiahome/domainname/6_5_98dns.htm).

United States Government – *A Framework for Global Economic Commerce*, s/l, 1997 (disponível em http://www.nyls.edu).

II – EUROPEUS

Bureau Européen des Unions de Consommateurs – *Réponse au questionnaire de la Commission concernant le projet de Convention de la Conférence de la Haye sur la compétence judiciaire*, Bruxelas, 2002 (disponível em http://www.beuc.org).

Comissão das Comunidades Europeias[795] – *Livro Verde. O direito de autor e os direitos conexos na Sociedade da Informação*, documento COM (95) 382 final, Bruxelas, 19 de Julho de 1995.

—— *Conteúdo ilegal e lesivo na Internet*, documento COM (96) 487 final, de 16 de Outubro de 1996.

—— *Seguimento do Livro Verde Sobre o Direito de Autor e os Direitos Conexos na Sociedade da Informação*, documento COM (96) 568 final, Bruxelas, 20 de Novembro de 1996.

—— *Uma iniciativa europeia para o comércio electrónico*, documento COM (97) 157 final, Bruxelas, 16 de Abril de 1997.

—— *Proposta de Directiva do Parlamento Europeu e do Conselho relativa a certos aspectos jurídicos do comércio electrónico no mercado interno*, documento COM (1998) 586 final, Bruxelas, 18 de Novembro de 1998.

---

[795] A maior parte dos documentos a seguir referidos encontra-se disponível em http://europa.eu.int.

Parte IV – Elementos de Estudo e Investigação 439

—— *Proposta alterada de Directiva do Parlamento Europeu e do Conselho relativa a certos aspectos jurídicos do comércio electrónico no mercado interno*, documento COM (1999) 427 final, Bruxelas, 18 de Novembro de 1998.

—— *Proposta de Regulamento (CE) do Conselho relativo à competência judiciária, ao reconhecimento e à execução de decisões em matéria civil e comercial*, documento 599PC0348.

—— *Relatório da Comissão ao Conselho, ao Parlamento Europeu e ao Comité Económico e Social sobre a aplicação e os efeitos da Directiva 91/250/CEE relativa à protecção jurídica dos programas de computador*, documento COM (2000) 1999 final, de 10 de Abril de 2000.

—— *Organização e Gestão da Internet. Questões de Política Internacional e Europeia 1998-2000*, documento COM (2000) 202 final, Bruxelas, 11 de Abril de 2000.

—— *Proposta de Regulamento do Conselho relativo à competência judiciária, ao reconhecimento e à execução de decisões em matéria civil e comercial*, documento COM (2000) 689 final, Bruxelas, 26 de Outubro de 2000.

—— *Comércio electrónico e serviços financeiros*, documento COM (2001) 66 final, Bruxelas, 7 de Fevereiro de 2001.

—— *Documento de trabalho dos serviços da Comissão sobre a aplicação da Decisão 520/2000/CE da Comissão, de 26 de Julho de 2000, nos termos da Directiva 95/46/CE do Parlamento Europeu e do Conselho relativa ao nível de protecção assegurado pelos princípios de «porto seguro» e pelas respectivas questões mais frequentes (FAQ) emitidos pelo Department of Commerce dos Estados Unidos da América*, documento SEC (2002) 196, Bruxelas, 13 de Fevereiro de 2002.

—— *Proposta de Regulamento do Conselho que cria o Título Executivo Europeu para créditos não contestados*, documento COM (2002) 159 final, de 18 de Abril de 2002.

—— *Livro Verde Sobre os Modos Alternativos de Resolução dos Litígios em Matéria Civil e Comercial*, documento COM (2002) 196 final, Bruxelas, 19 de Abril de 2002.

—— *Livro verde relativo à transformação da Convenção de Roma de 1980 sobre a lei aplicável às obrigações contratuais num instrumento comunitário e a sua modernização*, documento COM (2002) 654 final, Bruxelas, 14 de Janeiro de 2003.

—— *Proposta de Directiva do Parlamento Europeu e do Conselho relativa às medidas e aos procedimentos destinados a assegurar o respeito pelos direitos de propriedade intelectual*, documento COM (2003) 46 final, Bruxelas, 30 de Janeiro de 2003.

—— «Maior Coerência no Direito Europeu dos Contratos – Plano de Acção», *JOCE*, n.° C 63, de 15 de Março de 2003, pp. 1 ss.

440   *Problemática internacional da sociedade da informação*

—— *Aplicação aos serviços financeiros dos n.ᵒˢ 4 a 6 do artigo 3.ᵒ da Directiva relativa ao comércio electrónico*, documento COM (2003) 259 final, Bruxelas, 14 de Maio de 2003.

—— *Proposta alterada de Regulamento do Parlamento Europeu e do Conselho que cria o título executivo europeu para créditos não contestados*, documento COM (2003) 341 final, de 11 de Junho de 2003.

—— *Proposta de Regulamento do Parlamento Europeu e do Conselho Sobre a Lei Aplicável às Obrigações Extracontratuais («Roma II»)*, documento COM (2003) 427 final, de 22 de Julho de 2003.

—— *Primeiro Relatório sobre a aplicação da Directiva 2000/31/CE do Parlamento Europeu e do Conselho de 8 de Junho de 2000 relativa a certos aspectos legais dos serviços da sociedade da informação, em especial do comércio electrónico, no mercado interno (Directiva sobre comércio electrónico)*, documento COM (2003) 702 final, Bruxelas, 21 de Novembro de 2003.

—— *Proposta de Directiva do Parlamento Europeu e do Conselho relativa aos serviços no mercado interno*, documento COM (2004) 2 final, Bruxelas, 13 de Janeiro de 2004.

—— *Comunicação da Comissão ao Conselho, ao Parlamento Europeu e ao Comité Económico e Social Europeu. Gestão do direito de autor e direitos conexos no mercado interno*, documento COM (2004) 261 final, Bruxelas, 16 de Abril de 2004.

—— *Commission Staff Working Paper on the review of the EC legal framework in the field of copyright and related rights*, documento SEC (2004) 995, Bruxelas, 19 de Julho de 2004.

Giuliano, Mario, e Paul Lagarde – «Rapport concernant la convention sur la loi applicable aux obligations contractuelles», *JOCE*, n.º C 282, de 31 de Outubro de 1980, pp. 1 ss.

Groupe Européen de Droit International Privé – *Onzième réunion. Lund, 21-23 septembre 2001. Compte rendu des séances de travail* (disponível em http://www.drt.ucl.ac.be/gedip).

—— *Treizième réunion. Vienne, 19-21 septembre 2003. Réponse au Livre vert de la Commission sur la transformation de la Convention de Rome en instrument communautaire ainsi que sur sa modernisation* (disponível em http://www.drt.ucl.ac.be/gedip).

Mainstrat – *Study on the application of the Council Regulation (EC) No 1348/ /2000 on the service of judicial and extra judicial documents in civil or commercial matters*, s/l, 2004 (disponível em http://europa.eu.int/comm/justice_ home/ejn/index_pt.htm).

Parlamento Europeu – *Recommandation pour la deuxième lecture relative à la position commune du Conseil en vue de l'adoption de la directive du Parlement européen et du Conseil relative à certains aspects juridiques des ser-*

Parte IV – Elementos de Estudo e Investigação 441

vices de la société de l'information, et notamment du commerce électronique, dans le marché intérieur («Directive sur le commerce électronique»), documento PE 285.973, de 12 de Abril de 2000 (relatora: Ana Palacio Vallersundi; disponível em http://www.europarl.eu.int).

—— *Internationales Privatrecht – Elektronischer Geschäftsverkehr – HerkunftslandPrinzip. Private International Law – Electronic Commerce – Country of Destination Principle. Droit International Privé – Commerce Électronique – Principe du pays destinataire,* documento PE 303.747/AM, Luxemburgo, 2001.

III – INTERNACIONAIS

Câmara de Comércio Internacional – *Jurisdiction and applicable law in electronic commerce,* Paris, 2001 (disponível em http://iccwbo.org).

—— *ICC comments on the European Commissions's Action Plan for a more coherent European contract law,* Paris, 2004 (disponível em http://iccwbo.org).

Comissão das Nações Unidas para o Direito do Comércio Internacional – *UNCITRAL Model Law on Electronic Commerce with Guide to Enactment,* s/l, 1996 (disponível em http://www.uncitral.org).

—— *Legal aspects of electronic commerce. Legal barriers to the development of electronic commerce in international instruments relating to international trade: ways of overcoming them,* doc. A/CN.9/WG.IV/WP.89, de 20 de Dezembro de 2000 (disponível em http://www.uncitral.org).

—— *Legal aspects of electronic commerce. Possible future work in the field of electronic contracting: an analysis of the United Nations Convention on Contracts for the International Sale of Goods,* doc. A/CN.9/WG.IV/WP.91, de 9 de Fevereiro de 2001 (disponível em http://www.uncitral.org).

—— *Legal aspects of electronic commerce. Electronic contracting: provisions for a draft convention,* doc. A/CN.9/WG.IV/WP.95, de 20 de Setembro de 2001 (disponível em http://www.uncitral.org).

—— *UNCITRAL Model Law on Electronic Signatures with Guide to Enactment,* Nova Iorque, 2002 (disponível em http://www.uncitral.org).

—— *Legal aspects of electronic commerce. Electronic contracting: provisions for a draft convention,* doc. A/CN.9/WG.IV/WP.108, de 18 de Dezembro de 2003 (disponível em http://www.uncitral.org).

Conferência da Haia de Direito Internacional Privado – *Report of the Special Commission,* Haia, s/d (relatores: Peter Nygh e Fausto Pocar; disponível em http://www.hcch.net).

442 Problemática internacional da sociedade da informação

—— *Les échanges de données informatisées, Internet et le commerce électronique*, Haia, 2000 (relatora: Katherine Kessedjian; disponível em http://www.hcch.net).

—— *Commerce électronique et compétence juridictionelle internationale*, Haia, 2000 (relatora: Katherine Kessedjian; disponível em http://www.hcch.net).

—— *The Impact of the Internet on the Judgments Project: Thoughts for the Future*, Haia, 2002 (relatora: Avril D. Haines; disponível em http://www.hcch.net).

—— *Summary of the Outcome of the Discussion in Commission II of the First Part of the Diplomatic Conference 6-20 June 2001. Interim text* (disponível em http://www.hcch.net).

—— *Quelques réflexions sur l'etat actuel des negotiations du projet sur les jugements dans le contexte du programme de travail future de la conférence*, Haia, 2002 (disponível em http://www.hcch.net).

—— *Preliminary Draft Convention on Exclusive Choice of Court Agreements. Draft Report*, Haia, 2004 (relatores: Masato Dogauchi e Trevor C. Hartley; disponível em http://www.hcch.net).

Digital Opportunity Task Force – *Digital Opportunities for All: Meeting the Challenge*, 11 de Maio de 2001 (disponível em http://www.dot.org).

Organização de Cooperação e de Desenvolvimento Económicos – *Guidelines on the Protection of Privacy and Transborder Flows of Personal Data*, s/l, 23 de Setembro de 1980.

—— *Clarification on the Application of the Permanent Establishment Definition in E-Commerce: Changes to the Commentary on the Model Tax Convention on Article 5*, s/l, 22 de Dezembro de 2000.

—— *Legal Provisions Related to Business-To-Consumer Alternative Dispute Resolution in Relation to Privacy and Consumer Protection*, s/l, 17 de Julho de 2002.

Organização Mundial da Propriedade Intelectual – *The Management of Internet Names and Addresses: Intellectual Property Issues. Final Report of the WIPO Internet Domain Name Process*, s/l, 1999 (disponível em http://wipo2.wipo.int).

—— *The Recognition of Rights and the Use of Names in the Internet Domain Name System*, s/l, 2001 (disponível em http://wipo2.wipo.int).

—— *Draft Convention on Jurisdiction and the Recognition of Judgments in Intellectual Property Matters*, s/l, 2001 (co-autoras: Rochelle C. Dreyfuss e Jane Ginsburg; disponível em http://www.wipo.int).

—— *Intellectual Property On the Internet: A Survey of Issues*, s/l, 2002.

União de Paris Para a Protecção da Propriedade Industrial e Organização Mundial da Propriedade Intelectual – *Joint Recommendation Concerning Provisions on the Protection of Marks, and Other Industrial Property Rights in Signs, on the Internet*, s/l, 1999 (disponível em http://www.wipo.int).

Parte IV – Elementos de Estudo e Investigação 443

—— *Joint Recommendation Concerning Provisions on the Protection of Well-Known Marks*, Genebra, 2000 (disponível em http://www.wipo.int).

UNIDROIT (International Institute for the Unification of Private Law) – *Unidroit Principles of International Commercial Contracts 2004*, Roma, 2004.

United Nations Conference on Trade and Development – *Legal Dimensions of Electronic Commerce*, Genebra, 1999.

—— *Building Confidence. Electronic Commerce and Development*, s/l, 2000.

§ 13.º
Colectâneas de textos legais, convencionais e jurisprudenciais

I – PORTUGUESAS

Ascensão, José de Oliveira – *Legislação de Direito Industrial e concorrência desleal*, Lisboa, AAFDL, 2003.

——— e Pedro Cordeiro – *Código do Direito de Autor e dos Direitos Conexos*, 3.ª ed., Coimbra, Coimbra Editora, 2004.

Dias, João Álvaro – *Resolução extrajudicial de litígios – quadro normativo*, Coimbra, Almedina, 2002.

Mendes, Manuel Oehen – *Código do Direito de Autor e dos Direitos Conexos*, Coimbra, Almedina, 2003.

Pereira, Alexandre Dias – *Propriedade Intelectual, Coimbra, Quarteto, vol. I, Código do Direito de Autor e dos Direitos Conexos. Legislação Complementar e Jurisprudência. Direito Comunitário e Internacional, 2002; vol. II, Código da Propriedade Industrial. Legislação Complementar e Jurisprudência. Direito Comunitário e Internacional*, 2003.

Pinto, Fernando Amadeu Alves, Isabel Maria dos Santos Rodrigues, Leonor Vidal Pereira e Mário João Francisco – *Informática e Internet. Legislação nacional e comunitária*, Lisboa, Vislis, 2004.

Rebello, Luiz Francisco – *Código de Direito de Autor e Direitos conexos. Anotado*, 3.ª ed., Lisboa, Âncora Editora, 2002.

Ribeiro, António da Costa Neves – *Processo Civil da União Europeia. Principais Aspectos – textos em vigor, anotados*, Coimbra, Coimbra Editora, 2002.

Rocha, Manuel Lopes – *Direito da Informática nos tribunais portugueses (1990--1998)*, Edições Centro Atlântico, 1999.

——— e Pedro Cordeiro – *Protecção jurídica do Software*, Lisboa, Cosmos, 1995.

———, Miguel Pupo Correia, Marta Felino Rodrigues, Miguel Almeida Andrade e Henrique José Carreiro – *Leis do comércio electrónico. Notas e comentários*, Coimbra Editora, 2001.

446 *Problemática internacional da sociedade da informação*

Santos, António Marques dos – *Direito Internacional Privado. Colectânea de textos legislativos de fonte interna e internacional*, 2.ª ed., Coimbra, Almedina, 2002.

II – ESTRANGEIRAS

Arnaldez, Jean-Jacques, Yves Derains e Dominique Hascher (orgs.) – *Collection of ICC Arbitral Awards 1991-1995*, Paris/Nova Iorque/Deventer/Boston, ICC Publishing/Kluwer Law International, 1997.

—— *Collection of ICC Arbitral Awards 1996-2000*, Paris/Nova Iorque/Haia/ /Londres, ICC Publishing/Kluwer Law International, 2003.

Canaris, Claus-Wilhelm (org.) – *Schuldrechtsmodernisierung 2002*, Munique, C. H. Beck, 2002.

Hascher, Dominique (org.) – *Collection of Procedural Decisions in ICC Arbitration*, 1993-1996, Haia/Londres/Boston, ICC Publishing/Kluwer Law International, 1997.

Jarvin, Sigvard, e Yves Derains (orgs.) – *Collection of ICC Arbitral Awards 1974--1985*, Paris/Nova Iorque/Deventer/Boston, ICC Publishing/Kluwer, 1990.

—— e Jean-Jacques Arnaldez (orgs.) – *Collection of ICC Arbitral Awards 1986--1990*, Paris/Nova Iorque/Deventer/Boston, ICC Publishing/Kluwer Law International, 1994.

Computerrecht. e-commerce, 4.ª ed., Munique, Beck, 2000.

Delgado Porras, Antonio – *Propiedad Intelectual*, 11.ª ed., Madrid, Civitas, 2002.

Hillig, Hans-Peter – *Urheber- und Verlagsrecht*, 9.ª ed., Munique, Beck, 2002.

Jayme, Erik, e Rainer Hausmann – *Internationales Privat- und Verfahrensrecht*, 12.ª ed., Munique, C.H. Beck, 2004.

Kröger, Detlef, e Claas Hanken – *Casebook Internetrecht. Rechtsprechung zum Internetrecht*, Berlim, etc., Springer, 2002.

Min, Eun-Joo, e Mathias Lilleengen (orgs.) – *Collection of WIPO Domain Name Panel Decisions*, Kluwer Law International, Haia/Londres/Nova Iorque, 2004.

Schack, Haimo – *Höchstrichterliche Rechtsprechung zum Internationalen Privat- und Verfahrensrecht*, 2.ª ed., Munique, C.H. Beck, 2000.

Sirinelli, Pierre – *Notions fondamentales du droit d'auteur. Recueil de jurisprudence*, Genebra, Organização Mundial da Propriedade Intelectual, 2002.

—— , Frédéric Pollaud-Dulian, Sylviane Durrande e Georges Bonet – *Code de la Propriété Intellectuelle*, 3.ª ed., Paris, Dalloz, 2002.

Squillace, Nicola, Nicola Ferraro e Caterina de Tilla – *Codice di internet e dell'informatica*, s/l, 2001, Il Sole 24 Ore.

Symeonides, Symeon C., Wendy Collins Perdue, e Arthur T. Von Mehren – *Conflict of Laws: American, Comparative International. Cases and Materials*, St. Paul, Minn., West, 1998.

Vaver, David – *Principles of Copyright. Cases and Materials*, Genebra, Organização Mundial da Propriedade Intelectual, 2002.

III – INTERNACIONAIS

Conferência da Haia de Direito Internacional Privado – *Recueil des conventions. Collection of conventions (1951-2003)*, s/l, 2003.

Organização Mundial da Propriedade Intelectual – *WIPO Intellectual Property Handbook*, Genebra, 2001.

§ 14.º
Publicações periódicas

Aktuelle Juristische Praxis/Pratique Juridique Actuelle (Lachen)
American Journal of Comparative Law (Berkeley, Califórnia)
Annali italiani del diritto d'autore, della cultura e dello spettacolo (Milão)
Arbitration International (Londres)
Archiv für die civilistische Praxis (Tubinga)
Archiv für Presserecht (Dusseldórfia)
Archiv für Urheber- Film- Funk- und Theaterrecht (Baden-Baden)

Berkeley Technology Law Journal (Berkeley, Califórnia; versão electrónica disponível em http://www.law.berkeley.edu/journals/btlj)
Boletim da Faculdade de Direito da Universidade de Coimbra (Coimbra)
Boletim do Ministério da Justiça (Lisboa)
Bulletin des arrêts de la Cour de Cassation (Paris)
Bundesgesetzblatt (Bona; versão electrónica disponível em http://www.jura.uni-sb.de e em http://www.bundesrecht.de)

California Reporter (St. Paul, Minesota)
Chicago-Kent Law Review (Chicago, Ilinóis; versão electrónica disponível em http://lawreview.kentlaw.edu)
Clunet – Journal de Droit International (Paris)
Colectânea de Jurisprudência (Coimbra)
Colectânea de Jurisprudência – Acórdãos do Supremo Tribunal de Justiça (Coimbra)
Colectânea de Jurisprudência do Tribunal de Justiça e do Tribunal de Primeira Instância (Luxemburgo)
The Columbia Journal of Law & the Arts (Nova Iorque)
Common Market Law Review (Haia)
Computer Law Review International (Colónia)
Computer und Recht (Colónia)
Computer und Recht International (Colónia)

450   *Problemática internacional da sociedade da informação*

Diário da República (Lisboa; versão electrónica disponível em http://www. incm.pt)
Direito na Rede (disponível em http://www.oa.pt/direitonarede/default/asp)
Diritto del Commercio Internazionale (Milão)
Il diritto dell'informazione e dell'informatica (Roma)
Duke Law & Technology Review (Durham, Carolina do Norte; versão electrónica disponível em http://www.law.duke.edu/journals/dltr/index.html)

The EDI Law Review (Haia)
Electronic Communication Law Review (Haia)
Electronic Journal of Comparative Law (disponível em http://www.ejcl.org)
European Intellectual Property Review (Londres)
Entscheidungen des Bundesgerichtshofes in Zivilsachen (Berlim e Colónia)

Federal Reporter (St. Paul, Minesota)

Gewerblicher Rechtsschutz und Urheberrecht (Munique)
Gewerblicher Rechtsschutz und Urheberrecht. Internationaler Teil (Munique)

Harvard Law Review (Cambridge, Massachussets)
Harvard Journal of Law & Technology (Cambridge, Massachussets; versão electrónica disponível em http://jolt.law.harvard.edu)

Intellectual Property and Technology Forum at Boston College Law School (disponível em http://www.bc.edu/iptf)
Interlex – Diritto Tecnologia Informazione (disponível em http://www.interlex.it)
The International and Comparative Law Quarterly (Londres)
International Journal of Communication Law and Policy (versão electrónica disponível em http://www.ijclp.org)
International Journal of Law and Information Technology (Oxford)
International Review of Industrial Property and Copyright Law (Munique)
Internet-Zeitschrift für Rechtsinformatik (disponível em http://www.jurpc.de)
IPRax – Praxis des Internationale Privat- und Verfahrensrechts (Regensburg)
IPRspr. – Die deutsche Rechtsprechung auf dem Gebiete des internationalen Privatrechts (Tubinga)

The John Marshall Journal of Computer & Information Law (Chicago, Ilinóis)
Jornal Oficial das Comunidades Europeias (Luxemburgo; versão electrónica disponível em http://europa.eu.int)
Journal of the Copyright Society of the United States of America (Nova Iorque)
Journal of International Arbitration (Londres)
Journal of Online Law (disponível em http://www.wm.edu/law/publications/jol/articles.shtml)

The Journal of World Intellectual Property (Genebra)
Juris-classeur Périodique. La Semaine Juridique (Paris)
Juriscom.net – droit des technologies de l'information (disponível em http://www.juriscom.net)
JurPC – Internet-Zeitschrift für Rechtsinformatik (disponível em http://www.jura.uni-sb.de/jurpc)
Juristische Ausbildung (Berlim)
Juristische Schulung (Munique)
Juristenzeitung (Tubinga)

Kommunikation & Recht (Heidelberga)

Lex Electronica (disponível em http://www.lex-electronica.org)

Michigan Journal of International Law (Ann Arbor, Michigan)
Multimedia und Recht (Munique)

Neue Juristische Wochenschrift (Munique e Frankfurt)
Neue Juristische Wochenschrift – Computerrepport (Munique)

Rabels Zeitschrift für ausländisches und Internationales Privatrecht (Tubinga)
Recht der Internationalen Wirtschaft/Betriebs-Berater International (Heidelberga)
Recueil Dalloz-Sirey (Paris)
Revista de Arbitragem e Mediação (São Paulo)
Revista Brasileira de Arbitragem (Porto Alegre e Curitiba)
Revista de Contratación Electrónica (Cádiz)
Revista Española de Derecho Internacional (Madrid)
Revista da Faculdade de Direito de Lisboa (Lisboa)
Revista de Legislação e Jurisprudência (Coimbra)
Revista da Ordem dos Advogados (Lisboa)
Revue de l'Arbitrage (Paris)
Revue Critique de Droit International Privé (Paris)
Revue de Droit des Affaires Internationales/International Business Law Journal (Paris)
Revue Internationale du Droit d'Auteur (Paris)
Revue de l'OMPI (Genebra)
Revue Trimestrielle de Droit Européen (Paris)
Revue Ubiquité – Droit des technologies de l'information (Bruxelas)
The Richmond Journal of Law and Technology (Richmod, Virgínia; disponível em http://www.richmond.edu)
Rivista di Diritto Internazionale Privato e Processuale (Pádua)

452   *Problemática internacional da sociedade da informação*

Schweizerische Juristenzeitung (Zurique)
Scientia Iuridica (Braga)
Stanford Law Review (Stanford, Califórnia)
Stanford Technology Law Review (Stanford, Califórnia; versão electrónica disponível em http://stlr.stanford.edu)

Uniform Law Review/Revue de Droit Uniforme (Roma)
United States Supreme Court Reports (Washington, D.C.)

Virginia Journal of Law and Technology (Charlottesville, Virginia; versão electrónica disponível em http://vjolt.net)

Yearbook of Commercial Arbitration (Haia/Londres/Boston)
Yearbook of Private International Law (Haia/Londres/Boston)

Zeitschrift für Urheber- und Medienrecht (Baden-Baden)
Zeitschrift für Vergleichende Rechtswissenschaft (Heidelberga)
Zeitschrift für Wirtschaftsrecht (Colónia)

§ 15.º
Sítios da Internet

http://www.adr.org (*American Arbitration Association*)
http://www.ali.org (*American Law Institute*)
http://www.bverfg.de (*Bundesverfassungsgericht*)
http://www.cisg-online.ch (*CISG-online*)
http://www.cli.org (*Cyberspace Law Institute*)
http://www.cnpd.pt (*Comissão Nacional de Protecção de Dados*)
http://www.cptech.org (*Consumer Project on Technology*)
http://www.curia.eu.int (*Tribunal de Justiça das Comunidades Europeias*)
http://www.cyber.law.harvard.edu (The Berkman Center for Internet & Society at Harvard Law School)
http://cyberlaw.stanford.edu (*Stanford Law School Center for Internet and Society*)
http://www.cybersettle.com (*Cybersettle*)
http://www.cybertribunal.org (*Cyber Tribunal*)
http://www.dominiuris.com (*Dominiuris*)
http://www.dgsi.pt (*Instituto das Tecnologias da Informação na Justiça*)
http://www.dr.incm.pt (*Diário da República*)
http://www.drt.ucl.ac.be/gedip (*Groupe européen de droit international privé*)
http://www.eclip.org (*Electronic Commerce Legal Issues Platform*)
http://www.ecommerce.gov/ede (*The Emerging Digital Economy*)
http://www.eff.org (*Electronic Frontier Foundation*)
http://www.ejcl.org (*Electronic Journal of Comparative Law*)
http://europa.eu.int/comm/justice_home/ejn/index.pt.htm (*Rede Judiciária Europeia*)
http://europa.eu.int/eur-lex/pt (*Eurolex*)
http://europa.eu.int/information_society (*Direcção-Geral Sociedade da Informação*)
http://www.fccn.pt (*Fundação para a Computação Científica Nacional*)
http://www.findlaw.com (*Findlaw*)
http://www.gda.pt (*Gabinete do Direito de Autor*)

454   *Problemática internacional da sociedade da informação*

http://www.gddc.pt (*Gabinete de Documentação e Direito Comparado*)

http://www.hcch.e-vision.nl (*Conferência da Haia de Direito Internacional Privado*)

http://www.icann.org (*Internet Corporation for Assigned Names and Numbers*)

http://www.iccwbo.org (*Câmara de Comércio Internacional*)

http://www.iid.de (*Initiative Informationsgesellschaft Deutschland*)

http://www.ilpf.org (*Internet Law & Policy Forum*)

http://www.interlex.com (*Interlex*)

http://www.internet-law-digest.org (*Internet Law Digest*)

http://www.ip.mpg.de (Max-Planck-Institut für ausländisches und internationales Patent-, Urheber- und Wettbewerbsrecht)

http://www.ipr.uni-koeln.de (*Universidade de Colónia*)

http://www.ira.uka.de/~recht (*Institut für Informationsrecht an der Universität Karlsruhe*)

http://www.isoc.org (*The Internet Society*)

http://www.jura.uni-sb.de/jurpc (*JurPC – Internet-Zeitschrift für Rechtsinformatik*)

http://www.juriscom.net (*Juriscom.net – droit des technologies de l'information*)

http://www.kluwerarbitration.com (*Kluwer Arbitration*)

http://www.law.cornell.edu (*Legal Information Institute Cornell Law School*)

http://www.netjus.org (*Netjus*)

http://www.oa.pt (*Ordem dos Advogados*)

http://www.pkilaw.com (*Public Key Infrastructure*)

http://www.spamlaws.com (*Spamlaws*)

http://www.uncitral.org (*Comissão das Nações Unidas para o Direito do Comércio Internacional*)

http://www.uni-muenster.de/Jura.itm (*Institut für Informations- Telekommunikations- und Medienrecht Universität Münster*)

http://www.uni-rostock.de/fakult/jurfak/Gersdorf/Welcome.htm (*Bucerius-Stiftungsprofesur für den Kommunikationsrechts-Lehrstuhl in Rostock*)

http://www.vmag.org (*Virtual Magistrate*)

http://www.webopedia.internet.com (*Enciclopédia da Internet*)

http://www.wipo.int (*Organização Mundial da Propriedade Intelectual*)

§ 16.°
Jurisprudência[796]

I – TRIBUNAIS NACIONAIS

1. Tribunais alemães

Oberlandesgericht Köln, 26 de Agosto de 1994, disponível em http://www. cisg-online.ch.

Landsgericht München, 8 de Fevereiro de 1995, disponível em http://www. cisg-online.ch.

Landsgericht München I, 17 de Outubro de 1996, *IPRax*, 1998, pp. 208 ss. (anotação de Birgit Bachmann em *IPRax*, 1998, pp. 179 ss.).

Landsgericht München I, 21 de Setembro de 1999, *RIW*, 2000, pp. 466 ss.

Hanseatisches Oberlandesgericht Hamburg, 2 de Maio de 2002, disponível em http://www.jurpc.de.

Bundesverfassungsgericht, 25 de Julho de 2003, disponível em http://www. bverfg.de (comentário de Mathias Lejeune em *CRi*, 2003, pp. 183 s.).

Bundesgesrichtshof, 13 de Maio de 2004, disponível em http://www.recht-in.de.

2. Tribunais australianos

Dow Jones Co. v. Gutnick, High Court of Australia, 10 de Dezembro de 2002, *CRi*, 2003, pp. 17 ss. (com anotação de Mark Davison; anotação de Uta Kohl em *ICLQ*, 2003, pp. 1049 ss.).

---

[796] Indicam-se abreviadamente os tribunais de que dimanam as decisões referenciadas, a data e o local de publicação das mesmas. As decisões dimanadas de tribunais integrados em sistemas de *Common Law* citam-se, como é usual, pela ordem alfabética do nome das partes, seguida da menção do tribunal que as proferiu, da respectiva data e lugar de publicação.

456   *Problemática internacional da sociedade da informação*

3. Tribunais austríacos

Oberster Gerichtshof, 29 de Maio de 2001, *GRUR Int.*, 2002, pp. 344 s.

4. Tribunais dos Estados Unidos da América

ALS Scan, Inc., v. Digital Service Consultants, Inc., United States Court of Appeals, Fourth Circuit, 14 de Junho de 2002, 293 F.3d 714.

Bensusan Restaurant Corporation v. Richard B. King, United States Court of Appeals, Second Circuit, 10 de Setembro de 1997, 126 F.3d 25.

Bochan v. La Fontaine, United States District Court, E.D. Virginia, 26 de Maio de 1999, 68 F. Supp. 2d 692.

Cybersell, Inc. v. Cybersell, Inc., United States Court of Appeals, Ninth Circuit, 2 de Dezembro de 1997, 130 F. 3d 414.

Feist Publications, Inc. v. Rural Telephone Service Co. Inc., United States Supreme Court, 27 de Março de 1991, 499 U.S. 340.

GTE New Media Services Incorporated v. Bellsouth Corporation et al., United States Court of Appeals for the District of Columbia Circuit, 11 de Janeiro de 2000, 199 F.3d 1343.

Maritz, Inc. v. Cybergold, Inc., United States District Court, Eastern District of Missouri, 1996, 947 F. Supp. 1328 (reproduzido em Symeon C. Symeonides/Wendy Collins Perdue/Arthur T. Von Mehren, *Conflict of Laws: American, Comparative International. Cases and Materials*, St. Paul, Minn., West, 1998, pp. 897 ss.).

Metro-Goldwyn-Mayer v. Grokster, United States Court of Appeals, Ninth Circuit, 19 de Agosto de 2004, disponível em http://www.ca9. uscourts.gov.

Panavision International vs. Dennis Toeppen, United States Court of Appeals, Ninth Circuit, 17 de Abril de 1998, 141 F.3d 1316.

Pavlovich v. The Superior Court of Santa Clara County e DVD Copy Control Association, Inc., California Court of Appeals, Sixth District, 7 de Agosto de 2001, 109 Cal. Reptr. 2d 909.

Playboy Enterprises, Inc., v. Chuckleberry Publishing, Inc., et al., United States District Court, S.D. New York, 19 de Junho de 1996, 939 F. Supp. 1032.

Porsche Cars North America, Inc., v. Porsch.com, et al., United States District Court, E.D. Virginia, 8 de Junho de 1999, 51 F. Supp. 2d 707.

Reno, Attorney General of the United States, et al. v. American Civil Liberties Union et al., United States Supreme Court, 26 de Junho de 1997, 521 US 844.

United States v. Thomas, United States Court of Appeals, Sixth Circuit, 29 de Janeiro de 1996, 74 F.3d 701.

Yahoo! Inc. v. La Ligue Contre Le Racisme Et L'Antisemitisme et al., U.S. District Court for the Northern District California, San Jose Division, 7 de No-

Parte IV – Elementos de Estudo e Investigação 457

vembro de 2001, 169 F. Supp. 2d 1181; reproduzido *in CRi*, 2002, pp. 13 ss., com anotação de Mark Wittow.

Young v. New Haven Advocate, U.S. Court of Appeals for the 4th Circuit, 13 de Dezembro de 2002, disponível em http://laws.lp.findlaw.com.

Zippo Manufacturing Company v. Zippo Dot Com, Inc., United States District Court, W.D. Pennsylvania, 16 de Janeiro de 1997, 952 F. Supp. 1119.

5. Tribunais franceses

Tribunal de Grande Instance du Mans, 29 de Junho de 1999 (disponível em http://www.juriscom.net/txt/jurisfr/ndm/tgimans19990629.htm).

Tribunal de Grande Instance de Paris, 20 de Novembro de 2000, *Licra et UEJF c. Yahoo!Inc. et Yahoo France* (disponível em http://www.eff.org e em http://www.cdt.org/speech/international/001120yahoofrance.pdf).

Cour de cassation, 1ère Chambre Civile, 5 de Março de 2002, *Sisro c. Ampersand Software BV et autres, RCDIP*, 2003, pp. 440 ss. (com anotação de Jean--Marc Bischoff); *GRUR Int.*, 2003, pp. 75 ss. (com anotação de Nicolas Bouche).

Cour de cassation, 1ère Chambre Civile, 9 de Dezembro de 2003, *Société Castellblanch c. société Champagne Louis Roederer* (disponível em http://www.juriscom.net).

6. Tribunais holandeses

Tribunal de Distrito de Arnhem, 27 de Novembro de 2002, *Stichting De Nationale Sporttotalisator v. Ladbrokes Ltd. and Ladbrokes International Ltd., CRi*, 2003, pp. 52 s. (com anotação de Joris Willems).

7. Tribunais portugueses

Supremo Tribunal de Justiça, acórdão de 21 de Janeiro de 2003, *CJSTJ*, 2003, t. I, pp. 34 ss.

8. Tribunais do Reino Unido

Bonnier Media Limited v. Greg Lloyd Smith and Kestrel Trading Corporation, Outer House, Court of Session, 1 de Julho de 2002 (disponível em http://www.scotscourts.gov.uk).

458 *Problemática internacional da sociedade da informação*

Don King v. Lennox Lewis et al., High Court of Justice, Queen's Bench Division,
6 de Fevereiro de 2004, *CRi*, 2004, pp. 46 ss.
Euromarket Designs Inc. v. Peters, High Court, Chancery Division, 25 de Julho
de 2000, disponível em http://www.bailii.org.

II – TRIBUNAL DE JUSTIÇA DAS COMUNIDADES EUROPEIAS

Acórdão de 30 de Novembro de 1976, caso *Bier c. Mines de Potasse d'Alsace*,
CJTJ, 1976, pp. 1735 ss.
Acórdão de 22 de Novembro de 1978, caso *Somafer c. Saar-Fernagas, in CJTJ*,
1978, pp. 2183 ss.
Acórdão de 20 de Fevereiro de 1979, caso *Rewe-Zentral AG c. Bundesmonopol-
verwaltng für Branntwein*, *CJTJ*, 1979, I, pp. 327 ss.
Acórdão de 7 de Março de 1995, caso *Fiona Shevill e outros c. Presse Alliance*,
CJTJ, 1995, I, pp. 415 ss.
Acórdão de 19 de Setembro de 1995, caso *Antonio Marinari c. Lloyd's Bank plc.
e Zubaidi Trading Company, CJTJ*, 1995, I, pp. 2719 ss.
Acórdão de 23 de Novembro de 1999, caso *Arblade, CJTJ*, 1999, I, pp. 8498 ss.
Acórdão de 25 de Outubro de 2001, caso *Finalarte, CJTJ*, 2001, I, pp. 7831 ss.

ÍNDICE DE ABREVIATURAS

AAFDL	Associação Académica da Faculdade de Direito de Lisboa
AAVV	autores vários
AcP	Archiv für die civilistische Praxis
ADPIC	Acordo Sobre os Aspectos dos Direitos de Propriedade Intelectual Relacionados com o Comércio
AfP	Archiv für Presserecht. Zeitschrift für Medien- und Kommunikationsrecht
AIDA	Annali italiani del diritto d'autore, della cultura e dello spettacolo
AJCL	American Journal of Comparative Law
AJP/PJA	Aktuelle Juristische Praxis/Pratique Juridique Actuelle
art.	artigo
B. C. Intell. Prop. & Tech. F.	Intellectual Property and Technology Forum at Boston College Law School
BFDUC	Boletim da Faculdade de Direito da Universidade de Coimbra
Cal. Reptr. 2d	California Reporter, Second Series
cap.	capítulo
CDADC	Código do Direito de Autor e dos Direitos Conexos
cfr.	confrontar
Chi.-Kent L. Rev.	Chicago-Kent Law Review
cit./cits.	citado/citados
CJSTJ	Colectânea de Jurisprudência – Acórdãos do Supremo Tribunal de Justiça
CJTJ	Colectânea de Jurisprudência do Tribunal de Justiça e do Tribunal de Primeira Instância

CMLR	Common Market Law Review
CNUDCI	Comissão das Nações Unidas para o Direito do Comércio Internacional
col./cols.	coluna/colunas
CR	Computer und Recht
CRi	Computer und Recht International/Computer Law Review International
D.	Recueil Dalloz-Sirey
D.A.R.	Diário da Assembleia da República
Dir. Comm. Int.	Diritto del Commercio Internazionale
DIP	Direito Internacional Privado
D.L.	Decreto-Lei
DMCA	Digital Millenium Copyright Act
D.R.	Diário da República
Duke L. & Tech. Rev.	Duke Law & Technology Review
ed.	edição
EGBGB	Einführungsgesetz zum Bürgerlichen Gesetzbuche
EIPR	European Intellectual Property Review
E.L.Rev.	European Law Review
F. 2d	Federal Reporter, Second Series
F. 3d	Federal Reporter, Third Series
F. Supp.	Federal Supplement
FCCN	Fundação Para a Computação Científica Nacional
GRUR Int.	Gewerblicher Rechtsschutz und Urheberrecht Internationaler Teil
http	Hypertext Transfer Protocol
ICANN	Internet Corporation for Assigned Names and Numbers
ICLQ	International and Comparative Law Quarterly
IIC	International Review of Industrial Property and Copyright Law
IECL	International Encyclopedia of Comparative Law
IPRax	Praxis des Internationalen Privat- und Verfahrensrechts
J. Online L.	Journal of Online Law
JIA	Journal of International Arbitration

JOCE	Jornal Oficial das Comunidades Europeias
JuS	Juristische Schulung
JZ	Juristenzeitung

Mich. J. Int'l L.	Michigan Journal of International Law
MMR	Multimedia und Recht

n.	nota
NJW	Neue Juristische Wochenschrift

ob. cit.	obra citada
OMPI	Organização Mundial da Propriedade Intelectual
org./orgs.	organizador/organizadores

p./pp.	página/páginas
polic.	policopiado

RabelsZ	Rabels Zeitschrift für ausländisches und internationales Privatrecht
RBAr	Revista Brasileira de Arbitragem
RCDIP	Revue Critique de Droit International Privé
RCE	Revista de la Contratación Electrónica
RDAI/IBLJ	Revue de Droit des Affaires Internationales/ /International Business Law Journal
RDIPP	Rivista di Diritto Internazionale Privato e Processuale
Rec. cours	Recueil des cours de l'Academie de La Haye de Droit International
reimpr.	reimpressão
Rev. arb.	Revue de l'arbitrage
RFDUL	Revista da Faculdade de Direito de Lisboa
RIW	Recht der Internationalen Wirtschaft
RLJ	Revista de Legislação e Jurisprudência
ROA	Revista da Ordem dos Advogados
RTDE	Revue Trimmestrielle de Droit Européen
RTDPC	Rivista Trimmestrale di Diritto e Procedura Civile

s./ss.	seguinte/seguintes
s/d	sem indicação de data de publicação
s/l	sem indicação de local de publicação
SI	Scientia Iuridica

462 *Problemática internacional da sociedade da informação*

SJ	Schweizerische Juristenzeitung
Stan. L. Rev.	Stanford Law Review
Stan. Tech. L. Rev.	Stanford Technology Law Review
t.	tomo
UDRP	Uniform Domain Name Dispute Resolution Policy
ULR/RDU	Uniform Law Review/Revue de Droit Uniforme
UNIDROIT	Instituto Internacional Para a Unificação do Direito Privado
US	United States Supreme Court Reports
Va.J.L. & Tech.	Virginia Journal of Law and Technology
vol.	volume
ZIP	Zeitschrift für Wirtschaftsrecht
ZUM	Zeitschrift für Urheber- und Medienrecht

ÍNDICE BIBLIOGRÁFICO DO RELATÓRIO

Além de obras indicadas *supra*, nos §§ 11.° a 13.°, foram utilizadas, na elaboração do presente relatório, as seguintes:

AAVV – *Direito Internacional Privado. Programas e bibliografia. Ano lectivo de 2001-2002*, Lisboa, AAFDL, 2001.

——— *Direito Internacional Privado. Programa e bibliografia.* Lisboa, AAFDL, 2003/2004.

Abrantes, José João – *Direito do Trabalho (Relatório)*, Lisboa, 2003.

Academia das Ciências de Lisboa – *Dicionário da língua portuguesa contemporânea*, 2 vols., Lisboa, Verbo, 2001.

Albuquerque, Martim de – «História das Instituições. Relatório sobre o programa, conteúdo e métodos de ensino», *RFDUL*, 1984, pp. 101 ss.

Almeida, Carlos Ferreira de – *Direito Comparado. Ensino e método*, Lisboa, Edições Cosmos, 2000.

——— *Contratos*, vol. I, *Conceito. Fontes. Formação,* 2.ª ed., Coimbra, Almedina, 2003.

Amaral, Diogo Freitas do – «Relatório sobre o programa, os conteúdos eos métodos do ensino de uma disciplina de Direito Administrativo», *RFDUL*, 1985, pp. 257 ss.

Araújo, Fernando – *O ensino da Economia Política nas Faculdades de Direito (e algumas Reflexões sobre Pedagogia Universitária)*, Coimbra, Almedina, 2001.

Ascensão, José de Oliveira – «Parecer sobre "Aspectos metodológicos e didácticos do Direito Processual Civil". Relatório apresentado pelo Doutor Miguel Teixeira de Sousa ao concurso para preenchimento de uma vaga de professor associado», *RFDUL*, 1994, pp. 439 ss.

——— «Parecer sobre o "Relatório sobre o programa, o conteúdo e os métodos de ensino da disciplina de Direito e Processo Civil (Arrendamento)" apresentado pelo Doutor Manuel Henrique Mesquita no concurso para Professor Associado da Faculdade de Direito de Coimbra», *RFDUL*, 1996, pp. 603 ss.

——— «Parecer sobre "O ensino do Direito Comparado" do Doutor Carlos Ferreira de Almeida», *RFDUL*, 1997, pp. 573 ss.

464 Problemática internacional da sociedade da informação

—— *Direito Civil. Teoria geral*, Coimbra, Coimbra Editora, vol. I, 1997; vol. II, 2.ª ed., 2003.

—— «Parecer sobre o "Relatório" com o programa, os conteúdos e os métodos de ensino teórico e prático da disciplina de "Introdução ao Direito" do Doutor Fernando José Bronze», *RFDUL*, 1999, pp. 693 ss.

—— «O Relatório sobre "O Programa, o Conteúdo e os Métodos de Ensino" de Direito da Família e das Sucessões do Doutor Rabindranath Capelo de Sousa. Parecer», *RFDUL*, 1999, pp. 701 ss.

—— «Parecer sobre o relatório apresentado pela Doutora Fernanda Palma no concurso para Professor Associado da Faculdade de Direito de Lisboa», *RFDUL*, 2000, pp. 339 ss.

—— «O Relatório do Doutor Luís de Menezes Leitão sobre "O Ensino do Direito das Obrigações" – Parecer», *RFDUL*, 2001, pp. 619 ss.

—— *O Direito. Introdução e teoria geral. Uma perspectiva luso-brasileira*, 11.ª ed., reimpr., Coimbra, Almedina, 2003.

Brito, Maria Helena – *Direito do Comércio Internacional*, Coimbra, Almedina, 2004.

Cabral, Rita Amaral – «O direito à intimidade da vida privada (Breve reflexão acerca do artigo 80.º do Código Civil)», *in* AAVV, *Estudos em memória do Professor Doutor Paulo* Cunha, Lisboa, 1989, pp. 373 ss.

Caetano, Marcello – Apontamentos para a história da Faculdade de Direito de Lisboa, separata da RFDUL, vol. XIII, Lisboa, 1961.

—— «A reforma dos estudos jurídicos», *RFDUL*, 1966, pp. 407 ss.

—— *Pela Universidade de Lisboa! Estudos e orações*, Lisboa, Studia Universitatis Olisiponensis, vol. I, 1974.

Canotilho, José Joaquim Gomes – «Relatório sobre programa, conteúdos e métodos de um curso de Teoria da Legislação», *BFDUC*, 1987, pp. 405 ss.

Carvalho, Rómulo de – *História do ensino em Portugal desde a fundação da nacionalidade até ao fim do regime de Salazar-Caetano*, 3.ª ed., Lisboa, Fundação Calouste Gulbenkian, 2001.

Comissão de Reestruturação da Faculdade de Direito de Lisboa – «Relatório», *RFDUL*, 1992, pp. 635 ss.

Cordeiro, António Menezes – *Teoria Geral do Direito Civil. Relatório*, separata da *RFDUL*, Lisboa, 1988.

—— *Direito Bancário.Relatório*, Coimbra, Almedina, 1997.

—— *Manual de Direito do Trabalho*, reimpressão, Coimbra, Almedina, 1999.

—— *Tratado de Direito Civil português*, Coimbra, Almedina, vol. I, *Parte geral*, tomo I, 2.ª ed., 2000; tomo II, 2000; tomo III, 2004.

—— *Manual de Direito Comercial*, vol. I, Coimbra, Almedina, 2001.

—— *Manual de Direito Bancário*, 2.ª ed., Coimbra, Almedina, 2001.

—— «A modernização do Direito das Obrigações», *ROA*, 2002, pp. 91 ss., 319 ss., 711 ss.

—— *Da modernização do Direito Civil*, I volume, *Aspectos gerais*, Coimbra, Almedina, 2004.

Correia, Fernando Alves – *Direito Constitucional (A justiça constitucional). Programa, Conteúdos e Métodos de Ensino de um Curso de Mestrado*, Coimbra, Almedina, 2001.

Correia, José Manuel Sérvulo – «Direito Administrativo II (Contencioso Administrativo). Relatório sobre programa, conteúdos e métodos de ensino», *RFDUL*, 1994, pp. 57 ss.

Correia, Miguel Pupo – *Direito Comercial*, 8.ª ed., Lisboa, Ediforum, 2003.

Corte-Real, Carlos Pamplona – *Direito da Família e das Sucessões. Relatório*, suplemento da *RFDUL*, Lisboa, 1995.

Costa, José de Faria – «O papel da Universidade na formação dos juristas (advogados) (brevíssima apreciação crítica)», *BFDUC*, 1996, pp. 41 ss.

Cunha, Paulo de Pitta e – «Direito Internacional Económico (Economia Política II/Relações Económicas Internacionais). Relatório sobre o programa, conteúdo e métodos de ensino», *RFDUL*, 1984, pp. 29 ss.

Duarte, Maria Luísa – *Direito Comunitário II (Contencioso Comunitário). Relatório com o programa, conteúdos e métodos do ensino teórico e prático*, suplemento da *RFDUL*, Lisboa, 2003.

Duarte, Rui Pinto – *O ensino dos Direitos Reais. Propostas e elementos de trabalho*, Lisboa, 2004.

Estorninho, Maria João – *Contratos da Administração Pública (Esboço de uma autonomização curricular)*, Coimbra, Almedina, 1999.

Faculdade de Direito de Lisboa – *Guia Pedagógico 2002-2003*, Lisboa, s/d.

—— *Guia Pedagógico 2003-2004*, Lisboa, s/d.

—— *Relatório de auto-avaliação. Ano lectivo de 2002/2003*, Lisboa, 2004 (polic.).

Ferreira, Eduardo Manuel Hintze da Paz – *Direito Comunitário II (União Económica e Monetária). Relatório*, suplemento da *RFDUL*, Lisboa, Coimbra Editora, 2001.

Ferreira, Sandra Duarte – *Licenciatura em Direito*, Braga, Associação Jurídica de Braga, 2000.

Franco, António L. de Sousa – *Finanças Públicas II. Estruturas e políticas financeiras em Portugal. Relatório apresentado para apreciação em provas de concurso para professor catedrático da Faculdade de Direito de Lisboa, com o programa, os conteúdos e os métodos de ensino da disciplina*, Lisboa, 1980 (polic.).

466 *Problemática internacional da sociedade da informação*

Gouveia, Jorge Bacelar – *Ensinar Direito Constitucional*, Coimbra, Almedina, 2003.

Institut de Droit International – «Resolution Adopted by the Institute at its Strasbourg Session. 26 August – 4 September 1997. The Teaching of Public and Private International Law (Tenth Commission)», *RabelsZ*, 1998, pp. 311 ss.

Larenz, Karl, e Manfred Wolf – *Allgemeiner Teil des Bürgerlichen Rechts*, 9.ª ed., Munique, C.H. Beck, 2004.
Leitão, Luís de Menezes – *O ensino do Direito das Obrigações. Relatório sobre o programa, conteúdo e métodos de ensino da disciplina*, Coimbra, Almedina, 2001.

Martinez, Pedro Romano – *Direito do Trabalho*, Coimbra, Almedina, 2002.
Martinez, Pedro Soares – «O Direito Bancário – análise de um relatório universitário», *RFDUL*, 2000, pp. 1127 ss.
Miranda, Jorge – «Relatório com o programa, os conteúdos e os métodos do ensino de Direitos Fundamentais», *RFDUL*, 1985, pp. 385 ss.
—— *Escritos vários sobre Universidade (1969-94)*, Lisboa, Edições Cosmos, 1995.
—— «Parecer sobre o relatório com o programa, os conteúdos e os métodos do ensino teórico e prático da cadeira de Direito Constitucional – II (Direitos fundamentais e comunicação) apresentado pelo Doutor José Carlos Vieira de Andrade», *RFDUL*, 1998, pp. 413 ss.
—— «Apreciação do relatório sobre Direito Comunitário I – Programa, conteúdo e métodos de ensino», *RFDUL*, 1999, pp. 711 ss.
—— «Parecer sobre o relatório com o programa, os conteúdos e os métodos do ensino teórico e prático da cadeira de Direito Administrativo – I apresentado pelo Doutor Paulo Otero», *RFDUL*, 1999, pp. 717 ss.
—— «Parecer sobre o relatório respeitante ao programa, ao conteúdo e aos métodos de uma disciplina de Direitos Fundamentais apresentado pelo Doutor Pedro Carlos da Silva Bacelar de Vasconcelos», *RFDUL*, 2001, pp. 1681 ss.
Monteiro, António Pinto – *Direito Comercial. Contratos de Distribuição Comercial. Relatório*, Coimbra, Almedina, 2002.
Monteiro, Jorge Sinde – *Relatório sobre o programa, conteúdo e métodos de uma disciplina de responsabilidade civil (Curso de Mestrado)*, Coimbra, 2001 (polic.).
Morais, Carlos Blanco de – *Direito Constitucional II. Relatório*, suplemento da *RFDUL*, Lisboa, Coimbra Editora, 2001.
Moreira, Vital – *Auto-regulação profissional e administração pública*, Coimbra, Almedina, 1997.
—— *Organização Administrativa (Programa, conteúdos e métodos de ensino)*, Coimbra, 2001.

Neves, António Castanheira – *Relatório com a justificação do sentido e objectivo pedagógico, o programa, os conteúdos e os métodos de um curso de "Introdução ao Estudo do Direito"*, Coimbra, 1976 (polic.).

—— «O papel do jurista no nosso tempo», *in Digesta. Escritos acerca do Direito, do Pensamento Jurídico, da sua Metodologia e Outros*, vol. 1.°, Coimbra, Coimbra Editora, 1995, pp. 9 ss.

—— «Reflexões críticas sobre um projecto de "Estatuto da Carreira Docente"», *in Digesta. Escritos acerca do Direito, do Pensamento Jurídico, da sua Metodologia e Outros*, vol. 2.°, Coimbra, Coimbra Editora, 1995, pp. 443 ss.

Otero, Paulo – *Lições de Introdução ao Estudo do Direito*, Lisboa, Pedro Ferreira, I vol., 1.° tomo, 1998; 2.° tomo, 1999.

—— *Direito Administrativo. Relatório de uma disciplina apresentado no concurso para Professor Associado na Faculdade de Direito da Universidade de Lisboa*, suplemento da *RFDUL*, Lisboa, Coimbra Editora, 2001.

—— *Legalidade e administração pública. O sentido da vinculação administrativa à juridicidade*, Coimbra, Almedina, 2003.

Pinheiro, Luís de Lima – *Um Direito Internacional Privado para o século XXI. Relatório*, suplemento da *RFDUL*, Lisboa, Coimbra Editora, 2001.

Quadros, Fausto de – «Direito Internacional Público – Programa, conteúdos e métodos de ensino», *RFDUL*, 1991, pp. 351 ss.

Ramos, Rui de Moura – *Direito Internacional Privado. Relatório sobre o programa, conteúdos e métodos de ensino da disciplina*, Coimbra, 2000.

Santos, António Marques dos – *Defesa e ilustração do Direito Internacional Privado*, suplemento da *RFDUL*, Lisboa, Coimbra Editora, 1998.

Santos Júnior, Eduardo – *Da responsabilidade civil de terceiro por lesão de direito de crédito*, Coimbra, Almedina, 2003.

Silva, João Calvão da – *Direito Bancário*, Coimbra, Almedina, 2001.

Silva, Vasco Pereira da – *Ensinar Direito (a Direito) Contencioso Administrativo. Relatório sobre o programa, os conteúdos e os métodos de ensino da disciplina de Direito Administrativo II*, Coimbra, Almedina, 1999.

Simão, José Veiga, Sérgio Machado dos Santos e António de Almeida Costa – *Ensino superior: uma visão para a próxima década*, 2.ª ed., Lisboa, Gradiva, 2003.

Sousa, Marcelo Rebelo de – «Direito Constitucional I. Relatório», *RFDUL*, 1986, pp. 227 ss. (republicado em volume autónomo, Lisboa, 1997).

—— *Ciência Política. Conteúdos e métodos*, Lisboa, Lex, 1998.

468 *Problemática internacional da sociedade da informação*

Sousa, Miguel Teixeira de – «Aspectos metodológicos e didácticos do direito processual civil», *RFDUL*, 1994, pp. 337 ss.
—— *Direito Processual Civil Europeu. Relatório apresentado nos termos do art. 9.°, n.° 1, al. a), do Decreto n.° 301/72, de 14 de Agosto, para a prestação de provas de Agregação (Ciências Jurídicas) na Universidade de Lisboa,* Lisboa, 2003 (polic.).
Sousa, Rabindranath Capelo de – *Direito da Família e das Sucessões. Relatório sobre o programa, o conteúdo e os métodos de ensino de tal disciplina,* Coimbra, 1999.

Telles, Inocêncio Galvão – «Fins da Universidade», *RFDUL*, 1951, pp. 5 ss.
—— *Manual dos contratos em geral*, 4.ª ed., Coimbra, Coimbra Editora, 2002.

Vasconcelos, Pedro Pais de – *Teoria Geral do Direito Civil. Relatório*, suplemento da *RFDUL*, Lisboa, Coimbra Editora, 2000.
—— *Teoria Geral do Direito Civil*, 2.ª ed., Coimbra, Almedina, 2003.

Zweigert, Konrad, e Hein Kötz – *Einführung in die Rechtsvergleichung auf dem Gebiete des Privatrechts*, 3.ª ed., Tubinga, J. C. B. Mohr (Paul Siebeck), 1996.

ÍNDICE GERAL

Dedicatória 5

Agradecimentos 7

Plano do relatório 9

INTRODUÇÃO

§ 1.º A sociedade da informação e os problemas que suscita no plano do Direito Internacional Privado

I – O fenómeno 13

II – Os problemas jurídicos que suscita 14

III – A emergência do Direito da Sociedade da Informação 16

IV – A problemática internacional 19

§ 2.º Razões da eleição da problemática internacional da sociedade da informação como tema de uma disciplina do curso de mestrado em Direito

I – Razões justificativas do ensino universitário do tema 27

II – Razões justificativas do ensino pós-graduado do tema 31

III – Outras razões justificativas da eleição do tema para objecto do presente relatório 42

§ 3.º Indicação de sequência 47

470 *Problemática internacional da sociedade da informação*

PARTE I
PROGRAMA DA DISCIPLINA

§ 4.º Nota sobre o ensino dos temas da disciplina

I – Universidades portuguesas 51
    1. Lisboa 51
    2. Coimbra 54

II – Universidades estrangeiras 55
    1. Espanha 55
    2. França 58
    3. Itália 59
    4. Bélgica 60
    5. Alemanha 61
    6. Reino Unido 62
    7. Estados Unidos 64

III – Instituições e programas internacionais de ensino superior 66
    1. Academia da Haia de Direito Internacional 66
    2. O Programa de Estudos Europeu em Direito da Informática 67

IV – Balanço 68

§ 5.º Pressupostos do programa preconizado

I – Matérias a leccionar: critérios de selecção 71

II – Sua ordenação 79

§ 6.º Programa 83

PARTE II
CONTEÚDOS A LECCIONAR

§ 7.º Súmula dos conteúdos a leccionar

CAPÍTULO I – **Introdução**

    1. A sociedade da informação 89
    2. Problemática internacional (primeira noção) 90

3. Valores e interesses em presença	95
4. Métodos de regulação	97
4.1. Deslocalização e subordinação a um Direito estadual	97
4.2. Auto-regulação e hetero-regulação	101
4.3. Uniformidade e pluralismo jurídico	105
4.4. Primado da *lex fori* e método da conexão	108
4.5. Regulação jurídica e «códigos» tecnológicos	112
5. Fontes de regulação	115
5.1. Preliminares: Direito comum ou Direito especial?	115
5.2. Direito uniforme e convenções de unificação	116
5.3. Direito comunitário	121
5.4. *Soft law?*	126
5.5. Direito estadual	128
5.6. Codificações extra-estaduais	130
5.7. Códigos de conduta e outros instrumentos de auto-regulação	133
5.8. Usos e costumes	136
5.9. Jurisprudência	137
6. Instituições de regulação	138
6.1. Internacionais	138
6.2. Supranacionais	139
6.3. Nacionais	140
6.4. Privadas	141

CAPÍTULO II – **Direito aplicável e tribunal competente**

7. Direitos de personalidade	143
7.1. Privacidade	143
7.2. Outros direitos de personalidade	152
8. Direitos intelectuais	155
8.1. Direito de autor e direitos conexos	155
8.2. Direito *sui generis* do fabricante da base de dados	177
8.3. Propriedade industrial	183
8.4. Direitos sobre nomes de domínio	193
9. Comércio electrónico	201
9.1. Noção e modalidades	201
9.2. Harmonização de legislações e mercado interno	203
9.3. Contratação electrónica	226
9.4. Contratos informáticos	246
9.5. Contratos de consumo celebrados através da Internet	248
9.6. Assinatura electrónica e certificação	273
9.7. Publicidade em rede e *marketing* directo	281
9.8. Instrumentos de pagamento electrónicos	287

472   *Problemática internacional da sociedade da informação*

10. Teletrabalho.. 293
11. Concorrência desleal 297
12. Responsabilidade civil por actos praticados através de redes de comunicações electrónicas 304
    12.1. Preliminares.. 304
    12.2. Regime comum 307
    12.3. Regime especial dos prestadores de serviços da sociedade da informação... 320

CAPÍTULO III – **Reconhecimento de sentenças estrangeiras e outras formas de cooperação judiciária internacional**

13. Introdução... 330
14. Regimes aplicáveis e sua articulação............................. 331
15. Problemas relativos aos requisitos substantivos do reconhecimento de sentenças estrangeiras............................... 334
    15.1. Competência internacional indirecta em matéria de litígios emergentes da utilização de redes de comunicações electrónicas 334
    15.2. Reconhecimento de sentenças estrangeiras e conflitos de valorações quanto à regulação de conteúdos disponíveis em rede 338
16. Problemas relativos à utilização de meios electrónicos em outras formas de cooperação judiciária internacional..................... 345
    16.1. Citação e notificação no estrangeiro..................... 345
    16.2. Obtenção de provas no estrangeiro....................... 347
    16.3. Troca de informações entre autoridades judiciárias 349

CAPÍTULO IV – **Meios extrajudiciais de composição de litígios**

17. Noção e relevância actual.. 351
    17.1. O fenómeno... 351
    17.2. Suas causas... 353
    17.3. Tentativas de regulação jurídica 354
    17.4. Indicação de sequência... 357
18. Arbitragem.. 357
    18.1. A arbitragem de litígios emergentes do comércio electrónico e os problemas que suscita..................................... 357
    18.2. Eficácia internacional da convenção de arbitragem 358
    18.3. Direito aplicável ao processo arbitral 365
    18.4. Direito aplicável ao mérito da causa..................... 368
    18.5. Eficácia internacional da decisão arbitral 371

Índice Geral 473

19. Mediação 373
    19.1. A mediação de litígios emergentes do comércio electrónico
        e os problemas que suscita 373
    19.2. Eficácia internacional das convenções de mediação 377
    19.3. Eficácia internacional dos acordos resultantes de processos
        de mediação 379
20. Meios *sui generis* de composição de litígios 382
    20.1. Procedimentos extrajudiciais de composição de litígios re-
        lativos a nomes de domínio 382
    20.2. Procedimentos de «advertência e retirada» de conteúdos
        disponíveis em rede 387
    20.3. Resolução administrativa de litígios referentes à utilização
        de dados pessoais e a conteúdos disponíveis em rede 389

PARTE III
MÉTODOS DE ENSINO

§ 8.° Do ensino em seminário

I – Generalidades 393

II – Organização do seminário 396

§ 9.° Da orientação de relatórios e dissertações de mestrado

I – Finalidades 399

II – Conteúdo 400

III – Sugestões de temas 401

PARTE IV
ELEMENTOS DE ESTUDO
E INVESTIGAÇÃO

§ 10.° Generalidades 405

474   *Problemática internacional da sociedade da informação*

§ 11.º Bibliografia

I – Direito Internacional Privado 407
    1. Bibliografia portuguesa 407
        1.1. Obras gerais 407
        1.2. Obras sobre temas específicos 408
    2. Bibliografia estrangeira 409
        2.1. Obras gerais 409
        2.2. Obras sobre temas específicos 411

II – Direito da Sociedade da Informação e matérias conexas 415
    3. Bibliografia portuguesa 415
        3.1. Obras gerais 415
        3.2. Obras sobre temas específicos 416
    4. Bibliografia estrangeira 418
        4.1. Obras gerais 418
        4.2. Obras sobre temas específicos 420

III – Problemática internacional da sociedade da informação 425
    5. Bibliografia portuguesa 425
    6. Bibliografia estrangeira 426
        6.1. Obras gerais 426
        6.2. Obras sobre temas específicos 427

§ 12.º Relatórios e textos oficiais

I – Nacionais 437

II – Europeus 438

III – Internacionais 441

§ 13.º Colectâneas de textos legais, convencionais e jurisprudenciais

I – Portuguesas 445

II – Estrangeiras 446

III – Internacionais 447

§ 14.º Publicações periódicas 449

§ 15.° Sítios da Internet 453

§ 16.° Jurisprudência

I – Tribunais nacionais 455

II – Tribunal de Justiça das Comunidades Europeias 458

ÍNDICES

Índice de abreviaturas 459
Índice bibliográfico do relatório 463
Índice geral 469